architecture et bâtiment

architecture and building

DICTIONNAIRE
DICTIONARY

Dogan Hasol

architecture et bâtiment

architecture and building

français - anglais / anglais - français
french - english / english - french

LE MONITEUR
17, rue d'Uzès – 75002 Paris

ISBN : 2-281-11169-5

Préface

Dans les années 1970, quand je préparais mon premier dictionnaire, « Dictionnaire Encyclopédique d'Architecture », j'avais aussi commencé à rassembler la terminologie française et anglaise pour un autre dictionnaire d'architecture et du bâtiment.
La parution de ce second ouvrage a pris plus de temps que je ne l'aurais souhaité à cause, d'une part, de la difficulté de la compilation précise de la terminologie en deux langues, et parce que, d'autre part, mes nombreuses activités professionnelles m'ont empêché de poursuivre le projet.

Aujourd'hui, les développements de la communication et du savoir rendent obligatoire le rassemblement des termes spécifiques des différentes langues qui constituent les fondements des interactions techniques, culturelles ou commerciales.
Dans cette perspective, ce dictionnaire a pour vaste ambition de favoriser la communication et la diffusion de l'information. Grâce à lui, les textes techniques en français et en anglais devraient être mieux compris. Grâce à lui, architectes et techniciens du bâtiment parlant ces langues différentes et complémentaires se comprendront mieux.

Le développement des coopérations internationales augmente le besoin en dictionnaires techniques multilingues. Il est par conséquent souhaitable que des recherches linguistiques accompagnent ces développements afin de contribuer à l'enrichissement des langues.

Dans ce dictionnaire, le parti pris est celui de la compilation de termes utilisés tant sur le plan théorique que pratique. On y trouve ainsi des terminologies utilisées dans le passé, en relation avec la forme et la fonction, enrichies des styles et des courants architecturaux, de la technologie et des matériaux contemporains.

La présentation de l'ouvrage repose sur une base thématique. Afin d'avoir une vision d'un concept ou d'un matériau principal, les termes composés sont regroupés sous le déterminant : par exemple on trouve tous les types d'arc sous le mot-clé « arc ».

Contenant plus de 25 000 termes (ou expressions) choisis parmi les plus importants employés dans l'univers de l'architecture et du bâtiment, ce dictionnaire sera d'un grand profit pour les professionnels et toute personne intéressée par l'architecture et la construction.

Dogan HASOL

Preface

In the 1970s, while I was working on my first dictionary, an Encyclopaedic Dictionary of Architecture, I also began to compile French and English terminology for an architectural and building dictionary. The reason why this work took such a long time to reach publication stage is due to the difficulty of compiling precise terminology in both languages, and the limited amount of time available in view of my numerous other professional activities.

Today's developments in communications and specialised knowledge make it necessary to bring together specific terms from various languages, which form the foundation of technical, cultural and business interactions. Against this background the ambitious aim of this work is to facilitate communication and the dissemination of information. Using the dictionary, texts in both languages will be more readily understood. Architects and those working on the technical aspects of building will be able to understand each other better despite language barriers.

With the development of opportunities for greater international co-operation, there will be a growing need for multi-lingual technical dictionaries. For that reason linguistic research should go hand in hand with these developments and in so doing serve as a source of linguistic enrichment.

In this dictionary, the aim has been to compile terms in design and application used by architects and others in the building sector. Thus the reader will find that equal importance has been accorded to historical terms, with reference to both their form and function, terminology of architectural styles and streams of thought, as well as technical terms and vocabulary relating to modern materials.

The work is organised thematically. To aid comprehension of a main concept, element or type of construction material, auxiliary terms have been included under a main heading ; for example all types of arches from 'acute arch' to 'wall arch' can be found under the main heading 'arch'.

With more than 25,000 terms and expressions selected from the most important terminology used in the world of architecture and building, this dictionary will be an essential tool for those within the profession and non-experts with an interest in architecture and building.

Dogan HASOL

Abréviations

→	voir	see
adj.	adjectif	adjective
am.	américain	American
f.	féminin	feminine
fam.	familier	familiar, -ly
G. B.	Grande-Bretagne	Great Britain
inv.	invariable	invariable
m.	masculin	masculine
n. f.	nom féminin	feminine noun
n. m.	nom masculin	masculine noun
pl.	pluriel	plural

anglais - français

english - french

A

abacus ◆ abaque *m.*

abat-jour ◆ abat-jour *m. inv.*

abat-son, louvre boarding ◆ abat-son *m.* (*pl.* abat-sons)

abat-vent* → *chimney cap

abat-voix ◆ abat-voix *m. inv.*

abbey ◆ abbaye *f.*

abode ◆ logis *m.*

Abrams' law ◆ loi *f.* d'Abrams

Abrams' slump cone ◆ cône *m.* d'Abrams

Abrams' slump test ◆ affaissement *m.* au cône d'Abrams

abrasion ◆ abrasion *f.*

  abrasion resistance ◆ résistance *f.* à l'abrasion

abrasive ◆ abrasif (-ive) *n. m.* ou *adj.*

  abrasive paper ◆ papier *m.* abrasif

abscissa ◆ abscisse *f.*

absidiole* → *apsidiole

absolute height ◆ 1. altitude *f.* ; 2. hauteur *f.* absolue

absorb (to) ◆ 1. absorber ; 2. amortir

absorbent, absorbing ◆ absorbant (e)

  absorbing surface ◆ surface *f.* absorbante

absorption ◆ absorption *f.*.

  absorption rate ◆ coefficient *m.* d'absorption

  absorption of water (water absorption) ◆ absorption d'eau

absorptive form ◆ coffrage perdu *m.*

abut (to) ◆ appuyer (s'-)

abutment ◆ 1. butée *f.* ; 2. culée *f.*

  abutment wall ◆ mur *m.* de culée

acacia ◆ acacia *m.*

academic, academical ◆ académique

academicism ◆ académisme *m.*

academy ◆ académie *f.*

acanthus, acanthus leaf ◆ acanthe *f.* ; feuille *f.* d'acanthe

accelerate (to) ◆ accélérer

accelerator, accelerating agent ◆ accélérateur *m.* de prise

acceptance ◆ réception *f.* d'un ouvrage

– **final acceptance** ◆ réception définitive

– **provisional acceptance** ◆ réception provisoire

  acceptance certificate ◆ procès-verbal *m.* de réception

acceptation* → *approval of plans

access eye, cleanout* → *cleaning eye

access flooring system* → *raised flooring system* → *flooring

access road ◆ voie *f.* d'accès ; route *f.* d'accès

accolade ◆ accolade *f.*

accommodate (to) ◆ loger

accord ◆ accord *m.*

accordion sash, folding sash ◆ châssis *m.* accordéon ; châssis *m.* pliant

accredited contractor ◆ entrepreneur *m.* agréé

acetylene ◆ acétylène *m.*

achromatism ◆ achromatisme *m.*

acid proof, acid resisting ◆ résistant (e) aux acides

acoustic, acoustical ◆ acoustique

  acoustic board ◆ panneau *m.* acoustique

  acoustic covering ◆ parement *m.* acoustique

  acoustical material ◆ matériau *m.* acoustique

acoustics ◆ acoustique *f.*

acre ◆ arpent *m.* ; acre *f.*

acrolith ◆ acrolithe *m.*

acropodium ◆ acropodium *m.*

acropolis ◆ acropole *f.*

acroter, acroteria ◆ acrotère *m.*

acrylic resin, acrylate resin* → *resin

actual measurement ◆ mesure *f.* effective

acute angle ◆ angle *m.* aigu

acute angled, sharp edged ◆ acutangle (*ou* à angle aigu *ou* à 3 angles aigus)

acute arch, lancet arch ◆ arch

adaptation ◆ adaptation *f.*

addition to a building ◆ rajout *m.*
additional cost ◆ plus-value *f.*
additive, admixture ◆ additif *m.* ; adjuvant *m.*
addorsed, adorsed ◆ adossé (e)
adhesion ◆ 1. adhésion *f.* ; 2. adhérence *f.*
  adhesion force ◆ puissance *f.* d'adhérence ; force *f.* d'adhérence
adhesive ◆ colle *f.*
– **cold-setting adhesive** ◆ colle à froid
– **hot-setting adhesive** ◆ colle thermodurcissable
– **tiling adhesive** ◆ ciment-colle *m.*
  adhesive mortar ◆ mortier-colle *m.*
adhesive ◆ 1. adhésif (-ive) ; 2. agglutinant (e)
***ad hoc* committee** ◆ commission *f.* compétente
adjust (to) ◆ ajuster
adjustable ◆ réglable ; ajustable
adjusting screw ◆ vis *f.* de réglage
admissible load ◆ charge *f.* admissible
admissible stress, safe stress ◆ tension *f.* admise (*ou* admissible) ; tension *f.* de sécurité
admixture, additive ◆ adjuvant *m.*
adobe ◆ adobe *m.*
  adobe construction ◆ construction *f.* en adobe
adorn (to) ◆ orner ; parer
  adorn with nails (to) ◆ clouter
adorned ◆ orné (e)
adornment ◆ ornement *m.* ; ornementation *f.*
  adornment motif ◆ motif *m.* d'ornementation
adorsed → addorsed
adsorption ◆ adsorption *f.*
adze ◆ herminette *f.* (*ou* erminette) ; doloire *f.*
adze (to) ◆ 1. délarder ; 2. dresser à l'herminette
aerated concrete → concrete
aerial ◆ antenne *n. f.*
aerial ◆ aérien (-ienne) *adj.*
  aerial perspective ◆ perspective *f.* aérienne
  aerial photograph, aerophoto(graph) ◆ photo-(graphie) *f.* aérienne
  aerial survey ◆ levé *m.* aérien
aerodrome ◆ aérodrome *m.* ; terrain *m.* d'aviation
aerophoto → aerial photograph
aesthete ◆ esthète *m.*
aesthetic, aesthetical ◆ esthétique *adj.*
aestheticism ◆ esthétisme *m.*
aesthetics ◆ esthétique *n. f.*
age ◆ âge *m.*
  age of the caveman ◆ âge *m.* des cavernes
ageing, aging *(am.)* ◆ vieillissement *m.*
agglomerate, conglomerate ◆ aggloméré *m.*
aggregate(s) ◆ agrégat *m.* ; agrégats *m. pl.* ; granulat *m.*
– **all-in aggregate** ◆ granulat tout-venant
– **coarse aggregate** ◆ gros granulat
– **crushed aggregate** ◆ granulat concassé
– **round aggregate** ◆ granulat roulé
  aggregate sizing ◆ granularité *f.*
aging** (am.) **→ ageing
agora ◆ agora *f.*
agreement ◆ 1. accord *m.* ; 2. convention *f.* ; contrat *m.*
air ◆ air *m.*
– **room air-conditioner, unit air-conditioner** ◆ climatiseur *m.* individuel
  air brush ◆ pistolet *m.*
  air change ◆ renouvellement *m.* d'air
  air channel, air duct, air flue ◆ conduit *m.* d'aération ; gaine *f.* de ventilation
  air compressor ◆ compresseur *m.* d'air
  air conditioned ◆ climatisé (e)
  air conditioner ◆ climatiseur *m.*
  air conditioning ◆ climatisation *f.*
  air curtain ◆ rideau *m.* d'air (chaud)
  air cushion ◆ matelas *m.* d'air
  air dried, air dry ◆ séché (e) à l'air
  air duct → air channel
  air-entrained concrete ◆ béton *m.* à air occlus
  air-entraining agent ◆ agent *m.* entraîneur d'air
  air flue → air channel
  air grating, air inlet ◆ 1. grille *f.* d'aération ; 2. entrée *f.* d'air ; amenée *f.* d'air
  air gun → spray gun
  air hammer ◆ marteau *m.* pneumatique ; marteau *m.* piqueur
  air-handling unit ◆ centrale *f.* de climatisation
  air hole ◆ soupirail *m.* (*pl.* soupiraux)
  air inlet → air grating
  air input ◆ apport *m.* d'air

air pipe, puff pipe ◆ tuyau *m.* de ventilation secondaire

airproof, air tight, hermetic ◆ étanche à l'air ; hermétique

air renewal → ventilation

air resistant, air true ◆ résistant (e) à l'air

air shaft ◆ colonne *f.* de ventilation

air-slaked lime ◆ chaux *f.* éteinte à sec

air space ◆ vide *m.* d'air

air-supported structure ◆ construction *f.* gonflable

air terminal ◆ 1. aérogare *f.* ; 2. pointe *f.* de choc

air tight → airproof

air true → air resistant

air vent ◆ bouche *f.* d'aération ; évent *m.* d'aération

airing ◆ aération *f.*

airport ◆ aéroport *m.*

aisle ◆ 1. bas-côté *m.* ; 2. passage *m.* (entre des bancs)

– **side aisle** ◆ collatéral *m.* ; nef *f.* latérale

aisled ◆ à bas côtés

alabaster ◆ 1. albâtre *n. m.* ; 2. en (*ou* d') albâtre *adj.*

alarme ◆ 1. alarme *f.* ; 2. alerte *f.*

alcove ◆ 1. alcôve *f.* ; 2. niche *f.* ; 3. tonnelle *f.* de jardin

alder ◆ aulne *m.* (*ou* aune)

alidad(e) ◆ alidade *f.*

alignment ◆ alignement *m.*

alkali ◆ alcali *m.*

alkali resistance ◆ résistance *f.* aux alcalis

alkaline ◆ alcalin (e)

alkaline proof ◆ résistant (e) aux alcalis

alkyd ◆ alkyde *m.*

alkyd paint ◆ peinture *f.* alkyde

alkyd resin ◆ résine *f.* alkyde

allege ◆ allège *f.*

alley ◆ 1. allée *f.* ; 2. ruelle *f.* ; venelle *f.* ; 3. → ***lane (rural)***

alley in a park ◆ avenue

allotment ◆ lotissement *m.*

allowable ◆ admissible ; permis (e)

allowable load → load

allowable stress → stress

alloy ◆ alliage *m.*

alluvion ◆ alluvions *f. pl.*

alms house ◆ hospice *m.* ; asile *m.* de vieillards

altar ◆ autel *m.* ; table *f.* sainte

– **fixed altar** ◆ autel fixe

altar piece ◆ retable *m.* ; tableau *m.* d'autel

altar rail ◆ grille *f.* du sanctuaire

altar slab, altar stone ◆ table *f.* d'autel

alter, rework (to) ◆ remanier

alteration *(of a building)* ◆ 1. remaniement *m.* ; 2. transformation *f.*

alternating current ◆ courant *m.* alternatif

alternator ◆ alternateur *m.*

***alto-relievo,* high relief** ◆ haut-relief *m.* (*pl.* hauts-reliefs)

alumina ◆ alumine *f.*

aluminium, aluminum *(am.)* ◆ aluminium *m.*

aluminium cement, aluminum cement *(am.)* ◆ ciment *m.* fondu ; ciment *m.* alumineux

aluminium foil ◆ feuille *f.* d'aluminium

ambulatory ◆ 1. promenoir *m.* ; 2. préau *m.* (*pl.* préaux)

ambulatory, deambulatory ◆ déambulatoire *m.*

American Standard → standard

ammeter ◆ ampèremètre *m.*

amorphous ◆ amorphe

amortization, amortizement ◆ amortissement *m.*

ampere ◆ ampère *m.*

amphiprostyle ◆ amphiprostyle *m.*

amphitheatre, amphitheater (*am.*) ◆ amphithéâtre *m.*

amphora ◆ amphore *f.*

anaglyph ◆ anaglyphe *m.* (*ou* anaglypte)

analysis ◆ analyse *f.*

analysis of structure ◆ analyse *f.* des structures

anchor, grappling iron, tie, land tie ◆ ancre *f.*

anchor bolt ◆ boulon *m.* d'ancrage

anchor iron ◆ grappin *m.*

anchorage, anchoring, tie ◆ ancrage *m.*

ancient ◆ antique

ancon, ancone (*pl.* ancones), console, corbel stone ◆ 1. corbeau *m.* ; 2. console *f.*

andiron ◆ landier *m.*

angle ◆ 1. retour *m.* ; 2. encoignure *f.* ; 3. angle *m.*

– **acute angle** ◆ angle aigu

– **equal angle** ◆ cornière *f.* à ailes égales

– **exterior angle** ◆ angle extérieur

– **interior angle** ◆ angle intérieur

– **obtuse angle** ◆ angle obtus
– **at right angle(s)** ◆ à angle droit
– **right angle** ◆ angle droit
– **unequal angle** ◆ cornière à ailes inégales
angle bar, angle iron, angle section ◆ cornière *f.* ; fer *m.* cornier
angle bead ◆ 1. cornette *f.* ; 2. cornière *f.* d'angle
angle brace ◆ 1. aisselier (*ou* esselier) *m.* ; 2. contrefiche *f.*
angle bracket ◆ équerre *f.*
angle of friction ◆ angle de frottement
angle of gradient, angle of inclination → ***angle of slope***
angle iron ◆ 1. équerre *f.* métallique (d'assemblage) ; 2. → ***angle bar***
angle leaf ***(base of column)*** ◆ griffe *f.*
angle lever ◆ levier *m.* coudé
angle rafter → ***rafter***
angle of a roof → ***pitch***
angle of repose ***(of the ground),*** **natural slope** ◆ talus *m.* naturel
angle section → ***angle bar***
angle of slope, angle of gradient, angle of inclination ◆ angle de déclivité ; angle d'inclinaison
angle tile → ***arris tile***
angular ◆ angulaire
angular point ◆ sommet *m.* d'angle
angular volute ◆ volute *f.* angulaire
angular welding ◆ soudure *f.* d'équerre
anhydrite ◆ anhydrite *f.*
anhydrous lime → ***lime***
anisotropic ◆ anisotrope
annealed (iron *or* copper) wire ◆ fil *m.* (de fer *ou* de cuivre) trempé (*ou* recuit)
annex, outbuilding, outhouse ◆ annexe *f.* ; aile *f.*
annual ring, ring of growth ◆ cerne *m.* (*ou* cercle *m.* annuel)
annular, ring shaped ◆ annulaire
annular vault ◆ 1. voûte *f.* annulaire ; 2. berceau *m.* tournant
annulet ◆ annelet *m.* ; bague *f.*
anode ◆ anode *f.*
anodised ◆ anodisé (e)
anodizing ◆ anodisation *f.*
anonymous, nameless ◆ anonyme
anonymous architecture ◆ architecture *f.* anonyme
anta (*pl.* antae) ◆ ante *f.*
ante-chamber ◆ antichambre *f.*
ante-chamber of a court of justice ◆ salle *f.* des pas perdus
ante-chapel ◆ avant-corps *m. inv.*
antefix ◆ antéfixe *f.*
antenna (*pl.* antennae) ◆ antenne *f.*
ante-room ◆ 1. antichambre *f.* ; 2. vestibule *m.* ; 3. → ***waiting room***
anthropomorphism ◆ anthropomorphisme *m.*
anthropomorphous ◆ anthropomorphe
anti-chalking ◆ antifarinant (e)
anti-corrosive ◆ anticorrosif (-ive)
anti-corrosive paint ◆ peinture *f.* anticorrosive
anti-corrosive protection ◆ protection *f.* anti-corrosive
antic work → ***grotesque***
anti-freeze ◆ antigel *m.*
antiquated style, rococo ◆ rococo *m.* (style -)
antique ◆ antique
antiquities (*pl.*) ◆ antiquités *f. pl.*
Antiquity ◆ Antiquité *f.*
Antiquity museum ◆ musée *m.* de l'Antiquité
antirust ◆ antirouille *m.*
antirust paint ◆ peinture *f.* antirouille
antistatic ◆ antistatique
anvil, anvil block ◆ enclume *f.*
apartment *(am.)* → ***flat***
– **efficiency apartment** (*am.*), **bedsitter** ◆ studio *m.*
– **private apartments** ◆ petits appartements *m. pl.*
– **state apartments** ◆ grands appartements *m. pl.*
apartment hotel ◆ hôtel *m.* meublé
apartment house ◆ immeuble *m.* d'habitation
aperture ***(of a doorway, etc.)*** ◆ ouverture *f.*
aperture, opening, day ***(of a window)*** ◆ 1. jour *m.* ; 2. baie *f.*
apex ◆ sommet *m.*
apex stone, keystone ◆ clef *f.* de voûte

apophyge, aposthesis ◆ apophyge *f.*

appentice, pent, pentice ◆ appentis

apple ◆ 1. pomme *f.* ; 2. prunelle *f.*

appliance ◆ 1. appareil *m.* ; 2. dispositif *m.*

application, applying, laying ◆ application *f.*

applied arts ◆ arts *m. pl.* industriels

apply (to) ◆ appliquer

appraisal ◆ évaluation *f.* ; estimation *f.*

appraise (to) ◆ estimer

appraiser ◆ 1. métreur *m.* ; 2. expert *m.*

apprentice, novice ◆ apprenti *m.* (e)

apprenticeship ◆ apprentissage *m.*

approaches to a town ◆ abords *m. pl.* d'une ville

approval of plans ◆ approbation *f.* des plans

approved for development *(site)* ◆ constructible *(terrain)*

appurtenances ◆ servitudes *f. pl.*

apron ◆ tablier *m.*

  apron, foundation raft ◆ radier *m.* général

  apron stage ◆ avant-scène *f.* (*pl.* avant-scènes)

apse, apsis (*pl.* apses *or* apsides) ◆ abside *f.*

apsidiole ◆ absidiole *f.*

apterous, wingless ◆ aptère

aquarelle *(painting in water colours)* ◆ aquarelle *f.*

aquarium (*pl.* aquariums *or* aquaria) ◆ aquarium *m.*

aqueduct ◆ aqueduc *m.*

aqueous vapo(u)r ◆ vapeur *f.* d'eau

  aqueous-vapo(u)r permeability ◆ perméabilité *f.* à la vapeur d'eau

aquifer ◆ couche *f.* aquifère

arabesque ◆ arabesque *n. f.* ou *adj.*

araeostyle, areostyle ◆ aréostyle *m.*

arbiter ◆ arbitre *m.*

arbitration, umpiring ◆ arbitrage *m.*

arbour ◆ 1. berceau *m.* ; 2. gloriette *f.*

arc ◆ 1. arc *m.* ; 2. arc *m.* *(électricité)*

  arc boutant → arch buttress

  arc formeret ◆ arc *m.* formeret

  arc lamp ◆ lampe *f.* à arc

  arc welding, electric welding ◆ soudure *f.* à l'arc ; soudure *f.* électrique

arcade ◆ arcade *f.* ; arcades *f. pl.*

– **blind arcade** ◆ arcade *f.* aveugle ; fausse arcade *f.* ; orbevoie *f.*

– **interlacing arcade** ◆ arcs entrelacés

– **shopping arcade** ◆ 1. passage *m.* couvert ; 2. galerie *f.* marchande

– ***surface arcade → blind arcade***

arcaded ◆ 1. à arc ; 2. couvert (e) d'arcades

arcading ◆ arcs *m. pl.* aveugles

arcature ◆ arcature *f.*

arch ◆ arc *m.*

– ***acute arch → lancet arch***

– ***Arabic arch → horseshoe arch***

– **basket arch, basket-handle arch** ◆ arc en anse de panier

– **blind arch** ◆ arc aveugle ; faux arc

– **broken arch** ◆ arc segmentaire brisé

– **catenary arch** ◆ arc en chaînette

– **chancel arch** ◆ arc triomphal

– **circular arch, perfect arch** ◆ arc en plein cintre

– **cusped arch, foiled arch, lobed arch** ◆ arc lobé

– **depressed arch** ◆ arc surbaissé

– **diagonal arch, groined arch** ◆ arc arêtier ; arc d'ogive

– **discharging arch** ◆ arc de décharge

– **drop arch** ◆ arc brisé surbaissé

– **elliptical arch** ◆ arc elliptique

– **equilateral arch, three-pointed arch** ◆ arc en tiers-points

– **flat arch, jack arch** (*am.*), **straight arch** ◆ 1. plate-bande *f.* ; 2. arc en plate-bande ; arc droit

– **floor arch** (*am.*) ◆ voûtain *m.* de plancher

– ***foiled arch → cusped arch***

– **four-centred arch** ◆ arc brisé aplati

– **framework arch** ◆ arc en treillis

– ***gauged arch, straight arch → flat arch***

– ***groined arch → diagonal arch***

– **horseshoe arch** ◆ arc outrepassé ; arc en fer à cheval

– **inverted arch, inflected arch** ◆ arc infléchi ; arc à contre-courbure ; arc renversé

– ***jack arch** (am.) **→ flat arch***

– ***keel arch → ogee arch***

– **keyed arch** ◆ arc à clé (*ou* arc à clef)

– **lancet arch, acute arch** ◆ arc en lancette

– ***lobed arch → cusped arch***

– **mitre arch, pediment arch** ◆ arc en mitre
– **multifoil arch** ◆ arc polylobé
– **ogee arch, ogeval arch** ◆ arc en accolade (*ou* en dos-d'âne)
– ***pediment arch*** → ***mitre arch***
– ***perfect arch*** → ***circular arch***
– **pointed arch** ◆ arc brisé
– **pointed-arch style** ◆ style *m.* ogival
– **pointed-Norse arch** ◆ arc brisé outrepassé
– **raised arch, stilted arch** ◆ arc surhaussé
– **raised-pointed lancet arch** ◆ arc en ogive surélevé
– **rampant arch** ◆ arc rampant
– **relieving arch** ◆ arc de soutènement ; → ***discharging arch***
– ***reversed arch*** → ***inverted arch***
– ***round arch*** → ***circular arch***
– **rubble arch, rustic arch** ◆ arc bloqué au mortier
– ***safety arch*** → ***discharging arch***
– **segmental arch** ◆ arc bombé (*ou* segmentaire)
– ***semicircular arch*** → ***circular arch***
– **shouldered arch** ◆ arc droit à encorbellement
– **small arch** ◆ arceau *m.*
– **stepped arch** ◆ arc extradossé en escalier
– **stepped-flat arch** ◆ plate-bande *f.* en escalier
– **stiffening arch** ◆ arc de renfort
– ***stilted arch*** → ***raised arch***
– **straight arch** ◆ flat arch
– **surbased arch** ◆ arc surbaissé
– **surmounted arch** ◆ arc surhaussé
– **three-centred arch** ◆ arc en anse de panier à trois centres
– ***three-pointed arch*** → ***equilateral arch***
– **transverse arch** ◆ arc doubleau
– **trefoil arch** ◆ arc tréflé (*ou* trilobé)
– ***triangular arch*** → ***mitre arch***
– **triumphal arch** ◆ arc de triomphe
– **Tudor arch** ◆ arc Tudor (*ou* en carène)
– **two-centred arch** ◆ arc brisé à deux segments
– **wall arch** ◆ arc formeret

arch band ◆ rouleau *m.*

arch brick → ***brick***

arch bridge → ***arched bridge***

arch of a bridge ◆ arche *f.*

arch buttress, flying buttress, arc-boutant ◆ arc-boutant *m.* (*pl.* arcs-boutants)

arch centre, arch center (*am.*) ◆ cintre *m.*

arch over (to) ◆ voûter ; couvrir d'une voûte

arch stone ◆ claveau *m.* ; voussoir *m.* (*ou* vousseau)

arch (to) ◆ 1. arquer ; 2. bomber ; cambrer ; 3. cintrer ; 4. cintrer (se -)

archaeological ◆ archéologique

archaeological museum ◆ musée *m.* d'archéologie

archaeologist ◆ archéologue *m.* ou *f.*

archaeology ◆ archéologie *f.*

archaic ◆ archaïque

archaism ◆ archaïsme *m.*

arched, curved ◆ 1. arqué (e) ; 2. cintré (e)

arched bridge, arch bridge ◆ pont *m.* en arc

arched window, camber window ◆ fenêtre *f.* arquée

archery house ◆ 1. archère *f.* (*ou* archière) ; 2. tir *m.* (d'une ville au Moyen Âge)

archetype, prototype ◆ 1. archétype *m.* ; 2. prototype *m.*

Archimedes' screw ◆ vis *f.* d'Archimède

arching ◆ 1. voussure *f.* ; 2. effet *m.* de voûte

archipelago ◆ archipel *m.*

architect ◆ architecte *m.* ou *f.*

architectonic, architectonical ◆ architectonique

architectural ◆ architectural (e)

architectural draughtsman, architecture draughtsman, draftsman (*am.*) ◆ dessinateur-architecte *m.*

architectural drawing ◆ dessin *m.* architectural ; dessin *m.* d'architecture

architectural forms ◆ formes *f. pl.* architectoniques

architectural office ◆ agence *f.* d'architecte

architectural order ◆ ordre *m.* d'architecture

architectural practice → ***architectural office***

architectural symbolism ◆ symbolique *f.* architectonique

architecture ◆ architecture *f.*

architrave, casing, jamblining ◆ 1. chambranle *m.* ; 2. encadrement *m.*

architrave, trim ◆ 1. architrave *f.* ; 2. épistyle *m.*

architrave cornice ◆ corniche *f.* architravée

archives ◆ archives *f. pl.*

archivolt ◆ archivolte *f.*

archway ◆ 1. passage *m.* voûté ; 2. porte *f.* cintrée

arcosolium ◆ arcosolium *m.* ; enfeu *m.* (*pl.* enfeus)

area ◆ 1. aire *f.* ; superficie *f.* ; surface *f.*

– **gross area** ◆ surface hors œuvre

– **net area** ◆ surface hors œuvre nette

– **net-floor area** ◆ surface nette d'étage

2. quartier *m.*

– **clearance area** ◆ quartier insalubre à démolir

– **residential area** ◆ quartier résidentiel

– **shopping area** ◆ quartier commerçant

3. espace *m.*

4. terrain *m.* non construit

5. parterre *m.* *(cinéma)*

areaway ◆ cour *f.* anglaise

arena ◆ arène *f.*

argil ◆ argile *f.*

argillaceous ◆ argileux (-euse) ; argillacé (e)

arid → lean

arm ◆ bras *m.*

arm, armrest ◆ accoudoir *m.*

armature ◆ armature *f.*

armchair ◆ fauteuil *m.*

armed beam ◆ poutre *f.* renforcée

armoured → reinforced

armouring → reinforcement

arrangement ◆ aménagement *m.*

– **interior arrangement** ◆ aménagement intérieur

arrangement (*or* pattern) in square ◆ quadrillage *m.*

arrester → lightning arrester

arris ◆ arête *f.*

– **bullnose arris** ◆ arête arrondie

arris tile, angle tile ◆ tuile *f.* arêtière

arrow, rise, height of arch ◆ flèche *f.*

arrow loop, arrow slit ◆ archère *f.* (*ou* archière)

arrowy ◆ en forme de flèche

arsenal ◆ arsenal *m.*

arsenic pigment ◆ pigment *m.* arsénifère

arsenic yellow ◆ orpiment *m.*

art ◆ art *m.*

– **applied arts** ◆ arts *m. pl.* industriels

– **faculty of arts** ◆ faculté *f.* des Lettres

– **fine arts** ◆ Beaux-Arts *m. pl.*

art of building ◆ art *m.* de construire ; art de bâtir

Art Deco ◆ Art déco

art gallery ◆ 1. galerie *f.* d'art ; 2. musée *m.* des Beaux-Arts

Art Nouveau ◆ Art nouveau *m.*

art work ◆ œuvre *f.* d'art

artesian well ◆ puits *m.* artésien

articulated coupling, pin joint ◆ joint *m.* articulé

artificial ◆ artificiel (-elle)

artificial light ◆ lumière *f.* artificielle

artificial lighting ◆ éclairage *m.* artificiel

artificial marble, artificial stone ◆ fausse pierre *f.* ; pierre *f.* artificielle

artificially dried ◆ kiln dried

artisan, handicraftsman ◆ artisan (e)

artist ◆ artiste *m.* ou *f.*

artist's workshop, studio ◆ atelier *m.* d'artiste

artistic ◆ artistique

artless ◆ sans valeur artistique

arts and crafts ◆ arts et métiers *m. pl.*

asbestos ◆ amiante *m.* ; asbeste *m.*

asbestos-cement ◆ amiante-ciment *m.* ; fibrociment *m.*

asbestos paint ◆ enduit *m.* d'amiante

as built drawing → drawing

ascending pipe ◆ colonne *f.*

as-constructed drawing ◆ plan *m.* de récolement

ash ◆ cendre *f.*

– **fly ash** ◆ cendres *f. pl.* volantes

ash pan ◆ tiroir *m.* à cendres

ashpit ◆ bac *m.* à cendres

ash, ash tree ◆ frêne *m.*

ashlar, cut stone, work stone, hewn stone ◆ 1. pierre *f.* de taille ; 2. moellon *m.* équarri

ashlar wall ◆ mur *m.* en moellons

aslope ◆ en pente ; en talus

aspect ◆ 1. aspect *m.* ; 2. orientation *f.*

– **sunny aspect** ◆ côté *m.* ensoleillé

aspen ◆ tremble *m.*

asphalt ◆ asphalte *m.*

asphalt-coated pasteboard, asphalt paper ◆ carton *m.* bitumé ; papier *m.* asphalté

asphalt shingle ◆ bardeau *m.* bitumé

asphalt tile ◆ plaque *f.* d'asphalte ; carreau *m.* d'asphalte

asphalt varnish ◆ vernis *m.* d'asphalte

asphalt (to) ◆ asphalter

asphaltic felt ◆ feutre *m.* asphalté

asphaltic mastic ◆ mastic *m.* d'asphalte

asphalting ◆ asphaltage *m.*

aspirator ◆ aspirateur *m.*

aspiratory cowl ◆ 1. aspirateur *m.* de cheminée ; 2. aspirateur statique

assemblage ◆ montage *m.* ; assemblage *m.*

assemble, joint (to) ◆ assembler

assembled ◆ monté (e)

assembling, mounting ◆ montage *m.*

assembling floor → scaffold stage

assembling scaffold → scaffold

assembly, plant, fix (to) ◆ monter

assembly room ◆ salle *f.* de réunions

assembly tolerance ◆ tolérance *f.* de montage

A.S.T.M. ◆ American Society for Testing Materials

astragal ◆ astragale *m.*

– **overlapping astragal** ◆ couvre-joint *m.*

astronomical observatory ◆ observatoire *m.*

asymmetrical ◆ asymétrique

asymmetry ◆ asymétrie *f.* ; dissymétrie *f.*

atelier, studio, workshop ◆ atelier *m.*

Athens Charter ◆ Charte *f.* d'Athènes (La -)

atlas (*pl.* atlantes), hermes, telamon (*pl.* telamones) ◆ atlante *m.* ; télamon *m.*

atmosphere ◆ atmosphère *f.*

atrium ◆ atrium *m.*

attached colum → column

attic ◆ attique *m.*

attic, garret, loft ◆ combles *m. pl.* ; grenier *m.* ; soupente *f.*

attic room ◆ 1. chambre *f.* en soupente ; mansarde *f.* ; 2. galetas *m.*

attic story ◆ étage *m.* d'attique

auburn, chestnut, nut brown ◆ châtain

– **light auburn** ◆ châtain clair

auction mart ◆ hôtel *m.* des ventes

auction room ◆ salle *f.* des ventes

auditorium ◆ auditoire *m.*

auger ◆ 1. perçoir *m.* ; 2. tarière *f.* ; 3. rouanne *f.*

auger bit ◆ 1. queue-de-cochon *f.* (*pl.* queues-de-cochon) ; 2. mèche *f.*

autoclave ◆ autoclave *m.*

autoclave curing ◆ autoclavage *m.*

automatic ◆ automatique

automatic-closing device → closing device

avant-corps ◆ avant-corps *m. inv.*

avenue ◆ avenue *f.* ; boulevard *m.*

avenue *(alley in a park)* ◆ promenade *f.*

aviary ; large bird-cage ◆ volière *f.*

award ◆ prix *m.* *(concours)*

awl ◆ 1. alêne *f.* ; 2. poinçon *m.*

awning ◆ 1. auvent *m.* ; marquise *f.* ; 2. vélum *m.* ; tente *f.*

awning blind ◆ store *m.* à l'italienne

ax *(am.)*, **axe, hatchet** ◆ hache *f.*

axial force, axial load ◆ charge *f.* axiale

axial pressure ◆ compression *f.* axiale ; compression *f.* centrée

axis (*pl.* axes) ◆ 1. axe *m.* ; 2. → ***center, centre***

– **neutral axis** ◆ axe neutre

– **principal axis** ◆ axe principal

axonometry ◆ axonométrie *f.*

azure ◆ 1. azur *n. m.* ; 2. azuré (e) *adj.*

B

back cloth ◆ toile *f.* de fond

back door ◆ porte *f.* de service

back façade, rear façade ◆ façade *f.* arrière

back hearth ◆ bac *m.* à cendres

backhoe *(am.)*, **backacting shovel** ◆ pelle *f.* mécanique rétrocaveuse

back nut ◆ contre-écrou *m.*

back putty ◆ mastic *m.* de préparation

back room ◆ pièce *f.* arrière

backstage ◆ arrière-scène *f.*

back *(of a seat, chair, etc.)* ◆ dossier *m.* ; dos *m.*

back *(of a vault)*, extrados ◆ extrados *m.*

back yard ◆ arrière-cour *f.*

bad ground ◆ mauvais sol *m.*

bad soil ◆ mauvais terrain *m.*

badge ◆ 1. signe *m.* ; 2. marque *f.*

badger hair brush ◆ pinceau *m.* en poil de blaireau

bakelite ◆ bakélite *f.*

balance ◆ 1. balance *f.* ; 2. équilibre *m.*

balance window, pivoted sash ◆ fenêtre *f.* pivotante ; châssis *m.* basculant

balance (to) ◆ équilibrer

balance the steps (to)* → *turn the steps (to)

balanced step ◆ marche *f.* balancée

balancing of stairs ◆ balancement *m.* des marches d'un escalier

balcony ◆ 1. balcon *m.* ; 2. deuxième balcon *(théâtre)*

baldaquin ◆ baldaquin *m.* ; ciel *m.* de lit (*pl.* ciels de lits) ; dais *m.*

balistraria ◆ archère (*ou* archière) *f.* cruciforme

balk ◆ grosse poutre *f.*

ball, balloon ◆ 1. joint *m.* à rotule ; 2. rotule *f.*

ball and socket joint ◆ pommeau *m.*

ball bearing ◆ roulement *m.* à billes

ball float ◆ flotteur *m.* sphérique

ball hammer ◆ marteau *m.* rond

ball (impact) test ◆ billage *m.*

ball tap, ball valve ◆ robinet *m.* à flotteur

ballast ◆ pierraille *f.*

ballast, lamp ballast ◆ ballast *m.*

ballast bed, ballasting, boxing ◆ lit *m.* de charge ; ballastage *m.*

ballasting, stoning *(a road, etc.)* ◆ empierrement *m.*

balloon* → *ball

balloon framing ◆ charpente *f.* à claire-voie

ballroom ◆ salle *f.* de bal

balsa, corkwood ◆ balsa *m.*

baluster, banister ◆ balustre *m.*

balusters, banisters, balustrade ◆ balustrade *f.*

bamboo ◆ bambou *m.*

band *(column)* ◆ bague *f.*

band, strip ◆ bande *f.*

band course, band moulding ◆ bandeau *m.*

band iron ◆ étrier *m.*

band moulding* → *band course

band saw ◆ scie *f.* à ruban

bandelet ◆ bandelette *f.*

banderole ◆ banderole *f.*

bandstand ◆ kiosque *m.* à musique

banister* → *baluster

banister rail ◆ main courante *f.*

bank ◆ 1. banque *f.* ; 2. talus *m.* ; 3. rive *f.* ; bord *m.*

bank screw, standing vice, standing vise *(am.)* ◆ étau *m.* fixe

bank *(road)* (to) ◆ surhausser

banker mark ◆ marque *f.* de tâcheron

banking ◆ surhaussement *m.* du sol

bank up (to) ◆ exécuter un terrassement

banquette* → *window seat

baptistery ◆ baptistère *m.*

baptistery font ◆ fonts *m. pl.* baptismaux

bar, bolt, tower bolt ◆ verrou *m.*

bar, rod ◆ 1. barre *f.* ; 2. rond *m.*
– **division bar *(window)*, glass bar, glazing bar** ◆ petit-bois *m.* (*pl.* petits-bois)
– **flat bar** ◆ fer *m.* plat
– **iron bar** ◆ barre de fer
– **main bar** ◆ barre principale d'armature
– **plain bar** ◆ rond lisse à béton
– **reinforcing bar** ◆ rond à béton
– **straight bar** ◆ barre droite
– **toothed round reinforcing bar** ◆ barre crénelée ; rond crénelé
– **top bar *(concrete beam)*** ◆ chapeau *m.*
– **twisted bar** ◆ barre torsadée
– **window bar(s)** ◆ barreaudage *m.*
bar bender ◆ ferrailleur *m.*
bar bending ◆ ferraillage *m.*
bar construction ◆ construction *f.* triangulée ; construction *f.* à nœuds rigides
bar force ◆ force *f.* de barre
bar frame ◆ 1. membrure *f.* ; 2. cadre *m.* d'ossature
bar iron, rod iron ◆ fer *m.* en barres
bar section ◆ section *f.* de barre
bar tension, bar strain ◆ tension *f.* dans la barre
barbecue ◆ barbecue *m.*
barbed wire → barb wire
barbican ◆ barbacane *f.* ; chantepleure *f.*
barb wire, barbed wire ◆ 1. fil *m.* de fer barbelé ; 2. ronce *f.*
bare ◆ nu (e) ; sans ornement
bare part of a façade ◆ nu *m.* d'une façade
bare part of a wall ◆ nu *m.* d'un mur
bare surface ◆ surface *f.* nue
bare wall ◆ pan *m.* de mur
bareness ◆ nudité *f.*
barge ◆ rive *f.* de toit
bargeboard, vergeboard ◆ 1. planche *f.* de rive ; 2. lambrequin *m.*
barium ◆ baryum *m.*
barium pigment ◆ pigment *m.* barytifère
barium white ◆ blanc *m.* fixe
bark, rind ◆ écorce *f.*
barn *(am.)* ◆ étable *f.*
barn, grange ◆ grange *f.*
baroque ◆ baroque *n. m.* ou *adj.*
baroque style ◆ style *m.* baroque
barracks ◆ caserne *f.*
barrage ◆ barrage *m.*
barrel, cask ◆ baril *m.* ; tonneau *m.*
barrel bolt ◆ verrou *m.* cylindrique
barrel vault ◆ voûte *f.* en berceau
barrier, crossbar ◆ 1. lisse *f.* de barrière ; 2. barrière *f.*
barrier, railing ◆ barrière *f.*
barrow ◆ tumulus *m.* ; tertre *m.* funéraire
bartisan, bartizan ◆ bretèche *f.*
basalt ◆ basalte *m.*
bascule bridge, weigh bridge ◆ pont *m.* à bascule ; pont levant
base ◆ 1. soubassement *m.* ; 2. plinthe *f.*
base *(of a column)* ◆ socle *m.* ; soubassement *m.* ; piédestal *m.* (*pl.* piédestaux)
base, footing ◆ 1. fondement *m.* ; 2. empattement *m.* ; 3. semelle *f.*
– **continuous-projecting base, ground table** ◆ embasement *m.*
baseboard ◆ plinthe *f.*
base coat ◆ couche *f.* d'apprêt
basement ◆ sous-sol *m.* (*pl.* sous-sols)
basement-floor plan ◆ plan *m.* du sous-sol
base shoe ◆ contre-plinthe *f.*
basilica ◆ basilique *f.*
basin ◆ 1. bassin *m.* ; 2. lavabo *m.*
basin *(of a fountain)* ◆ vasque *f.*
basket ◆ corbeille *f.*
basket arch, basket-handle arch → arch
basket handle ◆ anse *f.*
basket work ◆ vannerie *f.*
bas-relief ◆ bas-relief *m.* (*pl.* bas-reliefs) ; basse-taille *f.*
bastion ◆ bastion *m.*
bat ◆ briqueton *m.* ; morceau *m.* de brique
bat of 3/4 brick, three-quarter bat ◆ brique *f.* trois quarts
batch → mortar mix
batching, mix design ◆ dosage *m.*
batching by volume ◆ dosage volumétrique
batching by weight ◆ dosage pondéral
bath, bathtub *(am.)* ◆ baignoire *f.*

– **built-in bath** ◆ baignoire encastrée

bath heater ◆ chauffe-bain *m.* (*pl.* chauffe-bains)

bath brick ◆ brique *f.* anglaise

bath chair ◆ fauteuil *m.* roulant

bathroom ◆ salle *f.* de bains ; salle d'eau

baths *pl.* ◆ bains *m. pl.*

– **public baths, swimming baths** ◆ piscine *f.* municipale *(couverte)*

– **Roman baths** ◆ bains romains

batik ◆ batik *m.*

batten ◆ 1. volige *f.* ; 2. tringle *f.*

– **tile batten, tile lath** ◆ liteau *m.*

batten (to) ◆ voliger

batten, thick plank ◆ bastaing *m.* (*ou* basting) ; poutrelle *f.* en bois

batten and a half ◆ latte *f.*

batten door, ledged door → door

battening of a wall or ceiling → lathing

batter ◆ 1. fruit *m. (mur)* ; 2. talus *(remblai)*

battered ◆ taluté (e)

battering ram ◆ bélier *m.*

batter level ◆ 1. clinomètre *m.* ; 2. niveau *m.* de pente

battlement, crenel ◆ créneau *m.*

bauxite ◆ bauxite *f.*

bay ◆ 1. baie *f.* ; → ***window opening*** ; 2. travée *f.* ; 3. claire-voie *f.* (*pl.* claires-voies)

bay window ◆ fenêtre *f.* en saillie

bay work, panelwork, half-timbering, post and pane ◆ 1. colombage *m.* ; 2. pan *m.* de bois

bay tree ◆ laurier *m.*

beach ◆ plage *f.* ; grève *f.*

bead ◆ perle *f.*

– **return bead** ◆ 1. boudin *m.* ; 2. baguette *f.*

bead, glazing bead ◆ parclose *f.* ; baguette *f.* de vitrage

bead, seam, welt, gutter bed ◆ 1. rabord *m.* ; 2. ourlet *m.*

bead moulding → moulding

bead stop ◆ cochonnet *m.*

beaded ceiling ◆ plafond *m.* mouluré

beading ◆ baguette *f.*

beak *(of a bridge)* ◆ éperon *m.* de pont

beak (of a cornice) → water drip

beam ◆ 1. faisceau *m.* de lumière 2. poutre *f.* ; poutrelle *f.*

– **bent beam** ◆ poutre fléchie

– **binding beam** ◆ poutre maîtresse

– **box beam** ◆ poutre caisson

– **built-up beam** ◆ poutre composée

– **cantilever beam** ◆ poutre en console

– **castellated beam** ◆ poutre à âme évidée ; poutre à nids d'abeille

– **composite beam** ◆ poutre mixte

– **continuous beam** ◆ poutre continue

– **cross beam** ◆ traversine *f.*

– **encastered beam** ◆ poutre encastrée

– **end-fixed beam** ◆ poutre sur appuis encastrés

– **H beam** ◆ poutrelle en forme de H

– **haunched beam** ◆ poutre à gousset

– **I beam** ◆ poutrelle en forme de I

– **laminated beam** ◆ poutre lamellée-collée

– **lattice beam** ◆ poutre triangulée

– **main beam, principal beam** ◆ poutre maîtresse ; poutre principale

– ***overhanging beam → cantilever beam***

– ***plate beam → plate girder → girder***

– ***principal beam → main beam***

– ***restrained beam → encastered beam***

– **secondary beam** ◆ poutre secondaire

– **simple beam** ◆ poutre sur appuis libres

– **T(ee) beam** ◆ poutre en forme de T

– **truss(ed) beam** ◆ poutre à treillis

– **upstand beam** ◆ poutre inversée

beam box, beam form ◆ coffrage *m.* de poutre

beam compass, trammels ◆ compas *m.* à trusquin *(de dessinateur)* ; compas *m.* à verge

beam form → beam box

beam side ◆ joue *f.*

beams ◆ poutraison *f.*

bear (to) ◆ 1. porter ; 2. supporter

bearer ◆ support *m.*

bearer of a gutter, bracket ◆ modillon *m.*

bearing ◆ 1. portant (e) *adj.* ; porteur (-euse) *adj.* ; 2. appui *n. m.*

– **fixed bearing** ◆ appui fixe ; appui encastré

– **unrestrained bearing** ◆ appui libre

bearing capacity ◆ portance *f.*

bearing partition ◆ cloison *f.* porteuse

bearing plate, base ◆ 1. platine *f.* d'un poteau ; 2. plaque *f.* d'assise

bearing surface, seating ◆ 1. lit *m.* de pose ; 2. surface *f.* d'appui

bearing-up ◆ étaiement *m.* (*ou* étayement *ou* étayage)

bearing wall ◆ mur *m.* porteur

beat, strike, knock, hammer (to) ◆ 1. battre ; frapper ; 2. sonner des pieux

beat (with a hammer) (to) → knock (to)

beat down (to) ◆ damer

become oxidized (to) ◆ oxyder (s'-)

become warped (to) ◆ gauchir

bed ◆ 1. lit *m.* ; 2. gisement *m.*

bed, layer *(of mortar, etc.)* ◆ 1. lit *m.* ; 2. joint *m.* d'assise (*ou* joint de lit *ou* joint horizontal)

bed face ◆ lit *m.* de pose

bed joint → joint

bed moulding ◆ latte *f.* de support

bed of sand ◆ aire *f.* de sable ; lit *m.* de sable

bed side table ◆ table *f.* de nuit

bed tester ◆ ciel de lit *m.* (*pl.* ciels de lit)

bed *(a post, etc., in concrete, etc.)* (to) ◆ sceller

bedded *(stone)* ◆ délité (e)

bedded against the grain (stone -) ◆ posé (e) en délit (pierre -)

bedding *(in concrete, etc.)* ◆ scellement *m.*

bedding, fixing, fastening ◆ encastrement *m.*

bedding plane ◆ banc *m.* de stratification

bedrock ◆ 1. assise *f.* rocheuse ; 2. roche *f.* de fond

bedroom ◆ chambre *f.* à coucher

– **master bedroom** ◆ chambre de maître

– **spare bedroom, guest room** ◆ chambre d'amis

bedsitter, bedsit ◆ chambre *f.* meublée

bedstead ◆ lit *m.* clos

beech, beech tree ◆ hêtre *m.*

beech wood ◆ bois *m.* de hêtre

beeswax ◆ cire *f.* d'abeilles

beetle ◆ mouton *m.*

– **paviour's beetle** ◆ dame *f.* ; demoiselle *f.* ; hie *f.*

beige ◆ beige

behaviour ◆ comportement *m.*

belfry, bell cage ◆ beffroi *m.* ; clocher *m.*

bell, vase ◆ 1. campane *f.* ; sonnaille ; 2. corbeille *f.* de chapiteau ; 3. vase *m.*

bell ◆ 1. cloche *f.* ; 2. sonnerie *f.*

– **door bell** ◆ sonnette *f.*

bell cage → belfry

bell gable ◆ clocher-pignon *m.*

bell metal ◆ bronze *m.* *(des cloches)*

bell mouthed ◆ évasé (e)

bell push ◆ bouton *m.* de sonnette

bell shaped, campaniform ◆ campaniforme

bell tower, campanile ◆ campanile *m.* ; clocher *m.*

bell transformer ◆ transformateur *m.* de sonnerie

bell turret ◆ clocheton *m.*

bellied ◆ bombé (e)

bellows ◆ soufflet *m.*

belt ◆ 1. courroie *f.* ; 2. zone *f.* ; ceinture *f.*

– **commuter belt** ◆ zone de villes-dortoirs

– **green belt** ◆ zone verte

belt conveyor ◆ tapis *m.* transporteur (*ou* transporteur *m.* à courroie)

belt saw → band saw, endless saw → saw

belvedere ◆ 1. belvédère *m.* ; 2. mirador *m.* ; 3. pavillon *m.*

bench ◆ 1. banc *m.* ; 2. banquette *f.*

bench, work bench ◆ établi *m.*

bench of ground ◆ banquette *f.*

bench holdfast ◆ valet *m.* d'établi

bench mark ◆ repère *m.* de nivellement ; repère topographique

bench pew, church seat ◆ banc d'église

bend ◆ virage *m.* ; courbe *f.* *(routes)*

bend *(plumbing)* ◆ courbe *f.* ; raccord *m.* coudé

bend (to) ◆ 1. fléchir ; 2. plier

bender, bending pliers ◆ pince *f.* à fil de fer

bending, deflection ◆ 1. flèche *f.* ; 2. fléchissement *m.*

bending, flexion, flexure *(am.)* ◆ flexion *f.*

bending *(pipe, etc.)* ◆ cintrage *m.*

bending bolt → pipe bender

bending load ◆ effort *m.* de flexion

bending machine ◆ 1. plieuse *f.* ; 2. coudeuse *f.* *(pour fers à béton)* ; 3. cintreuse *f.* *(pour tubes)*

bending moment ◆ moment *m.* fléchissant ; moment *m.* de flexion

bending pliers → bender

bending strain ◆ déformation *f.* due à la flexion

bending strength, flexural strength *(am.)* ◆ résistance *f.* à la flexion

bending stress ◆ tension *f.* de flexion

bending test, flexure test *(am.)* ◆ essai *m.* de flexion ; essai *m.* de pliage

bent ◆ 1. portique *n. m.* ; 2. fléchi (e) *adj.* ; infléchi (e) *adj.*

bent, curved ◆ 1. arqué (e) ; cintré (e) ; 2. coudé (e) ; 3. courbe

bentonite ◆ bentonite *f.*

besant, bezant ◆ besant *m.* *(ornement)*

bevel ◆ 1. biseau *n. m.* ; 2. biais *n. m.* ; 3. oblique *adj.*

bevel, rush ◆ biseau *m.* ; tranchant *m.* en biais

bevel, bevel protractor, bevel square, sliding bevel ◆ fausse équerre *f.* ; sauterelle *f.* ; télégraphe *m.*

bevel protractor → bevel

bevel, chamfer (to) ◆ 1. couper en biais (*ou* biseauter) ; 2. chanfreiner

bevel off (to) ◆ chanfreiner

bevelled, beveled *(am.)* ◆ en biseau ; en sifflet

bevelled, skew ◆ chanfreiné (e)

bevelled edge ◆ chanfrein *m.*

bevelled profile ◆ profil *m.* à chanfrein

bevelled tile ◆ carreau *m.* biseauté

bevelling, bevelment ◆ biseautage *m.*

bias ◆ en (*ou* de) biais

bicycle path ◆ piste *f.* pour vélos (*ou* piste cyclable)

bid *(am.)*, **tender** ◆ soumission *f.*

bid, offer, tender (to) ◆ soumissionner ; faire une offre

bidder *(am.)*, **tenderer** ◆ soumissionnaire *m.*

– **lowest bidder** ◆ mieux-disant *m.* ; moins-disant *m.*

– **selected bidder, successful bidder** ◆ adjudicataire

bidding *(am.)*, **tendering** ◆ appel *m.* d'offres

– **open bidding, open tendering** ◆ appel d'offres ouvert

bidet ◆ bidet *m.*

big family ◆ famille *f.* nombreuse

billboard, hoarding ◆ panneau *m.* d'affichage

billet → ingot

billet *(moulding)* ◆ billette *f.* *(ornement)*

billet, round log ◆ rondin *m.*

billing for quantities → estimate of costs

bill of quantities, list of materials ◆ 1. bordereau *m.* des matériaux ; 2. devis *m.* quantitatif

bilobate ◆ bilobé (e)

bin ◆ silo *m.*

bind (to) ◆ liaisonner

binder ◆ 1. liant *m.* ; 2. couche *f.* de liaison

binders, binding joists ◆ gîtage *m.*

binding ◆ lien *m.*

binding agent ◆ liant *m.*

binding joist ◆ gîte *m.*

binding material, vehicle *(of paint)* ◆ liant *m.* *(d'une peinture)*

binding rafter → purlin

binding stone → stone

birch, birch tree ◆ bouleau *m.*

bird's-eye ◆ bois *m.* moucheté

bird's-eye view ◆ perspective *f.* à vol d'oiseau ; vue *f.* à vol d'oiseau

bird's mouth ◆ grain *m.* -d'orge

bird's mouth joint ◆ assemblage *m.* à grain-d'orge

biscuit ◆ biscuit *m.*

bishop ◆ pilon *m.*

bit ◆ 1. mèche *f.* ; foret *m.* ; 2. panneton *m.* ; 3. paume *f.* ; 4. lèvre *f.* ; 5. entaille *f.* à sifflet

bitumen ◆ bitume *m.*

bitumen emulsion ◆ émulsion *f.* de bitume

bituminous ◆ bitumineux (-euse)

bituminous felt ◆ feutre *m.* bitumé

bituminous material ◆ matériau *m.* bitumé (*ou* bitumineux)

bituminous paint ◆ peinture *f.* bitumineuse

black ◆ noir (e)

blackboard, chalkboard ◆ tableau *m.* noir ; tableau *m.*

black japan ◆ vernis *m.* à l'asphalte

black letter, gothic ◆ écriture *f.* gothique

black varnish → tar

blacksmith ◆ forgeron *m.*

blacksmith's shop, smithy ◆ forge *f.*

blade ◆ pale *f.*

blank, blind ◆ aveugle

blank wall ◆ 1. mur *m.* plein ; 2. mur aveugle (*ou* mur orbe)

blank window, false window ◆ fausse fenêtre *f.*

blasonry, heraldry ◆ science *f.* héraldique

blast furnace ◆ haut fourneau *m.*

blast furnace (slag) cement ◆ ciment *m.* (de laitier) de haut fourneau

blast-furnace slag, iron slag ◆ 1. scorie *f.* de fer ; mâchefer *m.* ; 2. laitier *m.*

bleached water ◆ eau *f.* javellisée

bleeder ◆ robinet *m.* de purge (*ou* purgeur *m.*)

blind, shutter ◆ 1. volet *m.* ; 2. contrevent *m.*

blind *(spring roller)*, shade *(am.)* ◆ store *m.*

– **awning blind** ◆ store à l'italienne

– **roller blind *(indoor)*** ◆ store à rouleau

– **roller blind *(outdoor)*** ◆ volet *m.* roulant

– **venetian blind** ◆ store vénitien

blind ◆ aveugle *adj.*

blind alley ◆ cul-de-sac *m.* (*pl.* culs-de-sac)

blind arcade → arcade

blind arch → arch

blind bevel, half-dovetail ◆ assemblage *m.* d'équerre à onglet caché

blind door ◆ fausse porte *f.*

blind dovetail, hidden dovetail, secret dovetail ◆ queue-d'aronde *f.* perdue

blind nailing, secret nailing ◆ clouage *m.* caché

blind path ◆ chemin *m.* sans issue

blind storey ◆ 1. triforium *m.* ; 2. étage *m.* aveugle

blind street, cul-de-sac ◆ impasse *f.* ; cul-de-sac *m.* (*pl.* culs-de-sac)

blind wall, dead wall ◆ mur *m.* aveugle (*ou* mur orbe)

blind window ◆ fausse fenêtre *f.*

blister ◆ cloque *f.* ; boursouflure *f.*

blister *(metals)* (to) ◆ cémenter

blistering ◆ cloquage *m.*

block ◆ bloc *m.* ; → ***cement block, concrete block, foundation block***

block *(of building)* ◆ ensemble *m.*

block house ◆ bastide *f.*

block of houses ◆ pâté *m.* de maisons ; îlot *m.*

block plan ◆ plan *m.* de masse (*ou* plan-masse *m.*)

block ◆ massif (-ive) *adj.*

blockboard ◆ panneau *m.* contreplaqué à âme lamellée

blockhouse ◆ 1. blockhaus *m.* ; 2. redoute *f.* couverte

bloom ◆ efflorescence *f.* *(sur briques)*

blow ◆ soufflage *m.*

blow-bending test → shock bending

blow lamp, brazing lamp, blow torch *(am.)* ◆ lampe *f.* à souder ; lampe *f.* à braser

blow (to) ◆ souder au chalumeau

blowing ◆ 1. piqûre *f.* ; 2. soufflure *f.*

blown glass ◆ verre *m.* soufflé

blue ◆ bleu (e) *n. m.* ou *adj.*

blue brick ◆ brique *f.* bleue

blue chalk ◆ bleu *m.* de cordeau

blue-lias lime → hydraulic lime

blue limestone ◆ liais *m.*

blue-grey ◆ gris-bleu

blue print → heliographic print

blunt → obtuse (angle)

board ◆ 1. écriteau *m.* ; 2. planche *f.* ; madrier *m.* ; 3. tableau *m.* ; panneau *m.*

board, deal, plank, shelf ◆ planche *f.* ; ais *m.*

– **acoustic board** ◆ panneau *m.* acoustique

– **distribution board** ◆ tableau *m.* de distribution

– **haunch board** ◆ joue *f.* *(en bois)*

board ◆ feuillet *m.*

board foot ◆ unité *f.* de volume *(bois)*

board, board over (to) ◆ planchéier

boarded floor ◆ plancher *m.* en bois

boarding ◆ planchéiage *m.* ; revêtement *m.* de bois

boarding house ◆ pension *f.*

boat scaffold ◆ nacelle *f.*

body *(of paint)* ◆ couvrant *m.* *(d'une peinture)*

body, shank *(of a bolt)* ◆ tige *f.* de boulon

bog sand, bog ore ◆ 1. terre *f.* ferrugineuse ; 2. limonite *f.*

bohemian vault, domical vault → vault

boiled oil, boiled-linseed oil ◆ huile *f.* de lin cuite

boiler, steam boiler ◆ chaudière *f.*

boiler brickwork ◆ briquetage *m.* de chaudière

boiler group ◆ chaudières *f. pl.* en batterie

boiler room, boiler house ◆ chaufferie *f.*

boiling point ◆ point *m.* d'ébullition

bole *(of tree)* ◆ tronc *m.* d'arbre ; fût *m.*

bolster *(pile)* ◆ chapeau *m.* de pieu

bolt ◆ 1. verrou *m.* ; pêne *m.* ; 2. boulon *m.*

bolt connection ◆ assemblage *m.* à boulons

bolt head ◆ tête *f.* de boulon

bolt spanner, bolt wrench ◆ clef *f.* de boulon

bolt (to) ◆ 1. tamiser ; 2. verrouiller

bolting cloth ◆ étamine *f.*

bond ◆ appareil *m.*

– **English bond** ◆ appareil anglais

– **header bond, heading bond** ◆ appareil en boutisses

– **running bond, stretcher bond, stretching bond** ◆ appareil en panneresses

– **zigzag bond** ◆ appareil en épi

bond → brick bond, cross bond, masonry bond, serpentine bond

bond of brickwork, masonry bond ◆ appareil *m.* de maçonnerie

bond length, grip length ◆ longueur *f.* d'adhérence

bond stone ◆ parpaing *m.*

bond (to) ◆ liaisonner ; appareiller *(briques)*

bonded warehouse ◆ entrepôt *m.*

bonder, bondstone ◆ boutisse *f.*

boning rod ◆ jalon *m.* à voyant ; bâton *m.* à voyant

book case ◆ bibliothèque *f.*

book match *(veneer)* ◆ raccord *m.* double

booking office, box office ◆ 1. bureau *m.* de location ; 2. guichet *m.* *(cinéma, théâtre)*

boom ◆ flèche *f.*

booth ◆ échoppe *f.*

border ◆ 1. encadrement *m.* ; bordure *f.* ; 2. frontière *f.*

borders ◆ frises *f. pl.*

bore ◆ 1. calibre *m.* ; 2. diamètre *m.* intérieur *(de tuyau)*

bore bit, drill, hollow drill ◆ mèche *f.* ; perçoir *m.*

bore dust ◆ vermoulure *f.*

bore (to) ◆ forer ; sonder

borer, drill ◆ tarière *f.* ; fleuret *m.* ; perçoir *m.* ; foret *m.* ; vilebrequin *m.*

boring ◆ 1. forage *m.* ; 2. alésage *m.* ; 3. sondage *m.* ; 4. → ***core***

boring machine, drilling machine ◆ foreuse *f.* ; perceuse *f.* ; aléseuse *f.*

boss, bossage, embossment ◆ bossage *m.*

boss → ***foreman, master*** *(am.)*

botanical garden ◆ jardin *m.* botanique

bottom ◆ 1. fond *m.* de fouille ; 2. → ***foot, footing***

bottom chord ◆ 1. entrait *m.* ; 2. membrure *f.* inférieure

bottom face ◆ intrados *m.*

bottom frame ◆ cadre *m.* inférieur

bottom rail → wall plate

bottom tread ◆ marche *f.* de départ

bottom view ◆ vue *f.* d'en dessous

boulder, cobble ◆ galet *m.*

boulevard ◆ boulevard *m.*

bound ◆ borne *f.*

bound, boundary ◆ limite *f.*

boundary ditch, party ditch ◆ fossé *m.* de délimitation

boundary line, property line *(am.)* ◆ limite *f.* de propriété

boundary mark ◆ borne *f.*

boundary pole, boundary post ◆ poteau *m.* de bornage

boundary stone ◆ borne *f.*

bow (to) ◆ fléchir

bow drill → drill borer

bow saw, frame saw ◆ scie *f.* à cadre

bow window ◆ fenêtre *f.* en saillie courbe ; bow-window *f.* *(pl.* bow-windows)

bowed ◆ arqué (e)

bowlder → boulder

box ◆ 1. loge *f.* de théâtre ; 2. compartiment *m.* ; 3. boîte *f.* ; coffret *m.*

box, trunk ◆ coffre *m.* ; caisse *f.*

box construction ◆ construction *f.* en caisson

box girder, boxed girder ◆ poutre *f.* (en) caisson

box gutter → roof gutter ◆ gutter

box, box tree ◆ buis *m.*

boxing → ballast bed

box mattress ◆ sommier *m.*

box office (theatre) → booking office

boxroom ◆ débarras *m.*

box staple, body of the lock ◆ palâtre *m.* (*ou* palastre) ; boîte *f.* d'une serrure

brace ◆ 1. entretoise *f.* ; 2. vilebrequin *m.*

– **diagonal brace** ◆ écharpe *f.*

brace, cross tie ***(of a scaffold)*** ◆ diagonale *f.* *(d'échafaudage)*

brace and counterbrace ◆ diagonales *f. pl.* croisées

brace bit ◆ mèche *f.*

brace (to) ◆ moiser

bracing, diagonal bracing ◆ écharpes *f. pl.*

– **wind bracing** ◆ contreventement *m.*

bracket, corbel, console ◆ console *f.* ; corbeau *m.* ; potence *f.*

bracketed string → ***open string***

brad ◆ clou *m.* sans tête

brambly ◆ ronceux (-euse)

branch ◆ 1. branche *f.* ; 2. bifurcation *f.* ; 3. dérivation *f.* ; branchement *m.* ; 4. embranchement *m.*

branch box, distribution box ◆ boîte *f.* de branchement ; boîte de dérivation ; boîte de jonction

branch pipe ◆ tuyau *m.* de branchement

brashness ◆ fragilité *f.* *(du bois)*

brass, latten ◆ laiton *m.* ; cuivre *m.* jaune

brass wire ◆ fil *m.* d'archal (*ou* fil de laiton)

brattice ◆ bretèche *f.*

braze, solder (to) ◆ souder ; braser

brazier, charcoal pan ◆ 1. brasero *m.* ; 2. → ***copper smith***

Brazilian rose-wood, palisander ◆ palissandre *m.*

brazing ◆ brasage *m.*

brazing lamp → ***blow lamp***

brazing seam, soldering seam ◆ brasure *f.* ; soudure *f.*

break, breaking ◆ rupture *f.* ; → ***fracture***

break, kink, crippling ◆ brisis *m.* *(d'un toit)*

break (to) ◆ casser (se -) ; briser (se -)

breaker ◆ broyeur *m.* ; concasseur *m.* ; → ***stone breaker***

breaking → ***break***

breaking load, maximum load, ultimate load, fracture load → ***load***

breaking point ◆ point *m.* de rupture

breaking through, perforation ◆ percement *m.* ; perforage *m.*

break up, demolish, take down, pull down (to) ◆ démolir ; raser

breakwater ◆ 1. jetée *f.* ; môle *m.* ; brise-lames *m. inv.* ; 2. estacade *f.*

breakwater ***(of a bridge)*** ◆ éperon *m.* de pont

breast → ***chimney breast, window pier***

breast drill ◆ vilebrequin *m.* ; chignole *f.*

breast wall ◆ perré *m.*

breastsummer (*or* bressummer) ◆ 1. sommier *m.* ; 2. poitrail *m.*

breastwork ◆ parapet *m.* ; mur *m.* d'épaulement

breathing ◆ respirant (e)

breccia ◆ brèche *f.*

breeding stud ◆ haras *m.*

breeze way ◆ passage *m.* recouvert

bressummer → ***breastsummer***

brick ◆ brique *f.*

– **adobe brick** ◆ brique en adobe

– **angle brick** ◆ brique d'angle

– **arch brick** ◆ brique en coin

– **broken brick** ◆ briquaillons *m. pl.*

– **calcium-silicate brick** ◆ brique silico-calcaire

– **cellular brick** ◆ brique alvéolaire

– ***chuff brick*** → ***salmon brick***

– ***compass brick*** → ***arch brick***

– **enamelled brick** ◆ brique émaillée

– **engineering brick** ◆ brique recuite

– **face brick, facing brick** ◆ brique de parement

– **fire brick** ◆ brique réfractaire

– **glass brick** ◆ brique de verre

– **glass-paving brick** ◆ pavé *m.* de verre

– **glazed brick** ◆ brique vernissée

– **green brick** ◆ brique de terre crue

– **hollow brick** ◆ brique creuse

– **lightweight brick** ◆ brique allégée

– **ordinary red brick** ◆ brique rouge

– **paving brick** ◆ brique de pavage

– **perforated brick** ◆ brique perforée

– **pressed brick** ◆ brique pressée

– **repressed brick** ◆ brique repressée

– **rustic brick** ◆ brique rustique

– **salmon brick, samel brick** ◆ brique mal cuite

– ***sand-lime brick*** → ***calcium-silicate brick***

– **silica brick** ◆ brique de silice

– **solid brick** ◆ brique pleine

– ***textured brick*** → ***rustic brick***

– **V brick** ◆ brique à perforations verticales

– **veneer brick** ◆ brique de parement

– ***vertically perforated brick*** → ***V brick***

– **vitrified brick** ◆ brique vitrifiée

brick bond ◆ appareil *m.* de maçonnerie

brick *(of burnt clay)* ◆ brique *(en terre cuite)*

brick construction ◆ construction *f.* en briques

brick dust ◆ poudre *f.* de briques ; brique en poudre

brick on edge ◆ brique sur chant

brick facing, brick veneer ◆ revêtement *m.* en briques ; parement *m.* de briques

brick field ◆ briqueterie *f.*

brick furring ◆ massif en briques

brick in, brick up (to) ◆ murer ; emmurer

brick infilling ◆ galandage *m.*

brick kiln ◆ four *m.* à briques

brick partition ◆ cloison *f.* en briques

brick pavement ◆ pavage *m.* en briques

brick pavier → ***floor tiler***

brick red ◆ rouge brique

brick size ◆ format *m.* de la brique

brick slip ◆ briquette *f.*

brick trowel ◆ truelle *f. (de maçon)*

brick up (to) → ***brick in (to)***

brick veneer → ***brick facing***

brick veneer construction ◆ construction *f.* à parement de briques

brick wall ◆ mur *m.* en briques

brickax *(am.)* → ***brickhammer***

brickbat ◆ tuileau *m.* (*ou* morceau *m.* de brique)

brickhammer, bricklayer's hammer ◆ marteau *m.* de briqueteur ; laye *f.* (*ou* laie)

bricklayer ◆ briqueteur *m.* ; maçon *m.*

bricklayer's chisel ◆ riflard *m.* de maçon

bricklayer's tools ◆ outils *m. pl.* de maçon

bricklaying ◆ maçonnerie *f.*

brickmaker ◆ briquetier *m.*

brickmaking ◆ briqueterie *f.*

brickmill, brick moulding machine ◆ presse *f.* à briques

bricknogging ◆ hourdis *m.* de brique

brickwork ◆ 1. en briques ; 2. maçonnerie *f.* en briques ; briquetage *m.*

brickwork for rendering ◆ maçonnerie *f.* à crépir, plafonner ou enduire

brickworks ◆ briqueterie *f.*

brick, brick up (to) ◆ briqueter

bricky ◆ de (*ou* en) briques

bridge ◆ pont *m.*

– **arched bridge, arch bridge** ◆ pont en arc

– **bascule bridge** ◆ pont à bascule ; pont levant

– **cold bridge** ◆ pont thermique

– **pontoon bridge** ◆ ponton *m.*

bridge board ◆ limon *m.* d'escalier

bridge building, bridge construction ◆ construction *f.* de ponts

bridge crane ◆ grue *f.* à portique ; grue *f.* à pont

bridge decking ◆ tablier *m.* de pont

bridge head ◆ tête *f.* de pont

bridge railing ◆ garde-corps *m. inv.* ; garde-fou *m.* (*pl.* garde-fous)

bridge (to) ◆ jeter un pont sur

bridging ◆ lierne *f.*

bridging joist ◆ lambourde *f.*

bridging joist, secondary beam ◆ solive *f.* secondaire ; soliveau *m.*

bridle iron, hanger ◆ étrier *m.*

bridle path, bridle way ◆ piste *f.* équestre

bright ◆ brillant (e)

brighten up (to) ◆ raviver

brightness ◆ 1. éclat *m.* ; lustre *m.* ; 2. luminosité *f.*

brilliant ◆ brillant (e)

brine → ***salt water***

Brinell hardness ◆ dureté *f.* Brinell

Brinell hardness test ◆ essai *m.* de dureté Brinell

briquet ◆ briquet *m.*

briquette, briquet ◆ briquette *f.*

brise-soleil ◆ brise-soleil *m. inv.*

bristle ◆ poil *m.* de brosse

British Thermal Unit (B.Th.U.) ◆ unité *f.* thermale britannique (U.T.B.)

brittleness ◆ fragilité *f.*

broach ◆ 1. flèche *f.* ; 2. aiguille *f.*

broad hoe ◆ bêchoir *m.*

broadcasting studio ◆ studio *m. (radio, TV)*

broads ◆ plateaux *m. pl.*

broken gravel ◆ gravier *m.* concassé

broken line ◆ ligne *f.* brisée

broken pediment ◆ fronton *m.* brisé

broken stone, crushed stone ◆ pierre *f.* cassée (*ou* pierre concassée)

broken tile ◆ tuileau *m.*

bronze ◆ 1. bronze *m.* ; 2. en (*ou* de) bronze

brook ◆ ruisseau *m.*

brow → coping

bruise ◆ épaufrure *f.*

brush, pencil ◆ brosse *f.* ; pinceau *m.* (*pl.* pinceaux)

– **flat paint brush, flat wall brush** ◆ queue-de-morue *f.* (*pl.* queues-de-morue)

– **wire brush** ◆ brosse *f.* métallique

brush mark ◆ trait *m.* de pinceau ; trait de brosse

B.S. (British Standard) ◆ norme *f.* britannique

B.S.I. (British Standards Institution) ◆ Institut *m.* des normes britanniques

B.Th.U. → British Thermal Unit

bubble tube ◆ nivelette *f.*

bubbling ◆ bullage *m.*

bucket ◆ seau *m.* (*pl.* seaux) ; godet *m.*

bucket conveyor ◆ convoyeur *m.* (*ou* transporteur *m.*) à godets

bucket hook ◆ crochet *m.* de puits

buckle ◆ boucle *f.*

buckle (to) ◆ 1. flamber ; 2. gauchir

buckled, curled ◆ bouclé (e)

buckling ◆ flambement *m.* (*ou* flambage *m.*)

buckling load ◆ charge *f.* de flambage

buckling resistance ◆ résistance *f.* au flambage

buckling stress ◆ tension *f.* de flambage (*ou* de flambement)

bucrane ◆ bucrane *m.* *(ornement)*

buffet, sideboard ◆ buffet *m.*

Buhl ◆ Boulle *m.*

build, construct (to) ◆ construire ; bâtir ; édifier ; ériger

build (to) ◆ 1. maçonner ; 2. → ***construct, practise, practice*** *(am.)* ***(to)***

build in (to) ◆ murer

build in rubble work (to) ◆ limousiner ; construire en moellons

build-up ◆ construction *f.*

build up (to) ◆ bâtir

builder ◆ promoteur-constructeur *m.*

builder's plaster ◆ pigeon *m.*

building ◆ 1. construction *f.* ; 2. bâtiment *m.* ; édifice *m.* ; immeuble *m.*

– **high-rise building** ◆ immeuble de grande hauteur

– **industrial building** ◆ bâtiment à usage industriel

– **multistorey(s) building** ◆ immeuble *(à étages)*

– **municipal building(s)** ◆ mairie *f.*

– **office building** ◆ immeuble de bureaux

– **portable building** ◆ bâtiment démontable

– **public building** ◆ édifice public

– **rental building** ◆ immeuble à usage locatif

– **residential building** ◆ bâtiment à usage d'habitation

– **timber-framed building** ◆ bâtiment à ossature en bois

building automation ◆ domotique *f.*

building by-law (bye-law), building regulations ◆ réglementation *f.* de la construction

building cleaning ◆ ravalement *m.*

building computerized design and process ◆ C.A.O. construction

building construction ◆ construction *f.* de bâtiments (*ou* d'immeubles) ; construction immobilière

building contractor ◆ entrepreneur *m.* en (*ou* de) bâtiment(s)

building control ◆ contrôle *m.* de la construction

building cooperative ◆ société *f.* coopérative de construction

building costs → costs of construction

building density ◆ densité *f.* de construction

building enterprise ◆ entreprise *f.* du bâtiment

building ground → site

building information centre ◆ centre *m.* d'information du bâtiment

building industry ◆ secteur *m.* du bâtiment

building inspector ◆ inspecteur *m.* *(du bâtiment)*

building licence → building permit

building material(s) ◆ matériau *m.* (*pl.* matériaux) de construction

building method ◆ procédé *m.* de construction

building owner ◆ maître *m.* d'ouvrage

building permit, building licence ◆ permis *m.* de construire (*ou* de bâtir)

building production ◆ processus *m.* de production du bâtiment

building regulations → building by-law

building sand ◆ sable *m.* de construction

building site ◆ 1. terrain *m.* à bâtir ; 2. chantier *m.* *(de construction)*

building society ◆ société *f.* immobilière

building standard ◆ norme *f.* de construction

building in steel → steel construction

building stone ◆ pierre *f.* à bâtir

building sum ◆ prix *m.* de revient de la construction

building system ◆ système *m.* de construction

building timber ◆ bois *m.* de construction

building tools ◆ outillage *m.* pour la construction

building trade ◆ industrie *f.* du bâtiment

building under construction ◆ bâtiment *m.* en cours de construction

building-up ◆ 1. construction *f.* ; édification *f.* ; 2. montage *m.*

building in wood → ***wood construction***

building zone ◆ zone *f.* de construction

buildings ◆ constructions *f. pl.*

built ◆ bâti (e) ; construit (e)

built area ◆ surface *f.* bâtie ; espace *m.* bâti ; zone *f.* bâtie

built-in bathtub ◆ baignoire *f.* encastrée

built-in cupboard → closet

built-in circuits ◆ précablâge *m.*

built-in furniture ◆ mobilier *m.* integré

built-out ◆ construit (e) hors œuvre

built-up area ◆ zone *f.* construite ; agglomération *f.* *(urbaine)*

built-up girder, compound girder ◆ poutre *f.* composée

built-up roof ◆ toit(ure) en terrasse (*ou* toiture-terrasse)

bulb, lamp bulb, light bulb ◆ 1. ampoule *f.* ; 2. lampe *f.*

bulbous ◆ bulbeux (-euse)

bulbous dome ◆ bulbe *m.*

bulge ◆ 1. bombement *m.* ; bosse *f.* ; galbe *m.* ; 2. saillie *f.*

bulged ◆ galbé (e)

bulge out (to) ◆ faire le ventre ; galber

bulk ◆ en vrac

bulkhead ◆ 1. construction *f.* hors toit ; 2. trappe *f.* inclinée ; 3. plafond *m.* incliné

bulking ◆ gonflement *m.* du sol

bulk modulus ◆ module *m.* de compression volumétrique

bulky ◆ massif (-ive)

bull ◆ arrondi (e)

bull's eye ◆ verre *m.* de hublot

bull's eye, œil-de-boeuf, oculus ◆ œil-de-bœuf *m.* (*pl.* œils-de-bœuf) ; oculus *m.*

bulldog plate ◆ crampon *m.*

bulldozer ◆ bouteur *m.*

bullet → notch

bullet-proof glass → glass

bullnosed ◆ 1. adouci (e) ; 2. arrondi (e)

bunch ◆ bouquet *m.*

bundle ◆ faisceau *m.* (*pl.* faisceaux)

bungalow ◆ bungalow *m.*

– **holiday bungalow** ◆ chalet *m.*

bunker ◆ 1. soute *f.* à charbon ; 2. → ***silo***

buoy ◆ flotteur *m.*

burglar alarm ◆ alarme *f.* *(contre le vol)*

buried ◆ enfoui (e) ; enterré (e) ; souterrain (e)

buried cable ◆ câble *m.* souterrain

burl, burr ◆ 1. loupe *f.* ; 2. ronce *f.*

burlap → gunny fibre

burlap *(am.)*, **hessian** ◆ toile *f.* à sacs

burner ◆ 1. brûleur *m.* *(à mazout)* ; bec *m.* ; 2. bouche *f.* *(de gaz)*

burn in lead (to) → seal (to)

burnish (to) → polish (to)

burnisher ◆ polissoir *m.* ; brunissoir *m.*

burnishing ◆ brunissage *m.*

burn lime (to) ◆ cuire la chaux

burn off ***(old paint)*** **(to)** ◆ brûler

burnt clay ◆ terre *f.* cuite

burnt lime, quicklime ◆ chaux *f.* vive ; chaux calcinée

burr → burl

bus duct → busway

bus stop ◆ arrêt *m.* d'autobus

bush hammer, charring hammer ◆ boucharde *f.*

bush-hammer finish ◆ bouchardage *m.*

bushing ◆ réduction *f.* (*mâle* ou *femelle*) *(plomberie)*

business district ◆ quartier *m.* d'affaires

bust ◆ buste *m.*

busway, bus duct ◆ gaine *f.* de distribution

butane ◆ butane *m.*

butt ◆ about *m.*

butt hinge, hinge ◆ charnière *f.*

butt joint ◆ 1. joint *m.* d'about ; joint bout-à-bout ; 2. joint à bord franc ; joint (à) plat

butt (to) ◆ abouter (*ou* assembler bout à bout)

butterfly nut, fly nut, thumb nut, winged nut ◆ écrou *m.* à ailettes (*ou* écrou ailé *ou* écrou à oreilles)

button, knob ◆ bouton *m.*

buttonhead ◆ tête *f.* goutte de suif

buttress, counterfort ◆ 1. contrefort *m.* ; 2. éperon *m.* ; 3. contre-boutant *m.* (*pl.* contre-boutants)

– **flying buttress** ◆ arc-boutant *m.* (*pl.* arcs-boutants)

– **inner buttress** ◆ contrefort intérieur

buttress, shore up (to) ◆ contrebuter

buttress, support (to) ◆ arc-bouter

buzz saw *(am.)* → ***circular saw*** → ***saw***

by-pass ◆ 1. bipasse *m.* ; 2. conduit *m.* de dérivation ; 3. rocade *f.*

by-path, by-road, by-way ◆ déviation *f.* (sentier, route, voie de -)

byre → ***cow house***

Byzantine architecture ◆ architecture *f.* byzantine

C

cabin ◆ cabine *f.* ; → ***hut***

cabinet ◆ 1. meuble *m.* à tiroirs ; 2. placard *m.* ; 3. cabinet *m.*

– **kitchen cabinet** ◆ placard de cuisine

– **wall cabinet** ◆ placard mural

cabinet maker ◆ ébéniste *m.*

cabinet making ◆ ébénisterie *f.*

cabinet of medals ◆ médaillier *m.*

cable ◆ 1. câble *m.* ; 2. câble *m.* *(électricité)*

– **armoured cable** ◆ câble blindé

– **electric cable** ◆ câble électrique

– **main cable** ◆ câble de distribution

cable moulding → ***moulding***

cabled (fluting) ◆ rudentée (e)

cabled column ◆ colonne *f.* rudentée

cabling ◆ rudenture *f.* ; roseau *m.*

cadastral map ◆ carte *f.* cadastrale

cadastre, cadaster ◆ cadastre *m.*

cadmium ◆ cadmium *m.*

cafeteria ◆ cafétéria *f.*

caisson, cassoon ◆ caisson *m.* de plafond ; compartiment *m.* de plafond

caisson, coffer ◆ caisson *m.*

– **drilled-in caisson** ◆ pieu-caisson *m.* foncé

caisson ceiling ◆ plafond *m.* à compartiments

caisson foundation ◆ fondation *f.* à caissons

cake *(asphalt)* ◆ pain *m.*

calcareous ◆ calcaire

calcareous limestone ◆ liais *m.*

calcite ◆ calcite *f.*

calcium ◆ calcium *m.*

calcium carbonate ◆ carbonate *m.* de calcium

calcium-silicate brick → ***sandlime brick*** → ***brick***

calcium sulphate ◆ sulfate *m.* de calcium

calculate the earthwork (to) ◆ calculer les déblais et remblais

calculation → ***computation, graphical calculation***

caldarium ◆ caldarium *m.*

calibrate (to) ◆ 1. calibrer ; 2. → ***gauge (to)***

calibration ◆ étalonnage *m.*

calibre, caliber *(am.)* ◆ calibre *m.*

calk → ***caulk***

call box ◆ cabine *f.* de téléphone (*ou* cabine téléphonique)

calligraphic ◆ calligraphique

calligraphy ◆ calligraphie *f.*

calling for tenders, submission ◆ adjudication *f.* ; appel *m.* d'offres ; demande *f.* d'offres

caloric ◆ calorique *m.*

calorie ◆ calorie *f.* (cal)

calorific ◆ calorifique ; calorifiant (e)

calorific value ◆ pouvoir *m.* calorifique

calorifier → ***boiler***

calorimeter ◆ calorimètre *m.*

calotte ◆ calotte *f.*

calvary ◆ calvaire *m.*

camber ◆ 1. cambrure *f.* ; 2. contre-flèche *f.* ; 3. bombement *m.* ; → ***vaulting***

camber *(of a truss), sag, sagging* ◆ flèche *f.*

camber window → ***arched window***

camber (to) ◆ bomber ; cambrer (se -) ; → ***curve (to)***

cambered ◆ cambré (e)

cambium ◆ cambium *m.*

came ◆ plomb *m.* de vitrail (*ou* plomb à vitraux)

camera obscura ◆ chambre *f.* obscure

campaniform → ***bell shaped***

campanile, bell tower ◆ campanile *m.* ; clocher *m.*

camp stool ◆ chaise *f.* pliante ; pliant *m.*

campus *(am.)* ◆ cité *f.* universitaire ; campus *m.*

can, tin ◆ bidon *m.*

canal ◆ canal *m.* (*pl.* canaux)

canal, big drainage, watercourse ◆ canal *m.* d'évacuation d'eau

canalization ◆ canalisation *f.*

candela ◆ candela *f. (cd)*

candelabrum (*pl.* candelabra) ◆ lampadaire *m.*

candelabrum, sconce ◆ candélabre *m.*

candle ◆ chandelle *f.* ; bougie *f.*

candle power ◆ intensité *f.* lumineuse

candlestick ◆ chandelier *m.*

– **flat candlestick** ◆ chandelier *m.* à branches

cane ◆ jonc *m.*

cane chair ◆ chaise *f.* en rotin

canopy ◆ 1. dais *m.* ; baldaquin *m.* ; 2. marquise *f.* ; → ***pentice***

– **altar canopy** ◆ ciborium *m.*

canopy *(chimney)* ◆ hotte *f.* de cheminée

canopy door ◆ porte *f.* basculante

cant ◆ 1. inclination *f.* ; dévers *m.* ; 2. pan *m.* coupé

cant board, cant strip *(am.)*, **tilting fillet** ◆ tasseau *m.* biseauté ; chanlatte *f.* (*ou* chanlate)

cant chisel ◆ ciseau *m.* en biseau

canteen ◆ cantine *f.* ; réfectoire *m.*

cantilever ◆ encorbellement *m.* ; cantilever *n. m.* ou *adj.* ; console *f.* ; porte-à-faux *m. inv.*

cantilever beam, overhanging beam ◆ poutre *f.* en porte à faux

cantilever slab ◆ dalle *f.* en porte à faux

cantilever (to) ◆ encorbeller

cantilevered ◆ en encorbellement ; en porte à faux

canton ◆ canton *m.*

cantoned ◆ cantonné (e)

canvas ◆ toile *f.*

canvas, sail cloth ◆ 1. toile à voile ; 2. canevas *m.*

caoutchouc ◆ caoutchouc *m.*

cap ◆ 1. *(voûte)* coiffe *f.* ; 2. chaperon *m.* (*ou* couronnement *m.*) ; 3. *(cheminée)* chapeau *m.*

cap piece → head piece

cap screw → tap bolt

capacity ◆ 1. capacité *f.* ; 2. débit *m. (d'une pompe, d'une route)* ; 3. puissance *f.*

cape ◆ cap *m.* ; promontoire *m.*

cape chisel → cross-cutting chisel

capillarity ◆ capillarité *f.*

capillary ◆ capillaire

capillary action ◆ remontée *f.* capillaire

capital ◆ chapiteau *m.*

capital, chief city ◆ capitale *f.*

capitol ◆ capitole *m.*

capping → coping

capstan, windlass ◆ cabestan *m.*

capstone, coping stone ◆ pierre *f.* de couronnement

car ◆ wagon *m.*

– **lift car, elevator car** *(am.)* ◆ cabine *f.* d'ascenseur

car park ◆ parking *m.*

car port ◆ abri *m.* pour automobile

car shed, carriage shed ◆ remise *f.* de voitures

car silo ◆ silo *m.* à voitures

caracole ◆ escalier *m.* en colimaçon

carbide ◆ carbure *m.*

carbide lime ◆ chaux *f.* de carbure

carbolineum, carbolin ◆ carboléum *m.* ; carbolinéum *m.*

carbon ◆ carbone *m.*

carbonation ◆ carbonatation *f.*

carbonization ◆ carbonisation *f.*

carcase, carcass, skeleton ◆ carcasse *f.* ; squelette *m.* ; ossature *f.*

cardboard, pasteboard ◆ carton *m.*

cardboard → roofing cardboard

carillon, chime of bells ◆ carillon *m.*

carmine ◆ carmin *n. m.* ou *adj. inv.* ; carminé (e) *adj.*

carpenter ◆ charpentier *m.*

carpenter, light carpenter ◆ menuisier *m.*

carpenter's apprentice ◆ 1. aide-menuisier *m.* ; 2. apprenti-charpentier *m.*

carpenter's bench ◆ établi *m.* de menuisier

carpenter's hammer ◆ chasse *f.* carrée

carpenter's line *(for tracing circles, etc.)* ◆ simbleau *m.*

carpenter's long auger ◆ esseret *m.*

carpentry, carpenter's work ◆ charpenterie *f.* (*ou* charpentage *m.*) ; grosse menuiserie *f.*

carpentry, timber work ◆ charpente *f.* en bois

carpet ◆ tapis *m.* ; moquette *f.*

– **fitted carpet, wall-to-wall carpet** ◆ moquette *f.* tendue (*ou* collée)

carpet felt, carpet underlay ◆ thibaude *f.*

carpet *(of road)* ◆ revêtement *m.*

carpet (to) ◆ tapisser

carpeting ◆ 1. tapis *m.* ; 2. pose *f.* de tapis

carrefour ◆ carrefour *m.*

carriage entrance, carriage porch ◆ porte *f.* cochère

carry (to) ◆ supporter *(une charge)*

cartage* → *conveyance

cart ground, wheel ground (to) ◆ brouetter

cart house, waggon shed ◆ remise *f.*

cart load ◆ tombereau *m.*

cartography, map (*or* chart) making ◆ cartographie *f.*

carton ◆ carton *m.*

carton-pierre ◆ carton-pierre *m.* (*pl.* cartons-pierres)

carve (to) ◆ 1. sculpter ; tailler ; 2. graver ; ciseler

carved work ◆ sculpture *f.*

carver ◆ 1. sculpteur *m.* ; 2. graveur *m.* ; ciseleur *m.*

carving ◆ 1. sculpture *f.* ; 2. gravure *f.*

carving, chasing ◆ ciselure *f.*

carving-out, cutting-out ◆ découpage *m.*

caryatid ◆ cariatide *f.*

cascade ◆ cascade *f.*

case, trunk ◆ caisse *f.*

cased ◆ enrobé (e)

casein ◆ caséine *f.*

casein paint ◆ peinture *f.* à la caséine

casement, hinged sash ◆ vantail *m.* de fenêtre ; battant *m.* ouvrant

casement door* →*door

casement fastener, fastener handle ◆ fermeture *f.* pour châssis à guillotine

casement nail ◆ pointe *f.* d'assemblage

casement window ◆ fenêtre *f.* à battant(s)

casing, architrave ◆ 1. chambranle *m.* ; 2. encadrement

– **door casing** ◆ encadrement *m.* de porte

casing *(cased joists, cased beams, etc.)* ◆ revêtement *m.* ; enrobage *m.* ; chemisage *m.*

casing *(of masonry)* ◆ revêtement *m.*

casino ◆ casino *m.*

cassoon* → *caisson

cast, founding ◆ 1. moulage *m.* ; 2. coulée *f.*

cast glass ◆ verre *m.* coulé

cast in situ concrete* → *concrete

cast iron ◆ en fonte

cast iron ◆ fonte *f.* ; fer *m.* coulé (*ou* fer fondu)

cast-iron pipe ◆ tuyau *m.* en fonte

cast steel ◆ acier *m.* moulé

cast stone ◆ pierre *f.* reconstituée ; → ***artificial stone***

cast ◆ moulé (e)

cast (to) ◆ mouler

cast concrete, work concrete (to) ◆ couler du béton ; bétonner

castellated ◆ crénelé (e)

casting, casting piece ◆ pièce *f.* de fonte ; pièce moulée

casting fault ◆ défaut *m.* de coulée

casting form, mould, matrix ◆ moule *m.*

castle ◆ château *m.* ; château fort

cat ladder* → *ladder

catacomb ◆ catacombe *f.*

catafalque ◆ catafalque *m.*

catapult ◆ lance-pierres *m. inv.*

cataract* → *waterfall

catch, snap ◆ targette *f.*

catch pit, drainage trench ◆ tranchée *f.* drainante

catchment ◆ captage *m.*

catchment area ◆ surface *f.* de captage

catenary arch* → *arch

catenary *(curve)* ◆ chaînette *f.*

caterpillar track ◆ chenille *f.*

caterpillar-tracked vehicle ◆ engin *m.* à chenilles

cathedral, minster ◆ cathédrale *f.*

cathedral glass ◆ verre *m.* cathédrale

cathedral tower ◆ tour *f.* de cathédrale

catherine-wheel window, rose window, wheel window* → *window, rose

cathode ◆ cathode *f.*

cat's eye ◆ œil-de-chat *m.* (*pl.* œils-de-chat)

cat hole *(in door, etc.)* ◆ chatière *f.*

catwalk ◆ passerelle *f.* (étroite)

caulis (*pl.* caules) ◆ caulicoles *f. pl. (ornement)*

caulk (to) ◆ calfeutrer ; calfater

caulked ◆ maté (e)

caulker ◆ calfat *m.*

caulking ◆ calfeutrage *m.* (*ou* calfeutrement)

caulking hammer ◆ matoir *m.*

causeway ◆ 1. pavé *m.* ; chaussée *f.* ; 2. *(am.)* trottoir *m.*

caustic lime → burnt lime →lime

cave ◆ grotte *f.*

cave dwelling ◆ habitation *f.* troglodytique

cavern ◆ caverne *f.*

cavetto ◆ cavet *m.*

cavity, hollow ◆ cavité *f.*

cavity brick, hollow brick ◆ brique *f.* creuse ; brique à trous ; brique alvéolée

cavity wall, hollow wall ◆ mur *m.* double

cedar ◆ cèdre *m.*

ceil (to) ◆ faire le plafond ; enduire le plafond

ceiling ◆ plafond *m.*

– **coffered ceiling** ◆ plafond à caissons

– ***counter ceiling → false ceiling***

– ***dropped ceiling → suspended ceiling***

– **false ceiling** ◆ faux plafond *m.* (*pl.* faux plafonds)

– **luminous ceiling** ◆ plafond lumineux

– **suspended ceiling** ◆ plafond suspendu

ceiling cabinet ◆ placard *m.* suspendu

ceiling construction ◆ construction *f.* du plafond

ceiling hanger ◆ suspente *f.* *(pour plafond suspendu)*

ceiling height ◆ hauteur *f.* sous plafond

ceiling lamp ◆ plafonnier *m.*

ceiling lath ◆ latte *f.* de plafond

ceiling light → skylight

ceiling lighting ◆ éclairage *m.* de plafond

ceiling with open beams ◆ plafond à poutres apparentes

ceiling reed ◆ roseau *m.* pour plafond

cell ◆ cellule *f.*

– **closed cell** ◆ cellule fermée

– **open cell** ◆ cellule ouverte

cella ◆ cella *f.* ; naos *m.*

cellar ◆ cave *f.*

cellar flap ◆ trappe *f.* de cave

cellar light *(or abat-jour)* ◆ abat-jour *m.*

cellar stairs ◆ escalier *m.* de cave ; échelle *f.* de meunier

cellophane ◆ cellophane *f.*

cellular ◆ alvéolaire

cellular city ◆ cité *f.* cellulaire

cellular concrete, aerated concrete ◆ béton *m.* cellulaire

cellulose ◆ cellulose *f.*

cement ◆ ciment *m.*

– **aluminous cement** ◆ ciment alumineux

– **bulk cement** ◆ ciment en vrac

– ***calcium-aluminate cement → high-alumina cement***

– **expansive cement** ◆ ciment expansif

– **fire cement** ◆ ciment réfractaire

– **high-alumina cement** ◆ ciment fondu

– **high-silica content cement** ◆ ciment à haute teneur en silice

– **lime slag cement** ◆ ciment de laitier à la chaux

– **magnesia cement** ◆ ciment magnésien

– **magnesium-oxychloride cement** ◆ ciment sorel

– **metallurgic cement** ◆ ciment métallurgique ; ciment de fer

– **natural cement** ◆ ciment naturel (C.N.)

– **Portland blast-furnace slag cement** ◆ ciment Portland de fer (C.P.F.)

– **Portland cement** ◆ ciment Portland

– **pozzolanic cement** ◆ ciment à la pouzzolane

– **quick-setting cement** ◆ ciment à prise rapide

– ***refractory cement → fire cement***

– **Roman cement** ◆ ciment romain

– **siliceous cement** ◆ ciment sursilicé

– **slag cement** ◆ ciment de laitier

– **sulphate-resistant cement** ◆ ciment à haute résistance aux sulphates

– **super-sulphated cement** ◆ ciment métallurgique supersulphaté

– **tile fixing cement** ◆ ciment-colle

– **trass cement** ◆ ciment pouzzolanique

– **white cement** ◆ ciment blanc

cement-asbestos (*or* asbestos-cement) ◆ amiante-ciment *m.*

cement block ◆ parpaing *m.* ; bloc *m.* en béton

cement concrete ◆ béton *m.* de ciment

cement covering ◆ chape *f.*

cement factor ◆ dosage *m.* en ciment

cement fillet ◆ solin *m.*

cement-floor tile ◆ carreau *m.* en ciment ; dalle *f.*

cement grout, cement slurry, neat cement ◆ coulis *m.* de ciment ; lait *m.* de ciment ; laitance *f.*

cement gun ◆ lance *f.* à projeter le ciment ; canon *m.* à ciment
cement and lime mortar ◆ mortier *m.* au ciment et à la chaux
cement mastic ◆ mastic *m.* de goudron de houille
cement mixer* → *concrete mixer
cement mortar ◆ mortier *m.* de ciment
cement paint, concrete paint ◆ peinture *f.* à base de ciment
cement pigment ◆ pigment *m.* pour ciment
cement rendering ◆ 1. enduit *m.* de ciment ; 2. plafonnage *m.* en ciment
cement roof-tile ◆ tuile *f.* en ciment
cement screed ◆ chape *f.*
cement stucco* → *stuc, stucco
cement tile ◆ carreau *m.* de ciment
cement (to) ◆ cimenter *(avec du mortier)* ; → ***harden (to)***
cementation ◆ cémentation *f.*
cementing ◆ masticage *m.*
cemetery, churchyard, graveyard ◆ cimetière *m.*
cenotaph ◆ cénotaphe *m.*
centaur ◆ centaure *m.*
center *(am.)* → ***centre***
centering *(am.)*, **centring** ◆ 1. cintre *m.* ; 2. cintrage *m.*
centigrade ◆ centigrade *m.*
centimeter *(am.)*, **centimetre** ◆ centimètre *m.*
central ◆ central (e) (*pl.* centraux/-ales)
central heating ◆ chauffage *m.* central
central line of pillars ◆ épine *f.*
central load* → *axial force
central pier ◆ trumeau *m.*
central-railway station ◆ gare *f.* centrale
centre, center *(am.)* ◆ centre *m.*
– ***distance between centres* → *centre-to-centre distance***
centre bit ◆ mèche *f.* anglaise
centreline ◆ axe *m.*
centre of gravity ◆ centre de gravité
centre of rotation ◆ centre de rotation (*ou* centre giratoire)
centre-to-centre, on-centre ◆ d'axe en axe
centre-to-centre distance ◆ entr'axe *m.*
centre of a town ◆ centre urbain
centrifugal ◆ centrifuge
centrifugal force ◆ force *f.* centrifuge
centrifugal moment ◆ moment *m.* centrifuge
centrifugal pump ◆ pompe *f.* centrifuge
ceramic ◆ céramique *adj.*
ceramic clay ◆ terre *f.* glaise
ceramics ◆ céramique *f.*
ceruse, white lead ◆ céruse *f.* ; blanc *m.* de céruse
cesspit, cesspool ◆ fosse *f.* d'aisances ; puisard *m.* ; fosse septique
– **chemical cesspit** ◆ fosse *f.* chimique
cess water ◆ eaux-vannes *f. pl.*
chain ◆ chaîne *f.* ; → ***door chain***
– **engineer's chain, measuring chain** ◆ chaîne d'arpenteur
chain bond, iron work ◆ chaînage *m.*
chain iron, chain link ◆ anneau *m.* d'une chaîne ; maillon *m.*
chain saw ◆ scie *f.* à chaîne
chaining ◆ chaînage *m.*
chair ◆ 1. chaise *f.* ; 2. chaire *f.* ; → ***seat***
chair bolt ◆ tire-fond *m. inv.*
chair rail ◆ rail *m.* de protection murale
chaise longue* → *lounging chair
chalet, Swiss cottage ◆ chalet *m.*
chalk ◆ craie *f.*
chalkboard* → *blackboard
chalk line ◆ ligne *f.* tracée au cordeau
chalk pit ◆ plâtrière *f.*
chalk a line (to) ◆ cingler ; battre la ligne
chalking ◆ farinage *m.*
chalking line ◆ cordeau *m.*
chalky *(soil, water, etc.)* ◆ plâtreux (-euse)
chalky sandstone ◆ grès *m.* calcaire
chalky stone, limestone ◆ pierre *f.* calcaire
chamber* → *room
chamber of architects ◆ Ordre *m.* des architectes
chamber door ◆ porte *f.* intérieure
chamber-door lock ◆ serrure *f.* de porte de chambre
chamfer ◆ 1. chanfrein *m.* ; 2. biseau *m.*
chamfer, bevel (to) ◆ 1. chanfreiner ; 2. biseauter
chamfered ◆ chanfreiné (e)

chancel ◆ chœur *m.* ; sanctuaire *m.*

chancel arch → arch

chancel (of a church) → choir

chancel screen ◆ jubé *m.*

chancery, chancellery ◆ chancellerie *f.*

chandelier ◆ lustre *m.*

change over switch ◆ commutateur *m.*

changing load, variable load → load

channel ◆ 1. canal *m.* ; 2. lit *m.* *(rivière)* ; 3. cannelure *f.*

channel, pipe ◆ buse *f.*

– **drainage channel** ◆ rigole *f.*

– **water channel** ◆ gouttière *f.* de condensation

channel *(of a coping)* ◆ canal *m.* de larmier ; goutte *f.* d'eau

channel iron, C section ◆ fer *m.* en forme de U

channel stone, gutter ◆ caniveau *m.*

channel, groove (to) → flute (to)

channelled ◆ strié (e)

chap ◆ fente *f.*

chapel, chapel-of-ease ◆ chapelle *f.*

– **apsidal chapel** ◆ chapelle *f.* absidiale ; absidiole *f.* ; → ***choir chapel***

chaplaincy ◆ aumônerie *f.*

chaplet, astragal, bead moulding ◆ chapelet *m.* ; → ***list-of-pearls***

chapter *(house)* ◆ salle *f.* capitulaire ; chapitre *m.*

char, stroke, tool, draft (to) ◆ ciseler la pierre

charcoal ◆ 1. charbon *m.* de bois ; 2. fusain *m.*

charcoal pan, brasier ◆ brasero *m.*

charcoal sketch ◆ fusain *m.*

charge, fee ◆ honoraires *m. pl.*

charge, load ◆ charge *f.*

charge hand ◆ chef *m.* d'équipe

charnel house ◆ ossuaire *m.*

charring chisel, indented chisel ◆ ciseau *m.* à dents

charring hammer, bush hammer ◆ boucharde *f.*

chart ◆ 1. diagramme *m.* ; 2. graphique *m.* ; abaque *m.* ; 3. carte *f.*

– **organization chart** ◆ organigramme *m.*

Charter of Athens ◆ Charte d'Athènes

chartered-building surveyor ◆ bureau *m.* de contrôle

chase ◆ saignée *f.* ; engravure *f.*

chase (to) ◆ engraver

check ◆ 1. contrôle *m.* ; 2. gerce *f.*

– **season check** ◆ gerce de séchage

check (to) → test (to)

check nut, lock nut ◆ contre-écrou *m.*

check valve ◆ clapet *m.* de retenue

checker ◆ contremaître *m.*

checking ◆ 1. contrôle ; 2. gerçures *f. pl.*

checking → approval of plans

cheek ◆ 1. jouée *f.* ; 2. montant *m.* d'une échelle ; → ***door jamb***

cheek board ◆ joue *f.* de coffrage ; panneau *m.* de joue

chef d'œuvre → masterpiece

chequered ◆ quadrillé (e)

chequered plate ◆ tôle *f.* striée

cherry laurel ◆ laurier-cerise *m.* (*pl.* lauriers-cerises)

chest ◆ caisse *f.* ; coffre *m.*

chest of drawers, commode ◆ commode *f.* (*ou* meuble *m.* à tiroirs)

chestnut ◆ châtaignier *m.* ; marronnier *m.*

chestnut, nut brown, auburn ◆ châtain (e)

chief architect ◆ maître *m.* d'œuvre

chief doorway ◆ portail *m.*

chief nave → nave

chiffonnier ◆ chiffonnier *m.*

chill (to) ◆ tremper

chimney, stack, stalk ◆ 1. cheminée *f.* ; 2. conduit *m.* de fumée

chimney bar ◆ linteau *m.* de cheminée

chimney block, chimney-flue tile ◆ boisseau *m.*

chimney bond ◆ appareillage *m.* de cheminée

chimney breast ◆ wagon *m.*

chimney cap, chimney cowl ◆ bonnet *m.* ; capote *f.* ; chapeau *m.*

chimney draught ◆ tirage *m.* de la cheminée

chimney effect ◆ effet *m.* de cheminée

chimney flashing ◆ solin *m.* de cheminée

chimney-flue tile → chimney block

chimney head ◆ mitre *f.* ; mitron *m.*

chimney jack ◆ lanterne *f.*

chimney opening ◆ trémie *f.* de cheminée

chimney piece, mantelpiece ◆ chambranle *m.* de cheminée ; manteau *m.* de cheminée

chimney pot ◆ pot *m.* de cheminée
chimney stack, chimney stalk ◆ souche *f.* de cheminée
chimney surround → ***chimney piece***
chimney sweeping ◆ ramonage *m.*
chimney tun → ***chimney stack***
china ◆ porcelaine *f.* de Chine
China (*or* Japan) porcelain vase ◆ potiche *f.*
China cabinet → ***display cupboard***
China clay ◆ kaolin *m.*
chinaware ◆ vaisselle *f.* de porcelaine
chinese green ◆ vert de Chine
chinese lacquer → ***lacquer***
chinese lantern ◆ lanterne *f.* chinoise
chinoiserie ◆ chinoiserie *f.*
chip, shaving, core ◆ copeau *m.*
chipboard ◆ panneau *m.* de particules ; aggloméré *m.*
chip (to) ◆ épaufrer
chippings ◆ recoupe *f.* ; pierraille *f.* ; → ***scrap iron***
chisel ◆ 1. ciseau *m.* ; 2. burin *m.*
chisel (to) ◆ ciseler
chisel out (to) ◆ mortaiser
chlorination ◆ chloration *f.*
chock ◆ cale *f.*
choir, presbytery, chancel of a church ◆ chœur *m.* d'église
– **trefoiled choir** ◆ chœur *m.* tréflé
choir chapel ◆ absidiole *f.*
choir niche ◆ niche *f.* de chœur
choir stall, pew ◆ 1. stalle *f.* de chœur ; 2. forme *f.* d'église
chop ◆ copeau *m.*
chord *(arch)* ◆ portée *f.*
chord *(truss)* ◆ membrure *f.*
– **bottom chord, lower chord** ◆ membrure inférieure
– **top chord** ◆ membrure supérieure
christian era ◆ ère *f.* chrétienne
christogram, chrismon ◆ chrisme *m.*
chromate ◆ chromate *m.*
chromium ◆ chrome *m.*
chromium plated ◆ chromé (e)
chromium plating ◆ chromage *m.*
chronogram ◆ chronogramme *m.*
chuff brick → ***salmon brick*** → ***brick***
church ◆ église *f.*
– **fortified church** ◆ église fortifiée
– **hall church** ◆ église-halle
church porch → ***galilee***
church seat, pew, bench pew ◆ banc *m.* d'église
church tower ◆ tour *f.* (*ou* tourelle) d'église
church window, tracery window ◆ fenêtre *f.* d'église (*ou* vitrail *m.*)
churchyard → ***cemetery***
chute ◆ toboggan *m.* *(chantier)* ; glissière *f.* ; goulotte *f.*
C.I. → ***cast iron***
ciborium ◆ ciboire *m.*
cill, sill, door sill ◆ seuil *m.*
cima → ***cyma***
cincture *(of a column)* ◆ ceinture *f.* de colonne
cinema ◆ cinéma *m.*
cinquefoils, cinqfoils ◆ cinq-feuilles *m. inv.* (*ou* quintefeuille *f.*)
cippus ◆ borne *f.* milliaire
circle ◆ 1. cercle *m.* ; 2. galerie *f.* *(théâtre)*
– **trafic circle** ◆ rond-point *m.* (*pl.* ronds-points)
circlet ◆ anneau *m.*
circuit ◆ circuit *m.* *(électricité)*
– **short circuit** ◆ court-circuit *(électricité)*
circuit breaker ◆ disjoncteur *m.*
circular ◆ circulaire
circular arch → ***arch***
circular saw, disk saw ◆ scie *f.* circulaire
circular-spirit level ◆ niveau *m.* sphérique
circular stairs, spiral stairs ◆ escalier *m.* circulaire (*ou* escalier hélicoïdal) ; escalier à vis
circulation ◆ circulation *f.*
circulation pump ◆ circulateur *m.*
circumference ◆ 1. circonférence *f.* ; 2. périphérie *f.*
circumvallation, walls around a town ◆ 1. rempart *m.* ; 2. retranchement *m.*
circus ◆ rond-point *m.* (*pl.* ronds-points)
circus, hippodrome ◆ cirque *m.*
cistern ◆ réservoir *m.* à eau ; citerne *f.*

– **flushing cistern, flush tank** *(am.)* ◆ réservoir *m.* de chasse d'eau

citadel ◆ citadelle *f.*

city ◆ 1. *adj.* urbain (e) ; municipal (e) (*pl.* municipaux/-ales) ; 2. ville *n. f.*

city centre ◆ centre *m.* ville

city dwellers ◆ population *f.* urbaine

city hall ◆ hôtel *m.* de ville

city planner *(am.)*, **town planner** ◆ urbaniste

city planning *(am.)*, **town planning, urban planning** ◆ urbanisme *m.*

civic ◆ civique ; municipal (e) (*pl.* municipaux/-ales)

civic centre ◆ centre *m.* administratif

civic rights ◆ droits *m. pl.* civiques

civil architecture ◆ architecture *f.* civile

civil engineer ◆ ingénieur *m.* du Génie civil ; ingénieur des Travaux publics

civil engineering ◆ Génie *m.* civil

civilization ◆ civilisation *f.*

cladding ◆ parement *m.* ; bardage *m.* ; habillage *m.* ; → ***tile cladding***

– **breathing cladding** ◆ façade *f.* respirante

cladding wall ◆ mur *m.* de revêtement

clamp, cramp, staple ◆ 1. agrafe *f.* ; crampon *m.* ; 2. cavalier *m.*

clamp, cramp ◆ serre-joint *m.* (*pl.* serre-joints)

– **joiner's clamp** ◆ serre-joint *(de menuisier)*

clamp, scove kiln ◆ four *m.* de champ

clamp (to) ◆ agrafer ; cramponner

clamping *(with boards or battens)* ◆ lambrissage *m.*

clamping plate ◆ crampon *m.* ; connecteur *m.*

clapboard → ***weatherboarding***

claret ◆ bordeaux *m.* (rouge -)

clasp, hook, crook, bracket ◆ crochet *m.* ; crampon *m.* ; agrafe *f.* ; attache ; → ***tongs***

clasp nail, clout nail, tack ◆ clou *m.* à tête plate (*ou* tête-plate *f.*)

classic, classical ◆ classique

classic revival ◆ néo-classique

classical architecture ◆ architecture *f.* classique

classical order ◆ ordre *m.* classique

classicism ◆ classicisme *m.*

classicist ◆ adepte *m.* ou *f.* du classicisme

classification ◆ classification *f.* ; classement *m.*

classroom ◆ classe *f.* (*ou* salle *f.* de classe)

claustra, screen wall ◆ claustra *m.*

claustral, cloistral ◆ claustral (e) (*pl.* claustraux/-ales)

claw → ***devil claw***

claw bar ◆ pied-de-biche *m.* (*pl.* pieds-de-biche)

claw hammer ◆ marteau *m.* à dents (*ou* marteau à panne fendue *ou* marteau de charpentier)

clay ◆ argile *f.* ; glaise *f.* (*ou* terre glaise) ; → ***ceramic clay, China clay, potter's clay***

– **baked clay, burnt clay** ◆ terre cuite

– **expanded clay** ◆ argile expansée

– **fatty clay** ◆ argile grasse

– **fire clay** ◆ argile réfractaire

– ***fired clay*** → ***baked clay***

– **potter's clay, pot clay** ◆ terre glaise

– **vitrified clay** ◆ grès *m.* cérame

clay bank, clay strata (*or* stratum) ◆ couche *f.* d'argile

clay mortar ◆ mortier *m.* d'argile

clay slate ◆ schiste *m.* argileux ; → ***slate roof*** → ***slate***

clay soil ◆ sol *m.* argileux

clay tile → ***tile***

clayey, clayish ◆ argileux (-euse) ; glaiseux (-euse)

clayey earth ◆ terre *f.* argileuse

clean timber, clear timber, clear lumber *(am.)* ◆ bois *m.* sans nœuds

cleaning eye, cleanout *(am.)* ◆ regard *m.* ; porte *f.* de ramonage

cleaning hinge ◆ charnière *f.* en coude

cleanout *(am.)* → ***cleaning eye***

cleanse, purify (to) ◆ purifier

clear ◆ transparent (e)

clear span → ***span***

clear timber → ***clean timber***

clear width ◆ largeur *f.* de passage

clearance ◆ 1. échappée *f.* ; 2. débattement *m.* ; jeu *m.* (*pl.* jeux)

– **limited clearance** ◆ hauteur *f.* limitée

– **vertical clearance** ◆ hauteur *f.* libre

clearstory → ***clerestory***

cleat ◆ tasseau *m.* (*pl.* tasseaux)

– **purlin cleat** ♦ chantignole *f.* (*ou* chantignolle *ou* échantignole)

cleavage ♦ délitage *m.*

cleave, fend, rive, split (to) ♦ fendre ; cliver

cleaved wood → split wood

cleaving grain ♦ lit *m.* d'assise

cleft, crack ♦ fente *f.* ; fissure *f.* ; crevasse *f.*

clench (to) → clinch, rivet (to)

clerestory, clearstory ♦ fenêtre *f.* haute ; claire-voie *f.* (*pl.* claires-voies)

clerestory ring, eye of a cupola ♦ anneau *m.* de lanternon

clerk of works, master of works ♦ contremaître *m.* ; conducteur *m.* des travaux

client ♦ maître *m.* d'ouvrage

cliff ♦ falaise *f.*

climate ♦ 1. climat *n. m.* ; 2. climatique *adj.*

climbing form → form

clinch, clench (to) ♦ river

clinic ♦ clinique *f.*

clink ♦ fente *f.*

clinker ♦ mâchefer *m.*

– **cement clinker** ♦ clinker *m.*

clinometer ♦ clinomètre *m.*

clip ♦ clip *m.*

clippings → scrap iron

cloakroom ♦ vestiaire *m.*

cloakscreen, pin rail ♦ portemanteau *m.*

clock ♦ horloge *f.* ; → ***tower clock***

clock hammer ♦ marteau *m.* de cloche (*ou* marteau d'horloge)

clock tower ♦ tour *f.* d'horloge

cloister ♦ cloître *m.*

cloister(ed) vault *(am.)*, **coved vault** ♦ voûte *f.* en arc de cloître ; voûte de cloître

close a vault (to) ♦ fermer une voûte

closed arcade → passage

closed string ♦ limon *m.* à la française

closed system ♦ système *m.* fermé

closet ♦ retrait *m.* ; → ***water closet***

closet *(am.)*, **wall cabinet, cupboard, built-in cupboard** ♦ armoire *f.* fixe ; placard *m.*

closing device ♦ ferme-porte *m.*

– **automatic closing device** ♦ ferme-porte automatique

closing plug of a sewer ♦ trappe *m.* de visite ; regard *m.* d'égout

closing tile ♦ tuile *f.* à emboîtement

cloud → vein

clout nail ♦ clou *m.* à tête plate ; → ***clap nail***

clover leaf (crossing) ♦ croisement *m.* en trèfle

cluster pine ♦ pin *m.* maritime (*ou* pin des Landes)

clustered column, compound pier → column

coach house ♦ remise *f.*

coach wrench, monkey wrench, shifting spanner ♦ clef *f.* anglaise ; clef à écrous

coal ♦ charbon *m.*

coal ash(es) ♦ cendre *f.* de houille ; cendre de charbon

coal bunker ♦ soute *f.* à charbon

coal gas ♦ gaz *m.* de ville

coal stores, coal yard ♦ dépôt *m.* de charbon

coal tar ♦ coaltar *m.* (*ou* goudron *m.* de houille)

coarse ♦ grossier (ère)

coarse canvas ♦ toile *f.* de jute

coarse file, rough file ♦ râpe *f.* ; riflard *m.*

coarse grained ♦ à gros grain

coarse granulation ♦ grosse granulométrie *f.*

coarse sand ♦ gros sable ; sable rude

coarse stuff (*or* mortar for first layer of rendering) ♦ mortier *m.* pour la couche de fond de l'enduit

coast, shore ♦ bord *m.* ; côte *f.* ; rive *f.* ; rivage *m.*

coast road ♦ route *f.* en corniche

coastal ♦ littoral (e) (*pl.* littoraux/-ales)

coat, coating ♦ couche *f.* ; enduit *m.*

– **base coat** ♦ couche d'apprêt

– **brown(ing) coat** ♦ couche de fond *(enduit)*

– **finishing coat (plastering *or* rendering)** ♦ enduit de surfaçage ; couche de finition *(enduit)*

– **intermediate coat** ♦ couche intermédiaire

– **parge coat** ♦ enduit hydrofuge

– ***setting coat → finishing coat***

– **scratch coat** ♦ enduit gratté

– **top coat *(paint)*** ♦ couche de finition *(peinture)*

– **two-coat work** ♦ enduit deux couches

coat of paint ◆ couche de peinture
coat of plastering, coat of rendering ◆ couche d'enduit
coat rack, coat rail, coat strand ◆ porte-vêtement *m.*
coat with red lead (to) ◆ peindre au minium
coat (to) ◆ 1. revêtir ; 2. enduire
coated sheet ◆ tôle *f.* laquée
coating ◆ 1. revêtement *m.* ; 2. enduisage *m.* ; → ***coat***
– **rough coating** ◆ crépi *m.*
cob ◆ pisé *m.* ; torchis *m.*
cob wall ◆ mur *m.* en pisé
cobalt ◆ cobalt *m.*
cobalt blue ◆ bleu de cobalt
cobble ◆ galet *m.* ; → ***boulder***
cobble (to) ◆ revêtir de cailloux
cock ◆ robinet *m.* ; → ***gas cock, tap***
cockle stair → ***spiral stairs*** → ***stairs***
cocofibre slab ◆ plaque *f.* en fibres de coco
cocos gypsum slab (*or* panel) ◆ plaque *f.* de plâtre avec fibres de coco
code of practice ◆ règles *f. pl.* de l'art
codification ◆ codification *f.*
coefficient, modulus ◆ coefficient *m.*
coefficient of elasticity → ***modulus of elasticity***
coefficient of expansion ◆ coefficient *m.* de dilatation
coefficient of friction ◆ coefficient de frottement
coefficient of heat transmission ◆ coefficient de transmission de chaleur
coefficient of roughness ◆ coefficient de frottement
coefficient of safety → ***safety factor***
coefficient of thermal expansion → ***coefficient of expansion***
coffee room *(in hotels)* ◆ salle *f.* à manger *(hôtels)*
coffer ◆ 1. coffre *m.* ; 2. caisson *m.* ; → ***pneumatic caisson***
coffer dam ◆ batardeau *m.*
coffer system *(foundation)* → ***caisson foundation*** → ***caisson***
coffered ◆ à caissons
cog wheel, toothed wheel ◆ roue *f.* dentée ; roue d'engrenage
cohabitation ◆ cohabitation *f.*
cohesion ◆ cohésion *f.*
cohesive ◆ cohésif (-ive)
coil ◆ serpentin *m.*
– **heating coil** ◆ serpentin de chauffage
cold-bending test ◆ essai *m.* de pliage à froid
cold bridge ◆ pont *m.* thermique
cold brittleness ◆ sensibilité *f.* au froid
cold chisel ◆ ciseau *m.* à froid
cold drawn ◆ étiré (e) à froid
cold short ◆ cassant à froid
cold shortness ◆ non-résistance au froid
cold store ◆ entrepôt *m.* frigorifique ; chambre *f.* froide
cold-water colour ◆ détrempe *f.*
cold-water supply → ***water supply***
coliseum → ***colosseum***
collapse, fall down ◆ affaissement *m.* ; écroulement *m.* ; effondrement *m.*
collapse (to) ◆ affaisser (s'-) ; effondrer (s'-)
collar → ***peg shoulder***
collar beam, collar tie, strut beam ◆ entrait *m.* retroussé
collar-beam truss ◆ ferme *f.* à entrait retroussé
collar *(for pipes)* ◆ collier *m.*
collecting and piping *(of water)* ◆ captage *m.*
collector ◆ capteur *m.* solaire
colloid ◆ colloïde *m.*
Colombian pine → ***Douglas fir***
colonial architecture ◆ architecture *f.* coloniale
colonnade ◆ colonnade *f.*
colonnade basilica ◆ basilique *f.* à colonnes
colonnette, colonette ◆ colonnette *f.*
colossal ◆ colossal (e) (*pl.* colossaux/-ales)
colossal order, giant order ◆ ordre *m.* colossal
colosseum, coliseum ◆ colisée *m.*
colour, color *(am.)* ◆ couleur *f.*
colour card ◆ nuancier *m.*
colour fastness, colour retention ◆ stabilité *f.* de la couleur
colour of the paint → ***hue***
colour (to) ◆ colorer
coloured ◆ coloré (e) ; en couleur
coloured ornament ◆ ornement *m.* en couleur
colouring matter → ***pigment***

colourless ◆ incolore ; sans couleur

columbarium (*pl.* columbaria) ◆ columbarium *m.*

column ◆ poteau *m.* ; colonne *f.*

– **annulated column** ◆ colonne annelée

– **attached column** ◆ colonne adossée

– **banded column** ◆ colonne à bossages

– ***barley-sugar column*** → ***spiral column***

– **box column** ◆ poteau creux

– ***bundle column*** → ***clustered column***

– **clustered column, compound pier** ◆ colonne en faisceau (*ou* colonne fasciculée)

– **composite column** ◆ colonne composite

– **coupled columns** ◆ colonnes jumelées

– **engaged column** ◆ colonne engagée

– **fluted column** ◆ colonne cannelée

– **long column** ◆ poteau élancé

– **pipe column** ◆ poteau tubulaire

– **ringed column** ◆ colonne baguée

– **rostral column** ◆ colonne rostrale

– ***rusticated column*** → ***banded column***

– **semicolumn** ◆ demi-colonne *f.*

– **small column** ◆ colonnette *f.*

– **spiral column** ◆ colonne torse ; colonne à torsades

– **spiral-reinforced column** ◆ poteau fretté en hélices

– **twisted column** ◆ colonne cablée

– **wreathed column** ◆ colonne à cannelures torses

column base ◆ embase *f.* de poteau

column capital ◆ chapiteau *m.* de colonne

column casing ◆ coffrage *m.* de poteau

comb ◆ peigne *m.* *(pour enduit ou colle)*

combed joint, finger joint → ***joint***

combination lock ◆ serrure *f.* à secret

combined stresses ◆ contraintes *f. pl.* combinées

combustible ◆ inflammable ; combustible

comfort ◆ confort *m.*

commode → ***chest of drawers***

common area ◆ espace *m.* commun

common ownership ◆ mitoyenneté *f.*

common parts ◆ parties communes *f. pl.*

common rafter → ***rafter***

common wall *(am.)* → ***party wall***

community ◆ agglomération *f.*

community centre ◆ centre *m.* social

compact, ram (to) ◆ 1. compacter ; 2. damer

compacting, compaction *(concrete)* ◆ serrage *m.* du béton

compacting, compaction *(soil)* ◆ compactage *m.*

compaction → ***soil consolidation***

compactness ◆ compacité *f.*

compactor ◆ compacteur *m.*

compartment, division ◆ compartiment *m.*

compartment wall → ***fire wall*** → ***wall***

compass ◆ compas *m.* ; → ***beam compass, reduction compass***

compass brick, radial brick, radius brick → ***arch brick*** → ***brick***

compass card ◆ rose *f.* des vents

compass plane ◆ rabot *m.* cintré (*ou* rabot rond)

compass saw, piercing saw ◆ scie *f.* passe-partout (*ou* passe-partout *m. inv.*)

compass window → ***window***

compensate (to) ◆ racheter le carré

compensation → ***indemnification***

competition ◆ 1. concours *m.* ; 2. concurrence *f.*

complex ◆ ensemble *m.*

compo ◆ mortier *m.* bâtard

component ◆ composant *m.* ; constituant *m.*

– **modular component** ◆ composant modulaire

composed, compound girder → ***built-up girder***

composite ◆ composite

composite board ◆ panneau *m.* composite

composite order ◆ ordre *m.* composite

composite slab ◆ dalle *f.* collaborante ; plancher *m.* collaborant

composition ◆ composition *f.*

compound, mix, mixture ◆ mélange *m.*

compound ◆ 1. mastic *n. m.* ; 2. composé (e) *adj.*

compound curve ◆ arc *m.* en anse de panier

compound girder, composed girder → ***built-up girder***

compound load ◆ surcharge *f.* composée

compound pier → ***clustered column*** → ***column***

compressed asphalt ◆ asphalte *m.* comprimé

compression ◆ compression *f.*

– **in compression** ◆ 1. comprimé (e) ; 2. travaillant sous compression

compression bar ◆ barre *f.* en compression

compression member ◆ membre *m.* en compression

compressive strength ◆ résistance *f.* à la compression

compressive stress ◆ tension *f.* de compression

compressor ◆ compresseur *m.* à air ; pompe *f.* à air

compulsory purchase ◆ expropriation *f.*

computation, calculation ◆ calcul *m.* ; calculs *m. pl.*

computation of quantities → ***quantity survey***

computation of the price of costs ◆ calcul des prix

computer ◆ ordinateur *m.*

computer aided design (C.A.D.) ◆ conception *f.* assistée par ordinateur (C.A.O.)

computer-aided drawing ◆ dessin *m.* assisté par ordinateur (D.A.O.)

concave ◆ 1. concave ; creux (-euse) ; 2. négatif (-ive)

concave mirror ◆ glace *f.* concave

concave moulding ◆ gorge *f.*

concavity ◆ concavité *f.*

concentrated load, single load ◆ charge *f.* concentrée

concentric ◆ concentrique

conch(a), arch of niche ◆ coquille *f.* ; conque *f.*

conch → ***sectroid***

conches of a vault → ***haunches***

concha ◆ cul-de-four *m.* (*pl.* culs-de-four)

concourse ◆ 1. hall *m. (gare, stade)* ; 2. salle *f.* des pas perdus

concrete ◆ béton *m.*

- **aerated concrete** ◆ béton aéré
- **air-entrained concrete** ◆ béton à air occlus
- **asphalt concrete** ◆ béton asphaltique
- **autoclaved concrete** ◆ béton autoclavé
- **bituminous concrete** ◆ béton bitumineux
- **blinding concrete** ◆ béton de propreté
- **bush-hammered concrete** ◆ béton bouchardé
- **cast concrete** ◆ béton coulé
- **cast in place concrete, in situ concrete** ◆ béton banché ; béton coulé en place
- **cellular concrete** ◆ béton alvéolaire (*ou* béton cellulaire)
- **cement concrete** ◆ béton de ciment
- **colloidal concrete** ◆ béton activé (*ou* béton colloïdal)
- **coloured concrete** ◆ béton coloré
- **dense concrete** ◆ béton plein
- **dry concrete** ◆ béton sec
- ***enamelled concrete*** → ***glazed concrete***
- **expanded clay concrete** ◆ béton d'argile expansée
- **exposed concrete** ◆ béton apparent
- **fair-faced concrete** ◆ béton de parement
- **fat concrete** ◆ béton gras
- **ferro-concrete, reinforced concrete** ◆ béton armé
- **fibrous concrete** ◆ béton armé de fibres
- **filler concrete** ◆ béton de remplissage
- **foam(ed) concrete** ◆ béton-mousse
- **form-vibrated concrete** ◆ béton vibré sur coffrage
- **fresh concrete** ◆ béton frais
- **frostproof concrete** ◆ béton antigélif
- **gas concrete** ◆ béton cellulaire
- **glass-reinforced concrete (G.R.C.)** ◆ béton armé de fibres de verre
- **glazed concrete** ◆ béton émaillé
- **gravel concrete** ◆ béton de gravier
- **green concrete, fresh concrete** ◆ béton frais
- **grout-intruded concrete** ◆ béton injecté
- **gypsum concrete** ◆ béton de plâtre ; béton de gypse
- **hardened concrete** ◆ béton durci
- **heated concrete** ◆ béton chauffé
- **heavy concrete, heavyweight concrete, high-density concrete** ◆ béton lourd
- **high-slump concrete** ◆ béton plastique
- **hot concrete** ◆ béton chaud
- **immature concrete** ◆ béton jeune
- ***in situ concrete*** → ***cast in place concrete***
- **insulation concrete** ◆ isobéton
- ***large aggregate concrete*** → ***heavy concrete***
- **lean concrete, poor concrete** ◆ béton maigre
- **lightweight concrete** ◆ béton léger
- **lime concrete** ◆ béton de chaux
- **mass concrete** ◆ béton de masse
- **monolithic concrete** ◆ béton monolithe
- **no-fines concrete** ◆ béton sans sable ; béton sans granulats fins (*ou* sans fines)
- **no-slump concrete** ◆ béton sec
- **ornemental concrete** ◆ béton ornemental
- **oversite concrete** ◆ béton de propreté
- **packaged concrete** ◆ béton en sacs

– **pavement concrete, paving concrete** ◆ béton routier
– **plain concrete** ◆ béton courant ; béton non armé
– **plant-mixed concrete** ◆ béton de centrale
– **plastic concrete** ◆ béton (de consistance) plastique
– **poor concrete** ◆ béton maigre
– **porous concrete** ◆ béton poreux
– **post-tensioned concrete** ◆ béton postcontraint
– **precast concrete** ◆ béton préfabriqué
– **prestressed concrete** ◆ béton précontraint
– **protecting concrete** ◆ béton d'enrobage
– **pumice concrete** ◆ béton de ponce
– **pumped concrete** ◆ béton pompé
– **rammed concrete, punned concrete** ◆ béton compacté ; béton damé
– **ready-mixed concrete** ◆ béton prêt à l'emploi
– **refractory concrete** ◆ béton réfractaire
– **reinforced concrete (R.C.)** ◆ béton armé
– ***shuttered concrete → cast in situ concrete***
– **slag concrete** ◆ béton (de) laitier
– **sprayed concrete** ◆ béton projeté
– **spun concrete** ◆ béton centrifugé
– **steam-cured concrete** ◆ béton étuvé
– **steel-chips concrete** ◆ béton à paillettes d'acier
– ***steel concrete → reinforced concrete***
– **stiff concrete** ◆ béton sec
– **stone concrete** ◆ béton de granulat concassé
– **tar concrete** ◆ béton de goudron
– **underwater concrete** ◆ béton coulé sous l'eau
– **vacuum concrete** ◆ béton au vide (*ou* béton essoré)
– **vibrated concrete** ◆ béton vibré
– **washed concrete** ◆ béton de gravillons lavés
– **white concrete** ◆ béton blanc
– **wood-cement concrete** ◆ béton de bois ; fibragglo *m.*

concrete admixture → admixture
concrete block ◆ parpaing *m.* en béton (*ou* bloc *m.* en béton) ; aggloméré *m.*
concrete breaker ◆ brise-béton *m.*
concrete brick ◆ brique *f.* de béton
concrete enamel ◆ bétonémail *m.*
concrete fence ◆ clôture *f.* en béton
concrete floor → concrete slab
concrete (floor) tile ◆ dalle *f.* en béton *(revêtement de sol)*
concrete forms ◆ coffrage *m.* à béton
concrete framework ◆ charpente *f.* en béton
concrete-framed construction, concrete structure ◆ construction *f.* en ossature en béton
concrete gun ◆ guniteuse *f.* ; canon *m.* à ciment
concrete hardener ◆ durcisseur *m.*
concrete insert ◆ cheville *f.*
concrete layer ◆ chape *f.* en béton
concrete mixer, cement mixer ◆ bétonnière *f.* ; malaxeur *m.* à béton
concrete mixer with rotating drum ◆ bétonnière *f.* à auge tournante
concrete mortar ◆ mortier *m.* de béton
concrete nail *(am.)*, **masonry nail** ◆ clou *m.* à béton
concrete paint → cement paint
concrete pile ◆ pieu *m.* en béton
concrete pump ◆ pompe *f.* à béton
concrete sand ◆ sable *m.* pour le béton
concrete slab, concrete floor ◆ dalle *f.* en béton ; plancher *m.* en béton
concrete steel ◆ fers *m. pl.* à béton
concrete topping ◆ dalle *f.* de compression
concrete work ◆ bétonnage *m.*
concrete worker ◆ bétonneur *m.*

concreting ◆ bétonnage *m.*

condemnation of unfit for use ◆ arrêté *m.* de péril

condensation ◆ condensation *f.* ; → ***sweating***
– **condensation groove** ◆ gouttière *f.* de condensation

condenser ◆ condenseur *m.*

condition of equilibrium ◆ état *m.* d'équilibre

conditioning ◆ conditionnement *m.*

condominium *(am.)* ◆ immeuble *m.* en copropriété

conduction ◆ conduction *f.*

conductivity ◆ conductivité *f.* *(électricité)*
conductivity of heat, thermal conductivity ◆ conductibilité *f.* thermique (*ou* conductivité *f.* thermique) (*T*)

conductor, down pipe *(am.)* ◆ descente n. *f.* d'eaux pluviales

conductor ◆ conducteur (-trice)
– **non conductor** ◆ non conducteur (-trice)

conductor head ◆ cuvette *f.*
conduit, duct, drain ◆ canal *m.* (*pl.* canaux)
cone ◆ cône *m.*
confessional ◆ confessional *m.*
congeal, solidify (to) ◆ 1. congeler (se -) ; 2. solidifier (se -)
congé ◆ congé *m. (architecture)*
conglomerate ◆ conglomérat *m.* ; → ***crumbling rock***
conic, conical ◆ conique
coniferous wood, pine wood, softwood ◆ bois *m.* résineux ; conifère *m.*
connect *(pipe)* (to) ◆ raccorder
connect with bolts, fix with bolts (to) ◆ cheviller ; fixer par des écrous
connect up (to) ◆ accoupler
connection ◆ branchement *m.*
connection, connexion → ***bolt connection***
connector ◆ crampon *m.*
consent for demolition ◆ permis *m.* de démolir
conservation ◆ conservation *f.*
conservatory, academy of Music *(G.B.)* ◆ conservatoire *m.*
conservatory, greenhouse ◆ serre *f.*
consistency, consistence ◆ consistance *f.*
console, bracket ◆ console *f.*
console scroll ◆ volute *f.* de console
console table ◆ console *f.*
consolidate (to) → ***strengthen (to)***
consolidation ◆ consolidation *f.*
consolidation, strengthening → ***stiffening***
constancy of volume ◆ constance *f.* de volume
constraint ◆ sujétion *f.*
construct, build, practise, pratice *(am.)* **(to)** ◆ construire ; bâtir
construction, building ◆ construction *f.*
construction defect ◆ vice *m.* de construction
construction phase ◆ phase *f.* des travaux
construction of roads, road making ◆ construction des routes
construction of scaffolds, scaffolding ◆ construction d'échafaudages
construction schedule ◆ calendrier *m.* des travaux
construction time ◆ délai *m.* de réalisation
construction work ◆ ouvrage *m.* d'art
constructional drawing ◆ plan *m.* d'exécution (*ou* plan technique)
constructive ◆ constructif (-ive)
constructivism ◆ constructivisme *m.*
constructivist ◆ constructiviste
constructor ◆ constructeur *m.*
consulting engineer ◆ ingénieur-conseil *m.*
consulting-engineers office ◆ bureau *m.* d'études techniques (B.E.T.)
container ◆ réservoir *m.*
continuous beam ◆ poutre *f.* continue
continuous current, direct current ◆ courant *m.* continu
continuous footing ◆ semelle *f.* continue
continuous hinge → ***piano hinge, hinge***
continuous kiln, warren kiln, Hoffman kiln ◆ four *m.* annulaire ; four circulaire
continuous levelling ◆ nivellement *m.* en long ; nivellement composé
continuous-projecting base ◆ embase *f.*
continuous-running kiln → ***tunnel kiln***
contour ◆ contour *m.*
contour line ◆ courbe *f.* de niveau
contour map ◆ plan *m.* topographique ; plan à courbes (d'altitude)
contract ◆ contrat *m.* ; soumission *f.*
- **by contract** ◆ à forfait ; par contrat
- **private contract** ◆ marché *m.* de gré à gré

contract price ◆ montant *m.* de la soumission
contract work ◆ travail *m.* à forfait
contract (to) → ***shrink (to)***
contraction → ***shrinkage***
contraction joint ◆ joint *m.* de retrait
contractor ◆ entrepreneur *m.*
- **building contractor** ◆ entrepreneur *m.* en (*ou* de) bâtiment(s)
- **general contractor, main contractor** ◆ entrepreneur (*ou* entreprise) général (e)
- **subcontractor** ◆ sous-traitant *m.* (*pl.* sous-traitants)

Contractors' Federation ◆ Syndicat *m.* des entrepreneurs ; Fédération *f.* des entrepreneurs
contrast ◆ contraste *m.*
control ◆ commande *f.*

– **automatic control** ◆ régulation *f.*
convection ◆ convection *f.*
convector ◆ convecteur *m.*
convenience outlet ◆ sortie *f.* électrique
conveniences ◆ toilettes *f. pl.*
convent, monastery ◆ couvent *m.* ; monastère *m.*
conventional ◆ conventionnel (-elle)
conventual ◆ conventuel (-elle)
convex ◆ convexe
  convex, arched ◆ bombé (e)
convexity ◆ convexité *f.*
  convexity, bulge, swelling ◆ bombement *m.*
conveyance, transport, cartage ◆ transport *m.*
– **belt conveyor** ◆ tapis *m.* transporteur ; courroie *f.* transporteuse
cooker ◆ fourneau *m.* de cuisine (*ou* cuisinière *f.*) ; → ***gas cooker, kitchen range***
cooking stove ◆ cuisinière *f.*
cool red-hot steel in water (to) ◆ tremper
cooler ◆ refroidisseur *m.*
– **split cooler** ◆ climatiseur bi-bloc (*ou* split)
– **unit cooler** ◆ climatiseur individuel ; → ***air conditioner*** → ***unit-air conditioner***
cooling ◆ refroidissement *m.*
  cooling capacity ◆ puissance *f.* frigorifique
  cooling chamber ◆ chambre *f.* froide
  cooling plant, cold store ◆ entrepôt *m.* frigorifique
  cooling tower ◆ tour *f.* de refroidissement
coordinate ◆ coordonnée *f.*
co-ownership ◆ copropriété *f.*
copal ◆ copal *m.* (*pl.* copals) *(vernis)*
coped ◆ en dos d'âne
copestone → ***coping stone***
coping ◆ faîte *m.*
coping, capping, brow ◆ couverture *f.* ; chaperon *m.*
– **featheredge coping** ◆ chaperon à un versant
– **saddle (backed) coping** ◆ chaperon *m.* à deux versants
  coping stone, copestone ◆ chaperon *m.* ; pierre *f.* de couronnement
coping, wall coping ◆ couronnement *m.* d'un mur
copolymer ◆ copolymère *m.*
copper ◆ 1. cuivre *m.* ; → ***sheet copper*** ; 2. de ou en cuivre *adj.*
– **wrought copper** ◆ cuivre martelé
  copper sheet ◆ cuivre *m.* en feuille
  coppersmith, brazier ◆ chaudronnier *m.* ; dinandier *m.*
  copper solder ◆ soudure *f.* du cuivre
  copper tubing ◆ tube *m.* de cuivre
  copper wire ◆ fil *m.* de cuivre
copper, copperplate (to) ◆ cuivrer
corbeil, corbeille ◆ corbeille *f.*
corbel ◆ corbeau *m.*
  corbel, corbel stone → ***ancon***
corbelled (out) ◆ en encorbellement
corbelling ◆ encorbellement *m.*
  corbelling arch ◆ arc *m.* à encorbellement
cord, rope ◆ corde *f.*
  cord *(electricity)* ◆ cordon *m.* souple
cordon ◆ bandeau *m.* ; cordon *m.*
  cordon → ***string course***
core ◆ 1. noyau *m.* ; cœur *m.* ; âme *f.* ; 2. alvéole *f.* ; → ***chip, heart***
core, boring ◆ carotte *f.*
core *(in building)* ◆ noyau *m.*
  core and shell office ◆ bureau *m.* en blanc
  core board ◆ panneau *m.* latté
  core rail ◆ bandelette *f.*
coring ◆ carottage *m.*
Corinthian ◆ corinthien (-enne)
  Corinthian order ◆ ordre *m.* corinthien
cork ◆ liège *m.*
  corkscrew stairs → ***spiral stairs*** → ***stairs***
  cork slab, cork brick, cork sheet ◆ dalle *f.* en liège
  cork tile ◆ carreau *m.* de liège
  corkwood → ***balsa***
corner ◆ coin *m.* ; encoignure *f.*
  corner assembling, angular fish, knee brace ◆ assemblage *m.* d'équerre ; éclisse *f.*
  corner bath ◆ baignoire *f.* d'angle
  corner bead, corner guard ◆ protège-angle *m.* ; cornette *f.*
  corner column ◆ pilastre *m.* cornier

corner house ◆ maison *f.* d'angle
corner iron ◆ harpe *f.*
corner ornament ◆ acrotère *m.*
corner piece ◆ encoignure *f.*
corner piece, corner stone ***(in the angle of two walls)*** ◆ écoinçon *m.* (*ou* écoinson)
corner post, corner stud ◆ poteau *m.* cornier
cornerstone, quoin ◆ pierre *f.* angulaire
corner tile ◆ carreau *m.* d'angle
corner turret ◆ échauguette *f.*
cornice ◆ 1. corniche *f.* ; 2. entablement *m.*
– **raking cornice** ◆ corniche *f.* rampante
cornice bracket ◆ crochet *m.* de chéneau
cornice of a cupboard ◆ corniche *f.* d'armoire
corona ◆ lustre *m.*
corona, crown moulding ◆ larmier *m.* de corniche
corridor, gallery, passage ◆ corridor *m.* ; couloir *m.*
corrode (to) ◆ 1. corroder ; ronger ; 2. corroder (se -)
corrosion ◆ corrosion *f.* ; attaque *f.*
corrosion fatigue ◆ fatigue *f.* sous corrosion
corrugated ◆ ondulé (e)
corrugated iron, corrugated sheet-iron ◆ tôle *f.* ondulée
corrugated sheet ◆ plaque *f.* ondulée
corrugation ◆ onde *f.*
cost ◆ coût *m.* ; prix *m.*
cost(s) → expenses
cost(s) of construction, building cost(s) ◆ coût(s) *m.* de construction
cost ex-works ◆ prix *m.* départ usine
cost of maintenance, maintenance costs ◆ frais *m.* d'entretien
cost price, prime cost ◆ prix *m.* de revient
cost(s) of transport ◆ frais *m.* de transport
cost (to) ◆ coûter
cot ◆ lit *m.* d'enfant
cot, cabin, hut ◆ cabane *f.*
cottage, country cottage, country house, country seat ◆ maison *f.* de campagne
cottage, Swiss cottage, chalet ◆ chalet *m.*
cottage *(am.)* ◆ résidence *f.* d'été
cotter → wedge
cotter bolt → joint bolt
cottonwood → poplar wood
couch ◆ 1. canapé *m.* ; divan *m.* ; 2. couche *f.* ; 3. chaise *f.* longue
counter ◆ comptoir *m.*
counter ***(of a kitchen)*** ◆ plan *m.* de travail *(cuisine)*
counterbalanced ◆ à contrepoids
counter batter ◆ contre-fruit *m.*
counterbrace ◆ raidisseur *m.* ; → ***cross pawl, wind brace***
counterbracing ◆ arc *m.* d'entretoisement
counter curve ◆ contre-courbe *f.*
counterdrain → ditch of a berm
counterfeit ◆ faux (fausse)
counterfloor ◆ sous-couche *f.*
counterfort ◆ 1. éperon *m.* ; 2. contrefort *m.*
counterhatching ◆ hachures *f. pl.* croisées
countermure ◆ contre-mur *m.* (*pl.* contre-murs)
counterscarpe ◆ contrescarpe *f.*
countersink (to) ◆ 1. noyer la tête d'une vis ; 2. encastrer
countersink ***(for nails, screws, etc.)*** ◆ noyure *f.* ; fraisure *f.*
countersunk ◆ à tête noyée
countersunk screw, flush screw ◆ vis *f.* à tête noyée
countervaluation ◆ contre-expertise *f.*
countervault ◆ contre-voûte *f.*
counterweight ◆ contrepoids *m.*
country ◆ 1. campagne *n. f.* ; 2. pays *n. m.* ; 3. région *f.* ; 4. rural (e) *adj.* (*pl.* ruraux/-ales)
country cottage, country house, country seat → cottage
couple of forces ◆ couple *f.* de forces
coupling ◆ 1. manchon *m.* ; raccord *m.* ; 2. accouplement *m.*
– **reducing coupling** ◆ réduction *f.*
coupling purlin ◆ lierne *f.*
coupling rod, drawbar, tie bar ◆ 1. bielle *f.* d'accouplement ; 2. barre *f.* d'attelage
course → layer
course ***(of stones, etc.)*** ◆ assise *f.*
– **band course** ◆ bandeau *m.*

– **base course** ◆ assise de base

– **blocking course** ◆ assise de couronnement

– **dogtooth course** ◆ assise en dents de scie

– **lintel course** ◆ plate-bande *f.*

– **oversailing course** ◆ assise en surplomb

– ***stretcher course*** → ***course of stretchers***

course of headers, course of bonders ◆ assise *f.* de boutisses

course of stretchers ◆ assise *f.* de panneresses

court ◆ court *m.* de tennis

court, yard, courtyard ◆ cour *f.*

– **back court** ◆ cour-arrière *f.*

– **inner court** ◆ cour intérieure

courthouse ◆ palais *m.* de justice

courtyard *(of a convent or prison)* ◆ préau *m.* (*pl.* préaux)

coussinet, cushion, impost, springer *(of arch)* ◆ coussinet *m.* (*ou* sommier *m.* de voûte *ou* voussoir *m.* de départ)

cove, coving, hood ◆ hotte *f.* de cuisine

cove *(between ceiling and wall)*, *coving* ◆ gorge *f.* (grande -) ; voussure *f. (de plafond)*

cove (to) ◆ voûter

coved ceiling ◆ plafond *m.* à gorge

coved vault → ***cloister(ed) vault***

cover (to) ◆ revêtir

cover with lead (to) → ***lead (to)***

cover a roof ridge with lead, ridge tiles, etc. (to) ◆ enfaîter

cover (or furnish) with trellis (to) ◆ treillager

cover board ◆ planche *f.* de recouvrement

cover of a chimney → ***chimney hood***

cover fillet ◆ couvre-joint *m.* (*pl.* couvre-joints)

cover plate ◆ plate-bande *f.*

cover plate, fish plate ◆ gousset *m.*

cover slab ◆ pierre *f.* de revêtement de sol

cover tile ◆ carrelage *m.* mural

covered mall ◆ mail *m.* couvert

covered part of the play ground ◆ préau *m.* (*pl.* préaux)

covered stall ◆ échoppe *f.*

covered walk ◆ promenoir *m.*

covered with ◆ plaqué (e)

covering ◆ revêtement *m.* ; → ***floor covering, roof covering, roof-covering material***

covering plaster ◆ chape *f.* d'enduit

coving → ***cove***

cow house, byre ◆ étable *f.*

cowl, chimney cowl ◆ abat-vent *m. inv.* (*pl.* gueules-de-loup) (*ou* tabourin *m. ou* gueule-de-loup *f.*)

C.P.M. (Critical Path Method) ◆ méthode *f.* de chemin critique

crack ◆ gerçure *f.* ; lézarde *f.*

crack, craze ◆ crevasse *f.* ; fissure *f.*

– **check crack, hair crack *(in stone)*** ◆ microfissure *f.* ; fil *m.*

– **flexure crack** ◆ fissure de fléchissement

– **settlement crack** ◆ lézarde de tassement

– **shrinkage crack** ◆ fissure de retrait

crack *(due to contraction)* ◆ fissure de retrait

crack *(caused by frost)* ◆ gélivure *f.*

crack length ◆ longueur *f.* de fissure

crack *(wall)* (to) ◆ travailler ; jouer

cracked ◆ lézardé (e)

cracking ◆ craquelage *m.* ; fissuration *f.*

crackled ◆ craquelé (e)

cradle ◆ 1. échafaudage *m.* volant (*ou* à balancelle) ; 2. sellette *f.* ; 3. → ***travelling cradle***

cradle vault → ***barrel vault*** → ***vault***

craft, trade, handicraft ◆ 1. métier *m.* ; 2. artisanat *m.* ; 3. travail *m.* manuel

craftsman ◆ artisan *m.* (*ou* homme *m.* de métier)

cramp → ***clamp, stone anchor***

cramp *(for stone)*, *cramp iron* ◆ 1. agrafe *f.* ; 2. clameau *m.* ; 3. crampon *m. (de scellement)*

cramp anchorage ◆ ancrage *m.* à agrafe

cramp frame ◆ presse *f.* à main

crane, derrick ◆ grue *f.*

– **bridge crane** ◆ grue à pont

– **climbing crane** ◆ grue téléscopique

– **mobile crane** ◆ grue automotrice

– **portal crane** ◆ grue à portique

– **tower crane** ◆ grue à tour

– **travelling crane** ◆ pont *m.* roulant

craneway ◆ chemin *m.* de grue

crane operator ◆ grutier *m.*

crank ◆ manivelle *f.*

crash helmet ◆ casque *m.* de protection

crawl space ◆ vide *m.* sanitaire

crawler ◆ engin *m.* à chenilles

crayon ◆ crayon *m.* pastel

crayon (to) ◆ dessiner au pastel

craze → ***crack***

crazing ◆ faïençage *m.*

creche, day nursery ◆ crèche *f.*

creek ◆ estuaire *m.*

creep ◆ fluage *m.*

  creep strain ◆ allongement *m.* dû au fluage

crematorium, crematory ◆ crématorium *m.* (*pl.* crématoria)

Cremona, Cremona's polygon of forces, vector polygon ◆ diagramme *m.* de Crémona ; Crémona ; épure *f.* de Crémona

cremone bolt → ***espagnolette***

crenel, crenelle ◆ créneau *m.*

crenelated, crenellated ◆ crénelé (e)

creosote, creosote oil ◆ créosote *f.* ; huile *f.* de créosote

creosote (to) ◆ créosoter ; traiter à la créosote

crescent ◆ 1. rue *f.* en arc de cercle ; 2. croissant *m.* ; 3. en forme de croissant

crest ◆ crête *f.*

  crest tile, crease tile, cress tile ◆ tuile *f.* faîtière

crib, manger ◆ crèche *f.*

cribs → ***rack***

cricket, saddle ◆ besace *f.*

crimped-sheet iron ◆ tôle *f.* gaufrée

cripple window → ***dormer window*** → ***window***

crippling → ***break***

critic ◆ critique *m.* ou *f.*

critical ◆ critique *adj.*

  critical point ◆ point *m.* critique

critique, review ◆ critique *f.*

crock ◆ pot *m.* de terre ; cruche *f.*

crockery, crockery ware ◆ faïence *f.* ; poterie *f.*

crocket ◆ crochet *m.*

cromlech ◆ dolmen *m.*

crook ◆ croc *m.* ; crochet *m.*

cross ◆ croix *f.*

– **greek cross** ◆ croix grecque

– **latin cross** ◆ croix latine

– **limb of cross** ◆ bras *m.* de croix

– **Maltese cross** ◆ croix de Malte

– **Saint Andrew's cross** ◆ croix de Saint-André

cross aisle ◆ transept *m.*

cross bar ◆ traverse *f.* ; → ***barrier***

  cross bar, cross brace ◆ croisillon *m.*

  cross-bar window ◆ fenêtre *f.* à croisée

cross beam ◆ 1. traversine *f.* ; 2. poutre *f.* transversale

  cross beam, railway sleeper ◆ traverse *f.* (de chemin de fer)

cross bond ◆ appareil *m.* en croix

cross brace → ***crossbar***

cross bracing ◆ contreventement *m.* en croix

cross cut ◆ tronçonnage *m.*

  cross-cut end, terminal face ◆ surface *f.* de bout

  cross-cut saw ◆ scie *f.* de travers

  cross-cut wood → ***grain*** → ***end grain***

cross cut (to) → ***cut off (to)***

cross-cutting chisel, bolt chisel, cape chisel ◆ bédane *m.* (*ou* bec-d'âne *m.*) (*pl.* becs-d'âne)

cross force, transverse force ◆ force *f.* transversale

cross garnet → ***garnet hinge***

cross girder ◆ poutre *f.* transversale

cross-grained float, patter ◆ taloche *f.* en bois

cross-grained wood ◆ bois *m.* tors (*ou* bois à fil contretaillé)

cross hatchings ◆ hachures *f. pl.* croisées

cross joint → ***side joint***

cross like → ***cruciform***

cross pawl, cross spale, brace, counterbrace *(of a scaffold)* ◆ 1. lisse *f.* ; 2. diagonale *f.* croisée

cross piece ◆ traverse *f.* ; entretoise *f.*

cross potent ◆ croix *f.* potencée

cross rail ◆ traverse *f.* intermédiaire

cross-ribbed vault ◆ voûte *f.* à croisée d'ogive

cross road → ***cross way***

  cross roads ◆ croisement *m.* de routes ; patte-d'oie *f.* (*pl.* pattes-d'oie)

cross section ◆ section *f.* (*ou* coupe *f.* en travers)

cross shaped → ***cruciform***

cross spale → cross pawl

cross stay, Saint Andrew's cross, herring-bone strutting ♦ croix *f.* de Saint-André

cross street ♦ rue *f.* traversière (*ou* rue de traverse)

cross tie → brace

cross tongue ♦ fausse languette *f.*

cross vault → vault

cross way, cross road ♦ carrefour *m.*

crossette, crosette ♦ crossette *f.*

crossing ♦ 1. carré *m.* de transept ; croisée *f.* de transept ; 2. intersection *f.* de voies ; 3. passage *m.* (pour piétons)

– **level crossing** ♦ passage à niveau

– **nave crossing** ♦ carré *m.* de transept

– **zebra crossing** ♦ passage cloûté *(pour piétons)*

crossing bar → crossbar

crossing point ♦ point *m.* d'intersection ; point de croisement

crow, crowbar ♦ levier *m.*

crow stepping gable → stepped gable

crowde → crypt

crowfooted ♦ à redents (*ou* à redans)

crown ♦ 1. couronne *f.* ; 2. cime *f.* ; sommet *m.*

crown moulding, corona ♦ larmier *m.* de corniche

crown post ♦ poinçon *m.*

crown stone → keystone

crown tile ♦ tuile *f.* faîtière

crucible, melting pot ♦ creuset *m.*

crucible steel, cast steel ♦ acier *m.* fondu

cruciform, cross-like, cross shaped ♦ cruciforme (*ou* en forme de croix)

crumbling rock, conglomerate ♦ pierre *f.* agglomérée ; conglomérat *m.*

crush room ♦ foyer *m. (théâtre)*

crushed stone ♦ pierre *f.* broyée ; pierre *f.* concassée

crusher ♦ concasseur *m.* ; broyeur *m.*

crushing ♦ écrasement *m.*

crushing strenght ♦ résistance *f.* à l'écrasement

crypt, crowde ♦ crypte *f.*

crystal ♦ cristal *m.* (*pl.* cristaux)

crystalline ♦ cristallin (e)

crystalloid ♦ cristalloïde *m.*

C section, channel iron ♦ fer *m.* en forme de U

cubage, cubature, cubic content ♦ cubage *m.*

cube ♦ cube *m.*

cube root ♦ racine *f.* cubique

cubic, cubical ♦ cubique

cubic metre (cu. m.), cubic meter *(am.)* ♦ mètre cube (m^3) *m.*

cubic metre *(of firewood)* ♦ stère *m.*

cubicle ♦ 1. alcôve *f. (dortoir)* ; 2. cabine *f. (piscine, etc.)* ; 3. armoire *f.* de commande ; 4. → ***dressing room***

cubing → cubage

cubism ♦ cubisme *m.*

cubist ♦ cubiste

cul-de-four → concha, half-dome

cul-de-lampe → pendant

cul-de-sac → blind street, street without issue

culling ♦ mesurage *m.*

culvert ♦ ponceau *m.*

culvertail → dovetail

cuneiform writing ♦ écriture *f.* cunéiforme

cup → snap (tool)

cupboard ♦ armoire *f.*

– **wall cupboard** ♦ placard *m.* ; armoire *f.* fixe

cupboard lock → dead lock

cupboard under a staircase ♦ soupente *f.* d'escalier

cupola ♦ coupole *f.* ; calotte *f.* ; dôme *m.*

– **demi-cupola** ♦ voûte *f.* en cul-de-four

cupola furnace ♦ cubilot *m.*

cupola on pendentives ♦ coupole à pendentifs

cupola on squinches ♦ coupole sur trompes

curb *(am.)* → ***kerb, kerbstone***

curb member ♦ membron *m.*

curb purlin ♦ panne *f.* de brisis

curb roof, French roof ♦ comble *m.* brisé (*ou* comble à brisis)

curb roof → roof → gambrel roof *(am.)*, ***kerb roof, Mansart roof***

curbstone ♦ margelle *f.*

curbstone *(am.)*, **kerbstone** ♦ bordure *f.* (de trottoir)

curing ♦ cure *f.*

curl ♦ loupe *f.* ; ronce *f.*

curled → buckled

curly wood ♦ bois *m.* ronceux

current ♦ courant *m.*

– **alternating current** ♦ courant alternatif

– **continuous current, direct current** ◆ courant continu

– **single-phase current** ◆ courant monophasé

– **three-phase current** ◆ courant triphasé

curent intensity ◆ intensité *f.* électrique *(I)*

curtail step, scroll step ◆ marche *f.* de départ en volute

curtain, drape *(am.)* ◆ rideau *m.* (*pl.* rideaux) ; → ***lace curtain, roller curtain***

curtain cord ◆ cordon *m.* de tirage

curtain rod ◆ tringle *f.* de rideau

curtain wall ◆ 1. courtine *f.* ; 2. mur-rideau *m.* (*pl.* murs-rideaux)

curtain walling, framework wall ◆ mur *m.* à ossature métallique

curvature ◆ courbure *f.*

curve ◆ 1. courbe *f.* ; 2. cintre *m.*

curve, hogg, camber (to) ◆ courber ; cintrer

curved, bent ◆ courbe *adj.*

curved line ◆ ligne *f.* courbe

curved ruler ◆ règle *f.* courbe ; pistolet *m.* *(dessin)*

curved surface ◆ surface *f.* courbe

cushion, padstone, pad ◆ 1. pierre *f.* d'appui ; 2. coussinet *m.*

cusp ◆ lobe *m.*

cusped ◆ lobé (e)

cusped arch → arch

cut ◆ taille *f.*

cut glass ◆ cristal *m.* (*pl.* cristaux) taillé

cut (to) ◆ entailler

cut, cut out, cut stone (to) ◆ tailler la pierre

cut with a blow lamp (to) ◆ découper au chalumeau

cut down, fell a tree (to) ◆ abattre un arbre ; couper un arbre

cut the head of wooden nails (to) → countersink (to)

cut stuff (to) → cut wood (to)

cut up, cut out (to) ◆ découper

cut wood, cut stuff (to) ◆ travailler le bois

cut-off valve → stopcock

cut-out ◆ disjoncteur *m.* divisionnaire ; coupe-circuit *m.*

cut-out box ◆ coffret *m.* de coupe-circuit

cut out (to) → switch off (to)

cut paint (to) ◆ diluer la peinture

cuts and fills ◆ déblais et remblais *m. pl.*

cut stone → ashlar

cut stones, stonework ◆ maçonnerie *f.* de pierres de taille

cut string → open string

cutter ◆ brique *f.* à faible résistance

cutting ◆ taille *f.*

cutting chisel ◆ ciseau *m.* étroit ; fermoir *m.* ; ébauchoir *m.*

cutting-out, carving-out ◆ découpage *m.*

cutting plane → intersection (plane)

cutting stones ◆ taille *f.* des pierres

cutting of trees → felling of trees

cutwater ◆ bec *m.* de pont

cyclepath, bicycletrack, cycle track ◆ piste *f.* cyclable ; piste *f.* pour vélos

cycle racing-track ◆ vélodrome *m.*

cyclopean ◆ cyclopéen *(appareil)*

cylinder ◆ cylindre *m.*

cylinder, pipe, tube *(of lock)* ◆ canon *m.* *(de serrure)* ; barillet *m.*

cylinder lock ◆ serrure *f.* à barillet

cylindrical, cylindric ◆ cylindrique

cylindrical vault → barrel vault → vault

cyma recta, Doric cyma, ogee *(moulding)* ◆ 1. doucine *f.* droite ; 2. doucine renversée *(proue)*

cyma reversa, lesbian cyma, reversed ogee *(moulding)* ◆ 1. talon *m.* droit ; 2. talon renversé *(proue)*

cymatium ◆ cimaise *f.* (*ou* cymaise)

cypress, cypress tree ◆ cyprès *m.*

cypress wood ◆ bois *m.* de cyprès

D

dado ◆ 1. lambris *m.* ; 2. dé *m.* *(piédestal)*

dado rail, dado capping, cymatium ◆ cimaise *f.* (*ou* cymaise)

daily inspector ◆ surveillant *m.* de travaux

daily wages, dayrates ◆ salaire *m.* par jour

dairy, dairy farm ◆ laiterie *f.*

dais → stage

dam ◆ barrage *m.* ; batardeau *m.* ; digue *f.*

damage ◆ 1. tare *f.* ; 2. dommage *m.* ; sinistre *m.*

damaged ◆ taré (e)

damp ◆ humide

damp proof ◆ imperméable ; hydrofuge

damp-proof course ◆ couche *f.* d'étanchéité

damp proofing ◆ étanchéité *f.*

damp-proof membrane ◆ membrane *f.* d'étanchéité

damp-proof slab ◆ chape *f.* d'étanchéité

damp stains ◆ taches *f. pl.* d'humidité

damper → valve

dampness ◆ humidité *f.*

dancing step ◆ marche *f.* balancée *(escalier)*

Dantzig oak, fine wainscot-oak → wainscot oak

dark ◆ sombre

dark colour ◆ couleur *f.* sombre

darkroom ◆ chambre *f.* noire

datum line → level mark

day ◆ 1. jour *n. m.* ; 2. → ***clear***

day *(of a window)*, aperture, light ◆ 1. jour *m.* ; lumière *f.* ; 2. ouverture *f.*

day labourer ◆ ouvrier *m.* journalier

day nursery, creche ◆ crèche *f.*

day wage work ◆ travail *m.* à la journée

daylight ◆ lumière *f.* du jour (*ou* lumière naturelle)

daylight factor ◆ facteur *m.* de lumière du jour (*ou* facteur d'éclairement naturel)

dayrate work ◆ travail *m.* en régie

dayrates →daily wages

dead bolt ◆ pêne *m.* dormant

dead end ◆ chemin *m.* sans issue

dead file ◆ lime *f.* sourde

dead knot → knot

dead light ◆ châssis *m.* fixe ; (châssis) dormant *m.*

dead load ◆ charge *f.* statique ; charge fixe

dead lock ◆ serrure *f.* de sûreté

dead lock, closet lock, cupboard lock ◆ serrure *f.* à pêne dormant

dead shore ◆ chandelle *f.*

dead wall → blind wall

dead water, neap tide, slack water ◆ eau *f.* morte

dead weight, sole weight ◆ 1. poids *m.* propre ; 2. poids mort

deal ◆ bois *m.* de sapin ; → ***board***

deal, shelf, board ◆ ais *m.* ; planche *f.*

deambulatory → ambulatory

death-watch beetle ◆ insecte *m.* xylophage ; vrillette *f.*

debris *(of a building)* ◆ gravats *m. pl.*

debris of plasterwork ◆ plâtras *m.*

decametre ◆ décamètre *m.* *(dam)*

decastyle ◆ décastyle *n. m.* ou *adj.*

decay ◆ 1. délabrement *m.* ; vétusté *f.* ; 2. → ***rot***

decibel ◆ décibel *m.*

deciduous ◆ feuillu *n. m.* ou *adj.*

deciduous tree → hardwood

decimetre ◆ décimètre *m.* *(dm)*

deck ◆ tablier *m.* d'un pont

deck chair ◆ chaise *f.* longue

decking ◆ platelage *m.*

decolo(u)rize (to) ◆ décolorer

deconstructivism ◆ déconstructivisme *m.*

deconstructivist ◆ déconstructiviste

decor ◆ décor *m.*

decorate (to) ◆ orner

decorated ◆ orné (e)
decorated tile ◆ carreau *m.* décoré
decoration ◆ 1. décoration *f.* ; 2. décor *m.*
decorative ◆ décoratif (-ive) ; ornemental (e) (*pl.* ornementaux/-ales)
decorator ◆ peintre *m.* en bâtiment
deep ◆ foncé (e) ; sombre *(couleur)*
deep foundation ◆ fondation *f.* profonde
deepness ◆ profondeur *f.*
defect, construction defect ◆ malfaçon *f.* ; vice *m.* de construction
defect, deficiency ◆ 1. défaut *m.* ; 2. manque *m.* ; carence *f.*
defective material ◆ défaut *m.* d'un matériau ; vice *m.* d'un matériau
defective workmanship ◆ vice *m.* de construction
deflect (to) ◆ avoir de la flèche
deflection ◆ 1. flèche *f.* ; 2. fléchissement *m.* ; 3. → ***bending***
deformation ◆ déformation *f.*
- **elastic deformation** ◆ déformation élastique
- **elastic-plastic deformation** ◆ déformation élasto-plastique
- **permanent deformation (*or* set)** ◆ déformation permanente
- **plastic deformation** ◆ déformation plastique

degree ◆ marche *f.* ; échelon *m.* ; degré *m.*
degree-day ◆ degré-jour *m.*
degree of efficiency → efficiency
degree-hour ◆ degré-heure *m.* *(D.H.)*
delamination ◆ délaminage *m.*
delivery free ◆ franco *m.* *(de port)*
delta ◆ delta *m.*
demijohn ◆ dame-jeanne *f.* (*pl.* dames-jeannes) (*ou* bonbonne *f.*)
demi-lune, half-moon ◆ demi-lune *f.*
demo(u)lding ◆ décoffrage *m.* ; démoulage *m.*
demographic ◆ démographique
demography ◆ démographie *f.*
demolish, pull down (to) ◆ démolir ; raser
demolish (to) → break up (to)
demolisher, puller down ◆ démolisseur *m.*
demolition, wrecking *(am.)* ◆ démolition *f.*
demolition materials ◆ matériaux *m. pl.* de démolition
demolition permit ◆ permis *m.* de démolir
demolition rubbish ◆ décombres *m. pl.*
denseness ◆ densité *f.* (population)
density ◆ poids *m.* spécifique
density of traffic ◆ intensité *f.* du trafic
denticle, dentil ◆ denticule *m.*
denticulate(d) ◆ dentelé (e) ; denticulé (e)
denting → notching
denudation ◆ érosion *f.*
deoxidization ◆ désoxidation *f.*
department of bridges and highways ◆ Ponts et Chaussées *m. pl.*
department store ◆ grand magasin *m.*
depopulate (to) ◆ dépeupler (se -)
depopulation ◆ dépeuplement *m.* ; dépopulation *f.*
depository → storehouse
depot ◆ dépôt *m.* ; entrepôt *m.*
depressed ◆ surbaissé (e)
depressed arch → arch
depth ◆ intensité *f.* *(couleur)* ; 2. profondeur *f.*
depth of foundation ◆ profondeur *f.* de fondation (*ou* enfoncement *m.*)
derrick ◆ derrick *m.* ; grue *f.* ; potence *f.*
derrick boom ◆ mât *m.* de charge
descriptive geometry, solid geometry ◆ géométrie *f.* descriptive
design ◆ dessin *m.* ; projet *m.*
- **industrial design** ◆ esthétique *f.* industrielle
- **mix design** ◆ calcul *m.* du dosage
- **preliminary design** ◆ avant-projet *m.*
- **structural design** ◆ calcul *m.* des structures

design office ◆ bureau *m.* d'études
design school, school of arts ◆ école *f.* des Beaux-Arts
design (to) ◆ 1. projeter ; 2. étudier
designer ◆ auteur *m.* de projet ; → ***furniture designer, landscape designer, structural-draughtsman (or draftsman)***
- **interior designer** ◆ décorateur *m.* (-trice) ; architecte d'intérieur ; ensemblier *m.*

desk ◆ 1. pupitre *m.* (d'école) ; 2. bureau *m.* ; → ***writing desk***
destroyed ◆ ruiné (e)
detached ◆ isolé (e) ; sans mur mitoyen
detached building ◆ bâtiment *m.* isolé (*ou* bâtiment sans mur mitoyen
detached house ◆ maison isolée
detached statuary ◆ ronde-bosse *f.* (*pl.* rondes-bosses)
detail ◆ détail *m.*
– **full details** ◆ tous les détails
detail drawing ◆ dessin *m.* de détail
details finishing ◆ parachèvement *m.*
detail (to) ◆ détailler
detailed ◆ détaillé (e)
detector ◆ détecteur *m.*
– **smoke detector** ◆ détecteur de fumée
detour, détour ◆ détour *m.*
developed site ◆ terrain *m.* bâti
developer → ***property developer***
development ◆ extension *f.*
– **land development, site development** ◆ aménagement *m.* du terrain
development area ◆ zone *f.* à urbaniser
development plan ◆ projet *m.* d'aménagement
deviation ◆ déviation *f.*
device ◆ dispositif *m.*
devil claw, flat pliers, claw ◆ béquettes *f. pl.* (*ou* béguettes) ; bec-de-corbeau *m.* (*pl.* becs-de-corbeau)
devil float, wire scratcher ◆ gratton *m.*
dewatering ◆ enlèvement *m.* de l'eau
dew point ◆ point *m.* de rosée
diabase ◆ diabase *m.*
diagonal ◆ diagonal (e) (*pl.* diagonaux/-ales)
diagonal ◆ diagonale *f.* ; contrefiche *f.*
diagonal arch, groined arch → ***arch***
diagonal bond, raking bond ◆ appareil *m.* en épi
diagonal brace ◆ écharpe *f.*
diagonal rib of a vault ◆ arête *f.* diagonale
diagonal tie ◆ lien *m.* diagonal
diagram ◆ 1. diagramme *m.* ; 2. graphique *m.* ; 3. tracé *m.*
diagram of forces, polygon of forces, stress diagram ◆ diagramme *m.* des forces ; polygone *m.* des forces
diagrammatic ◆ schématique
diagraph, pantograph → ***eidograph***
diameter ◆ diamètre *m.*
– **inside diameter** ◆ diamètre intérieur
– **outside diameter** ◆ diamètre extérieur
diamond ◆ diamant *m.*
diamond, lozenge ◆ losange *m.*
diamond drill bits ◆ perceuse *f.* à diamant
diamond fret, lozenge fret ◆ pointe *f.* de diamant ; bossage *m.* en pointe de diamant
diamond moulding ◆ pointe *f.* de diamant
diamond shaped ◆ en losange ; taillé (e) en losange
diaphragm wall ◆ mur *m.* diaphragme
diastyle ◆ diastyle
diastyle temple ◆ temple *m.* diastyle
die *(pedestal)* ◆ dé *m.* *(piédestal)*
die casting ◆ moulage *m.* sous pression
die stock, screw stock, screw die ◆ filière *f.* (*ou* fer *m.* à tarauder)
dig ◆ fouille *f.* (archéologique)
dig off (to) → ***excavate (to)***
digger ◆ terrassier *m.*
digging ◆ fouille *f.*
diglyph ◆ diglyphe *m.*
dike (*or* dyke) ◆ digue *f.*
dilapidated ◆ délabré (e)
dilapidation ◆ délabrement *m.*
dilatation ◆ dilatation *f.*
dilatation joint, expansion joint ◆ joint *m.* de dilatation
diluvium ◆ diluvium *m.*
dimension ◆ dimension *f.* ; cote *f.*
dimension line ◆ ligne *f.* de cote
dimensional coordination ◆ coordination *f.* modulaire
dimensional stability ◆ stabilité *f.* dimensionnelle
dimensioning ◆ cotation *f.*
diminishing piece → ***taper pipe***
dimmer, dimmer switch, light dimmer ◆ graduateur *m.* de lumière ; variateur *m.*
dimmer → ***sounding board, sound board***
dining hall ◆ réfectoire *m.*
dining room ◆ salle *f.* à manger

dining table ◆ table *f.* de salle à manger

dinner wag(g)on ◆ table *f.* de service

diorite ◆ diorite *f.*

diphasic ◆ diphasé (e)

dipteral ◆ diptère *adj.*

dipteral temple ◆ temple *m.* diptère

direct current → current

direct-finish concrete ◆ béton *m.* architectonique

direct lighting ◆ éclairage *m.* direct

directing ◆ direction *f.*

directing point ◆ point *m.* de fuite

direction ◆ tracé *m.* de route

Directory, Directoire style ◆ Directoire *m.* ; style *m.* Directoire

dirty money ◆ prime *f.* pour travaux salissants

dirt moving *(am.)*, **earthmoving** ◆ terrassement *m.*

dirty pink ◆ vieux rose

disassemble (to) ◆ démonter

disassembly ◆ démontage *m.*

discharge earth (to) ◆ décharger de la terre

discharge lamp ◆ lampe *f.* à décharge

discharging arch, relieving arch → arch

discolo(u)ration ◆ décoloration *f.*

disconnect (to) → switch off (to)

discord ◆ désaccord *m.*

discus ◆ disque *m.*

disinfecting oven ◆ étuve *f.*

disk saw, circular saw ◆ scie *f.* circulaire

dismantle (to) ◆ 1. décoffrer ; 2. démanteler

dismantled ◆ démantelé (e)

dismantling ◆ 1. décoffrage *m.* ; 2. démantèlement *m.*

dispersing agent ◆ dispersant *n. m.* ou *adj.*

dispersion, dispersal ◆ dispersion *f.*

dispersion paint ◆ peinture *f.* en dispersion

display cupboard, China cabinet ◆ armoire *f.* vitrée

disproportion ◆ disproportion *f.*

disproportionate ◆ disproportionné (e)

dissolvant ◆ dissolvant (e)

dissymmetry ◆ dissymétrie *f.*

distance ◆ distance *f.*

distance between centres, on-center distance *(am.)*, **centre-to-centre** ◆ distance *f.* entre axes ; distance d'axe en axe ; entr'axe *m.*

distance heating ◆ chauffage *m.* urbain

distemper ◆ détrempe *f.* ; peinture *f.* à la colle

distemper painting ◆ peinture à la détrempe

distemper (to) ◆ badigeonner un mur en couleur

distorded ◆ tordu (e)

distortion ◆ distorsion *f.*

distribution board, distribution panel ◆ tableau *m.* de distribution ; tableau de branchement

distribution rod, distribution steel → repartition bar

distribution box, junction box ◆ boîte *f.* de distribution

distribution pipe → water duct

district ◆ quartier *m.* ; arrondissement *m.* ; secteur *m.* urbain

district heating, distance heating ◆ chauffage *m.* urbain

distyle ◆ distyle *adj.*

ditch ◆ fossé *m.* ; tranchée *f.* ; douve *f.* ; ***→ canal (in a town or village), limiting ditch***

– **drainage ditch** ◆ fossé d'écoulement

ditch of a berm, counterdrain ◆ fossé de berge ; fossé d'accotement

divan ◆ divan *m.*

divide into lots (to) ◆ lotir, parcelliser (*ou* parcellariser)

dividing ◆ refend *m.*

dividing the courses, division of courses ◆ répartition *f.* des assises

dividing into lots ◆ lotissement *m.*

diving bell ◆ cloche *f.* à plongeur

diving board ◆ tremplin *m.*

division bar ◆ petit-bois *m.* (*pl.* petits-bois)

division of courses → dividing the courses

division wall (fire-) ◆ mur *m.* coupe-feu

do over (to) ◆ enduire

do up (to) ◆ restaurer

dockyard ◆ dock *m.* ; arsénal *m.* maritime

docket, list ◆ bordereau *m.*

dodecagon ◆ dodécagone *m.*

dodecastyle ◆ dodécastyle *m.*

dog ◆ agrafe *f.*

dog, dog anchor, dog iron ◆ clameau *m.*

dog-tooth course, dog-tooth bond ◆ assise *f.* de briques en dentelure

dolly, puncheon ◆ mandrin *m.*

dolmen, table stone ◆ dolmen *m.* ; table *f.* de fée

dolomite ◆ 1. dolomie *f.* ; 2. dolomite *f.*

dolomitic lime ◆ chaux *f.* dolomitique

domain ◆ domaine *m.* ; terres *f. pl.* ; propriété *f.*

dome ◆ half-dôme *m.*

– ***semidome*** → ***half dome***

– **square dome** ◆ voûte *f.* en arc de cloître

dome → ***bulbous dome (domical vault), pendentive dome***

domed ◆ à dôme ; en forme de dôme

domestic sewage ◆ eaux *f.* usées

domical roof, cupola ◆ dôme *m.* ; toiture *f.* en dôme

domical vault ◆ voûte *f.* domicale

domicile ◆ domicile *m.*

donor ◆ donateur *m.* (-trice)

door ◆ porte *f.*

– **accordion door** ◆ porte-accordéon ; porte pliante

– **automatic door, self-closing door** ◆ porte automatique

– **back door** ◆ porte de service

– **balcony door** ◆ porte de balcon

– **batten door** ◆ porte en frises

– **bifolding door** ◆ porte à deux vantaux brisés

– **blank door, blind door** ◆ porte murée ; fausse porte

– **bottom-rolling door** ◆ porte roulante au sol

– **canopy door** *(am.)* ◆ porte basculante ; porte rabattable

– **casement door** ◆ porte croisée

– **double-acting door** ◆ porte battante ; porte va-et-vient

– **double doors** ◆ porte à deux battants

– ***double-swing door*** → ***double-acting door***

– ***elevator door*** *(am.)* → ***lift door***

– **emergency door** ◆ porte de secours

– **entrance door, exterior door** ◆ porte d'entrée

– ***false door*** → ***blank door***

– **fire door, fireproof door** ◆ porte coupe-feu

– **float door** ◆ porte basculante

– **flush door** ◆ porte plane (*ou* porte isoplane)

– **folding door** ◆ porte pliante

– **framed door** ◆ porte menuisée

– **French door** ◆ porte-fenêtre

– **front door** ◆ porte d'entrée (principale)

– **gib door, jib door** ◆ porte dérobée

– **glazed door** ◆ porte vitrée

– ***hoistway door*** *(am.)* → ***elevator door***

– **hollow-core door** ◆ porte plane alvéolée

– **interior door** ◆ porte de communication

– ***jib door*** → ***gib door***

– **landing door** ◆ porte palière

– ***ledged door*** → ***batten door***

– **lift door, elevator door** *(am.)* ◆ porte palière *(d'ascenseur)*

– **main door** ◆ porte principale

– **panel(led) door** ◆ porte à panneau(x)

– **plate-glass door** ◆ porte en verre

– **rebated door** ◆ porte à feuillure

– **revolving door** ◆ porte à tambour

– **rolling door** ◆ porte roulante

– **sash door** ◆ porte vitrée

– **screened door** ◆ contre-porte *(moustiquaire)*

– **self-closing door** ◆ porte automatique

– **service door** ◆ porte de service

– **sliding door** ◆ porte coulissante ; porte à glissière

– **sliding-folding door** ◆ porte coulissante en accordéon

– **solid core door** ◆ porte à âme pleine

– **swing door** ◆ porte battante

– **top-hung sliding door** ◆ porte coulissante suspendue

– **vertically-vanishing door** ◆ porte à guillotine

– **west door (cathedral)** ◆ portail *m.*

door bell ◆ sonnette *f.* ; timbre *m.* ; sonnerie *f.*

door bolt ◆ verrou *m.* à baïonnette

door case ◆ châssis *m.* de porte

door casing *(am.)* → ***architrave***

door chain ◆ chaînette *f.* de porte (*ou* chaîne *f.* de sûreté)

door closer, door check ◆ ferme-porte *f.*

door curtain, portière ◆ portière *f.* (*ou* rideau *m.* de porte)

door frame ◆ dormant *m.* de porte ; bâti *m.* dormant ; huisserie *f.*

door furniture ◆ ferrures *f. pl.* ; garniture *f.* de porte

door handle ◆ poignée *f.* de porte

door head → ***door rail***

door jamb, door post, cheek ◆ jambage *m.* de porte ; montant *m.* d'huisserie

door keeper, doorman ◆ concierge *m.* ; gardien *m.* ; portier *m.*

door knob ◆ poignée *f. (ronde)* de porte ; bouton *m. (de forme ronde)*

door knocker ◆ heurtoir *m.* ; marteau *m.* de porte

door latch ◆ loquet *m.*

door leaf, folding *(of a folding door)* ◆ vantail *m.* (*pl.* vantaux) ; battant *m.*

door lock ◆ serrure *f.* de porte

door mat ◆ paillasson *m.* ; tapis-brosse *m.* (*pl.* tapis-brosses) ; essuie-pieds *m. inv.*

door of a cupboard, door of a closet ◆ porte *f.* de placard

door opener *(électricité)* ◆ portier *m.* automatique

door panel ◆ panneau *m.* de porte

door post → door jamb, cheek

door rail, door head ◆ traverse *f.* de porte

door rebate ◆ feuillure *f.* de porte

door sill ◆ seuil *m.* ; → ***cill, sill, threshold***

door spring ◆ ferme-porte *m.* ; ressort *m.* de porte

door step ◆ pas-de-porte *m. inv.*

door stop ◆ heurtoir *m.* ; butoir *m.*

door string ◆ cordon *m.* de tirage

door viewer ◆ judas *m.* optique ; microviseur *m.*

doorway ◆ 1. entrée *(de porte)* ; porte *f.* ; portail *m.*

doorway, opening of door ◆ baie *f.* de porte

door with two leaves, double doors ◆ porte *f.* à deux vantaux

doric ◆ dorique *m.*

doric order ◆ ordre *m.* dorique

dormant tree ◆ traverse *f.* d'imposte

dormer, dormer window, lucarne ◆ lucarne *f.*

– **dust-pan dormer** ◆ chien-assis *m.* (*pl.* chiens-assis)

– **eyebrow dormer** ◆ lucarne *f.* à joues galbées

– **gabled dormer** ◆ lucarne à gâble

dormer cheek ◆ jouée de lucarne

dormitory ◆ 1. dortoir *m.* ; 2. *(am.)* maison *f.* d'étudiants

dormitory area ◆ zone *f.* dortoir

dormitory town → town

dot (to) ◆ pointiller

dot and dash line ◆ trait *m.* mixte

dotted ◆ ponctué (e) ; pointillé (e)

dotted line ◆ ligne *f.* pointillée ; trait *m.* pointillé (*ou* trait en pointillé)

dotting ◆ pointillage *m.*

double-action hinge ◆ charnière *f.* à ressort à double effet

double bed ◆ lit *m.* à deux places (*ou* grand lit)

double (-bedded) room ◆ chambre *f.* à deux lits

double-deck road ◆ voies *f. pl.* superposées

double door ◆ porte *f.* à deux battants ; porte à deux vantaux

double door, baize door (outside another) ◆ contre-porte *f.*

double-flemish bond → flemish bond

double glass ◆ verre *m.* double (*ou* verre à double épaisseur)

double glazing ◆ double vitrage *m.*

double handedsaw ◆ scie *f.* passe-partout

double interlocking ◆ double emboîtement *m. (tuile)*

double lock ◆ serrure *f.* à double tour

double member *(timber frame)* ◆ moise *f.*

double partition ◆ cloison *f.* double

double-pitch roof ◆ toit *m.* à deux pentes

double-pole switch ◆ commutateur *m.* ; interrupteur *m.* à double commande (*ou* interrupteur bipolaire)

double room ◆ chambre *f.* à deux personnes

double tenons, twin tenons ◆ tenon double *m.* ; double dent *f.*

double wall (to) ◆ contre-murer

double window ◆ double fenêtre *f.*

doucine ◆ doucine *f.*

Douglas fir, Colombian pine, Oregon pine, red fir ◆ sapin *m.* de Douglas ; pin *m.* d'Orégon

dove cot(e), dove house, pigeon house ◆ colombier *m.* ; pigeonnier *m.*

dovetail, culvertail ◆ queue-d'aronde *f.* (*pl.* queues-d'aronde)

dovetail → blind dovetail

dovetail saw, tenon saw → saw

dovetail (to) ◆ assembler en queue-d'aronde

dovetailed ◆ à queue-d'aronde

dowel ◆ goujon *m.* ; cheville *f. (en bois)*

dowel joint ◆ assemblage *m.* à tourillons

dowel (to) ♦ assembler avec des goujons

downcomer, down pipe, downspout *(am.)*, **gutter pipe, rainwater pipe** ♦ tuyau *m.* de descente d'eaux pluviales

downfall ♦ effondrement *m.*

downtown *(am.)*, **town centre** ♦ centre *m.* ville

downwards ♦ en contrebas

draft *(am.)* → ***draught***

draft *(stones)* (to) ♦ appareiller ; → ***char (to)***

drag ♦ peigne *f. (pour pierre)* ; → ***dredge***

dragon beam, dragon piece ♦ coyer *m.*

dragon tie ♦ gousset *m.*

drain ♦ drain *m.* ; fossé *m.* d'écoulement ; égout *m.*

  drain, culvert, open gutter ♦ rigole *f.* ; collecteur *m.* ; caniveau *m.*

  drain junction ♦ branchement *m.* d'égout

  drain pipe, field drain, drain tile ♦ tuyau *m.* de drainage (*ou* drain *m.*)

drain (to) ♦ drainer

  drain off (to) ♦ 1. déverser (se -) ; évacuer (s'-) ; écouler (s'-) ; 2. vider

drainage, draining ♦ drainage *m.* ; évacuation *f.* d'eau

drainage canal ♦ canal *m.* de drainage

drainage ditch ♦ rigole *f.*

drainage system ♦ 1. collecteur *m.* principal ; 2. assainissement *m.*

  drainage trench → ***catch pit***

draining → ***drainage***

  draining board ♦ égouttoir *m.*

drape *(am.)*, **curtain** ♦ rideau *m.* (*pl.* rideaux)

drapery panel, linen-fold panel ♦ panneau *m.* à draperies *(gothique)*

draught ♦ épure *f.*

draught, draft *(am.)* ♦ 1. dessin *m.* ; 2. tirage *m.*

– **artificial draught, forced draught** ♦ tirage forcé

– **natural draught** ♦ tirage naturel ; tirage thermique

  draught board ♦ damier *m.*

  draught screen, traverse ♦ paravent *m.*

  draught slot ♦ feuillure *f.* coupe-air ; noix *f.*

  draughtsman, draftsman *(am.)*, draughtswoman ♦ dessinateur *m.* (-trice)

draw (to) ♦ tracer ; dessiner

drawbar → ***coupling rod***

draw bench ♦ banc *m.* de la filière ; banc *m.* à étirer ; filière *f.*

drawbridge ♦ pont-levis *m.* (*pl.* ponts-levis)

draw kiln → ***tunnel kiln***

draw-off tap ♦ robinet *m.* de vidange ; purgeur *m.*

draw shutter ♦ volet *m.* coulissant

draw table ♦ table *f.* à rallonges

draw well ♦ puits *m.* à poulie

drawer ♦ tiroir *m.*

drawing ♦ dessin *m.*

– **architectural drawing** ♦ dessin d'architecture ; plan *m.* d'architecte

– **as-built drawing, as-constructed drawing** ♦ dessin conforme à l'exécution ; plan de récolement

– **construction(al) drawing** ♦ plan d'exécution (*ou* plan technique)

– **detail drawing** ♦ plan détaillé

– **dimensional drawing** ♦ plan coté

– **free-hand drawing** ♦ dessin à main levée

– **measured drawing** ♦ relevé *m.* d'architecture

– **perspective drawing** ♦ dessin en perspective ; dessin perspectif

– **preliminary drawing** ♦ avant-projet *m.* (*pl.* avant-projets)

– **scale drawing** ♦ dessin à l'échelle

  drawing board ♦ planche *f.* à dessin

  drawing chalk ♦ craie *f.* pour le dessin

  drawing chest ♦ armoire *f.* à plans

  drawing office ♦ bureau *m.* de dessin

  drawing-out ♦ 1. étirage *m.* ; traction *f.* ; 2. laminage *m.*

  drawing paper ♦ papier *m.* à dessin

  drawing pen, drafting pen *(am.)* ♦ tire-ligne *m.* (*pl.* tire-lignes)

  drawing pin, thumbtack *(am.)* ♦ punaise *f.*

  drawing room ♦ salon *m.*

  drawing rule ♦ double décimètre *m.*

  drawing table ♦ table *f.* à dessin

drawn glass ♦ verre *m.* étiré

dredge drag ♦ drague *f.*

dredge (to) ♦ draguer

dredger, dredging machine ♦ drague *f.*

dredging work ◆ dragage *m.*

dress circle *(theatre)* ◆ balcon *m.* ; premier balcon *m.* ; corbeille *f.* *(théâtre)*

dressed stone, regrated stone, redressed stone ◆ pierre *f.* épincée

dressed timber ◆ bois *m.* corroyé

dresser ◆ buffet *m.* de cuisine

dressing(s) ◆ moulures *f. pl.*

dressing room ◆ vestiaire *m.*

dressing room (actor's, actress's), cubicle ◆ loge *f.* d'artiste

dressing table ◆ coiffeuse *f.* ; table *f.* de toilette

dried ◆ séché (e)

drier* → *dryer, drying oil

drift pin ◆ repoussoir *m.*

drift punch ◆ poinçon *m.* ; broche *f.* *(maçonnerie)*

drill ◆ foret *m.* ; mèche *f.* ; perçoir *m.* ; perceuse *f.*

drill borer, bow drill ◆ vrille *f.* ; vilebrequin *m.*

drill chuck, brace ◆ fût *m.* de vilebrequin

drill (to) ◆ forer ; percer

drilling ◆ forage *m.* ; perçage *m.*

drilling machine, boring machine ◆ perceuse *f.* ; foreuse *f.*

drilling template ◆ gabarit *m.* de perçage

drinking fountain ◆ fontaine *f.* publique ; borne-fontaine *f.* (*pl.* bornes-fontaines)

drinking trough ◆ abreuvoir *m.*

drinking water, drinkwater, fresh water ◆ eau *f.* potable

drip ◆ larmier *m.*

drip moulding *(of window)* ◆ jet *m.* d'eau ; rejéteau *m.*

dripstone ◆ larmier *m.*

drive, driveway *(am.)* ◆ 1. allée *f.* *(pour voitures) ;* *2. entrée f.* de garage

drive a tunnel (to) ◆ percer une galerie

drive in (to) ◆ resserrer (vis)

drive in, ram in (to) ◆ enfoncer *(pieu, palplanche)*

drive in (a nail or a wedge) (to) ◆ enfoncer *(clou, coin)*

drive-in *(am.)* ◆ restaurant (*ou* cinéma) où l'on accède en voiture

drive piles into (to) ◆ piloter

driven pile ◆ pieu *m.* battu

driving ◆ fonçage *m.*

driving cap, driving helmet ◆ tête *f.* de pieu

drop, gutta (*pl.* guttae), water drops ◆ 1. gouttes *f. pl.* ; 2. larmes *f. pl.*

drop arch* → *arch

drop curtain ◆ rideau *m.* de théâtre

drop hammer ◆ marteau-pilon *m.* ; mouton *m.* ; **→ *monkey***

drop lamp ◆ suspension *f.*

drop vault, Dutch or French vault* → *vault

dropped ceiling ◆ plafond *m.* suspendu

dross *(iron)* ◆ scorie *f.*

drugstore *(am.)* ◆ pharmacie *f.*

drum ◆ tambour *m.*

drum of column ◆ tambour *m.* de colonne

dry ◆ sec (sèche) ; → ***air dried, air dry***

dry in a kiln, dry with a furnace (to) ◆ sécher au four ; étuver

dry joint ◆ joint *m.* à sec ; joint vif

dry masonry ◆ maçonnerie *f.* à sec

dry mix ◆ mélange *m.* sec

dry riser ◆ colonne *f.* sèche

dry rot* → *white rot

dry rubble ◆ pierre *f.* sèche

dry-stone wall ◆ mur *m.* en pierres sèches

dry wall ◆ 1. mur *m.* sec ; 2. cloison *f.* sèche

dry well *(am.)* → ***cesspit, cesspool***

dryer, drier ◆ siccatif (-ive)

drying ◆ séchage *m.*

– **air drying** ◆ séchage à l'air (*ou* séchage naturel)

– **hot-air drying, kiln drying** ◆ séchage en autoclave

drying agent ◆ 1. siccatif *m.* ; 2. déshydratant *m.*

drying oil, siccative oil ◆ huile *f.* siccative

drying room, hot-air chamber ◆ séchoir *m.*

drying stove, oast ◆ étuve *f.* ; four *m.* de séchage ; séchoir *m.*

duckboard, duck run* → *cat ladder

duckboards ◆ caillebotis *m.*

duct ◆ conduit *m.*

duct, shaft ◆ gaine *f.*

– **pipe duct, service duct** ◆ gaine technique

duct opening* → *vent

ductile ◆ ductile

ductility ◆ ductilité *f.*

dull ◆ mat (e)

dull *(colour)* ◆ ternie (couleur -)

dumbwaiter ◆ monte-plats *m. inv.*

duplex ◆ duplex

duplex apartment *(am.)*, **maison(n)ette** ◆ appartement *m.* en duplex

durability ◆ durabilité *f.* ; pérennité *f.*

dwarf stud ◆ potelet *m.*

dwarf wall, low wall ◆ muret *m.* ; murette *f.*

dwelling ◆ habitation *f.* ; demeure *f.*

dwelling unit ◆ logement *m.*

dye ◆ teinture *f.*

dyke, dike ◆ digue *f.*

dyke (to) ◆ endiguer

E

early ◆ 1. primitif (-ive) ; 2. haut (e)

early Gothic ◆ gothique *m.* primitif

early Renaissance ◆ Renaissance *f.* primitive

early Roman ◆ 1. style *m.* gallo-romain ; 2. style *m.* carolingien

earth ◆ 1. terre *f.* ; 2. sol *m.*

earth, ground *(am.)* ◆ mise *f.* à la terre

– **rammed earth** ◆ béton *m.* de terre ; pisé *m.*

– **undisturbed earth** ◆ terrain *m.* naturel

earth borer, ground auger, miser ◆ fer *m.* à sonder ; sonde *f.*

earth connection ◆ prise *f.* de terre

earth platform ◆ terre-plein *m.*

earth retaining wall, embankment wall ◆ mur *m.* de soutènement

earth up, fill up with earth (to) ◆ remblayer

earthen ◆ de (*ou* en) terre

earthenware ◆ poterie *f.*

earthenware pipe, ware pipe ◆ tuyau *m.* en terre cuite ; tuyau en argile

earthenware tile ◆ dalle *f.* céramique

earthing, grounding *(am.)* ◆ 1. prise *f.* de terre ; 2. mise *f.* à la terre

earthmover ◆ bouteur *m.*

earthmoving ◆ terrassements *m. pl.*

earthquake ◆ tremblement *m.* de terre ; séisme *m.*

earthquake resistant ◆ parasismique

earthwork(s), groundwork ◆ travaux *m. pl.* de terrassement ; terrassements *m. pl.*

earthwork contractor ◆ terrassier *m.*

earthy ◆ terreux (-euse)

earthy marl, marly soil ◆ terre *f.* marneuse ; sol *m.* marneux

easement ◆ servitudes *f. pl.*

east ◆ est *m.*

eastern ◆ oriental (e) (*pl.* orientaux/-ales)

– **in eastern fashion** ◆ à l'orientale

easy chair ◆ fauteuil *m.*

eaves ◆ 1. égout *m.* de toit ; 2. avancée *f.* de toit ; avant-toit *m.* (*pl.* avant-toits)

eaves board, eaves catch, eaves lath ◆ chanlatte *f.* ; volige *f.* chanlattée

eaves fascia, fascia board ◆ planche *f.* côtière

eaves gutter, spouting ◆ gouttière *f.* pendante

eaves lath* → *eaves board

eaves overhang ◆ avant-toit *m.*

eaves tile, under-tile, tegula ◆ tuile *f.* d'égout ; tégule *f.*

eaves wall ◆ mur *m.* gouttereau

ebb ◆ reflux *m.*

ebb and flow ◆ flux et reflux *m.*

ebb tide ◆ marée *f.* descendante

ebonite, vulcanite ◆ ébonite *f.*

ebony ◆ 1. ébène *f.* ; 2. bois *m.* d'ébène ; 3. en ébène

ebony tree ◆ ébénier *m.*

ebony work ◆ ébénisterie *f.*

eccentric ◆ excentrique

eccentric bolt ◆ targette *f.*

eccentric load, off-centre load ◆ charge *f.* excentrique

eccentricity ◆ excentricité *f.*

echelon ◆ échelon *m.*

echinus ◆ échine *f.*

echo ◆ écho *m.*

eclectic ◆ éclectique

eclecticism ◆ éclectisme *m.*

ecology ◆ écologie *f.*

edge ◆ 1. bord ; 2. champ *m.* ; 3. arête *f.*

– **cutting edge** ◆ tranchant *(couteau, etc.)*

edge *(of a well)* ◆ margelle *f.*

edge *(of a roof)* ◆ rive *f.* de toiture

edge bedded ◆ posé (e) en délit (*ou* en contre-lit)

edge jointing ◆ collage *m.* bord à bord

edge runner mill ◆ concasseur *m.* ; broyeur *m.*

edge stone ◆ pavé *m.* de bordure

edge tool ◆ instrument *m.* tranchant

edging ◆ bordure *f.*

edifice ◆ édifice *m.*

effect ◆ effet *m.*

effective length ◆ longueur *f.* de flambage

effective span → ***clear span*** → ***span***

efficiency, degree of efficiency ◆ coefficient *m.* d'utilisation

efflorescence, blemish, scum ◆ efflorescence *f.* ; salpêtre *m.*

egg, egg shape ◆ ove *m.*

egg shaped ◆ ovoïde ; ové (e)

egg-shaped vault → ***vault***

Egyptian architecture ◆ architecture *f.* égyptienne

eidograph, pantograph, diagraph ◆ pantographe *m.*

el, ell *(am.)* → ***elbow***

elastic ◆ élastique

elastic deformation ◆ déformation *f.* élastique

elastic limit ◆ limite *f.* d'élasticité (*ou* limite élastique)

elastic range ◆ zone *f.* d'élasticité

elasticity ◆ élasticité *f.*

elasticity module, Young's module, coefficient of elasticity → ***modulus of elasticity***

elbow, bend ◆ coude *m.*

elbow, knee ◆ 1. bâton *m.* rompu ; 2. tuyau *m.* en coude

electric ◆ électrique

electric bell ◆ sonnette *f.* électrique

electric eye, photoelectric cell ◆ cellule *f.* photoélectrique

electric fire, electric heater ◆ radiateur *m.* électrique

electric light ◆ éclairage *m.* à l'électricité

electric panel ◆ tableau *m.* électrique

electric-power station ◆ centrale *f.* électrique

electric welding → ***arc welding***

electrical ◆ électrique

electrical-ceiling fitting ◆ plafonnier *m.*

electrical engineer → ***engineer***

electrical engineering → ***engineering***

electrical failure ◆ coupure *f.* d'électricité (*ou* coupure de courant)

electrical installation ◆ réseau *m.* électrique

electrical insulation ◆ isolation *f.* électrique

electrical timer ◆ minuterie *f.*

electrician ◆ électricien *m.*

electricity ◆ électricité *f.*

electricity meter ◆ compteur *m.* électrique

electrode ◆ électrode *f.*

electrolier ◆ lustre *m.* ; suspension *f.*

electrolyse (to) ◆ électrolyser

electrolysis ◆ électrolyse *f.*

electrolyte ◆ électrolyte *m.*

electron ◆ électron *m.*

electronic ◆ électronique *adj.*

electronics ◆ électronique *f.*

element ◆ élément *m.*

– **building element** ◆ élément de construction

elevation ◆ altitude *f.*

elevation ◆ 1. élévation *f.* ; 2. façade *f.*

– **front elevation** ◆ façade avant

– **main elevation** ◆ façade principale

– **rear elevation** ◆ façade arrière

– **sectional elevation** ◆ coupe verticale

– **side elevation** ◆ façade latérale

– **vertical elevation** ◆ élévation géométrale ; orthographie *f.*

elevation → ***façade, front view***

elevator *(am.)* → ***lift***

– **freight elevator** *(am.)* → ***lift*** → ***freight lift***

elevator car *(am.)* → ***lift car***

elevator shaft *(am.)* → ***lift shaft, lift well***

Elizabethan ◆ élisabéthain (e)

Elizabethan theatre ◆ théâtre *m.* élisabéthain

ellipse ◆ ellipse *f.*

ellipsoid ◆ ellipsoïde *m.*

ellipsoidal ◆ ellipsoïdal (e)

elliptic, elliptical ◆ elliptique

elliptical arch → ***arch***

elm ◆ orme *m.*

elmwood ◆ bois *m.* d'orme ; bois d'ormeau

embank (to) ◆ remblayer

embanked road ◆ route *f.* en remblai

embankment ◆ 1. remblai *m.* *(de terre)* ; 2. remblayage *m.* ; 3. talus *m.* en remblai ; 4. quai *m.* ; berge *f.*

embankment wall* → *earth retaining wall

embassy ◆ ambassade *f.*

embattle (to) ◆ créneler

embattled ◆ crénelé (e)

embed (to) ◆ 1. encastrer ; 2. enrober

embedded in concrete ◆ enrobé (e) de béton

embellish (to) ◆ embellir ; orner ; enrichir

embellishment, ornament ◆ embellissement *m.* ; ornement *m.*

emblem ◆ symbole *m.*

emboss (to) ◆ repousser ; graver ; marteler en bosse

embossed ◆ martelé (e) en bosse ; repoussé (e)

embossment ◆ bossage *m.* ; relief *m.*

embrasure ◆ embrasure *f.* ; ébrasement *m.*

embroidery ◆ broderie *f.*

emergency door, emergency doorway, emergency exit ◆ sortie *f.* de secours

emergency dwelling ◆ cité *f.* de transit

emergency staircase ◆ escalier *m.* de secours

emery ◆ émeri *m.*

emery cloth ◆ toile *f.* (d') émeri (*ou* toile émerisée)

emery paper, glass paper, sand paper ◆ papier *m.* d'émeri (*ou* papier émeri)

Empire style ◆ style *m.* Empire

emporium ◆ entrepôt *m.*

emulsion ◆ émulsion *f.*

emulsion paint ◆ peinture *f.* à émulsion

enamel ◆ émail *m.*

enamel painting ◆ peinture *f.* sur émail

enamel work ◆ émaillure *f.*

enamel (to) ◆ émailler (de) → ***lacquer (to)***

enamelled ◆ émaillé (e)

enamelled brick* → *glazed brick

enamelled concrete* → *glazed concrete* → *concrete

enamelled (*or* lacquered) hardboard ◆ panneau *m.* de fibres laqué

enamelled sheet iron ◆ tôle *f.* émaillée

enameller in niello ◆ nielleur *m.*

enamelling ◆ émaillage *m.*

encarpus, encarpa* → *garland

encase (to) ◆ encastrer

encased in concrete ◆ enrobé (e) de béton

encaustic ◆ encaustique *f.*

enceinte ◆ enceinte *f.*

enceinte door ◆ porte *f.* d'enceinte

enclave ◆ enclave *f.*

enclosure ◆ enceinte *f.*

enclosure, fencing ◆ clôture *f.* ; → ***wire enclosure***

enclosure wall ◆ mur *m.* de clôture

encompass (to) ◆ entourer

encrust (to) ◆ incruster (de)

end, extremity ◆ bout *m.* ; about *m.* ; extrémité *f.*

end gable ◆ façade-pignon *f.*

end grain* → *grain

end joist ◆ solive *f.* de bordure

end ornament ◆ amortissement *m.*

end ridge tile ◆ faîtière *f.* d'about

endless belt ◆ tapis *m.* roulant

endless saw, ribbon saw, belt saw, band saw ◆ scie *f.* (à lame) sans fin ; scie à ruban

endless screw ◆ vis *f.* sans fin

energy ◆ énergie *f.*

energy saving ◆ économies *f. pl.* d'énergie

engaged ◆ engagé (e)

engaged column, attached column* → *column

engineer ◆ 1. ingénieur *m.* ; 2. technicien *m.* ; 3. mécanicien *m.* ; 4. officier (*ou* soldat) *m.* du génie

- **civil engineer** ◆ ingénieur de Génie civil ; ingénieur de Travaux publics
- **electrical engineer** ◆ ingénieur électricien (d'un B.E.T. électricité)
- **mechanical engineer** ◆ ingénieur mécanicien (d'un B.E.T. fluides)

engineering ◆ génie *m.* ; ingénierie *f.*

- **civil engineering** ◆ génie civil
- **electrical engineering** ◆ électrotechnique *f.*
- **mechanical engineering** ◆ mécanique *f.*

engineering brick ◆ brique *f.* recuite (*ou* brique hollandaise)

engineering college ◆ école *f.* des Arts et Métiers

engineering structure, engineering work ◆ ouvrage *m.* d'art

English bond ◆ appareil *m.* anglais ; appareil de boutisses et panneresses

engrave *(in wood, etc.)* (to) ◆ graver *(le bois, etc.)*

engraved ◆ gravé (e)

engraver ◆ graveur *m.*

engraving ◆ gravure *f.*

enrockment ◆ enrochement *m.*

entablature ◆ entablement *m.*

entasis ◆ renflement *m.* d'une colonne ; galbe *m.*

entrance ◆ entrée *f.*

– **main entrance** ◆ entrée principale

entrance door, entry door, front door ◆ porte *f.* d'entrée

entrance door, front gate *(of a church)* ◆ porte *f.* principale

entrance-door lock, lever lock ◆ serrure *f.* de porte d'entrée ; serrure *f.* à gorges

entrance hall, lobby ◆ hall *m.* d'entrée

entrepôt ◆ entrepôt *m.*

entresol ◆ entresol *m.*

entry phone ◆ interphone *m.*

environment ◆ environnement *m.*

– **urban environment** ◆ milieu *m.* urbain

environs ◆ environs *m. pl.*

epaulement ◆ mur *m.* d'épaulement

epergne ◆ girandole *f.*

epi ◆ épi *m.* de faîtage

epigraph ◆ épigraphe *f.*

epinaos, opisthodomos ◆ opisthodome *m.*

epistyle ◆ épistyle *m.* ; architrave *f.*

epitaph ◆ épitaphe *f.*

epoch ◆ époque *f.*

epoxy resin ◆ résine *f.* époxyde

equestrian statue ◆ statue *f.* équestre

equilateral ◆ équilatéral (e) (*pl.* équilatéraux/-ales)

equilateral arch → arch

equilateral triangle ◆ triangle *m.* équilatéral

equilibrate (to) ◆ équilibrer

equilibrated ◆ équilibré (e)

equilibrium ◆ équilibre *m.* ; → ***condition of equilibrium***

– **be in equilibrium (to)** ◆ équilibrer (s'-)

– **unstable equilibrium** ◆ équilibre instable

equipment ◆ équipement *m.* ; matériel *m.*

equivalent-resistance beam *(girder with constant bending stress)* ◆ poutre *f.* isostatique

era ◆ ère *f.*

erase, rub out (to) ◆ gommer ; effacer

eraser, rubber ◆ gomme *f.*

erasing knife ◆ grattoir *m.*

erect (to) ◆ installer ; monter

erect *(building, monument)* (to) ◆ ériger ; élever ; édifier

erect with the plummet (to) → plumb (to)

erect scaffolding, scaffold (to) ◆ échafauder

erect a wall (to) ◆ ériger un mur ; dresser un mur ; élever un mur

erection ◆ 1. construction *f.* ; érection *f.* ; édification *f.* ; 2. montage *m.*

erg ◆ erg *m.*

ergonomics ◆ ergonomie *f.*

erosion ◆ érosion *f.*

erroneous ◆ faux (fausse)

error ◆ erreur *f.*

escalation clause ◆ clause *f.* de révision des prix

escalator, moving staircase ◆ escalier *m.* roulant (*ou* escalator *m.* *ou* escalier mécanique)

escape → way out

escape stairs, fire escape stairs → stairs

escarp → scarp

escarpment ◆escarpement *m.*

escritoire ◆ secrétaire *m.* ; bureau *m.*

escutcheon → key plate

espagnolette, cremone bolt ◆ 1. crémone *f.* ; 2. espagnolette *f.* à crémone

espalier ◆ espalier *m.*

espalier → pergola

esplanade ◆ esplanade *f.* ; promenade *f.*

essay → test

essay (to) ◆ mettre à l'épreuve

establish lines of direction (to) ◆ mettre à l'alignement

estate ◆ propriété *f.*

– **real estate** ◆ propriété *f.* foncière ; propriété immobilière

– **trading estate** ◆ zone *f.* industrielle

estate agency ◆ agence *f.* immobilière

estate agent ◆ agent *m.* immobilier

estate division ◆ morcellement *m.*

estate duty ◆ droits *m. pl.* de succession

esthete → aesthete

estimate ◆ devis *m.* ; métré *m.* ; chiffrage *m.*

– **preliminary estimate** ◆ devis *m.* préliminaire ; devis provisoire

estimate of costs ◆ devis estimatif

estimate (to) ◆ estimer

estimation ◆ estimation *f.* ; évaluation *f.*

estrade → stage

estuary ◆ estuaire *m.*

etch (to) ◆ graver à l'eau-forte

etcher ◆ graveur *m.* à l'eau-forte ; aquafortiste *m.*

etching ◆ gravure *f.* à l'eau-forte (*ou* eau-forte) (*pl.* eaux-fortes)

ethnographic ◆ ethnographique

ethnography ◆ ethnographie *f.*

ethylene ◆ éthylène *m.*

Etruscan ◆ étrusque

European birch ◆ bouleau *m.* pubescent

evaporation ◆ évaporation *f.*

even ◆ uni (e)

even texture *(wood)* ◆ texture *f.* homogène

even (to) ◆ aplanir ; niveler

ever sharp ◆ porte-mine *m.*

ewer ◆ pot *m.* à eau ; broc *m.*

examination of the soil ◆ sondage *m.* du sol

exastyle → hexastyle

excavate, dig off (to) ◆ 1. creuser ; excaver ; 2. déblayer

excavated earth ◆ déblais *m. pl.*

excavated earth used for filling-up ◆ terre *f.* de déblai jetée en remblai

excavation, cutting ◆ déblai *m.* ; fouille *f.* ; attaque *f.* du terrain ; excavation *f.*

– **surface excavation** ◆ fouille *f.* en déblai

excavation calculation ◆ calcul *m.* des déblais

excavator ◆ pelle *f.* mécanique ; excavateur *m.*

– **trench excavator** ◆ trancheuse *f.*

excelsior, woodwool ◆ laine *f.* de bois

excess of work → extra work

exedra, exhedra ◆ exèdre *m.*

exfoliation ◆ ébréchure *f.* ; effritement *m.*

exhibition ◆ 1. salon *m.* ; 2. exposition *f.*

exhibition building ◆ bâtiment *m.* d'exposition ; palais *m.* d'exposition

exhibition hall ◆ salle *f.* d'exposition

exit ◆ sortie *f.* ; issue *f.*

– **emergency exit** ◆ sortie de secours

exotic wood ◆ bois *m.* exotique

expanded ◆ expansé (e)

expanded glass → foam glass → glass

expanded metal ◆ métal *m.* déployé

expanded polystrene ◆ polystyrène *m.* expansé

expanded polyurethane ◆ polyuréthanne *m.* expansé

expansion ◆ 1. expansion *f.* ; 2. dilatation *f.*

– **linear expansion** ◆ dilatation linéaire

– **thermal expansion** ◆ dilatation thermique

expansion joint, dilatation joint ◆ joint *m.* de dilatation

expansion joint *(in a gutter)* ◆ besace *f.* de dilatation *(de gouttière)*

expansion tank ◆ vase *m.* d'expansion

expenses, cost(s) ◆ frais *m. pl.* ; dépenses *f. pl.*

– **indirect expenses, overhead expenses** ◆ frais généraux

experiment, test, trial ◆ expérience *f.* ; épreuve *f.* ; essai *m.*

expert, specialist ◆ expert *m.* ; spécialiste *m.* ou *f.*

expert appraisement ◆ expertise *f.*

exposed surface ◆ surface *f.* à nu

expressionism ◆ expressionnisme *m.*

expressionist ◆ expressionniste

express way ◆ autoroute *f.*

expropriate (to) ◆ exproprier

expropriation ◆ expropriation *f.*

expropriation zone ◆ zone *f.* d'expropriation

extend (to) → stretch (to)

extended-cloister vault → vault

extension ◆ annexe *f.*

extension cord ◆ rallonge *f.* de fil électrique

extension lamp ◆ baladeuse *f.*

extension piece, lengthening piece ◆ rallonge *f.*

extension plan ◆ plan *m.* directeur

exterior, outside ◆ extérieur *m.*

exterior shutter, wind shutter ◆ volet *m.* extérieur

exterior wall → ***external wall***

external ◆ extérieur (e)

external force ◆ force *f.* extérieure

external-paint work ◆ peinture *f.* extérieure

external wall, exterior wall, outer wall ◆ mur *m.* extérieur

external works → ***voierie et réseaux divers (V.R.D.)***

extruded ◆ extrudé (e)

extinguisher → ***extincteur*** *m.*

extinguishing → ***extinction*** *f.*

extra-muros, outwards the town walls ◆ extra-muros (*ou* hors de l'enceinte d'une ville)

extra-work, excess of work ◆ travail *m.* supplémentaire

extractor fan ◆ ventilateur *m.*

extrados, back *(of a vault* or *an arch)* ◆ extrados *m.* ; douelle *f.* extérieure

extremity ◆ extrémité *f.*

extruded ◆ extrudé (e)

extruded sealant ◆ joint *m.* à la pompe

extrusion ◆ extrusion *f.*

eye, staple ◆ 1. trou *m.* ; œil *m.* ; 2. porte-agrafe *m.*

eyebolt, eyescrew ◆ piton *m.*

eyebrow dormer ◆ lucarne *f.* à jouées galbées

eye of a cupola → ***clerestory ring***

eye preservers, goggles ◆ lunettes *f. pl.* de protection

eyelet, eyelet hole ◆ œillet *m.*

eyeslits ◆ vue *f.*

eyescrew → ***eyebolt***

F

fabric ◆ 1. gros œuvre *m.* ; 2. étoffe *f.* ; tissu *m.*

– **urban fabric** ◆ tissu urbain

fabric for furnishing → ***furniture textile***

façade ◆ haute muraille *f.*

façade, face, front, elevation ◆ façade *f.*

façade wall, face wall ◆ mur *m.* de façade

face ◆ face *f.*

face brick, facing brick ◆ brique *f.* de parement ; brique de façade

face lift ◆ restauration *f.* d'une façade

face nailing ◆ clouage *m.* de face ; clouage droit

face of a plane, sole of a plane ◆ semelle *f.* d'un rabot

face work ◆ parement *m.* ; revêtement *m.*

face (to) ◆ revêtir

facing ◆ revêtement *m.* extérieur ; revêtement de façade ; parement *m.*

– **ashlar facing, facing of stone** ◆ parement *m.* en pierre

facing panel ◆ panneau *m.* de façade

facing stone ◆ pierre *f.* de façade

facing tile ◆ brique *f.* de parement

facing work ◆ maçonnerie *f.* en briques apparentes ; maçonnerie *f.* en briques de parement

factor ◆ facteur *m.*

– **sound-absorption factor** ◆ facteur d'absorption acoustique

factor of safety ◆ coefficient *m.* de sécurité

factory, plant, mill, works ◆ usine *f.*

factory building → ***plant construction***

factory chimney, funnel, stack ◆ cheminée *f.* d'usine

fade, lose colour (to) ◆ 1. décolorer (se -) ; 2. ternir (se -)

faience ◆ faïence *f.*

faience tile ◆ carreau *m.* de faïence

Fahrenheit thermometer ◆ thermomètre *m.* Fahrenheit

failure ◆ ruine *f.*

– **power failure** ◆ coupure *f.* de courant

fair ◆ foire *f.*

fairy light ◆ lampe *f.* ancienne ; lampion *m.*

falbala ◆ falbala *m.*

fall *(of a pipe)* ◆ 1. chute *f.* ; 2. pente *f.*

fall-down, collapse ◆ 1. éboulement *m.* ; 2. effondrement *m.*

fall down (to) ◆ effondrer (s'-)

fall pipe *(am.)*, **rainwater pipe** ◆ descente *f.* d'eau

fallen earth, fallen rock ◆ 1. éboulis *m.* ; 2. débris *m.*

falling-in, falling-down ◆ écroulement *m.*

false ◆ faux (fausse)

false attic ◆ faux attique *m.* (*ou* pseudo-attique)

false ceiling ◆ faux plafond *m.*

false door ◆ fausse porte *f.*

false joint ◆ faux joint *m.*

false tenon ◆ faux tenon *m.*

false window, blank window ◆ fausse fenêtre *f.*

falsework ◆ ferme *f.* à contre-fiche

family → ***big family***

fan ◆ 1. éventail *m.* (*pl.* éventails) ; 2. ventilateur *m.*

fan convector ◆ ventilo-convecteur *m.*

fan, screen to a scaffold ◆ écran *m.* de protection

fan light, clerestory, top light ◆ imposte *f.* en éventail

fan-light opener ◆ ferme-imposte *m. inv.*

fan shaped, fan-like, fan wise ◆ en éventail

fan-shaped ceiling ◆ plafond *m.* en éventail

fan vault ◆ voûte *f.* en éventail

fane, vane, weather flag ◆ girouette *f.*

fantastic ◆ fantastique

farm ◆ ferme *f.*

farm building ◆ bâtiment *m.* de ferme ; construction *f.* agricole

farmhouse ◆ ferme *f.* ; bâtiment *m.* de ferme

farmstead ◆ ferme *f.*

fascia ◆ 1. fasce *f.* ; 2. bordure *f.* de toit

fascia board ◆ lambrequin *m.*

fascine ◆ clayon *m.*

fascine building* → *blockhouse

fascine work ◆ fascinage *m.*

fashion ◆ mode *f.*

fast sheet* → *sheet

fasten (to) ◆ sceller ; fixer

fastener handle* → *casement fastener

fastening* → *bedding

fat ◆ gras (grasse)

fat lime, rich lime, pure lime ◆ chaux *f.* grasse

fat mortar ◆ mortier *m.* gras

fathom ◆ toise *f.* de Paris

fatigue ◆ fatigue *f.*

faubourg ◆ faubourg *m.*

fault ◆ défaut *m.* ; vice *m.*

faulty ◆ défectueux (-euse)

fauna ◆ faune *f.*

fauna and flora ◆ faune (la -) et flore (la -)

feasability ◆ faisabilité *f.*

feather, feather tongue ◆ fausse languette *f.*

feather edge ◆ biseau *m.*

feather joint ◆ assemblage *m.* à fausse languette

feather plane, tongue plane ◆ bouvet *m.* à languettes

fee* → *charge

fees ◆ honoraires *m. pl.*

feeble-current, weak current ◆ courant *m.* faible

feeble-current installation, weak-current installation ◆ installation *f.* de courant faible

feeder ◆ colonne *f.* montante

feed pipe ◆ tuyau *m.* d'alimentation

feed water ◆ eau *f.* pour l'alimentation

feed wire ◆ fil *m.* d'amenée

feigned ◆ feint (e)

feldspar, feldspath ◆ feldspath *m.*

fell a tree (to)* → *cut down (to)

felling of trees, cutting of trees ◆ abattage *m.* d'arbres

felt ◆ feutre *m.* ; → ***bituminous felt, tarred felt***

felt paper ◆ carton (*ou* papier)-feutre *m.*

felt (to) ◆ feutrer *m.*

female ◆ femelle *f.*

female screw ◆ écrou *m.*

fen ◆ marais *m.* ; marécage *m.* ; étang *m.* marécageux

fence, lattice fence ◆ 1. enclos *m.* ; clôture *f.* ; 2. haie *f.* vive ; → ***concrete fence, garden fence, wired fence***

fence (to) ◆ clôturer ; enclore

fencing ◆ clôturage *m.*

fencing, enclosure, railing ◆ enclos *m.* ; clôture *f.*

fencing wall ◆ mur *m.* de clôture ; enceinte *f.*

fend (to)* → *cleave (to)

fenestration ◆ fenêtrage *m.* (*ou* fenestrage)

ferro-concrete* → *reinforced concrete

ferrous ◆ ferreux (-euse) ; ferrugineux (-euse)

ferrous metal ◆ métal *m.* ferreux

fess, fascia ◆ fasce *f.*

festoon ◆ feston *m.* ; → ***garland***

fibre, fiber *(am.)* ◆ fibre *f.*

fibre-building board (hardboard *or* insulating board) ◆ panneau *m.* de fibres

fibreboard, fiberboard *(am.)* ◆ panneau de fibres agglomérées

- **insulating fibreboard** ◆ panneau de fibres de faible densité
- **medium-density fibreboard (M.D.F.)** ◆ panneau de fibres de moyenne densité

fibreglass, glass fibre ◆ fibre *f.* de verre

field ◆ 1. champ *m.* ; 2. terrain *m.*

field book ◆ carnet *m.* de relevés ; calepin *m.*

field engineer ◆ ingénieur *m.* de chantier

field survey ◆ étude *f.* sur le terrain

figure ◆ figure *f.*

figured ◆ ouvragé (e)

figured glass ◆ verre *m.* décoré

figured tile ◆ carreau *m.* décoré

filament ◆ fil *m.* incandescent (*ou* filament)

filament lamp, incandescent lamp ◆ lampe *f.* à incandescence

file ◆ 1. rangée *f.* ; 2. lime *f.*

- **dead file** ◆ lime sourde
- **flat file** ◆ lime plate
- **knife file** ◆ lime-couteau
- **half-round file** ◆ lime demi-ronde
- **polish file, smooth file** ◆ lime douce ; lime à polir
- **rough file *(for metal)*** ◆ lime grossière

– **round file** ◆ lime ronde

– **three-square file, triangular file** ◆ lime triangulaire ; tiers-point *m.* (*pl.* tiers-points)

file (to) ◆ limer

file over (to) ◆ retoucher à la lime

filigrane, filigree, filigree work ◆ filigrane *m.*

fill ◆ remblai *m.*

fill up (to) ◆ remblayer

filler, spackle *(am.)* ◆ matériau *m.* de remplissage ; filler *m.*

filler block ◆ fourrure *f.*

fillet *(of cement, mortar, plaster)* ◆ solin *m.*

fillet ◆ 1. boucle *f.* ; 2. filet *m.* ; listel (*ou* listeau) ; liston *m.* ; 3. bandeau *m.*

– **cover fillet** ◆ profilé *m.* de finition ; couvre-joint *m.*

fillet moulding → moulding

filling ◆ bourrage *m.* *(joints)*

filling-in *(of embroidery, etc.)* ◆ remplissage *m.*

filling station ◆ poste *m.* d'essence

filling-up ◆ remblai *m.* ; remblayage *m.* ; → ***excavated earth used for filling-up, hearting, soil filling***

filling-up with brickwork ◆ maçonnerie *f.* de remplissage

fillister *(am.)* ◆ feuillure *f.*

fillister, rebate plane ◆ feuilleret *m.*

film ◆ film *m.* ; feuil *m.*

film library ◆ cinémathèque *f.*

film studio ◆ studio *m.* *(cinéma, TV)*

filter ◆ filtre *m.*

filtering ◆ filtrage *m.*

fin grade, finish grade ◆ sol *m.* fini

final acceptance → acceptance

final coat ◆ enduit *m.* de finition

fine arts ◆ Beaux-Arts *m. pl.*

fine arts museum ◆ musée *m.* des Beaux-Arts

fine grained ◆ 1. granulométrie *f.* fine ; 2. à grains fins

fine gravel ◆ gravillon *m.*

fine sand ◆ sablon *m.*

finger joint → combed joint → joint

finial ◆ fleuron *m.* ; épi *m.* de faîtage

finish ◆ 1. poli *m.* ; fini *m.* ; 2. finition *f.*

finishing ◆ finissage *m.* ; finition *f.*

– **joiner's finishing, carpenter's finishing** *(am.)* ◆ menuiserie *f.* intérieure

finishing → door finishing

finishing coat → coat

finishing paint ◆ couleur *f.* de finition

finishings ◆ second œuvre *m.*

finishing touches ◆ finissage *m.*

fink truss ◆ ferme *f.* en forme de W

fir (tree) ◆ sapin *m.*

fir cone ◆ pomme *f.* de pin

fir wood ◆ bois *m.* de sapin

fire ◆ incendie *f.* ; feu *m.*

fire alarm ◆ avertisseur *m.* d'incendie

fire back ◆ contrecœur *m.*

fire barrier → fireproof wall

fire board ◆ rideau *m.* de cheminée

fire brick, fireproof brick, refractory brick ◆ brique *f.* réfractaire

fire cement ◆ ciment *m.* réfractaire

fire clay, fireproof clay, refractory clay ◆ argile *f.* réfractaire

fire cock ◆ bouche *f.* d'incendie

fire curtain ◆ rideau *m.* coupe-feu

fire door, fireproof door ◆ porte *f.* coupe-feu

fire door ◆ porte *f.* de foyer

fire escape stairs, escape stairs → ***stairs***

fire grate ◆ grille *f.* de foyer

fire guard, fire screen ◆ pare-feu *m. inv.* ; pare-étincelles *m. inv.*

firehole ◆ amenée *f.* d'air ; flux *m.* d'air

fire hook ◆ attisoir *m.*

fire hydrant, fire plug *(am.)* ◆ bouche *f.* d'incendie

fire partition ◆ cloison *f.* ignifuge

fireplace ◆ cheminée *f.*

fireplace, hearth, grate ◆ foyer *m.* ; âtre *m.*

fireplace hood ◆ hotte *f.* de cheminée

fireplace recess, back hearth ◆ foyer *m.* de cheminée

fireproof ◆ incombustible ; ignifuge ; ignifugeant (e)

fireproof brick → fire brick

fireproof cement ◆ ciment *m.* réfractaire

fireproof clay → fire clay

fireproof door → fire door

fireproof mortar, refractory mortar ◆ mortier *m.* réfractaire

fireproof paint ◆ peinture *f.* ignifuge

fireproof wall, fire barrier ◆ mur *m.* coupe-feu

fireproofed ◆ ignifugé (e)

fireproofing ◆ ignifugation *f.* ; ignifugeage *m.*

fire rating ◆ degré *m.*coupe-feu

fire resistance ◆ résistance *f.* au feu

fire resistant construction ◆ construction *f.* résistant au feu

fire retardant ◆ ignifuge ; ignifugeant (e)

fire safe ◆ coffre-fort *m.* coupe-feu

fire screen ◆ rideau *m.* coupe-feu ; → ***fire guard***

fireside ◆ coin *m.* du feu

fire tower ◆ tour *f.* de surveillance du feu

fire wall ◆ mur *m.* coupe-feu

firewood ◆ bois *m.* de combustion ; bois *m.* de chauffage

firm ◆ stable

firm soil ◆ terre *f.* ferme

firmer ◆ fermoir *m.*

first coat, priming ◆ couche *f.* de fond

first floor* → *floor

fish joint ◆ éclissage *m.*

fish plate ◆ éclisse *f.* ; →***cover plate***

fissure ◆ fissure *f.*

fit in (to) ◆ encastrer

fitting ◆ 1. raccord *m.* ; 2. encastrage *m.* ; 3. montage *m.*

– **door fittings** ◆ ferrures *f. pl.* de porte

– **wall fitting** ◆ applique *f.*

fitting-out ◆ aménagement *m.* intérieur

fitting piece ◆ 1. pièce *f.* de raccord ; 2. raccord *m.*

fix (to) ◆ sceller

fix the boards of the floor (to) ◆ poser des planches de parquet

fix with bolts, connect with bolts (to) ◆ cheviller ; fixer par des boulons

fix with nails (to)* → *nail (to)

fix with screws, screw up (to) ◆ fixer par des vis ; visser (sur)

fixative ◆ 1. fixatif (-ive) ; 2. fixateur (-trice)

fixed ◆ 1. fixe ; 2. fixé (e)

fixed bridge, permanent bridge ◆ pont *m.* fixe ; pont *m.* permanent

fixed end ◆ encastrement *m.*

fixed ends* → *moment at fixed ends

fixed light, fixed sash ◆ châssis *m.* dormant ; châssis fixe ; vitrage *m.* dormant

fixed support ◆ appui *m.* d'encastrement

fixed with nails ◆ cloué (e) ; fixé (e) par des clous ; clouté (e)

fixing ◆ scellement *m.* ; → ***bedding***

fixture ◆ meuble *m.* fixe ; appareil *m.* fixe

– **lighting fixture** ◆ appareil *m.* d'éclairage

– **plumbing fixture** ◆ appareil *m.* sanitaire

flag, flagstone, slab ◆ dalle *f.* en pierre ; dalle de sol

flagstone pavement ◆ dallage *m.*

flag (to) ◆ daller ; paver

flagging ◆ dallage *m.*

flamboyant ◆ flamboyant (e) ; fleuri (e)

flamboyant style ◆ style *m.* flamboyant

flamboyant tracery ◆ remplage *m.* flamboyant (*ou* réseau *m.* flamboyant)

flame ◆ flamme *f.*

flame retardant, fire retardant ◆ pare-flamme *m. inv.*

flammable ◆ inflammable

flange ◆ 1. bride *f.* ; 2. rebord *m.* ; 3. semelle *f.* *(poutre)* ; aile *f.* de poutre ; → ***pipe flange***

flank front, side face ◆ façade *f.* latérale

flap door, trap door ◆ trappe *f.*

flap hinge ◆ briquet *m.*

flash set, quick set* → *set

flashing ◆ solin *m.*

flat, tenement flat, apartment *(am.)* ◆ appartement *m.*

– **furnished flat** ◆ appartement meublé

flat ◆ 1. mat (e) ; 2. plat (e)

flat arch, jack arch, straight arch* → *arch

flat bolt ◆ targette *f.*

flat brick paving ◆ pavage *m.* de briques à plat

flat brush, flat-paint brush ◆ queue-de-morue *f.*

flat chisel *(of the stone trimmer)* ◆ ciseau *m.* plat

flat-chord truss* → *truss

flat course of bricks ◆ assise *f.* de briques à plat

flat file ◆ lime *f.* plate

flat graver ◆ onglette *f.*

flat hammer ◆ marteau *m.* plat

flat iron ◆ fer *m.* plat

flat laid ◆ méplat (e)

flat mattock ◆ hoyau *m.*

flat paint ◆ peinture *f.* mate

flat pick, mattock ◆ pioche *f.* ; pic *m.*

flat pliers* → *devil claw

flat roof ◆ toiture-terrasse *f.* ; toit *m.* en terrasse

flat spade ◆ pelle *f.* plate

flat tile ◆ tuile *f.* plate

flat varnish, matt varnish ◆ vernis *m.* mat

flatness ◆ planéité *f.*

flattened ◆ surbaissé (e)

flattening mill ◆ laminoir *m.*

flatting ◆ 1. matité *f.* ; 2. matage *m.*

flatting putty, painter's putty ◆ glacis *m.* de mastic pour la peinture ; lut *m.*

flaw *(in metals)* ◆ paille *f.*

flaw *(in wood)* ◆ gerçure *f.*

flax ◆ lin *m.*

fleaked roof* → *thatch roof

flèche, spire ◆ flèche *f.*

Flemish bond, double Flemish bond ◆ appareil *m.* flamand (*ou* appareil gothique)

fleuret, fleuron ◆ fleuron *m.*

flexibility ◆ flexibilité *f.* ; souplesse *f.*

flexible ◆ pliant (e) ; flexible ; souple

flexible coupling ◆ manchon *m.* flexible

flexion* → *bending

flexural member ◆ membre *m.* en flexion

flexural strength → *bending strength*

flexure *(am.)* **→ *bending***

flexure test* → *bending test* → *bending

flier ◆ marche *f.* droite

fliers staircase* → *straight stairs

flight of stairs ◆ volée *f.* d'escalier

– **straight flight** ◆ volée droite

flight header ◆ poutre *m.* palière

flight line ◆ ligne *f.* de foulée

flight of steps* → *flight of stairs

flint ◆ silex *m.*

flint paper* → *glass paper

float ◆ flotteur *m.* de chasse d'eau

float, raft ◆ radeau *m.*

float, patter, mason's float ◆ taloche *f.* ; lisseuse *f.*

– **long float** ◆ règle *f.* de maçon

– **rotary float, rotary trowel** ◆ hélicoptère *m.*

– **vibrating float** ◆ taloche vibrante

float for ceilings ◆ taloche pour plafond

float glass* → *glass

floated work* → *rendered work

floating ◆ flottant (e)

floating crane ◆ grue *f.* flottante

floating slab* → *slab

flock spraying, flocking ◆ flocage *m.*

flood ◆ inondation *f.*

floor ◆ 1. plancher *m.* ; 2. étage *m.* ; 3. tablier *m.* *(pont)* ; 4. parquet *m.*

– **beam and floor** ◆ radier *m.* nervuré

– **concrete floor** ◆ plancher en béton

– **finished floor** ◆ plancher fini

– **first floor** ◆ premier étage ; rez-de-chaussée *m. (am.)*

– **floating floor** ◆ plancher flottant

– **gross-floor area** ◆ surface *f.* utile

– **mechanical floor** ◆ galerie *f.* technique

– **mushroom floor** ◆ plancher-champignon

– **net-floor area** ◆ surface *f.* habitable

– **on the same floor** ◆ de plain-pied

– **open floor** ◆ plancher à solives apparentes

– **pot floor** ◆ plancher à houdis de terre cuite

– **ribbed floor** ◆ plancher nervuré

– ***service floor* → *mechanical floor***

– **slab floor** ◆ plancher à dalle

– **street floor** *(am.)*, **ground floor** ◆ rez-de-chaussée *m.*

– **subfloor** ◆ plancher nu

– **timber floor** ◆ plancher en bois *(ossature)*

– **upper floor** ◆ plancher supérieur

– **wood floor** ◆ plancher en bois *(revêtement)*

floor above ◆ plancher supérieur

floor arch *(am.)*, **jack arch → *arch***

floor area ◆ superficie *f.* de plancher

floor-area ratio, plot ratio ◆ coefficient *m.* d'occupation des sols

floor batten ◆ lambourde *f.*

floor beam ◆ poutre *f.* *(de plancher)*

floor block ◆ entrevous *m.* ; hourdis *m.* *(de plancher)*
floor board ◆ planche *f.* de parquet
floor boarding in herring-bone pattern ◆ parquet *m.* en points de Hongrie (*ou* parquet *m.* à fougères)
floor construction ◆ construction *f.* de plancher
floor covering, floor finish ◆ revêtement *m.* de sol
floor drain ◆ avaloir *m.*
floor framing ◆ ossature *f.* de plancher
floor guide* → *sliding door rail
floor gutter ◆ caniveau *m.*
floor gypsum, floor plaster ◆ plâtre *m.* pour planchers ; plâtre pour dallage
floor hanger ◆ étrier *m.*
floor heating ◆ chauffage *m.* par le sol
floor hinge, floor spring ◆ gond *m.* ; tourillon *m.*
floor joist ◆ solive *f.*
floor joists *(of one storey)* ◆ poutraison *f.* ; solivage *m.*
floor lamp ◆ lampadaire *m.*
floor layer ◆ parqueteur *m.* ; poseur *m.* de parquets
floor making ◆ parqueterie *f.*
floor opening ◆ trémie *f.* de plancher
floor-panel heating* → *panel heating* → *heating
floor plan ◆ plan *m.* d'étage
floor plaster* → *floor gypsum
floor plate ◆ tôle *f.* à relief
floor polish ◆ encaustique *f.*
floor rib* → *floor joist
floor runner ◆ lambourde *f.*
floor slab ◆ dalle *f.*
floor-space ratio ◆ rapport *m.* plancher-sol
floor spring* → *floor hinge
floor strut ◆ entretoise *f.* de plancher
floor tile ◆ carrelage *m.* de sol
floor tiler, brick pavier ◆ carreleur *m.*
floor unit ◆ entrevous *m.* ; hourdis *m.* de plancher
floor varnish ◆ vernis *m.* pour parquet
floor wax ◆ cire *f.* à parquet ; encaustique *f.*
floor (to) ◆ parqueter
flooring ◆ revêtement *m.* de sol
– **jointless flooring** ◆ revêtement de sol sans joint
– **magnesite flooring** ◆ revêtement de sol magnésien
– **raised flooring system** ◆ plancher *m.* surélevé à dalles amovibles ; plancher technique
– **strip flooring** ◆ parquet *m.* à l'anglaise (*ou* à frises)
– **wood flooring** ◆ 1. parquet *m.* ; 2. parquetage *m.* ; planchéiage *m.*
flooring cement ◆ plâtre *m.* à plancher
flooring strip ◆ frise *f.* de parquet
floriated style, floreated style ◆ style fleuri *m.*
flour, powder ◆ farine *f.* ; poudre *f.*
– **wood flour** ◆ farine de bois
flour mill ◆ moulin *m.*
flow ◆ 1. flux *m.* *(électricité, chaleur)* ; 2. écoulement *m.* *(fluide)*
flow pipe* → *riser
flow rate ◆ débit *m.*
flower pot ◆ pot *m.* de fleur
flower-pot holder, flower stand ◆ jardinière *f.*
flue, chimney flue, smoke stack ◆ cheminée *f.* ; conduit *m.* de cheminée ; conduit de fumée
– **branched flue system** ◆ conduit shunt
fluid ◆ 1. fluide *n. m.* ; 2. liquide *adj.*
fluid, liquid ◆ liquide *n. m.*
fluidity ◆ fluidité *f.*
fluor, fluor span ◆ fluorine *f.*
fluorescence ◆ fluorescence *f.*
fluorescent ◆ fluorescent (e)
fluorescent lamp ◆ lampe *f.* à fluorescence
fluorescent tube ◆ tube *m.* fluorescent (*ou* tube fluo, *fam.*)
fluorine ◆ fluor *m.*
flush ◆ chasse *f.* d'eau
flush door ◆ porte *f.* plane (*ou* porte isoplane)
flush tank, flushing cistern ◆ réservoir *m.* de chasse d'eau
flute, groove ◆ cannelure *f.*
flute, channel, groove (to) ◆ canneler
fluted ◆ strié (e)
fluted, grooved ◆ cannelé (e) ; strigilé (e)
fluted column* → *column
fluting, channeling, grooving ◆ cannelure *f.* ; canal *m.* (*pl.* canaux)
flux and reflux ◆ flux (le -) et reflux (le -) *m.*

fly ash(es) ◆ cendres *f. pl.* volantes

flyer → flier

flying buttress ◆ arc-boutant *m.* (*pl.* arcs-boutants)

flying scaffold ◆ échafaudage *m.* volant ; échafaudage suspendu

flying shore ◆ étrésillon *m.*

fly nut → butterfly nut

flyover ◆ tobbogan *m.* routier

fly screen → screen

foam, scum, laitance *(on concrete)* ◆ mousse *f.*

– **closed-cell foam** ◆ mousse à cellules fermées

foam concrete ◆ béton-mousse *m.*

foam(ed) glass, cellular glass ◆ verre *m.* cellulaire ; verre expansé ; verre-mousse

foaming agent ◆ agent *m.* moussant

foil ◆ 1. lobe *m.* ; 2. feuille *f.* de métal ; 3. tain *m.* (miroir)

foils ◆ feuilles *f. pl.*

fold ◆ battant *m.* (porte)

fold (to) ◆ plier

folded-plate construction ◆ voile *m.* autoportant polygonal

folding ◆ pliant (e)

folding (of a folding door) → door leaf

folding bed ◆ lit *m.* pliant

folding chair, foldstool ◆ chaise *f.* pliante ; strapontin *m.* ; pliant *m.*

folding door → door

folding rule ◆ mètre *m.* pliant

folding sash → accordion sash

folding screen ◆ paravent *m.*

folding seat ◆ strapontin *m. (théâtre)*

folding stairs ◆ escalier *m.* escamotable

folding table ◆ table *f.* pliante ; table à abattant

foldstool → folding chair

foliage scrolls ◆ rinceau *m.* (*pl.* rinceaux) ; feuillage *m.*

foliate (to) ◆ orner de feuilles

foliated stone ◆ pierre *f.* feuilletée

foliation ◆ 1. foliation *f.* ; rinceau *m.* (*pl.* rinceaux), 2. étamage *m. (miroir)* ; 3. laminage *m. (métal)*

font → baptistery font

foot (*pl.* feet) ◆ pied *m.* (30,48 cm)

foot, footing, bottom, toe ◆ pied *m.* ; base *f.*

foot bridge ◆ passerelle *f.*

foot of a hill ◆ pied de talus

foot pace → half-space landing

foot rule ◆ règle *f.*

foot of wall ◆ pied de mur

foot warmer ◆ chauffe-pieds *m. inv.*

footing ◆ 1. socle *m.* ; 2. point *m.* d'appui ; 3. semelle *f.* ; empattement *m.*

– **combined footing** ◆ semelle jumelée

– **continuous footing** ◆ semelle continue ; semelle filante

– **individual footing, single footing** ◆ semelle isolée

– **stepped footing** ◆ semelle à gradins

footing → foot, foundation wall

footing wall ◆ empattement *m.*

footlights (*pl.*) ◆ rampe *f.* de scène *(théâtre)*

footpath, footway ◆ sentier *m.*

footpath, sidewalk *(am.)*, **footway, pavement** ◆ trottoir *m.*

footpath-paving slabs ◆ pavage *m.* de trottoir

footstall ◆ piédestal *m.* ; socle *m.*

footstool ◆ 1. escabeau *m.* ; 2. tabouret *m.*

footway → footpath

force ◆ force *f.*

– **compressive force** ◆ force de compression

force → bar force, external force, internal force, vertical force

force of gravity → gravitation

forces → system of forces

forecourt ◆ avant-cour *f.* (*pl.* avant-cours)

forefront → front façade

forelock, forelock pin ◆ goupille *f.*

foreman (*pl.* foremen), charge hand ◆ chef *m.* d'équipe ; contremaître *m.*

forest ◆ forêt *f.*

forest (to) ◆ boiser

forge ◆ forge *f.*

forge steel → malleable steel

forge tongs, smith's tongs ◆ tenaille *f.* (*ou* tenailles *f. pl.*) de forgeron ; pince *f.* de forgeron

forge, hammer (to) ◆ forger ; battre le fer ; marteler le fer

forgeable ◆ forgeable ; → ***malleable***

forged ◆ forgé (e)

forged piece ◆ pièce *f.* forgée
forging ◆ 1. forgeage *m.* ; 2. pièce *f.* forgée
forging hammer ◆ marteau *m.* de forge
forging press ◆ presse *f.* à forger
forging test ◆ essai *m.* de forgeabilité (*ou* essai à la forge)
fork ◆ bifurcation *f.* ; fourche *f.* *(routes)*
forklift truck ◆ chariot *m.* élévateur
form ◆ 1. forme *f.* ; 2. coffrage *m.*
– **absorptive form** ◆ coffrage perdu
– **climbing form** ◆ coffrage grimpant
– **moving form** ◆ coffrage mobile
– ***permanent form* → *absorptive form***
– **sliding form, slip form** ◆ coffrage glissant
– **travelling form** ◆ coffrage roulant
– **wall form** ◆ banche *f.*
– **wet the forms (to)** ◆ traiter les coffrages
form-release agent ◆ agent *m.* de décoffrage ; agent de démoulage
form removal, form striking, form stripping ◆ décoffrage *m.*
form (to) ◆ former ; → ***mould (to)***
form* → *centering *(am.)*, ***centring***
form projects (to) ◆ projeter
formaldehyde ◆ formaldéhyde *m.*
formalism ◆ formalisme *m.*
formalist ◆ formaliste
format ◆ format *m.*
formative arts ◆ arts *m. pl.* plastiques
formula ◆ formule *f.*
formwork ◆ coffrage *m.*
– **climbing formwork** ◆ coffrage grimpant
– **permanent formwork** ◆ coffrage perdu
– **side of formwork** ◆ joue *f.* de coffrage
– **sliding formwork** ◆ coffrage glissant
– **suspended formwork** ◆ coffrage suspendu
– **tunnel formwork** ◆ coffrage tunnel
formwork timber ◆ bois *m.* de coffrage
fort ◆ fort *m.*
– **coastal-defence fort** ◆ fort maritime
– **star fort** ◆ fort étoilé
fortification ◆ fortification *f.*
fortification wall ◆ muraille *f.*
fortify, mound (to) ◆ fortifier
fortress ◆ forteresse *f.*
forum ◆ forum *m.*
fosse ◆ fossé *m.*
fossil ◆ fossile *m.*
foul-treatment plant ◆ station *f.* d'épuration
foul water ◆ eaux-vannes *f. pl.*
foundation ◆ 1. fondement *m.* ; 2. fondation *f.*
– **benched foundations** ◆ fondations *f. pl.* en escalier ; fondations à redents (*ou* à redans)
– **deep foundation** ◆ fondations profondes
– **lay the foundations (to)** ◆ jeter les fondations
– **raft foundation, mat foundation** *(am.)* ◆ fondations sur radier
– **shallow foundation** ◆ fondation superficielle
– ***stepped foundation* → *benched foundations***
– **well foundation** ◆ fondations par puits
foundation block ◆ bloc *m.* de fondation ; massif *m.* de fondation
foundation of timbers ◆ grillage *m.* de fondation
foundation pile ◆ 1. pieu *m.* de fondation ; 2. pilotis *m.* de fondation
foundation pit ◆ puits *m.* de fondation
foundation plan ◆ plan *m.* de fondation
foundation raft ◆ radier *m.* de fondation
foundation stone ◆ première pierre *f.*
foundation system ◆ technique *f.* de fondation
foundation trench ◆ tranchée *f.* de fondation ; rigole *f.* de fondation
foundation wall, footing ◆ mur *m.* de fondation ; embasement *m.*
foundation works ◆ travaux *m. pl.* de fondation
founding* → *cast
foundry ◆ fonderie *f.* ; → ***iron foundry***
fountain ◆ 1. fontaine *f.* ; 2. jet *m.* d'eau
fountain head, spring ◆ source *f.*
fountain maker ◆ fontainier *m.*
four-centred arch, Tudor arch* → *arch
four cornered ◆ quadrangulaire
four poster ◆ lit *m.* à colonne
fowl house ◆ poulailler *m.*
foyer ◆ foyer *m.* *(théâtre)*
foyer, lobby ◆ hall *m.* d'entrée

fracture, fraction, break, upset *(in timber)* ◆ rupture *f.* ; cassure *f.* ; fracture *f.*

fracture → ***surface of fracture***

fracture load → ***breaking load*** → ***load***

fragile ◆ fragile

fragility ◆ fragilité *f.*

fragment ◆ fragment *m.*

fraise ◆ fraise *f.*

frame ◆ 1. châssis *m. (de fenêtre, etc.)* ; cadre *m.* ; → ***framework*** ; 2. portique *m.*

– **fixed frame** ◆ bâti dormant ; dormant *m.*

– **fixed-based frame** ◆ portique encastré aux pieds

– **gable frame** ◆ portique à traverse brisée

– **perfect frame** ◆ portique isostatique (*ou* portique statiquement déterminé)

– **portal frame** ◆ portique

– **redundant frame** ◆ portique hyperstatique (*ou* portique statiquement indéterminé)

– **rigid frame** ◆ portique indéformable

– **simple frame** ◆ portique simple

– **space frame** ◆ structure *f.* tridimensionnelle

– ***statically determinate frame*** → ***perfect frame***

– ***statically indeterminate frame*** → ***redundant frame***

frame (door -, window -) ◆ chambranle *m. (de porte, de fenêtre)*

frame, framing ◆ encadrement *m.*

frame house ◆ maison *f.* à ossature de bois

frame profile, frame section ◆ profilé *m.* d'encadrement

frame wall ◆ pan *m.* de bois

frame (to) ◆ encadrer

framed and braced door → ***batten door*** → ***door***

framed building ◆ construction *f.* en treillis ; construction triangulée ; charpente *f.* en treillis (*ou* triangulée)

framed partition, trussed partition, framed wall ◆ mur *m.* à charpente en bois ; mur à ossature en bois

framework, frame ◆ bâti *m.* ; charpente *f.* ; ossature *f.* ; carcasse *f.* ; cage *f.*

framework arch → ***arch***

framework of beams ◆ ferme *f.*

framework bridge, lattice bridge, truss bridge ◆ pont *m.* triangulé ; pont *m.* en treillis

framework of a staircase ◆ échiffre *m.* (*ou* échiffe *f.*)

framework wall → ***curtain walling***

framing timber, sash stuff ◆ bois *m.* pour châssis

free gift ◆ donation *f.*

free wall ◆ mur *m.* indépendant

freehand drawing ◆ dessin *m.* à main levée

freehand etchings ◆ hachure *f.* à main levée

freehand sketching ◆ esquisse *f.* à main levée

freestone ◆ pierre *f.* de taille

freeway ◆ autoroute *f.* (sans péage)

freeze up, heave *(due to frost) (to)* ◆ 1. geler ; 2. déchausser (se -) *(à cause du gel)*

freezing ◆ congélation *f.* ; gel *m.*

freezing point ◆ point *m.* de congélation

freight ◆ fret *m.*

freight lift, goods elevator *(am.)* ◆ monte-charge *m.* (*pl.* monte-charges)

freight shed, goods shed, depot ◆ hangar *m.* à marchandises

French casement, French door, French window ◆ porte-fenêtre *f.* (*pl.* portes-fenêtres)

French curve ◆ perroquet *m.* (*ou* lisse *f.*)

French roof → ***mansard roof***

French vault → ***drop vault*** → ***vault***

French window → ***French casement***

fresco (*pl.* fresco(e)s) ◆ fresque *f.*

fresco painter ◆ fresquiste *m.* (*ou* peintre *m.* de fresques)

fresco painting ◆ peinture *f.* de fresque

fresco (to) → ***paint in fresco (to)***

fresh water, drinking water ◆ eau *f.* douce

fresh wood ◆ bois *m.* vert

fret, Greek frets ◆ grecques *f. pl.*

fret pattern ◆ frette *f.*

fret (to) ◆ orner de grecques

fret *(wood, etc.)* (to) ◆ 1. découper ; 2. chantourner

fretsaw ◆ scie *f.* à découper

fretwork ◆ 1. ouvrage *m.* à claire-voie ; travail *m.* ajouré ; 2. découpage *m.*

fretwork piece ◆ pièce *f.* chantournée

friction ◆ frottement *m.* ; → ***angle of friction, coefficient of friction***

friction tape *(am.)*, **insulating tape** ◆ ruban *m.* isolant (*ou* chatterton *m.*)

frictional resistance ◆ résistance *f.* de frottement

frieze ◆ frise *f.* ; fasce *f.*

frigidarium ◆ frigidarium *m.*

fringe ◆ bordure *f.*

front ◆ promenade *f.* en bord de mer ; front *m.* de mer ; → ***façade, face***

front door, entrance door, entry door ◆ porte *f.* d'accès principale ; porte d'entrée

front elevation* → *front view

front façade, forefront ◆ façade *f.* principale ; façade avant

front gate *(of a church, etc.)* ◆ portail *m.*

front room ◆ chambre *f.* sur le devant ; pièce *f.* de devant

front of a vault ◆ front *m.* d'une voûte

front view ◆ vue *f.* de face

front wall ◆ mur *m.* de façade

frontage ◆ devanture *f.*

frontage line ◆ alignement *m.*

frontal ◆ frontal (e) (*pl.* frontaux/-ales)

frontality ◆ frontalité *f.*

frontier ◆ frontière *f.*

frontispiece ◆ frontispice *m.*

frontlet ◆ 1. fronteau *m.* ; 2. bandeau *m.* *(de front)* ; frontal *m.*

fronton ◆ fronton *m.*

frost ◆ gel *m.* ; gelée *f.*

frost crack ◆ gélivure *f.*

frost free, frost proof ◆ résistant (e) au gel

frost line ◆ niveau *m.* de gel

frost preventive agent ◆ antigel *m.*

frost resistant ◆ ingélif (-ive)

frost riven ◆ gélif (-ive)

frosted glass, obscured glass ◆ verre *m.* dépoli

fructiform ◆ fructiforme *m.*

frustum (*pl.* frusta) of a cone ◆ tronc *m.* de cône

fuel ◆ combustible *m.*

fuel oil ◆ fioul *m.* ; mazout *m.*

fuel tank ◆ réservoir *m.* à carburant

fulcrum* → *point of support

full scale ◆ grandeur *f.* nature ; grandeur d'exécution

full size ◆ pleine dimension *f.*

function ◆ fonction *f.*

functional ◆ fonctionnel (-elle)

functionalism ◆ fonctionnalisme *m.*

funeral slab ◆ plaque *f.* tombale

fungoid ◆ fongiforme

funicular railway ◆ funiculaire *m.*

funnel ◆ 1. entonnoir *m.* ; 2. → ***factory chimney***

furnace ◆ 1. calorifère *m.* ; 2. chambre *f.* de combustion ; foyer *m.*

furnace, kiln ◆ four *m.* ; fourneau *m.* (*pl.* fourneaux)

– **blast furnace** ◆ haut fourneau *m.*

furnace clinker ◆ mâchefer *m.*

furnace wall ◆ mur *m.* de four

furnish (to) ◆ meubler

furnished ◆ meublé (e)

– **unfurnished** ◆ non meublé (e)

furnished flat, furnished apartment *(am.)* ◆ meublé *m.*

furnished room ◆ chambre *f.* meublée (*ou* garnie)

furnishing ◆ ameublement *m.*

furnishings ◆ mobilier *m.*

furniture, fitting ◆ ferrure *f.* ; → ***door furniture***

furniture ◆ 1. meubles *m. pl.* ; mobilier *m.* ; 2. ameublement *m.*

– **piece of furniture** ◆ meuble *m.*

– **street furniture, street furnishings** ◆ mobilier urbain

furniture designer ◆ créateur *m.* de mobilier

furniture textile, fabric for furnishing ◆ tissu *m.* d'ameublement

furniture paste ◆ encaustique *f.*

furring ◆ 1. tartre *m.* ; 2. doublage *m.*

furrings ◆ coyau *m.*

furrow drain ◆ cassis *m.*

fusarole ◆ fusarolle *f.* (*ou* fusarole *ou* fuserolle)

fuse ◆ fusible *m.*

– **cartridge fuse** ◆ fusible à cartouche

fuse box ◆ boîte *f.* à fusibles (*ou* coupe-circuit *m. inv.*)

fusion ◆ fonte *f.* ; fusion *f.*

fust ◆ fût *m.* *(de colonne)*

futurism ◆ futurisme *m.*

futurist ◆ futuriste

G

gable ◆ gâble *m.* (*ou* gable) ; → ***end gable***

gable, gable end ◆ pignon *m.*

gable *(of a Gothic cathedral)* ◆ pignon ajouré

gable board → ***bargeboard***

gable end → ***gable***

gable roof → ***roof***

gable springer ◆ sommier *m.* de pignon

gable tile ◆ tuile *f.* de rive

gable wall, gavel ◆ pignon *m.* (*ou* mur *m.* pignon) ; gâble *m.*

gabled dormer ◆ lucarne-pignon *f.* ; lucarne *f.* à gâble

gadroon ◆ godron *m.*

gadroon(ed) ◆ godronné (e)

gadrooned capital ◆ chapiteau *m.* godronné (*ou* à godrons)

gage ◆ gage *m.*

gain ◆ 1. embrèvement *m.* ; 2. entaille *f.*

galilee, church porch ◆ portail *m.* d'église ; porche *m.* d'église

gallery ◆ 1. galerie *f.* ; coursive *f.* ; 2. balcon *m.* *(théâtre)* ; 3. tribune *f.*

– **whispering gallery** ◆ galerie *f.* acoustique

gallery of a church ◆ déambulatoire *m.*

gallery, passage → ***corridor***

gallon ◆ gallon *m.*

gallow → ***well gallow***

galvanization ◆ galvanisation *f.*

galvanize, zinc (to) ◆ galvaniser ; zinguer

galvanized ◆ galvanisé (e) ; zingué (e)

galvanized iron ◆ fer *m.* galvanisé

galvanized sheet ◆ tôle *f.* galvanisée

galvanizing ◆ galvanisation *f.* ; zingage *m.* (*ou* zincage)

– **hot-dip galvanizing** ◆ galvanisation à chaud

galvanoplasty ◆ galvanoplastie *f.*

gambrel roof *(am.)* ◆ 1. comble *m.* brisé ; 2. → ***mansard roof*** → ***roof***

gang saw → ***frame saw*** → ***saw***

gangway ◆ 1. passerelle *f.* ; 2. corridor *m.* ; passage *m.*

gaol, jail *(am.)* ◆ prison *f.* ; geôle *f.*

garage ◆ garage *m.*

garbage chute ◆ vide-ordures *m. inv.*

garden ◆ jardin *m.*

– **back garden** ◆ jardin de derrière

– **formal garden** ◆ jardin à la française

– **landscaped garden** ◆ jardin à l'anglaise (*ou* jardin paysager)

– **nursery garden** ◆ pépinière *f.*

– **rock garden** ◆ jardin de rocaille ; jardin alpin

– **winter garden** ◆ jardin d'hiver

garden city ◆ cité-jardin *f.*

garden fence ◆ clôture *f.* grillagée de jardin

garden gate ◆ entrée *f.* de jardin

garden hedge ◆ haie *f.* de jardin

garden level ◆ rez-de-jardin *m. inv.*

garden mould → ***vegetable soil***

garden room ◆ pièce *f.* donnant sur le jardin

garden seat ◆ banc *m.* de jardin

garden village ◆ village-jardin *m.*

garden wall ◆ mur *m.* de jardin

gardening ◆ aménagement *m.* d'un jardin

gargoyle, water spout ◆ gargouille *f.*

garland, encarpus (*pl.* encarpa), festoon ◆ guirlande *f.*

garnet ◆ grenat *m.*

garnet hinge, T hinge, cross garnet, strap hinge ◆ penture *f.* à gond ; penture en forme de T

garnet paper ◆ papier *m.* émeri

garret, loft ◆ grenier *m.* ; soupente *f.* ; galetas *m.*

garret beam, loft joist ◆ gîte *m.* du grenier (*ou* poutre *f.* du grenier)

garret floor, loft floor ◆ solivage *m.* du grenier

garret room ◆ mansarde *f.* ; soupente *f.*

garret staircase ◆ escalier *m.* de grenier

garret window ◆ chatière *f.*

garth ◆ préau *m.*

gas (*pl.* gases) ◆ gaz *m. inv.*

– **natural gas** ◆ gaz naturel

gas burner ◆ bec *m.* de gaz

gas cock ◆ robinet *m.* à gaz

gas concrete ◆ béton *m.* cellulaire

gas conduit ◆ conduite *f.* de gaz

gas cooker ◆ réchaud *m.* à gaz

gas fire ◆ radiateur *m.* à gaz

gas holder, gasometer ◆ gazomètre *m.*

gas lighting ◆ éclairage *m.* au gaz

gas meter ◆ compteur *m.* à gaz

gas pipe ◆ tuyau *m.* à gaz

gas station *(am.)* ◆ poste *m.* d'essence

gas tar ◆ goudron *m.* de houille (*ou* coal tar *m.*)

gaselier ◆ lampadaire *m.* à gaz (*ou* bec *m.* de gaz)

gasket ◆ joint *m.* d'étanchéité ; garniture *f.*

– **glazing gasket** ◆ garniture *f.* d'étanchéité *(vitrage)*

gasket ring ◆ bague *f.* de garniture

gasket strap, gaskin strap ◆ étoupe *f.* ; corde *f.*

gasometer → gas holder

gate ◆ 1. porte *f.* ; grande porte *f.* ; portail *m.* ; 2. porte de ville ; → ***garden gate***

– **wicket gate** ◆ portillon *m.* ; guichet *m.*

gate door, gateway ◆ porte *f.* cochère

gate house ◆ 1. corps *m.* de garde ; 2. maison *f.* du gardien

gatepost ◆ montant *m.* de porte

gate valve ◆ vanne *f.*

gateway → gate door

– **machicolated gateway** ◆ porte *f.* à mâchicoulis

gauge ◆ 1. micromètre *m.* ; 2. éprouvette *f.*

gauge, gage *(am.)* ◆ 1. calibre *m.* ; 2. jauge *f.*

– **U gauge** ◆ manomètre *m.* à tube en forme de U

gauge glass → water gauge glass

gauge pot ◆ bac *m.* de gâchage

gauge rod ◆ pige *f.*

gauged arch, straight arch → flat arch → arch

gauged stone, gauged brick ◆ vousseau *m.* (*ou* voussoir) ; claveau *m.*

gauged stuff → gypsum mortar

gauze ◆ 1. toile *f.* métallique ; 2. tissu *m.* ; toile *f.*

gazebo ◆ 1. kiosque *m.* de jardin public ; 2. belvédère *m.*

gear ◆ engrenage *m.*

gemel ◆ jumelé (e)

gemel window *(roof)* ◆ fenêtre *f.* géminée ; lucarne *f.* double

general contractor, main contractor → contractor

general post office ◆ hôtel *m.* des postes

generator ◆ générateur *m.*

generator set ◆ groupe *m.* électrogène

gentle slope ◆ glacis *m.*

geodesic ◆ géodésique

geodesic dome ◆ coupole *f.* géodésique

geodesy, geodesic surveying ◆ géodésie *f.*

geodesy → land surveying

geographical map → landmap

geometrical ◆ géométrique

geometrical drawing ◆ dessin *m.* géométrique ; dessin linéaire

geometrical ornament ◆ ornement *m.* géométrique

German silver ◆ maillechort *m.* ; argentan *m.* (*ou* argenton)

geyser *(am.)* ◆ chauffe-eau *m. inv.* à gaz

ghetto ◆ ghetto *m.*

giant brick ◆ brique *f.* géante

gib door → door

gild (to) ◆ dorer

gilder ◆ doreur *m.* (-euse)

gilding ◆ 1. dorure *f.* ; 2. dorage *m.*

gilt ◆ 1. dorure n. *f.* ; 2. doré (e) *adj.*

gimlet ◆ vrille *f.* ; queue-de-cochon *f.* ; foret *m.*

gin, trestle, shear legs ◆ 1. chevalet *m.* ; 2. tréteau *m.* (*pl.* tréteaux) ; 3. grue *f.* à chevalet ; chèvre *f.* ; baudet *m.*

gin wheel → pulley, tackle

gipsy table ◆ guéridon *m.*

girandole ◆ girandole *f.*

girder ◆ poutre *f.*

– **box girder** ◆ poutre caisson

– **built-up girder** ◆ poutre composée

– **cantilever girder** ◆ poutre en console

– ***compound girder → built-up girder***

– **continuous girder** ◆ poutre continue
– **cross girder** ◆ traverse *f.*
– **drop-in girder** ◆ poutre suspendue
– **I girder** ◆ poutre en forme de I
– **lattice girder** ◆ poutre en treillis
– **plate girder** ◆ poutre composée à âme pleine
– **solid-web girder** ◆ poutre à âme pleine
– **truss(ed) girder** ◆ poutre à treillis
– **Vierendeel girder** ◆ poutre-échelle à panneau Vierendeel

girder column → ***girder pole***
girder floor → ***joist floor***
girder iron, rolled-steel joist ◆ poutrelle *f.* en acier
girder pole, girder column ◆ poteau *m.* triangulé
girders ◆ poutraison *f.*

give a patina to (to) ◆ patiner
given (to be) ◆ jouer (*ou* prendre du jeu)
giver ◆ donateur (-trice)
glacis ◆ glacis *m. inv.*
glade ◆ clairière *f.*
glass (*pl.* glasses) ◆ 1. verre *m.* ; 2. vitre *f.*

– ***anti-actinic glass*** → ***heat-absorbing glass***
– **antisun glass** ◆ verre antisolaire
– **bullet-proof glass** ◆ verre pare-balles ; verre anti-balles
– **cast glass** ◆ verre coulé
– **cathedral glass** ◆ verre cathédrale
– ***cellular glass*** → ***foam(ed) glass***
– **corrugated glass** ◆ verre ondulé
– **crackle glass** ◆ verre craquelé
– **cut glass** ◆ cristal *m.* taillé
– **drawn glass** ◆ verre étiré
– **float glass (*ou* float)** ◆ verre flotté ; glace *f.* flottée ; floatglass *m.*
– **foam(ed) glass, cellular glass** ◆ verre cellulaire ; verre expansé ; verre-mousse
– **frosted glass** ◆ verre dépoli ; verre satiné
– ***grooved glass*** → ***ribbed glass***
– **ground glass** ◆ verre dépoli
– **hammered glass** ◆ verre martelé
– **heat-absorbing glass** ◆ verre absorbant la chaleur
– **laminated glass** ◆ vitrage *m.* feuilleté
– **obscure glass** ◆ verre non transparent ; verre opaque
– **of glass** ◆ vitré (e)
– **opal glass** ◆ verre opalin (*ou* opale)
– **opaque glass** ◆ verre opaque
– **patterned glass** ◆ verre imprimé
– **plain glass** ◆ verre ordinaire
– **plate glass** ◆ verre à glace
– **pressed glass** ◆ verre moulé
– **quarry glass** ◆ dalle *f.* de verre ; pavé *m.* de verre
– **reflective glass** ◆ 1. glace *f.* réfléchissante ; 2. vitrage *m.* réfléchissant
– **refractory glass** ◆ verre réfractaire
– **ribbed glass** ◆ verre cannelé ; verre strié
– **safety glass, security glass** ◆ vitrage *m.* de sécurité
– **shatterproof glass** ◆ vitrage *m.* feuilleté de protection
– **sheet glass** ◆ verre à vitre
– **smoked glass** ◆ verre fumé
– **soluble glass, water glass** ◆ verre soluble
– ***splinterproof glass*** → ***shatterproof glass***
– **stained glass** ◆ vitrail *m.*
– **tempered glass, hard glass** ◆ verre trempé
– **translucent glass** ◆ verre translucide
– ***water glass*** → ***soluble glass***
– **window glass** ◆ verre à vitre
– **wire(d) glass** ◆ verre armé

glass bar, bar → ***glazing bar***
glass blowing ◆ soufflage *m.* du verre
glass brick, glass block ◆ brique *f.* de verre
glass case, glass frame ◆ verrière *f.*
glass case *(in museum, etc.)* ◆ vitrine *f.*
glass cutter, quarrel ◆ pointe *f.* de diamant (*ou* coupe-verre *m. inv.*)
glass door ◆ porte *f.* vitrée
glass fabric ◆ tissu *m.* de verre
glass fibre, fibreglass ◆ fibre *f.* de verre (*ou* verre filé)
glasshouse ◆ verrerie *f. (fabrique)*
glasshouse → ***greenhouse***
glass maker ◆ miroitier *m.* ; vitrier *m.*
glass marble ◆ agate *f.*
glass mosaic ◆ mosaïque *f.* de verre
glass painter ◆ peintre *m.* verrier

glass pane, square, window pane ◆ carreau *m.* de fenêtre (*ou* carreau de vitre)

glass paper, flint paper ◆ papier *m.* verré (*ou* papier de verre)

glass partition ◆ cloison *f.* vitrée

glass-paving block ◆ pavé *m.* de verre

glass plate, plate of glass ◆ glace *f.*

glass reinforced concrete (G.R.C.) ◆ béton armé de fibres de verre

glass reinforced plastic (G.R.P.) ◆ plastique *m.* armé de fibres de verre

glass roof, glass hood ◆ toiture *f.* en verre ; verrière *f.*

glass shade ◆ globe *m.*

glass silk* → *glass wool

glass stand ◆ verrière *f.*

glass stop ◆ parclose *f.*

glass tile, glass slate ◆ tuile *f.* de verre

glass ware ◆ verrerie *f.*

glass windows ◆ vitrages *m. pl.*

glass wool, glass silk ◆ laine *f.* de verre

glass-wool bat ◆ matelas *m.* de laine de verre

glass-wool slab ◆ panneau *m.* en laine de verre

glass works ◆ manufacture *f.* de verres et glaces

glaze ◆ 1. vernis *m.* ; 2. glaçure *f.*

glaze (to) ◆ vitrer

glaze, vitrify (to) ◆ 1. vernir ; 2. émailler ; 3. vitrifier

glazed ◆ 1. vitré (e) ; 2. émaillé (e) ; 3. vernissé (e)

glazed brick, enamelled brick ◆ brique *f.* vernissée ; brique émaillée

glazed door ◆ porte *f.* vitrée

glazed earthenware ◆ faïence *f.* ; poterie *f.* vernissée

glazed fireclay* → *vitreous china

glazed pot ◆ pot *m.* émaillé

glazed-roof tile ◆ tuile *f.* émaillée ; tuile vernissée

glazed tile ◆ carrelage *m.* vernissé

glazier ◆ vitrier *m.* ; miroitier *m.*

glazier's iron ◆ grésoir *m.* (*ou* grugeoir *m.*)

glazier's pencil ◆ diamant *m.*

glazier's putty ◆ mastic *m.* à vitres (*ou* mastic de vitrier)

glazier's sprig ◆ clou *m.* sans tête

glaziery, glazier's work ◆ travaux *m. pl.* de miroiterie

glazing ◆ 1. vernissage *m.* ; 2. vernis *m.* ; 3. pose *f.* de verre (*ou* vitrage *m.*)

– **double glazing** ◆ double vitrage *m.*

glazing bar, division bar, muntin *(am.)* ◆ petit-bois *m.* (*pl.* petits-bois)

glazing bead* → *bead

glazing rebate ◆ feuillure *f.* de mastic ; feuillure *f.* à verre

globe ◆ globe *m.* ; sphère *f.*

gloss ◆ lustre *m.* ; poli *m.*

gloss paint* → *paint

gloss (to) ◆ lustrer

glossing ◆ lustrage *m.*

glossy ◆ poli (e)

glue ◆ colle *f.* ; glu *f.* (*ou* colle forte)

glue cement, tiling adhesive ◆ ciment-colle *m.*

glue kettle, glue pot ◆ pot *m.* de colle

glue press ◆ presse *f.* à coller

glue (to) ◆ coller ; → ***paste (to)***

– **animal glue** ◆ colle animale

– **casein glue** ◆ colle à la caséine

– **cold glue** ◆ colle à froid

– **fish glue** ◆ colle de poisson

– **hot glue** ◆ colle à chaud

glued-laminated ◆ lamellé-collé

gluing ◆ application *f.* de colle ; encollage *m.*

glycerin, glycerine ◆ glycérine *f.*

glyph ◆ glyphe *m.*

gneiss ◆ gneiss *m.*

gnomon ◆ gnomon *m.*

goblin ◆ gobelins *m.*

gofferer ◆ gaufreur *m.*

goffering ◆ gaufrage *m.*

goggles* → *eye preservers

going *(of a tread)*, run *(am.)* ◆ giron *m.*

gold ◆ or *m.*

gold inlaying ◆ incrustation *f.* d'or

gold leaf ◆ feuille *f.* d'or

gold wire-drawer ◆ tireur *m.* de fils d'or

golden mean ◆ nombre *m.* d'or

golden section ◆ section *f.* d'or

goniometer ◆ goniomètre *m.*

goods elevator** (am.)* → ***freight lift

goods shed* → *freight shed

gorge, hollow, hollow moulding ◆ gorge *f.*

gorget ♦ gorgerin *m.*

gorgoneion, medusa head ♦ tête *f.* de méduse

Gothic ♦ gothique *m.*

– **early Gothic** ♦ gothique primitif ; haut gothique

– **flamboyant Gothic, late Gothic** ♦ gothique flamboyant (*ou* gothique tardif)

– **rayonnant Gothic** ♦ gothique rayonnant

Gothic arch ♦ ogive *f.*

Gothic architecture ♦ architecture *f.* gothique ; architecture ogivale

Gothic art ♦ art *m.* gothique

Gothic bond ♦ appareil *m.* gothique

Gothic fleuron ♦ fleuron *m.*

Gothic revival, neo-Gothic ♦ néo-gothique

Gothic style ♦ style *m.* gothique

Gothic vault ♦ voûte *f.* en ogive (*ou* voûte gothique)

gouache ♦ 1. gouache *f.* ; 2. peinture *f.* à la gouache

gouge, hollow chisel ♦ gouge *f.*

grab ♦ benne *f.* preneuse

grade ♦ 1. degré *m.* ; 2. grade *m.* ; qualité *f.* ; 3. pente *f.* du sol

– **above grade** ♦ hors sol

– **below grade** ♦ en sous-sol ; enterré (e)

– **final grade** ♦ niveau *m.* du terrain définitif

– **finished grade** ♦ sol *m.* fini

– **natural grade** ♦ terrain *m.* naturel

grade crossing *(am.)* ♦ passage *m.* à niveau

grade stake ♦ piquet *m.* de nivellement

grader ♦ niveleuse *f.*

gradient ♦ pente *f.* ; inclinaison *f.*

– **reverse gradient** ♦ contrepente *f.* (*pl.* contrepentes)

grading ♦ 1. terrassement *m.* ; 2. classification *f.* ; classement *m.* ; granulométrie *f.*

grading curve ♦ courbe *f.* granulométrique

gradiograph ♦ clinomètre *m.*

graduated circle of an alidade ♦ cercle *m.* alidade

graffito (*pl.* graffiti), sgraffito ♦ graffiti *m.* (*pl.* graffitis ou *inv.*)

grafting tool → spade

grain ♦ 1. veine *f.* ; grain *m.* ; fil *m.* *(du bois)* ; 2. fibre(s) *f.*

– **against the grain** ♦ à contre-fil

– **curly grain** ♦ fibres *f. pl.* sinueuses ; ronce *f.*

– **end grain** ♦ bois *m.* de bout

grain dimension → nature of grain

grain size ♦ granulométrie *f.*

grain-size analysis ♦ étude *f.* granulométrique

grain wood, long-cut wood ♦ bois *m.* de long (*ou* bois de fil)

grained ♦ veiné (e)

– ***coarse grained, fine grained → veined***

graining ♦ faux bois *m.*

gram, gramme ♦ gramme *m.*

granary ♦ grenier *m.* ; grange *f.*

grandstand ♦ tribune *f.*

grange, barn ♦ manoir *m.* *(avec ferme)*

granite ♦ granit *m.*

granite hammer ♦ têtu *m.*

granitic ♦ 1. granitique ; 2. graniteux (-euse)

granitoid ♦ granitoïde

granular, granulary ♦ 1. granuleux (-euse) ; 2. granulaire

granulate, stug (to) ♦ boucharder

granulating hammer ♦ boucharde *f.*

granulite ♦ granulite *f.*

graph ♦ graphique *m.* ; diagramme *m.* ; abaque *m.* ; courbe *f.*

graph paper ♦ papier *m.* quadrillé

graphical calculation ♦ calcul *m.* graphique

graphite ♦ graphite *m.*

graphometer ♦ graphomètre *m.*

grappling iron → anchor, stone anchor

grass ♦ herbe *f.* ; gazon *m.*

grass court ♦ court *m.* de tennis en gazon

grass cutter ♦ tondeuse *f.* à gazon

grass field, grass land ♦ prairie *f.*

grate → fire grate

grater, rasp ♦ râpe *f.*

grating ♦ grille *f.* ; grillage *m.*

grating *(over a pipe)* ♦ pommelle *f.*

grating stainer ♦ crapaudine *f.*

grave ♦ tombe *f.* ; tombeau *m.*

– **of the grave** ♦ tumulaire

grave (to) ♦ 1. graver ; tailler ; 2. ciseler

gravel ♦ gravier *m.*

– **bank gravel, bank-run gravel** ♦ gravier tout-venant

– **coarse gravel** ♦ gros gravier ; gravillon *m.* grossier

– **fine gravel** ♦ gravillon *m.*

– **river gravel** ♦ gravier de rivière

gravel concrete ♦ béton *m.* de gravier

gravel flag ♦ dalle *f.* de sol en gravillons lavés

gravel pit ♦ gravière *f.*

gravel road ♦ chemin *m.* gravillonné

gravel sand ♦ sable *m.* de gravier ; grenaille *f.*

gravel-sand mixture ♦ grave *f.*

gravestone ♦ pierre *f.* tombale

graveyard → cemetery

gravitation, force of gravity ♦ gravitation *f.* ; pesanteur *f.*

gravity ♦ gravité *f.* ; pesanteur *f.*

– **specific gravity** ♦ densité *f.*

grease trap ♦ boîte *f.* à graisse ; bac *m.* à graisse ; dégraisseur *m.* ; séparateur *m.* à graisse

Greek ♦ grec (grecque)

Greek architecture ♦ architecture *f.* grecque

Greek cross ♦ croix *f.* grecque

Greek key *(pattern)* ♦ grecque *f.*

Greek revival, neo-Greek ♦ néo-grec (néo-grecque)

Greek theatre ♦ théâtre *m.* grec

green ♦ vert *n. m.* ; vert (e) *adj.*

green belt ♦ ceinture *f.* verte ; zone *f.* de verdure

green brick → moulded brick

green concrete ♦ béton *m.* frais

green room ♦ foyer *m.* des artistes *(théâtre)*

green stone ♦ diabase *m.*

greenhouse, conservatory, glasshouse ♦ serre *f.*

greenhouse effect ♦ effet *m.* de serre

greenness ♦ verdure *f.*

greensward ♦ pelouse *f.* ; gazon *m.*

greenwood ♦ bois *m.*

greenwood, forest ♦ forêt *f.*

grey ♦ gris (e)

grid ♦ 1. grille *m.* ; grillage *m.* ; 2. réseau *m.* ; 3. ***→ sink grid***

– **modular grid** ♦ quadrillage *m.* modulaire

grid layout, grid plan ♦ plan *m.* en damier ; plan quadrillé

griffin, griffon, gryphon ♦ griffon *m.*

grillage ♦ grillage *m.*

grillage foundation, grating ♦ radier *m.* en bois

grille ♦ grille *f.*

grind (to) ♦ polir par sablage

grinder, grinding machine ♦ machine *f.* à aiguiser ; meuleuse *f.*

grinding ♦ meulage *m.*

grinding-in, lapping ♦ rodage *m.*

grinding mill, grinding wheel, grindstone ♦ meule *f.*

grip length (of reinforcement rods) ♦ longueur *f.* d'adhérence *(d'armature)*

gripgear *(lift)* ♦ parachute *m.* *(ascenseur)*

grisaille ♦ grisaille *f.*

grit ♦ gravillons *m. pl.*

gritstone ♦ grès *m.*

gritty ♦ sablonneux (-euse)

gritty stone ♦ pierre *f.* moulinée

groin ♦ arête *f.* de voûte

groined arch, diagonal arch → arch

groined vault → vault

groove ♦ rainure *f.*

groove, flute ♦ cannelure *f.*

groove for glazing → glazing rebate

groove (to) ♦ rainer ; rainurer

groove, flute, channel (to) ♦ canneler

grooved, fluted ♦ cannelé (e) ; rainuré (e)

grooved glass, ribbed glass → glass

grooved moulding ♦ moulure *f.* à gorge

grooving ♦ entaillage *m.* ; rainurage *m.* ; engravure *f.*

grooving and tonguing ♦ bouvetage *m.*

grooving plane ♦ 1. guillaume *m.* ; 2. bouvet *m.* à rainures

grooving ♦ 1. appareil *m.* à refend ; 2. refend *m.*

grot, grotto ♦ grotte *f.*

grotto work ♦ rocaille *f.*

grotesque, antic work ♦ grotesque

grotesque mask ♦ mascaron *m.*

ground ♦ 1. terre *f.* ; terrain *m.* ; 2. pays *m.* ; territoire *m.* ; 3. sol *m.*

– **above ground** ♦ hors sol

– **bad ground** ♦ mauvais sol ; terrain de mauvaise qualité

– **below ground** ♦ enterré (e)

– **filled ground** ♦ terrain remblayé

– **firm ground, good ground** ♦ bon sol ; terre solide

– **hilly ground** ◆ terrain accidenté
– **running ground** ◆ terrain instable
– **sloping ground** ◆ terrain en pente
– **soft ground** ◆ mauvais sol ; terrain de mauvaise qualité
ground auger → ***earth borer***
ground connection ◆ prise *f.* de terre
ground floor, first floor *(am.)*, **street floor** ◆ rez-de-chaussée *m. inv.*
ground-floor plan ◆ plan *m.* du rez-de-chaussée
ground glass → ***glass***
ground ivy ◆ lierre *m.* terrestre ; lierre rampant
ground level ◆ rez-de-chaussée *m. inv.* (*ou* niveau *m.* du sol)
ground plan ◆ plan *m.* de terrain
ground plot ◆ terrain à bâtir
ground sheet ◆ tapis *m.* de sol
ground sleeper, ground timber ◆ longrine *f.*
ground surface, soil level ◆ niveau *m.* du sol ; niveau du terrain
ground timber → ***ground sleeper***
ground water ◆ nappe *f.* phréatique (*ou* nappe d'eau souterraine)
ground-water level lowering ◆ rabattement *m.* de nappe
grounding *(am.)* → ***earthing***
groundwire ◆ prise *f.* de terre
groundwork, earthwork ◆ travaux *m. pl.* de fondation
group of buildings ◆ groupe *m.* de bâtiments ; pâté *m.* de maisons
grout ◆ lait *m.* de ciment ; mortier *m.* liquide ; coulis *m.*
grout, jointing mortar, pointing mortar ◆ mortier *m.* de rejointoyage
grout (to) ◆ jointoyer ; → ***seal (to)***
grouting ◆ jointement *m.* (*ou* jointoyage) *(au mortier liquide)*
grove ◆ bosquet *m.*
grow rusty (to) ◆ rouiller (se-)
growth ring, annual ring ◆ cerne *m.* (*ou* couche *f.* annuelle)
G.R.P. → ***glass reinforced plastic***
gryphon → ***griffin***
guarantee (ten-years -) ◆ décennale *f.* (*ou* garantie -)
guarantee (two-years -) ◆ garantie *f.* biennale
guard → ***wire guard***
guard board ***(of a scaffold)*** ◆ garde-corps *m.* d'échafaudage
guard rail ◆ garde-corps *m. inv.*
guardstone ◆ bouteroue *f.* (*ou* chasse-roue *m. pl.* chasse-roues)
gudgeon ◆ 1. goujon *m.* (*ou* tourillon *m.*) ; 2. → ***hinge pin***
guest chamber ◆ chambre *f.* d'amis
guest house ◆ pension *f.* de famille
guide ◆ glissière *f.*
guide, ground ***(for plastering)*** ◆ règle *f.* de plâtrier
guide fillet ***(sash window)***, **parting bead** ◆ glissières *f. pl.* de guidage *(châssis à guillotine)*
guidelines ◆ directives *f. pl.*
guiding device ◆ guide *m.*
guiding mark ◆ point *m.* de repère
guild ◆ corps *m.* de métier
Guild Chamber ◆ Chambre *f.* des Métiers
guilloche ◆ guillochis *m.*
guillotine ◆ guillotine *f.*
gully, gulley ◆ 1. ravin *m.* ; 2. bouche *f.* d'égout ; avaloir *m.*
gully hole ◆ chantepleure *f.*
gum ◆ colle *f.* *(de bureau)* ; gomme *f.*
gum arabic ◆ gomme *f.* arabique
gun ◆ pistolet *m.*
gun application ◆ pistolettage *m.* ; projection *f.*
gun nailer ◆ cloueuse *f.* (*ou* clouteuse)
gunite ◆ mortier *m.* projeté
gunning ***(of concrete)*** ◆ gunitage *m.*
gunny fibre, Indian grass, jute, burlap ◆ jute *m.*
gusset ◆ gousset *m.*
gusset plate ◆ disque *m.* de renforcement
gusset window ◆ châssis *m.* à soufflet
gut a building (to) ◆ ne laisser que les murs d'un bâtiment
gutta (pl. guttae) → ***drop***
gutta-percha ◆ gutta-percha *m.* (*pl.* guttas-perchas)
gutter ◆ gouttière *f.* ; chéneau *m.*
– **arris gutter** ◆ gouttière *f.* en forme de V
– **box gutter, square gutter** ◆ chéneau
– **concealed gutter** ◆ chéneau encaissé

– **drainage gutter** ♦ caniveau *m.*

– **hanging gutter** ♦ gouttière pendante

– ***parapet gutter → concealed gutter***

– ***secret gutter, sunk gutter → concealed gutter***

gutter bed → bead

gutter hanger ♦ étrier *m.* de chéneau

gutter hook, gutter bracket ♦ crochet *m.* de gouttière

gutter lead ♦ noue *f.*

gutter pipe ♦ tuyau *m.* de descente

gutter tile ♦ tuile *f.* canal ; tuile creuse

gutter zinc ♦ zinc *m.* de gouttière (*ou* zinc de chéneau)

guy → mooring rope

gymnasium (*pl.* gymnasiums or gymnasia) ♦ salle *f.* de gymnastique (*ou* gymnase *m.*)

gynaeceum, gynaecium ♦ gynécée *f.*

gypseous ♦ gypseux (-euse)

gypsiferous ♦ gypsifère

gypsum ♦ gypse *m.* ; pierre *f.* à plâtre

gypsum → moulding gypsum, stucco gypsum

gypsum block ♦ carreau *m.* de plâtre

gypsum board, gypsum wallboard, gypsum plasterboard ♦ plaque *f.* de plâtre

gypsum mortar, plaster mortar, gauged stuff ♦ mortier *m.* de plâtre

gypsum pit ♦ carrière *f.* de gypse

gypsum plaster ♦ 1. plâtre *m.* *(de gypse)* ; 2. enduit *m.* de plâtre

gypsum powder→ plaster powder

gypsum wallboard → gypsum board

H

habitable ◆ habitable

habitat ◆ habitat *m.*

habitability ◆ habitabilité *f.*

habitation ◆ habitation *f.*

hachure ◆ hachure *f.*

hachure (to) ◆ hachurer

hacksaw ◆ scie *f.* à métaux

haematite, hematite ◆ hématite *f.*

haft, heft → ***handle***

hair, hair crack *(in stone)* ◆ poil *m.* ; microfissure *f.*

hair crack *(in metal)* ◆ gerçure *f.*

hair cracking ◆ faïençage *m.*

hair *(added to mortars)* ◆ bourre *f.*

hairpin bend ◆ tournant *m.* à angle aigu

hairs → ***stadia hairs***

half-bat ◆ demi-brique *f.*

half-batten ◆ latte *f.* mince

half-brick wall ◆ cloison *f.* en briques

half-column → ***semicolumn***

half-cupola ◆ demi-coupole *f.*

half-dome, concha, cul-de-four ◆ cul-de-four *m.* (*pl.* culs-de-four)

half-dovetail → ***blind bevel***

half-header → ***queencloser***

half-landing ◆ demi-palier *m.*

half-moon, demi-lune ◆ demi-lune *f.*

half-pace → ***half-space landing***

half-pace stairs → ***stairs***

half-round, semicircular ◆ demi-rond (e)

half-round file ◆ lime *f.* demi-ronde

half-space landing, half-pace, foot pace ◆ palier *m.* intermédiaire ; palier de repos

half-story, mezzanine ◆ mezzanine *f.*

half-stud ◆ potelet *m.*

half-timbered ◆ à colombages

half-timbering ◆ colombage *m.* (*ou* pan *m.* de bois)

half-truss ◆ demi-ferme *f.*

hall ◆ hall *m.* ; vestibule *m.*

hall church ◆ église *f.* à nefs de hauteur égale

hall lamp ◆ torchère *f.*

hallway ◆ passage *m.*

halo ◆ nimbe *m.* ; halo *m.*

halo (to) ◆ nimber

haloed head ◆ tête *f.* nimbée

halogen ◆ halogène

halogen lamp ◆ lampe *f.* halogène

halt *(by the way)*, stop, stopping place ◆ arrêt *m.* de bus, de tramway

halving, halved joint ◆ assemblage *m.* à mi-bois

– **bevelled halving** ◆ assemblage *m.* en sifflet

hammam ◆ hammam *m.*

hammer ◆ marteau *m.* (*pl.* marteaux)

– **air hammer** ◆ marteau pneumatique

– **drop hammer** ◆ marteau-pilon *m.* (*pl.* marteaux-pilons) ; mouton *m.*

– **double-pointed hammer *(for scappling stone)*** ◆ smille *f.*

– **pick hammer, roofing hammer** ◆ marteau de couvreur

– **slater's hammer** ◆ marteau à ardoise

– **toothed hammer** ◆ marteau bretté ; brette *f.*

hammer beam ◆ blochet *m.*

hammer dressed ◆ dressé (e) au marteau

hammer face ◆ tête *f.* de marteau

hammer (to) ◆ marteler (à froid) ; → ***beat (to)***

hammer, forge (to) ◆ forger

hammered ◆ martelé (e)

hammering ◆ martelage *m.*

hammock ◆ hamac *m.*

hand ◆ 1. relais *m.* ; 2. ouvrier *m.*

hand clamp → ***hand screw, screw clamp***

hand crane ◆ potence *f.* *(à poulie)*

hand drill ◆ 1. drille *f.* ; 2. foreuse *f.* à main

hand-force pump ◆ pompe *f.* à mains (*ou* pompe foulante à bras)

hand hammer ◆ marteau *m.* à main

hand made ◆ fait (e) main

hand-made brick ◆ brique *f.* moulée artisanalement

hand post, sign post ◆ poteau *m.* indicateur

hand saw → ***saw***

hand screw, screw clamp ◆ serre-joint (*pl.* serre-joints)

hand speck ◆ pied-de-biche *m.* (*pl.* pieds-de-biche)

hand tamp, hand rammer ◆ demoiselle *f.* ; dame *f.* ; hie *f.*

hand tools ◆ outils *m. pl.* manuels

hand vice, hand vise *(am.)* ◆ étau *m.* manuel (*ou* à main)

hand writing ◆ écriture *f.*

hand written ◆ manuscrit (e)

handicraft ◆ artisanat *m.* ; → ***craft***

handicraftsman, craftsman ◆ artisan *m.*

handle ◆ 1. anse *f.* ; 2. bras *m.* ; 3. poignée *f.* ; bouton *m.* de porte

handle → ***casement fastener***

handle, haft, heft ◆ manche *m.* *(d'outil)*

handle of a plane, tote ◆ manche d'un rabot ; poignée de rabot

handrail, guard rail ◆ main *f.* courante ; lisse *f.* *(de garde-corps)*

handrail bracket ◆ support *m.* de main courante

handsaw ◆ scie *f.* à main ; scie égoïne

hang (a door) (to) → ***hinge (to)***

hangar ◆ hangar *m.*

hanging ◆ 1. suspendu (e) ; 2. pendant (e)

hanging garden ◆ jardin *m.* suspendu

hanging gutter ◆ gouttière *f.* pendante

hanging ladder ◆ échelle *f.* suspendue

hanging lamp ◆ suspension *f.* (*ou* lampe *f.* suspendue)

hanging over, jetty ◆ porte-à-faux *m. inv.* ; saillie *f.* ; encorbellement *m.*

hanging post, king post, king rod ◆ poinçon *m.* *(d'une ferme)*

hanging scaffold, suspended scaffold ◆ échafaudage *m.* suspendu ; échafaudage *m.* volant

hanging truss ◆ ferme *f.* suspendue

hanging vault ◆ voûte *f.* en berceaux suspendus

hangings ◆ tapisserie *f.*

hanspeck, lever, shot bar ◆ pied-de-biche *m.* (*pl.* pieds-de-biche) ; pied-de-chèvre *m.*

harbo(u)r ◆ port *m.*

harbo(u)r installations ◆ installations *f. pl.* portuaires

hard ◆ dur (e)

hard and stony material ***(like bricks)*** ◆ matériau *m.* dur (pierre *ou* brique)

hard-baked slab ◆ biscuit *m.* céramique

hard burnt (brick, tile) ◆ surcuit (e)

hard glass ◆ verre *m.* trempé

hard hat *(am.)* → ***helmet***

hard iron ◆ fer *m.* dur

hard solder, spelter ◆ soudure *f.* forte ; brasure *f.* forte

hard stone ◆ pierre *f.* dure

hardboard, fibre building board ◆ panneau *m.* dur en fibres de bois ; panneau de fibres

hardcore, broken (*or* crushed) stone ◆ pierres *f. pl.* cassées (*ou* concassées) ;

hardcore layer ◆ hérisson *m.* (*ou* lit *m.* de cailloux)

harden, temper (to) ◆ 1. tremper ; 2. endurcir ; écrouir ; 3. cémenter

hardener ◆ durcisseur *m.* (*ou* produit *m.* durcissant)

hardening ◆ durcissement *m.*

hardness ◆ dureté *f.* ; → ***Brinell hardness, Mohs' scale of hardness***

hardware, ironmongery ◆ quincaillerie *f.*

– **window hardware** ◆ ferrures *f. pl.* de fenêtre

hardwareman ◆ quincaillier *m.*

hardwood, wood of deciduous trees ◆ bois *m.* dur ; bois feuillu

harmonical vases ◆ vases *m. pl.* acoustiques

harmony ◆ harmonie *f.*

harrow ◆ herse *f.*

harsh style ◆ style *m.* rocaille

hasp ◆ loquet *m.* ; espagnolette *f.*

hatch, hatchway, trap door ◆ trappe *f.*

– **service hatch, serving hatch** ◆ passe-plat *m.* (*pl.* passe-plats)

hatch (to) ◆ hachurer

hatchet ◆ hachette *f.*

hatching ◆ hachure *f.*

hatchings ◆ hachures *f. pl.* linéaires

haunch ◆ rein *m. (de voûte)*

haunch *(of a beam)* ◆ gousset *m.*

haunches, conches of a vault ◆ flancs *m. pl.* d'une voûte

haunched beam → beam

havoc ◆ ravage *m.*

hawk, plasterer's hawk ◆ taloche *f.*

hawthorn ◆ aubépine *f.*

hayloft ◆ grange *f.*

head ◆ 1. tête *f.* ; 2. pommeau *m.*

head *(of a stone)* ◆ tête *f.* d'une pierre

head jamb ◆ linteau *m.*

head of a nail ◆ tête *f.* de clou

head piece, cap piece, top rail, head ◆ traverse *f.* supérieure

head rest *(on a sofa, etc.)* ◆ oreille *f.*

head of water → hydraulic pressure

header ◆ boutisse *f.*

header, header joist, trimmer ◆ chevêtre *m.*

heading joint → side joint

headroom, headway, vertical clearance ◆ 1. échappée *f.* ; 2. hauteur *f.* libre ; hauteur de passage

headstone ◆ 1. pierre *f.* angulaire ; 2. pierre *f.* tombale

headway → headroom

heap ◆ tas *m.*

heap of sand ◆ tas de sable

heart, core, nucleus ◆ cœur *m. (d'un tronc d'arbre)*

hearth, fire place ◆ âtre *m.*

hearth tile ◆ brique *f.* de foyer

hearthstone ◆ pierre *f.* de cheminée

hearting (*or* filling-up with masonry) ◆ maçonnerie *f.* de remplissage

heartwood, duramen ◆ duramen *m.* (*ou* bois *m.* de cœur)

heartwood rot ◆ pourriture *f.* du cœur (*ou* carie *f.* du bois de cœur)

heat ◆ chaleur *f.* ; → ***conductivity of heat, radiant heat***

– **solar heat** ◆ chaleur solaire

– **specific heat** ◆ chaleur spécifique

heat-absorbing glass → glass

heat barrier ◆ barrière *f.* thermique

heat counter ◆ compteur *m.* de chaleur

heat exchanger ◆ échangeur *m.* de chaleur (*ou* échangeur thermique)

heat insulating (material) ◆ calorifuge

heat insulation → thermal insulation

heat loss ◆ déperdition *f.*

heat pump ◆ pompe *f.* à chaleur (P.A.C.)

heat-transmission coefficient ◆ coefficient *m.* de transmission thermique

heat (to) ◆ chauffer

heater ◆ appareil *m.* de chauffage

heating ◆ chauffage *m.*

– **central heating** ◆ chauffage central

– **convection heating** ◆ chauffage par convection

– **direct heating** ◆ chauffage direct

– **district heating, distance heating** ◆ chauffage urbain (*ou* à distance)

– **high-pressure heating** ◆ chauffage à haute pression

– **indirect heating** ◆ chauffage indirect

– **oil-fired heating** ◆ chauffage au fioul ; chauffage au mazout

– **panel heating** ◆ chauffage à surface rayonnante

– **steam-heating system** ◆ système *m.* de chauffage avec vapeur à haute pression

– **underfloor heating** ◆ chauffage par le sol

– **vapo(u)r-heating system** ◆ système *m.* de chauffage avec vapeur à basse pression

heating panel ◆ panneau *m.* chauffant

heating plant ◆ installation *f.* de chauffage

heating power ◆ pouvoir *m.* calorifique

heating surface ◆ surface *f.* de chauffe

heating system ◆ système *m.* de chauffage

heave (due to frost) (to) → freeze up (to)

heaviness ◆ pesanteur *f.*

heavy ◆ lourd (e)

heavy *(carpeting)* ◆ plombant (e)

heavy duty ◆ de grande puissance

heavy mallet ◆ mailloche *f.*

hectare ◆ hectare *m. (ha)*

hectastyle → ***hexastyle***

hectogram ◆ hectogramme *m. (hg)*

hectolitre ◆ hectolitre *m. (hl)*

hectometre ◆ hectomètre *m. (hm)*

hedge ◆ haie *f.*

heft → ***handle***

height ◆ hauteur *f.*

– **building height** ◆ hauteur de construction

– **eaves height** ◆ hauteur de rive

– **storey height** ◆ hauteur d'étage

height of an arch → ***arrow, rise***

height at crown ◆ hauteur sous clé (*ou* clef)

heighten (to) ◆ surélever

helical, helicoidal ◆ hélicoïdal (e) ; en spirale

helical hinge ◆ penture *f.* pour porte va-et-vient

helical reinforcement → ***reinforcement***

helical stairs ◆ escalier *m.* hélicoïdal ; escalier à vis

helical vault → ***vault***

helicoid ◆ hélicoïde n. *f.* ou *adj.*

helicoidal motion ◆ mouvement *m.* d'hélice (*ou* mouvement hélicoïdal)

heliograph ◆ héliographe *m.*

heliographic print, blue print ◆ tirage *m.* de plans ; reproduction *f.* de plans ; ozalid *m.*

heliographic-printing paper ◆ papier *m.* héliographique

heliport ◆ héliport *m.*

helix (*pl.* helices) ◆ 1. hélice *f.* ; 2. spirale *f.* ; volute *f.*

Hellenic ◆ hellénique

Hellenistic ◆ hellénistique

Hellenistic art ◆ art *m.* hellénistique

helmet, safety helmet ◆ casque *m.* ; casque de protection

– ***pile helmet*** → ***pile cap***

helper, mason's man ◆ aide-maçon *m.* ; manœuvre *m.*

hemicycle ◆ hémicycle *m.*

hemihydrate plaster → ***plaster of Paris***

hemisphere ◆ hémisphère *m.*

hemp ◆ chanvre *m.*

hemp oil ◆ huile *f.* de chanvre (*ou* huile de chènevis)

hemp rope ◆ corde *f.* de chanvre

hempen ◆ de chanvre

heptagon ◆ heptagone *m.*

heptastyle ◆ heptastyle

heraldry → ***blasonry***

herisson, hardcore layer ◆ hérisson *m.*

hermes, atlas, telamon ◆ hermès *m.* ; buste *m.* en hermès ; colonne *f.* en hermès

hermetic, hermetical ◆ hermétique

hermetic → ***airproof***

herring bone ◆ à bâtons rompus ; en épi ; en arête de poisson

herring-bone bond → ***serpentine bond***

herring-bone flooring ◆ parquet *m.* en points de Hongrie

herring-bone pattern ◆ chevrons *m. pl.*

herring-bone strutting → ***cross stay***

herring-bone work, herring-bone bond, zigzag bond ◆ appareil *m.* en arête de hareng ; appareil en arête de poisson

herse, hearse ◆ herse *f.*

hertz ◆ hertz *m. (Hz)*

heterogeneity ◆ hétérogénéité *f.*

heterogeneous ◆ hétérogène

hewn → ***rectangular (timber)***

hewn stone ◆ pierre *f.* taillée ; → ***ashlar***

hexagon ◆ hexagone *m.*

hexagonal ◆ hexagonal (e) (*pl.* hexagonaux/-ales)

hexapartite vault → ***sexpartite vault*** → ***vault***

hexastyle (*or* exastyle) ◆ hexastyle *m.*

hickey *(plumb)* ◆ levier *m.*

hickory wood ◆ noyer *m.* d'Amérique

hidden bit ◆ 1. paume *f.* ; 2. assemblage *m.* par paume

hidden dovetail, secret dovetail ◆ queue-d'aronde *f.* cachée

hidden fault ◆ vice *m.* caché

hiding power, covering power ◆ opacité *f.*

hieratic ◆ hiératique

hieroglyph ◆ hiéroglyphe *m.*

hieroglyph(ic) writing ◆ écriture *f.* hiéroglyphe

high ◆ haut (e)

high altar ◆ maître-autel *m.* (*pl.* maîtres-autels)

high-alumina cement → ***cement***

high-gloss paint, enamel paint ◆ laque *f.* ; peinture *f.* émail

high-pressure heating → ***heating***

high relief, alto-relievo ◆ haut-relief *m.* (*pl.* hauts-reliefs) ; haute-taille *f.*

high-resistance cement ◆ ciment *m.* à haute résistance

high-riser ◆ tour *f.*

high road ◆ chaussée *f.* ; route *f.* principale

high school ◆ lycée *m.*

high-speed traffic ◆ circulation *f.* à grande vitesse

high voltage ◆ haute tension *f.*

high wall ◆ muraille *f.*

high water, high tide ◆ marée *f.* montante (*ou* flux) ; marée haute

higher ◆ supérieur (e)

highway ◆ route *f.* nationale

Highways Department ◆ administration *f.* des Ponts et Chaussées

Highways engineer ◆ ingénieur *m.* des Ponts et Chaussées

hill ◆ colline *f.*

hillock ◆ tertre *m.*

hinge ◆ 1. gond *m.* ; charnière *f.* ; 2. paumelle *f.*

– **ball-bearing hinge** ◆ charnière à billes

– **butt hinge** ◆ charnière *f.*

– **continuous hinge** ◆ charnière à piano

– **double-acting hinge** ◆ charnière à ressort à double effet

– **garnet hinge** ◆ penture à équerre

– ***piano hinge*** → ***continuous hinge***

– **rising butt hinge** ◆ paumelle à hélice

– **spring hinge** ◆ paumelle à ressort

– **strap hinge** ◆ charnière à congés

– **wrought iron hinge** ◆ penture *f.*

hinge iron, strap ◆ fer *m.* à gonds

hinge pin, gudgeon ◆ gond *m.*

hinge stile → ***stile***

hinge, hang *(a door, etc.)* (to) ◆ pendre *(une porte, etc.)*

hinged sash → ***casement***

hinterland ◆ arrière-pays *m.*

hip ◆ arêtier *m.*

hip bath ◆ baignoire-sabot *f.* (*ou* baignoire à siège)

hip and gable roof, jerkin roof ◆ toiture *f.* à pans coupés

hip jack ◆ empannon *m.* de croupe

hip rafter, angle rafter ◆ arêtier *m.*

hip of a roof ◆ pan *m.* de toit

hip roof, hipped roof, Italian roof ◆ toit *m.* en croupe ; comble *m.* en croupe

hip tile ◆ tuile *f.* arêtière

hip truss ◆ ferme *f.* cornière

hipped end ◆ croupe *f.*

hipped gable ◆ pan *m.* coupé

hippodrome ◆ hippodrome *m.*

hippogriff ◆ hippogriffe *m.*

hiring ◆ location *f.*

historiated ◆ historié (e)

historic, historical ◆ historique

history ◆ histoire *f.*

history of architecture ◆ histoire de l'architecture

history of art ◆ histoire de l'art

hit button ◆ coup-de-poing *m.* (*pl.* coups-de-poing)

hitch → ***timber hitch***

Hittite architecture ◆ architecture *f.* hittite

hoar frost ◆ givre *m.*

hoarding ◆ clôture *f.* en planches

hobnail ◆ clou *m.* à grosse tête

hod (bricklayer's -) ◆ oiseau *m.*

hodman, helper, hodcarrier ◆ aide-maçon *m.*

Hoffman kiln → ***continuous kiln***

hog backed ◆ en dos-d'âne

hogg (to) → ***curve (to)***

hoist ◆ palan *m.* de levage

hoisting ◆ levage *m.*

hoisting apparatus, lifting device ◆ appareil *m.* de levage

hoisting cable ◆ chable *m.*

hoisting scissors ◆ louve *f.*

hoistway ◆ cage *f.* d'ascenseur ; gaine *f.* d'ascenseur

holder → ***lamp holder***

hole ◆ trou *m.*

holiday *(am.)* ◆ 1. manque *m.* ; 2. défaut *m.* ; → ***un-painted spot***

hollow → ***gorge***

hollow block, hollow-masonry unit ◆ parpaing *m.* creux ; bloc *m.* creux

hollow brick → ***cavity brick***

hollow chisel, gouge ♦ gouge *f.*

hollow clay tile → ***hollow block***

hollow drill → ***bore bit, jumper, stone chisel***

hollow moulding → ***gorge***

hollow newel ♦ noyau *m.* creux (*ou* noyau évidé)

hollow out *(a wall)* (to) ♦ ravaler

hollow wall, cavity wall ♦ mur *m.* double

hollow ♦ creux (-euse)

holm *(in river)* ♦ îlot *m.*

holm oak ♦ yeuse *f.* (*ou* chêne *m.* vert)

homeless person ♦ sans-abri *n. m.* ou *f. inv.* ; sans-logis

homogeneity, homogeneousness ♦ homogénéité *f.*

homogeneous, homogeneal ♦ homogène

hone ♦ pierre *f.* à aiguiser

honey combed ♦ alvéolé (e) ; alvéolaire

hood ♦ 1. hotte *f.* ; 2. appentis *m.*

hood → ***cove, coving, glass roof, pentice***

hood *(of chimney)* ♦ parapluie *m.*

hoodmo(u)ld, hoodmo(u)lding, dripstone ♦ larmier *m.*

hook ♦ crochet *m.* ; croc *m.* ; crosse *f.*

hook bolt, hook nail ♦ tire-fond *m.* à croc ; crampon *m.*

hook bolt lock, lock with claw(s), lock with clutch ♦ serrure *f.* à pêne en croc

hook and eye ♦ crochet *m.* à pitons

hook nail → ***hook bolt***

hookspanner, skeleton key ♦ passe-partout *m.* ; clé *f.* à crochet

hooked bar ♦ barre *f.* à crochets (*ou* crochetée)

hoop ♦ cerceau *m.* ; frette *f.* *(armature en spirale)*

hoop iron ♦ feuillard *m.*

hoop of a pile ♦ frette *f.* *(d'un pieu ou d'un pilotis)*

hooping ♦ frettage *m.*

hooper ♦ trémie *f.*

hopper head, rainwater hopper ♦ cuvette *f.* de chéneau ; naissance *f.* de descente d'eaux pluviales

horizon ♦ horizon *m.*

horizontal ♦ horizontal (e) (*pl.* horizontaux/-ales)

horizontal joint ♦ joint *m.* de lit

horizontal section ♦ coupe *f.* horizontale

hornbeam ♦ charme *m.*

horse-power (hp) ♦ cheval-vapeur *m.* *(ch)*

horseshoe ♦ fer *m.* à cheval

horseshoe arch → ***arch***

horseshoe stairs ♦ escalier *m.* en fer à cheval

horse stable ♦ écurie *f.*

hose ♦ tuyau *m.* flexible (*ou* tuyau souple)

– **fire hose** ♦ tuyau *m.* d'incendie

hose → ***suction hose***

hose pipe ♦ boyau *m.*

hospital ♦ hôpital *m.* (*pl.* hôpitaux)

hospital door → ***flush door***

hostel, youth hostel ♦ foyer *m.* pour étudiants

hostelry ♦ hôtellerie *f.*

hot-air chamber → ***drying room***

hot-air heating ♦ chauffage *m.* par air chaud

hot glue → ***glue***

hot pressing ♦ pressage *m.* à chaud

hot-rolled section → ***section***

hot springs ♦ source *f.* thermale

hot surface *(plaster)* ♦ surface *f.* fortement alcaline

hot-water heating ♦ chauffage *m.* à eau chaude

hot-water tank ♦ ballon *m.* d'eau chaude

hotel ♦ hôtel *m.*

hotel trade ♦ hôtellerie *f.*

hothouse ♦ serre *f.* chauffée

hothouse glass ♦ vitrage *m.* de serre

hour ♦ heure *f.*

hour glass ♦ sablier *m.*

hourly rates ♦ salaire *m.* horaire (*ou* salaire à l'heure)

house ♦ 1. maison *f.* ; 2. salle *f.* *(théâtre)*

– **apartment house** ♦ immeuble *m.* locatif

– **detached house** ♦ maison indépendante

– **double house** *(am.)*, **pair of semidetached house(s)** ♦ maisons *f. pl.* jumelées

– **half-double house** *(am.)*, **semidetached house** ♦ maison jumelée

– **half-timbered house** ♦ maison à colombages

– **group of houses** ♦ habitat *m.* groupé

– **one-family house, single-family house** ♦ maison individuelle

– **solar house** ♦ maison solaire

– **terraced houses, row houses** *(am.)* ♦ maisons *f. pl.* en bande

house agent ♦ agent *m.* immobilier

house bell ♦ 1. sonnette *f.* ; 2. sonnerie *f.*

house breaker ♦ démolisseur *m.*

house building, dwelling construction ◆ construction *f.* d'habitation(s) (*ou* construction *f.* de maison(s))
house conduit, service pipe, sewage drain ◆ conduite *f.* d'évacuation
house painter ◆ peintre *m.* en bâtiment
houses of parliament ◆ parlement *m.* ; bâtiment *m.* du parlement
house top ◆ toit *m.*
house (to) ◆ loger
housing ◆ 1. logement *m.* ; habitation *f.* ; 2. habitat *m.*
– **council housing, low-cost housing** *(am.)*, **public housing** ◆ habitations *f. pl.* à loyer modéré (H.L.M.) ; logements *m. pl.* sociaux
– **rental housing** ◆ logements *m. pl.* locatifs
Housing Act ◆ législation *f.* du logement
housing assistance ◆ aide *f.* au logement
housing completions ◆ logements *m. pl.* terminés
housing estate ◆ 1. lotissement *m.* ; 2. cité *f.* ouvrière
housing joint, slip mortise ◆ assemblage *m.* à fourche
housing shortage ◆ crise *f.* du logement ; pénurie *f.* de logements
housing stock ◆ parc *m.* de logements
housing unit ◆ unité *f.* de logements ; unité *f.* résidentielle
hovel, sty ◆ taudis *m.*
hub → ***nave***
hue, tint, colour of the paint ◆ teinte *f.* (*ou* coloris *m.*) de la peinture
humid ◆ humide
humidity ◆ humidité *f.*
– **relative humidity** ◆ degré *m.* hygrothermique
humidity insulation ◆ protection *f.* contre l'humidité
hump ◆ dos-d'âne *(routes)*
hump-backed bridge ◆ pont *m.* en dos-d'âne
humus ◆ humus *m.*
hundredweight ◆ quintal *m.* (*pl.* quintaux)
hung ceiling → ***suspended ceiling***
hung gutter ◆ gouttière *f.* pendante
hung-travelling roller ◆ penture *f.* à galets ; galet *m.* haut de roulement
hung-up ◆ suspendu (e)
hung window ◆ fenêtre *f.* à guillotine
hunting box, hunting lodge ◆ pavillon *m.* de chasse
hurter ◆ bouteroue *f.* ; chasse-roue *m.* (*pl.* chasse-roues)
hut, cabin, shed ◆ baraque *f.* ; cabane *f.*
hyaline ◆ hyalin (e)
hydralime, hydrated lime ◆ chaux *f.* hydratée ; chaux éteinte
hydrant, fire hydrant, fireplug *(am.)* ◆ bouche *f.* d'incendie ; prise *f.* d'eau
hydrate ◆ hydrate *m.*
hydrated lime ◆ chaux *f.* hydratée
hydration ◆ hydratation *f.*
hydraulic ◆ hydraulique *adj.*
hydraulic binder ◆ liant *m.* hydraulique
hydraulic cement ◆ ciment *m.* hydraulique
hydraulic construction ◆ construction *f.* hydraulique
hydraulic lift ◆ ascenseur *m.* hydraulique
hydraulic jack ◆ vérin *m.*
hydraulic lime, blue-lias lime ◆ chaux *f.* hydraulique
hydraulic mortar ◆ mortier *m.* hydraulique
hydraulic pressure, head of water ◆ pression *f.* hydraulique ; pression d'eau
hydraulic ram ◆ bélier *m.* hydraulique (*ou* marteau *m.* hydraulique)
hydraulics ◆ hydraulique *f.*
hydrocarbon ◆ hydrocarbure *f.*
hydrodynamics ◆ hydrodynamique *f.*
hydro-electric ◆ hydroélectrique
hydrography ◆ hydrographie *f.*
hydrophobic ◆ hydrophobe
hydrostatic ◆ hydrostatique *adj.*
hydrostatics ◆ hydrostatique *f.*
hygrometer ◆ hygromètre *m.*
hygrometry ◆ hygrométrie *f.*
hygroscopic ◆ hygroscopique
hyperbola ◆ hyperbole *f.*
hyperbolic, hyperbolical ◆ hyperbolique
hyperbolic paraboloid ◆ paraboloïde *m.* hyperbolique
hypocaust ◆ hypocauste *m.*
hypogeum ◆ hypogée *m.*
hypostyle ◆ hypostyle

I

I beam ◆ poutre *f.* en forme de I ; profilé *m.* en forme de I

icehut, igloo ◆ igloo *m.*

ichnographic, ichnographical ◆ ichnographique

ichnography ◆ ichnographie *f.*

icon, ikon ◆ icône *f.*

iconoclasm ◆ iconoclasme *m.*

iconoclast, image-breaker ◆ iconoclaste *n. m.* ou *adj.*

iconography ◆ iconographie *f.*

iconostatis ◆ iconostase *f.*

identification mark ◆ référence *f.* *(d'un produit)*

ideograph ◆ idéogramme *m.*

idle time ◆ temps *m.* mort(s)

idler pulley → ***pulley***

idol ◆ idole *f.*

idolatrous ◆ idolâtre

idolatry ◆ idolâtrie *f.*

igloo → ***icehut***

igneous ◆ igné (e)

ikon → ***icon***

illuminating power ◆ pouvoir *m.* éclairant

illumination ◆ éclairement *m.* *(unité : lux)*

illuminator for tracings → ***lay-out table***

illustrated ◆ historié (e)

  illustrated capital ◆ chapiteau *m.* historié

image-breaker → ***iconoclast***

imbrex ◆ tuile *f.* couvre-joint ; tuile *f.* de dessus

imbricated ◆ imbriqué (e)

imbrication ◆ imbrication *f.*

imitate (to) ◆ imiter

imitation ◆ imitation *f.* ; pastiche *m.* *(peinture)*

immure (to) ◆ emmurer (*ou* entourer de murs)

impact ◆ choc *m.*

  impact resistance ◆ résistance au choc

  impact test ◆ essai *m.* de résilience

impasse ◆ impasse *f.*

imperfect structure → ***statically undetermined***

imperial system ***(G.B.)*** ◆ système *m.* légal

impermeability ◆ imperméabilité *f.*

  impermeability to water → ***watertightness***

impermeable ◆ imperméable

implantation ◆ implantation *f.*

implement, tool ◆ instrument *m.*

impluvium ◆ impluvium *m.*

impost, fanlight *(am.)* ◆ imposte *f.*

  impost → ***coussinet***

impregnate (to) ◆ imprégner (de)

impregnated ◆ imprégné (e) (de)

impregnation ◆ 1. imprégnation *f.* ; 2. lasure *f.*

improved land *(am.)*, ***serviced land*** *(am.)* → ***land with all services***

improvement ◆ amélioration *f.*

in situ ◆ in situ (*ou* sur place)

  in situ **concrete** ◆ béton *m.* banché ; béton coulé

incandescence ◆ incandescence *f.*

incandescent ◆ incandescent (e)

  incandescent lamp ◆ lampe *f.* à incandescence

  incandescent light ◆ éclairage *m.* incandescent

inch ***(in)*****, thumb** ◆ pouce *m.* *(2,54 cm)*

inclemency ◆ intempéries *f. pl.*

inclination ◆ inclinaison *f.* ; pente *f.* ; → ***slope***

  inclination meter ◆ éclimètre *m.*

inclined, pitching, sloping ◆ rampant (e) ; incliné (e)

  inclined plane ◆ pente *f.* ; plan *m.* incliné ; rampe *f.*

incombustible → ***non combustible***

incommodious ◆ incommode

incrust (to) → ***encrust (to)***

incrustation ◆ 1. incrustation *f.* ; 2. entartrage *m.*

incurvate, incurved ◆ courbé (e)

incurvation ◆ courbure *f.*

indemnification, compensation ◆ indemnité *f.* ; dédommagement *m.*

indent (to) ◆ 1. denteler ; 2. découper

indentation ◆ dentelure *f.*

indentation test ◆ essai *m.* de pression à la bille ; essai de dureté (à la bille)

indented ◆ 1. endenté (e) ; 2. dentelé (e)

indented chisel, charring chisel ◆ ciseau *m.* à dents

indented joint → ***slit and tongue joint*** → ***joint***

index (*pl.* indices) ◆ indice *m.*

India paper ◆ papier *m.* de Chine (*ou* du Japon)

India rubber ◆ caoutchouc *m.* ; gomme *f.*

Indian architecture ◆ architecture *f.* indienne

Indian grass → ***gunny fibre***

Indian ink ◆ encre *f.* de Chine

indication ◆ point *m.* de repère

indigo, indigo-blue ◆ indigo

indirect heating ◆ chauffage *m.* indirect

indirect lighting ◆ éclairage *m.* indirect

inductile ◆ inductile

inductility ◆ inductilité *f.*

industrial ◆ industriel (-elle)

industrial area ◆ zone *f.* industrielle

industrial design ◆ esthétique *f.* industrielle

industry ◆ industrie *f.*

indwell (to) → ***inhabit (to)***

inelastic ◆ sans élasticité

inert ◆ inerte

inertia ◆ inertie *f.* ; force *f.* d'inertie → ***principal axis of inertia, principal moment of inertia***

infant school ◆ école *f.* maternelle

inferior ◆ inférieur (e)

infill ◆ remplissage *m.*

infill element ◆ élément *m.* de remplissage

infilling ◆ remplissage *m.* d'ossature

– **brick infilling** ◆ remplissage *m.* en briques ; briquetage *m.*

infiltration ◆ infiltration *f.*

infirmary ◆ infirmerie *f.*

inflame (to) ◆ enflammer (s'-) ; prendre feu

inflammable → ***flammable***

inflected ◆ infléchi (e)

inflected arch, inverted arch → ***arch***

inflexible ◆ inflexible

influence line ◆ ligne *f.* d'influence

infra-red ◆ infrarouge

infrastructure ◆ infrastructure *f.*

ingot ◆ lingot *m.*

ingot steel ◆ acier *m.* en lingots

inhabit (to) ◆ habiter

inhabitance, inhabitancy ◆ habitation *f.*

inhabitant ◆ habitant (e)

inhabited ◆ habité (e)

initial letter ◆ 1. initiales *f. pl.* ; 2. paraphe *m.* ; 3. sigle *m.*

initial set *(of cement)* ◆ début *m.* de prise *(du ciment)*

initial stress ◆ tension *f.* initiale

ink ◆ encre *f.*

ink in (to) ◆ passer à l'encre

inlaid ◆ 1. incrusté (e) ; 2. marqueté (e)

inlaid floor ◆ parquet *m.* ; → ***parquet floor***

inlaid parquet ◆ parquet *m.* mosaïque

inlaid with niello ◆ niellé (e)

inlaid work, inlay ◆ 1. incrustation *f.* ; 2. marqueterie *f.*

inlay (to) ◆ 1. incruster ; 2. marqueter

inlay (to) ◆ parqueter *(un parquet mosaïque)*

inlay with niello (to) ◆ nieller

inlaying ◆ 1. incrustation *f.* ; 2. marqueterie *f.*

inlet, vent ◆ 1. bouche *f.* ; 2. → ***feed pipe***

inlet, air inlet ◆ prise *f.* d'air ; amenée *f.* d'air

inn ◆ auberge *f.*

inner *(measurement)* ◆ dans œuvre

inner court, court, courtyard ◆ cour *f.* intérieure

inner door ◆ porte *f.* intérieure

innings ◆ terrains *m. pl.* pris sur la mer

inorganic ◆ inorganique

insanitary ◆ insalubre

inscription ◆ inscription *f.*

inscriptions, lettering ◆ texte *m.* sur un dessin

insert ◆ cheville *f.* de scellement

inside wall ◆ mur *m.* de refend

insignia ◆ insignes *m. pl.*

insolation ◆ ensoleillement *m.*

inspection hole ◆ regard *m.* de visite ; trappe *f.* de visite

inspection lamp ◆ baladeuse *f.*

inspector, overseer, clerk of works ◆ surveillant *m.* de travaux

inspiration ◆ inspiration *f.*

installation ◆ installation *f.* ; montage *m.* ; pose *f.*

institute ◆ institut *m.*

instructions* → *regulations

insulate (to) ◆ isoler

insulated ◆ isolé (e)

insulating ◆ 1. non conducteur (-trice) (*ou* isolant (e) ; 2. isolateur *n. m.*

insulating board* → *softboard

insulating brick ◆ brique *f.* isolante

insulating covering ◆ chape *f.* isolante

insulating material, insulation material ◆ isolant *m.* (*ou* matériau *m.* isolant)

insulating mortar ◆ mortier *m.* isolant

insulating tape ◆ ruban *m.* isolant (*ou* chatterton *m.*)

insulation ◆ isolation *f.*

– **heat insulation** ◆ isolation thermique

– **noise insulation, sound insulation** ◆ isolation acoustique ; isolation phonique

– ***thermal insulation* → *heat insulation***

insulation bat ◆ matelas *m.* isolant

insulator, electrical insulator ◆ isolateur *m.*

intake ◆ prise *f. (air, vapeur)*

fresh-air intake ◆ entrée *f.* d'air frais (*ou* prise d'air frais)

intake *(of water)* ◆ 1. prise d'eau ; 2. galerie *f.* de captage d'eau

intercolumnar (space) ◆ espace *m.* entre des colonnes

intercolumniation ◆ entrecolonnement *m.*

interconnected ◆ communiquant entre elles *(pièces, salles, etc.)*

interfenestration ◆ trumeau *m.*

interior ◆ intérieur (e)

interior designer* → *designer

interior painting ◆ peinture *f.* intérieure ; peinture d'intérieur

interior wall, internal wall ◆ mur *m.* intérieur

interior-wood finishings ◆ menuiserie *f.* intérieure

interjoist ◆ distance *f.* de poutre à poutre

interlace, entrelacs ◆ entrelacs *m. pl.*

interlaced ◆ entrelacé (e)

interlacing ◆ entrelacement *m.*

interlocking ◆ autobloquant (e)

interlocking paver ◆ pavé *m.* autobloquant

interlocking tile ◆ tuile *f.* à emboîtement

intermediate rafter* → *common rafter* → *rafter

intermediate rib ◆ arc *m.* doubleau

intermediate rib *(in Gothic vaulting)* ◆ tierceron *m.* (*ou* tierceret *m.*)

intermediate strut ◆ 1. entretoise *f.* ; 2. arbalétrier *m.* intermédiaire

intermission ◆ relâche *m.*

internal ◆ intérieur (e)

internal force ◆ force *f.* interne

internal piping, interior piping ◆ 1. conduit *m.* ; 2. réseau *m.* intérieur (*ou* canalisation *f.* intérieure)

internal pressure → *stress*

internal structure ◆ structure *f.* interne

internal wall* → *interior wall

international style ◆ style *m.* international

intersecting arcature ◆ arcature *f.* entrecroisée

intersecting ribs ◆ croisée *f.* d'ogives

intersection ◆ 1. croisement *m.* ; 2. intersection *f.*

intersection point ◆ point *m.* d'intersection

intersection plane, cutting plane ◆ plan *m.* d'intersection

interstice ◆ interstice *m.*

intertwining ◆ entrelacement *m.*

interwoven fencing ◆ clôture *f.* entrelacée

intrados, bottom face ◆ intrados *m.*

intrados line, soffit line ◆ ligne *f.* d'intrados (*ou* profil *m.* d'intrados)

intra muros ◆ *intra muros*

intransparency ◆ opacité *f.*

inundation ◆ inondation *f.*

inventory of fixtures ◆ état *m.* des lieux

invert ◆ cunette *f.*

inverter ◆ onduleur *m.*

inverted arch* → *arch

inverted vault* → *vault

invitation to bid *(am.)*, **invitation to tender** ◆ appel *m.* d'offres

ion ◆ ion *m.*

Ionic ◆ ionique

Ionic order ◆ ordre *m.* ionique

ionization ◆ ionisation *f.*

iridescent ◆ irisé (e)

iridium ◆ iridium *m.*

irisated ◆ irisé (e)

irisation ◆ irisation *f.*

iron ◆ fer *m.*

– **angle iron** ◆ cornière *f.*

– **bar iron** ◆ fer en barres

– **bridle iron** *(am.)*, **stirrup iron** ◆ étrier *m.*

– **brittle iron** ◆ fer cassant

– **cast iron** ◆ fonte *f.*

– **channel iron** ◆ fer en forme de U

– **corrugated iron** ◆ tôle *f.* ondulée

– **galvanised iron** ◆ tôle *f.* galvanisée

– **half-round iron** ◆ fer demi-rond

– **L iron** ◆ équerre *f.*

– **mild iron** ◆ fer doux

– **S iron** ◆ esse *f.* ; crochet *m.* en forme de S

– **sectional iron** ◆ fer profilé

– **soldering iron** ◆ fer à souder

– **T(ee) iron** ◆ fer en forme de T

– **wrought iron** ◆ fer forgé

Iron Age ◆ âge *m.* du fer

iron beam ◆ poutre *f.* en acier

iron binding ◆ ferrure *f.*

iron brace ***(on door)*** ◆ penture *f.*

iron core → core rail

iron cramp → cramp, cramp iron

iron foundry ◆ fonderie *f.* de fer

iron hoop, iron band ◆ frette *f.*

iron knee ◆ équerre *f.* métallique *(d'assemblage)*

iron making ◆ fabrication *f.* du fer

iron ore ◆ minerai *m.* de fer

iron slag → blast-furnace slag

iron stanchion, saddle bar ***(lead light)*** ◆ chandelier *m.*

iron stone ◆ minerai *m.* de fer

iron store ◆ ferronnerie *f.*

iron wire ◆ fil *m.* de fer

ironmonger ◆ 1. ferronnier *m.* ; 2. quincaillier *m.*

ironmongery → hardware

ironsmith ◆ forgeron *m.*

ironwork ◆ 1. ferrure *f.* ; 2. ouvrage *n. m.* en fer ; 3. en fer

ironwork, smith's work ◆ ouvrage *m.* en fer forgé

ironworks ◆ ferronnerie *f.*

irrigation ◆ irrigation *f.*

isba ◆ isba *f.*

Islamic architecture ◆ architecture *f.* islamique

Islamic art ◆ art *m.* musulman

island ◆ île *f.*

– **traffic island** ◆ refuge *m.* *(dans la rue)*

island-station roof → station truss

islet ***(in sea)*** ◆ îlot *m.*

isodomum ◆ isodomon *m.*

isometric ◆ isométrique

isometric projection ◆ isométrie *f.*

isosceles triangle ◆ triangle *m.* isocèle

isotherm ◆ isotherme *n. f.* ou *adj.*

isothermal ◆ isothermique

isotropic ◆ isotrope

isotropism ◆ isotropie *f.*

issue ◆ issue *f.*

isthmus ◆ isthme *m.*

Italian earth ◆ terre *f.* de Sienne

Italian roof → hip roof

italic writing ◆ écriture *f.* en italique

ivory ◆ 1. ivoire *n. f.* ; 2. d'ivoire (*ou* en ivoire)

ivy ◆ lierre *m.*

J

jack ◆ 1. cric *m.* ; 2. chevron *m.* d'appui
– **hip jack** ◆ empannon *m.* de croupe
– **rack jack** ◆ cric *m.*
– **valley jack** ◆ empannon *m.* de noue
jack arch, floor arch *(am.)* ◆ voûtain *m.*
jack arch *(am.)*, ***flat arch*** → ***arch***
jack plane ◆ varlope *f.*
jack plane for rebates ◆ demi-varlope *f.* ; riflard *m.*
jack rafter ◆ empannon *m.*
jack screw ◆ vérin *m.* à vis
jacketing ◆ chemisage *m.*
jack up (to) ◆ élever au moyen d'un vérin
jackhammer ◆ marteau *m.* pneumatique
jacuzzi ◆ baignoire *f.* à remous
jagged, jaggy ◆ dentelé (e)
jail *(am.)* → ***gaol***
jalousie → ***Venetian blind***
jamb ◆ montant *m.* *(d'huisserie)* ; jambage *m.* ; piédroit *m.*
jamb, reveal ◆ tableau *m.* *(d'une baie)*
jamb, post, stud ◆ jambe *f.*
– **hinge jamb** ◆ montant *m.* ferré (*ou* montant charnier)
– **splayed jamb** ◆ ébrasement *m.* (*ou* ébrasure *f.*)
jamb of a chimney ◆ jambage *m.* de cheminée
jamb of a door → ***door jamb***
japan ◆ vernis *m.* japonais
japan (to) ◆ laquer ; → ***tar (to)***
japanned ◆ laqué (e)
japanner ◆ laqueur *m.* ; vernisseur *m.*
jar ◆ jarre *f.*
jaws of a vice ◆ mâchoires *f. pl.* d'un étau
jenny wheel → ***tackle***
jerkin head, clipped gable *(am.)*, **hipped gable** ◆ pan *m.* coupé
jerkin roof ◆ toiture *f.* à pans coupés
jerry built ◆ mal bâti (e)
jet pipe → ***nozzle***
jetty, mole ◆ môle *m.* ; jetée *f.* ; → ***hanging over, pier***
Jew's pitch ◆ spalte *m.*
jib ◆ volée *f.* de grue ; flèche *f.*
jib crane ◆ grue *f.* à bras
jib door, gib door ◆ porte *f.* dérobée (*ou* porte *f.* secrète)
jig ◆ gabarit *m.* de montage
jig saw ◆ scie *f.* à chantourner ; scie sauteuse
jigger → ***watch tackle***
job ◆ tâche *f.*
job site *(am.)*, **site, building site** ◆ chantier *m.* *(de construction)*
jobber ◆ tâcheron *m.*
jobbing ◆ à la tâche
joggle ◆ crossette *f.*
joggle post *(am.)* → ***king post***
join (to) ◆ joindre ; (ré)unir
join with pins (to) ◆ 1. fixer par des chevilles ; 2. emboîter
joiner ◆ menuisier *m.*
joiner's clamp → ***clamp***
joiner's gauge, marking gauge ◆ trusquin *m.*
joinery, finishing carpentry *(am.)* ◆ menuiserie *f.*
joining ◆ 1. raccord *m.* ; raccordement *m.* ; assemblage *m.* ; 2. liaison *f.*
joining pin ◆ broche *f.* ; goupille *f.*
joint ◆ 1. joint *m.* ; jointure *f.* ; 2. assemblage *m.*
– **bed joint, coursing joint** ◆ joint de lit ; joint horizontal ; joint d'assise
– **blind joint** ◆ assemblage invisible
– **blow joint, blown joint** ◆ joint soudé au chalumeau
– **butt joint** ◆ joint d'about
– **combed joint, finger joint** ◆ assemblage à enfourchement

– **construction joint** ◆ 1. reprise *f.* de bétonnage ; 2. joint de reprise
– **corner joint, square-angle joint** ◆ assemblage en équerre
– ***coursing joint*** → ***bed joint***
– **cross joint** ◆ joint vertical
– **dovetail joint** ◆ assemblage en queue-d'aronde
– **dry joint** ◆ joint sec ; joint vif
– **expansion joint** ◆ joint de dilatation
– **false joint** ◆ faux joint *m.*
– ***finger joint*** → ***combed joint***
– **flat joint, flush joint** ◆ joint plein
– ***head joint*** *(am.)* → ***cross joint***
– **keyed joint** ◆ joint creux (*ou* en retrait)
– **lap joint** ◆ joint à clin ; chevauchement *m.*
– **mitre joint** ◆ assemblage à onglet (*ou* en onglet)
– ***plow and tongue joint*** *(am.)* → ***tongue and groove joint***
– **recessed joint** ◆ joint creux (*ou* en retrait)
– **sealing joint** ◆ joint d'étanchéité
– **shrinkage joint** ◆ joint de retrait
– ***side joint*** → ***vertical joint***
– **slip mortise joint, slot-mortise joint** ◆ enfourchement *m.* simple
– **slit and tongue joint** ◆ embrèvement *m.*
– **spigot joint** ◆ joint d'emboîture
– **splayed joint** ◆ assemblage en sifflet
– **square angle joint** ◆ assemblage en équerre simple
– **tongue and groove joint** ◆ assemblage à rainure et languette
– **vertical joint** ◆ joint vertical ; joint montant ; joint de tête
– **welded joint** ◆ joint de soudure

joint bolt, handrail bolt ◆ boulon *m.* fourchu ; boulon à clavette
joint distribution → ***joint repartition***
joint ghosting ◆ fantôme *m.* ; spectre *m.*
joint owner ◆ copropriétaire *n. m.* ou *f.*
joint ownership ◆ copropriété *f.*
joint repartition, joint distribution ◆ répartition *f.* des joints
joint scraper ◆ grattoir *m.* du maçon
joint tape ◆ couvre-joint *m.* ; ruban *m.* à joint
joint venture ◆ groupement *m.* d'intérêt économique

joint *(masonry, etc.)* (to) ◆ joindre
jointer, jointing iron ◆ 1. mirette *f.* ; 2. fer *m.* à joints ; tire-joint *m.* (*pl.* tire-joints)
jointer, jointer plane ◆ varlope *f.*
jointing ◆ jointure *f.*

jointing, pointing of joints ◆ jointoiement *m.* (*ou* jointement *ou* jointoyage)
jointing mortar → ***pointing mortar***
jointing plane → ***jointer, jointer plane***

joist ◆ poutrelle *f.* ; chevêtre *m.*
joist *(floor)* ◆ poutre *f.* ; solive *f.*

joist floor, girder floor ◆ plancher *m.* à solives
joists of a floor ◆ poutraison *f.* ; solivure *f.*
joist work ◆ solivage *m.*

joisting ◆ solivure *f.*
Joule *(J)* ◆ Joule *m. (J)*
jube ◆ jubé *m.*
judas ◆ judas *m.*

judas trap, judas hole ◆ judas *m.*

jug ◆ cruche *f.* ; pot *m.*
jump → ***offset***

jump in a façade ◆ saillie *f.* ; avant-corps *m. inv.* d'une façade

jumper, stone drill, hollow drill ◆ perçoir *m.* de pierres
– ***flat jumper*** → ***flat chisel***
jumping board ◆ tremplin *m.*
junction ◆ 1. raccord *m.* ; 2. raccordement *m.* ; → ***drain junction***

junction box, distribution box ◆ boîte *f.* de dérivation ; boîte de jonction
junction plate ◆ couvre-joint *m.*

juniper ◆ genièvre *m.*

juniper tree ◆ genévrier *m.*

jury ◆ jury *m.* (*pl.* jurys)
jut ◆ saillie *f.*
jut (to) ◆ saillir ; avancer ; faire saillie
jute ◆ jute *m.* ; → ***gunny fibre***
jutting-out ◆ saillant (e) ; en saillie

K

k factor (kf) **→ *thermal conductivity***

K value *(kv)* ◆ coefficient *m.* K

kaolin ◆ kaolin *m.* ; terre *f.* à porcelaine

keel arch, ogee arch* → *arch

keep, donjon ◆ donjon *m.*

keeper ◆ gâche *f.*

kennel, kennel stone ◆ caniveau *m. (de rue)*

kennel ◆ niche *f.*

kerb, curb *(am.)* ◆ bord *m.* de trottoir

kerb roof, mansard roof, curb roof ◆ toit *m.* mansardé ; comble *m.* mansardé (*ou* en mansarde)

kerb stone, curb stone *(am.)* ◆ 1. bordure *f.* *(de trottoir)* ; 2. margelle *f. (d'un puits)*

kerf, saw cut ◆ trait *m.* de scie

kerosene oil *(am.)*, **paraffin oil** ◆ kérosène *m.* ; pétrole *m.* lampant

key ◆ 1. clé *f.* (*ou* clef) ; 2. languette *f.*

key* → *clamp, wedge

key of an arch* → *keystone

key bit ◆ panneton *m.*

key block* → *keystone

key plan ◆ plan *m.* d'ensemble

key plan* → *survey map

key plate, escutcheon, keyhole plate, scutcheon ◆ entrée *f.* de serrure ; cache-entrée *m.* ; écusson *m.*

key ring ◆ anneau *m.* de clé

keyhole ◆ trou *m.* de serrure

keyhole plate* → *key plate, escutcheon

keyhole saw* → *saw

keystone, crown stone, sagitta ◆ clé *f.* (*ou* clef) *(arc, voûte)*

– **hanging keystone, pendant keystone** ◆ clé *f.* pendante

khaki ◆ kaki *adj. inv.*

kickplate ◆ plinthe *f.*

kieselguhr, moler, diatomaceous earth, infusion earth ◆ kieselguhr *m.* (*ou* kieselgur)

kill, overburn lime (to) ◆ surcuire la chaux

kiln ◆ 1. four *m. (bois, briques)* ; 2. étuve *f.*

– **dry kiln** ◆ four de séchage

kiln dried ◆ 1. séché (e) au four ; 2. étuvé (e)

kiln dry (to) ◆ sécher au four

kiln drying ◆ séchage *m.* au four

kiln lining ◆ revêtement *m.* de four (*ou* de fourneau)

kilocalorie ◆ kilocalorie *f. (kcal)*

kilogramme ◆ kilogramme *m. (kg)*

kilometre ◆ kilomètre *m. (km)*

kilometre cippus ◆ borne *f.* kilométrique

kilowatt *(kw)* ◆ kilowatt *m. (kW)*

kilowatt hour ◆ kilowattheure *m. (kWh)*

kilted ◆ plissé (e)

kilting ◆ plissage *m.*

kindergarten ◆ 1. jardin *m.* d'enfants ; 2. école *f.* maternelle

king post ◆ poinçon *m. (d'une ferme)*

king rod, kingbolt ◆ aiguille *f. (charpente de toit)*

kiosk ◆ kiosque *m.*

kit ◆ 1. trousseau *m.* ; 2. outils *m. pl. (d'un ouvrier)*

kitchen ◆ cuisine *f.*

– **element kitchen** ◆ cuisine par éléments

– **fitted kitchen** ◆ cuisine sur mesure

kitchen chimney ◆ cheminée *f.* de cuisine

kitchen cupboard ◆ placard *m.* (*ou* armoire *f.*) de cuisine

kitchen sink ◆ évier *m.*

kitchen table ◆ table *f.* de cuisine

kitchen unit ◆ 1. élément *m.* de cuisine ; 2. bloc-cuisine *m.*

kitchener, kitchen range ◆ cuisinière *f.* (*ou* fourneau *m.* de cuisine)

kitchenette ◆ cuisinette *f.* (*ou* kitchenette *f.*)

knacker ◆ entrepreneur *m.* de démolition

knag → ***knot***

knee, elbow ◆ coude *m.*

knee ◆ rotule *f.*

  knee brace ◆ jambe *f.* de force

  knee brace → ***corner assembling***

  knee piece ◆ équerre *f.* de support

knife ◆ couteau *m.* ; spatule *f.*

– **putty knife** ◆ couteau à mastic

  knife file ◆ lime-couteau *f.*

  knife switch ◆ interrupteur *m.* à couteaux

knob ◆ pomme *f.* ; pommeau *m.* ; → ***button, door knob***

knock, beat with a hammer (to) ◆ frapper avec un marteau

knocker, door knocker ◆ heurtoir *m.* ; marteau *m.* de porte

knoll ◆ tertre *m.*

knot ◆ nœud *m.*

– **dead knot** ◆ nœud mort (*ou* nœud bouchon)

– **decayed knot, unsound knot** ◆ nœud vicieux

– **pin knot** ◆ œil-de-perdrix *m.*

– **sound knot** ◆ nœud vif (*ou* adhérent)

knotty ◆ 1. raboteux (-euse) ; 2. noueux (-euse)

knotwork ◆ entrelacs *m.*

knuckle *(hinge)* ◆ nœud *m.* ; charnon *m.*

  knuckle joint ◆ ligne *f.* de bris(is) ; brisure *f.*

kraft paper ◆ papier *m.* kraft

L

L iron ◆ équerre *f.*

label, label mo(u)lding ◆ larmier *m.*

laboratory ◆ laboratoire *m.* ; → ***material testing laboratory***

labour ◆ main-d'œuvre *f.* (*pl.* mains-d'œuvre)

– **skilled labour** ◆ main-d'œuvre qualifiée

labour (to) ◆ travailler

labourer ◆ manœuvre *m.*

– **bricklayer's labourer** ◆ aide-maçon *m.*

labyrinth, maze ◆ labyrinthe *m.* ; dédale *m.*

lac ◆ gomme-laque *f.* ; laque *f.* *(résine)* ; → ***shellac***

lace, lace work ◆ dentelle *f.*

lace curtain, vitrage nets ◆ voilage *m.* *(ameublement)*

lacquer ◆ laque *m.* ; vernis *m.* du Japon ; vernis de Chine

lacquer, enamel (to) ◆ vernir ; laquer

lacquered ◆ laqué (e)

lacquered hardboard → enamelled hardboard

lacunar → pneumatic caisson

ladder ◆ échelle *f.*

ladder hook ◆ crampon *m.* d'échelle

lag *(lath for espaliers)* (*pl.* lags or lagging) ◆ 1. lattis *m.* ; 2. support *m.* d'enduit

lag bolt, lag screw ◆ tire-fond *m. inv.*

laitance → foam (on concrete)

lake ◆ 1. laque *f.* ; 2. lac *m.* ; étang *m.*

lake dwelling, pile dwelling ◆ habitation *f.* lacustre

lake village ◆ cité *f.* lacustre

lambert ◆ lambert *m.* *(lm/cm²)*

lamella ◆ lamelle *f.*

laminate (to) ◆ laminer

laminated ◆ lamifié (e) ; feuilleté *(verre)* ; stratifié *(plastique)* ; lamellé *(bois)*

laminated beam → beam

laminated glass → glass

laminboard ◆ latté *m.*

lamp ◆ lampe *f.*

– **arc lamp** ◆ lampe à arc

– **bracket lamp** ◆ applique *f.*

– **ceiling lamp** ◆ plafonnier *m.*

– **discharge lamp** ◆ lampe à décharge

– **extension lamp** ◆ baladeuse *f.*

– **filament lamp, incandescent lamp** ◆ lampe à incandescence

– ***floor lamp → lampadary***

– **fluorescent lamp** ◆ lampe à fluorescence

– **sodium-vapour lamp** ◆ lampe à vapeur de sodium

– **street lamp** ◆ réverbère *m.*

lamp ballast ◆ ballast *m.*

lamp holder, lamp socket ◆ douille *f.*

lamp post ◆ poteau *m.* de réverbère

lamp shade ◆ abat-jour *m. inv.*

lamp socket → lamp holder

lamp stand ◆ pied *m.* de lampe

lampadary, floor lamp ◆ lampadaire *m.*

lancet ◆ lancette *f.*

lancet arch ◆ arc *m.* à lancette ; → ***raised pointed lancet arch → arch***

lancet shaped ◆ lancéolé (e) ; en lancette

land ◆ 1. terre *f.* ; 2. terrain *m.* ; 3. pays *m.* ; 4. foncier (-ière)

– **building land** ◆ terrain constructible

land drain ◆ drainage *m.* du sol

land office ◆ service *m.* du cadastre

land registry, land register ◆ cadastre *m.*

land regulation ◆ réglementation *f.* *(relative aux sols)*

land with all services, improved land *(am.)*, **serviced land** *(am.)* ◆ terrain viabilisé

land slide ◆ glissement *m.* de terrain

land surveying ◆ arpentage *m.*

land surveyor ◆ géomètre *m.*

land tax ◆ impôt *m.* foncier

land tie → anchor

land-use plan ◆ plan *m.* d'occupation des sols

land-use ratio ◆ coefficient *m.* d'utilisation des sols (C.U.S.)

landed *(of estate)* ◆ immobilier (-ère)

landing ◆ palier *m.*

– **half-pace landing, half-space landing** ◆ semi-tournant *m.*

– **intermediate landing** ◆ palier de repos ; repos *m.*

– **quarterpace landing** ◆ quartier *m.* tournant

landing door ◆ porte *f.* palière

landing pace, pace ◆ palier principal

landing stage → pier, wharf

landing step, landing tread ◆ marche *f.* palière

landlord (landlady) ◆ propriétaire *m.* ou *f.*

– **ground landlord, landowner** ◆ propriétaire *m.* foncier

landmap, geographical map ◆ carte *f.* géographique

landmark ◆ 1. borne *f.* ; limite *f.* ; 2. point *m.* de repère

landowner → landlord (landlady)

landscape ◆ paysage *m.*

– **urban landscape** ◆ paysage urbain

landscape design ◆ architecture *f.* paysagère

landscape designer, landscape architect ◆ architecte-paysagiste *m.* ou *f.*

landscape gardener, landscaper ◆ entrepreneur-paysagiste *m.*

landscaped garden ◆ jardin *m.* paysager

landscaped office ◆ bureau *m.* paysager

landslide, landslip ◆ éboulement *m.* de terrain ; glissement *m.* de terrain

lane ◆ ruelle *f.*

– **trafic lane** ◆ piste *f.* de circulation

lane *(rural)*, alley ◆ chemin *m.* vicinal

languet *(in flue chimney)* ◆ languette *f.*

lantern ◆ 1. réverbère *m.* ; lanterne *f.* ; 2. phare *m.*

lantern, lantern light ◆ lanterne *f.* ; lanternon *m.* (*ou* lanterneau)

lantern tower ◆ tour-lanterne *f.*

lantern turret → lantern light

lap *(of tiles)*, passing *(of lead)* ◆ recouvrement *m.* *(d'une tuile, etc.)*

lap joint ◆ chevauchement *m.* ; joint *m.* à clin

lap siding ◆ clin *m.*

lararium ◆ laraire *m.*

larch ◆ mélèze *m.*

larch wood ◆ bois *m.* de mélèze

larder ◆ cellier *m.*

larder, pantry ◆ garde-manger *m. inv.*

large house ◆ hôtel *m.* particulier

larmier ◆ larmier *m.*

lashing, lashing cord, whip (steel) *(for scaffolds)* ◆ corde *f.* d'échafaudage (*ou* chablot *m.*)

latch ◆ verrou *m.*

– **on the latch** ◆ fermé (e) au loquet

latch bolt ◆ pêne *m.* demi-tour

latch key ◆ 1. clef *f.* de maison ; 2. passe-partout *m. inv.*

late ◆ 1. bas (basse) ; 2. tardif (-ive)

lateral ◆ latéral (e) (*pl.* latéraux/-ales)

lateral pressure ◆ poussée *f.*

lateral surface ◆ surface *f.* latérale

latex ◆ latex *m.*

latex emulsion, latex paint ◆ peinture *f.* au latex

lath *(wood)*, scantling ◆ latte *f.* ; liteau *m.* ; tasseau *m.*

laths, lath work ◆ lattis *m.* ; treillis *m.* en bois

lath (to) ◆ latter

lathe ◆ tour *m.*

lathing, battening *(of a wall or ceiling)* ◆ 1. lattis *m.* ; 2. lattage *m.* ; littelage *m.*

Latin cross → cross

latrine(s) ◆ latrines *f. pl.*

latten → brass

lattice, trellis ◆ treillis *m.*

lattice beam → lattice girder

lattice bridge, framework bridge, truss bridge ◆ pont *m.* en treillis ; pont triangulé

lattice fence → fence

lattice girder, trellis girder, trussed beam ◆ poutre *f.* en treillis ; panne *f.* en treillis ; poutre triangulée

lattice mast ◆ pylône *m.* en treillis

lattice window ◆ fenêtre *f.* à losanges

lattice work, grating, lattices ◆ clôture *f.* en treillis

lattice work, treillage ◆ treillis *m.* ; treillage *m.*

laundry, wash house ◆ blanchisserie *f.* ; buanderie *f.*

laurel ◆ laurier *m.*

laurel leaf ◆ feuille *f.* de laurier

lavatory ◆ 1. lavabo *m.* *(am.)* ; → ***washbasin*** ; 2. cabinet *m.* de toilette ; 3. toilettes *f. pl.* *(am.)*

law court ◆ palais *m.* de justice

lawn ◆ pelouse *f.* ; gazon *m.*

lawn mower ◆ tondeuse *f.*

lay *(tiles, pipes, carpet)* (to) ◆ poser

lay an arch, turn an arch (to) ◆ jeter un arc

lay bricks, mason, build up (to) ◆ maçonner

lay floor (to) ◆ parqueter

lay on *(plaster)* (to) ◆ plaquer

lay the foundation stone (to) ◆ poser la première pierre

lay the foundations (to) ◆ jeter (*ou* poser) les fondations

lay *(plaster)* (to) ◆ passer la première couche *(d'enduit)*

layer ◆ gisement *m.* ; lit *m.*

layer, course ◆ assise *f.* ; couche *f.*

layer, stratum ◆ couche *f.*

layer joint ◆ joint *m.* d'assise

layer of mortar, mortar bed ◆ lit *m.* de mortier

laying ◆ pose *f.*

laying dry ◆ pose à sec

laying of floors ◆ parqueterie *f.*

laying of pipes ◆ pose des tuyaux

laying of the foundation stone ◆ pose de la première pierre

laying trowel ◆ truelle *f.* de maçon

layout ◆ 1. agencement *m.* ; 2. tracé *m.*

– **plot layout** ◆ plan *m.* de lotissement

layout plan ◆ plan d'aménagement

l.b. (ab. *for* pound) ◆ livre *f.*

lead ◆ 1. plomb *m.* *(Pb)* ; 2. mine *f.* *(de plomb)*

– **cover with lead (to)** ◆ plomber

lead minium → ***red lead***

lead monoxyde, litharge ◆ litharge *f.*

lead pencil ◆ crayon *m.*

lead pipe ◆ tuyau *m.* en plomb

lead primer → ***red lead***

lead sheet, milled lead, sheet lead ◆ plomb *m.* en feuille ; plomb laminé

lead works ◆ plomberie *f.*

leaded ◆ plombé (e)

leaded-glass window ◆ vitrail *m.* au plomb

leaded light ◆ fenêtre *f.* à petits carreaux

leader *(am.)* → ***downpipe***

leader head *(am.)* → ***rainwater head***

leader shoe ◆ dauphin *m.*

leading ◆ plombage *m.*

leaf (*pl.* leaves) ◆ feuille *f.* ; → ***door leaf***

leaf of a cupboard ◆ battant *m.* d'armoire

leaf door ◆ porte *f.* (à) va-et-vient

leaf of a door ◆ battant *m.* de porte ; vantail *m.* (*pl.* vantaux)

leaf of metal ◆ feuille *f.* de métal

leaf mould ◆ humus *m.*

league ◆ lieue *f.* *(distance)*

leak, leakage ◆ fuite *f.*

leakage water ◆ eau *f.* d'infiltration

lean, poor, arid ◆ aride

lean concrete → ***concrete***

lean mortar → ***mortar***

lean to roof, pent roof ◆ appentis *m.*

leaning ◆ 1. faux aplomb *m.* ; 2. surplomb *m.*

leaping board ◆ tremplin *m.*

lease, quitrent ◆ crédit-bail *m.*

leather ◆ cuir *m.* ; peau *f.*

lecture room, lecture hall ◆ salle *f.* de conférences

ledge ◆ saillie *f.*

ledged battens door ◆ porte *f.* à claire-voie

ledged door → ***batten door***

ledger ◆ plaque *f.* tombale

leg *(of a chair, a table, etc.)* ◆ pied *m.* *(de chaise, table, armoire, etc.)*

legal responsibility ◆ responsabilité *f.* légale

length ◆ longueur *f.*

– **bond length, grip length** ◆ longueur d'adhérence *(d'armature)*

– **unsupported length** ◆ longueur libre

lengthening piece ◆ rallonge *f.*

lengthwise ◆ longitudinal (e) (*pl.* longitudinaux/-ales)

lentiform ◆ lenticulaire

leper's hospital ◆ léproserie *f.*

lesbian cyma → cyma

let go the colour (to) ◆ perdre sa couleur

letter box, mail box *(am.)* ◆ boîte *f.* à lettres

letter lock, combination lock ◆ serrure *f.* (*ou* cadenas *m.*) à combinaison

lettering pen ◆ plume *f.* à dessin

leucitic tuff ◆ tuf *m.* de construction

level ◆ niveau *m.* ; → ***position, circular spirit level, telescope level, water level***

– **air level** ◆ niveau à bulle d'air

– **noise level, loudness level** ◆ niveau de bruit

– **on a level** ◆ de plain-pied

– **on a level with** ◆ au niveau de

– **plumb level** ◆ niveau à plomb

– **sea level** ◆ niveau de la mer ; zéro *m.* normal

– **take the level, grade (to)** ◆ niveler ; égaliser

– **water level** ◆ niveau d'eau à flexible

level crossing, grade crossing *(am.)* ◆ passage *m.* à niveau

level light ◆ lumière *f.* rasante

level mark, datum line ◆ niveau zéro

level, horizontal ◆ horizontal (e) ; à niveau

level (to) ◆ 1. niveler ; aplanir ; araser ; 2. → ***straighten (to)***

leveller ◆ rouleau *m.* compresseur

levelling, leveling *(am.)* ◆ 1. altimétrie *f.* ; 2. arasement *m.* ; 3. nivellement *m.* ; → ***continuous levelling, precision levelling***

levelling, planing, smoothing ◆ dégauchissement *m.* (*ou* dégauchissage)

levelling coat ◆ enduit *m.* de ragréage

levelling concrete ◆ béton *m.* d'égalisation

levelling covering ◆ chape *f.* de nivellement

levelling to the ground ◆ rasement *m.*

levelling plan ◆ plan *m.* de nivellement

levelling staff, leveling rod *(am.)* ◆ mire *f.* de nivellement

lever ◆ levier *m.*

lever lock ◆ serrure *f.* à gorges ; → ***entrance door lock***

lever switch ◆ interrupteur *m.* à bascule (*ou* à bras de levier)

library ◆ bibliothèque *f.*

lierne, lierne rib ◆ lierne *f.*

lierne vault, stellar vault ◆ voûte *f.* en étoile

life size ◆ grandeur *f.* nature

lift, elevator *(am.)*, **passenger lift, passenger elevator** *(am.)* ◆ ascenseur *m.*

– **freight lift, goods lift** ◆ monte-charge *m.* (*pl.* monte-charges)

lift car, elevator car *(am.)* ◆ cabine *f.* d'ascenseur

lift pit ◆ cuvette *f.* d'ascenseur

lift shaft, lift well, hoistway *(am.)* ◆ cage *f.* d'ascenseur ; gaine *f.* d'ascenseur

lift-slab method ◆ procédé *m.* « lift-slab »

lift well → lift shaft

lifting ◆ levage *m.*

lifting device → hoisting apparatus

lifting power ◆ puissance *f.* (*ou* force *f.*) de levage

lifting-up ◆ élévation *f.*

light ◆ 1. lumière *n. f.* ; → ***artificial light, day (of a window)*** ; 2. léger (-ère) ; 3. clair (e) *(couleur)*

light bearer ◆ lampadaire *m.*

light cladding ◆ bardage *m.*

light cladding element ◆ élément *m.* de bardage

light colour ◆ couleur *f.* claire

light dimmer → dimmer

light fitting, light fixture, luminaire *(am.)* ◆ appareil *m.* d'éclairage ; luminaire *m.*

light intensity ◆ intensité *f.* lumineuse

light source ◆ source *f.* d'éclairage

lights (above stage) ◆ herse *f.* ; rampe *f.* d'éclairage

light tight ◆ étanche à la lumière

light well ◆ 1. courette *f.* ; 2. puits *m.* d'éclairage

lightening ◆ allègement *m.*

lighthouse ◆ phare *m.*

lighting ◆ éclairage *m.* ; → ***artificial lighting, direct lighting, indirect lighting***

lighting effects ◆ jeux *m. pl.* de lumière

lighting engineer ◆ ingénieur *m.* éclairagiste

lighting flux ◆ flux *m.* lumineux

lighting power ◆ pouvoir *m.* éclairant

lightning arrester ◆ parafoudre *m.*

lightning conductor, lightning rod *(am.)* ◆ paratonnerre *m.*

lightweight ◆ léger (-ère)

lightweight concrete ◆ béton *m.* léger

limb, graduated arch ◆ limbe *m.*

lime ◆ 1. chaux *f. inv.* ; 2. → ***linden, tilia wood***

– **burnt lime, quick lime** ◆ chaux vive (*ou* chaux caustique *ou* chaux non éteinte)

– **fat lime, white lime** ◆ chaux grasse

– **free lime** ◆ chaux libre

– **high-calcium lime** ◆ chaux pure

– **hydrated lime, slaked lime** ◆ chaux hydratée (*ou* chaux éteinte) ; chaux aérienne

– **hydraulic lime** ◆ chaux hydraulique

– **magnesium lime** ◆ chaux magnésienne

– ***quicklime*** → ***burnt lime***

– ***slaked lime*** → ***hydrated lime***

– ***white lime*** → ***fat lime***

lime bac(k) ◆ auge *f.* (*ou* bac *m.* à gâcher)

lime and cement mortar ◆ mortier *m.* bâtard

lime concrete ◆ béton *m.* de chaux

lime content ◆ teneur *f.* en chaux

lime kiln ◆ four *m.* à chaux (*ou* chaufour *m.*)

lime marl ◆ marne *f.* calcaire

lime mortar ◆ mortier *m.* de chaux

lime paste → ***lime putty***

lime pit ◆ 1. carrière *f.* de pierre à chaux ; 2. fosse *f.* à garder la chaux

lime powder, whiting ◆ chaux en poudre

lime proof ◆ résistant (e) à la chaux

lime putty, plasterer's putty ◆ pâte *f.* de chaux ; chaux en pâte

lime tree ◆ tilleul *m.*

limelight ◆ feux *m. pl.* de la rampe *(théâtre)*

limestone ◆ pierre *f.* à chaux (*ou* calcaire *m.* *ou* pierre calcaire) ; → ***chalky stone, white limestone***

limewash, milk of lime, whitewash ◆ blanc *m.* de chaux (*ou* badigeon *m.*) ; lait *m.* de chaux

limewater ◆ eau *f.* de chaux

limewhiting → ***whitewashing***

liming ◆ chaulage *m.*

limit ◆ limite *f.* ; borne *f.*

limit of load, safe load ◆ limite de charge

limit of lubricity, limit of viscosity ◆ limite de viscosité

limit of property → ***party fence***

limit of viscosity → ***limit of lubricity***

limiting ditch ◆ fossé *m.* de clôture (*ou* d'enceinte)

limonite ◆ limonite *f.*

linden, tilia wood ◆ tilleul *m.*

line ◆ 1. alignement *m.* ; 2. corde *f.* ; cordeau *m.* ; 3. ligne *f.* ; 4. rang *m.* ; 5. tracé *m.* ; trait *m.*

line of aim, line of collimation, line of sight ◆ ligne de mire

line of clear headroom ◆ ligne d'échappée

line of disjunction ◆ héberge *f.*

line of extrados ◆ ligne (*ou* profil) d'extrados

line of force ◆ ligne de force

line of intrados ◆ ligne (*ou* profil) d'intrados

line out, score (to) ◆ 1. tracer ; 2. copier ; transcrire

line of pressure ◆ ligne de poussée

line of sight → ***line of aim***

line of travel, walking line ◆ ligne de foulée

line of vault, linear vault ◆ ligne de voûte

line voltage ◆ tension *f.* du réseau

line (to) ◆ revêtir

line a room (to) ◆ lambrisser

linear ◆ linéaire

– **linear expansion** ◆ dilatation *f.* linéaire

– **coefficient of linear expansion** ◆ coefficient *m.* de dilatation linéaire

linear city ◆ cité *f.* linéaire

linen ◆ 1. lingerie *f.* ; 2. lin *m.*

– **linen cloth** ◆ toile *f.* de lin

linen fold ◆ serviette *f.* repliée ; parchemin *m.* replié

lining *(of masonry)* ◆ revêtement *m.*

lining of the ceiling ◆ revêtement *m.* de plafond

link *(of chain)* ◆ chaînon *m.* ; maillon *m.*

linoleum ◆ linoléum *m.*

linseed oil ◆ huile *f.* de lin

– **boiled-linseed oil** ◆ huile de lin cuite

– **raw-linseed oil** ◆ huile de lin crue

lintel ◆ 1. linteau *m.* ; 2. sommier *m.* ; → ***safety lintel***

liquid ◆ liquide *m.* ; → ***fluid***

liquidity ◆ liquidité *f.*

list, listel ◆ 1. listel *m.* (*ou* listeau *m.*) ; 2. liston *m.*

list of materials → bill of quantities

list-of-pearls, chaplet ◆ perle *f.* ; baguette *f.* à perle

listed (boards) → rectangular (timber)

litharge, lead monoxyde ◆ litharge *f.*

lithograph, lithography ◆ lithographie *f.*

lithographer ◆ lithographe *m.*

lithology ◆ lithologie *f.*

lithopone ◆ lithopone *m.*

litre *(1,76 pints)*, liter *(am.)* ◆ litre *m.*

litter tin ◆ poubelle *f.*

littoral ◆ littoral *n. m.* ; littoral (e) (*pl.* littoraux/-ales) *adj.*

live load, mobile charge → load

living room, dwelling room ◆ salle *f.* de séjour ; salle commune

load ◆ charge *f.*

- **additional load** ◆ surcharge *f.*
- **allowable load** ◆ charge admissible
- **axial load** ◆ charge axiale ; charge centrique
- **breaking load, fracture load** ◆ charge de rupture
- **changing load, variable load** ◆ charge variable (*ou* intermittente)
- **compound load** ◆ charge composée
- **concentrated load** ◆ charge concentrée
- **crippling load, buckling load** *(am.)* ◆ charge de flambement
- **dead and live loads** ◆ charges et surcharges de service
- **dead load** ◆ charge fixe (*ou* charge due au poids propre)
- **distributed load** ◆ charge répartie
- **dynamic load** ◆ charge dynamique
- **eccentric load** ◆ charge excentrée
- **excess load** ◆ surcharge *f.*
- ***fracture load → breaking load***
- **live load, mobile load, movable load** ◆ charge variable ; surcharge *f.* mobile
- **off-centre load** ◆ charge excentrique
- **own load, permanent load** ◆ charge permanente
- **permissible load** ◆ charge admissible
- **point load** ◆ charge ponctuelle
- **safe load** ◆ charge de sécurité
- **single-point load** ◆ charge élémentaire ; charge isolée
- **snow load** ◆ surcharge de neige
- **static load** ◆ charge statique
- **surface load** ◆ charge superficielle
- **ultimate load** ◆ charge limite ; charge à la rupture
- **uniform load, uniformly distributed load** ◆ charge uniformément répartie
- ***variable load → changing load***
- **wind load** ◆ surcharge de vent

load bearing ◆ porteur (-euse)

load-bearing capacity ◆ portance *f.*

load-bearing wall ◆ mur *m.* portant

load diagram, load curve ◆ ligne *f.* de charge

load distribution ◆ répartition *f.* de charge

load test ◆ essai *m.* de charge

loaded ◆ chargé (e)

loader ◆ 1. chargeur *m.* ; 2. chargeuse *f.*

loading ◆ chargement *m.*

loam ◆ 1. torchis *m.* ; 2. terre *f.* glaise (*ou* argileuse *ou* grasse)

loam mortar ◆ mortier *m.* de terre

loamy sand ◆ sable *m.* argileux

loamy sandstone ◆ grès *m.* glaiseux ; grès argileux

lobate, lobed ◆ lobé (e)

lobby, entrance hall ◆ hall *m.* d'entrée *(hôtel, théâtre, bureaux)*

lobed → lobate

lobed arch → cusped arch → arch

local ◆ local (e) (*pl.* locaux/-ales)

local authority ◆ commune *f.*

local authority's building control office ◆ service *m.* municipal de contrôle de la construction

local colour ◆ couleur *f.* locale

locality ◆ lieu-dit *m.* (*ou* lieudit)

location plan ◆ plan *m.* de situation

lock ◆ 1. écluse *f.* ; 2. serrure *f.*

- **antipanic lock** ◆ serrure antipanique
- **cylinder lock** ◆ serrure à barillet (*ou* à cylindre)
- **dead lock** ◆ serrure à pêne dormant
- **double-turn lock** ◆ serrure à double tour
- **encased lock** ◆ serrure lardée (*ou* enlardée)
- **mortise lock, let-in lock** ◆ serrure à mortaiser (*ou* à larder)
- **one-turn lock** ◆ serrure à simple tour
- **padlock** ◆ cadenas *m.*

lock bolt ◆ pêne *m.*

lock nut, check nut ◆ contre-écrou *m.*

lock rail, rail ◆ traverse *f.* ; traverse intermédiaire

lock saw* → *compass saw

lock for a sliding door ◆ serrure *f.* pour portes coulissantes (*ou* glissantes)

locksmith ◆ serrurier *m.*

locksmith's work ◆ serrurerie *f.*

lodge ◆ 1. loge *f.* ; 2. pavillon *m. (de chasse, etc.)*

lodge (porter's -, gardener's -) ◆ loge *f.*

lodge (to) ◆ loger

lodger ◆ locataire *m.* et *f.*

lodging ◆ 1. logement *m.* ; 2. appartement *m.* meublé ; meublé *m.*

lodging house ◆ pension *f.*

loft ◆ 1. grenier *m.* ; soupente *f.* → ***garret*** ; 2. galerie *f.* ; tribune *f.* ; 3. pigeonnier *m.* ; colombier *m.* ; 4. → ***attic***

loft floor, garret floor ◆ étage *m.* des combles

loft joist* → *garret beam

loft ladder, garret staircase ◆ escalier *m.* de grenier

log ◆ rondin *m.* ; tronc *m.* d'arbre

log cabin, log hut ◆ cabane *f.* de bois massif ; hutte *f.* de troncs d'arbre

log construction ◆ construction *f.* en bois massif

log frame ◆ scie *f.* mécanique

loggia ◆ loggia *f.*

long ◆ long (-gue)

long column ◆ poteau *m.* élancé

long cut wood* → *grain wood

long plane ◆ varlope *f.*

longitudinal ◆ longitudinal (e) (*pl.* longitudinaux/-ales)

longitudinal girder ◆ longeron *m.*

longitudinal reinforcement ◆ armature *f.* longitudinale

longitudinal section ◆ coupe *f.* longitudinale

look-out turret ◆ guérite *f.*

looking glass, mirror ◆ miroir *m.* ; glace *f.*

loop ◆ tenon *m.*

loop hole ◆ meurtrière *f.* ; créneau *m.* ; arbalétrière *f.*

loop holed ◆ crénelé (e) ; à meurtrière

lot *(am.)* ◆ terrain *m.* à bâtir ; parcelle *f.*

lotiform ◆ lotiforme (*ou* en forme de lotus)

loudness level, noise level ◆ niveau *m.* de bruit

loud speaker ◆ haut-parleur *m.*

lounge ◆ 1. hall *(hôtel)* ; 2. petit salon *m.* ; 3. sofa *m.* ; 4. foyer *(théâtre)*

lounging chair, chaise-longue ◆ chaise *f.* longue

louver, louvre ◆ persienne *f.*

louvre board ◆ ventelle *f.*

louver boarding, louvre boarding ◆ abat-son *m.* (*pl.* abat-sons)

low ◆ bas (basse)

low construction *(1 or 2 stor(e)ys)* ◆ construction *f.* de faible hauteur

low relief, bas-relief ◆ bas-relief *m.* (*pl.* bas-reliefs)

low tension plant ◆ installation *f.* basse tension

low voltage ◆ basse tension *f.*

low wall, dwarf wall ◆ muret *m.* (*ou* murette *f.*)

low water, low tide ◆ marée *f.* descendante ; reflux *m.* ; marée *f.* basse

lower ◆ inférieur (e)

lower bed ◆ lit *m.* de pose

lower chord, bottom chord ◆ membrure *f.* inférieure

lower torus ◆ toron *m.*

lowered point arch, drop Gothic arch ◆ ogive *f.* surbaissée

lozenge ◆ losange *m.*

lozenge fret* → *diamond fret

lozenged, lozenge-shaped ◆ en losange

lucarne ◆ lucarne *f.* ; → ***dormer window***

lug ◆ patte *f.*

lumber ◆ 1. fatras *m.* ; 2. vieux meubles *m. pl.*

lumber *(am.)*, **timber** ◆ bois *m.* de charpente

lumber room ◆ débarras *m.*

lumen *(L)* ◆ lumen *m. (lm)*

luminance ◆ luminance *f.* *(cd/m²)*

luminescence ◆ luminescence *f.*

luminescent, luminous ◆ luminescent (e) ; lumineux (-euse)

luminous effect ◆ effet *m.* lumineux

luminosity ◆ luminosité *f.* (*ou* luminance apparente)

lump sum ◆ montant *m.* forfaitaire

lump-sum contract ◆ marché *m.* (*ou* contrat) à forfait

lunar ◆ lunaire ; en forme de lune

lunate ◆ en demi-lune

lunette ◆ lunette *f.* *(d'une voûte)*

lustre, luster *(am.)* ◆ lustre *m.*

lux *(lx)* ◆ lux *m.* *(lm/m²)*

M

macadam ◆ macadam *m.*

macadamization ◆ macadamisage *m.*

macadamize (to) ◆ macadamiser

machicolation ◆ mâchicoulis *m.*

machine ◆ machine *f.*

machining ◆ usinage *m.*

magnesia ◆ magnésie *f.*

magnesite flooring ◆ dalle *f.* de magnésite

magnesium ◆ magnésium *m.*

magnesium lime → lime

magnet ◆ aimant *m.*

magnetite ◆ magnétite *f.*

magnifier → reading glass (or magnifying glass)

mahogany ◆ 1. acajou *m.* ; bois *m.* d'acajou ; 2. en acajou

mail box *(am.)*, **letter box** ◆ boîte *f.* à lettres

main arch of a vault ◆ arc *m.* doubleau

main beam ◆ poutre *f.* maîtresse

main building, principal building ◆ corps *m.* de bâtiment ; édifice *m.* principal

main door, entrance door ◆ porte *f.* d'accès principale

main drainage ◆ tout-à-l'égout *m. inv.*

main quadrangle ◆ cour *f.* d'honneur

main road ◆ route *f.* principale

mains ◆ secteur *m. (électricité)*

main sewer ◆ égout *m.* collecteur

main street ◆ rue *f.* principale (*ou* grand-rue *f.*)

main wall ◆ mur portant *m.* (*ou* gros mur *m.*)

maintenance, upkeep ◆ maintenance *f.* ; entretien *m.*

maintenance costs ◆ frais *m. pl.* d'entretien

mainwork ◆ œuvre *f.*

maison(n)ette, duplex apartment *(am.)* ◆ appartement *m.* en duplex

majolica ◆ majolique (*ou* maïolique *f.*)

majolica tile ◆ carreau *m.* en majolique

major calory ◆ kilocalorie *f. (kcal)*

make again (to) ◆ refaçonner

make good (to) ◆ retoucher

make mud walling (to) ◆ bousiller

make rustic *(masonry, etc.)* (to) ◆ rustiquer

make rusty (to) ◆ rouiller

making good, repairing *(rendering or plastering)* ◆ reprise *f.* ; raccord *m. (d'enduit)*

mall ◆ 1. mail *m.* ; 2. → ***paving beetle***

malleability ◆ malléabilité *f.*

malleable, forgeable ◆ malléable ; forgeable

malleable steel, forge steel ◆ acier *m.* malléable

mallet ◆ maillet *m.*

mandrel ◆ mandrin *m.*

manganese ◆ manganèse *m.*

manger, crib ◆ mangeoire *f.* ; crèche *f.* ; → ***rack***

manhole ◆ regard *m.* ; bouche *f.* d'égout ; trou *m.* d'homme

manhole cover ◆ tampon *m. (d'égout)*

man hours *pl.* ◆ heures *f. pl.* de travail *(par homme)*

mannerism ◆ maniérisme *m.*

mannerist ◆ maniériste

manoeuvre, maneuver *(am.)* ◆ manœuvre *m.*

manometer ◆ manomètre *m.*

manor house ◆ manoir *m.*

man power ◆ main-d'œuvre *f.* (*pl.* mains-d'œuvre)

mansard ◆ mansarde *f.*

mansard roof ◆ toit *m.* mansardé ; comble *m.* brisé ; comble à la Mansart

mansard window ◆ fenêtre *f.* mansardée

manse → presbytery

mansion ◆ hôtel particulier *(en ville)*

mansion, mansion house ◆ château *m.*

mansions ◆ immeuble *m.* de rapport (*ou* maison *f.* divisée en appartements)

mantel, mantelpiece ◆ manteau *m.* de cheminée

mantel base ◆ soubassement *m.*

mantel shelf ◆ tablette *f.* de cheminée

mantle ◆ manchon *m.*

manufactured sand ◆ sable *m.* de concassage (*ou* sable de broyage)

manuscript ◆ manuscrit *m.*

many coloured ◆ multicolore

map ◆ carte *f.*

– **contour map** ◆ plan *m.* topographique

– **town map** ◆ plan *m.* de ville

maple ◆ érable *m.*

mapping ◆ cartographie *f.*

marble ◆ marbre *m.*

  marble cutting ◆ marbrerie *f.*

  marble facing ◆ revêtement *m.* en marbre

  marble floor ◆ sol *m.* en marbre

  marble glass ◆ verre *m.* marbré

  marble gravel ◆ gravillon *m.* de marbre

  marble-like stone ◆ pierre *f.* marbrière

  marble mason ◆ marbrier *m.*

  marble moulding ◆ moulure *f.* en marbre

  marble quarry ◆ carrière *f.* de marbre (*ou* marbrière *f.*)

  marble revetment *(wall)* ◆ revêtement *m.* en marbre

  marble sculpture ◆ sculpture *f.* en marbre

  marble works ◆ marbrerie *f.*

marble (to) ◆ marbrer

marbled ◆ marbré (e)

  marbled paper ◆ papier *m.* marbré

marbling, marbleizing *(am.)* ◆ 1. marbrure *f.* ; 2. faux marbre *m.*

margin ◆ encadrement *m.*

marine sand, sea sand ◆ sable *m.* de mer

maritime pine ◆ pin *m.* maritime

mark, insignia *pl.* ◆ insigne *m.* ; marque *f.*

mark, sign, brand ◆ marque *f.*

– **identification mark** ◆ référence *(d'un produit)*

mark the dimensions (to) ◆ coter

mark out (to) ◆ cingler ; battre la ligne ; tringler

marker ◆ pointeur *m.* (*ou* pointeau *m.*)

market ◆ marché *m.*

  market hall ◆ halle *f.* ; marché *m.* couvert

  market place, market square ◆ 1. marché *m.* ; 2. place *f.* du marché

marking gauge, mortise gauge ◆ trusquin *m.*

marking line ◆ cordeau *m.*

marl ◆ marne *f.*

marly soil → earthy marl

marmorean ◆ marmoréen (-enne)

maroon ◆ marron

marquee ◆ marquise *f.*

marquetry ◆ marqueterie *f.*

marsh, swamp, bog ◆ marais *m.* ; marécage *m.* ; sol *m.* marécageux

marsh gas ◆ méthane *m.* ; gaz *m.* des marais

marshy ◆ marécageux (-euse)

mart ◆ 1. marché *m.* ; 2. salle *f.* des ventes

martyrium ◆ martyrium *m.*

marvel ◆ merveille *f.*

mascaron ◆ mascaron *m.*

mask ◆ masque *m.*

mason → bricklayer

  mason's chisel ◆ riflard *m.* de maçon

  mason's chisel, point ◆ ciseau *m.* de maçon

  mason's float → float

  mason's hod, bricklayer's hod → *hod*

  mason's line, walling thread ◆ cordeau *m.* (*ou* fil *m.* de maçon)

  mason's man → helper

  mason's mark ◆ signe *m.* lapidaire

  mason's scaffold, trestle scaffold, working platform ◆ échafaudage *m.* *(souvent intérieur)*

mason (to) → lay bricks (to)

masonry, brickwork, stonework ◆ maçonnerie *f.*

  masonry anchor ◆ patte *f.* à scellement

  masonry bond, bond of brickwork, stonework ◆ appareil *m.* de maçonnerie

  masonry nail ◆ clou *m.* « spit »

  masonry sand ◆ sable *m.* de construction

  masonry wall ◆ mur *m.* maçonné

mason up (to) ◆ maçonner

mass ◆ masse *f.*

  mass of broken (*or* small) stones ◆ pierraille *f.*

  mass production ◆ fabrication *f.* en série

massicot ◆ massicot *m.*

massive ◆ massif (-ive)

mast ◆ mât *m.* ; poteau *m.*

mastaba ◆ pyramide *f.* à gradins

master, principal, employer, boss *(am.)* ◆ employeur *m.*

master key ◆ passe *m.* ; passe-partout *m. inv.*

master plan ◆ plan *m.* directeur

master of works → ***clerk of works***

masterpiece, chef-d'œuvre ◆ chef-d'œuvre *m.* (*pl.* chefs-d'œuvre)

mastic ◆ 1. mastic *m.* ; 2. lut *m.* ; → ***asphaltic mastic, cement mastic, tar mastic***

mastic asphalt ◆ mastic *m.* bitumineux

mat, matt ◆ mat (e)

mat, matting ***(of straw)*** ◆ natte *f.*

match plane, plough ◆ bouvet *m.* à rainures (*ou* rabot *m.* à rainures)

matched ◆ bouveté (e) ; à rainure et languette

material ◆ 1. matériau *m.* (*pl.* matériaux) ; 2. matière *f.*

– **primordial material, primordial substance** ◆ matière *f.* première ; constituant *m.* ; → ***building material(s)***

materials ◆ matériaux *m. (de construction)*

material-testing laboratory ◆ laboratoire *m.* d'essai ; station *f.*

matter ◆ corps *m.*

matting → ***mat***

mattock ◆ pioche *f.* ; → ***flat mattock***

mattress ◆ matelas *m.*

maul → ***paving beetle***

mausoleum ◆ mausolée *m.*

maximum construction height ◆ gabarit *m.* ; hauteur *f.* maximale de construction

maximum load → ***breaking load***

maximum moment ◆ moment *m.* maximal

maze ◆ labyrinthe *m.* ; dédale *m.*

mazy ◆ labyrinthique

meadow ◆ pré *m.* ; prairie *f.*

meander ◆ méandre *m.*

meandering ◆ onduleux (-euse) ; sinueux (-euse)

measure ◆ mesure *f.*

measure (to) ◆ arpenter ; métrer ; mesurer ; toiser

measure out to out (to) ◆ mesurer hors œuvre

measured drawing ◆ relevé *m.*

measurement, measuring ◆ mesurage *m.* ; mesure *f.*

measurement ***(in metres)*** ◆ métrage *m.*

measuring ◆ arpentage *m.* ; → ***measurement***

measuring chain ◆ chaîne *f.* d'arpenteur

measuring tape, tape measure ◆ mètre-ruban *m.* (*ou* roulette *f.*)

mechanic, mechanical ◆ mécanique *adj.*

mechanical engineer → ***engineer***

mechanical engineering → ***engineering***

mechanical trowel ◆ talocheuse *f.*

mechanical ventilation ◆ ventilation *f.* mécanique contrôlée (V.M.C.)

mechanics ◆ mécanique *f.*

mechanization ◆ mécanisation *f.*

medallion ◆ médaillon *m.*

medieval, mediaeval ◆ médiéval (e) ; du Moyen Âge

medieval style ◆ style *m.* médiéval

medusa head, gorgoneion ◆ tête *f.* de méduse

meerschaum ◆ écume *f.* de mer

megalith ◆ mégalithe *m.*

megalithic ◆ mégalithique

melamine faced ◆ mélaminé (e)

melamine-faced board ◆ panneau *m.* mélaminé

melting furnace ◆ fourneau *m.* de fusion (*ou* de fonte)

melting pot ◆ creuset *m.*

melting point ◆ point *m.* de fusion

member ◆ membre *m.*

membrane ◆ membrane *f.*

memorial ◆ monument *m.* commémoratif

mending plate ◆ éclisse *f.*

menhir ◆ menhir *m.*

meranti ◆ méranti *m.*

merlon ◆ merlon *m.*

mesh ◆ maille *f.*

mesh wire ◆ treillis *m.* soudé

mesh work ◆ treillis *m.*

mesolithic ◆ mésolithique

metal ◆ métal *m.* (*pl.* métaux)

– **expanded metal** ◆ métal déployé

metal gauze, lath ◆ toile *f.* métallique ; treillis *m.* métallique

metal girder ◆ poutre *f.*

metal millwork ◆ menuiserie *f.* métallique

metal screw ◆ vis *f.* à métaux

metal work ◆ serrurerie *f.*

metal worker ◆ serrurier *m.*

metallic ◆ métallique

metallography ◆ métallographie *f.*

metalloid ◆ métalloïde *m.*

metallurgic cement → ***cement***

metatome ◆ métoche *f.* (*ou* métatome *m.*)

meter ◆ compteur *m.*

meter → ***electricity meter, gas meter, inclination meter***

methane ◆ méthane *m.*

method ◆ méthode *f.*

method for turning the steps ◆ méthode *f.* de balancement des marches

metope ◆ métope *f.*

metre, meter *(am.)* ◆ mètre *m.*

metric ◆ métrique

metric system ◆ système *m.* métrique

metropolis ◆ métropole *f.*

metropolitan ◆ métropolitain (e)

mews ◆ écuries *f. pl.*

mezzanine ◆ entresol *m.*

mezzanine floor, half-story ◆ mezzanine *f.*

mezzanine room ◆ chambre *f.* en mezzanine

mezzo-relievo ◆ demi-relief *m.*

mica ◆ mica *m.*

mica paint ◆ peinture *f.* au mica

mica schist ◆ micaschiste *m.*

microlith ◆ microlithe *m.*

micrometer ◆ micromètre *m.*

micron ◆ micron *m.*

microporous ◆ micro-poreux (-euse)

middle ◆ milieu *m.*

Middle Ages ◆ Moyen Âge *m.*

migration ◆ 1. émigration *f.* ; 2. migration *f.*

mild steel ◆ acier *m.* doux

mile, English mile *(1609,33 m)* ◆ mille *m. (1609,33 m)*

mile pole, mile stone ◆ borne *f.* kilométrique

milk glass ◆ opaline *f.* (*ou* verre *m.* blanc laiteux)

milk of lime → ***limewash***

mill ◆ moulin *m.*

– **rolling mill** ◆ laminoir *m.*

mill run ◆ tout-venant *m. inv.*

millboard ◆ carton-pâte *m.* ; carton *m.* fort

milled lead → ***lead sheet***

millimetre ◆ millimètre *m. (mm)*

millimetre paper, plotting paper ◆ papier *m.* millimétré

milling cutter ◆ fraise *f.*

milling machine ◆ machine *f.* à fraiser

millstone grit ◆ meulière *f.*

minaret ◆ minaret *m.*

mine ◆ mine *f.*

mineral ◆ 1. minéral *n. m.* ou *adj.* ; 2. minerai *m.*

mineral fibre ◆ fibre *f.* minérale

mineral oil ◆ huile *f.* minérale

mineral trass ◆ trass *m.* minéral

mineral wool ◆ laine *f.* minérale

miniature ◆ miniature *f.*

miniature painter, miniaturist ◆ miniaturiste *m.*

minium ◆ minium *m.*

Minoan ◆ minoen (-enne)

Minoan architecture ◆ architecture *f.* minoenne

Minoan art ◆ art *m.* minoen

minster ◆ église *f.* abbatiale ; cathédrale *f.*

mint, mint building ◆ hôtel *m.* des Monnaies

mire, mud, sludge, silt ◆ vase *f.* ; boue *f.* ; bourbe *f.* ; limon *m.*

mirror, looking glass ◆ miroir *m.* ; glace *f.*

mirror glass, patent plate *(glass)*, cast plate ◆ glace *f.* ; verre *m.* à miroir

mirror square, optical square ◆ prisme *m.* ; équerre *f.* optique (*ou* équerre à prisme)

mirror of a vault ◆ miroir *m.* d'une voûte

mirror vault → ***vault***

mirror wardrobe ◆ armoire *f.* à glace

miser → ***earth borer***

misericorde → ***subsellium***

misproportion (to) ◆ mal proportionner

mission tile *(am.)*, **Spanish tile** ◆ tuile *f.* canal

mitre, bevel, miter *(am.)* ◆ onglet *m.*

mitre arch → ***arch***

mitre box ◆ boîte *f.* à onglets ; boîte à coupes

mitre joint ◆ assemblage à onglet (*ou* en onglet)

mitre saw → ***saw***

mitre (to) ◆ assembler (*ou* tailler) à (*ou* en) onglet

mitred ◆ orné (e) d'une mitre ; en onglet

mix (to) ◆ gâcher du mortier ; malaxer ; mélanger la peinture

mix design ◆ dosage *m.* *(du béton)*

mixer ◆ malaxeur *m.* ; bétonnière *f.* ; → ***concrete mixer, concrete mixer with rotating drum***

mixer tap, mixing faucet *(am.)* ◆ robinet *m.* mélangeur

mixing ◆ gâchage *m.* ; malaxage *m.*

mixing valve ◆ robinet *m.* mitigeur

mixing water ◆ eau *f.* de gâchage

mixture ◆ mélange *m.* ; → ***compound***

moat ◆ douve *f.*

moat (to) ◆ entourer d'un fossé (*ou* de fossés)

mobile ◆ mobile

mobile charge, movable load → ***live load*** → ***load***

mode ◆ mode *m.*

model ◆ 1. maquette *f.* ; 2. modèle *m.*

model, mould (to) ◆ modeler

modelling ◆ modelage *m.*

modern ◆ moderne

modern architecture ◆ architecture *f.* moderne

modern art ◆ art *m.* moderne

modern style ◆ style *m.* moderne ; Art nouveau *m.*

modernism ◆ modernisme *m.*

modernist ◆ moderniste

modernize (to) ◆ moderniser

modillion ◆ modillon *m.*

modular ◆ modulaire

modular coordination ◆ coordination *f.* modulaire

modular dimension ◆ dimension *f.* modulaire

modular grid ◆ quadrillage *m.* modulaire

module ◆ module *m.*

– **basic module** ◆ module de base

Modulor ◆ Modulor *m.* *(Le Corbusier)*

modulus ◆ module *m.*

– **Young's modulus** ◆ module de young

modulus of elasticity, coefficient of elasticity, elasticity module (E) ◆ module d'élasticité ; coefficient *m.* d'élasticité

modulus of rupture ◆ module de rupture

Mohs' scale of hardness ◆ échelle *f.* de dureté

moiré ◆ moiré (e)

moisture ◆ humidité *f.*

moisture barrier ◆ pare-vapeur *m. inv.* ; barrière *f.* d'étanchéité

moisture content ◆ teneur *f.* en humidité ; coefficient *m.* d'humidité

moisture proof ◆ hydrofuge

molasse ◆ molasse *f.*

mold *(am.)* → ***mould***

molding *(am.)* → ***moulding***

mole, jetty ◆ jetée *f.* ; môle *m.*

molecule ◆ molécule *f.*

molybdenum ◆ molybdène *m.*

moment ◆ moment *m.*

– **bending moment** ◆ moment fléchissant

– **hogging bending moment, negative bending moment** *(am.)* ◆ moment fléchissant négatif

– **sagging moment** ◆ moment fléchissant positif

– **ultimate moment** ◆ moment de rupture

moment at fixed ends ◆ moment d'encastrement

moment equation ◆ équation *f.* des moments

moment of inertia (I) ◆ moment d'inertie

moment line ◆ ligne *f.* des moments

moment of resistance (R) ◆ moment de résistance

monastery ◆ monastère *m.* ; → ***convent***

monastic ◆ monastique

monitor roof ◆ comble *m.* à lanterneau

monkey, rammer, drop hammer ◆ mouton *m.*

monkey bolt ◆ verrou *m.* à bascule

monkey wrench ◆ clé *f.* anglaise

monochromatic, monochrome ◆ monochrome

monochromy ◆ monochromie *f.*

monogram ◆ monogramme *m.*

monolith ◆ monolithe *n. m.* ; monolithique *adj.*

monolithic ◆ monolithe *adj.*

monolithic shaft ◆ colonne *f.* monolithique

monomer ◆ monomère *n. m.* ou *adj.*

monopitch(ed) roof → ***pent roof***

monopteral ◆ monoptère *adj.*

monopteron ◆ monoptère *m.*

monorail ◆ monorail *m.*

monostyle ◆ monostyle *m.*

monotonous ◆ monotone

monument ◆ monument *m.*

monumental ◆ monumental (e) (*pl.* monumentaux/-ales)

mooring bollard, mooring post ◆ poteau *m.* d'amarrage

mooring ring ◆ anneau *m.* d'amarrage

mooring rope, guy ◆ tirant *m.* d'ancrage

Moorish, Moresque ◆ mauresque (*ou* moresque)

Moorish arch, horseshoe arch → ***arch***

morgue ◆ morgue *f.*

Morocco leather ◆ maroquin *m.*

Morocco leather manufacture ◆ maroquinerie *f.*

mortar ◆ mortier *m.*

– **cement mortar** ◆ mortier de ciment

– **clay and straw mortar** ◆ bauge *f.*

– **fat mortar** ◆ mortier gras

– **lean mortar** ◆ mortier maigre

– **lime and cement mortar** ◆ mortier bâtard

– **lime mortar** ◆ mortier de chaux

– **refractory mortar** ◆ mortier réfractaire

– **reinforced mortar** ◆ mortier armé

– **sand mortar** ◆ béton de sable

mortar board, hawk ◆ taloche *f.*

mortar mill ◆ malaxeur *m.* de mortier

mortar mix, batch ◆ mortier *m.*

mortar mixing ◆ gâchage *m.* (*ou* malaxage *m.*) du mortier

mortar pump ◆ pompe *f.* à mortier

mortar tub ◆ auge *f.* ; gamatte *f.*

mortgage ◆ hypothèque *f.*

mortise, mortice *(am.)* ◆ mortaise *f.*

– **blind mortise, stopped mortise, stub mortise** ◆ mortaise *f.* aveugle (*ou* mortaise borgne)

– **open mortise, slip mortise, slot mortise** ◆ enfourchement *m.*

mortise chisel ◆ bec-d'âne *m.* (*ou* bédane *m.*)

mortise for a dowel ◆ trou *m.* de scellement

mortise gauge → ***marking gauge***

mortise joint → ***mortise and tenon joint***

mortise lock, let-in lock ◆ serrure *f.* à mortaiser (*ou* serrure enlardée *ou* serrure encastrée)

mortise and tenon ◆ mortaise et tenon

mortise and tenon joint ◆ assemblage *m.* à tenon et mortaise

mortising machine ◆ mortaiseuse *f.*

mosaic ◆ mosaïque *f.*

mosaic floor ◆ sol *m.* en mosaïque

mosaic painter ◆ peintre *m.* mosaïste

mosaic tile ◆ 1. carreau *m.* de mosaïque ; 2. carrelage *m.* en mosaïque

mosaic work ◆ travail *m.* de mosaïque

Moslem architecture → ***Muslim architecture, Islamic architecture***

mosque ◆ mosquée *f.*

mosquito net ◆ moustiquaire *f.*

motel ◆ motel *m.*

mother-of-pearl, nacre ◆ nacre *f.*

motif ◆ motif *m.*

motor pump ◆ motopompe *f.*

motorway ◆ autoroute *f.*

mottled paper ◆ papier *m.* marbré

mould ◆ moisissure *f.* ; moisi *m.*

mould, mold *(am.)* ◆ 1. moule *m.* ; 2. surmoulage *m.*

– **waste mould** ◆ moule *m.* perdu

mould removal ◆ démoulage *m.*

mould, mold *(am.)*, **form (to)** ◆ mouler ; façonner ; former

mould, model (to) ◆ modeler

moulded ◆ moulé (e) ; → ***sectioned***

moulded brick, green brick ◆ brique *f.* crue (*ou* moulée)

moulded formpiece, moulded article ◆ pièce *f.* moulée

moulding, molding *(am.)* ◆ moulure *f.*

– **band moulding** ◆ bandeau *m.*

– **base moulding** ◆ moulure de socle

– **bead moulding** ◆ chapelet *m.* (*ou* patenôtre *f.*) *(ornement)*

– **cable moulding** ◆ torsade *f.*

– **cover moulding** ◆ couvre-joint *m.*

– **crown moulding** ◆ moulure droite creuse

– **fillet moulding** ◆ baguette *f.*

– **grooved moulding** ◆ moulure *f.* à gorge

– **half-round moulding** ◆ baguette *f.* demi-ronde

– **head moulding** ◆ larmier *m.*

– **plain moulding** ◆ bandeau *m.*

– **plaster moulding** ◆ moulage *m.*

– **proportions and profile of a moulding** ◆ modénature *f.*

– **rectilinear moulding** ◆ moulure plate

– **roll moulding, torus** ◆ boudin *m.* ; tore *m.*

– **rope moulding** ◆ cordelière *f.*

moulding clay, pug ◆ argile *f.* à modeler ; terre *f.* à modeler

moulding gypsum, moulding plaster ◆ plâtre *m.* à mouler

moulding press ◆ machine *f.* (*ou* presse *f.*) à mouler

moulding sand ◆ sable *m.* de moulage (*ou* de fonderie)

mouldy ◆ moisi (e)

mound ◆ remparts *m. pl.*

mound of earth ◆ tas *m.* de terre

mound (to) ◆ fortifier par un rempart

mount ◆ mont *m.*

mounter ◆ monteur *m.* (-euse)

mounting, assembling ◆ montage *m.*

mouse ◆ contrepoids *m. (de fenêtre à guillotine)*

mouth of the furnace ◆ bouche *f.* de fourneau

movable ◆ mobile

movable bridge ◆ pont *m.* mobile

movable load, mobile charge → live load → load

movable partition ◆ cloison *f.* démontable

movable sash ◆ ouvrant *m.*

movable scaffold ◆ échafaudage *m.* mobile

movables *pl.* ◆ biens *m. pl.* meubles

moving band ◆ tapis *m.* roulant ; trottoir *m.* roulant

moving stairs ◆ escalier *m.* mécanique

mud → mire

mud cart ◆ tombereau *m.*

mud wall ◆ 1. mur *m.* de torchis ; 2. bousillage *m.*

mud walling ◆ bousillage *m.*

Mudejar architecture ◆ mudéjare (architecture -)

Mudejar art ◆ mudéjar (art -)

muff ◆ manchon *m.*

muffle ◆ moufle *m.*

mulching ◆ paillage *m.*

mull ◆ gâchis *m.*

mullion, muntin *(am.)* ◆ meneau *m.*

mullioned ◆ à meneau

mullioned window ◆ fenêtre *f.* à meneaux

multangular, multiangular ◆ polygonal (e) (*pl.* polygonaux/-ales)

multi-ply roof ◆ toiture *f.* multicouche

multicoloured ◆ multicolore

multifoil arch → arch

multilayer ◆ multicouche

multilobate ◆ polylobé (e)

multiphase ◆ polyphasé (e)

multipurpose ◆ polyvalent (e)

multistorey ◆ à plusieurs étages

multistorey car-park ◆ parc *m.* de stationnement à étages

municipal ◆ municipal (e) (*pl.* municipaux/-ales)

municipal law ◆ règlement *m.* municipal

municipal works, works of the local authorities ◆ travaux *m. pl.* communaux

municipality ◆ municipalité *f.*

muniment room ◆ archives *f. pl.*

muntin *(am.)* **→ *mullion***

mural ◆ mural (e) (*pl.* muraux/-ales)

museum ◆ musée *m.*

mushrabeyeh ◆ moucharabieh *m.*

mushroom floor ◆ plancher-champignon *m.*

music-hall ◆ music-hall *m.*

music lectern (stand *or* desk) ◆ lutrin *m.*

music room ◆ salle *f.* de musique (*ou* de concert)

Muslim architecture ◆ architecture *f.* musulmane

mutule ◆ mutule *f.*

myth ◆ mythe *m.*

mythologic, mythological ◆ mythologique

mythology ◆ mythologie *f.*

N

nacre → ***mother-of-pearl***

nacreous ◆ nacré (e)

nail, spike ◆ clou *m.* ; pointe *f.*

nail extractor ◆ arrache-clou *m.* (*pl.* arrache-clous)

nail head ◆ 1. tête *f.* de clou ; 2. pointe *f.* de diamant

nail hole ◆ trou *m.* de cheville

nail inclined (to) ◆ clouer en oblique

nail joint, nailed joint ◆ assemblage *m.* cloué

nail punch ◆ chasse-clou *m.* (*pl.* chasse-clous)

nail, fix with nails (to) ◆ clouer

nailed ◆ cloué (e)

nailing, nail work ◆ clouage *m.*

– **blind nailing, concealed nailing, secret nailing** ◆ clouage *m.* caché ; clouage à tête perdue

naos ◆ naos *m.*

narthex ◆ narthex *m.*

national highway, trunk road ◆ route *f.* nationale

national planning ◆ planification *f.* nationale

native copper ◆ cuivre *m.* vierge

natural bed *(of a stone)* ◆ lit *m.* *(de carrière)*

natural stone ◆ pierre *f.* de carrière

nature of grain, grain dimension, grain size ◆ grosseur *f.* du grain

nave ◆ nef *f.*

– **chief nave** ◆ nef centrale

nave crossing ◆ carré *m.* de transept

nave, hub ◆ moyeu *m.*

neap tide → ***dead water***

neat cement → ***cement grout***

necropolis ◆ nécropole *f.*

needle scaffold ◆ échafaudage *m.* à bascule

needle test of Vicat ◆ essai *m.* à l'aiguille de Vicat

negative form, scribing templet, reverse mould ◆ moule *m.* en creux

neighborhood *(am.)*, **district** ◆ quartier *m.*

neighbourhood ◆ 1. environs *m. pl.* ; 2. voisinage *m.*

neighbourhood unit ◆ unité *f.* de voisinage

neo-classical ◆ néo-classique

neo-classicism ◆ néo-classicisme *m.*

neo-Gothic → ***Gothic revival***

neo-plasticism ◆ néo-plasticisme *m.*

neolithic (period) ◆ néolithique (période -)

neon ◆ néon *m.*

neon lamp ◆ lampe *f.* au néon

neon light ◆ éclairage *m.* au néon

Neoprene ◆ Néoprène *m.*

nerve, nervure ◆ nervure *f.*

net ◆ 1. tulle *m.* ; 2. filet *m.* ; 3. treillis *m.*

net cost ◆ prix *m.* de revient

net-floor area ◆ surface *f.* nette d'étage

netting, wire netting ◆ grillage *m.*

network ◆ lacis *m.*

network, netting ◆ réseau *m.* (*pl.* réseaux)

network of lead ◆ résille *f.*

network of pipes ◆ réseau de tuyaux ; tuyauterie *f.*

network of roads → ***road system***

neutral axis, neutral line, zero line (N.A.) ◆ axe *m.* neutre ; fibre *f.* neutre

newel, spindle ◆ noyau *m.* d'escalier

newel post ◆ pilastre *m.* d'escalier

newelled stairs, spindle stairs, solid-newel stairs → ***stairs***

newspaper kiosk, newspaper stall, news stall ◆ kiosque *m.* à journaux

new town ◆ ville *f.* nouvelle (*ou* ville neuve)

niche ◆ niche *f.*

nickel ◆ nickel *m.*

nickel plated ◆ nickelé (e)

nickel plating ◆ nickelage *m.*

nickel, nickelplate (to) ◆ nickeler

niello ◆ nielle *f.*

niello work ◆ niellure *f.* (*ou* niellage *m.*)

nigger brown ♦ tête-de-nègre *adj.*

night club ♦ boîte *f.* de nuit

night light ♦ veilleuse *f.*

nimbus ♦ nimbe *m.*

nippers, pincers ♦ pince *f.* ; tenaille *f.* ; tenailles *f. pl.* ; → ***stone tongs***

nipple ♦ mamelon *m.*

nogging ♦ hourdage *m.*

noise ♦ bruit *m.*

  noise abatement ♦ réduction *f.* du bruit

  noise insulation → ***sound insulation***

  noise level → ***loudness level***

nominal measure ♦ mesure *f.* nominale

non combustible material ♦ matériau *m.* incombustible

non conducting, non conductor ♦ non conducteur (-trice)

non ferrous ♦ non ferreux (-euse)

non flammable, non inflammable ♦ ininflammable

non hydraulic lime, high-calcium lime ♦ chaux *f.* non hydraulique

non inflammable → ***non flammable***

non metallic ♦ non métallique

non skid, non slip ♦ antidérapant (e)

non woven ♦ non tissé

nonius, vernier ♦ vernier *m.*

norm ♦ norme *f.*

normal maintenance → ***ordinary upkeep***

Norman Architecture ♦ architecture *f.* romane *(en Angleterre)*

Norman Art ♦ art *m.* roman *(en Angleterre)*

north-light roof → ***saw-tooth roof*** → ***roof***

north-light truss ♦ ferme *f.* en shed

nose, drip stone ♦ larmier *m.*

nosing ♦ arête *f.* *(de moulure)*

  nosing, nose of a step ♦ nez *m.* de marche ; → ***step-cover strip***

notch, bullet, score ♦ encoche *f.* ; entaille *f.*

  notch, cut, indentation ♦ échancrure *f.*

notch (to) ♦ entailler

notchboard ♦ limon *m.* *(d'escalier)*

notching ♦ entaillage *m.*

  notching, denting ♦ brettelure *f.*

nozzle, jet pipe ♦ 1. ajutage *m.* ; 2. lance *f.* *(de tuyau)*

nucleus → ***heart***

nude ♦ nu (e)

nursery ♦ chambre *f.* des enfants

  nursery garden ♦ pépinière *f.*

  nursery school ♦ école *f.* maternelle

nursing home ♦ maison *f.* de santé

nut ♦ écrou *m.*

  nut washer ♦ rondelle *f.* d'écrou

  nut wood → ***walnut***

nuthatch ♦ pic *m.* de maçon

nylon ♦ nylon *m.*

nymphaeum ♦ nymphée *f.*

O

oak ◆ 1. chêne *m.* ; 2. bois *m.* de chêne ; → ***wainscot oak***

oak tree ◆ chêne *m.*

oakum ◆ 1. étoupe *f.* (*ou* filasse *f.* de chanvre) ; 2. → ***rope***

oasis (*pl.* oases) ◆ oasis *f.*

oast → ***drying stove***

obduracy ◆ endurcissement *m.*

obelisk ◆ obélisque *m.* (*ou* pierre *f.* levée)

oblique ◆ oblique

oblique projection ◆ perspective *f.* cavalière

oblong ◆ oblong (oblongue)

obscured glass → ***frosted glass***

observatory ◆ observatoire *m.*

obsidian ◆ obsidienne *f.*

obtuse ◆ obtus (e)

obtuse angle ◆ angle *m.* obtus

occupancy rate ◆ taux *m.* d'occupation

ochre, ocher *(am.)* ◆ ocre *f.*

octagon ◆ octogone *m.*

octagonal, octangular ◆ octogonal (e) (*pl.* octogonaux/-ales) ; octogone

octahedron ◆ octaèdre *m.*

octastyle ◆ octostyle

octastyle temple ◆ temple *m.* octostyle

octopartite vault → ***vault***

oculus, round window, bull's eye ◆ œil-de-bœuf *m.* (*pl.* œils-de-bœuf) (*ou* oculus *m.*)

odeon, odeum ◆ odéon *m.*

œil-de-bœuf → ***oculus***

off-centre ◆ excentré (e)

office ◆ bureau *m.*

– **open-plan office** ◆ bureau *m.* paysagé

office building ◆ immeuble *m.* de bureaux

official building ◆ édifice *m.* public

official dwelling ◆ logement *m.* de fonctionnaires

official journal of laws *(decrees, etc.)*, Statute Book ◆ Journal *m.* officiel

official plan ◆ plan *m.* d'aménagement

offset, jump ◆ saillie *f.* ; ressaut *m.*

offset *(in brickwork)*, pier ◆ pilastre *m.* légèrement saillant

offset *(of a massive panel)* ◆ plate-bande *f.*

ogee ◆ 1. cimaise *f.* ; 2. doucine *f.* ; 3. ogive *f.* ; 4. dos-d'âne *m. inv.*

ogee arch → ***arch***

ogee moulding ◆ talon *m.*

ogee plane ◆ 1. doucine *f.* ; 2. mouchette *f. (rabot)*

ogival ◆ ogival (e) (*pl.* ogivaux/-ales)

ogival window ◆ fenêtre *f.* ogivale

ogive ◆ ogive *f.*

ohm ◆ ohm *m.*

oil ◆ huile *f.*

– **drying oil** ◆ huile siccative

– **form oil** ◆ huile de décoffrage

– **fuel oil** ◆ fioul *m.*

oil burner ◆ brûleur *m.* à huile

oil lamp ◆ lampe *f.* à huile (*ou* à pétrole)

oil paint ◆ peinture *f.* à l'huile

oil painting ◆ peinture *f.* à l'huile *(tableau)*

oil shale ◆ schiste *m.* bitumineux

oil tank ◆ cuve *f.* à fioul (*ou* à mazout)

oil of turpentine ◆ essence *f.* de térébenthine

oil varnish ◆ vernis *m.* à l'huile (*ou* vernis gras)

oillet, oillette ◆ œillet *m.*

oilstone, hone (*or* honestone) ◆ pierre *f.* à aiguiser ; pierre à huile

okoume ◆ okoumé *m.*

old building materials ◆ matériaux *m. pl.* de démolition

old people's home ◆ maison *f.* de retraite

old woman's tooth → ***router***

old town ◆ vieille ville *f.*

oleander ◆ laurier-rose *m.*

oleoresin ◆ oléorésine *f.*

olive, olive-shaped moulding ◆ olives *f. pl.*

olive tree ◆ olivier *m.*

olive wood ◆ bois *m.* d'olivier

on center → centre-to-centre

on edge ◆ sur chant

on-site concrete ◆ béton *m.* coulé sur place

one-family house ◆ maison *f.* individuelle

one level ◆ de plain-pied

one piece ◆ monobloc

one-roomed flat ◆ studio *m.*

one-way road ◆ route *f.* à sens unique

one-way street ◆ rue *f.* à sens unique

onyx ◆ onyx *m.*

oozing ◆ suintement *m.*

opacity, opaqueness ◆ opacité *f.*

opal ◆ opale *f.*

opal glass ◆ verre *m.* opalin (*ou* opale)

opaline ◆ opalin (e)

opaque ◆ opaque

opaque glass ◆ verre opaque

opaque (make -) (to) ◆ opacifier

opaqueness → opacity

open-air theatre ◆ théâtre *m.* de plein-air

open fire, fireplace ◆ cheminée *f.* à feu ouvert

open floor ◆ plafond *m.* en gîtes apparentes (*ou* à poutres *f.* apparentes)

open gutter → drain

open newel → open well

open space ◆ espace *m.* non bâti

open string, cut string, bracketed string ◆ limon *m.* à gradins ; limon *m.* à l'anglaise (*ou* à crémaillère)

open well *(of a stairs)*, well hole, open newel ◆ jour *m.* d'un escalier

open work ◆ ajouré (e) ; percé (e) de jours

opening ◆ orifice *m.*

opening, day *(of a window)* ◆ jour *m.*

opening *(of a doorway, etc.)*, aperture ◆ ouverture *f.* ; baie *f.*

opening of door → door way

opening fanlight ◆ vasistas *m.*

opening *(in a wall)* ◆ embrasure *f.*

opera house ◆ opéra *m.* *(bâtiment)*

opisthodomos, epinaos ◆ opisthodome *m.*

optical illusion ◆ illusion *f.* optique

optical square → mirror square

opus (*pl.* opera) ◆ appareil *m.* (*ou* opus *m.*)

opus incertum, opus antiquum ◆ opus incertum *m.*

opus spicatum ◆ opus spicatum *m.*

orange house, orangery ◆ orangerie *f.*

oratory ◆ oratoire *m.*

orb ◆ 1. sphère *f.* ; 2. orbevoie *f.*

orchard ◆ verger *m.*

order ◆ ordre *m.*

– **colossal order, giant order** ◆ ordre colossal

order, ordinance ◆ ordonnance *f.* ; disposition *f.*

ordered ◆ rangé (e)

ordinary lime ◆ chaux *f.* ordinaire

ordinary red brick ◆ brique *f.* rouge

ordinary upkeep, normal maintenance ◆ entretien *m.* courant

ordinate ◆ ordonnée *f.*

ore ◆ minerai *m.*

Oregon pine ◆ pin *m.* d'Orégon

organic ◆ organique

organic architecture ◆ architecture *f.* organique

organic material ◆ matière *f.* organique

oriel ◆ oriel *m.* ; bretèche *f.*

oriel window ◆ oriel *m.* ; logette *f.*

orient ◆ orient *m.*

orient (to) ◆ orienter

oriental ◆ oriental (e) (*pl.* orientaux/-ales)

orientation ◆ orientation *f.*

oriented ◆ orienté (e)

orifice ◆ orifice *m.*

origin ◆ origine *f.*

original ◆ original (e) (*pl.* originaux/-ales)

original work ◆ œuvre *f.* originale

originality ◆ orginalité *f.*

orle, orlet ◆ orle *m.*

ornament ◆ 1. ornement *m.* ; 2. parement *m.*

ornament (to) ◆ ornementer

ornamental ◆ ornemental (e) (*pl.* ornementaux/-ales) ; décoratif (-ive)

ornamental arcade ◆ arcature *f.*

ornamental concrete ◆ béton *m.* ornemental

ornamental motif ◆ motif *m.* de décoration

ornamental turf ◆ pompon *m.*

ornamentation ◆ ornementation *f.*

ornate ◆ surchargé (e) d'ornements

orpiment ◆ orpiment *m.*

orthogonal ◆ orthogonal (e) (*pl.* orthogonaux/-ales)

orthostate ◆ orthostate *m.*

oscillating *(door)*, swing door ◆ porte *f.* (à) va-et-vient

osier ◆ osier *m.*

ossuary ◆ ossuaire *m.*

Ottoman architecture ◆ architecture *f.* ottomane

oubliette ◆ oubliette *f.*

ounce ◆ once *f.* (28,35 g)

out of centre ◆ désaxé (e) ; excentré (e)

out of order ◆ hors service

out of plomb ◆ hors d'aplomb ; faux aplomb

out of square ◆ hors d'équerre ; à fausse équerre

out to out* → *measure out to out (to)

outbuilding ◆ 1. constructions *f. pl.* hors œuvre ; 2. → ***annex***

outbuildings ◆ communs *m. pl.* ; dépendances *f. pl.*

outdoor ◆ extérieur (e)

outer angle ◆ angle *m.* extérieur

outer door ◆ porte *f.* extérieure

outer sill ◆ appui *m.* extérieur ; rebord *m.* extérieur

outer wall, external wall ◆ mur *m.* extérieur

outfit ◆ trousseau *m.*

outhouse* → *annex

outlet ◆ issue *f.* → *(am.)* ***socket (électricité)***

outline ◆ 1. tracé *m.* ; 2. profil *m.*

outline, contour ◆ contour *m.*

outline, sketch, rough draft ◆ croquis *m.*

outline of cornice ◆ modénature *f.*

outline drawing ◆ dessin *m.* au trait

outline engraving ◆ gravure *f.* au trait

output ◆ rendement *m.*

outside* → *exterior

outside view ◆ vue *f.* de l'extérieur

outskirts ◆ banlieue *f.* ; faubourg *m.*

oval ◆ ovale

ovate ◆ ové (e)

oven ◆ four *m.*

oven dried ◆ séché (e) au four

overall *(dimension of building)* ◆ hors œuvre

overall *(dimension of component)* ◆ hors tout

overall dimension ◆ dimension *f.* hors œuvre

overbuild (to) ◆ surbâtir

overbuilt area ◆ zone *f.* trop dense

overburden (to) ◆ surcharger

overburdening* → *overloading

overcharge ◆ surcharge *f.*

overcrowding ◆ surpeuplement *m.*

overdecorate (to) ◆ surcharger

overdecorating ◆ surcharge *f.*

overflow, warning pipe ◆ trop-plein *m.*

overflow pipe ◆ tuyau *m.* de trop-plein (*ou* déchargeoir *m.*)

overhang ◆ 1. porte-à-faux *m. inv.* ; 2. encorbellement *m.*

overhang (to) ◆ surplomber

overhanging ◆ en porte-à-faux ; en surplomb

overhanging road ◆ route *f.* en surplomb

overhead door ◆ porte *f.* basculante

overhead travelling crane ◆ pont *m.* roulant

overlap ◆ enchevauchure *f.*

overlapped ◆ posé (e) en recouvrement

overlapping ◆ recouvrement *m.*

overload, overloading ◆ surcharge *f.*

overloaded ◆ surchargé (e)

overloading, overburdening ◆ charge *f.* excessive

overmantel ◆ dessus *m.* du manteau de cheminée

overpass *(am.)* ◆ toboggan *m.* routier

overpeopled, overpopulated ◆ surpeuplé (e)

overpopulation ◆ surpeuplement *m.*

oversailing *(of a façade)*, swaying, swerving ◆ en surplomb

oversite concrete ◆ béton *m.* de propreté

oversize materials ◆ gravats *m. pl.*

overtile* → *ridge tile

overtime ◆ heures *f. pl.* supplémentaires

oviform, ovoid ◆ ovoïde ; ovoïdal (e) (*pl.* ovoïdaux/-ales)

ovolo ◆ ove *m.*

owner ◆ 1. propriétaire *m.* ; 2. maître *m.* d'ouvrage

– **condominium owner** *(am.)* ◆ copropriétaire

ownership ◆ propriété *f.*

oxidation ◆ oxydation *f.*

oxide ◆ oxyde *m.*

oxide of iron → ***rust***

oxidize (to) ◆ oxyder

oxidized ◆ oxydé (e)

oxidizing ◆ oxydation *f.*

oxyacetylene ◆ oxyacétylène *m.*

oxyacetylene burner ◆ chalumeau *m.*

oxyacetylene cutting, oxygen cutting ◆ oxycoupage *m.*

oxyacetylene welding ◆ soudure *f.* autogène

ozone ◆ ozone *m.*

P

packing ◆ bourrage *m. (maçonnerie)*

pad, padstone ◆ pierre *f.* d'appui

padlock ◆ cadenas *m.*

paganism ◆ paganisme *m.*

pagoda ◆ pagode *f.*

pail ◆ seau *m.* (*pl.* seaux)

paint ◆ peinture *f.*

– **acid-resistant paint** ◆ peinture anti-acide

– **alkyd paint** ◆ peinture alkyde

– **anti-condensation paint** ◆ peinture anticondensation

– **anti-corrosive paint** ◆ peinture anticorrosion

– **anti-noise paint** ◆ peinture acoustique

– **anti-rust paint** ◆ peinture antirouille

– **anti-slip paint** ◆ peinture antidérapante

– **bituminous paint** ◆ peinture bitumineuse

– **breather paint** ◆ peinture perméable à la vapeur d'eau

– **emulsion paint** ◆ peinture émulsionnée

– **enamel paint** ◆ peinture au vernis ; peinture émail

– **fire-resistive paint, fire-retardant paint** ◆ peinture ignifuge

– **flat paint** ◆ peinture mate

– **fungicidal paint** ◆ peinture fongicide

– **gloss paint** ◆ peinture brillante

– **heat-resistant paint** ◆ peinture réfractaire

– **latex paint** ◆ peinture au latex

– **marking paint, road-line paint** ◆ peinture de signalisation routière

– **metallic paint** ◆ peinture métallisée

– **mica paint** ◆ peinture au mica

– **oil paint** ◆ peinture à l'huile

– ***rubber-emulsion paint → latex paint***

– **rust-proofing paint** ◆ peinture antirouille

– **wall paint** ◆ peinture murale

– **waterproof paint** ◆ peinture hydrofuge

– **water-thinned paint** ◆ peinture diluée à l'eau

– **wet paint** ◆ peinture fraiche

paint brush ◆ pinceau *m.* (*pl.* pinceaux)

paint in fresco (to) ◆ peindre à la fresque

paint gun → paint sprayer

paint pot ◆ pot *m.* de peinture ; bidon *m.* de peinture

paint remover, paint stripper ◆ décapant *m.*

paint roller ◆ rouleau *m.*

paint sprayer, paint gun ◆ pistolet *m.* à peinture

paint system ◆ système *m.* de peinture

paint tin ◆ bidon *m.* de peinture

paint work, painting ◆ peinture *f.* ; travaux *m. pl.* de peinture

paint (to) ◆ peindre

paint an end, recoat (to) ◆ passer la couche de finition

painted and fired glass ◆ glace *f.* émaillée-trempée

painter (artist) ◆ artiste-peintre *m.*

painter, house painter ◆ peintre en bâtiment

painter → glass painter, house painter

painter on glass ◆ peintre-verrier *m.*

painter's putty → flatting putty

painter of ornaments ◆ peintre-décorateur

painting ◆ 1. tableau *m.* ; 2. peinture *f.*

painting in water colours, aquarelle ◆ aquarelle *f.* (*ou* peinture à l'eau)

pair of bellows ◆ soufflet *m.*

pair of compasses ◆ compas *m.*

pair of pincers → pincers

palace ◆ palais *m.* ; → ***sports palace***

pal(a)eograph ◆ paléographe *n. m.* ou *adj.*

pal(a)eography ◆ paléographie *f.*

pal(a)eolithic ◆ paléolithique

pal(a)eolithic period ◆ période *f.* paléolithique

pal(a)eologist ◆ paléologue *m.*

pal(a)eontological ◆ paléontologique

pal(a)eontologist ◆ paléontologiste ; paléontologue

pal(a)eontology ◆ paléontologie *f.*

pale ◆ pal *m.* (*pl.* pals) ; palis *m.*

palette *(of painter)* ◆ palette *f.*

palisade ◆ palissade *f.*

palisander ◆ palissandre *m.*

palladianism ◆ palladianisme *m.*

pallet knife, palette knife ◆ spatule *f.*

palm *(measure)* ◆ palme *m.*

  palm, palm branch ◆ palme *f.*

  palm tree ◆ palmier *m.*

palmette, palm leaf ◆ palmette *f.*

pan* → *wash-down closet

panache ◆ panache *m.* ; fourche *f.*

pane *(of glass)* ◆ vitre *f.* ; carreau *m.* de verre

  pane, panel* → *glass pane

panel ◆ panneau *m.*

- **control panel** ◆ tableau *m.* de commande ; panneau *m.* de contrôle
- ***electric panel* → *panelboard***
- **form panel** ◆ banche *f.*
- **sandwich panel** ◆ panneau-sandwich *m.*
- **wooden panel** ◆ panneau *m.* de menuiserie

  panel building ◆ construction *f.* par panneaux

  panel door* → *panelled door

  panel of a door* → *door panel

  panel frame ◆ membrure *f.*

  panel heating* → *heating

  panel insulating cladding ◆ vêture *f.*

  panel pin ◆ clou *m.* à tête d'homme

  panel point *(truss)* ◆ nœud *m.* *(de ferme)*

  panel saw* → *crosscut saw

  panel strip ◆ couvre-joint *m.* *(entre panneaux)*

  panel wall ◆ pan *m.* de remplissage

panel (to) ◆ lambrisser

panelboard, electric panel ◆ tableau *m.* électrique

panelled ◆ lambrissé (e)

  panelled ceiling ◆ plafond *m.* à caissons

  panelled door, panel door ◆ porte *f.* à panneaux

  panelled parquet ◆ parquet *m.* à panneaux

panelling ◆ 1. lambris *m.* ; 2. lambrissage *m.* ; panneautage *m.*

  panelling board ◆ lambris *m.*

panic bolt, panic exit device ◆ serrure *f.* antipanique

panic door ◆ porte *f.* antipanique

panier* → *corbeil

panorama ◆ panorama *m.*

panoramic ◆ panoramique

pantheon ◆ panthéon *m.*

pantile ◆ tuile *f.* flamande ; tuile-panne

pantograph, diagraph* → *eidograph

pantry ◆ office *f.* ; garde-manger *m.* *inv.*

paper ◆ papier *m.*

- **asphalt paper** ◆ papier asphalté
- **felt paper** ◆ papier (*ou* carton) -feutre
- **kraft paper** ◆ papier kraft

  paper hanger ◆ tapissier *m.*

paper a wall (to) ◆ tapisser

papier mâché ◆ papier *m.* mâché

papyrus ◆ papyrus *m.*

parabola ◆ parabole *f.*

parabolic ◆ parabolique

  parabolic girder ◆ poutre *f.* en parabole

parade ◆ esplanade *f.*

paraffin lamp ◆ lampe *f.* à pétrole

paraffin oil, kerosene *(am.)* ◆ pétrole *m.* lampant

parallel ◆ parallèle

  parallel lines ◆ lignes *f. pl.* parallèles

  parallel road ◆ voie *f.* parallèle ; voie *f.* de dédoublement ; route *f.* parallèle

  parallel-trussed girder ◆ poutre *f.* en treillis parallèle

parallelepiped, parallelepipedon ◆ parallélépipède *m.*

parallelogram ◆ parallélogramme *m.*

parapet, parapet wall ◆ parapet *m.*

  parapet gutter* → *concealed gutter* → *gutter

parasol ◆ parasol *m.*

parastas* → *pilaster

parcel out (to) ◆ lotir

parcelling ◆ lotissement *m.*

parchment like ◆ parcheminé (e)

parge coat ◆ enduit *m.* de cuvelage

paring chisel ◆ riflard *m.* de maçon

park ◆ parc *m.* ; jardin *m.* public

Parker's cement ◆ ciment *m.* romain

parking, parking place ◆ parc *m.* de stationnement ; parking *m.*

parking meter ◆ disque *m.* de stationnement ; parcomètre *m.* (*ou* parcmètre)

parking structure *(am.)*, **multistorey car park** ◆ parc de stationnement à étages

parliament → ***houses of parliament***

parlo(u)r, saloon ◆ parloir *m.*

parpend ◆ parpaing *m.*

parquet ◆ 1. parquet *m.* ; 2. parqueterie *f.*

– **herring-bone parquet** ◆ parquet à bâtons rompus

– **inlaid parquet** ◆ parquet mosaïque

parquet border ◆ bordure *f.* de parquet

parquet floor, inlaid floor, parquetry ◆ parquet à frises

parquet flooring ◆ parquetage *m.*

parquet layer ◆ parqueteur *m.*

parquet strip ◆ lame *f.* de parquet

parqueting ◆ parquetage *m.*

parquetry ◆ parqueterie *f.*

partial call for tenders ◆ adjudication *f.* partielle

particle ◆ particule *f.*

particle board → ***chipboard***

particle size analysis ◆ analyse *f.* granulométrique

particle size distribution ◆ granulométrie *f.*

parting bead → ***guide fillet***

partition ◆ cloison *f.*

– **bearing partition** ◆ cloison porteuse

– **brick partition *(bricks on edge)*** ◆ galandage *m.* ; cloison de briques

– **demountable partition** ◆ cloison démontable

– **dry partition** ◆ cloison sèche

– **dwarf partition** ◆ cloisonnette *f.*

– **framed partition** ◆ cloison à ossature

– **glass partition** ◆ cloison vitrée

– **hollow partition** ◆ cloison creuse

– **precast-plasterwork partition** ◆ cloison en carreaux de plâtre

– **solid partition** ◆ cloison pleine

partition block ◆ brique *f.* plâtrière

partition construction ◆ cloisonnement *m.* ; cloisonnage *m.*

partition wall ◆ mur *m.* de refend ; mur de séparation

parts ◆ parties *f. pl.*

party ditch, boundary ditch ◆ fossé *m.* de parcellement

party fence, limit of property ◆ limite *f.* du terrain (*ou* de propriété)

party wall, separating wall ◆ mur *m.* mitoyen

parvis ◆ parvis *m.*

pass key ◆ passe *m.* ; passe-partout *m. inv.*

passage, arcade ◆ passage *m.* ; traversée *f. (à pied)*

passage, gallery → ***corridor***

passage way ◆ dégagement *m.*

passenger lift → ***lift***

pass through *(am.)* ◆ passe-plat *m.* (*pl.* passe-plats)

paste ◆ pâte *f.*

paste, stick, glue (to) ◆ coller ; encoller

pasteboard → ***cardboard***

pasticcio, pastiche ◆ pastiche *m.*

pasting ◆ encollage *m.*

patent plate (glass) → ***mirror glass***

paternoster ◆ paternoster *m.*

path ◆ 1. sentier *m.* ; 2. allée *f. (de jardin)* ; 3. → ***bicycle path***

patina ◆ patine *f.*

patio ◆ patio *m.*

patio door ◆ porte-fenêtre *f.*

patio house ◆ maison *f.* à patio

patron of art ◆ mécène *m.*

patter ◆ truelle *f.* de bois

pattern ◆ 1. modèle *m.* ; 2. patron *m.* ; 3. motif *m.*

pattern cracking ◆ faïençage *m.*

pattern layout ◆ calepin *m. (appareillage)*

patterned glass → ***glass***

paunch ◆ panse *f.*

pave (to) ◆ paver

pave with (to) ◆ carreler

paved ◆ pavé (e)

paved surface → ***roadway***

pavement, paving ◆ pavage *m.*

pavement, sidewalk *(am.)* ◆ trottoir *m.*

pavement light ◆ pavé *m.* de verre

paver ◆ 1. paveuse *f.* ; 2. → ***paving stone***

paver, pavio(u)r ◆ paveur *m.*

pavilion ◆ pavillon *m.*

pavilion roof, polygonal roof ◆ toit *m.* en pavillon

paving ◆ dallage *m.* ; pavage *m.*

paving beetle, mall, maul, rammer ◆ dame *f.* ; demoiselle *f.* ; hie *f.*

paving block, paving flag, paving stone, paviour, paver ◆ pavé *m.*

paving brick ◆ brique *f.* de pavage

paving clinker *(engineering bricks)*, pavior ◆ brique *f.* très dure *(pour le sol)* ; clinker *m.* de pavage

pay list, register of wages ◆ bordereau *m.* des salaires

payment for a job ◆ main-d'œuvre *f.* (*pl.* mains-d'œuvre)

P.C.* → *Portland cement

pear tree ◆ poirier *m.*

pear-tree wood ◆ bois *m.* de poirier

pearlite* → *perlite

pearly ◆ perlé (e)

peat, turf ◆ tourbe *f.*

pebble ◆ 1. caillou *m.* ; 2. galet *m.*

pebble dash ◆ cailloutage *m.*

pebbly ◆ rocailleux (-euse)

pedestal ◆ 1. socle *m.* ; 2. dé *m.* ; 3. piédestal *m.* (*pl.* piédestaux)

pedestal closet* → *water closet

pedestal table ◆ guéridon *m.*

pedestal washbasin ◆ lavabo *m.* sur colonne

pedestrian ◆ piéton (-onne)

pedestrian crossing ◆ passage *m.* pour piétons

pedestrian precinct, pedestrian zone ◆ zone *f.* piétonne

pediment ◆ fronton *m.*

peel ◆ écorce *f.*

peel off (to) ◆ écailler (s'-)

peeling ◆ 1. pelage *m.* ; 2. écaillage *m.* *(de la peinture)*

peephole *(in a door, etc.)* ◆ judas *m.*

peg, picket ◆ piquet *m.* ; fiche *f.* d'arpenteur

peg, pin, plug ◆ cheville *f.* en bois (*ou* métal) ; fiche *f.*

peg shoulder, collar, abutment cheek ◆ 1. épaulement *(bois)* *m.* ; 2. dent *f.* ; 3. embase *f.*

peg out, set out (to) ◆ piqueter

pen ◆ plume *f.*

penalty for delay ◆ pénalité *f.* de retard

pencil ◆ crayon *m.*

pencil, brush ◆ pinceau *m.* (*pl.* pinceaux) ; petite brosse *f.*

pencil holder, pencil case ◆ porte-crayon *m.* ; porte-mine *m.*

pencil lead ◆ mine *f.* de plomb

pencil point of a compass ◆ porte-crayon *m.* de compas

pencil sharpener ◆ taille-crayon *m.* (*pl.* taille-crayons)

pendant, pendent, cul-de-lampe ◆ pendant *m.* ; cul-de-lampe *m.* (*pl.* culs-de-lampe)

pendant luminaire ◆ lustre *m.*

pendentive ◆ pendentif *m.*

pendentive dome ◆ dôme *m.* suspendu ; coupole *f.* à pendentifs

pendulum ◆ pendule *m.*

penetration ◆ pénétration *f.*

penetration *(asphalt)* ◆ pénétrabilité *f.*

pen holder ◆ porte-plume *m.*

peninsula ◆ péninsule *f.* ; presqu'île *f.*

pension scheme ◆ caisse *f.* de retraite

pentacle ◆ pentacle *m.* (*ou* pentagramme *m.*)

pentagon ◆ pentagone *m.*

pentagonal ◆ pentagonal (e) (*pl.* pentagonaux/-ales)

pentastyle ◆ pentastyle

penthouse ◆ bâtiment *m.* en appentis

penthouse roof* → *pent roof

pentice, canopy, hood ◆ 1. auvent *m.* ; 2. appentis *m.*

pent roof, lean to roof, monopitch roof ◆ appentis *m.* ; comble *m.* en appentis

peopling ◆ peuplement *m.*

pepper-box turret ◆ poivrière *f.*

perfect arch* → *circular arch* → *arch

perforated brick* → *brick

perforator ◆ perforateur *m.*

performance ◆ 1. performance *f.* ; 2. comportement *m.* ; tenue *f.*

performance bond ◆ garantie *f.* de parfait achèvement

perfume pan, perfuming pan, incense burner ◆ brûle-parfum(s) *m.* ; cassolette *f.*

pergola, espalier ◆ pergola *f.*

peribolus, peribolos ◆ péribole *m.*

perimeter ◆ périmètre *m.*

period ◆ époque *f.*

periodical maintenance ◆ entretien *m.* périodique

peripheral road ◆ route *f.* périphérique

periphery ◆ pourtour *m.*

peripter ◆ périptère *n. m.*

peripteral ◆ périptère *adj.*

peripteral temple ◆ temple *m.* périptère

peristyle ◆ péristyle *n. m.* ou *adj.*

perlite, pearlite ◆ perlite *f.*

– **expanded perlite** ◆ perlite expansée

permanent bridge* → *fixed bridge

permanent deformation, permanent set* → *deformation

permanent form, permanent shuttering, self centering ◆ coffrage *m.* perdu

permanent way ◆ superstructure *f. (d'une route)*

permeability ◆ perméabilité *f.*

permeable ◆ perméable

permit ◆ permis *m.* ; → ***building permit***

perpend ◆ joint *m.* vertical

perpendicular ◆ perpendiculaire *n. f.* ou *adj.*

– **drop a perpendicular (to)** ◆ abaisser une perpendiculaire

– **(French) perpendicular style** ◆ style *m.* flamboyant

– **in the perpendicular** ◆ d'aplomb

– **out of the perpendicular** ◆ hors plomb

perpendicular style ◆ gothique perpendiculaire *(Angleterre, XVe s.)*

perpendicularity ◆ aplomb *m.*

perpendicularly ◆ perpendiculairement

perron ◆ 1. perron *m.* ; 2. estrade *f.*

persiennes, outer-window blind ◆ persienne *f.*

perspective, radial projection ◆ perspective *n. f.*

perspective ◆ perspectif (-ive) *adj.*

perspex* → *plexiglas

petrography ◆ pétrographie *f.*

petrol, gasoline *(am.)* ◆ essence *f.*

petrol station ◆ poste *m.* d'essence

petrol trap ◆ séparateur *m.*

petroleum ◆ pétrole *m.*

pew, church seat ◆ banc *m.* d'église ; → ***choir stall***

phalanstery ◆ phalanstère *m.*

pharos ◆ phare *m.*

phase ◆ phase *f.*

phenol ◆ phénol *m.*

phon ◆ phone *m. (unité d'intensité acoustique)*

phosphorescence ◆ phosphorescence *f.*

phosphorescent ◆ phosphorescent (e)

phosphorus ◆ phosphore *m.*

photoelectric cell, electric eye ◆ cellule *f.* photo-électrique

photogrammetric ◆ photogrammétrique

photogrammetric survey ◆ levé *m.* aérien

photometry ◆ photométrie *f.*

phreatic ◆ phréatique

piano hinge* → *continuous hinge* → *hinge

piazza ◆ piazza *f.*

pick ◆ pic *m.* ; → ***pointed hammer***

pick axe ◆ pioche *f.*

pick lock ◆ crochet *m.* de serrurier (*ou* rossignol *m.*)

picket, peg ◆ piquet *m.* ; pieu *m.*

picket fence ◆ palissade *f.*

picketing ◆ piquetage *m.*

pictogram ◆ pictogramme *m.*

pictographic *(script)* ◆ pictographique (écriture -)

picture ◆ tableau *m.*

picture gallery ◆ pinacothèque *f.*

picture writing ◆ écriture *f.* pictographique ; pictographie *f.*

piece ◆ pièce *f.*

piece of furniture ◆ meuble *m.*

piece rates ◆ paiement *m.* par pièce

piece of wall ◆ pan *m.* de mur

piece work ◆ à la tâche

piece of work ◆ pièce *f.* à usiner

pier ◆ 1. contrefort *m.* ; demi-pilier *m.* ; 2. piédroit *m.* (*ou* pied-droit)

pier arch ◆ arc *m.* doubleau

pier bond* → *pillar bond

pier *(of a bridge, etc.)* ◆ pile *f.* ; butée *f.*

pier, jetty, wharf, landing stage ◆ appontement *m.* ; débarcadère *m.* ; embarcadère *m.* ; jetée *f.*

pier *(or boom) made of timbers* ◆ estacade *f.*

pier *(between two openings)* ◆ trumeau *m.*

pierced ◆ ajouré (e)

piercer* → *punch

piercing saw* → *compass saw

pig iron, pig, cast iron ◆ fonte *f.* brute

pigeon hole ◆ boulin *m.*

pigeon-holed wall → honeycomb wall → wall

pigeon house → dove cot(e)

pigment, colouring matter ◆ pigment *m.* ; colorant *m.* ; matière *f.* colorante

pigsty ◆ porcherie *f.* ; soue *f.*

pilaster, parastas ◆ pilastre *m.* ; ante *f.*

pilaster façade ◆ façade *f.* à pilastres

pilaster strips ◆ bandes *f. pl.* lombardes (*ou* lésènes *f. pl.*)

pile ◆ 1. pilot *m.* ; pieu *m.* (*pl.* pieux) ; 2. tas *m.*

– **batter pile** ◆ pieu incliné

– **bearing pile** ◆ pieu porteur

– **bored pile, cast *in situ pile*** ◆ pieu moulé

– **drive a pile (to)** ◆ enfoncer un pieu

– **friction pile** ◆ pieu flottant

– ***in situ pile → bored pile***

– **pipe pile** ◆ pieu moulé

– **precast pile** ◆ pieu préfabriqué

– **sand pile** ◆ pieu de sable

– **screw pile** ◆ pieu à vis

– **sheet pile, pile plank** ◆ palplanche *f.*

– **soldier pile** ◆ semelle *f.* verticale *(boisage de tranchée)*

pile bent ◆ palée *f.*

pile cage ◆ armature *f.* de pieu

pile cap, pile helmet ◆ coiffe *f.* de pieu

pile construction ◆ construction *f.* sur pilotis

pile drawer, pile extractor ◆ arrache-pieu *m.*

pile driver ◆ sonnette *f.* (*ou* batteur *m.* de pieu)

pile driving, piling ◆ battage *m.* de pieux ; enfoncement *m.* des pieux

pile dwelling → lake dwelling

pile extractor → pile drawer

pile foundation → pile work foundation

pile hammer ◆ chasse-pieu *m.* (*pl.* chasse-pieux) ; mouton *m.*

pile head ◆ tête *f.* de pieu

pile helmet → pile cap

pile pier ◆ pilotis *m.* ; palée *f. (de pieux)*

pile plank → sheet pile

pile planking, sheet piling, planking *(am.)* ◆ rideau *m.* de palplanches

pile point ◆ pointe *f.* de pilotis

pile shoe ◆ sabot *m.*

pile supported ◆ fondé (e) sur pieux

pile work foundation, pile foundation ◆ fondation *f.* sur pieux (*ou* sur pilotis)

pile (to) ◆ piloter

piling → pile driving

pillar ◆ 1. support *m.* ; 2. pilier *m.*

– **clustered pillar** ◆ pilier fasciculé

– **compound pillar** ◆ pilier composé

– **main pillar** ◆ pile *f.*

pillar bond, pier bond ◆ appareil *m.* de pilier

pillar box ◆ boîte *f.* à lettres

pilot handsaw *(for jobbing carpenters)* ◆ égoïne *f.* (*ou* scie *f.* égoïne)

pilot hole ◆ avant-trou *m.*

pilot lamp ◆ témoin *m.* lumineux

pilot light ◆ veilleuse *f.*

piloti ◆ pilotis *m.*

pin ◆ 1. fiche *f.* ; broche *f.* ; 2. goupille *f.*

– **split pin** ◆ goupille fendue

pin hinge ◆ penture *f.* ; fiche *f.* ; paumelle *f.*

pin joint → articulated coupling

pin jointed ◆ articulé (e)

pin rail → cloakscreen

pin-tumbler lock *(or latch)* ◆ serrure *f.* de sûreté à cylindre

pinaster ◆ pin *m.* maritime (*ou* pin des Landes)

pincers, pair of pincers ◆ tenaille *f.* ; tenailles *f. pl.*

pinch bar ◆ pied-de-biche *m.* (*pl.* pieds-de-biche) ; pince *f.* à levier

pinchbeck ◆ chrysocale *m.*

pine ◆ pin *m.* ; ***→ redwood***

– **pitch pine, yellow pine** ◆ pitchpin *m.* ; faux sapin *m.*

pine tree ◆ pin *m.*

pine wood → coniferous wood, softwood

pink ◆ rose *n. m.* ou *adj.*

pinnacle ◆ pinacle *m.*

pintle ◆ gond *m.* ; lacet *m.*

pipe ◆ tuyau *m.* ; ***→ channel***

– **bent pipe** ◆ tuyau coudé

– **branch pipe** ◆ tuyau de branchement

– **buried pipe** ◆ tuyau enterré

– **cast iron pipe** ◆ tuyau en fonte

– **feed pipe, supply pipe** ◆ tuyau d'alimentation
– **flange pipe** ◆ tuyau à bride
– **gas pipe** ◆ tuyau à gaz
– **overflow pipe** ◆ tuyau de trop-plein
– **rainwater pipe** ◆ descente *f.* pluviale
– **return pipe** ◆ tuyau de retour
– ***supply pipe → feed pipe***
pipe bender, bending bolt ◆ machine *f.* à cintrer les tubes
pipe clamp ◆ collier *m.* *(de serrage)*
pipe clay, China clay ◆ argile *f.* blanche ; kaolin *m.*
pipe coil ◆ serpentin *m.* en tube
pipe compound ◆ garniture *f.* pour joints de tuyauterie
pipe duct ◆ gaine *f.* technique
pipe gallery ◆ galerie *f.* technique
pipe flange ◆ bride *f.* de tuyau
pipe line → piping
pipe pincers ◆ pince *f.* (*ou* tenaille *f.*) à tuyaux
pipe reducer ◆ réduction *f.* ; raccord *m.* de réduction
pipe tap ◆ taraud *m.*
pipe tongs ◆ pince *f.* à tubes ; serre-tubes *m. inv.*
pipe well ◆ source *f.* à tube
pipe wrench ◆ clé *f.* à tubes
piping, pipe line ◆ conduite *f.* ; tuyauterie *f.* ; réseau *m.* de tuyaux ; pipeline *m.*
piscina ◆ piscine *f.* *(d'église)*
pisé ◆ pisé *m.*
piston, plunger ◆ piston *m.*
pit ◆ 1. parterre *m.* *(théâtre)* ; 2. fosse *f.*
– **test pit** ◆ puits *m.* de sondage
pit floor ◆ fond *m.* de fouille
pit head ◆ chevalement *m.* de mine
pit sand ◆ sable *m.* de carrière (*ou* sable de fouille *ou* sable de fosse *ou* sable excavé)
pit saw ◆ scie *f.* de scieur de long (*ou* passe-partout *m. inv.*)
pit sawyer ◆ scieur *m.* de long
pitch ◆ 1. pas *m.* de vis ; 2. inclinaison *f.* ; pente *f.* *(de toit)* ; 3. poix *f.* ; brai *m.* (*ou* coal tar)
pitch, height between floors ◆ hauteur *f.* d'étage
pitch *(of a spiral)* ◆ pas *m.* d'une hélice
pitch faced (stone) → rough stone
pitch pine, yellow pine ◆ faux sapin *m.* ; pitchpin *m.*
pitch of a roof, angle of a roof, roof slope ◆ pente *f.* d'une toiture ; rampant *m.* de toit
pitch of the rivets ◆ écartement *m.* des rivets
pitch (to) ◆ poisser ; enduire de poix
pitched → steep
– **low pitched** ◆ à faible pente
pitched roof ◆ 1. toiture *f.* inclinée ; 2. toit *m.* à deux versants
pitcher ◆ pavé *m.* équarri en granit
pitching ◆ 1. perré *m.* ; 2. hérisson *m.* *(blocage des pierres)*
pitching tool ◆ pointerolle *f.*
pith → heartwood, duramen
pith ray, wood ray ◆ rayon *m.* ligneux
pitprop, pitwood ◆ bois *m.* de mine
pivot, pivot hinge ◆ pivot *m.*
pivoted sash → balance window
pivoting sash ◆ châssis *m.* pivotant
pivoting window ◆ fenêtre *f.* pivotante
placard ◆ placard *m.*
place, adjust (to) ◆ poser
place concrete (to) → cast, work concrete (to)
placed edge to edge ◆ jointif (-ive)
placing, adjusting ◆ pose *f.* ; mise *f.* en place
plain ◆ nu (e) ; sans ornement ; uni (e)
plain moulding ◆ bandeau *m.*
plain-square joint → butt joint
plain-strip flooring ◆ parquet *m.* massif
plain tile ◆ tuile *f.* plate
plan ◆ 1. projet *m.* ; 2. levé *m.* ; 3. plan *m.*
– **block plan** ◆ plan-masse (*ou* plan de masse)
– **draw a plan (to)** ◆ tracer un plan
– **floor plan** ◆ plan d'étage
– **key plan** ◆ plan d'ensemble
– **master plan** ◆ plan directeur
– **open plan** ◆ plan libre
– **plot plan** ◆ plan parcellaire ; plan cadastral
– **traffic plan** ◆ plan de circulation
plan (to) ◆ planifier
planchette, plane table ◆ planchette *f.* *(d'arpenteur)*
plane ◆ rabot *m.* ; plane *f.*

plane, plane tree ◆ platane *m.*

plane ◆ plan *n. m.* ou *adj.* (e)

– **inclined plane** ◆ plan incliné

– **shear plane** ◆ plan de cisaillement

plane for circular grooves ◆ rabot pour rainures rondes

plane surface ◆ surface *f.* plane

plane table → ***planchette***

plane (to) ◆ 1. rifler ; raboter ; varloper ; 2. aplanir

planer, planing machine ◆ raboteuse *f.* ; planeuse *f.*

planetarium ◆ planétarium *m.*

planimeter, planometer ◆ planimètre *m.*

planing *(of wood, etc.)* ◆ rabotage *m.* (*ou* rabotement) ; planage *m.*

planing, levelling, smoothing ◆ dégauchissement *m.* (*ou* dégauchissage)

planing bench ◆ établi *m.* de menuisier

planing machine → ***planer***

planishing hammer, smoothing hammer ◆ marteau *m.* à planer

plank ◆ madrier *m.* ; bastaing *m.*

– **in planks *(wood)*** ◆ méplat (e)

planking ◆ voligeage *m.* ; → ***pile planking*** *(am.)*

planking, boarding ◆ planchéiage *m.*

planned ◆ planifié (e)

planner ◆ auteur *m.* d'un plan

– **town planner, city planner** *(am.)* ◆ urbaniste *n. m.* ou *f.*

planning ◆ planification *f.* ; établissement *m.* d'un projet

– ***city planning*** *(am.)*, ***urban planning*** *(am.)* → ***town planning***

– **country planning** ◆ aménagement *m.* du territoire

– **regional planning** ◆ aménagement *m.* régional

– **town planning, city planning, urban planning** ◆ urbanisme *m.*

planning consultant ◆ urbaniste-conseil *m.*

planning and scheduling ◆ coordination *f.* de chantier

planning stage ◆ stade *m.* de projet

planometer → ***planimeter***

planometric → ***oblique projection***

plant ◆ centrale *f.* ; usine *f.*

plant concrete ◆ béton *m.* de centrale

plant construction, factory building ◆ construction *f.* d'usine

plant room, plant space ◆ local *m.* technique

planter ◆ jardinière *f.*

planting ◆ plantation *f.* ; → ***tree planting***

plaster ◆ 1. enduit *m.* ; 2. plâtre *m.*

– **anhydrous-gypsum plaster** ◆ plâtre anhydre

– **cement plaster** ◆ enduit en mortier de ciment

– **coarse plaster** ◆ plâtre grossier

– **final-coat plaster** ◆ plâtre de surfaçage

– **finishing plaster** ◆ enduit de finition

– **flooring plaster** ◆ plâtre de sol

– **gypsum plaster** ◆ enduit de plâtre

– **lime plaster** ◆ enduit de mortier de chaux

– **moulding plaster** ◆ plâtre à mouler

– **stucco plaster** ◆ plâtre à stuc

– **undercoat plaster** ◆ sous-enduit *m.*

– **vermiculite plaster** ◆ plâtre de vermiculite

– **wall plaster** ◆ enduit *m.* mural

plaster base ◆ support *m.* d'enduit ; subjectile *m.*

plaster-depth switch ◆ interrupteur *m.* encastré

plaster filling-up ◆ solin *m.*

plaster finish ◆ 1. enduit au plâtre ; 2. revêtement *m.* en plâtre

plaster kiln ◆ plâtrière *f.* *(usine)*

plaster lime → ***stucco lime***

plaster mortar → ***gypsum mortar***

plaster moulding ◆ moulure *f.* en plâtre

plaster of Paris, hemihydrate plaster, casting plaster ◆ plâtre de Paris

plaster powder, gypsum powder ◆ plâtre en poudre

plaster pump ◆ pompe *f.* à plâtre

plaster reinforcement ◆ armature *f.* à enduit

plaster slab → ***plasterboard***

plaster stone ◆ pierre *f.* à plâtre

plaster stucco ◆ plâtrage *m.* ; plafonnage *m.* en plâtre

plaster with (to) ◆ enduire (de)

plasterboard, plaster slab ◆ plaque *f.* de plâtre ; Placoplâtre *m.*

plastered ◆ plâtré (e)

plasterer ◆ 1. enduiseur *m.* ; plafonneur *n. m.* ou *adj.* ; stucateur *m.* ; 2. plâtrier *m.*

plasterer's putty → ***lime putty, putty***

plastering ◆ 1. plafonnage *m.* ; 2. → ***cement rendering, coat of plastering, rendering***

plastering by hand ◆ pigeonnage *m.*

plastering putty ◆ pâte *f.* de chaux

plastering reed ◆ roseau *m.* pour plafonnage

plastering trowel ◆ truelle *f.* de plafonnage (*ou* plâtroir *m.*)

plasterwork ◆ plâtrage *m.*

plasterwork debris ◆ plâtras *m.*

plastic ◆ 1. plastique *adj.* ; → ***tough*** ; 2. → ***plastics***

plastic arts ◆ arts plastiques *m. pl.*

plastic foam ◆ mousse *f.* synthétique

plastic foil ◆ feuille *f.* en matière plastique

plastic limit ◆ limite *f.* de plasticité

plastic material ◆ matière *f.* plastique

plastics ◆ plastiques *m. pl.* ; matières *f. pl.* plastiques

plasticine ◆ pâte *f.* à modeler

plasticity ◆ plasticité *f.*

plasticizer *(concrete, mortar)* ◆ plastifiant *n. m.* ou *adj.*

plastify (to) ◆ plastifier

plat *(am.)* → ***plot plan***

plat band ◆ plate-bande *f.* (*pl.* plates-bandes)

plate *(metal)* (to) ◆ plaquer

plate *(of metal, etc.)* ◆ plaque *f.*

plate *(of tortoise shell)* ◆ écaille *f.*

plate glass ◆ glace *f.* sans tain

plate iron ◆ tôle *f.* laminée

plate shears ◆ cisailles *f. pl.* à tôle ; coupoir *m.*

plate shears, tinner's snips ◆ cisailles *f. pl.* pour le zinc

plated *(chrome, nickel, tin)* ◆ plaqué (e)

platform ◆ 1. estrade *f.* ; 2. tablier *m.* ; 3. plate-forme *f.* (*pl.* plates-formes)

platform *(railway)* ◆ quai *m.* de gare

plating *(metal work)* ◆ placage *m.*

platinum ◆ platine *m.*

play area, play garden ◆ aire *f.* de jeux *(pour enfants)*

playground of a school ◆ cour *f.* d'école (*ou* cour de récréation)

playgrounds ◆ terrain *m.* de jeux

playing field, playfield *(am.)* ◆ terrain *m.* de sports

playroom ◆ salle *f.* de jeux

pleat *(veneer)* ◆ placage *m.* contrecollé

pleated ◆ plissé (e)

pleating ◆ plissage *m.*

plenum ◆ plénum *m.*

Plexiglas, perspex ◆ Plexiglas *m.*

pliers ◆ pince *f.*

plinth ◆ socle *m.* ; plinthe *f.*

plinth block ◆ socle *m.*

plot, lot *(am.)* ◆ parcelle *f.* ; lot *m.* *(de terrain)*

– **building plot** ◆ terrain *m.* à bâtir

plot plan ◆ plan *m.* parcellaire ; plan cadastral

plot ratio → ***floor-area ratio***

plot (to) ◆ tracer une courbe

plot out (to) ◆ morceler un terrain ; lotir ; allotir

plotting ◆ représentation *f.* graphique

plotting paper → ***millimetre paper***

plough → ***match plane***

plug ◆ 1. bouchon *m.* ; tampon *m.* ; 2. fiche *f.* *(électricité)*

plug *(in wall)* ◆ scellement *m.*

plug tap → ***stopcock***

plug (to) ◆ tamponner

plug *(in wall)* (to) ◆ sceller

plumb ◆ d'aplomb

– **out of plumb** ◆ hors d'aplomb

– **take the plumb, test the plumb (to)** ◆ prendre l'aplomb

plumb bob, plummet ◆ plomb *m.* *(de fil à plomb)*

plumb level ◆ niveau *m.* (*pl.* niveaux) de maçon

plumb line ◆ fil *m.* à plomb

plumber ◆ plombier *m.*

plumber's fire ◆ brasier *m.* du plombier

plumber's solder → ***soft solder***

plumbing ◆ 1. plombage *m.* ; 2. tuyauterie *f.* ; 3. plomberie *f.*

– **prefabricated plumbing unit** ◆ ensemble *m.* sanitaire préfabriqué (*ou* bloc-sanitaire *m.*)

plumbing fixture ◆ sanitaire *m.*

plummet → ***plumb bob***

– **erect with the plummet (to)** ◆ mettre d'aplomb

plunger pump ◆ pompe *f.* à piston ; pompe à plongeur

plush ◆ peluche *f.*

pluvial ◆ pluvial (e) (*pl.* pluviaux/-ales)

pluviometer ◆ pluviomètre *m.*

ply ◆ pli *m.*

plywood ◆ contreplaqué *m.*

– **curved plywood** ◆ contreplaqué cintré

pneumatic ◆ pneumatique

pneumatic caisson, coffer, lacunar ◆ caisson *m.*

pneumatic drill ◆ foreuse *f.* pneumatique

pneumatic hammer, air hammer ◆ marteau *m.* pneumatique ; marteau *m.* piqueur

podium ◆ podium *m.*

point ◆ 1. point *m.* ; 2. → ***mason's chisel***

point of failure ◆ point de rupture

point of support, fulcrum ◆ point d'appui

point *(the joints) (to)* ◆ jointoyer

pointed ◆ pointu (e)

pointed arch → ***arch***

pointed brush ◆ pinceau *m.* (*pl.* pinceaux) ; brosse *f.* à rechampir

pointed hammer, pick ◆ marteau *m.* à pointe ; marteline *f.*

pointed vault → ***vault***

pointing *(of joints)* ◆ jointoiement *m.* (*ou* jointement) ; jointoyage *m.*

pointing mortar, jointing mortar ◆ mortier *m.* de rejointoyage

pointing trowel ◆ crochet *m.*

poise ◆ équilibre *m.*

pole ◆ 1. pôle *m.* ; 2. poteau *m.* ; mât *m.*

pole, pile ◆ pieu *m.* (*pl.* pieux) ; pilot *m.*

pole of a scaffold ◆ poteau d'échafaudage

polish ◆ lustre *m.* ; poli *m.*

polish file, smooth file ◆ lime *f.* douce ; lime *f.* à polir

polish (to) ◆ 1. égriser ; 2. passer au rabot

polish a surface, burnish *(metal) (to)* ◆ adoucir une surface ; polir

polished ◆ poli (e)

polished floor ◆ parquet *m.* ciré

polisher ◆ lissoir *m.* ; polissoir *m.*

polishing ◆ lissage *m.* ; polissage *m.*

pollution ◆ pollution *f.*

pollution control ◆ lutte *f.* contre la pollution

polycarbonate ◆ polycarbonate *m.*

polychrome ◆ polychrome

polychromy ◆ polychromie *f.*

polyester ◆ polyester *m.*

polyethylene, polythene, alkathene ◆ polyéthylène *m.*

polygon ◆ polygone *m.* ; → ***surveying polygon***

polygon of chords ◆ polygone *m.*

polygonal roof → ***pavilion roof***

polygonal rubble ◆ appareil *m.* irrégulier ; appareil cyclopéen

polyhedral ◆ polyèdre *n. m.* ou *adj.*

polymer ◆ polymère *m.*

polymeric ◆ polymère *adj.*

polystyrene ◆ polystyrène *m.*

polystyrene foam, expanded polystyrene ◆ polystyrène expansé

polythene → ***polyethylene***

polyurethane ◆ polyuréthanne *m.*

– **expanded polyurethane** ◆ polyuréthanne *m.* expansé

polyvinyl ◆ polyvinyle *m.*

polyvinyl acetate (P.V.A.) ◆ acétate *m.* de polyvinyle

polyvinyl chloride (P.V.C.) ◆ chlorure *f.* de polyvinyle (P.V.C.)

Pompadour style ◆ Pompadour (style -)

pompon ◆ pompon *m.*

pool ◆ bassin *m.*

– **indoor pool** ◆ piscine *f.* couverte

pool → ***swimming pool***

pool builder ◆ piscinier *m.*

poor → ***lean***

poor concrete ◆ béton *m.* maigre

poor lime ◆ chaux *f.* maigre

poplar ◆ peuplier *m.*

poplar wood, cottonwood *(fam.)* ◆ bois *m.* de peuplier

popping → ***peeling***

populous ◆ peuplé (e)

populousness ◆ densité *f.* de population

porcelain ◆ porcelaine *f.*

porcelain tile ◆ carrelage *m.* en porcelaine

porch ◆ porche *m.* ; auvent *m.*

porosity ◆ porosité *f.*

porous ◆ poreux (-euse)

porphyritic ◆ porphyrique

porphyry ◆ porphyre *m.*

port ◆ port *m.*

portable, portative ◆ portatif (-ive) ; transportable

portal ◆ portail *m.*

  portal crane ◆ grue *f.* à portique

  portal frame ◆ portique *m.*

portative → portable

portcullis ◆ herse *f. (de château fort)*

porter, janitor *(am.)* ◆ concierge *m.*

  porter's lodge ◆ conciergerie *f.* ; loge *f.* de concierge

portico, porticus ◆ portique *m.*

portière → door curtain

Portland cement (P.C.) ◆ ciment *m.* Portland (C.P.)

  Portland-cement mortar ◆ mortier *m.* au ciment Portland

position, level, height ***(of the site or ground)*** ◆ altitude *f.* du terrain

post ◆ 1. poteau *m.* 2. pieu *m.* (*pl.* pieux) ; piquet *m.* ; 3. montant *m. (de barrière)*

– **king post** ◆ poinçon *m. (d'une ferme)*

– **princess post** ◆ jambette *f.*

– **queen post** ◆ faux poinçon *m.*

  post and beam, post and girder, post and lintel construction ◆ construction *f.* à poteaux et à poutres

  post and pane wall ◆ mur *m.* à colombages

post-modern ◆ postmoderne

post-modernism ◆ postmodernisme *m.*

post-office ◆ bureau *m.* de poste

post-tension ◆ post-tension *f.*

post-tensioning ◆ postcontrainte *f.*

poster ◆ 1. pancarte *f.* ; 2. placard *m.*

postern ◆ poterne *f.*

pot ◆ pot *m.* ; → ***paint pot***

  pot belly ◆ panse *f.*

  pot floor → floor

  pot hole ◆ nid *m.* de poule

potter's clay ◆ terre *f.* de poterie

potter's wheel ◆ tour *m.*

pottery ◆ poterie *f. (fabrique)*

  pottery ***(works)*** ◆ poterie *f. (objet)*

pound ◆ livre *f. (453,60 g)*

pounder ◆ pilon *m.*

poured-concrete wall ◆ mur *m.* banché

pouring ***(concrete)*** ◆ coulage *m.*

powder → flour

powdered bricks ◆ briques *f. pl.* en poudre ; poussière *f.* de briques

powdered lime ◆ chaux *f.* en poudre

power ◆ 1. puissance *f.* ; 2. courant *m. (électricité)*

  power float ◆ truelle *f.* mécanique (*ou* hélicoptère *m.*)

pozzolan, pozzolana, puzzolana ◆ pouzzolane *f.*

practice ◆ 1. pratique *f.* ; 2. cabinet de travail

practise, build, construct (to) ◆ construire ; édifier ; bâtir

prairie *(am.)* ◆ prairie *f.*

preassembled ◆ préassemblé (e)

precast ◆ préfabriqué (e)

  precast concrete ◆ béton *m.* préfabriqué

  precast-concrete block ◆ aggloméré *m.* (*ou* agglo, *fam.*) ; parpaing *m.*

  precast-concrete lintel ◆ prélinteau *m.*

  precast stone, reconstructed stone → stone

precinct ◆ enceinte *f.*

– **pedestrian precinct, pedestrian zone** ◆ zone *f.* piétonne

precision ◆ précision *f.*

  precision levelling ◆ nivellement *m.* de précision

precoating ◆ prélaquage *m.*

prefabricate (to) ◆ préfabriquer

prefabricated ◆ préfabriqué (e)

  prefabricated construction ◆ construction *f.* préfabriquée

prefabrication ◆ préfabrication *f.*

– **site prefabrication** ◆ préfabrication foraine

prehistoric ◆ préhistorique

prehistory ◆ préhistoire *f.*

premises ◆ local *m.* (*pl.* locaux)

premixed ◆ prêt (e) à mouiller

pre-planning, pre-design ◆ avant-projet *m.*

  pre-planning stage ◆ stade *m.* de l'avant-projet

presbytery, manse ◆ presbytère *m.*

preservation of wood → wood preservation

preservatives ◆ produits *m. pl.* conservateurs

preserve wood (to) ◆ traiter le bois

press ◆ presse *f.*

press-button switch ◆ interrupteur *m.* à bouton

pressed ◆ pressé (e)

pressed brick ◆ brique *f.* repressée

pressed glass ◆ verre *m.* moulé

pressing ◆ marouflage *m.*

pressure ◆ pression *f.* ; poussée *f.*

pressure gauge ◆ manomètre *m.*

pressure loss ◆ chute *f.* de pression

prestressed ◆ précontraint (e)

prestressed concrete ◆ béton *m.* précontraint

prestressing ◆ précontrainte *f.*

prestressing bar ◆ barre *f.* de précontrainte

prestressing wire ◆ fil *m.* de précontrainte

price ◆ prix *m.*

– **fixed price** ◆ prix forfaitaire

price delivered to the site ◆ prix rendu chantier

price depreciation ◆ moins-value *f.*

price ex-works ◆ prix départ usine

price per item, unit price ◆ prix unitaire

price schedule ◆ série *f.* de prix

pricking-up coat → ***priming***

priests' choir ◆ chaire *f.* *(à prêcher)*

prime *(paint) (to)* ◆ passer la couche d'impression ; imprimer

primer ◆ peinture *f.* d'apprêt

priming, first coat, pricking-up coat ◆ couche *f.* de fond (*ou* d'apprêt) ; impression *f.*

priming paint (or coat or colour) → ***primer***

priming paper, lining paper ◆ papier *m.* d'apprêt

princess post → ***post***

principal → ***master***

principal axis of inertia ◆ axe *m.* d'inertie principale

principal balustre, newel ◆ colonne *f.* de départ ; balustre *m.* de départ

principal beam ◆ poutre *f.* maîtresse

principal building → ***main building***

principal moment of inertia ◆ moment *m.* d'inertie principal

principal rafter *(of a truss)*, blade ◆ arbalétrier *m.*

principal reinforcement ◆ armature *f.* principale

principal stairs, principal staircase ◆ escalier *m.* principal

print ◆ estampe *f.*

– ***blue print*** → ***heliographic print***

prism ◆ prisme *m.*

prismatic ◆ prismatique

prison ◆ prison *f.*

pritaneion, prytaneum ◆ prytanée *m.*

private contract ◆ gré à gré *m.* (marché de -)

private way, private road ◆ chemin *m.* privé

prize ◆ prix *m.* *(concours)*

probability ◆ probabilité *f.*

process ◆ processus *m.*

profane architecture ◆ architecture *f.* profane

profession school, professional school ◆ école *f.* professionnelle ; école technique

professorship ◆ chaire *f.* *(d'enseignement)*

profile ◆ profil *m.*

profile *(of a cornice moulding)* ◆ modénature *f.*

profile of the road ◆ profil *m.* de route

profiled joist ◆ madrier *m.* profilé

profiling ◆ 1. moulure *f.* ; 2. profil *m.*

programme, program *(am.)* ◆ programme *m.*

progress ◆ avancement *m.* des travaux

– **in progress** ◆ en cours d'exécution

progress chart ◆ tableau *m.* d'avancement des travaux

progress report (weekly -) ◆ compte rendu *m.* de la semaine ; rapport *m.* hebdomadaire

progress statement ◆ situation *f.* *(des travaux)* ; état *m.* d'avancement

progression ◆ progression *f.*

project, design ◆ projet *m.*

project (to) ◆ saillir

projecting ◆ saillant (e) ; en saillie

projection ◆ projection *f.*

– **axonometric projection** ◆ projection axonométrique

– **isometric projection** ◆ projection isométrique

– **orthographic projection** ◆ projection orthogonale (*ou* orthographique)

projection, projecture ◆ avant-corps *m.* ; saillie *f.* ; ressaut *m.*

promenade ◆ promenade *f.* ; esplanade *f.*

promenade *(in a concert hall, etc.)* ◆ promenoir *m.*

prompter's box ◆ trou *m.* du souffleur

pronaos ◆ pronaos *m.*

prop ◆ 1. étai *m.* ; étançon *m.* ; chandelle *f.* ; 2. décharge *f.*

prop, shore up (to) ◆ chevaler

prop, stay (to) ◆ étayer (*ou* étançonner)

propelling pencil ◆ portemine *m.*

property ◆ propriété *f.*

– **immovable property** ◆ biens *m. pl.* immeubles

property developer ◆ promoteur *m.*

property line *(am.)*, **boundary line** ◆ limite *f.* de propriété

property tax ◆ impôt *m.* foncier ; taxe *f.* foncière

proportion ◆ proportion *f.*

proportional compasses ◆ compas *m.* de réduction

proportioning ◆ dosage *m.*

proportionless ◆ sans proportion ; hors de proportion

proposal ◆ proposition *f.*

propping ◆ soutènement *m.*

propping, underpropping ***(of a house, etc.)*** ◆ chevalement *m.*

propping-up ◆ étaiement *m.* (*ou* étayage *m.*)

proprietor, owner ◆ propriétaire *m.* ou *f.*

propylaeum, propylon (*pl.* propylaea) ◆ propylée *m.*

proscenium ◆ proscenium *m. (théâtre)*

prospecting the site ◆ reconnaissance *f.* du terrain

prostyle ◆ prostyle

prostyle temple ◆ temple *m.* prostyle

protective coating ◆ couche *f.* de finition

prototype, archetype ◆ prototype *m.* ; archétype *m.*

protractor ◆ rapporteur *m.*

provincial road ◆ route *f.* départementale

Prussian blue ◆ bleu de Prusse

prytaneum ◆ prytanée *m.*

pseudo-attic ◆ faux attique *m.*

pseudo-classical ◆ pseudo-classique

pseudo-dipteral ◆ pseudo-diptère

pseudo-peripteral ◆ pseudo-périptère

public ◆ public (-ique)

public building ◆ établissement *m.* recevant du public

public health ◆ hygiène *f.* publique

public holiday ◆ jour *m.* férié

public holiday, bank holiday ◆ fête *f.* légale

public lavatory ◆ toilettes *f. pl.* publiques

public square ◆ place *f.*

public traffic ◆ circulation *f.* routière ; trafic *m.*

public transport ◆ transports *m. pl.* en commun

public utilities ◆ services *m. pl.* publics

public works ◆ travaux *m. pl.* publics

pudding stone ◆ poudingue *m.*

puddle, mortar of clay ◆ terre *f.* glaise ; mortier *m.* de terre glaise

puddled clay ◆ pisé *m.*

pug → moulding clay

pug mill ◆ malaxeur *m.* d'argile

pull down (to) ◆ abattre ; raser

pull lock ◆ serrure *f.* à tirage

puller down, demolisher ◆ démolisseur *m.*

pulley, gin wheel, idler pulley ◆ poulie *f.*

pulley block, tackle ◆ palan *m.* ; moufle *f.*

pulpit, rostrum, tribune ◆ pupitre *m.* ; chaire *f.*

pulverization ◆ pulvérisation *f.*

pulverizator ◆ pulvérisateur *m.*

pumice, pumice stone, rotten stone ◆ pierre *f.* ponce

pumice concrete ◆ béton *m.* de ponce

pumice sand, slag sand ◆ sable *m.* (*ou* granulées *f. pl.*) de haut fourneau

pumice (to) ◆ poncer

pump ◆ pompe *f.*

– **accelarating pump** ◆ pompe de circulation

– **heat pump** ◆ pompe à chaleur

– **submerged pump** ◆ pompe immergée

pump cistern ◆ réservoir *m.* de pompe

pump out (to) ◆ évacuer ; pomper

pump tube, tail pipe ◆ tuyau *m.* de pompe

pumping station ◆ station *f.* de pompage

punch (to) ◆ pointer

punch, perforate (to) ◆ poinçonner

punch, piercer ◆ 1. emporte-pièce *m.* ; 2. mandrin *m.* ; poinçon *m. (outil)* ; → ***drift***

puncheon → dolly

punching, punching effect ◆ effet *m.* de poinçonnement

punching machine ◆ machine *f.* à poinçonner ; poinçonneuse *f.*

pure lime → fat lime, rich lime → lime

purify (to) ◆ purifier ; → ***cleanse (to)***

purism ◆ purisme *m.*

purist ◆ puriste

purlin, binding rafter ◆ panne *f.* ; ventrière *f.*

– **intermediate purlin** ◆ panne intermédiaire

purlin cleat ◆ chantignole *f.* (*ou* échantignole *f.*)

purple wood, Brazilian rose-wood ◆ palissandre *m.*

put, put in *(a lock, a window pane)* (to) ◆ poser

put in equilibrium (to) ◆ équilibrer

putlog ◆ boulin *m.*

putlog hole ◆ trou *m.* de boulin

putty ◆ mastic *m.*

– **glazier's putty** ◆ mastic de vitrier

– **lime putty, plasterer's putty** ◆ pâte *f.* de chaux

putty knife ◆ couteau *m.* à mastiquer (*ou* de vitrier)

puttying ◆ masticage *m.*

P.V.A. → ***polyvinyl acetate***

P.V.C. → ***polyvinyl chloride***

P.V.C. millwork ◆ menuiserie *f.* en P.V.C.

pycnostyle ◆ pycnostyle

pycnostyle temple ◆ temple *m.* pycnostyle

pylon ◆ pylône *m.*

pyramid ◆ pyramide *f.*

pyramid roof, pyramidal-hipped roof ◆ toit *m.* en pavillon

pyramidal ◆ pyramidal (e) (*pl.* pyramidaux/-ales)

pyramidion ◆ pyramidion *m.*

pyrites ◆ pyrite *f.*

pyrography ◆ pyrogravure *f.* *(sur bois, etc.)*

pyrometer ◆ pyromètre *m.*

Q

quad, quadrangle ◆ cour *f.* d'honneur
– **main quad** ◆ cour carrée *(d'un édifice public)*
quadrangle ◆ quadrangle *m.* ; quadrilatère *m.* ;
→ ***yard***
quadrangular ◆ quadrangulaire
quadrant ◆ quadrant *m.* ; quart de cercle *m.*
quadrant iron ◆ fer *m.* en quart de cercle
quadrant moulding ◆ quart-de-rond *m.*
(*pl.* quarts-de-rond)
quadrilateral ◆ quadrilatère *adj.*
quadrilobate ◆ quadrilobé (e)
quadripartite ◆ quadripartite
quantities → ***estimate of costs***
– **take out quantities (to)** ◆ faire un devis
quantity survey ◆ métré *m.* ; toisé *m.*
quantity surveyor ◆ 1. métreur *m.* ; 2. économiste *m.*
quarrel → ***glass cutter***
quarry ◆ carrière *f.* ; → ***slate pit***
quarry stone, rubble stone ◆ moellon *m.*
quarry tile ◆ carreau *m.* en grès
quarter *(of a town)* ◆ quartier *m.* *(d'une ville)*
quarter round *(moulding)* ◆ quart-de-rond *m.* (*pl.*
quarts-de-rond)
quarterpace, quarterspace landing ◆ palier *m.* d'angle
quartz ◆ quartz *m.*
quartzose ◆ quartzeux (-euse)
quartzy sandstone ◆ grès *m.* quartzeux
quatrefoils ◆ 1. quatre-feuilles *f. pl. inv.* ;
2. quadrilobe *m.*
quay, wharf ◆ quai *m.*
quay wall, wharf wall ◆ mur *m.* de quai
queen post ◆ faux-poinçon *m.*
queencloser, half-header ◆ demi-brique *f.*
quicklime ◆ chaux *f.* vive
quick setting ◆ prise *f.* rapide
quick-setting admixture ◆ accélérateur *m.* de prise
quick-setting cement, rapid-hardening
cement ◆ ciment *m.* à prise rapide
(*ou* ciment *m.* prompt)
quilt → ***blanket***
quincunx ◆ quinconce *m.*
quintal ◆ quintal *m.* (*pl.* quintaux)
quoin ◆ angle *m.* ; coin *m.*
quoin, coin, corner stone ◆ pierre *f.* angulaire ;
pierre d'angle
quoit ◆ disque *m.*

R

rabbet *(of doors* or *windows),* rebate ◆ feuillure *f.*

rabbet plane, rebate plane ◆ feuilleret *m.* (*ou* guillaume *m.*)

rabbeted, rebated ◆ à feuillure

race course ◆ piste *f.* *(d'hippodrome, etc.)*

rack, cribs, manger ◆ râtelier *m.* *(d'étable)*

rackjack ◆ cric *m.* à crémaillère

radial brick, compass brick → arch brick → brick

radial projection → perspective

radial step, winder → step

radiance ◆ rayonnement *m.*

radiant ◆ rayonnant (e) ; radiant (e)

Radiant City ◆ Cité *f.* radieuse *(Le Corbusier)*

radiant heat, radiating heat ◆ chaleur *f.* rayonnante

radiant heater ◆ panneau *m.* radiant

radiant heating ◆ chauffage *m.* par rayonnement

radiant panel ◆ radiateur *m.* plat ; radiateur-panneau *m.*

radiating ◆ rayonnant (e)

radiation ◆ radiation *f.*

radiator ◆ radiateur *m.*

radiator casing, radiator cover ◆ cache-radiateur *m.* (*pl.* cache-radiateurs)

radiator paint ◆ peinture *f.* pour radiateurs

radius (*pl.* radii) ◆ rayon *m.* *(de cercle)*

raft, float ◆ radeau *m.*

– **foundation raft** ◆ radier *m.* de fondation

raft foundation, mat foundation *(am.)* ◆ radier *m.* général

rafter, roof tree ◆ chevron *m.*

– ***angle rafter → hip rafter***

– **common rafter** ◆ chevron *(de long pan)*

– **hip rafter, angle rafter** ◆ arêtier *m.* de croupe ; arêtier *m.*

– **jack rafter** ◆ empannon *m.*

– **look-out rafter** ◆ chevron en porte à faux

– **main rafter, principal rafter, truss rafter** ◆ arbalétrier *m.*

– **valley rafter** ◆ arêtier *m.* de noue ; chevron de noue

rafter nail ◆ dent-de-loup *f.*

rag bolt, lewis bolt ◆ boulon *m.* de scellement

rag felt** (am.) **→ bituminous felt

rag-stone wall ◆ mur *m.* en moellons *(de pierre)*

rail ◆ 1. rail *m.* ; 2. liteau *m.* *(tringle de bois)* ; 3. traverse *f.*

– **bottom rail** ◆ traverse basse

– **centre rail** ◆ traverse médiane

– **guard rail** ◆ garde-fou *m.* (*pl.* garde-fous)

– **meeting rail** ◆ traverse du milieu *(fenêtre à guillotine)*

– **top rail** ◆ traverse haute

rail, railing ◆ garde-corps *m. inv.* ; garde-fou *m.* (*pl.* garde-fous)

rail → door rail, door head, lock rail

rail *(of stair)* ◆ main *f.* courante

rail post ◆ montant *m.* de garde-corps

railing → bridge railing, fencing

railings, rails ◆ grille *f.* *(de clôture)*

railroad** (am.) **→ railway

railroad-platform roof *(am.)* ◆ verrière *f.* de gare

railway, railroad *(am.)* ◆ chemin *m.* de fer

railway bridge ◆ pont *m.* de chemin de fer

railway engineering, track laying ◆ construction *f.* de chemin de fer

railway sleeper, crossbeam ◆ traverse *f.* *(de chemin de fer)*

railway station ◆ gare *f.* *(de chemin de fer)*

rain barrier ◆ pare-pluie *m. inv.*

rain chart ◆ carte *f.* pluviométrique

rain gauge ◆ pluviomètre *m.*

rain leader** (am.) **→ rainwater pipe

rainbow coloured ◆ irisé (e)

rainwater ◆ eaux *f. pl.* pluviales (E.P.)

rainwater drainage ◆ évacuation *f.* des eaux pluviales ; drainage *m.* de la toiture

rainwater head, leader head *(am.)* ◆ cuvette *f.* ; naissance *f.* de descente d'eaux pluviales

rainwater pipe, downpipe, fall pipe *(am.)*, **rain leader** *(am.)* ◆ descente *f.* d'eaux pluviales ; tuyau *m.* de descente

rainwater sewer ◆ réseau *m.* pluvial

raise (to) ◆ surélever ; réhausser

raise *(an embankment)* (to) ◆ remblayer

raised arch* → *arch

raised floor ◆ faux plancher *m.*

raised-flooring system* → *flooring

raised work ◆ ouvrage *m.* en relief

raising ◆ élévation *f.* ; surélévation *f.* ; réhaussement *m.*

raising piece ◆ sablière *f.*

raker, raking shore ◆ contre-fiche *f.*

raking bond* → *diagonal bond

ram ◆ bélier *m.*

ram, rammer ◆ mouton *m.* ; dame *f.* ; → ***monkey, paving beetle***

ram, tamp (to) ◆ battre ; damer ; enfoncer dans le sol

ram in (to)* → *drive in (to)

rammed concrete, punned concrete ◆ béton *m.* damé ; béton compacté

ramp ◆ 1. talus *m.* ; 2. rampe *f.* ; 3. glacis *m. inv.*

– **stepped ramp** ◆ pas-d'âne *m. inv.*

rampant arch* → *arch

rampant vault* → *vault

rampart ◆ rempart *m.*

ramped steps ◆ pas-d'âne *m. inv.*

ramshackle, tumbledown ◆ délabré (e) ; vétuste

range ◆ rangée *f.*

range pole, range rod, ranging pole, ranging rod ◆ jalon *m.*

range out (to) ◆ jalonner

ranging-out ◆ jalonnement *m.*

rapid-hardening cement* → *quick-setting cement

rasp, grater ◆ râpe *f.*

rate *(am.)* ◆ tarif *m.*

rating ◆ classement *m.*

rat tail, rat-tail file ◆ queue-de-rat *f.* (*pl.* queues-de-rat)

ratio ◆ proportion *f.* ; rapport *m.*

– **modular ratio** ◆ rapport modulaire

– **floor-space ratio** ◆ rapport plancher-sol

rational ◆ rationnel (-elle)

rational architecture ◆ architecture *f.* rationnelle

rationalism ◆ rationalisme *m.*

rationalist ◆ rationaliste *m.*

rattan, rattan cane ◆ rotin *m.*

rattan rush ◆ jonc *m.*

raw, rough ◆ brut (e) ; grossier (-ière) ; non travaillé (e)

raw iron ◆ fer *m.* brut

raw-linseed oil ◆ huile *f.* de lin crue

raw marble ◆ marbre *m.* brut

raw material ◆ matière *f.* première

ray ◆ rayon *m.*

– **pith ray, wood ray** ◆ rayon ligneux

rayonnant style, rayonnant Gothic ◆ gothique *m.* rayonnant

raze (to) ◆ raser

R.C.* → *reinforced concrete

reaction ◆ réaction *f.*

reading glass, magnifying glass ◆ loupe *f.* *(à main)*

ready mixed, ready for use ◆ prêt (e) à l'emploi

reagent ◆ réactif *m.*

real ◆ immobilier (-ère)

real estate ◆ bien *m.* immobilier ; bien(s) immeuble(s)

reamer, tampin, turning pin ◆ alésoir *m.*

reaming ◆ alésage *m.*

rear façade* → *back façade

rebar ◆ barre *f.* d'armature

rebate* → *rabbet

rebate plane* → *rabbet plane

rebated* → *rabbeted

rebuild (to) ◆ reconstruire

rebuilding ◆ 1. reconstruction *f.* ; 2. réfection *f.*

receptacle *(am.)*, **socket outlet** ◆ prise *f.* de courant femelle

receptor** (am.)* → ***shower-bath tray

recess ◆ enfoncement *m.*

recessed ◆ en retrait

recessed balcony ◆ loggia *f.*

recessed joint ♦ joint *m.* creux

recessed order of an arch ♦ voussure *f.*

recoiling ♦ rebobinage *m.*

reconstituted *(stone)* ♦ reconstitué (e)

reconstruct (to) ♦ reconstruire

reconstructed stone, precast stone → stone

reconstruction ♦ reconstruction *f.*

rectangle ♦ rectangle *m.*

rectangular ♦ rectangulaire

rectangular *(timber)*, listed *(boards)*, hewn ♦ équarri (e)

rectification ♦ rectification *f.*

rectilinear style, perpendicular style ♦ style *m.* perpendiculaire *(Angleterre, XVe s.)*

rectory ♦ presbytère *m.*

recumbent figure ♦ gisant *m.*

recycling ♦ recyclage *m.*

red ♦ rouge

red brass ♦ tombac *m.*

red chalk ♦ rubrique *f.*

red deal → redwood

red fir → Douglas fir

red heat, incandescence temperature ♦ température *f.* au rouge

red lead, lead minium, lead primer ♦ minium *m.* de plomb

red pimple ♦ rubis *(couleur)*

redwood, red deal, pine ♦ pin *m.* rouge

redressed stone → dressed stone

redress *(stonework)* (to) ♦ ravaler

redressing ♦ ravalement *m.*

reducer ♦ 1. manchon *m.* réducteur ; 2. réduction *f.*

reducing pipe → taper pipe

reduction ♦ réduction *f.*

reduction compasses ♦ compas *m.* de réduction

reduction of a drawing ♦ réduction *f.* d'un plan

reduit ♦ réduit *m.*

redundancy ♦ redondance *f.*

reed ♦ roseau *m.*

re-entering ♦ rentrant (e)

re-entrant corner, re-entrant angle ♦ angle *m.* rentrant

re-entrant curve ♦ courbe *f.* rentrante

re-fashion (to) ♦ refaçonner

refectory ♦ réfectoire *m.*

reference mark ♦ point *m.* de repère

reference work ♦ référence *f.* *(d'une entreprise)*

refinery ♦ raffinerie *f.*

reflectance ♦ réflectance *f.*

reflection ♦ réflexion *f.*

reflector ♦ réflecteur *m.*

refraction *(of light)* ♦ réfraction *f.* *(de la lumière)*

refractory ♦ réfractaire

refractory brick → fire brick

refractory cement → fire cement

refractory clay → fire clay

refractory concrete → concrete

refractory mortar → fireproof mortar

refuge ♦ refuge *m.*

refurbishment ♦ rénovation *f.*

refuse ♦ ordures *f. pl.*

refuse chute ♦ vide-ordures *m. inv.*

regency ♦ Régence *f.*

Regency style ♦ Régence (style -)

region ♦ région *f.*

regional planning ♦ planification *f.* régionale

regionalism ♦ régionalisme *m.*

register ♦ 1. registre *m.* ; → ***table*** ; 2. grille *f.* de ventilation

– **warm-air register** ♦ bouche *f.* d'air chaud

register *(of chimney)* ♦ trappe *f.*

register of wages → pay list

reglet ♦ réglet *m.*

regulations, by(e)-law, instructions ♦ règlement *m.* ; réglementation *f.*

– **land regulation** ♦ réglementation du sol

regulator ♦ régulateur *m.*

rehabilitation ♦ réhabilitation *f.*

rehabilitation zone ♦ zone *f.* d'assainissement

reinforced, armoured ♦ armé (e) ; renforcé (e)

reinforced concrete (R.C.), ferro-concrete ♦ béton *m.* armé

reinforced-concrete construction ♦ construction *f.* en béton armé

reinforced-concrete regulations (*or* code) ♦ règles *f. pl.* de construction en béton armé ; règles B.A.

reinforced door ◆ porte *f.* blindée

reinforcement ◆ 1. renfort *m.* ; 2. armature *f.*

- **beam reinforcement** ◆ armature de poutre
- **binding reinforcement** ◆ armature de frettage
- **corner reinforcement** ◆ armature d'angle
- **cross reinforcement** ◆ armature diagonale
- **fixing reinforcement** ◆ armature d'encastrement
- **helical reinforcement, hoop reinforcement** ◆ frettage *m.*
- **longitudinal reinforcement** ◆ armature longitudinale
- **mesh reinforcement** ◆ armature en treillis
- **negative reinforcement** ◆ armature de moment négatif
- **shrinkage reinforcement** ◆ armature de retrait
- **web reinforcement** ◆ armature d'âme
- **welded-wire reinforcement, wire-mesh reinforcement** ◆ armature en treillis soudé

reinforcement bond ◆ adhérence *f.* de l'armature

reinforcement ratio ◆ rapport *m.* d'armature

reinforcing bar ◆ fer *m. (à béton)* ; barre *f.* d'armature

reinforcing bars ◆ ferraillage *m.*

reinforcing rod ◆ rond *m. (à béton)*

reins of vault ◆ piédroit (*ou* pied-droit) *m.* de voûte

rejoint (to) ◆ rejointoyer

rejointing ◆ rejointoiement *m.*

rejointing of a wall ◆ ravalement *m.*

relative humidity (R.H.) ◆ 1. humidité *f.* relative ; 2. degré *m.* hygrométrique

relative weight ◆ poids *m.* relatif

relay *(a pavement, pipes, etc.)* (to) ◆ remanier

release *(from mould)* ◆ démoulage *m.*

release agent ◆ agent *m.* de décoffrage (*ou* de démoulage)

relic ◆ relique *f.*

relief, emboss ◆ relief *m.*

relief-surfaced tile ◆ carrelage *m.* en relief

relieving arch → discharging arch → arch

relievo ◆ relief *m.*

religious painting ◆ peinture *f.* religieuse

reliquary ◆ reliquaire *m.*

remaking ◆ réfection *f.*

remote control ◆ télécommande *f.*

removable ◆ démontable ; amovible

removal of rust ◆ enlèvement *m.* de la rouille

remover → paint remover

remuneration ◆ honoraires *m. pl.*

Renaissance ◆ Renaissance *f.*

Renaissance style ◆ style *m.* Renaissance

render, plaster (to) ◆ enduire

rendered work, floated work ◆ ouvrage *m.* crépi ; ouvrage enduit

rendering ◆ enduit *m.* ; gobetage *m.*

- **cement rendering** ◆ enduit de ciment
- **rough rendering, rough cast** ◆ mouchetis *m.*
- **smoothed rendering** ◆ enduit taloché

rendering *(of a drawing)* ◆ rendu *m. (d'un dessin)*

rendering, plastering ◆ application *f.* d'un enduit

render(ing) coat ◆ gobetis *m.* ; couche *f.* de fond

rendering mortar ◆ mortier *m.* de gobetage ; crépi *m.*

rendering trowel ◆ truelle *f.* à crépir ; truelle à plafonner

rendering worker ◆ façadier *m.*

render (to) ◆ crépir ; enduire

renovate (to) ◆ rénover

renovation ◆ rénovation *f.*

rent ◆ loyer *m.*

rental value ◆ valeur *f.* locative

renting ◆ location *f.*

repaint (to) ◆ repeindre

repair, repairing ◆ réparation *f.*

- **cosmetic repairs** ◆ réparations *f. pl.* esthétiques
- **under repair** ◆ en réparation

repair (to) ◆ rafraîchir ; restaurer

repairing *(tiles)* ◆ réfection *f.* de tuiles

repartition bar, distribution steel (*or* rod) ◆ acier *m.* de répartition

replotting ◆ remembrement *m.*

repoussé ◆ repoussé (e)

represent in profile (to) ◆ profiler

repressed brick ◆ brique *f.* repressée

requirement ◆ contrainte *f.*

resemblance ◆ ressemblance *f.*

reservoir → tank

residence ◆ 1. résidence *f.* ; 2. habitation *f.*

residential ◆ résidentiel (-elle)

resilient ◆ résilient (e)

resin ◆ résine *f.*
- **acrylic resin, acrylate resin** ◆ résine acrylique
- **alkyd resin** ◆ résine alkyde
- **epoxy resin** ◆ résine époxyde
- **polyester resin** ◆ résine polyester
- **polyvinyl resin** ◆ résine polyvinylique
- **synthetic resin** ◆ résine synthétique

resin mortar ◆ mortier *m.* de résine
resinous ◆ résineux (-euse)
resist (to) ◆ résister
resistance ◆ résistance *f.*
resistance to tensile stress, tensile strength ◆ résistance *f.* à la traction
resistant ◆ résistant (e)
resonance ◆ résonance *f.*
responsibility (legal -) ◆ responsabilité *f.* *(légale)*
rest ◆ pause *f.*
restaurant ◆ restaurant *m.*
restitution ◆ restitution *f.*
restoration ◆ restauration *f.*
Restoration style ◆ style Restauration
restore (to) ◆ restaurer
rest room *(am.)* ◆ toilettes *f. pl.*
resulting force, resultant ◆ force *f.* résultante ; résultante *f.*
re-surfacing ◆ réfection *f.* du revêtement
retaining dam (*or* dike), barrage ◆ barrage *m.*
retaining wall ◆ mur *m.* de soutènement ; → ***water-retaining wall***
retarder ◆ retardateur *m.* de prise
retention money, retainage *(am.)* ◆ retenue *f.* de garantie
reticular ◆ réticulaire
reticulated ◆ réticulé (e)
reticulated engraving ◆ ajour *m.*
reticulated work ◆ appareil *m.* réticulé (*ou* opus reticulatum *m.*)
re-tile *(a roof)* (to) ◆ remanier
return *(of a wall)* ◆ retour *m.*
return bead ◆ boudin *m.* ; baguette *f.*
return pipe ◆ retour *m.* *(chauffage)*
return stairs ◆ escalier *m.* à palier(s)
re-use ◆ réemploi *m.* (*ou* remploi)
re-use (to) ◆ réemployer (*ou* remployer)
reveal → jamb
reveal *(of dormer window)* ◆ jouée *f.* de lucarne
reverberation ◆ réverbération *f.*
reverberation time (*or* period) ◆ temps *m.* de réverbération
reverse gradient ◆ contre-pente *f.* (*pl.* contre-pentes)
reverse mould → negative form
reversed arch → inverted arch → arch
revetment *(of slope)* ◆ 1. perré *m.* ; 2. revêtement *m.* *(de talus)*
revetment *(wall)* ◆ revêtement *m.*
review, critique ◆ critique *f.*
revolution ◆ révolution *f.*
revolving door → door
revolving crane ◆ grue *f.* pivotante
revolving kiln ◆ four *m.* rotatif
revolving shutter → roller blind
rez-de-chaussée ◆ rez-de-chaussée *m. inv.*
rheostat ◆ rhéostat *m.*
rhomb, rhombus ◆ losange (*ou* rhombe *m.*)
rhythm ◆ rythme *m.*
R.I. → rolled iron
rib ◆ nervure *f.*
- **groin rib** ◆ ogive *f.*
- **intersecting ribs** ◆ croisée *f.* d'ogives

rib *(of a profile)* ◆ arête *f.* du profil
ribbed ◆ nervuré (e) ; à ogives
ribbed glass, grooved glass ◆ verre *m.* strié ; verre cannelé
ribbed sheet ◆ plaque *f.* nervurée
ribbed vault ◆ voûte *f.* à nervures ; voûte d'ogive
ribbon ◆ ruban *m.*
ribbon saw, band saw, endless saw ◆ scie *f.* à ruban
rich lime → fat lime
riddle → ***sieve***
riddle (to) → sieve (to)
ridge, ridge pole ◆ faîte *m.* ; faîtage *m.*
ridge beam ◆ poutre *f.* faîtière
ridge covering, ridge capping ◆ couverture *f.* du faîte
ridge plate *(of roof)* ◆ longrine *f.*
ridge purlin ◆ panne *f.* faîtière

ridge rib ◆ lierne *f.*

ridge roof, saddle roof ◆ comble *m.* à pignon (*ou* comble à deux pentes)

ridge tile, overtile ◆ tuile *f.* faîtière (*ou* enfaîteau *m.*) (*pl.* enfaîteaux) ; faîtière *f.*

ridged, saddleback, high-crowned road ◆ route *f.* en dos-d'âne

riding school ◆ manège *m.*

right angle ◆ angle *m.* droit

– **at right angles** ◆ d'équerre ; en retour d'équerre

right of way ◆ servitude *f.* de passage

rigid ◆ indéformable ; rigide

rigid frame → ***frame***

rigid reinforcement, stiff reinforcement ◆ armature *f.* rigide ; armature autoportante

rim ◆ bordure *f.*

rim lock ◆ serrure *f.* en applique

rime ◆ givre *m.*

rind ◆ écorce *f.*

ring ◆ 1. anneau *m.* ; bague *f.* ; 2. → ***key ring***

– **shaft ring** ◆ anneau *m.* de colonne

ring latch, fall bar ◆ clenche *f.*

ring of growth → ***annual ring***

ring road → ***road***

ring shaped ◆ annulaire

ring shaped vault → ***annular vault*** → ***vault***

ringed ◆ annelé (e)

rip (to) → ***saw lengthwise (to)***

rip saw, ripper ◆ scie *f.* de long ; scie passe-partout ; scie à refendre

ripper ◆ tire-clou *m.* (*pl.* tire-clous) ; arrache-clou *m.* (*pl.* arrache-clous)

ripping, sawing along with the grain ◆ sciage *m.* de long

rise, riser height ◆ hauteur *f.* de marche

rise → ***arrow***

rise ratio ◆ rapport *m.* de la flèche à la portée

riser, flow pipe ◆ colonne *f.* montante

riser ◆ contremarche *f.*

riser height → ***rise***

rising-barrel vault ◆ berceau *m.* rampant

rising-butt hinge ◆ paumelle *f.* à hélice

rive (to) → ***cleave (to)***

river ◆ rivière *f.*

river bed, river channel ◆ lit *m.* d'un fleuve (*ou* d'une rivière)

river clay, river loam ◆ argile *f.* de rivière

river gravel ◆ gravier *m.* fluvial (*ou* d'une rivière)

river sand ◆ sable *m.* fluvial (*ou* d'une rivière)

rivet ◆ rivet *m.*

rivet head ◆ tête *f.* de rivet

rivet hole ◆ trou *m.* de rivet

rivet shaft ◆ tige *f.* de rivet

rivet together, join with rivets (to) ◆ riveter (*ou* attacher en rivant)

rivet tongs ◆ pince *f.* à riveter

rivet, clench (to) ◆ riveter ; river

riveted joint ◆ assemblage *m.* riveté

riveting ◆ rivetage *m.*

riveting gun, riveting hammer ◆ marteau *m.* riveur (*ou* rivoir *m.*) ; pistolet *m.* à riveter

riveting machine ◆ riveteuse *f.* (*ou* riveuse)

riveting set ◆ chasse-rivets *m.*

rivetted ◆ rivé (e)

rivetwork ◆ ouvrage *m.* riveté

road ◆ route *f.* ; voie *f.*

– **access road, approach road** ◆ voie d'accès

– **main road** ◆ grande artère *f.*

– **orbital road** ◆ boulevard *m.* de ceinture

– **ring road** ◆ boulevard *m.* périphérique

– **service road** ◆ voie de desserte

road construction ◆ construction *f.* de route

road foundation ◆ fondation *f.* de route

road making → ***construction of roads***

road post ◆ gîte *m.* d'étape

roads → ***road system***

road sign ◆ signal *m.* routier

road surface ◆ revêtement *m.* de route

road sweeper ◆ balayeuse *f.*

road system, network of roads, roads ◆ voirie *f.* ; réseau *m.* de la voirie

road tunnel ◆ tunnel *m.* routier

road works ◆ voirie *f.*

roadway ◆ chaussée *f.*

roadway, paved surface ◆ 1. surface *f.* de chaussée ; 2. couche *f.* de roulement

rock ◆ roche *f.*
– **metamorphic rock** ◆ roche métamorphique
– **sedimentary rock** ◆ roche sédimentaire
– **stratified rock** ◆ roche stratifiée
rock, rock cut ◆ rupestre
rock church ◆ église *f.* rupestre
rock-cut temple → ***rock temple***
rock drawings, rock painting ◆ peinture *f.* rupestre
rock drill ◆ trépan *m.*
rock garden, rockery ◆ jardin *m.* alpin ; jardin de rocaille
rock grave ◆ tombeau *m.* rupestre
rock ground (*or* rocky ground) ◆ rocher *m.* ; sol *m.* rocheux
rock temple, rock-cut temple ◆ temple *m.* rupestre
rock wool ◆ laine *f.* de roche
rock work ◆ rocaille *f.*
rockery → ***rock garden***
rocking chair ◆ chaise *f.* à bascule (*ou* rocking-chair *m.*)
rockwork style ◆ style *m.* rocaille
rocky ◆ rocheux (-euse)
rocky ground → ***rock***
rococo ◆ rococo *m.*
rococo style ◆ style *m.* rococo
rod ◆ 1. verge *f.* ; vergette *f.* ; 2. fer *m.* rond
– **connecting rod** ◆ mèche *f.* *(armature)*
– **leveling rod** *(am.)*, **levelling staff** ◆ mire *f.*
– **range rod, ranging rod** ◆ jalon *m.*
– **stadia rod** ◆ stadia *m.*
– **stay rod** ◆ tirant *m.*
rod iron → ***bar iron***
rod man *(am.)*, **staff man** ◆ porte-mire *m.*
rodding, puddling ◆ piquage *m.* *(du béton)*
roll ◆ rouleau *m.*
roll (moulding *or* ornamentation) ◆ tore *m.* ; boudin *m.*
roll (to) ◆ laminer
rolled ◆ 1. doublé (e) ; 2. laminé (e)
– **cold rolled** ◆ laminé (e) à froid
– **hot rolled** ◆ laminé (e) à chaud
rolled beam, rolled steel beam ◆ poutre(lle) *f.* laminée
rolled iron (R.I.) (*or* steel – R.S.) ◆ fer *m.* (*ou* acier *m.*) laminé
rolled profile, rolled joist ◆ profil *m.* laminé
roller ◆ rouleau *m.* ; cylindre *m.*
– **paint roller** ◆ rouleau à peinture
– **compacting roller** ◆ compacteur *m.*
– **vibrating roller** ◆ rouleau vibrant
roller blind, revolving shutter, roller shutter ◆ volet *m.* roulant
roller curtain ◆ rideau *m.* à enroulement
roller fitting for a sliding door ◆ poulie *f.* haute
rolling ◆ cylindrage *m.* ; laminage *m.*
rolling mill ◆ 1. laminoir *m.* ; 2. laminerie *f.*
Roman ◆ romain (e) ; → ***early Roman***
Roman architecture ◆ architecture *f.* romaine
Roman art ◆ art *m.* romain
Roman cement ◆ ciment *m.* romain
Roman theatre ◆ théâtre *m.* romain
Roman tile ◆ tuile *f.* romaine
romanesque ◆ roman (e)
– **early romanesque** ◆ Haut Roman
– **late romanesque** ◆ Bas Roman
romanesque architecture ◆ architecture *f.* romane
romanesque style ◆ style *m.* roman
romanesque tile ◆ tuile *f.* romane
rood loft, rood screen ◆ jubé *m.*
roof ◆ 1. toit *m.* ; toiture *f.* ; 2. comble *m.*
– **flat roof** ◆ toiture-terrasse *f.*
– **gable roof** ◆ toit à pignon ; comble à pignon
– ***gambrel roof*** *(am.)* → ***mansard roof***
– ***half-span roof*** → ***pent roof***
– **hip(ped) roof** ◆ toit en croupe
– **inverted roof, upside-down roof** ◆ toiture *f.* inversée
– ***lean-to roof*** → ***pent roof***
– **mansard roof, gambrel roof** *(am.)* ◆ toit mansardé ; comble brisé ; comble à la Mansart
– **monitor roof** ◆ comble à lanterneau
– **pent roof, lean-to roof, monopitch(ed) roof, penthouse roof** ◆ appentis *m.* ; comble en appentis
– **pitched roof** ◆ 1. toiture inclinée ; 2. toit à deux versants
– **pyramid(al) roof** ◆ toit en pavillon
– **ridge roof, saddle roof** ◆ comble à pignon (*ou* comble à deux pentes)

– **sawtooth roof** ◆ toit en shed (*ou* toit à redents)
– **shed roof** ◆ toit à un seul versant ; toit en appentis
– **shell roof** ◆ toit en voile mince *(de béton armé)*
– **single-pitch roof** ◆ toit monopente
– **station roof, umbrella roof** ◆ parapluie *m.*
roof area, slope ◆ pan *m.* de toit (*ou* versant *m.*)
roof batten(ing) ◆ lattis *m.* de toit
roof board ◆ volige *f.*
roof boarding, roof sheathing ◆ 1. voligeage *m.* ; 2. sous-toiture *f.* ; 3. bardeau *m.*
roof break ◆ ligne *f.* de bris(is)
roof construction, roofing ◆ construction *f.* de la toiture
roof covering ◆ toiture *f.* (*ou* couverture *f.* du toit)
roof-covering material ◆ matériau *m.* de couverture
roof cresting ◆ crête *f.* de faîte
roof garden ◆ terrasse-jardin *f.* (*ou* terrasse sur le toit) ; jardin *m.* suspendu
roof girder ◆ ferme *f.*
roof gutter, box gutter ◆ gouttière *f.* ; chéneau *m.*
roof ladder* → *cat ladder
roof lath ◆ latte *f.* *(de toiture)*
roof light ◆ fenêtre *f.* de toit ; tabatière *f.* ; lucarne *f.* faîtière
roof slope* → *pitch (or angle) of a roof
roof space ◆ comble *m.*
roof tile, roofing tile ◆ tuile *f.*
roof tree ◆ poutre *f.* faîtière
roof truss ◆ ferme *f.*
roof (to) ◆ construire la toiture (*ou* les combles)
roofer ◆ liteau *m.*
roofer ◆ couvreur *m.*
roofing ◆ toiture *f.*
roofing, roof of a building* → *roof construction
roofing asphalt ◆ asphalte *m.* pour toiture
roofing felt ◆ feutre *m.* de toiture
roofing paper, building paper ◆ papier *m.* asphalté ; carton *m.* asphalté
roofing thatch ◆ chaume *m.*
roofing tile* → *roof tile
roofing tree, common rafter ◆ chevron *m.*
rooftop balcony ◆ toiture-terrasse *f.*
room, chamber ◆ chambre *f.* ; pièce *f.*
room, hall ◆ salle *f.*
– **dining room** ◆ salle à manger
– **drawing room** ◆ grand salon *m.*
– **living room** ◆ salle de séjour
– **powder room** ◆ toilettes *f. pl.* pour dames
rooms on the same floor ◆ pièces de plain-pied
root ◆ racine *f.*
root timber ◆ bois *m.* de racine ; bois *m.* ronceux
rooter* → *rabbet plane
rope, cord ◆ corde *f.*
rope, oakum ◆ étoupe *f.*
– **wire rope** ◆ câble *m.* *(métallique)*
rope ladder ◆ échelle *f.* de corde
rope moulding* → *moulding
rope pulley ◆ poulie *f.* à corde ; poulie à gorge
rosace* → *rosette
rose ◆ rose *f.* ; rosace *f.*
rose bush ◆ rosier *m.*
rose colour ◆ rose *(couleur)*
rose garden, rosery ◆ roseraie *f.*
rose tree ◆ rosier *m.*
rose window, wheel window, catherine-wheel window ◆ rose *f.*
rose-wood* → *Brazilian rose-wood
rosery* → *rose garden
rosette, rosace ◆ rosette *f.* ; rosace *f.*
rostral *(column)* ◆ colonne *f.* rostrale
rostrum* → *pulpit
rot, decay ◆ pourriture *f.*
rotary float, rotary trowel ◆ hélicoptère *m.*
rotproof, anti-rot ◆ imputrescible
rotunda ◆ rotonde *f.*
rough ◆ grainé (e)
rough, uneven ◆ brut (e) ; non travaillé(e)
rough ashlar *(for foundations, etc.)* ◆ libage *m.*
rough cast ◆ crépi *m.* tyrolien ; mouchetis *m.*
rough-cast machine ◆ tyrolienne *f.*
rough casting* → *rendering, rough rendering
rough coat *(plaster)* ◆ crépi *m.* ; gobetis *m.*
rough draft ◆ croquis *m.* ; esquisse *f.*
rough estimate ◆ devis *m.* approximatif
rough file *(for metal)* ◆ râpe *f.* (*ou* lime *f.* grossière)

rough file → ***coarse file***

rough grading ◆ terrassement *m.* grossier

rough hew (to) ◆ dégrossir

rough masonry ◆ hourdis *m.* (*ou* hourdage *m.*)

rough opening ◆ ouverture *f.* nue

rough out (to) ◆ épanneler

rough rendering ◆ mouchetis *m.*

rough stone ◆ moellon *m.*

rough wall (to) ◆ limousiner

rough walling *(of rubble and mortar)* ◆ limousinage *m.*

roughen (to) ◆ boucharder

roughhewn ◆ grossièrement équarri (e) ; dégrossi (e)

roughing-out ◆ épannelage *m.* (*ou* épannellement)

round ◆ rond (e)

round file ◆ lime *f.* ronde

round-head screw ◆ vis *f.* à tête ronde

round log ◆ rondin *m.*

round-log construction ◆ construction *f.* en rondins

round mallet ◆ marteau *m.* de bois ; maillet *m.* en bois

round steel, bar ◆ barre *f.* ; fer *m.* rond ; acier *m.* rond

round table *(small)* ◆ guéridon *m.*

round timber ◆ bois *m.* rond

round window → ***oculus***

rounding-off ◆ arrondi (e)

roundness ◆ rondeur *m.*

router, router plane, old woman's tooth ◆ guimbarde *f.*

row ◆ rang *m.* ; rangée *f.*

row houses *(am.)* ◆ maisons *f. pl.* en bande

row of spikes *(on a wall)* ◆ hérisson *m.*

R.S. → ***rolled steel***

rubber ◆ 1. gomme *f.* ; caoutchouc *m.* ; 2. brique *f.* poreuse ; brique tendre

– **butyl rubber** ◆ caoutchouc butyle

– **chlorinated rubber** ◆ caoutchouc chloré

– ***foam rubber*** → ***sponge rubber***

– **Neoprene rubber** ◆ caoutchouc Néoprène

– **silicone rubber** ◆ caoutchouc silicone

– **sponge rubber, foam rubber** ◆ caoutchouc mousse

– **synthetic rubber** ◆ caoutchouc synthétique

rubbing ◆ 1. frottement *m.* ; 2. marouflage *m.*

rubbish ◆ gravats *m. pl.* (*ou* gravois) ; → ***demolition rubbish***

rubbish chute, trash chute *(am.)* ◆ vide-ordures *m. inv.*

rubble ◆ moellon *m.* ; libage *m.*

rubble, rubble fill ◆ blocage *m.*

rubble concrete ◆ gros béton *m.* (*ou* béton grossier)

rubble stone ◆ blocaille *f.*

rubble wall ◆ mur *m.* de blocage ; → ***spider-web rubble wall***

rubble work ◆ maçonnerie *f.* brute ; maçonnerie en moellons

ruddle ◆ rubrique *f.*

rug ◆ carpette *f.*

ruin ◆ 1. ruine *f.* ; 2. écroulement *m.*

ruined ◆ en ruines

rule, ruler ◆ règle *f.*

– **folding rule** ◆ mètre *m.* pliant

rules ◆ réglementation *f.*

rule tape ◆ mètre *m.* à ruban

ruled finish ◆ enduit *m.* dressé ; enduit lissé

run *(am.)* → ***going (of a tread)***

run along (to) ◆ régner

rung ◆ échelon *m.* (*ou* barreau *m.* d'échelle)

runner fitting → ***travelling roller***

running beams ◆ pose *f.* des poutres

running bond, stretcher bond → ***bond***

running metre ◆ mètre *m.* linéaire ; mètre courant

running moulding, running ornament ◆ postes *f. pl.* *(ornement)*

running soil ◆ terrain *m.* meublé

running water ◆ eau *f.* courante

run-off ◆ ruissellement *m.*

rural ◆ rural (e) (*pl.* ruraux/-ales)

rural property, rural estate ◆ propriété *f.* rurale

rust, oxide of iron ◆ rouille *f.*

rust-inhibiting paint, rust-proofing paint ◆ peinture *f.* antirouille

rust preventing ◆ antirouille

rust prevention ◆ protection *f.* antirouille

rust (to) ◆ rouiller ; rouiller (se -)

rusted ◆ rouillé (e)

rustic ◆ rustique

rusticated ♦ rustiqué (e)

rustication ♦ bossage *m.* ; rusticage *m.*

rust proof ♦ antirouille

rust proofing paint → ***paint***

S

sabin ◆ Sabine *f.* (formule de -)

sack cloth ◆ treillis *m.*

sacred ◆ saint (e)

sacristy ◆ sacristie *f.*

saddle bar (lead light) → iron stanchion

saddle roof, saddleback roof → ridge roof

saddleback ◆ en dos-d'âne

saddleback coping → coping

saddleback roof → saddle roof

safe, strong box ◆ coffre-fort *m.* (*pl.* coffres-forts)

safe, strong room ◆ chambre *f.* forte

safe load → limit of load

safe stress → admissible stress

safety ◆ sûreté *f.* ; sécurité *f.*

safety arch → discharging arch → arch

safety chain ◆ chaîne *f.* de sûreté

safety curtain ◆ rideau *m.* de fer

safety factor, coefficient of safety, factor of safety ◆ coefficient *m.* de sécurité

safety floor of a scaffold → ***safety platform***

safety glass → security glass

safety hoop ◆ crinoline *f.*

safety island ◆ refuge *m.*

safety lintel ◆ linteau *m.* de sécurité

safety lock ◆ serrure *f.* de sûreté

safety platform, safety floor ***(of a scaffold)*** ◆ plate-forme *f.* de secours *(d'un échafaudage)*

safety strip ◆ refuge *m.* (trottoir de)

safety valve ◆ soupape *f.* de sûreté

sag, sagging ◆ flèche *f.* ; → ***camber (of a truss)***

sagitta → keystone

sail cloth, canvas ◆ toile *f.* à voile ; canevas *m.*

sailing course → string course

sail over ◆ saillie *f.* ; surplomb *m.*

sale room ◆ salle *f.* des ventes

salient ◆ saillant *m.*

salle, saloon ◆ salon *m.*

salmon brick *(am.)*, **place brick, grizzle** ◆ brique *f.* mal cuite

saloon, parlour ◆ salon *m.*

salt ◆ sel *m.*

salt-glazed fire clay ◆ grès *m.* vernissé

salt marsh ◆ marais salant *m.*

salt water, brine ◆ eau *f.* saline ; eau salée

saltpetre ◆ salpêtre *m.*

sample ◆ échantillon *m.*

sample-display card ◆ palette *f.*

sampling ◆ prélèvement *m.*

sanatorium ◆ sanatorium *m.*

sanctuary ***(of a temple*** **or** ***a church)*** ◆ sanctuaire *m.*

sand ◆ sable *m.*

– **building sand** ◆ sable de construction

– **fine sand** ◆ sablon *m.*

– **quartz sand** ◆ sable de quartz

– **shell sand** ◆ sable coquillier (*ou* sable fossile)

sand-blast machine, sand blast ◆ machine *f.* (*ou* meuleuse *f.* à jet de sable)

sand blasting ◆ sablage *m.*

sand box ◆ bac *m.* à sable

sand ground, sandy soil ◆ terre *f.* sablonneuse

sand iron (to) → ***scour iron (to)***

sand layer ◆ couche *f.* de sable

sand-lime brick, calcium-silicate brick ◆ brique *f.* silico-calcaire

sand mortar ◆ béton *m.* de sable

sand paper ◆ papier *m.* de verre

sand pit ◆ sablière *f.*

sand-pump dredger ◆ dragueur *m.* de sable

sand road ◆ chemin *m.* sablonneux (*ou* chemin sableux)

sand trap ◆ dessableur *m.*

sand (to) ◆ sabler

sandalwood, santal ◆ santal *m.* ; bois *m.* de santal

sander, sanding machine ◆ ponçeuse *f.*

sanding ◆ ponçage *m.*

sanding gun ◆ sableuse *f.*

sandpaper ◆ papier *m.* de verre ; → ***emery paper***

sandpaper (to) ◆ poncer

sandstone ◆ grès *m.*

sandwich panel ◆ panneau-sandwich *m.*

sandy ◆ sablonneux (-euse)

sandy earth ◆ terre *f.* sablonneuse

sandy soil → ***sand ground***

sanitary ◆ sanitaire

sanitary fittings, sanitary fixtures, sanitary ware ◆ appareils *m. pl.* sanitaires

sanitation ◆ assainissement *m.*

santal → ***sandalwood***

sap ◆ aubier *m.*

saponification ◆ saponification *f.*

sapping → ***sap***

sapwood ◆ aubier *m.* ; bois *m.* d'aubier

saracenic architecture ◆ sarrasine *(architecture)*

sarcophagus ◆ sarcophage *m.*

sarking, sarking board ◆ volige *f.*

sarking felt ◆ feutre *m.* de sous-toiture

sash, window sash ◆ châssis *m.* de fenêtre

– ***double-hung sash*** → ***hanging sash***

– **fixed sash** ◆ châssis dormant ; châssis fixe

– **glazed sash** ◆ châssis vitré

– **hanging sash** ◆ châssis à guillotine

– **louver sash** ◆ châssis d'aération à lames mobiles

– **vent sash** ◆ vasistas *m.*

– **vertical sash** ◆ fenêtre *f.* à guillotine

sash, girdle, belt ◆ ceinture *f.*

sash balance ◆ équilibreur *m.*

sash bar, glazing bar ◆ petit-bois *m.* (*pl.* petits-bois)

sash bolt ◆ targette *f.*

sash cord , sash line ◆ câble *m.* de châssis à guillotine

sash frame ◆ encadrement *m.* de châssis

sash and frame → ***sash window***

sash stuff → ***framing timber***

sash weight, sash counterweight ◆ contrepoids *m.* *(de fenêtre à guillotine)*

sash window ◆ fenêtre *f.* à guillotine

satellite town ◆ ville-satellite *f.* (*pl.* villes-satellites)

saturation ◆ saturation *f.*

sauna ◆ sauna *m.*

saw ◆ scie *f.*

– **band saw, belt saw** ◆ scie à ruban

– **bench saw** ◆ scie circulaire (sur établi)

– ***bow saw*** → ***frame saw***

– **builder's saw** ◆ scie circulaire portative

– **buzz saw** *(am.)*, **circular saw** ◆ scie circulaire

– **cross-cut saw** ◆ scie de travers

– ***dovetail saw*** → ***mitre saw***

– ***endless saw*** → ***band saw, belt saw***

– **frame saw, bow saw, gang saw** ◆ scie à cadre

– **hacksaw** ◆ scie à métaux

– **handsaw** ◆ scie à main ; scie égoïne

– **hole saw** ◆ scie-trépan *m.*

– **keyhole saw** ◆ scie à guichet

– **mark with the saw (to)** ◆ marquer par un trait de scie ; entamer le bois avec la scie

– **mitre saw, dovetail saw, tenon saw, back saw** ◆ scie à dos ; scie à onglet

– ***panel saw*** → ***cross-cut saw***

– **ribbon saw** ◆ scie à ruban *(étroite)*

– **scroll saw** ◆ scie à chantourner

– ***tenon saw*** → ***mitre saw***

– ***turning saw*** → ***scroll saw***

saw bench ◆ établi *m.* de scieur

saw blade, web *(of a saw)* ◆ lame *f.* de scie

saw cut, saw notch, saw kerf ◆ trait *m.* de scie

saw file ◆ tiers-point *m.* (*pl.* tiers-points) *(lime)*

saw lengthwise, saw with the grain, rip (to) ◆ scier en long

saw kerf → ***saw cut***

saw log ◆ grume *f.* à scier

saw notch → ***saw cut***

saw teeth ◆ dents *f. pl.* de scie

saw (to) ◆ scier

sawdust ◆ sciure *f. (de bois)*

sawdust *(fine)* ◆ farine *f.* de bois

sawing ◆ sciage *m.*

sawing along along the grain → ***ripping***

sawmill ◆ scierie *f.*

sawn ◆ scié (e)

saw-tooth roof, northern light roof ◆ toit *m.* (*ou* toiture *f.*) en sheds (*ou* à redents)

sawntimber, sawed timber ◆ bois *m.* de sciage

sawyer ◆ scieur *m.*

sawyer's jack, saw block, saw horse ◆ chevalet *m.* de scieur

scaffold(ing) ◆ échafaudage *m.*

– **assembling scaffold** ◆ échafaudage de montage

– **bracket scaffold** ◆ échafaudage en console

– **flying scaffold** ◆ échafaudage volant

– **hanging scaffold** ◆ échafaudage suspendu

– **needle scaffold** ◆ échafaudage en bascule

– **outside scaffold** ◆ échafaudage *(extérieur)*

– **portable scaffold** ◆ échafaudage roulant

– ***projecting scaffold*** → ***bracket scaffold***

– ***suspended scaffold*** → ***hanging scaffold***

– **tubular scaffold** ◆ échafaudage tubulaire

scaffold board ◆ planche *f.* d'échafaudage

scaffold floor, stage, assembling floor ◆ plate-forme *f.* d'échafaudage

scaffold height ◆ hauteur *f.* d'un échafaudage

scaffold's ladder ◆ échelle *f.* d'échafaudage

scaffold pole, upright ◆ échasse *f.* ; baliveau *m.* ; écoperche *f.*

scaffold (to) ◆ échafauder

scale ◆ écailles *f. pl.* de poisson

scale drawing ◆ dessin *m.* à l'échelle

scale-division unit ◆ unité *f.* de l'échelle

scale *(of a drawing)* ◆ échelle *f. (d'un dessin)*

scale paper ◆ papier *m.* millimétré

scale of professional charges ◆ barème *m.* des honoraires

scale, boiler scale ◆ tartre *m.*

scale, peel off, exfoliate (to) ◆ écailler (s') ; effriter (s') ; feuilleter (se -) ; déliter (se -)

scaling ◆ entartrage *m.* ; incrustation *f.*

scalloped ◆ festonné (e)

scallops ◆ festons *m. pl.*

scantling ◆ 1. bois *m.* équarri ; 2. équarissage *m.*

scape ◆ congé *m. (architecture)*

scappling *(or scabbling)* ◆ smillage *m.* (*ou* esmillage)

scarf *(joint)* ◆ assemblage *m.* en sifflet abouté

scarlet ◆ écarlate n. *f.* ou *adj.*

scarp ◆ escarpe *f.* (*ou* talus *m.*)

scarped ◆ escarpé (e)

scene ◆ scène *f.*

scene painter ◆ décorateur *m.* (-trice) *(théâtre)*

scenery ◆ décor *m.*

schedule *(am.)*, **list** ◆ nomenclature *f.*

schedule of prices, list of prices ◆ bordereau *m.* des prix

scheme ◆ projet *m.*

– **town-planning scheme** ◆ projet d'urbanisme

scheme (to) ◆ projeter

schist ◆ schiste *m.*

schistose ◆ schisteux (-euse)

school ◆ école *f.*

school bench ◆ banc *m.* de classe (*ou* d'école)

scissors, shears ◆ ciseaux *m. pl.* ; cisailles *f. pl.*

scissors truss ◆ ferme *f.* à écharpes

sconce → ***candelabrum***

scoop, shovel ◆ 1. pelle *f.* ; 2. gâche *f.*

scoop *(am.)*, **bucket** ◆ godet *m. (de pelle)*

score → ***notch***

score (to) → ***line out (to)***

scoria, slag ◆ scorie *f.* ; mâchefer *m.*

scoria brick, slag brick ◆ brique *f.* de laitier ; brique de scorie

Scotch bond, English garden wall bond ◆ appareil *m.* d'une boutisse et de deux panneresses

Scotch fir ◆ pin *m.* rouge

scotia ◆ scotie *f.*

Scots pine ◆ pin *m.* sylvestre

scour iron, sand iron (to) ◆ frotter ; polir ; récurer *(le fer)*

scouring machine ◆ décapeuse *f.* (*ou* machine *f.* à récurer)

scouring sand ◆ sablon *m.*

scrap iron, chipping, clippings ◆ ferraille *f.* (*ou* déchets *m. pl.* de fer)

scrape (to) ◆ ravaler

scraper ◆ 1. grattoir *m.* ; racloir *m.* ; 2. ripe *f.* *(de tailleur de pierres)* ; 3. décapeuse *f.* (*ou* racleur *m.*) ; 4. racle *f.*

scraping ◆ grattage *m.*

scraping of a wall ◆ ravalement *m.*

scrapings ◆ raclure *f.*

scratch work ◆ sgraffite *m.*

scratching ◆ grattage *m.*

screed ◆ chape *f.*

screed rail ◆ règle *f. (maçonnerie)*

screen ◆ 1. sas *m.* ; 2. crible *m.*

– **fly screen, insect screen, window screen** ◆ moustiquaire *f.*

– **folding screen** ◆ paravent *m.*

screen, shade, guard ◆ écran *m.*

screen door ◆ contre-porte *f.* (*pl.* contre-portes)

screen mesh ◆ toile *f.* de criblage

screen wall ◆ claustra *m.*

screen, sieve (to) ◆ passer au tamis

screening ◆ blindage *m. (terrassement)*

screw ◆ vis *f.*

– **adjusting screw** ◆ vis de réglage

– **button-head screw** ◆ vis à tête bombée

– **coach screw, lag bolt** *(am.)* ◆ tire-fond *m. inv.*

– **countersunk screw** ◆ vis à tête fraisée

– **drive screw** ◆ clou *m.* torsadé ; pointe *f.* torsadée ; pointe dite « fausse vis ».

– **eye screw** ◆ piton *m.*

– **flush screw** ◆ vis à tête encastrée (*ou* vis à tête noyée)

– **grub screw** ◆ vis sans tête

– **hexagon head screw** ◆ vis à tête six pans

– **sheet metal screw** ◆ vis à tôle

– **wing screw** ◆ vis à ailettes ; vis à oreilles

– **wood screw** ◆ vis à bois

screw clamp ◆ serre-joint *m.* (*pl.* serre-joints)

screw cover ◆ cache-vis *m. inv.*

screw dredger ◆ drague *f.* à vis

screw jack ◆ vérin *m.* à vis ; cric *m.* à vis

screw nail, drive screw ◆ pointe *f.* dite « fausse vis » ; clou *m.* torsadé

screw nut ◆ écrou *m.*

screw on, pinch a screw (to) ◆ serrer ; resserrer *(des écrous)*

screw pile ◆ pieu *m.* à vis

screw ring ◆ piton *m.*

screw stock, screw die* → *die stock

screw thread, thread ◆ pas *m.* de vis

screw (to) ◆ visser

screw up (to)* → *fix with screws (to)

screwdriver ◆ tournevis *m.*

screwed ◆ vissé (e)

screwgun ◆ visseuse *f.*

scribe, cut in profile (to) ◆ chantourner

scribing templet* → *negative form

scriver ◆ trusquin *m.*

scroll, spiral ◆ boucle *f.* ; volute *f.*

scroll pattern ◆ rinceau *m.* (*pl.* rinceaux)

scroll saw* → *saw

scullery ◆ 1. laverie *f.* ; 2. arrière-cuisine *f.*

sculptor ◆ sculpteur *m.*

sculptor of ornaments ◆ ornemaniste *m.* (*ou* sculpteur *m.* spécialisé en ornements)

sculptor of statues ◆ statuaire *m.*

sculpture ◆ sculpture *f.*

sculpture (to) ◆ sculpter

scum ◆ efflorescence *f. (sur briques* ou *ciment)*

scutcheon, escutcheon *(lock)* ◆ cache-entrée *m. inv.* ; entrée *f.* de serrure ; écusson *m.*

sea ◆ mer *f.*

sea dam* → *sea pier

sea mile, French sea mile *(1852 m)* ◆ mille *m.* marin

sea pier, sea dam ◆ môle *m.*

sea pine ◆ pin *m.* maritime ; pin des Landes

sea sand* → *marine sand

seaboard ◆ littoral *m.*

seafoam ◆ écume *f.* de mer

seal ◆ sceau *m.* (*pl.* sceaux)

seal, sealer ◆ joint *m.* d'étanchéité

seal coat ◆ couche *f.* d'impression

seal, grout, burn in, lead (to) ◆ sceller ; encastrer

seal, tighten, stop, plug (to) ◆ boucher

sealant, sealing compound ◆ mastic *m.* d'étanchéité

sealing ◆ scellement *m.*

seam ◆ 1. agrafure *f.* ; 2. → ***bead***

– **standing seam** ◆ joint *m.* debout

seam joint ◆ 1. soudure *f.* ; brasure *f.* ; 2. joint *m.* ; lèvre *f.*

seamer ◆ agrafeuse *f.*

seamless tube ◆ tube (*ou* tuyau) sans soudure

seamless floor ◆ sol *m.* sans joints

seaport ◆ port *m.* de mer

season *(clay in winter)* *(to)* ◆ conserver l'argile pendant l'hiver

season *(lime mortar)* *(to)* ◆ faire reposer le mortier de chaux grasse

season *(wood)* (to) ◆ sécher

seasoned → air dried

– **naturally seasoned** ◆ séché (e) à l'air

seasoning ◆ séchage *m.* *(du bois)*

– **air seasoning** ◆ séchage naturel

seasoning crack, seasonal check ◆ fêlure *f.* ; fente *f.* (*ou* crevasse *f.*) de séchage

seat ◆ siège *m.*

seat, chair ◆ chaise *f.*

seat, stall *(theatre)* ◆ stalle *f.*

seat of a w.c., toilet seat ◆ abattant *m.* de w.c.

seating capacity ◆ nombre *m.* de places assises

seatless privy ◆ cuvette *f.* de w.c. à la turque

second priming ◆ seconde couche *f.* d'impression (*ou* de fond)

second voussoir *(from the keystone)* ◆ contreclef *f.*

secondary beam → bridging joist

secondary glazing ◆ survitrage *m.*

secondary stairs, service stairs ◆ escalier *m.* secondaire ; escalier de service

secret dovetail → blind dovetail, hidden dovetail

secret nailing → blind nailing

secret staircase ◆ escalier *m.* dérobé

secrétaire ◆ secrétaire *m.*

section ◆ coupe *f.*

section ◆ profilé *m.*

– **castellated section** ◆ profilé à âme évidée

– **channel section** ◆ profilé (*ou* fer) en forme de U

– **cold-rolled section** ◆ profilé à froid

– **cross section** ◆ coupe *f.* transversale

– **hot-rolled section** ◆ 1. profilé à chaud ; 2. poutrelle *f.*

– **longitudinal section** ◆ coupe longitudinale

– ***rolled steel section → hot-rolled section***

– **T(ee) section** ◆ fer *m.* en forme de T

section of a road ◆ profil *m.* de route

section trade ◆ lot *m.* *(marché)*

section *(of wall)* ◆ pan *m.*

sectional elevation ◆ coupe *f.* verticale

sectional iron ◆ profilé *m.*

sectioned, mo(u)lded ◆ profilé (e)

sections ◆ matériaux *m. pl.* semi-finis

sector ◆ secteur *m.*

sectroid, vault head ◆ coquille *f.* *(voûte)*

security ◆ sécurité *f.*

security chain *(of a door)* ◆ 1. chaîne *f.* de sûreté ; 2. fermeture *f.* de sûreté

security floor under a scaffold floor ◆ échafaudage *m.* de secours

security glass, safety glass ◆ vitrage *m.* de sûreté ; verre *m.* de sécurité

sediment ◆ sédiment *m.*

sedimentary ◆ sédimentaire

sedimentation ◆ décantation *f.*

sedimentation tank ◆ bassin *m.* de décantation

seepage ◆ infiltration *f.* d'eau ; fuite *f.*

segment ◆ segment *m.*

segment *(of a ribbed vault)* ◆ voûtain *m.*

segmental arch → arch

segment vault, segmental vault → vault

seismic ◆ sismique (*ou* séismique)

self-adjustable ◆ autorégulateur (-trice)

self-cleaning ◆ autolavable

self-closing device, door closer ◆ ferme-porte *m.* automatique

self-supporting ◆ autoportant (e) ; autoporteur (-euse)

semibasement ◆ sous-sol *m.* surélevé

semicircular ◆ en plein cintre ; en demi-cercle

– **less than semicircular *(of arches and vaults)*** ◆ surbaissé (e)

semicircular vault → barrel vault → vault

semicolumn ◆ demi-colonne *f.*

semidome ◆ cul-de-four *m.* (*pl.* culs-de-four)

semigloss ◆ satiné (e)

semihydraulic ◆ semi-hydraulique

semicircle ◆ demi-cercle *m.*

semidetached house ◆ maison *f.* jumelée

sensor ◆ capteur *m.*

separation ◆ séparation *f.*

separation between adjacent properties ◆ limite *f.* de parcelle (*ou* séparation *f.*)

separating wall ◆ mur *m.* mitoyen

sepia ◆ sépia

septic tank ◆ fosse *f.* septique

sepulchral ◆ tumulaire ; sépulcral (e) (*pl.* sépulcraux/-ales)

sepulchre ◆ sépulcre *m.*

serpentine ◆ serpentine *f.* ; marbre *m.* serpentin

serpentine bond, herring-bone bond ◆ appareil *m.* en épi (*ou* en zigzag)

service ◆ entretien *m.* ; service *m.*

service branch, communication pipe ◆ branchement *m.*

service-connexion box ◆ coffret *m.* de distribution

service duct ◆ gaine *f.* technique

service hatch ◆ passe-plat *m.* (*pl.* passe-plats)

service hoist, dumbwaiter *(am.)* ◆ monte-plat *m.* (*pl.* monte-plats)

service pipe → ***house conduit***

service road ◆ voie *f.* de desserte

service space ◆ vide *m.* technique

service stairs, secondary stairs ◆ escalier *m.* de service ; escalier de dégagement

service station ◆ station-service *f.* (*pl.* stations-services)

services duct, services shaft ◆ colonne *f.*

servo-system ◆ servomécanisme *m.*

set ◆ prise *f.*

– **final set** ◆ fin *f.* de prise

– **flash set, grab set, quick set** ◆ prise accélérée ; prise instantanée

– **initial set** ◆ début *m.* de prise

– **permanent set** ◆ déformation *f.* permanente

– ***quick set*** → ***flash set***

set of cement ◆ prise *f.* du ciment

set of plans ◆ jeu *m.* de plans

set of shelves, shelves ◆ étagère *f.*

set square → ***square***

set (to) ◆ faire (sa) prise

set *(on edge)* (to) ◆ poser de (*ou* sur) chant

set *(tiles)* (to) ◆ poser des carreaux ; carreler

set back ◆ retraite *f.*

set down (to) ◆ tracer le plan sur le terrain

settee ◆ sofa *m.*

settee for two ◆ tête-à-tête *m. inv.* ; causeuse *f.*

setting ◆ 1. scellement *m.* ; 2. pose *f.* ; 3. prise *f.*

– **slow setting** ◆ prise lente

setting agent ◆ accélérateur *m.* de prise

setting coat ◆ couche *f.* de finition *(enduit)*

setting time ◆ temps *m.* de prise

settle (to) ◆ tasser ; tasser (se -)

settlement, settling ◆ tassement *m.*

settlement crack, settling crack ◆ lézarde *f.* de tassement

sewage ◆ eaux *f. pl.* usées ; eaux d'égout

– **domestic sewage** ◆ eaux *f. pl.* ménagères

sewage (treatment) plant ◆ usine *f.* d'épuration

sewage pump ◆ pompe *f.* de relevage des eaux usées

sewage system ◆ système *m.* d'égouts

sewage treatment ◆ épuration *f.*

sewer, public sewer ◆ égout *m.* public

– **storm sewer** ◆ égout *m.* pluvial

sewerage ◆ assainissement *m.*

sexpartite vault → ***vault***

sgraffito, graffito ◆ sgraffite *m.*

shade ◆ 1. nuance *f.* ; 2. → ***shadow*** ; 3. → ***screen***

shade (to) ◆ ombrer

shade *(am.)*, **blind** ◆ store *m.* *(de fenêtre)*

shade screen ◆ pare-soleil *m. inv.*

shadow ◆ ombre *f.*

shady walk ◆ allée *f.* couverte

shaft ◆ souche *f.* de cheminée

shaft *(of column)* ◆ fût *m.*

– **banded shaft** ◆ fût de colonne annelée

– **plain shaft** ◆ fût de colonne lisse

shaft ring, annulet ◆ bague *f.*

shale ◆ schiste *m.* argileux

shallow arcade, blank arcade ◆ fausse arcade *f.* ; arcature *f.*

shallow foundation ◆ fondation *f.* superficielle

sham ◆ postiche *n. m.* ou *adj.*

shank → ***body (of a bolt)***

shanty, shed ◆ cabane *f.* ; baraque *f.*

shanty town ◆ bidonville *f.*

shape *(am.)*, **section** ◆ profilé *m.*

– **structural shape** ◆ profilé de construction

shape (to) ◆ modeler

shaped ◆ tourné (e)

shaped iron, profiled iron ◆ profilé *m.* ; fer *m.* profilé

sharp ◆ tranchant (e)

sharp edged* → *acute angled

shaving *(of wood, etc.)* ◆ copeau *m.* (de bois) ; → ***chip***

shear, shearing ◆ cisaillement *m.*

shear force, shearing force ◆ force *f.* de cisaillement

shear legs ◆ grue *f.* à chevalet ; chèvre *f.* à trois pieds (*ou* cabre *f.*)

shear resistance, shear strength ◆ résistance *f.* au cisaillement

shears ◆ cisailles *f. pl.*

shear strain ◆ déformation *f.* au cisaillement

shearing* → *shear

shearing modulus ◆ module *m.* de cisaillement

shearing stress ◆ contrainte *f.* de cisaillement

shed ◆ hangar *m.* ; baraque *f.* ; →***shanty***

shed, pent roof ◆ appentis *m.*

shed dormer ◆ chien-assis *m.* (*pl.* chiens-assis)

shed *(for oxen, sheep, goat, etc.)* ◆ étable *f.*

sheet, sheet metal ◆ tôle *f.*

– **corrugated sheet** ◆ plaque *f.* ondulée

– **corrugated sheet-iron** ◆ tôle ondulée

– **fast sheet** ◆ dormant *m.* (châssis) ; châssis *m.* fixe

– **roofing sheet** ◆ plaque de couverture

– ***stand sheet* → *fast sheet***

sheet copper ◆ cuivre *m.* en feuille

sheet glass, window glass ◆ verre *m.* à vitre

sheet iron ◆ tôle *f.* ; tôle en acier

sheet lead ◆ plomb *m.* en feuille

sheet-metal screw* → *screw

sheet pile ◆ palplanche *f.*

sheet piling ◆ palée *f.* ; rideau *m.* de palplanches ; → ***pile planking***

sheet roller ◆ laminoir *m.* de tôles

sheet work, sheet-metal work ◆ ferblanterie *f.*

sheet zinc ◆ tôle *f.* de zinc

sheeting ◆ blindage *m.* *(terrassement)*

shelf, board ◆ rayon *m.* *(de placard)*

shelf life, storage life ◆ durée *f.* de conservation ; durée limite de stockage

shell ◆ 1. coque *f.* ; 2. paroi *f.* ; 3. conque *f.*

shell, thin shell ◆ voile *f.* mince

shell aggregate ◆ agrégat *m.* coquillier

shell lime ◆ chaux *f.* coquillière

shellac, lac, seed lac ◆ gomme-laque *f.*

shelter ◆ refuge *m.* ; abri *m.*

– **bus shelter** ◆ abri-bus *m. inv.*

shelter *(of watchman)* ◆ guérite *f.*

shift ◆ équipe *f.* *(d'ouvriers)*

shift boss, foreman ◆ chef *m.* d'équipe

shingle (*pl.* shingles) ◆ 1. bardeau *m.* en bois ; tavaillon *m.* ; 2. bardeau *m.* bitumé

– **siding shingle** ◆ bardeau de revêtement mural

shingle backet ◆ voligeage *m.*

shingle roof ◆ toit *m.* en bardeaux

shipyard ◆ chantier *m.* naval

shivers, stone splinters ◆ blocailles *f. pl.*

shock bending, blow bending *(iron)* ◆ essai *m.* de flexion au choc

shoe ◆ sabot *m.*

shoe *(of a pile)*, drive shoe ◆ sabot *(de pieu)* ; lardoir *m.* (*ou* lardoire *f.*)

shoe mo(u)ld ◆ plinthe *f.*

shoot ◆ gouttière *f.*

shoot *(wood)* (to) ◆ planer *(le bois)*

shooting range ◆ polygone *m.*

shop ◆ magasin *m.* ; boutique *f.*

shop front ◆ devanture *f.* *(de magasin)*

shop premises, office premises ◆ local *m.* à usage commercial

shop window* → *show window

shopping arcade ◆ passage *m.* couvert ; galerie *f.* marchande

shopping precinct ◆ centre *m.* commercial

shore (lake *or* sea), coast ◆ rivage *m.* ; rive *f.* ; côte *f.*

shore ◆ étai *m.* ; étançon *m.*

– **dead shore** ◆ chandelle *f.* (*ou* étai vertical)

– **dog shore** ◆ étrésillon *m.* horizontal

– **flying shore** ◆ étrésillon *m.*

– **inclined shore** ◆ étai incliné

– **raking shore, raker shore** ◆ étai oblique ; contrefiche *f.*

shore up (to) ♦ 1. étayer ; 2. contrebuter ; → ***buttress (to)***
shoring ♦ étaiement *m.* (*ou* étayement ou étayage) ; étrésillonnement *m.*
short *(metal)* ♦ cassant (e)
short circuit, short circuiting ♦ court-circuit *m.* (*pl.* courts-circuits)
short clay ♦ argile *f.* maigre
short-pile carpet ♦ tapis *m.* de laine rase
shortening ♦ raccourcissement *m.*
– **elastic-shortening** ♦ raccourcissement élastique
shot blasting ♦ ravalement *m.*
shotcrete ♦ béton *m.* projeté (*ou* gunite *f.*)
shotcrete gun ♦ guniteuse *f.* ; canon *m.* à ciment
shotcreting ♦ gunitage *m.*
shoulder ♦ accotement(s) *m.*
shoulder, peg shoulder ♦ épaulement *m.*
shoulder tree → ***strut***
shouldered arch → ***arch***
shovel, scoop ♦ pelle *f.*
show case ♦ vitrine *f.* d'intérieur
show house, model house *(am.)* ♦ maison *f.* témoin
showroom ♦ salle *f.* d'exposition
show window, shop window ♦ vitrine *f.*
shower ♦ douche *f.*
– **hand shower** ♦ douchette *f.*
shower base ♦ bac *m.* à douche
shower bath ♦ douche *f.*
shower cubicle, shower stall *(am.)* ♦ cabine *f.* de douche
shower head, shower rose ♦ pomme *f.* de douche
shower receptor *(am.)*, **shower tray** ♦ bac *m.* à douche ; receveur *m.*
shower screen ♦ pare-douche *m.*
shrimp net ♦ treille *f.*
shrine ♦ reliquaire *m.*
shrink, contract (to) ♦ rétrécir
shrink *(paint)* (to) ♦ rider (se -) *(peinture)*
shrinkage, contraction ♦ retrait *m.* ; contraction *f.*
shrinkage crack ♦ fissure *f.* de retrait
shrinkage of wood ♦ retrait du bois
shrinking ♦ perte *f.* de volume
shunt ♦ shunt *m.*
shunt system ♦ conduit *m.* de type shunt
shutter ♦ volet *m.*
– **louvre shutter** ♦ persienne *f.*
– **roller shutter** ♦ volet roulant
– **window shutter** ♦ contrevent *m.*
shutter backstop ♦ tapée *f.*
shutter blind ♦ jalousie *f.*
shuttered concrete ♦ béton *m.* banché
shuttering, formwork ♦ coffrage *m.*
shuttering-floor slab ♦ prédalle *f.*
shuttering panel ♦ banche *f.*
shuttering-slabs concrete floor ♦ plancher *m.* à prédalles
siccative ♦ siccatif (-ive)
siccative oil, drying oil ♦ huile siccative (*ou* standolie *f.*)
side ♦ 1. côté *n. m.* ; 2. face n. *f.* ; 3. latéral (e) (*pl.* latéraux/-ales)
side *(lake, river, sea)* ♦ rive *f.*
side, shoulder *(of a road)* ♦ bas-côté *m.* (*pl.* bas-côtés)
– **building side** ♦ pan *m.*
side aisle ♦ bas-côté *m.* ; nef latérale
side alley, side walk ♦ contre-allée *f.* (*pl.* contre-allées)
side apse, side apsis ♦ abside *f.* latérale
side *(of armchair)* ♦ joue *f.*
side elevation → ***side view***
side entrance ♦ entrée *f.* latérale
side face ♦ profil *m.*
side joint, perpend, cross joint, heading joint ♦ joint *m.* vertical
side of roof ♦ pan *m.* de comble
side room, ante-chamber, vestibule ♦ anti-chambre *f.*
side scene, wing ♦ coulisse *f.*
side view ♦ profil *m.*
side view, side elevation ♦ vue *f.* de côté ; vue latérale
side-wall ♦ piédroit *m.* (*ou* pied-droit)
sideboard → ***buffet***
sidewalk *(am.)*, **pavement, footpath** ♦ trottoir *m.*
sidewalk flag, sidewalk tile ♦ dalle *f.* de trottoir

sienna → umber

sieve, screen ◆ sas *m.*

sieve, screen, riddle ◆ crible *m.* ; tamis *m.*

sieve, sift, screen (to) ◆ cribler ; tamiser

sieve test ◆ essai *m.* au tamis

sieving, sifting ◆ criblage *m.* ; tamisage *m.*

sift (to) → sieve (to)

sifter ◆ tamis *m.*

sight glass ◆ jauge *f.* de liquide

sign, mark ◆ signe *m.* ; marque *f.*

signboard ◆ écriteau *m.*

silex ◆ silex *m.*

silhouette ◆ silhouette *f.*

silica ◆ silice *f.*

silica brick ◆ brique *f.* de silice

silicate ◆ silicate *m.*

silicate paint ◆ peinture *f.* au silicate

silicate of sodium (or potassium) → water glass

siliceous ◆ siliceux (-euse)

silicone ◆ silicone *f.*

silk ◆ soie *f.*

sill ◆ 1. banquette *f.* ; 2. appui *m.* ; rebord *m.* ; 3. seuil *m.*

– **window sill** ◆ appui *m.* de baie

– **door sill, threshold, cill** ◆ seuil *m.* *(de porte)*

sill love ◆ rejingot *m.*

sill plate ◆ longrine *f.*

silo, bunker ◆ silo *m.*

silt ◆ limon *m.* ; → ***mire***

silver ◆ argent *m.*

silver fir ◆ sapin *m.* blanc

silver inlaying ◆ incrustation *f.* d'argent

silver wire ◆ fil *m.* d'argent

silver, silverplate (to) ◆ argenter

silver *(a mirror)* (to) ◆ étamer

silverer ◆ miroitier *m.*

silvering ◆ tain *m.*

simple truss, strut frame ◆ charpente *f.* à contre-fiches

single (bedded) room ◆ chambre à un lit

single coat, single layer ◆ monocouche

single family house ◆ maison *f.* individuelle

single (leaf) door ◆ porte *f.* à un battant (*ou* à un vantail)

single load → concentrated load

single pitch roof → pent roof → roof

single phase ◆ monophasé (e)

sink ◆ évier *m.*

– **double sink** ◆ évier à deux bacs

sink grid ◆ grille *f.* de la bonde d'un évier

sink unit ◆ bloc-évier *m.*

sink *(a well)* (to) ◆ forer un puits

sink *(piles)* (to) ◆ enfoncer des pieux

sinking ◆ effondrement *m.*

sinusoid ◆ sinusoïde *f.*

sinusoidal ◆ sinusoïdal (e) (*pl.* sinusoïdaux/-ales)

siphon, siphon trap ◆ siphon *m.*

siphoned ◆ siphonné (e)

siphonic w.c. → wash-down closet

S iron ◆ esse *f.*

site ◆ site *m.*

– **on site** ◆ à pied d'œuvre

site, building ground ◆ terrain *m.* à bâtir

site, building site, job site *(am.)* ◆ chantier *m.* de construction

site billboard, site hoarding ◆ panneau *m.* de chantier

site concrete ◆ béton *m.* coulé sur place ; béton coulé sur le chantier

site conservation ◆ protection *f.* des sites

site factory ◆ usine *f.* foraine

site boarding ◆ clôture *f.* de chantier

site hut ◆ baraque *f.* de chantier

site manager ◆ chef *m.* de chantier

site meeting ◆ réunion *f.* de chantier

site plan ◆ plan *m.* d'ensemble ; plan d'implantation ; plan de situation

site servicing ◆ viabilisation *f.*

site square ◆ équerre *f.* d'arpenteur

sitting room ◆ salon *m.*

size ◆ 1. dimension *f.* ; 2. → ***glue → animal glue***

– **grain size** ◆ granulométrie *f.*

skeleton ◆ ossature *f.* ; → ***carcase, carcass***

skeleton construction ◆ construction *f.* à ossature

skeleton core ◆ âme *f.* alvéolaire

skeleton key ◆ rossignol *m.* ; passe-partout *m.* ; → ***hookspanner***

sketch ◆ tracé *m.*

sketch, rough draft, outline ◆ croquis *m.* ; esquisse *f.*

sketch (to) ◆ faire un croquis

sketch, draw, delineate (to) ◆ dessiner

sketching* → *freehand sketching

skew ◆ biais (e)

– **on the skew** ◆ en biais

skew bridge ◆ pont oblique *m.*

skew nailing* → *toe nailing

skewback* → *springing plane

skiagraphy ◆ sciographie *f.* (*ou* sciagraphie)

skilled worker ◆ ouvrier *m.*

skip ◆ benne *f.*

– **drop-bottom skip** ◆ benne à fond ouvrant

skirting, baseboard *(am.)*, **mopboard** *(am.)*, **washboard** *(am.)* ◆ plinthe *f.*

skirting board ◆ stylobate *m.*

sky line ◆ horizon *m.*

sky light ◆ lucarne *f.* faîtière

– **raised skylight** ◆ lanterneau *m.*

skyscraper ◆ gratte-ciel *m. inv.*

slab ◆ 1. tablette *f.* ; 2. dalle *f.* ; carreau *m.* ; 3. dalle *f.* *(en béton armé)*

– **coffered slab, waffle slab** ◆ plancher *m.* à caissons

– **composite slab** ◆ dalle collaborante

– **concrete slab** ◆ dalle en béton

– **flat slab** ◆ dalle simple

– **floating slab** ◆ dalle flottante

– **floor slab** ◆ dalle-plancher

– **mushroom slab** ◆ plancher-champignon *m.*

– **plaster slab** ◆ carreau de plâtre

– **ribbed slab** ◆ dalle nervurée

slab *(of metal, etc.)* ◆ plaque *f.*

slab floor ◆ 1. dalle en béton armé ; 2. dallage *m.*

slab for bearing, template ◆ sommier *m.* ; semelle *f.* métallique

slack (to)* → *slake (to)

slacked lime* → *slaked lime

slacking basin ◆ bassin *m.* d'extinction

slag ◆ laitier *m.*

– **expanded slag, foamed slag** ◆ laitier expansé

slag, clinker ◆ scorie *f.* ; mâchefer *m.* ; → ***blast-furnace slag***

slag brick, iron brick, scoria brick ◆ brique *f.* de laitier (*ou* de scorie)

slag cement ◆ ciment *m.* laitier

slag wool ◆ laine *f.* de laitier

slake, slack *(lime)* (to) ◆ éteindre la chaux

slaked lime, slacked lime, hydrated lime ◆ chaux éteinte ; chaux hydratée

– **air slaked lime** ◆ chaux *f.* aérienne éteinte

slaking *(of lime)* ◆ extinction *f.* *(de la chaux)*

slant *(of roof)*, *slope* ◆ inclinaison *f.* ; pente *f.*

slat ◆ planchette *f.*

slat *(of Venetian blind)* ◆ lame *f.* *(de persienne)*

slate ◆ ardoise *f.*

slate covering* → *slating

slate peg, slate nail ◆ clou *m.* à ardoise

slate pit, slate quarry ◆ carrière *f.* d'ardoise (*ou* ardoisière *f.*)

slate roof ◆ toit *m.* en ardoises

slater ◆ couvreur *m.* en ardoises ; couvreur-ardoisier *m.*

slating, slate covering ◆ couverture *f.* en ardoises

slaty rock ◆ schiste *m.*

slaughter house ◆ abattoir *m.*

sledge , sledge hammer ◆ masse *f.*

sleeper ◆ longrine *f.* ; → ***railway sleeper***

sleeper, joist ◆ lambourde *f.*

sleeper frame ◆ châssis *m.* dormant

sleeve, socket ◆ manchon *m.* ; manchette *f.*

sleeve jointing ◆ emboîtement *m.*

slender ◆ élancé (e)

slenderness ◆ élancement *m.*

slewing crane, revolving crane ◆ grue *f.* tournante ; grue à pivot (*ou* pivotante)

slice ◆ tranche *f.*

slide bolt ◆ targette *f.*

slide rule ◆ règle *f.* à calculs

slide window* → *sash window

sliding bevel* → *bevel square

sliding bolt ◆ verrou *m.* ; targette *f.*

sliding door ◆ porte *f.* coulissante (*ou* à glissière)

sliding door gear* → *travelling roller

sliding door rail, floor guide ◆ rail *m.* de porte coulissante

sliding folding door ◆ porte *f.* en accordéon

sliding form, sliding shuttering, slip form ◆ coffrage *m.* glissant

sliding sash ◆ châssis *m.* coulissant

sliding window ◆ fenêtre *f.* coulissante

slip ◆ glissement *m.*

slip form → ***sliding form***

slip mortise → ***housing joint***

slip surface ◆ plan *m.* de glissement

slit and tongue joint → ***joint***

slope, gradient, inclination ◆ inclinaison *f.* ; pente *f.*

– **cutting slope** ◆ talus *m.* en déblai

– **main slope *(of pitched roof)*** ◆ long pan *m.*

slope *(of a roof)* ◆ 1. égout *m.* ; 2. versant *m.* (*ou* pan *m.*) de toiture

slope level ◆ niveau *m.* de pente

slope line ◆ ligne *f.* de pente

sloping ◆ en pente ; → ***inclined***

slot → ***draught slot***

slow setting ◆ prise *f.* lente

sludge pump ◆ pompe *f.* à boue

slum ◆ taudis *m.* ; habitat *m.* insalubre

slum clearance ◆ suppression *f.* des logements insalubres

slum improvement ◆ amélioration *f.* des logements insalubres

slums ◆ bas quartiers *m. pl.*

slump ◆ affaissement *m.*

slump cone ◆ cône *m.* d'Abrams

slump test ◆ essai *m.* d'affaissement

slung cradle ◆ sellette *f.*

slurry ◆ coulis *m.* ; lait *m. (de ciment, etc.)*

small beam ◆ poutrelle *f.*

small board ◆ planchette *f.*

small building *(pavilion, kiosk, etc., in a public place)* ◆ édicule *m.*

small house ◆ maisonnette *f.*

small joist ◆ soliveau *m.*

small ovolo ◆ ovicule *m.*

small pedestal *(for a bust, vase, etc.)* ◆ piédouche *m.*

small sledge, mallet ◆ gros marteau *m.* ; massette *f.* ; maillet *m.*

small squinch ◆ trompillon *m.*

small wedge ◆ taquet *m.*

smalt ◆ bleu d'azur

smith ◆ 1. forgeron *m.* ; 2. → ***locksmith***

smith's art ◆ art *m.* du forgeron

smith's chisel ◆ ciseau *m.* de forgeron

smith's hearth ◆ âtre *m.* de forge ; feu *m.* de forge

smith's shop, smithy ◆ forge *f.*

smith's work → ***ironwork***

smithy → ***blacksmith's shop, smith's shop***

smoke ◆ fumée *f.*

smoke chamber ◆ capte-suies *m. inv.*

smoke control ◆ désenfumage *m.*

smoke detector ◆ détecteur *m.* de fumée

smoke pipe ◆ conduit *m.* de cheminée

smoke shelf ◆ tablette *f.* antirefoulement

smoke stack → ***flue, chimney flue***

smoke valve ◆ clapet *m.* de cheminée

smoke venting ◆ désenfumage *m.*

smooth, smoothen (to) ◆ dégrossir

smooth *(with a plane)* (to) ◆ raboter

smooth off (to) ◆ adoucir ; lisser une surface

smoothing ◆ lissage *m.*

smoothing, levelling, planing ◆ dégauchissement *m.* (*ou* dégauchissage *m.*)

smoothing mortar ◆ ragréage *m.*

smoothing plane ◆ rabot *m.* à polir

snap, catch ◆ targette *f.*

snap *(tool)*, riveting set, cup ◆ bouterolle *f.* ; chasse-rivets *m.*

snaplock *(for a swing door)* ◆ loqueteau *m.* de va-et-vient

snow charge, snow load ◆ surcharge *f.* due à la neige

soak up (to) ◆ absorber

soap dish ◆ porte-savon *m.*

socket, lamp socket ◆ douille *f.*

socket, wall socket, convenience outlet *(am.)* ◆ prise *f.* de courant murale

socket, outlet *(am.)* ◆ prise *f.* de courant (*ou* prise électrique)

socket ◆ 1. sabot *m.* ; → ***sleeve*** ; 2. emboîtement *m.*

socle, patten, zocle ◆ socle *m.*

sodding ◆ engazonnement *m.* ; gazonnage *m.* (*ou* gazonnement *m.*)

sodium-vapour lamp → lamp

sofa, couch ◆ canapé *m.*

sofa bed ◆ canapé-lit *m.* (*pl.* canapés-lits)

soffit ◆ soffite *m.*

soffit line → intrados line

soffit of arch of staircase ◆ coquille *f.* d'escalier

soft ◆ tendre

soft solder, pewter, plumber's solder ◆ soudure *f.* vive

softboard, insulating board ◆ panneau *m.* de fibres tendres ; panneau absorbant

softener ◆ plastifiant (e)

softening ◆ ramollissement *m.*

softening point ◆ point *m.* de ramollissement

software ◆ logiciel *m.*

softwood ◆ bois *m.* tendre ; → ***coniferous wood***

soil ◆ sol *m.* ; terrain *m.*

soil, earth, ground ◆ terre *f.*

– **clay soil** ◆ sol argileux

– **firm soil** ◆ bon sol ; terre solide

– **foundation soil** ◆ sol de fondation

– **loose soil** ◆ sol meuble

– **made-up soil** ◆ sol d'apport

– **poor soil** ◆ sol pauvre ; terrain de mauvaise qualité

– ***soft-surface soil → loose soil***

– **stabilized soil** ◆ sol stabilisé

– **undisturbed soil** ◆ sol (*ou* terrain) naturel

– **vegetable soil** ◆ terre végétale

soil consolidation, compaction ◆ consolidation *f.* du terrain

soil examination, soil testing ◆ examen *m.* du sol ; étude *f.* du sol

soil filling-up, made ground ◆ remblai *m.*

soil improvement ◆ amélioration *f.* du sol

soil investigation ◆ étude *f.* du sol

soil level → ground surface

soil mechanics ◆ mécanique *f.* des sols

soil occupancy index ◆ indice *m.* d'occupation du sol

soil packing ◆ tassement *m.*

soil pipe, standpipe, waste pipe ◆ tuyau *m.* de chute ; conduite *f.* en élévation ; colonne *f.* montante

soil species, type of soil ◆ nature *f.* du sol

soil strength ◆ résistance *f.* du sol

soil survey ◆ reconnaissance *f.* des sols

soil testing → soil examination

soil transport ◆ transport *m.* des déblais et remblais

solar collector ◆ capteur *m.* solaire

solar energy ◆ énergie *f.* solaire

solar house ◆ maison *f.* solaire

solarium ◆ solarium *m.*

solder ◆ 1. soudure *f.* ; 2. matériau *m.* à souder

solder, braze (to) ◆ souder

soldering ◆ brasage *m.*

soldering iron ◆ fer *m.* à souder

sole weight → dead weight

sole plate ◆ sablière *f.* basse ; sablière de chambrée

solid ◆ 1. solide ; 2. massif (-ive) ; plein (e)

solid, strong ◆ solide ; bien bâti (e) ; ferme

solid block *(of masonry)* ◆ bloc *m.* plein

solid brick ◆ brique *f.* pleine

solid core door ◆ porte *f.* à âme pleine

solid geometry → descriptive geometry

solid masonry ◆ maçonnerie *f.* pleine

solid newel ◆ noyau *m.* plein

solid newel stairs, spindle stairs → stairs

solid wall ◆ mur *m.* plein

solidification ◆ solidification *f.*

solidify (to) ◆ solidifier

solidity ◆ solidité *f.*

solubility ◆ solubilité *f.*

soluble glass → water glass

solvent ◆ 1. dissolvant *m.* ; 2. solvant *m.*

sombre ◆ sombre

soot ◆ suie *f.*

soot pocket ◆ 1. trappe *f.* de ramonage ; 2. capte-suies *m. inv.*

soot trap ◆ bac *m.* à suie

Sorel cement ◆ ciment *m.* Sorel (*ou* ciment magnésien)

sound ◆ 1. son *m.* ; 2. sain (e)

sound absorption ◆ absorption *f.* acoustique

sound absorption coefficient ◆ coefficient *m.* d'absorption acoustique

sound(ing) board, dimmer, abat-voix ◆ abat-voix *m. inv.*

sound boarding ◆ 1. sous-plancher *m.* ; 2. sous-couche *f.*

sound holes ◆ ouïes *f. pl.*

sound insulation, sound proofing, noise insulation ◆ isolation *f.* phonique (*ou* isolation acoustique)

sound intensity ◆ intensité *f.* sonore

sound knot ◆ nœud *m.* adhérent

sound level ◆ niveau *m.* sonore

sound-level meter ◆ sonomètre *m.*

sound power ◆ puissance *f.* acoustique

sound pressure ◆ pression *f.* acoustique ; pression sonore

sound proof ◆ insonorisant (e)

sound proofing → sound insulation

sound reduction factor, sound reduction index, sound transmission loss *(am.)* ◆ indice *m.* d'affaiblissement acoustique

source ◆ source *f.*

source of heat ◆ foyer *m.* de chaleur

source of sound ◆ source *f.* sonore

south ◆ sud *m.*

space ◆ espace *m.*

– **enclosed space** ◆ espace clos

space between two joists (*or* rafters) ◆ solin *m.*

space deck ◆ structure *f.* spatiale

space frame ◆ structure *f.* tridimensionnelle

space lattice ◆ treillis *m.* tridimensionnel

spacer ◆ entretoise *f.*

spacing ◆ écartement *m.* ; espacement *m.*

spackle, sparkling *(am.)* ***→ filler***

spade, grafting tool ◆ bêche *f.* ; ***→ flat spade***

spall ◆ blocaille *f.*

spalt ◆ spalte *m.*

span ◆ portée *f.* ; écartement *m.*

– **clear span, clear width, effective span** ◆ portée *f.* libre *(entre appuis)*

span *(of a doorway)* ◆ ouverture *f.*

span length ◆ longueur *f.* de portée

span piece → collar beam

span *(in a portal frame or truss)* ◆ travée *f.*

span roof, pitched roof ◆ toit *m.* à deux versants ; comble *m.* à deux égouts

span, tend (to) ◆ tendre

spandrel (*or* spandril) ◆ 1. tympan *m.* ; 2. *(am.)* allège *f.*

spandrel beam ◆ poutre *f.* d'encadrement

Spanish tile → tile

spanner, wrench *(am.)* ◆ clé *f.* (*ou* clef)

– **monkey spanner** ◆ clé anglaise

spar → pole of a scaffold

spare, spare part ◆ pièce *f.* de rechange

spare part ◆ réserve *f.*

spark ◆ étincelle *f.*

spark arrester ◆ pare-étincelles *m. inv.*

spatula, spattle ◆ spatule *f.* ; couteau *m.* *(de peinture)*

specialist → expert

specific gravity ◆ densité *f.*

– **absolute-specific gravity** ◆ densité absolue

– **true-specific gravity** ◆ densité réelle

specific heat ◆ chaleur *f.* spécifique

specific weight, gravity ◆ poids *m.* spécifique ; gravité *f.* spécifique

specification instructions for use ◆ préconisation *f.*

specifications ◆ 1. cahier *m.* des charges ; 2. descriptif *m.*

– **building specifications, outline specifications** ◆ devis *m.* descriptif

spectrum ◆ spectre *m.*

speculation ◆ spéculation *f.*

speculative building ◆ construction *f.* spéculative

speos ◆ spéos *m.*

sphere ◆ sphère *f.*

spherical ◆ sphérique

sphinx ◆ sphinx *m.*

spider-webb rubble wall ◆ mur *m.* en parpaings irréguliers ; mur en libages

spigot ◆ cannelle *f.* (*ou* robinet)

spigot joint ◆ joint *m.* d'emboîture

spigot and socket joint ◆ emboîture *f.* à épaulement

spike ◆ pointe *f.* de fer

– **row of spikes** ◆ hérisson *m.* ; chardon *m.*

spindle ◆ pivot *m.*

spindle shaped ◆ fuselé (e)

spinning ◆ centrifugeage *m.*

spiral ◆ 1. spirale n. *f.* ; hélice n. *f.* ; 2. spiral (e) (*pl.* spiraux/-ales) *adj.*

spiral-barrel vault* → *vault

spiral drill, twist drill ◆ foret *m.* hélicoïdal (*ou* en spirale)

spiral-sash balance ◆ équilibreur *m.* à spirale

spiral stairs, caracole, circular stairs* → *stairs

spirally ◆ en spirale

spire, flèche ◆ 1. flèche *f.* ; 2. aiguille *f.*

spire* → *steeple, tower

spirit level ◆ niveau *m.* à bulle (d'air) ; → ***circular spirit level***

spirits of turpentine ◆ essence *f.* de térébenthine

splay, splaying ◆ ébrasement *m.* (*ou* ébrasure *f.*)

splayed ◆ chanfreiné (e) ; coupé (e) en biseau

splayed joint ◆ assemblage *m.* en sifflet

splice ◆ assemblage *m.* par soudure

splice plate ◆ éclisse *f.*

spline ◆ fausse languette *f.* ; languette rapportée

splinter ◆ épaufrure *f.*

splinter, sliver ◆ éclat *m.* de roche

splinter (to) ◆ épaufrer

split (to)* → *cleave (to)

split brick ◆ chantignole *f.* (*ou* chantignolle)

split cooler ◆ climatiseur *m.* bi-bloc (*ou* split *m.*)

split fitting ◆ domino *m.*

split pin ◆ goupille *f.* de sûreté ; goupille fendue

split wood, cleaved wood, laths for rendering ◆ bois *m.* fendu

splitting ◆ refend *m.*

spoil area ◆ décharge *f.*

spoiled ◆ taré (e)

spoils ◆ déblais *m. pl.*

spokeshave ◆ wabstringue *f.* (*ou* wastringue)

sponge ◆ éponge *f.*

sports ground ◆ terrain *m.* de sports

sports hall ◆ salle *f.* de sports

sports palace ◆ palais *m.* des sports

spot ◆ tache *f.*

spot welding ◆ soudure *f.* par points

spotlight ◆ spot *m.*

spout *(for rain water)* ◆ gouttière *f.* ; goulotte *f.*

sprawl ◆ extension *f.* anarchique de construction

sprawling building ◆ bâtisse *f.*

spray ◆ projeter

– **hand spray** ◆ douchette *f.*

spray gun, air gun ◆ pistolet *m.* à peinture

spray painting ◆ peinture *f.* au pistolet

sprayed concrete, sprayed mortar* → *shotcrete

sprayer* → *spray gun

spraying ◆ application *f.* au pistolet ; projection *f.* ; pulvérisation *f.*

spread (to) ◆ encoller

sprig *(thin pen)*, brad *(for window panes)* ◆ pointe *f.* de vitrier ; clou *m.* sans tête

spring ◆ 1. source *f.* ; 2. ressort *m.*

spring, springer *(of a vault)* ◆ naissance *f.* d'une voûte ; retombée *f.* *(de voûte)*

spring board ◆ tremplin *m.*

spring hinge ◆ charnière *f.* à ressort

spring line of a vault, springing ◆ ligne *f.* d'épaulement d'une voûte ; ligne de naissance d'une voûte

spring lock, snap lock ◆ serrure *f.* à ressort

spring mattress ◆ sommier *m.* élastique

spring of a vault* → *skewback

spring tape* → *measuring tape

spring water ◆ eau *f.* de source

springer *(of arch)*, *springer stone* ◆ sommier *m.* ; claveau *m.* de naissance ; coussinet *m.* ; voussoir *m.* de départ

springing *(of a vault)* ◆ 1. naissance *f.* d'une voûte ; retombée *f.* *(de voûte) ; 2.* → ***spring line of a vault***

springing plane, skewback ◆ niveau *m.* des naissances *(voûte)*

sprinkler ◆ 1. extincteur *m.* automatique à eau (*ou* sprinkler *m.*) ; 2. asperseur *m.* (*ou* sprinkler)

spruce, white fir ◆ sapinette *f.* (*ou* épicéa *m.*)

spun ◆ centrifugé (e)

spun concrete ◆ béton *m.* centrifugé

spur stone ◆ bouteroue *f.* (*ou* chasse-roue *m.*)

– **angle spur** ◆ griffe *f.*

spy glass* → *telescope

square ◆ 1. place *f.* ; 2. carré *n. m.* ou *adj.*

– **mitre square** ◆ équerre d'onglet

– **optical square** ◆ équerre d'arpenteur

– **T square** ◆ té *m.* à dessin

square, perpendicular ◆ d'équerre ; à angle droit ; droit (e)

square, set square, square rule ◆ équerre *f.* ; → ***market place, market square***

square edged ◆ 1. à arête vive ; 2. à joint plat

square joint → ***butt joint***

square measure ◆ mesure *f.* de surface

square metre *(sqm)* ◆ mètre *m.* carré *(m^2)*

square moulding ◆ baguette *f.*

square-sawn timber → ***square timber***

square-shaft bolt ◆ boulon *m.* à tige carrée

square tile → ***tile***

square timber, square-sawn timber ◆ bois *m.* équarri

square *(of glass, etc.)* ◆ vitre *f.*

square (to) ◆ 1. équarrir ; 2. mettre d'équerre

square to roof → ***sawtooth roof*** → ***roof***

squared ◆ équarri (e)

squared and parallel *(wood)* ◆ équarri à arêtes vives *(bois)*

squared timber, stuff, hewn timber ◆ bois *m.* équarri

squarely ◆ à angle droit

squaring ◆ équarissage *m.* (*ou* équarissement *m.*)

squat ◆ trapu (e)

squat closet, squatting w.c. ◆ w.c. à la turque

squeeze (to) → ***punch (to)***

squinch, trompe ◆ trompe *f.*

stability ◆ stabilité *f.*

– **dimensonal stability** ◆ stabilité dimensionnelle

stabilized soil ◆ sol *m.* stabilisé

stabilizer ◆ stabilisateur *m.*

stable ◆ 1. étable *f.* ; 2. stable *adj.*

stable, shippon, horse stable ◆ écurie *f.*

stack ◆ pile *f.* ; tas *m.*

stack, chimney stack ◆ souche *f.* de cheminée

stack, stack pipe ◆ tuyau *m.* vertical ; colonne *f.*

– **waste stack** ◆ tuyau de descente

stack effect ◆ effet *m.* de cheminée

stack vent ◆ colonne d'évent

stack (to) ◆ empiler ; mettre en tas

stadia *(hairs)* ◆ fils *m. pl.* stadimétriques

stadia rod ◆ mire *f.* parlante ; stadia *m.*

stadium ◆ 1. stade *m.* ; 2. stade *m. (600 pieds environ)*

staff ◆ 1. soutien *m.* ; 2. staff *m. (matériau)*

staff, levelling staff ◆ mire *f.* ; mire de nivellement

staff man ◆ porte-mire *m.*

stage ◆ 1. scène *f.* ; 2. → ***scaffold floor***

stage, dais, estrade, pace, platform ◆ podium *m.* ; estrade *f.*

stage *(of works)* ◆ stade (*ou* état d'avancement) *m.* des travaux

staggered ◆ en quinconce

staggered line → ***zigzag***

staging ◆ échafaudage *m.*

– **bracket staging** ◆ échafaudage sur consoles

stain (to) ◆ teindre

stained glass ◆ vitrail *m.* (*pl.* vitraux)

staining *(wood)* ◆ mise *f.* en couleur

stainless ◆ inoxydable

stainless steel ◆ acier *m.* inoxydable

stair, step ◆ marche *f.*

stair carpet ◆ tapis *m.* d'escalier

stair cheek, string piece, notch board ◆ limon *m.*

stair landing ◆ palier *m.* d'escalier

stair rod ◆ tringle *f. (pour tapis)* d'escalier

stair well, staircase well ◆ cage *f.* d'escalier

staircase → ***stairs***

staircase well → ***stair well***

stairlift ◆ monte-handicapés *m. inv.*

stairs, staircase ◆ escalier *m.*

– **back stairs** ◆ escalier de service

– **box stairs, enclosed stairs** ◆ escalier encloisonné

– ***circular stairs*** → ***spiral stairs***

– ***cockle stairs*** → ***spiral stairs***

– **concealed stairs, secret stairs** ◆ escalier dérobé

– ***corkscrew stairs*** → ***spiral stairs***

– ***enclosed stairs*** → ***box stairs***

– **exit stairs** ◆ escalier de dégagement

– **external stairs** ◆ escalier hors œuvre

– **fire-escape stairs** ◆ escalier de secours

– **flight of stairs** ◆ volée *f.* d'escalier

– **grand staircase** ◆ escalier d'honneur

– **half-turn stairs** ◆ escalier à double quartier

– **half-pace stairs, half-space stairs** ◆ escalier à moitié tournant

– **hanging stairs** ◆ escalier suspendu

– ***helical stairs*** → ***spiral stairs***
– ***hidden stairs*** → ***concealed stairs***
– **hollow-newel stairs** ◆ escalier à noyau évidé
– **horseshoe stairs** ◆ escalier en fer à cheval
– ***housed stairs*** → ***box stairs***
– **inside stairs, internal stairs** ◆ escalier intérieur
– **moving staircase** ◆ escalier mécanique (*ou* escalier roulant)
– ***open-newel stairs*** → ***hollow-newel stairs***
– **open stairs** ◆ échelle *f.* de meunier
– ***open-well stairs*** → ***hollow-newel stairs***
– **outer staircase** ◆ escalier extérieur
– **quarter-turn stairs** ◆ escalier à quartier tournant
– **screw stairs** ◆ escalier à vis à noyau central
– ***secret stairs*** → ***concealed stairs***
– **service stairs** ◆ escalier de service
– **solid-newel stairs, spindle stairs** ◆ escalier à noyau plein
– **spiral stairs, caracole** ◆ escalier à vis (*ou* escalier en spirale) ; escalier en colimaçon (*ou* escalier hélicoïdal)
– **straight stairs, straightrun stairs, straight flight stairs** ◆ escalier à volée droite
– ***vice stairs, vise stairs*** *(am.)* → ***screw stairs***
– **winding stairs, winding staircase** ◆ escalier tournant

stairs headroom, stairs headway ◆ échappée *f.*

stairs with a landing ◆ escalier à palier

stake ◆ 1. piquet *m.* ; pieu *m.* (*pl.* pieux) ; 2. perche *f.*
– **grade stake** ◆ piquet de nivellement

stake fence ◆ clôture *f.* à claire-voie

staking ◆ piquetage *m.*

stalactite ◆ stalactite *f.*

stalk ◆ 1. pédicule *m.* ; 2. → ***chimney***

stall ◆ 1. étable *f.* ; 2. stalle *f.*

stanchion ◆ 1. jambette *f.* ; 2. étançon *m.*

stand ◆ stand *m.*

standard ◆ 1. norme *f.* ; 2. étalon *m.*
– **American standard** ◆ norme américaine
– **British standard** ◆ norme britannique
– **building standard** ◆ norme de construction
– **French standard** ◆ norme française

standardise (to) ◆ normaliser

standardization ◆ normalisation *f.*

standing seam ◆ joint *m.* debout

standing stone ◆ pierre *f.* levée

standing timber → ***trunk wood***

standing vice (or vise) → ***bank screw***

stand out (to) ◆ ressortir

standpipe, waste pipe → ***soil pipe***

staple ◆ cavalier *m.* ; clou *m.* cavalier

staple gun ◆ agrafeuse *f.* *(chantier)*

stapler ◆ agrafeuse *f.* *(bureau)*

star shaped ◆ étoilé (e)

starch paste, starch gum *(am.)* ◆ colle *f.* d'amidon

starling ◆ éperon *m.* de pont

starter ◆ starter *m.*

starting course ◆ premier rang *m.*

starting step ◆ marche *f.* de départ

state road ◆ route *f.* nationale

static, statical ◆ statique

static electricity ◆ électricité *f.* statique

statical moment ◆ moment *m.* statique

statically determined ◆ isostatique (*ou* statiquement déterminé)

statically undetermined, imperfect structure ◆ hyperstatique (*ou* statiquement indéterminé)

statics ◆ statique *f.*

station ◆ station *f.*

station building, station house ◆ gare *f.*

station roof ◆ couverture *f.* de gare

station truss ◆ ferme *f.* d'auvent ; ferme d'appentis

statistics ◆ statistique *f.*

statuary *(art)* ◆ statuaire *adj.*

statuary marble ◆ statuaire *f.*

statue ◆ statue *f.*

statuette ◆ statuette *f.*

Statute Book → ***official journal of laws (decrees, etc.)***

staunchion → ***stanchion***

stave ◆ barreau d'échelle

stay ◆ décharge *f.*

stay, strut ◆ étai *m.* ; soutien *m.* ; support *m.*

stay *(of a truss)* ◆ contrefiche *f.*

stay (to) → ***prop (to)***

steam ◆ vapeur *f.*
– **superheated steam** ◆ vapeur surchauffée

steam boiler ◆ chaudière *f.* à vapeur

steam curing ◆ étuvage *m. (du béton)*

steam flue → ***vapour flue***

steam hammer, steam striker ◆ marteau-pilon *m.* à vapeur

steam-pile driver ◆ sonnette *f.* à vapeur

steam proof → ***steam tight***

steam roller ◆ rouleau *m.* à vapeur ; cylindre *m.* à vapeur

steam striker → ***steam hammer***

steam tight, steam proof ◆ étanche à la vapeur

steel ◆ acier *m.*

– **carbon steel** ◆ acier au carbone

– **cast steel** ◆ acier moulé

– **high-tensile steel** ◆ acier à haute résistance

– **high-yield steel** ◆ acier à haute élasticité

– **mild steel** ◆ acier doux

– **stainless steel** ◆ acier inoxydable

– **structural steel** ◆ acier de construction

steel bar ◆ barre *f.* d'acier

steel-chips concrete ◆ béton *m.* à paillettes d'acier

steel construction ◆ construction *f.* métallique

steel engraving ◆ gravure *f.* sur acier

steel erector ◆ monteur *m.* en charpente métallique

steel (frame) construction ◆ charpente *f.* métallique

steel pipe ◆ tuyau *m.* en acier

steel sheet ◆ tôle d'acier

steel strip ◆ feuillard *m.* d'acier

steel wire ◆ fil *m.* d'acier

steel wool ◆ laine *f.* d'acier

steel work ◆ construction *f.* métallique

steep, pitched ◆ escarpé (e) ; raide ; en pente rapide

steeping ◆ trempe *f.*

steeple, spire ◆ flèche *f.* ; haut *m.* d'une tour

stele, stela ◆ stèle *f.*

stellar vault → ***star vault*** → ***vault***

stem ◆ tige *f.*

step ◆ 1. pas *m.* ; 2. gradin *m.* ; 3. marche *f.* ; degré *m.*

step *(in gable)* ◆ redent *m.* (*ou* redan)

– **balanced step** ◆ marche balancée

– **bottom step** ◆ marche de départ

– **cantilever step, hanging step** ◆ marche en encorbellement

– **corner step** ◆ marche d'angle

– **drum-head step** ◆ marche de départ arrondie

– ***hanging step*** → ***cantilever step***

– **radial step, winder** ◆ marche rayonnante

– ***round step, rounded step, round-end step*** → ***drum-head step***

– **starting step** ◆ marche de départ

– **top step** ◆ marche d'arrivée

– **turn step** ◆ marche tournante

– ***wheel(ing) step*** → ***radial step***

step cover strip, nosing of a stair ◆ renforcement *m.* du nez de marche

step flag ◆ grande dalle *f.* en pierre

step of a foundation, offset ◆ empattement *m.* de fondation ; gradin *m.*

step ladder ◆ 1. marchepied *m.* ; 2. escabeau *m.*

step of a staircase ◆ marche *f.* d'escalier

stepped ◆ à gradins ; en gradins

stepped foundation → ***foundation***

stepped gable, crow stepping gable ◆ pignon *m.* à redents ; pignon en gradins (*ou* crénelé)

stepped pyramid ◆ pyramide *f.* à gradins (*ou* à degrés)

stepped ramp → ***ramp***

steps ◆ escalier *m.*

stere ◆ stère *m.*

stereobate ◆ stéréobate *m.*

stereotomy ◆ stéréotomie *f.*

stick ◆ perche *f.*

stick pencil, stick brush ◆ pinceau *m.* à tige

stick plane ◆ rabot *m.* à tige *(pour parquets)*

stick (to) → ***paste (to)***

stiff ◆ ferme, raide

stiff reinforcement → ***rigid reinforcement***

stiffen (to) ◆ raidir *(une maçonnerie, une charpente)*

stiffening, strengthening, consolidation ◆ consolidation *f.*

– **early stiffening** ◆ fausse prise *f.*

stiffening arch → ***arch***

stiffening rib ◆ lierne *f.*

stile ◆ montant *m. (de porte, de fenêtre)*

– **butt stile, hinge stile** ◆ montant charnier ; montant ferré

– **closing stile, lock stile** ♦ montant battant (*ou* de battement)

stilted arch → raised arch → arch

stipple, dot (to) ♦ pointiller

stipple *(paint)* (to) ♦ tamponner

stippler ♦ brosse *f.* à tamponner

stippling ♦ pointillage *m.*

stirrup ♦ 1. étrier *m.* ; 2. cadre *m.* d'armature

stock of tools ♦ outillage *m.*

stone ♦ pierre *f.*

– **apex stone, keystone** ♦ clef *f.*

– **artificial stone** ♦ aggloméré *m.* ; pierre artificielle

– **binding stone** ♦ pierre en parpaing

– **broad stone** ♦ pierre de taille

– **broken stone** ♦ granulat *m.* concassé

– **building stone** ♦ pierre à bâtir ; pierre de construction

– **coping stone** ♦ pierre de couronnement

– **cornerstone** ♦ pierre angulaire

– **crushed stone** ♦ pierres concassées

– **foundation stone** ♦ première pierre

– **hard stone** ♦ pierre dure

– **natural stone** ♦ pierre de carrière

– ***parpend stone, perpend stone → binding stone***

– **precast stone, reconstructed stone** ♦ pierre reconstituée

– **pumice stone** ♦ pierre ponce

– **soft stone** ♦ pierre tendre

– ***through stone → binding stone***

– **undressed stone** ♦ pierre non taillée

– **very hard stone** ♦ pierre froide

Stone Age ♦ âge *m.* de pierre

stone anchor, grappling iron, tie, cramp ♦ crochet *m.*

stone bedding ♦ enrochement *m.*

stone bolt → rag bolt

stone breaker ♦ concasseur *m.* ; broyeur *m.* de pierres

stone chips ♦ recoupe *f.*

stone chisel ♦ ciseau *m.* de taille

stone circle ♦ cromlech *m.*

stone cutter ♦ tailleur *m.* de pierres

stone-cutter's hammer ♦ laye *f.* (*ou* laie *f.*) *(tailleur de pierre)*

stone cutting ♦ taille *f.* des pierres

stone drain ♦ pierré *m.* (*ou* pierrée *f.*)

stone drill → jumper

stone floor ♦ dalle *f.* (*ou* hourdis *m.*) en pierre

stone mosaic ♦ mosaïque *f.* de pierre

stone moulding ♦ moulure *f.* en pierre

stone pitching of slope ♦ revêtement *m.* du talus en pierres

stone quarry ♦ carrière *f.*

stone revetment ♦ revêtement *m.* en pierres

stone saw ♦ scie *f.* pour pierre

stone scroll *(on a gabled elevation)* ♦ volute *f.* en pierre *(d'un pignon)*

stone size ♦ format *m.* de pierre

stone splinters → shivers

stone tongs, nippers ♦ pince *f.* à moellons

stone wall ♦ mur *m.* en pierre

stone ware ♦ grès *m.* cérame

stone ware tile ♦ carreau *m.* de grès cérame

stone ware pipe ♦ tuyau *m.* en grès cérame

stone work ♦ 1. ouvrage *m.* en pierres ; maçonnerie *f.* en pierres de taille ; 2. → ***cut stones***

stoning *(a road, etc.)*, metalling ♦ empierrement *m.*

stony ♦ rocheux (-euse) ; rocailleux (-euse)

stool ♦ escabeau *m.* ; tabouret *m.*

stop → halt

stopcock, plug tap, cut-off valve ♦ robinet *m.* d'arrêt

stop valve ♦ obturateur *m.*

stop (to) → tighten (to)

stopped end of a wall ♦ tête *f.* de mur

stopped mortise → blind mortise → mortise

stopping place → halt (by the way)

stopping the work(s) ♦ arrêt *m.* de travail ; interruption *f.*

storage ♦ emmagasinage *m.* ; stockage *m.*

storage, store ♦ dépôt *m.* ; remise *f.*

storage life → shelf life

store ♦ entrepôt *m.* ; *(am.)* magasin *m.*

storehouse, depository ♦ magasin *m.*

stores, warehouse, department store ♦ grand magasin *m.*

storied ♦ 1. historié (e) ; orné (e) d'inscriptions ; 2. à étage(s)

story, storey ♦ étage *m.*

stove ♦ poêle *m.* ; → ***cooking stove, drying stove***

stove pipe ◆ tuyau *m.* de poêle

straight ◆ droit (e)

straight arch → flat arch ◆ arch

straight barrel vault → vault

straight flight ◆ volée *f.* droite

straight grained *(wood)* ◆ bois *m.* en droit fil

straight line ◆ droite *f.* ; ligne *f.* droite

straight run ◆ volée *f.* droite

straight stairs, fliers staircase ◆ escalier *m.* droit

straight stairs of one flight ◆ escalier *m.* droit à une volée

straighten, level (to) ◆ dresser *(une pierre, une pièce de bois)*

strain ◆ déformation *f.*

– **compressive strain** ◆ déformation due à la compression

– **elastic strain** ◆ déformation élastique

– **shear strain** ◆ déformation au cisaillement

strain gauge ◆ extensomètre *m.* ; jauge *f.* d'extensométrie

strain limit ◆ limite *f.* d'allongement

strain test apparatus ◆ appareil *m.* d'essai à la traction

strain (to) ◆ tamiser

strainer ◆ 1. crépine *f.* ; 2. pommelle *f.*

strainer, sieve ◆ tamis *m. inv.*

straining ◆ tension *f.*

strand ◆ rivage *m.*

strap hinge ◆ charnière *f.* à congés

strapwork ◆ tresse *f.*

stratum, layer ◆ couche *f. (géologique)* ; strate *f.*

straw ◆ paille *f.*

straw board, straw slab ◆ plaque *f.* de paille

straw coloured ◆ couleur *f.* (de) paille

straw mat ◆ paillon *m.* ; paillasson *m.*

streaked ◆ strié (e)

stream ◆ ruisseau *m.*

street ◆ rue *f.*

– **blind street, cul-de-sac** ◆ impasse *f.* ; rue *f.* sans issue ; cul-de-sac *m.*

street corner ◆ angle *m.* de rue

street door, entrance door, entry door ◆ porte *f.* d'entrée ; porte extérieure

street floor ◆ rez-de-chaussée *m. inv.*

street furniture ◆ mobilier *m.* urbain

street gutter ◆ caniveau *m.*

street lamp ◆ 1. réverbère *m.* ; 2. lanterne *f.*

street ligthing ◆ éclairage *m.* public

street profile ◆ profil *m.* de rue

street sign ◆ plaque *f.* de rue

street without issue, cul-de-sac → blind street

street works ◆ voirie *f.*

streetcar *(am.)*, **tram (car)** ◆ tramway *m.*

strength ◆ résistance *f.*

– **bending strength, flexural strength** *(am.)* ◆ résistance à la flexion

– **breaking strength** ◆ résistance à la rupture

– **buckling strength** ◆ résistance au flambage

– **compressive strength** ◆ résistance à la compression

– **creep strength** ◆ résistance au fluage

– **crushing strength** ◆ résistance à l'écrasement

– ***flexural strength → bending strength***

– **tensile strength** ◆ résistance à la traction

– **torsional strength** ◆ résistance à la torsion

– **ultimate strength** ◆ résistance à la rupture

strength of materials ◆ résistance *f.* des matériaux

strengthen, consolidate (to) ◆ consolider

strengthening, consolidation, stiffening ◆ renforcement *m.* ; consolidation *f.*

stress ◆ contrainte *f.*

– **admissible stress, allowable stress** ◆ contrainte admissible

– **bending stress** ◆ contrainte de flexion

– **bond stress** ◆ contrainte d'adhérence

– **breaking stress** ◆ tension de rupture

– **buckling stress** ◆ tension de flambage

– **combined stresses** ◆ contraintes complexes ; contraintes composées

– **compression stress, compressive stress** ◆ effort *m.* de compression

– **critical stress** ◆ contrainte critique

– **internal pressure** ◆ tension *f. (interne)*

– **maximum stress** ◆ contrainte limite

– **shear stress** ◆ contrainte de cisaillement

stress diagram → diagram of forces

stress of adhesion, adhesive stress ◆ tension *f.* d'adhésion

stretch, extend (to) ◆ rallonger

stretcher ◆ panneresse *f.*

stretcher, hand barrow ◆ civière *f.* ; brancard *m.*

stretcher *(of chairs)* ◆ barreau *m.*

stretcher bond → running bond → bond

stretcher course → course of stretchers

stretching bench ◆ banc *m.* d'étirage ; banc à armatures

stretching device, gear ◆ tendeur *m.*

stria ◆ strie *f.*

striate ◆ strié (e)

strigil ◆ strigile *m. (ornement)*

strike ◆ grève *f.*

strike, strike plate ◆ gâche *f.*

strike *(when forging)*, beat (to) ◆ frapper *(en forgeant)*

string ◆ ficelle *f.* ; corde *f.*

string, stringer *(am.)*, **string board** ◆ limon *m.* (d'escalier) ; → ***closed string***

string course, sailing course ◆ bandeau *m.*

string course, cordon ◆ cordon *m.*

string wall → wall

stringer ◆ longrine *f.* ; tirant *m.*

strip ◆ bande *f.* ; lame *f.* ; feuillard *m.* ; → ***band***

– **panel strip** ◆ couvre-joint *m.* (*pl.* couvre-joints)

strip board ◆ lamellé-latté

strip flooring ◆ parquet *m.* à l'anglaise

stripping agent ◆ agent *m.* de décoffrage

stripping board ◆ lamellé-latté

stroke (to) → char (to)

strong ◆ solide ; résistant (e) ; → ***solid***

strong mullions ◆ meneaux *m. pl.* principaux

strong room → safe

structural ◆ structural (e) (*pl.* structuraux/-ales)

structural design ◆ calcul *m.* des structures

structural draughtsman (draftsman), structural designer ◆ dessinateur-constructeur *m.*

structural timber, structural lumber *(am.)* ◆ bois *m.* de charpente

structural wall ◆ mur *m.* porteur

structure ◆ structure *f.* ; *(G.B.)* gros œuvre *m.* ; ouvrage *m.* d'art ; *(am.)* construction *f.*

structure of joists *(supporting a shaft)* ◆ enchevêtrure *f.*

strut, stay, shore, prop ◆ étai *m.* ; étançon *m.* ; support *m.*

strut *(of a truss)*, brace *(of a truss)* ◆ jambe *f.* de force

– **small strut, shoulder tree** ◆ bracon *m.*

strut beam → collar beam

strut frame → simple truss

strutting ◆ entretoisement *m.* (arc d'-) ; → ***cross stay***

stucco ◆ stuc *m.*

stucco gypsum ◆ plâtre *m.* à stuc

stucco lime, plaster lime ◆ chaux *f.* pour stuc

stucco plaster ◆ plâtre *m.* à stuc

stuccoer, stucco-worker ◆ stucateur *m.*

stucco work ◆ 1. ouvrage *m.* en stuc ; 2. stucage *m.*

stud ◆ poteau *m.*

stud, wooden post ◆ poteau *m.* en bois

studio ◆ studio *m.* ; atelier *m.* ; → ***artist's workshop***

studio appartment *(am.)*, **bedsitter** ◆ studio *m.*

studwork ◆ colombage *m.*

study, practice ◆ cabinet *m.* de travail

stuff ◆ bois *m.* de construction

– **clear stuff, free stuff** ◆ bois *m.* sans défaut

stuff *(with glazier's putty)* (to) ◆ mastiquer *(des vitres)*

stump ◆ estompe *f.*

stump drawing ◆ dessin *m.* à l'estompe

stupa, tope ◆ stupa *m.* (*ou* stoupa)

style ◆ style *m.*

stylise (to) ◆ styliser

stylised ◆ stylisé (e)

stylobate, skirting board ◆ stylobate *m.* *(soubassement)*

sub-base** (am.)* → ***skirting board

subcontract ◆ sous-traité *m.*

subcontracting ◆ sous-traitance *f.*

subcontractor ◆ sous-traitant *m.* ; sous-entrepreneur *m.*

subdivision *(am.)* ◆ lotissement *m.*

subfloor ◆ sous-plancher *m.*

sub-foundation ◆ soubassement *m.*

sub-frame, door buck, rough buck, sub-buck *(am.)* ◆ précadre dormant *m.*

submission, calling for tenders ◆ adjudication *f.* ; appel *m.* d'offres
subsellium (*pl.* subsellia), misericorde (*ou* miserere) ◆ strapontin *m.* ; siège *m.* à abattant *m.*
subside (to) ◆ tasser
subsoil ◆ tréfonds *m.*
subsoil, substratum ◆ sous-sol *m.* (*pl.* sous-sols)
substruction ◆ substruction *f.*
substructure ◆ infrastructure *f.*
substructure, foundation *(road, railway)* ◆ 1. construction *f.* souterraine (*ou* inférieure) ; 2. construction en sous-sol
subterranean → underground
suburb, outskirts *(of a town)* ◆ banlieue *f.*
suburban ◆ suburbain (e)
  suburban (*or* local) railway branch (*or* line) ◆ chemin *m.* de fer péri-urbain (*ou* de banlieue)
subway ◆ passage *m.* souterrain
subway *(am.)*, **underground, tube** ◆ métro(politain) *m.*
sucker → suction pipe, suction tube
suction ◆ appel *m.* d'air
  suction cup ◆ ventouse *f.*
  suction hose ◆ tuyau *m.* aspirateur
  suction pipe, sucker, suction tube, tail pipe ◆ tuyau *m.* d'aspiration ; embout *m.* d'aspiration
  suction pump ◆ pompe *f.* aspirante
sudatorium ◆ sudatorium *m.*
suitability ◆ aptitude *f.* à l'emploi
suite of rooms ◆ pièces *f. pl.* en enfilade
sulphated cement ◆ ciment *m.* sulphaté
summer, breastsummer, lintel ◆ linteau *m.*
summer, summertree ◆ sommier *m.*
summer house ◆ pavillon *m.* d'été ; maison *f.* d'été
summer piece ◆ rideau *m.* de cheminée
summer tree → summer
summit line, top line, crown ◆ 1. crête *f.* ; 2. ligne *f.* du sommet *(d'une voûte)*
sump pump ◆ pompe *f.* de relevage
sum total ◆ montant *m.*
sun blind, sun screen ◆ jalousie *f.*
sun breaker ◆ brise-soleil *m. inv.*
sundial ◆ cadran *m.* solaire
sunfast ◆ résistant (e) à la lumière
sunshade ◆ parasol *m.* ; pare-soleil *m. inv.*
superficial ◆ superficiel (-elle)
superficies ◆ superficie *f.*
superior ◆ supérieur (e)
superload, superimposed load ◆ surcharge *f.*
superposed basins ◆ vasques *f. pl.* superposées
superstructure ◆ 1. superstructure *f.* ; 2. surélévation *f.*
supervision ◆ surveillance *f.* de travaux
supply pipe ◆ 1. tuyau *m.* d'arrivée (*ou* d'adduction) ; 2. amenée *f.* d'eau
support ◆ 1. soutènement *m.* ; 2. soutien *m.*
support, seating, bearing ◆ appui *m.*
– **simple support** ◆ appui libre
– **sloping support** ◆ appui rampant
  support pression ◆ pression *f.* d'appui ; force *f.* de réaction
  support reaction ◆ réaction *f.* d'appui
support (to) ◆ porter
surbased arch → arch
surcharge ◆ surcharge *f.*
surface ◆ surface *f.* ; superficie *f.*
  surface *(of road, etc.)* ◆ revêtement *m.*
  surface of fracture, plane of fracture ◆ section *f.* (*ou* surface *f.*) de rupture
  surface measure ◆ mesure *f.* de surface
  surface planer ◆ dégauchisseuse *f.*
  surface vibrator ◆ vibrateur *m.* de surface
  surface water ◆ eaux *f. pl.* de surface
surface (to) ◆ polir
surfacing ◆ surfaçage *m.*
surround (to) ◆ entourer
  surround with wire netting (to) ◆ grillager
surrounding wall ◆ mur *m.* d'enceinte
surroundings ◆ environs *m. pl.*
survey ◆ relevé *m.* ; levé *m.*
– **soil survey** ◆ étude *f.* du sol
– **tacheometric survey** ◆ levé *m.* tachéométrique
  survey *(of land)* ◆ relevé *m.* topographique
  survey map, key plan ◆ plan-masse (*ou* plan de masse) *m.* ; carte *f.* d'ensemble ; plan *m.* d'ensemble
survey (to) ◆ 1. toiser ; 2. relever
survey *(land)*, do field work (to) ◆ arpenter ; relever des plans

surveying ♦ levé *m. (de plans)*
– **land surveying** ♦ arpentage *m.*
– **plane surveying** ♦ planimétrie *f.*
– **topographical survey(ing)** ♦ topographie *f.* ; levé topographique
surveying instrument ♦ instrument *m.* de topographie
surveying polygon ♦ canevas *m.* polygonal *(topographie)*
surveyor, land surveyor ♦ géomètre *m.*
surveyor's level ♦ niveau *m.* optique (*ou* niveau à lunette)
suspended ♦ suspendu (e)
suspended ceiling ♦ plafond *m.* suspendu
suspended scaffold → ***hanging scaffold***
suspension ♦ suspension *f.*
suspension bow ♦ anse *f.* de suspension ; étrier *m.* de suspension
suspension bridge ♦ pont *m.* suspendu
suspension cable ♦ câble *m.* de suspension ; câble porteur
swamp, marsh ♦ marécage *m.* ; marais *m.*
swampy ♦ marécageux (-euse)
swan neck ♦ col *m.* de cygne (*ou* cou de cygne)
swastika ♦ swastika *m.* (*ou* croix *f.* gammée)
sway ♦ mouvement *m.* latéral *(d'une structure)*
sway brace, sway rod → ***wind brace***
swaying → ***oversailing (of a façade)***
sweating *(of wall)* ♦ suintement *m. (d'un mur)*
sweep, lever ♦ manivelle *f.*
sweep *(the chimney)* (to) ♦ ramoner
swell out (to) ♦ bomber
swelling ♦ gonflement *m. (du bois)*
swerving → ***oversailing***
swimming pool ♦ piscine *f.*
swing bridge, turn bridge ♦ pont *m.* tournant
swing door → ***door***
– ***double-swing door*** → ***double-acting door*** → ***door***
swinging → ***vibration***
switch (*pl.* switches) ♦ interrupteur *m.*
– **chainpull switch** ♦ interrupteur à tirage
– **knife switch** ♦ interrupteur à couteaux
– **main switch** ♦ interrupteur général
– **pear switch** ♦ poire *f.*
– **remote-control switch** ♦ télérupteur *m.*
– **two-way switch** ♦ interrupteur à va-et-vient
switch off, disconnect, cut out (to) ♦ mettre hors circuit ; couper le courant
switchboard ♦ tableau *m.* de commande
– **distribution switchboard** ♦ tableau de distribution
swivel ♦ émerillon *m.* ; pivot *m.*
swivel pin ♦ tourillon *m.*
sword ♦ fiche *f.* à dents
sycamore ♦ faux platane *m.*
symbol ♦ symbole *m.*
symbolic, symbolical ♦ symbolique
symbolism ♦ symbolisme *m.* ; → ***architectural symbolism***
symmetrical ♦ symétrique
symmetrically ♦ symétriquement
symmetry ♦ symétrie *f.*
synagogue ♦ synagogue *f.*
syncretism ♦ syncrétisme *m.*
synthetic resin ♦ résine *f.* artificielle
system ♦ 1. système *m.* ; 2. réseau *m.* (*pl.* réseaux)
system building, industrialized building ♦ construction *f.* par éléments
system of forces ♦ système *m.* des forces
system of foundation → ***foundation system***
system of pipes ♦ tuyauterie *f.*
systyle ♦ systyle *m.* ou *adj.*
systyle temple ♦ temple *m.* systyle

T

tabernacle ◆ tabernacle *m.*

table ◆ table *f.*

table, register ◆ tableau *m.* ; table *f.*

table land, plateau ◆ plateau *m.* (*pl.* plateaux)

tableau ◆ tableau *m.*

tablet ◆ tablette *f.*

tablinum ◆ tablinium *m.*

tabouret, stool ◆ tabouret *m.*

tacheometer, tachymeter ◆ tachéomètre *m.*

tacheometry ◆ tachéométrie *f.*

tack ◆ pointe *f.*

tack welding ◆ soudage *m.* par points

tackle ◆ moufles *f. pl.* ; palan *m.*

tackle, gin wheel, jenny wheel ◆ poulie *f.*

tackle block ◆ poulie de palan

taenia (*or* tenia) *(architecture)* ◆ ténie *f.* (*ou* tengusa *m.*)

tail, tailing ◆ queue *f.*

tail piece *(am.)* → ***trimmed joist***

tail trimmer ◆ lambourde *f.* muraillère

take the level of, level (to) ◆ niveler

take to pieces, strip (to) ◆ démonter

take down (to) ◆ 1. démonter ; 2. → ***to break up (to)***

take up (to) ◆ rattraper un défaut

talc ◆ talc *m.*

tall ◆ haut (e)

tall candelabrum ◆ torchère *f.*

tallow ◆ suif *m.*

tally, tallying ◆ pointage *m.*

talon mo(u)lding ◆ talon *m.*

talus ◆ talus *m.*

tambour, tholobate ◆ tambour *m. (de dôme)*

tamp, ram (to) ◆ damer

tamper ◆ dame *f.*

tamping ◆ damage *m.*

tangent ◆ 1. tangente n. *f.* ; 2. tangent (e) *adj.*

tangential ◆ tangentiel (-elle)

tank, reservoir, supply cistern ◆ réservoir *m.*

– **expansion tank** ◆ vase *m.* d'expansion

– **hot water tank** ◆ ballon *m.* d'eau chaude

– **septic tank** ◆ fosse *f.* septique

tanking ◆ cuvelage *m.*

tap ◆ robinet *m.*

tap, valve, cock, faucet *(am.)* ◆ robinet *m.* ; valve *f.*

– **master tap** ◆ robinet général

– **mixer tap** ◆ mélangeur *m.* ; robinet mélangeur

tap bolt, cap screw ◆ vis *f.* à tête

tap water ◆ eau *f.* de conduite

tap, thread *(screws nuts, etc.)* (to) ◆ tarauder ; fileter

tape ◆ ruban *m.*

tape measure, measuring line ◆ mètre *m.* à ruban (*ou* roulette *f.*)

taper ◆ conicité *f.*

taper pipe, diminishing piece, reducing pipe ◆ raccord *m.* conique ; pièce *f.* de réduction

tapered ◆ conique

tapered tile ◆ tuile *f.* gironnée

tapestry ◆ tapisserie *f.*

tapestry worker ◆ tapissier *m.*

tapped ◆ taraudé (e)

tapping *(of screws, nuts, etc.)* ◆ taraudage *m.*

tar, black varnish ◆ goudron *m.* ; → ***coal tar, wood tar***

tar, japan (to) ◆ goudronner

tar *(with coal tar)* (to) ◆ goudronner *(au goudron de houille)*

tar coating ◆ goudronnage *m.*

tar-lined paper, tar paper ◆ papier *m.* goudronné

tar mastic ◆ mastic *m.* de goudron

tar pasteboard ◆ papier *m.* goudronné ; carton *m.* goudronné

tar-resisting paint ◆ couleur *f.* résistant au goudron

tar-spraying machine ◆ machine *f.* arroseuse de goudron

tare ◆ tare *f.*

tariff ◆ tarif *m.*

tarmacadam ◆ tarmacadam *m.*

tarpaulin ◆ bâche *m.*

tarred felt ◆ feutre *m.* goudronné

tarred paper ◆ papier *m.* goudronné

tarred work ◆ travaux *m. pl.* de goudronnage

tarring ◆ goudronnage *m.*

tarry ◆ goudronneux (-euse)

tartan ◆ tartan *m.*

task ◆ tâche *f.*

tassel ◆ gland *m.* ; houppe *f.*

taste ◆ goût *m.*

teak ◆ teck *m.* (*ou* tek)

teak wood ◆ bois *m.* de teck

technical ◆ technique *adj.*

technical bureau, technical office ◆ bureau *m.* technique

technical regulation ◆ règlement *m.* technique

technical specifications ◆ cahier *m.* des charges

technical teaching ◆ enseignement *m.* technique

technical university, technological university ◆ université *f.* technique

technician ◆ technicien *m.*

technics ◆ technologie *f.*

technique ◆ technique *f.*

technological ◆ technologique

technological university → ***technical university***

technology ◆ technologie *f.*

tectonic ◆ tectonique

tectonics ◆ tectonique *f.*

T(ee) beam *(reinforced concrete)* ◆ poutre *f.* en forme de T *(béton armé)*

T(ee) bolt ◆ boulon *m.* en forme de T

T(ee) piece ◆ pièce *f.* en forme de T (*ou* té *m.*)

T(ee) hinge → ***garnet hinge***

T(ee) iron ◆ profilé *m.* en forme de T

T(ee) section ◆ profilé en forme de T ; fer *m.* en forme de T

T(ee) square ◆ té *m.* à dessin

tegula ◆ tégule ; → ***eaves tile***

telamon ◆ télamon *m.* ; atlas *m.*

telemeter, range finder ◆ télémètre *m.*

telephone box, telephone kiosk, telephone booth *(am.)* ◆ cabine *f.* téléphonique

telephone exchange ◆ central *m.* téléphonique

telephone line ◆ ligne *f.* téléphonique

telephone socket ◆ prise *f.* de téléphone

telescopic level ◆ niveau *m.* à lunette

telpher ◆ câble *m.* transporteur

temper *(of steel, etc.)* ◆ trempe *f.*

temper steel ◆ acier *m.* à adoucir

temper *(iron, steel, etc.)* (to) ◆ tremper

tempera → ***distemper painting***

temperature ◆ température *f.*

temperature differential ◆ écart *m.* de température

tempered glass ◆ verre *m.* trempé

tempering ◆ trempe *f.*

template ◆ 1. patron *m.* ; gabarit *m.* ; 2. appui *m.* *(de poutre)* ; 3. → ***slab for bearing***

temple ◆ temple *m.*

tenacious → ***tough***

tenacity, toughness ◆ ténacité *f.*

tenant ◆ locataire *m.* ou *f.*

tenant's repairs ◆ réparations *f. pl.* locatives

tend (to) → ***span (to)***

tender, bid *(am.)* ◆ offre *m.* ; soumission *f.*

tenders → ***partial call for tenders***

tenderer, bidder *(am.)* ◆ soumissionnaire *m.* ou *f.*

– **selected tenderer, successful tenderer** ◆ adjudicataire

tendering, bidding *(am.)* ◆ appel *m.* d'offres

– **open tendering** ◆ appel d'offres ouvert

tendering form ◆ soumission *f.*

tendon ◆ acier *m.* de précontrainte

tenement, tenement house, tenement block ◆ maison *f.* (*ou* immmeuble) de rapport (*ou* de location)

tenement flat → ***flat***

tennis court ◆ court *m.* (de tennis)

tenon ◆ tenon *m.*

tenon and mortise joint ◆ assemblage *m.* à tenon et mortaise

tenon saw → ***mitre saw*** → ***saw***

tensile force, tractive power ◆ force *f.* de traction ; effort *m.* de traction

tensile strength, resistance to tensile stress ◆ résistance *f.* à la traction

tensile stress ◆ tension *f.* de traction

tensile test, tension test ◆ essai *m.* à la (*ou* de) traction

tensile zone ◆ zone *f.* de traction

tension, voltage *(electricity)* ◆ voltage *m.* ; tension *f.* électrique

tension ◆ traction *f.*

– **in tension** ◆ tendu (e) ; travaillant en traction

tension member (*or* strap), tie rod ◆ barre *f.* tendue ; tirant *m.*

tension test → tensile test

tensioning ◆ mise *f.* en tension

tent ◆ tente *f.*

tenter hook ◆ crochet *m.*

tepidarium ◆ tépidarium *m.*

teredo → shipworm

term, terminal figure ◆ terme *m.*

term of maintenance ◆ période *f.* d'entretien

terminal face → cross cut end

terminal figure → term

terminal railway station ◆ gare *f.* terminus ; terminus *m.*

terminus ◆ terminus *m.*

termite ◆ termite *m.*

terrace ◆ terrasse *f.* ; → ***flat roof***

terrace(d) houses ◆ maisons *f. pl.* en bande

terra-cotta, fired clay, burnt clay ◆ terre *f.* cuite

terra-cotta tile ◆ carreau *m.* en terre cuite

terrazzo ◆ terrazzo *m.* (*ou* granito *m.*)

terrazzo floor, Venetian mosaic floor ◆ dallage *m.* en terrazzo

terrazzo tile, terrazzo flag → tile

terrazzolith ◆ terrazzolith *m. (dallage)*

territory ◆ territoire *m.*

tessera ◆ tessère *f. (mosaïque)*

test ◆ essai *m.* ; expérience *f.*

test, essay, proof ◆ épreuve *f.*

test bar, test rod ◆ barre *f.* d'essai

test load ◆ charge *f.* d'essai ; charge d'épreuve

test piece ◆ éprouvette *f.*

test report ◆ procès-verbal *m.* d'essai

test rod → test bar

test sample ◆ éprouvette *f.*

test, check (to) ◆ vérifier ; contrôler

testing of materials ◆ essai *m.* des matériaux

testing time ◆ période *f.* d'essai

tetrahedron ◆ tétraèdre *m.*

tetrastyle ◆ tétrastyle

tetrastyle temple ◆ temple *m.* tétrastyle

texture ◆ texture *f.*

textured brick, rustic brick ◆ brique *f.* rustique

thatch ◆ chaume *m.* ; → ***roofing thatch***

thatch roof, thatched roof, fleaked roof ◆ toit *m.* (*ou* toiture *f.*) en chaume (*ou* de chaume) ; toiture en paille

thatched cottage ◆ chaumière *f.*

thatcher ◆ couvreur *m.* de chaume

theatre, theater *(am.)* ◆ théâtre *m.*

theodolite ◆ théodolite *m.*

theoretical ◆ théorique

theory of architectural forms ◆ théorie *f.* des formes architecturales

theory of forces ◆ théorie *f.* des forces

therm, thermal unit ◆ thermie *f.*

thermal ◆ thermique

thermal baths ◆ thermes *m. pl.*

thermal conductivity *(k)* ◆ conductivité *f.* (*ou* conductibilité *f.*) thermique

thermal insulation, heat insulation ◆ isolation *f.* thermique

thermal unit → therm

thermodynamics ◆ thermodynamique *f.*

thermo-electric ◆ thermo-électrique

thermometer ◆ thermomètre *m.*

thermoplastic ◆ thermoplastique

thermo-setting ◆ thermodurcissant (e)

thermostat ◆ thermostat *m.*

– **room thermostat** ◆ thermostat d'ambiance

thick-pile carpet ◆ tapis *m.* de haute laine

thick wall ◆ muraille *f.*

thickness ◆ épaisseur *f.*

thicknessing machine *(for wood working)* ◆ machine *f.* à raboter sur l'épaisseur

thin ◆ mince

thin plate ◆ lame *f.*

thin stuff ◆ étamine *f.*

thinner, solvent ◆ diluant (e)

tholobate, tambour ◆ tambour *m. (de dôme)*

thread ◆ 1. filet *m.* ; 2. pas *m.* de vis ; → ***screw thread***

thread, wire ◆ fil *m.*

thread end, threaded end *(bolt)* ◆ bout *m.* fileté

thread (screws) (to) → tap (to)

three cusped ◆ trilobé (e)

three dimensional ◆ tridimensionnel (-elle)

three-forked road ◆ chemin *m.* en fourche

three phase ◆ triphasé (e)

three-phase current ◆ courant *m.* triphasé

three-pointed arch, equilateral arch → arch

three-quarter bat → bat of 3/4 brick

three-square file ◆ 1. tiers-point *m.* (*pl.* tiers-points) ; 2. lime *f.* triangulaire

three-way cock (*or* tap) ◆ valve *f.* (*ou* robinet *m.*) à trois orifices (*ou* à trois voies)

threshold → sill, cill

threshold of audibility (*or* threshold of hearing) ◆ seuil *m.* d'audibilité

throne ◆ trône *m.*

thronged ◆ compact (e)

thrust *(of arches, etc.)* ◆ poussée *f.*

thumb moulding of a tread ◆ nez *m.*de marche

thumbnut → butterfly nut

thumb screw ◆ vis *f.* à ailettes ; vis à oreilles ; papillon *m.*

thumbtack *(am.)*, **drawing pin** ◆ punaise *f.*

tide ◆ marée *f.*

tidy ◆ rangé (e)

tie ◆ 1. lien *m.* ; agrafe *f.* ; 2. paillette *f.* ; 3. *(am.)* traverse *f.* ; 4. → ***anchor, anchorage, stone anchor***

– **forked tie** ◆ ancre *f.* à fourchette

– **main tie** ◆ entrait *m.* de ferme

tie bar ◆ tirant *m.* ; → ***coupling rod***

tie beam ◆ entrait *m.* ; tirant *m.* ; entretoise *f.*

tie beam *(double)* ◆ entrait moisé

tie of a drawbridge ◆ tirant d'un pont

tie rod ◆ tirant *m.*

tier ◆ régistre *m. (ornement)*

tierceron ◆ tierceron *m.* (*ou* tiercerlet *m.*)

ties ◆ aciers *m. pl.* transversaux

tight ◆ étanche

tighten, stop (to) ◆ 1. boucher ; obturer ; 2. étancher

tighten (to) ◆ raidir une maçonnerie, une charpente

tightening ◆ serrage *m.*

tightening material ◆ matériau *m.* d'étanchéité

tile ◆ 1. tuile *f.* ; 2. carreau *m.* ; 3. carrelage *m.*

– **angle tile, arris tile** ◆ tuile arêtière

– **angular-hip tile, arris-hip tile** ◆ arêtière *f.* angulaire

– **asphalt tile** *(am.)* ◆ carreau d'asphalte

– **bevelled tile** ◆ carreau biseauté

– **cement tile** ◆ carreau de ciment

– **cement roof-tile** ◆ tuile en ciment

– **ceramic tile** ◆ carreau céramique

– **clay tile** ◆ tuile en terre cuite

– **closing tile** ◆ tuile à emboîtement (*ou* tuile mécanique)

– **concrete tile** ◆ tuile en béton

– **coping tile** ◆ tuile de chaperon

– **cork tile** ◆ dalle *f.* de liège ; carreau de liège

– **corner tile** ◆ carreau d'angle

– **crest tile, crown tile** ◆ tuile faîtière

– **facing tile** ◆ brique *f.* de parement

– **tuile écaille** ◆ fishscale tile

– **flat tile, plain tile** ◆ tuile plate

– **floor tile** ◆ carreau de sol

– **gable tile, verge tile** ◆ tuile de rive

– **glass tile** ◆ tuile de verre

– **glazed-roof tile** ◆ tuile vernissée ; tuile émaillée

– **half-round ridge tile** ◆ tuile faîtière demi-ronde

– **hip tile** ◆ tuile d'arêtier (*ou* tuile arêtière)

– **interlocking tile** ◆ tuile à emboîtement (*ou* tuile mécanique)

– ***mission tile*** *(am.)* → ***Spanish tile***

– **pantile** ◆ tuile panne ; tuile flamande

– **paving tile** ◆ carreau de pavage

– **plain tile** ◆ tuile plate

– **quarry tile** ◆ carreau céramique non émaillé ; biscuit *m.*

– **ridge tile** ◆ tuile faîtière

– **Spanish tile, mission tile** *(am.)* ◆ tuile canal

– **square tile** ◆ 1. carreau ; 2. carrelage

– **starter tile** ◆ tuile de premier rang

– **tapered tile** ◆ tuile gironnée

– **terrazzo tile, terrazzo flag** ◆ carreau (*ou* dalle) mosaïque de marbre ; carreau (*ou* dalle) en terrazzo
– **thermoplastic tile, asphalt tile** *(am.)* ◆ dalle *f.* thermoplastique ; carreau d'asphalte
– **valley tile** ◆ tuile *f.* de noue
– **vinyl-asbestos tile** ◆ dalle en vinyle-amiante
– **wall tile** ◆ carreau de paroi
tile batten, tiling batten ◆ liteau *m.*
tile cladding ◆ carrelage *m.* (*ou* revêtement *m.* en carreaux)
tile clay ◆ argile *f.* à tuiles et carrelages ; glaise *f.*
tile cutter ◆ carrelette *f.*
tile field ◆ tuilerie *f.*
tile flooring, paving squares, tile pavement ◆ carrelage *m.* de sol
tile kiln ◆ four *m.* à carreaux et tuiles céramiques ; → ***tilery*** → ***tile works***
tile lath → ***batten***
tile maker ◆ tuilier *m.* ; fabricant *m.* de carrelages et tuiles céramiques
tile powder ◆ tuiles *f. pl.* pulvérisées
tile press ◆ presse *f.* à carreaux
tile roof, tiled roof ◆ toit *m.* en tuiles
tile works ◆ 1. tuilerie *f.* ; 2. fabrique *f.* de carrelages
tiled floor, tiled flooring ◆ carrelage *m.*
tiler, tile layer ◆ 1. couvreur *m.* *(en tuiles)* ; 2. carreleur *m.*
tilery, tile kiln → ***tile works***
tiling ◆ 1. couverture *f.* de tuiles ; 2. carrelage *m.*
– **hung tiling** ◆ revêtement *m.* de mur en tuiles
tiling adhesive ◆ ciment-colle *m.*
tiling batten → ***tile batten***
tilting cart → ***tip cart***
tilting fillet ***(on eaves board),*** **cant board** *(am.)*, **cant strip** *(am.)* ◆ latte *f.* de bordure ; chanlatte *f.*
timber, lumber *(am.)* ◆ bois *m.*
– **barked timber** ◆ bois écorcé
– **clean timber, clear timber** ◆ bois sans défaut (*ou* sans nœuds)
– **framing timber** ◆ gros bois de charpente
– **glued-laminated timber** ◆ bois lamellé-collé
– **round timber** ◆ bois rond ; bois en grume
– **sawn timber** ◆ bois de sciage
– **square-edged timber** ◆ bois avivé d'équerre
– **straight-grained timber** ◆ bois en droit fil
– **structural timber** ◆ bois de charpente ; bois de construction
– **unbarked timber** ◆ bois en grumes
– **unseasoned timber** ◆ bois vert
– **work timber (to)** ◆ charpenter
timber boarding ◆ plancher *m.* en bois
timber ceiling with open beams ◆ plafond *m.* à solives apparentes
timber connector ◆ connecteur *m.* *(assemblage)*
timber construction ◆ construction *f.* en bois
timber frame ◆ charpente *f.* *(en bois)*
timber framed ◆ à ossature en bois
timber framing ◆ pan *m.* de bois ; charpente *f.* en bois ; colombage *m.*
timber hitch ◆ nœud *m.* du bois
timber joists ◆ solivage *m.*
timbers ◆ charpente *f.*
timber shingle ◆ bardeau *m.* en bois ; tavaillon *m.*
timber stockade ◆ palanque *f.*
timber work ◆ charpente *f.* ; → ***carpentry***
timber (to) ◆ boiser ; réaliser un boisage
timbering ◆ boisage *m.*
timbering, walling ◆ étaiement *m.* ; étrésillonnement *m.*
time switch ◆ minuterie *f.*
timer ◆ temporisateur *m.*
tin ◆ étain *m.*
tin, can ◆ bidon *m.*
tin, tin plate ◆ fer-blanc *m.* (*pl.* fers-blancs)
tin ware ◆ ferblanterie *f.*
tin (to) ◆ étamer
tin ***(over again)*** **(to)** ◆ rétamer
tinman ◆ ferblantier *m.*
tinned ◆ étamé (e)
tinner, tinsmith ◆ étameur *m.*
tinner's snips → ***plate shears***
tinning ◆ étamage *m.*
tint ◆ teinte *f.* ; couleur *f.*
tint, colour of the paint → ***hue***
tinting ◆ lavis *m.*
tip cart, tilting cart ◆ tombereau *m.*
tipper ◆ camion-benne *m.* ; camion à benne basculante

titanium white ◆ blanc *m.* de titane

title block ◆ cartouche *f.* *(plan)*

title deed ◆ titre *m.* de propriété

toe *(pile)* ◆ pointe *f.* ; → ***foot***

toe nailing, skew nailing ◆ clouage *m.* en biais

toe wall ◆ mur *m.* de talus

toilet ◆ toilettes *f. pl.* ; w.c. *m.*

toilet bowl ◆ siège *m.* de w.c.

toilet cover ◆ abattant *m.* de w.c.

toilet glass ◆ miroir *m.* de toilette

tolerance ◆ tolérance *f.*

tomb ◆ tombeau *m.* ; tombe *f.*

tomb slab ◆ plaque *f.* tombale

tomb stone ◆ pierre *f.* tombale (*ou* tumulaire *ou* funéraire)

ton ◆ tonne *f.*

tongs, pliers, clasp, pincers ◆ pince *f.* ; pinces *f. pl.*

tongue *(wood)* ◆ languette *f.*

– **cross tongue, feather tongue** ◆ fausse languette (*ou* languette rapportée)

– **half-round tongue** ◆ noix *f.*

tongue and groove ◆ languette et rainure

tongue plane, feather plane → ***tonguing plane***

tongued and grooved joint ◆ joint *m.* à rainure et languette

tonguing ◆ assemblage *m.* à languettes

tonguing plane ◆ bouvet *m.* à languettes

tool ◆ outil *m.*

tool set, tools ◆ outillage *m.*

tool shed ◆ resserre *f.*

tool *(a stone)* (to) ◆ layer (*ou* bretter *ou* bretteler)

tooth (*pl.* teeth) ◆ dent *f.*

tooth ornament, dogtooth ◆ dents *f. pl.* de chien

toothe *(with a plane)* (to) ◆ endenter *(avec un rabot à dents)*

toothed ◆ endenté (e)

toothed hammer ◆ laye *f.* (*ou* laie) ; brette *f.* (*ou* bretture *f.* *ou* marteau *m.* bretté)

toothed plate, bulldog plate ◆ crampon *m.*

toothed rack, toothed rail ◆ crémaillère *f.*

toothed wheel, cog wheel ◆ roue *f.* d'engrenage ; roue *f.* dentée

toothing ◆ 1. indentation *f.* ; 2. harpage *m.* (*ou* harpement)

toothing plane ◆ rabot *m.* à dents

toothing stone ◆ harpe *f.* (*ou* pierre *f.* d'attente)

top ◆ sommet *m.* ; haut *m.*

top bar ◆ chapeau *m.*

top beam, collar beam ◆ entrait *m.* retroussé

top coat ◆ couche *f.* de finition

top-hat section ◆ oméga *m.* *(profilé)*

top-hung window → ***window***

top knot ◆ pompon *m.*

top line, summit line, crown of a vault ◆ crête *f.* ; ligne *f.* du sommet d'une voûte

top soil, vegetable soil ◆ terre *f.* végétale

top step ◆ marche *f.* palière

top view ◆ vue *f.* de dessus

tope → ***stupa***

topographer ◆ topographe *m.*

topographical ◆ topographique

topographical map, topographical chart ◆ carte *f.* topographique

topography ◆ topographie *f.*

topométry ◆ topométrie *f.*

torana, toran ◆ torana *m.*

torch ◆ flambeau *m.* ; torche *f.*

– ***blow torch*** *(am.)* → ***blow lamp***

torch holder ◆ torchère *f.*

tore → ***torus***

torii ◆ torii *m.*

torque ◆ couple *m.* ; moment *m.* de torsion

torque (to) → ***twist (to)***

torsade, cable mo(u)lding, rope mo(u)lding ◆ torsade *f.*

torsion, twist, twisting ◆ torsion *f.*

torsion bar ◆ barre *f.* de torsion

torsion machine ◆ machine *f.* à tordre

torsion moment, twisting moment ◆ moment *m.* de torsion ; moment *m.* de rotation

torsional centre ◆ centre *m.* de torsion

torso ◆ colonne *f.* torse

tortoise shell ◆ écaille *f.* de tortue

torus, tore ◆ tore *m.* ; boudin *m.* ; moulure *f.* torique

tote → ***handle of a plane***

tough, plastic, tenacious ◆ consistant (e) ; épais (-aisse)

tough clay ◆ argile *f.* grasse

toughness → tenacity

tourelle → turret

towel holder, towel rail ◆ porte-serviette *m.*

towel horse ◆ porte-serviette *(sur pied) m.*

tower ◆ tour *f.*

– **clock tower** ◆ tour d'horloge

– **lantern tower** ◆ tour lanterne

– **steel tower** ◆ pylône *m.*

– **watch tower** ◆ tour de guet

– **water-cooling tower** ◆ tour de refroidissement d'eau

tower block, high riser, tower building ◆ immeuble-tour *m.*

tower clock ◆ horloge *f.* d'une tour

tower crane ◆ grue *f.* à tour

tower of a cathedral → cathedral tower

towered ◆ avec une (des) tour(s)

town ◆ ville *f.*

– **dormitory town** ◆ ville-dortoir *f.* (*pl.* villes-dortoirs)

– **new town** ◆ ville neuve ; ville nouvelle

– **old town** ◆ vieille ville

town centre, downtown *(am.)* ◆ centre-ville *m.*

town hall ◆ hôtel *m.* de ville ; mairie *f.*

town house ◆ maison *f.* de ville

town mansion ◆ hôtel *m.*

town planner, city planner *(am.)* ◆ urbaniste *n. m.* ou *f.*

town planning, city planning *(am.)*, **urban planning** ◆ urbanisme *m.*

town-planning codes ◆ Code *m.* de l'urbanisme (C.U.)

town-refuse service ◆ service *m.* communal des ordures

townscape ◆ paysage *m.* urbain

town walls ◆ murailles *f. pl. (d'une ville)* ; mur *m.* d'enceinte

trace (to) ◆ calquer

tracery ◆ 1. tracé *m.* ; réseau *m.* (*pl.* réseaux) ; 3. entrelacs *m.* ; → ***flamboyant tracery***

– **window tracery** ◆ remplage *m.* ; réseau *m.*

tracery vault ◆ voûte *f.* à réseau de nervures

tracery window → church window

tracing ◆ calque *f.*

tracing paper ◆ papier-calque *m.*

track ◆ 1. piste *f.* ; 2. coulisse *f.* ; chemin *m.* de roulement

track lighting ◆ rampe *f.* d'éclairage

tractive power → tensile force

tractor ◆ tracteur *m.*

– **crawler tractor** ◆ tracteur à chenilles

trade → craft

traditional ◆ traditionnel (-elle)

traditional architecture ◆ architecture *f.* traditionnelle

traffic ◆ circulation *f.*

– **heavy traffic** ◆ circulation intense

– **pedestrian traffic** ◆ circulation piétonne

traffic circle *(am.)* ◆ rond-point *m.* (*pl.* ronds-points)

traffic jam ◆ embouteillage *m.*

traffic light ◆ signal *m.* lumineux (*ou* feu *m.*)

trafic plan ◆ plan *m.* de circulation

traffic road ◆ voie *f.* de circulation

traffic route ◆ voie *f.* de (grande) communication

trailer ◆ 1. remorque *f.* ; 2. baladeuse *f.*

transenna ◆ transenne *f. (d'une baie)*

transept ◆ transept *m.*

– **double transept** ◆ double transept *m.*

transformer ◆ transformateur *m.*

transformer station ◆ poste *m.* de transformateur

transit, theodolite ◆ théodolite *m.*

transit, transit mixer, transit mix truck ◆ camion-malaxeur *m.*

transition ◆ transition *f.*

translucent ◆ translucide

transom ◆ sommier *m.*

transom, transom bar ◆ meneau *m.* horizontal ; traverse *f.* d'imposte

transom lift, transom operator ◆ ferme-imposte *f.*

transom window ◆ imposte *f.*

transparency ◆ transparence *f.*

transparent ◆ transparent (e)

transport network ◆ réseau *m.* (*pl.* réseaux) de transport

transportation costs ◆ frais *m. pl.* de transport

transverse bracing ◆ entretoisement *m.* (*ou* renforcement *m.* transversal)

transverse force → ***cross force***

transverse gradient ◆ dévers *m.*

trap ◆ siphon *m.*

trap door, hatch, hatchway ◆ trappe *f.*

trap dungeon ◆ oubliette *f.*

trapezium ◆ trapèze *m.*

trash chute *(am.)* → ***rubbish chute***

trass ◆ pouzzolane *f.* naturelle *(volcanique)*

trass cement ◆ ciment *m.* pouzzolanique

trass mortar ◆ mortier *m.* pouzzolanique

travelling cradle ◆ échafaudage *m.* mobile

travelling crane, traveller ◆ pont *m.* roulant

travelling forge ◆ forge *f.* portative

travelling form ◆ coffrage *m.* mobile

travelling load → ***mobile charge***

travelling roller, sliding-door gear, runner fitting ◆ galet *m.* de roulement

travertine ◆ travertin *m.*

tray ◆ bac *m.*

tre(e)nail → ***thole***

tread ◆ giron *m.* ; dessus *m.* de marche

tread length ◆ emmarchement *m.*

tread run *(am.)* ◆ giron *m.*

tread width ◆ largeur *f.* de marche ; pas *m.*

treasure room ◆ trésor *m.*

treatment ◆ traitement *m.*

tree ◆ arbre *m.*

tree planting ◆ plantation *f.* d'arbres

trefoil ◆ trèfle *m.* ; trilobe *m.*

trefoiled ◆ tréflé (e) ; trilobé (e)

treillage → ***lattice work***

trellis, trellis work ◆ treillis *m.*

trellis girder → ***lattice girder***

trellis work → ***trellis***

trellised ◆ treillissé (e) ; garni (e) de treillis

trembling aspen ◆ tremble *m.*

trench ◆ tranchée *f.* ; fossé *m.* ; douve *f.* ; → ***foundation trench***

trench brace *(am.)*, **trench shore, trench strut** ◆ étrésillon *m.* *(de tranchée)*

trencher ◆ trancheuse *f.*

trenching ◆ fouille *f.* en tranchée (*ou* en rigole)

trepan ◆ trépan *m.*

trestle, split head ◆ chevalet *m.* ; tréteau *m.* (*pl.* tréteaux)

trestle bent ◆ palée *f.*

trestle scaffold, mason's scaffold → ***movable scaffold***

trial ◆ essai *m.* ; → ***experiment***

trial batch ◆ lot *m.* d'essai

trial boring ◆ sondage *m.*

trial hole ◆ trou *m.* de sondage

triangle ◆ triangle *m.*

triangle of forces ◆ triangle *m.* des forces

triangular ◆ triangulaire

triangular candlestick ◆ herse *f.*

triangular file → ***file***

triangular fronton, triangular pediment ◆ fronton *m.* triangulaire

panache ◆ panache *m.* ; fourche *f.*

triangular-set square ◆ équerre *f.* de dessinateur

triangulation ◆ triangulation *f.*

triaxial ◆ triaxial (e)

tribune, loft ◆ tribune *f.* ; → ***pulpit***

trickle *(through)* (to) ◆ suinter

triclinium ◆ triclinium *m.*

trihedron ◆ trièdre *m.*

triforium ◆ triforium *m.*

– **blind triforium** ◆ triforium aveugle

triglyph ◆ triglyphe *m.*

trilithon ◆ trilithe *m.*

trim → ***architrave***

trimmed joist, tailpiece *(am.)* ◆ solive *f.* boîteuse (*ou* solive bâtarde)

trimmer, header, trimmer joist, header joist *(am.)* ◆ chevêtre *m.* ; linçoir *m.* (*ou* linsoir)

trimming (of an opening) in a floor ◆ enchevêtrement *m.*

trimming joist ◆ solive *f.* d'enchevêtrure ; solive porteuse

tringle ◆ tringle *f.*

tripartite ◆ tripartite

tripartite vault → ***vault***

triple block ◆ poulie *f.* triple

triplet ◆ triplet *m. (architecture)*

triplex ◆ triplex *m. (appartement)*

Triplex glass ◆ verre *m.* Triplex (*ou* Triplex *m.*)

tripod ◆ trépied *m.*

triptych ◆ triptyque *m.*

triumphal arch ◆ arc *m.* de triomphe

trochilus, concave moulding ◆ gorge *f.*

trompe → squinch

trough ◆ auge *f.* ; cuve *f.*

trough gutter, V gutter, valley roof gutter ◆ gouttière *f.* en forme de V

trough vault → cloister vault → vault

trowel ◆ 1. truelle *f.* ; 2. riflard *m. (de maçon)*

– **brick trowel** ◆ truelle briqueteuse (*ou* briqueteuse *f.*)

– **pointing trowel** ◆ truelle à jointoyer

trowel work ◆ lissage *m.* à la truelle

truck *(am.)*, **lorry** ◆ camion *m.* ; camionnette *f.*

– **dump truck** ◆ camion à benne basculante

truck mixer ◆ camion-malaxeur *m.* ; toupie *f.* à béton

trumpet-like vault panel ◆ trompe *f.*

truncated ◆ tronqué (e)

truncated column ◆ colonne *f.* tronquée

truncated cone ◆ cône *m.* tronqué

truncated pyramid ◆ pyramide *f.* tronquée

trunk ◆ 1. malle *f.* ; 2. tronc *m.*

trunk road → national highway

trunk wood, standing timber ◆ bois *m.* de tronc

truss ◆ 1. ferme *f.* ; 2. travée *f.* de pont ; 3. poutre *f.* à treillis

– **flat-chord truss, parallel-chord truss** ◆ poutre à membrure parallèle

– **hip truss** ◆ ferme cornière

– ***north-light truss → sawtooth truss***

– **sawtooth truss** ◆ ferme en shed

– **scissors truss** ◆ ferme à écharpes

truss bridge → framework bridge

truss construction ◆ construction *f.* des fermes

truss joist, tie beam, roof beam ◆ entrait *m.* ; tirant *m.*

truss post → king post

trussed ◆ triangulé (e) ; à treillis

trussed beam ◆ poutre *f.* à treillis

try square ◆ équerre *f. (de tailleur de pierre)*

tub, vat ◆ bac *m.* ; cuve *f.*

– **flower tub** ◆ bac à fleurs

tube ◆ 1. tube *m.* ; buse *f.* ; 2. → ***underground***

tube cutter ◆ coupe-tubes *m.*

tube lamp ◆ réglette *f.*

tube station, subway station *(am.)* ◆ station *f.* de métro

tubular scaffolding ◆ échafaudage *m.* tubulaire

Tudor arch ◆ arc *m.* Tudor

Tudor architecture ◆ architecture *f.* Tudor

Tudor style ◆ style Tudor

tuff, tufa ◆ tuf *m.*

tuft ◆ houppe *f.*

tulip ◆ tulipe *f.*

tulip wood ◆ bois *m.* de rose

tulle ◆ tulle *m.*

tumbledown, ramshackle ◆ délabré (e)

tumbler ◆ essoreuse *f.*

tumulus ◆ tumulus *m.*

tungsten-halogen *(lamp)* ◆ tungstène-halogène *n. m.* ou *adj.*

tunnel, subway ◆ tunnel *m.* ; passage *m.* souterrain

tunnel form (work), tunnel shuttering ◆ coffrage-tunnel *m.*

tunnel kiln, draw kiln, continuous running kiln ◆ four *m.* en tunnel

tunnel vault → barrel vault → vault

tunneler ◆ taupe *f.*

turbine ◆ turbine *f.*

turf, peat ◆ tourbe *f.*

Turkish closet, Turkey-type closet ◆ w.c. *m.* à la turque

turn ◆ révolution *f.* ; tour *m.* ; rotation *f.*

turn table, turn wheel ◆ plaque *f.* tournante

turn (to) ◆ tourner

turn *(the mortar)* (to) ◆ malaxer

turn *(the steps)* (to) ◆ balancer les marches

turn screw → screwdriver

turnable foot-bridge ◆ passerelle *f.* tournante

turnbuckle ◆ lanterne *f.* de serrage (*ou* tendeur *m.* à lanterne)

turncap *(on a chimney)* ◆ tabourin *m.* *(de conduit de fumée)*

turned ◆ tourné (e)

turner ◆ tourneur *m.* ; → ***wood turner***

turning, cornering ◆ virage *m.*

turning pin → ***reamer***

turning the steps of a stair ◆ balancement *m.* des marches d'un escalier

turnkey ◆ clé *f.* en main

turnkey job ◆ ouvrage *m.* clé en main

turnpike, tollgate *(am.)*, **tollbooth** ◆ barrière *f.* de péage

turnpike *(highway)* ◆ autoroute *f.* à péage

turnstile ◆ tourniquet *m.*

turpentine ◆ térébenthine *f.*

turquoise, turquoise blue ◆ turquoise n. *f.* ou *adj.*

turret ◆ donjon *m.*

turret, tourelle ◆ tourelle *f.*

– **look-out turret** ◆ guérite *f.*

– **pepper-box turret** ◆ poivrière *f.*

turreted ◆ avec donjon ; garni (e) de tourelles

Tuscan order ◆ ordre toscan

twin ◆ jumelé (e)

twin-bedded room ◆ chambre *f.* à deux lits

twin columns ◆ colonnes *f. pl.* jumelées

twin house ◆ maison *f.* jumelée

twin tenons → ***double tenons***

twin towns ◆ villes *f. pl.* jumelées

twist, twisting ◆ torsion *f.*

twist drill → ***spiral drill***

twist, torque (to) ◆ tordre

twisted ◆ tors (e)

twisted fillet ◆ cordelière *f.* *(moulure)*

twisted fringe ◆ torsade *f.*

twisting ◆ gauchissement *m.* ; → ***torsion***

twisting moment → ***torsion moment***

two-handed cross-cut saw ◆ harpon *m.*

two-leaf door ◆ porte *f.* à deux vantaux

two-panel door ◆ porte *f.* à deux panneaux

two-phase ◆ diphasé (e)

two-way switch ◆ interrupteur *m.* va-et-vient *m.* (*ou* alternatif)

two-years guarantee ◆ garantie *f.* biennale

tympanum, tympan ◆ tympan *m.*

type of soil → ***soil species***

Tyrolean *(rendering)* ◆ enduit *m.* tyrolien

U

ultimate design ◆ calcul *m.* à la rupture
ultimate load, breaking load* → *load
ultimate strength ◆ résistance *f.* à la rupture ; limite *f.* de rupture
ultimate stress ◆ résistance *f.* (*ou* tension *f.*) de rupture
ultramarine ◆ outremer
umber, sienna ◆ terre *f.* d'ombre (*ou* terre de sienne *ou* ombre *f.*)
umbrella roof, station roof ◆ parapluie *m.*
umbrella stand ◆ porte-parapluie *m.*
umpiring* → *arbitration
unadorned ◆ sans ornement ; nu (e)
unbraced ◆ non contreventé (e)
  unbraced frame ◆ ossature *f.* non contreventée
unbuilt area ◆ terrain *m.* non bâti
unburnt brick, adobe brick ◆ adobe *m.*
unburnt lime ◆ grappier *m.*
undercarpet ◆ thibaude *f.*
undercoat ◆ sous-couche *f.*
undercoat plaster ◆ sous-enduit *m.*
under construction ◆ en construction
under eaves tile ◆ sous-doublis *m.*
underfloor heating ◆ chauffage *m.* par le sol
underground, subterranean ◆ souterrain (e)
  underground, subway *(am.)*, **tube** ◆ métropolitain *m.* (*ou* métro)
  underground car park ◆ parking *m.* souterrain
  underground gallery ◆ galerie *f.* souterraine
  underground passage ◆ passage *m.* souterrain
  underground railway ◆ chemin *m.* de fer souterrain
  underground vault ◆ souterrain *m.*
  underground water ◆ eau *f.* souterraine
  underground works ◆ travaux *m. pl.* souterrains
underlay ◆ sous-toiture *f.*
underlining paper, lining paper* → *priming paper
underlying ◆ sous-jacent (e)
underpass ◆ passage *m.* inférieur
underpin (to) ◆ reprendre en sous-œuvre
underpinning ◆ reprise *f.* en sous-œuvre ; sous-œuvre *m.*
under populated ◆ sous-peuplé (e)
underprop (to) ◆ étançonner
underpropping ◆ reprise *f.*
under repair ◆ en réparation
under surface ◆ sous-face *f.*
under the soil* → *underground, subterranean
under tile* → *eaves tile
under voltage ◆ sous-tension *f.* ; sous-voltage *m.*
underwater, submerged ◆ inondé (e)
  underwater saw *(for piles, etc.)* ◆ scie *f.* à recéper sous l'eau
undressed ◆ non taillé (e)
  undressed timber, rough timber ◆ grume *f.*
undulating *(ground)* ◆ ondulé (e)
undulation ◆ ondulation *f.*
uneven* → *raw, rough
unevenness ◆ irrégularité *f.* *(d'une surface)*
unfurnished ◆ non meublé (e)
unfinished ◆ inachevé (e)
unglazed ◆ non émaillé (e) ; non verni (e)
  unglazed porcelain ◆ biscuit *m.*
unhealthy ◆ malsain (e)
uniform load, uniformly distributed load (U.D.L.) ◆ charge *f.* uniformément répartie
union ◆ manchon *m.*
  union *(of stones, etc., in masonry)* ◆ liaison *f.*
unit ◆ 1. élément *m.* ; 2. unité *f.*
– **partition unit** ◆ élément de cloison
– **thermal unit** ◆ unité *f.* thermique
  unit construction ◆ construction *f.* modulaire
  unit heater ◆ convecteur *m.*
  unit kitchen ◆ cuisine *f.* par éléments

unit of measurement ◆ unité *f.* de mesure

unit price *(of the schedule* or *list of prices)* ◆ prix *m.* unitaire

units ◆ matériaux *m. pl.* finis

university building ◆ bâtiment *m.* universitaire

unoccupied ◆ inhabité (e)

unpainted spot, holiday *(am.)* ◆ endroit *m.* non peint

unpolished ◆ mat (e) ; non poli (e)

unrust, clean from rust (to) ◆ dérouiller

unscrew (to) ◆ dévisser

unscrewing ◆ dévissage *m.*

unseal (to) ◆ desceller

unskilled worker ◆ manœuvre *m.*

unslaked lime, quick lime → lime

unsorted ◆ tout-venant *m. inv.*

unsound ◆ défectueux (-euse)

unsound knot ◆ nœud *m.* vicieux

unstable equilibrium ◆ équilibre *m.* instable

unsymmetrical → asymmetrical

untarred felt ◆ feutre *m.* non goudronné

untrue ◆ faux (fausse)

updating *(of a price)* ◆ révision *f. (de prix)*

upholster (to) ◆ tapisser

upholsterer ◆ tapissier *m.*

upholstering ◆ rembourrage *m.*

upholstering, upholstery ◆ tapisserie *f.*

upkeep, maintenance ◆ entretien *m.*

upkeep *(of a building)* ◆ frais *m.* d'entretien

upper ◆ supérieur (e)

upper chord ◆ 1. arbalétrier *m.* ; 2. membrure *f.* supérieure

upper circle *(theatre)* ◆ deuxième balcon *m.* *(théâtre)*

upper floor, upper storey ◆ étage *m.* supérieur

upper gallery *(theatre)* ◆ paradis *m.*

upper storey → upper floor

upper yield point ◆ limite *f.* de ductilité

upright ◆ piédroit *m.* (*ou* pied-droit) (*pl.* pieds-droits)

upright → scaffold pole

upset (in timber) → fracture

upside-down roof → inverted roof → roof

upstand ◆ relevé *m.* d'étanchéité

upstand beam ◆ poutre *f.* inversée

upstream cutwater ◆ avant-bec *m.* (*pl.* avant-becs)

urban ◆ urbain (e)

urban block ◆ ilôt *m.*

urban centre of a community ◆ centre *m.* d'une commune

urban laws ◆ lois *f. pl.* d'urbanisme

urban planning → town-planning

urban renewal ◆ rénovation *f.* urbaine

urbanization ◆ urbanisation *f.*

urinal ◆ urinoir *m.*

usable floor area ◆ surface *f.* habitable

use again (to) ◆ remployer

U section ◆ fer en forme de U

use of land ◆ utilisation *f.* du sol

useful load ◆ charge *f.* utile

user ◆ usager *m.*

using again ◆ remploi *m.*

U value, thermal transmittance ◆ cœfficient *m.* U

V

vacant ◆ inhabité (e)

vacuum ◆ dépression *f.* ; vide *m.*

vacuum cleaner ◆ aspirateur *m.*

vacuum concrete ◆ béton *m.* au vide (*ou* béton essoré)

valance ◆ 1. cantonnière *f.* ; 2. lambrequin *m.*

valley ◆ 1. vallée *f.* ; 2. noue *f.*

valley channel ◆ noue *f.*

valley rafter ◆ chevron *m.* de noue

valley-roof gutter → ***trough gutter***

valley tile ◆ tuile *f.* de noue

valuation ◆ expertise *f.*

– **make a valuation (to)** ◆ faire une expertise

value ◆ prix *m.*

value for money ◆ rapport *m.* qualité-prix

valve ◆ 1. soupape *f.* ; 2. vanne *f.*

valve, clapper ◆ clapet *m.*

valve, damper ◆ registre *m.*

vandalism ◆ vandalisme *m.*

vane ◆ girouette *f.*

vane of a windmill ◆ aile *f.* d'un moulin à vent

vanishing line ◆ ligne *f.* d'horizon

vapor *(am.)*, **vapour** ◆ vapeur *f.* ; → ***aqueous vapour***

vapour barrier ◆ pare-vapeur *m. inv.*

vapour diffusion ◆ diffusion *f.* de vapeur

vapour flue, steam flue ◆ conduit *m.* d'évacuation de vapeur

vapour pressure ◆ pression *f.* de vapeur

variable load, changing load → ***load***

varnish ◆ vernis *m.*

– **clear varnish, transparent varnish** ◆ vernis transparent

– **crackling varnish** ◆ vernis craquelant

– **oil varnish** ◆ vernis gras ; vernis à l'huile

– **quick-drying varnish** ◆ vernis à séchage rapide

– **spirit varnish** ◆ vernis à alcool

– ***transparent varnish*** → ***clear varnish***

varnish (to) ◆ vernir

varnished ◆ verni (e)

varnishing ◆ vernissage *m.*

varnishing day ◆ vernissage *m.*

vase ◆ 1. vase *f.* ; → ***bell***

vat → ***tub***

vault ◆ voûte *f.*

– **annular vault** ◆ voûte annulaire

– **annular-barrel vault** ◆ berceau *m.* tournant

– **barrel vault** ◆ voûte en berceau

– **basket-handle vault** ◆ voûte en anse de panier

– ***bohemian vault*** → ***domical vault***

– **cloister(ed) vault, coved vault** ◆ voûte en arc de cloître

– ***cradle vault*** → ***barrel vault***

– **cross-ribbed vault** ◆ voûte à croisée d'ogives

– **cross vault** ◆ voûte croisée

– ***cylindrical vault*** → ***barrel vault***

– **domical vault, bohemian vault** ◆ voûte domicale ; voûte bohémienne

– **drop vault, Dutch vault, French vault** ◆ voûte surbaissée

– **egg-shaped vault** ◆ voûte ovoïde

– **extended-cloister vault** ◆ voûte en arc de cloître rallongée

– **fan vault** ◆ voûte en éventail

– **Gothic vault** ◆ voûte en ogive ; voûte gothique

– **groin(ed) vault** ◆ voûte d'arêtes

– **half-barrel vault** ◆ voûte en demi-berceau

– **helical vault, helicoidal vault** ◆ voûte en hélice

– **inverted vault** ◆ voûte renversée

– **mirror vault** ◆ voûte à miroir

– **oblique-barrel vault** ◆ berceau *m.* oblique ; voûte en berceau oblique

– **octopartite vault** ◆ voûte octopartite

– **pointed-barrel vault** ◆ voûte en berceau brisé
– **pointed vault** ◆ voûte en ogive
– **quadripartite vault** ◆ voûte quadripartite
– **rampant vault** ◆ voûte rampante
– **ribbed vault** ◆ voûte nervurée ; voûte à nervures
– ***ring-shaped vault*** → ***annular vault***
– **rising-barrel vault, sloping-barrel vault** ◆ voûte en berceau rampant
– **romanesque vault** ◆ voûte romane
– **savory vault** ◆ trompe de voûte ; lunette *f.* de voûte
– **segment vault, segmental vault** ◆ voûte en segments
– **semicircular vault, barrel vault** ◆ voûte en plein cintre
– **sexpartite vault** ◆ voûte sexpartite
– **skew vault** ◆ voûte biaise
– ***sloping-barrel vault*** → ***rising-barrel vault***
– **spiral-barrel vault** ◆ voûte en spirale
– **star vault, stellar vault, star-ribbed vault** ◆ voûte en étoile
– **straight-barrel vault** ◆ voûte en berceau droit ; berceau *m.* droit
– **tripartite vault** ◆ voûte tripartite
– **trough vault, trough vaulting** ◆ voûte en auge ; → ***cloister(ed) vault***
– ***tunnel vault*** → ***barrel vault***
– ***wagon vault*** → ***barrel vault***
– ***winding vault*** → ***helical vault, helicoidal vault***
vault head → ***sectroid***
vault on pillars ◆ voûte sur piliers
vault rib ◆ nervure *f.* de voûte
vault (to) ◆ voûter
vaulted ◆ voûté (e) ; en forme de voûte
vaulted ceiling ◆ plafond *m.* voûté
vaulting ◆ construction *f.* de voûtes
vaulting, camber ◆ bombement *m.* ; cambrure *f.* ; galbe *m.*
vector ◆ vecteur *m.*
vector polygon → ***Cremona's polygon of forces***
vegetable soil, top soil, black mould, garden mould ◆ terre *f.* végétale ; terreau *m.* ; humus *m.* ; couche *f.* arable
vegetable tar ◆ goudron *m.* végétal
vehicle *(of paint)*, binding material ◆ véhicule *m.*
vein ◆ fil *m.*
vein, cloud ◆ veine *f.* (*pierre* ou *bois*)
vein (to) ◆ marbrer
veined, grained ◆ 1. veiné (e) *(pierre)* ; 2. madré (e) *(bois)*
velarium ◆ vélarium *m.*
velocity ◆ vitesse *f.* d'écoulement
velodrome ◆ vélodrome *m.*
velvet ◆ 1. velours *m.* ; 2. de (*ou* en) velours
velvet pile ◆ moquette *f.*
veneer ◆ bois *m.* de placage ; feuille *f.* de placage
– **brick veneer** ◆ placage *m.* en brique ; parement *m.* en brique
– **face veneer** ◆ placage extérieur
– **jointed veneer** ◆ placage jointé
– **rotary veneer** ◆ bois de placage déroulé
– **sliced veneer** ◆ placage tranché
veneer-in *(masonry)* ◆ placage *m.*
veneer saw ◆ scie *f.* pour placages
veneer (to) ◆ plaquer
veneered ◆ plaqué (e)
veneered wall *(am.)* → ***cavity wall***
veneering ◆ placage *m.*
Venetian blind, jalousie ◆ jalousie *f.* ; store *m.* vénitien
Venetian mosaic, terrazzo ◆ terrazzo *m.*
Venetian mosaic floor → ***terrazzo floor***
Venetian shutter ◆ persienne *f.*
vent, duct opening, air inlet (*or* outlet) ◆ orifice *m.* ; bouche *f.* d'air (*ou* de ventilation)
– **air vent** ◆ évent *m.* d'aération
– **continuous vent** ◆ ventilation *f.* primaire
– ***night vent , vent sash*** → ***ventlight***
– **roof vent** ◆ chatière *f.*
vent gases ◆ gaz *m. pl.* brûlés
vent pipe ◆ tuyau *m.* de ventilation
vent sash → ***ventlight***
vent valve ◆ purgeur *m.*
ventiduct ◆ conduit *m.* d'air
ventilating tile ◆ tuile *f.* chatière
ventilation, air renewal ◆ aération *f.* ; ventilation *f.*
– **mechanical ventilation** ◆ ventilation mécanique
– **natural ventilation** ◆ ventilation naturelle
ventilator fan ◆ ventilateur *m.*
venting ◆ ventilation *f.*

ventlight, vent sash, night vent ◆ vasistas *m.*

veranda (*or* verandah) ◆ véranda *f.*

verdigris, aerugo ◆ vert-de-gris *m. inv.*

verdure ◆ verdure *f.*

verge ◆ 1. rive *f.* latérale *(de toit)* ; 2. accotement *m.*

verge tile ◆ tuile *f.* de rive

verge board* → *barge board

vermiculated ◆ vermiculé (e)

vermiculation ◆ vermiculure *f.* (*ou* vermicule *m.*)

vermiculite ◆ vermiculite *m.*

vernacular ◆ vernaculaire

vernacular architecture ◆ architecture *f.* vernaculaire

vernier* → *nonius

vertical ◆ vertical (e) (*pl.* verticaux/-ales)

vertical clearance ◆ hauteur *f.* libre

vertical elevation ◆ élévation *f.*

vertical force ◆ force *f.* verticale

vertical joint ◆ joint *m.* vertical

vertical light ◆ jour *m.* d'aplomb (*ou* jour zénithal)

vertical line ◆ ligne *f.* verticale

vertical sash *(am.)* → ***sash window***

vertical section ◆ coupe *f.* verticale

vertical slider ◆ fenêtre *f.* à guillotine

verticality ◆ verticalité *f.* ; aplomb *m.*

vertically ◆ verticalement

vessel, vase ◆ vase *f.* ; récipient *m.*

vestibule ◆ vestibule *m.*

vestry ◆ sacristie *f.*

V gutter* → *trough gutter

viaduct ◆ viaduc *m.*

vibrated concrete ◆ béton *m.* vibré

vibrating roller ◆ rouleau *m.* vibrant

vibrating screed ◆ règle *f.* vibrante

vibration, swinging ◆ vibration *f.*

vibrator ◆ vibrateur *m.* ; vibreur *m.*

– **immersion vibrator, internal vibrator, poker vibrator** ◆ pervibrateur *m.* ; vibrateur interne

– **spud vibrator** ◆ vibrateur à aiguille

Vicat* → *needle test of Vicat

vice, vise *(am.)* ◆ étau *m.* (*pl.* étaux)

vice holdfast ◆ valet *m.* d'établi

vice stairs, winding staircase* → *staircase

vicinity ◆ 1. environs *m. pl.* ; 2. voisinage *m.*

Vierendeel girder, Vierendeel truss ◆ poutre *f.* Vierendeel

view ◆ vue *f.*

– **aerial view** ◆ vue aérienne

– **bird's-eye view** ◆ vue à vol d'oiseau

– **front view** ◆ vue de face

– **plan view** ◆ vue en plan

– **sectional view** ◆ vue en coupe

– **side view** ◆ vue de côté ; vue latérale

– **underside view** ◆ vue par dessous

vihara ◆ vihara *m.*

villa ◆ villa *f.*

village ◆ village *m.*

village green ◆ place *f.* de village

vine branch ◆ sarment *m.* ; pampre *m.*

vinyl ◆ vinyle *m.*

vinyl asbestos ◆ vinyle-amiante *m.*

vinyl resin ◆ résine *f.* vinylique

violet ◆ violet (-ette)

viscosity ◆ viscosité *f.*

vise *(am.)* → ***vice***

visible roof, open roof ◆ comble *m.* apparent *(à l'intérieur)*

visual arts ◆ arts *m. pl.* plastiques

vitrage nets* → *lace curtain

vitreous ◆ vitreux (-euse)

vitreous china, glazed fire clay ◆ porcelaine *f.* vitrifiée

vitreous glass ◆ pâte *f.* de verre

vitrified brick ◆ brique *f.* vitrifiée

vitrified earthenware tile ◆ carreau *m.* de grès vitrifié

vitrifier ◆ vitrificateur *m.*

vitrifying ◆ vitrification *f.*

V joint ◆ assemblage *m.* à grain d'orge

void, empty space ◆ vide *m.* ; espace *m.* vide

volcanic ◆ volcanique

volt ◆ volt *m.*

voltage ◆ voltage *m.*

– **high voltage** ◆ haute tension *f.*

– **low voltage** ◆ basse tension *f.*

voltmeter ◆ voltmètre *m.*

volume ◆ volume *m.*

volute ◆ volute *f.*

voussoir ◆ 1. voussoir *m.* ; 2. vousseau *m.*

– **inside facing of a voussoir** ◆ douelle *f.* intérieure

– **inside or outside facing of a voussoir** ◆ douelle *f.*

– **outside facing of a voussoir** ◆ douelle *f.* extérieure

vulcanization ◆ vulcanisation *f.*

W

W (maximum load) → ***breaking load*** → ***load***

wage, pay ◆ salaire *m.* ; paye *f.*

– **day-wage work** ◆ travail *m.* à la journée

– **weekwages, week's wages** ◆ salaire à la semaine ; salaire hebdomadaire

wage per hour ◆ salaire par heure (*ou* salaire horaire)

wag(g)on vault, barrel vault → ***vault***

wainscot ◆ lambris *m.* ; boiserie *f.*

wainscot cap ◆ cimaise *f.*

wainscot panel, lining with panels ◆ lambris *m.* à panneaux

wainscot (to) ◆ lambrisser ; boiser

wainscotting ◆ lambrissage *m.* ; boiserie *f.*

waiting hall ◆ salle *f.* des pas perdus

waiting room ◆ salle *f.* d'attente

wale, waler, waling ◆ longrine *f.*

walk(place) ◆ promenade *f.*

walking line ◆ ligne *f.* de foulée

walkway ◆ chemin *m.* pédestre

wall ◆ paroi *f.* ; mur *m.*

– **abutment wall** ◆ mur de culée

– **apron wall** ◆ allège *f.*

– **bare wall** ◆ mur nu

– **basement wall** ◆ mur de soubassement

– **battered wall, talus wall** ◆ mur en talus

– **bearing wall, load-bearing wall** ◆ mur portant ; mur porteur

– **Berlin type retaining wall** ◆ paroi berlinoise

– **blank wall, blind wall** ◆ mur aveugle ; mur orbe

– **boundary wall, enclosure wall** ◆ mur de clôture

– ***breast wall*** → ***retaining wall***

– **cavity wall, hollow wall** ◆ mur creux ; mur double

– ***common wall*** *(am.)* → ***party wall***

– ***compartment wall*** *(am.)* → ***fire wall***

– **curtain wall** ◆ mur-rideau (*pl.* murs-rideaux) ; façade-rideau

– ***dead wall*** → ***blank wall***

– **defence wall *(of town)*** ◆ rempart *m.*

– **dividing wall** ◆ mur de séparation

– ***division wall*** → ***fire wall***

– **dry stone wall** ◆ mur en pierres sèches

– **dry wall** ◆ mur monté à sec

– **dwarf wall** ◆ muret *m.*

– **eaves wall** ◆ mur gouttereau (*ou* mur de goutte)

– ***enclosure wall*** → ***boundary wall***

– **external wall** ◆ mur extérieur

– **face wall** ◆ mur de façade

– **fire-division wall, fire wall** ◆ mur coupe-feu

– **foundation wall** ◆ mur de fondation

– **frame wall** ◆ pan *m.* de bois

– **gable wall** ◆ mur de pignon

– ***hollow wall*** → ***cavity wall***

– **honeycomb wall, pigeonholed wall** ◆ mur ajouré ; mur alvéolé

– **interior wall, internal wall** ◆ mur de refend *m.*

– ***load-bearing wall*** → ***bearing wall***

– **long wall** ◆ long pan *m.*

– **main wall** ◆ mur portant ; gros mur

– **non load-bearing wall** ◆ mur non porteur

– **nude wall** ◆ mur nu *(sans enduit)*

– **outer wall** ◆ mur extérieur

– **panel wall** ◆ façade-panneau

– **partition wall, separating wall** ◆ cloison *f.* intérieure ; paroi *f.* intérieure

– **party wall, common wall** *(am.)* ◆ mur mitoyen

– ***pigeonholed wall*** → ***honeycomb wall***

– **retaining wall** ◆ mur de soutènement

– **screen wall** ◆ claustra *m.*

– **stepped wall** ◆ mur en gradins

– **strenghtening wall** ◆ contre-mur *m.* (*pl.* contre-murs)

– **string wall** ◆ échiffe *f.* (*ou* échiffre *m.* ou mur d'échiffre)

– ***talus wall*** → ***battered wall***

– **underpinned wall** ◆ mur repris en sous-œuvre

– **wing wall** ◆ mur de culée (d'un pont)

wall arch ◆ arc *m.* formeret

wall base ◆ soubassement *m.*

wall belfry ◆ clocher-mur *m.*

wallboard ◆ panneau *m.* de revêtement

wall bracket, wall hold ◆ console *f.* murale

wall breast-high ◆ mur d'appui

wall cabinet ◆ placard *m.* suspendu ; placard mural

wall carpet ◆ tapisserie *f.* murale

wall coping → ***coping***

wall covering → ***wall lining***

wall decoration ◆ décoration *f.* murale

wall hanger ◆ étrier *m.* mural

wall hook ◆ crochet *m. (de mur)*

wall in (to) ◆ emmurer

wall lining, wall covering ◆ 1. revêtement *m.* mural ; 2. parement *m.* d'un mur

wall opening, bole ◆ baie *f.*

wall paint ◆ peinture *f.* murale

wall painter ◆ peintre *m.* décorateur

wall painting ◆ peinture *f.* murale

wall paper ◆ papier *m.* peint ; papier *m.* de tenture ; tenture *f.*

wall picture, wall painting ◆ fresque *f.*

wall pier, wall pillar ◆ dosseret *m.*

wall plane ◆ nu *m.* d'un mur

wall plate ◆ sablière *f. (de comble)*

wall plate, bottom rail, raising plate ◆ panne *f.* sablière

wall plug ◆ 1. prise *f.* de courant murale ; 2. cheville *f.* ; tampon *m.* de scellement

wall pocket ◆ réservation *f.*

wall post, bonding timber ◆ poteau *m.* contre (*ou* dans) un mur

walls around a town → ***circumvallation***

wall shelf ◆ étagère *f.* murale ; rayonnage *m.* mural

wall staple ◆ harpon *m.*

wall tile ◆ carrelage *m.* mural

wall-to-wall carpet ◆ moquette *f.* tendue (*ou* collée)

wall *(between windows, etc.)* ◆ trumeau *m.*

wall-up *(a door, a window)* (to) ◆ murer

walled-up ◆ muré (e)

walled-up door ◆ porte *f.* murée

walling ◆ murage *m.*

walling thread → ***mason's line***

wallside handrail ◆ main *f.* courante côté mur

walnut, nut wood, walnut wood ◆ noyer *m.*

wane, waney edge ◆ flache *f. (bois)*

waney ◆ flacheux (-euse)

wardrobe ◆ garde-robe *m.* (*pl.* garde-robes) ; penderie *f.*

ware pipe → ***earthenware pipe***

warehouse, stores ◆ magasin *m.*

warning pipe → ***overflow***

warp ◆ voilure *f.*

warped ◆ gauche ; gauchi (e)

– **be warped (to)** ◆ jouer

warping ◆ gauchissement *m.* ; voile *m.* ; gondolement *m.*

warren kiln → ***continuous kiln***

wash, colo(u)r wash ◆ badigeon *m.* ; → ***washed drawing***

wash-down closet, pan, siphonic w.c. ◆ w.c. à chasse

wash drawing ◆ dessin *m.* au lavis

wash house, laundry ◆ buanderie *f.* ; lavoir *m.*

wash out-closet ◆ w.c. à cuvette

wash stand ◆ lavabo *m.*

wash tub ◆ bac *m.* à laver

wash a drawing (to) ◆ peindre à l'aquarelle

wash clay (to) ◆ laver de la terre

wash sand (to) ◆ laver le sable

washbasin, lavatory *(am.)* ◆ 1. lavabo *m.* ; 2. cuvette *f.* de lavabo

– **pedestal washbasin** ◆ lavabo sur pied

– **wall-hung washbasin** ◆ lavabo suspendu

washbasin pedestal ◆ colonne *f.* de lavabo

washboard *(am.)* → ***skirting***

washed drawing, wash ◆ lavis *m.*

washer ◆ rondelle *f.*

washing ◆ lavis *m.*

washing machine ◆ machine *f.* à laver

waste ◆ tare *f.*

waste, garbage *(am.)* ◆ ordures *f. pl.* ménagères

waste, wastefulness ◆ perte *f.*

waste-disposal unit, waste-food grinder *(am.)* ◆ broyeur *m.* d'évier ; broyeur à ordures
waste ground, waste land ◆ terrain *m.* vague
waste mould ◆ coffrage *m.* perdu
waste pipe → ***soil pipe, standpipe***
waste piping ◆ évacuation *f.* des eaux usées
waste water ◆ eaux-vannes *f. pl.*

waster ◆ gradine *f.*

watch tackle, jigger ◆ palan *m.* à main

watch turret ◆ 1. échauguette *f.* ; 2. guette *f.*

watcher ◆ surveillant

water ◆ eau *f.* (*pl.* eaux)
– **fresh water** ◆ eau douce
– **ground water** ◆ nappe *f.* phréatique
– **hard water** ◆ eau dure
– **rain water** ◆ eau de pluie
– **seepage water** ◆ eau d'infiltration
– **soft water** ◆ eau douce
– **underground water** ◆ nappe *f.* d'eau souterraine

water absorption → ***absorption of water***
water bar ◆ jet *m.* d'eau
water-carriage system ◆ canalisation *f.* d'évacuation d'une maison
water-cement ratio ◆ ratio *m.* eau-ciment
water channel, condensation groove ◆ gouttière *f.* de condensation
water closet, w.c. ◆ cabinet *m.* ; toilettes *f. pl.* ; w.c. *m.*
water colour, water paint ◆ aquarelle *f.* ; couleur *f.* à l'eau (*ou* à détrempe *ou* au lavis)
water conduct ◆ conduit *m.* d'eau
water conduit, cold-water supply, distribution pipe ◆ canalisation *f.* d'eau ; conduite *f.* d'eau
water drip, larmier, beak *(of a cornice)*, weather check ◆ larmier *m.*
water factor ◆ dosage *m.* en eau
water flush ◆ chasse *f.* d'eau
water gauge ◆ flotteur *m.*
water-gauge glass ◆ verre *m.* indicateur de niveau
water glass, soluble glass, silicate of sodium (*or* potassium) ◆ verre *m.* soluble ; silicate *m.* de potasse
water hammer ◆ coup *m.* de bélier
water heater ◆ chauffe-eau *m. inv.*
water level ◆ 1. niveau *m.* d'eau ; hauteur *f.* d'eau ; 2. niveau *m.* d'eau à flexible
water meter ◆ compteur *m.* à eau
water mill ◆ moulin *m.* à eau
water mortar → ***hydraulic mortar***
water repellent ◆ hydrofuge ; imperméabilisant (e)
water-resisting paint (*or* colour), washable distemper ◆ couleur *f.* résistant à l'eau
water-retaining agent ◆ rétenteur *m.*
water-retaining wall ◆ mur *m.* de retenue
water screw ◆ vis *f.* hydraulique
water spout → ***gargoyle***
water stop ◆ étanchéité *f.* *(entre les parois d'un mur)*
water supply ◆ distribution *f.* d'eau
water table ◆ niveau *m.* hydrostatique
water tank ◆ réservoir *m.* à eau ; citerne *f.*
water tank *(w.c.)* ◆ réservoir *m.* d'eau ; réservoir *m.* de chasse d'eau
water tower ◆ château *m.* d'eau
water treatment ◆ traitement *m.* de l'eau
water trench ◆ fossé *m.* d'irrigation
water well ◆ 1. puits *m.* *(d'eau)* ; 2. source *f.* *(d'eau)*
water willow ◆ osier *m.*

watercourse ◆ cours *m.* d'eau ; canal *m.*

watered ◆ moiré (e)

waterfall, cataract ◆ cascade *f.*

waterproof ◆ hydrofuge ; imperméable
waterproof coat ◆ enduit *m.* hydrofuge

waterproofing ◆ imperméabilisation *f.* ; étanchéité *f.* ; hydrofugation *f.* (*ou* hydrofugeage *m.*)

watershed ◆ ligne *f.* de faîte

waterside ◆ rivage *m.*

waterspout ◆ jet *m.* d'eau

watertight ◆ étanche à l'eau

watertightness, impermeability to water ◆ étanchéité *f.* à l'eau ; imperméabilité *f.* à l'eau

watt ◆ watt *m.*
watt-hour ◆ watt-heure *m.*

wattle ◆ claie *f.*

wave ◆ onde *f.*

wave, sound waves ◆ ondes *f. pl.* sonores

wave moulding ◆ flots *m. pl.* grecs *(ornement)*

waves ◆ vagues *f. pl. (ornement)*

wavy-fibred wood ◆ bois *m.* à fibres sinueuses

wax ◆ cire *f.*

wax polishing ◆ encausticage *m.*

wax (to) ◆ cirer (*ou* enduire de cire) ; encaustiquer

waxing ◆ cirage *m.*

way, road ◆ chemin *m.* ; route *f.* ; voie *f.*

way-in ◆ entrée *f.*

way of building ◆ façon *f.* de construire

way-out ◆ sortie *f.* ; issue *f.*

w.c. pan ◆ cuvette *f.* de w.c.

weak current, feeble current ◆ courant *m.* faible

weaken (to) ◆ affaiblir

weakening ◆ affaiblissement *m.*

wear, wearing ◆ 1. usure *f.* ; 2. dégradation *f.*

wear resistance ◆ résistance *f.* à l'usure

wear (-out) test ◆ essai *m.* à l'usure

weather board ◆ 1. clin *m.* ; 2. jet *m.* d'eau ; rejéteau *m.*

weather boarding, siding ◆ bardage *m.* à clins

weather check → water drip

weather cock, weather vane ◆ girouette *f.* ; coq *m.* de clocher

weather flag → fane

weather moulding ◆ larmier *m. (d'une moulure en pierre)* ; jet *m.* d'eau *(d'une fenêtre,* etc.)

weather resistance ◆ résistance *f.* aux intempéries

weathering ◆ décomposition *f.* à l'air ; désagrégation *f.*

web ◆ âme *f. (d'une poutre)*

– **castellated web** ◆ âme évidée

– **open web** ◆ âme en treillis ; âme triangulée

– **solid web** ◆ âme pleine

web members *(in a truss)* ◆ montants et diagonales

wedge ◆ coin *m. (de bois, etc.)*

wedge, key, cotter ◆ clavette *f.* ; cale *f.*

wedged assembly, keying ◆ assemblage *m.* à clavettes ; clavetage *m.*

week's wages, weekwages → wage

weekly-progress report → progress report

weephole ◆ 1. barbacane *f.* (*ou* chantepleure *f.*) ; 2. exutoire *m.*

weeping fungus, merulius, mould ◆ champignon *m.* du bois ; mérule *m.*

weeping willow ◆ saule *m.* pleureur

weigh bridge, bascule bridge ◆ pont *m.* à bascule (*ou* pont basculant *ou* pont levant)

weight ◆ charge *f.* ; poids *m.*

– **dead weight** ◆ 1. poids mort ; 2. poids propre

– **sash weight** ◆ contrepoids *m.*

– **unit weight** ◆ masse *f.* volumique

weight box, weight pocket, weight space ◆ caisson *m.* de contrepoids

weld ◆ soudure *f.*

– **tack weld** ◆ soudure par points

weld (to) ◆ souder

welded ◆ soudé (e)

welder ◆ soudeur *m.*

welder, welding machine ◆ machine *f.* à souder

welding ◆ 1. soudure *f.* ; 2. soudage *m.* autogène

– **arc welding** ◆ soudage à l'arc

– **stitch welding** ◆ soudage par points

welding glass ◆ verre *m.* du soudeur

well ◆ 1. puits *m. inv.*

– **driven well** ◆ puits instantané

– **dry well** *(am.)*, **soakaway** ◆ puisard *m.*

– ***lift well → lift***

– **light well** ◆ courette *f.* ; puits d'éclairage

– **stair well, well *(of a staircase)*** ◆ jour *m.* *(d'un escalier)*

well cover ◆ couvercle *m.* de puits

well gallow ◆ potence *f.* de puits

well hole ◆ jour *m.*

well sinker ◆ puisatier *m.*

welt → bead

wet ◆ humide ; mouillé (e)

wet mix ◆ mélange *m.* mouillé

wet riser ◆ colonne *f.* humide

wharf (*pl.* wharfs *or* wharves) ◆ quai *m.*

wheel ◆ 1. roue *f.* ; 2. pignon *m.* ; rouage *m.*

wheel window → rose window

wheel *(ground) (to)* → *cart ground (to)*

wheelbarrow ◆ brouette *f.*

wheelchair ◆ fauteuil *m.* roulant

whetstone ◆ pierre *f.* à aiguiser

whirlpool ◆ piscine *f.* à vagues

whispering gallery, whispering dome ◆ voûte *f.* acoustique

white ◆ blanc *m.* (blanche)

white cement ◆ ciment *m.* blanc

white birch ◆ bouleau *m.* verruqueux

white deal ◆ bois *m.* de sapin blanc

white lead, ceruse ◆ céruse *f.* ; blanc de céruse

white lime, fat lime, high-calcium lime ◆ chaux *f.* grasse

white limestone ◆ calcaire *m.* blanc

white marble ◆ marbre *m.* blanc

white pigments ◆ pigments *m. pl.* blancs

white poplar ◆ peuplier *m.* blanc (*ou* peuplier de Hollande)

white rot, dry rot ◆ pourriture *f.* blanche (*ou* pourriture sèche)

white willow ◆ saule *m.* blanc

whitewash ◆ lait *m.* de chaux ; blanc *m.* de chaux

whitewash, limewash ◆ badigeon *m.*

whitewash (to) ◆ blanchir ; badigeonner

whitewasher ◆ badigeonneur *m.*

whitewashing, limewhiting ◆ badigeonnage *m.* ; chaulage *m.*

whitewood ◆ bois *m.* blanc

whiting ◆ blanc d'Espagne ; → ***lime powder***

wick holder *(of a lamp)* ◆ lamperon *m.*

wicker chair ◆ chaise *f.* en osier

wicket *(in a large door)* ◆ guichet *m.* *(d'une porte)*

wide ◆ large

wide-flange beam ◆ poutrelle *f.* à ailes larges ; poutrelle en forme de H

widen (to) ◆ élargir *(une rue, etc.)*

widening ◆ élargissement *m.*

width ◆ largeur *f.*

– **clear width** ◆ largeur de passage ; largeur libre

– **trend width** ◆ pas *m.*

willow ◆ saule *m.*

wimble, gimlet ◆ foret *m.* ; vrille *f.*

winch ◆ treuil *m.*

wind ◆ vent *m.*

– **prevailing wind** ◆ vent dominant

wind barrier ◆ pare-vent *m. inv.*

wind brace, counter brace, raker, sway rod, sway brace ◆ écharpe *f.* ; contrevent *m.*

wind bracing ◆ contreventement *m.*

wind cowl ◆ abat-vent *m. inv.* ; mitre *f.*

wind gauge ◆ anémomètre *m.*

wind load ◆ surcharge *f.* de vent

wind mill ◆ moulin *m.* à vent

wind pressure ◆ poussée *f.* du vent ; pression du vent

wind screen ◆ brise-vent *m. inv.*

wind shake ◆ roulure *f.* *(bois)*

wind shutter → ***exterior shutter***

wind turbine ◆ éolienne *f.*

winder, radial step ◆ marche *f.* tournante ; marche rayonnante

winding ◆ sinueux (-euse)

winding road ◆ route *f.* en lacet

winding staircase → ***staircase***

winding step ◆ marche *f.* gironnée

winding vault, helical vault ◆ voûte *f.* en hélice

window ◆ fenêtre *f.*

– **attic window** ◆ lucarne *f.* attique

– **bay window** ◆ fenêtre en saillie

– **blank window, blind window** ◆ fausse fenêtre ; fenêtre aveugle

– **bow-window** ◆ fenêtre en saillie *(arrondie)* ; bow-window (*pl.* bow-windows)

– **casement window** ◆ fenêtre à battant(s) ; croisée *f.*

– **catherine-wheel window** ◆ rosace *f.*

– **centre-hung window** ◆ fenêtre basculante

– **clearstory, clerestory window** ◆ fenêtre haute

– **compass window** ◆ fenêtre en saillie ronde

– **coupled window(s), gemel window** ◆ fenêtres jumelées

– ***dead window*** → ***blank window***

– **dormer window** ◆ lucarne *f.*

– **double-glazed window** ◆ fenêtre à double vitrage

– **double-hung window, double-sash window** ◆ fenêtre à guillotine à deux châssis mobiles

– **false window** ◆ fausse fenêtre

– **fixed window** ◆ fenêtre fixe

– **French window** ◆ porte-fenêtre *f.*

– **gable window** ◆ fenêtre de pignon
– ***gemel window*** → ***coupled window***
– **hopper window, hospital window** ◆ fenêtre à soufflet
– ***horizontal-pivot window*** → ***centre-hung window***
– **horizontal window** ◆ fenêtre horizontale
– ***hung window*** → ***sash window***
– **lancet window** ◆ fenêtre à lancette
– **large window** ◆ baie *f.* vitrée
– **lattice window** ◆ fenêtre à losanges
– ***marigold window*** → ***catherine-wheel window***
– **metal window** ◆ fenêtre métallique
– **mullioned window** ◆ fenêtre à meneaux
– **oriel window** ◆ oriel *m.*
– **picture window** ◆ fenêtre panoramique
– **pivoted window** ◆ fenêtre pivotante
– **pivot-hung window** ◆ fenêtre basculante
– **provide a window (to)** ◆ percer une fenêtre
– ***rose window*** → ***rose***
– **round-headed window** ◆ fenêtre en plein cintre
– ***round window*** → ***oculus***
– **sash window** ◆ fenêtre à guillotine
– **shop window, show window** *(am.)* ◆ vitrine *f.*
– **sliding window** ◆ fenêtre coulissante
– **stained-glass window** ◆ vitrail *m.* (*pl.* vitraux)
– **strip window(s)** ◆ fenêtres en bande
– **tilt-and-turn window** ◆ fenêtre oscillo-battante
– **top-hung window** ◆ fenêtre à l'italienne
– **two-light window** ◆ fenêtre bilobée
– **Venetian window, Palladian window** ◆ serlienne *f.* ; baie *f.* palladienne
– ***vertical-sliding window*** → ***sash window***
– ***wheel window*** → ***rose window*** → ***rose***

window arrangement ◆ fenêtrage *m.*
window bar, glazing bar ◆ petit-bois *m.* (*pl.* petits-bois)
window board ◆ tablette *f.* d'appui
window breast ◆ allège *f.*
window frame *(frame of a window)* ◆ châssis *m.* de fenêtre ; dormant *m.*
window furniture ◆ garniture *f.* de fenêtre
window glass, sheet glass, glass sheet ◆ verre *m.* à vitre ; verre plat
window groove, rabbet, rebate, guide ◆ rainure *f.* de fenêtre ; feuillure *f.* de fenêtre
window head ◆ traverse *f.* haute du dormant
window hinge ◆ paumelle *f.* ; fiche *f.* *(de fenêtre)*
window jamb, window post ◆ montant *m.* de fenêtre
window mirror ◆ « espion » *m.* (*ou* miroir oblique)
window opening, bay ◆ baie *f.* ; ouverture *f.*
window pane ◆ vitre *f.* ; carreau *m.*
window pier, breast ◆ pile *f.* ; meneau *m.*
window post → ***window jamb***
window rail ◆ appui *m.* de fenêtre ; barre *f.* d'appui
window recess ◆ renfoncement *m.* de fenêtre
window sash, sash ◆ châssis *m.* de fenêtre
window seat, window stool, banquette *(am.)* ◆ banquette *f.* de fenêtre
window shutter → ***shutter***
window sill, window cill ◆ appui *m.* de fenêtre ; pièce *f.* d'appui
window unit ◆ bloc-fenêtre *m.*

windows ◆ fenêtrage ; fenestrage *m.*
wing ◆ 1. ailette *f.* ; 2. → ***side-scene***
wing *(of a building)* ◆ aile *f.* *(d'un bâtiment)*
wing nut, winged nut ◆ écrou *m.* à oreilles (*ou* à ailettes) ; papillon *m.*
winged horse ◆ hippogriffe *m.*
winter garden ◆ jardin *m.* d'hiver
wire ◆ fil *m.*
– **barbed wire** ◆ fil barbelé
– **brass wire** ◆ fil de laiton
– **copper wire** ◆ fil de cuivre
– **fence wire** ◆ fil de fer pour clôture
– **ground wire** ◆ prise *f.* de terre
– **iron wire** ◆ fil de fer
– **silver wire** ◆ fil d'argent
– **steel wire** ◆ fil d'acier
– **tie wire** ◆ fil de ligature ; attache *f.*

wire blind ◆ grille *f.* de fenêtre
wire brush ◆ brosse *f.* métallique
wire clamp ◆ serre-fils *m. inv.* *(électricité)*
wire cloth, wire gauze, wire netting ◆ toile *f.* métallique
wire drawing ◆ étirage *m.* ; tréfilage *m.*
wire enclosure, wired fence ◆ grillage *m.* ; clôture *f.* en fil de fer

wire gauze → ***wire cloth***

wire glass, wired glass ◆ verre *m.* armé

wire guard ◆ protection *f.* en fil de fer

wire mesh ◆ treillis *m.*

wire nail, wire tack ◆ clou *m.* ; pointe *f.* *(de Paris)*

wire netting → ***wire cloth, wire gauze***

wire rope ◆ câble *m.* *(métallique)*

wire rope railway ◆ funiculaire *m.*

wire strainer ◆ raidisseur *m.*

wire scratcher, devil float ◆ gratton *m.*

wired fence → ***wire enclosure***

wired glass → ***wire glass***

wiring ◆ câblage *m.*

withdrawn ◆ en retrait

withe (*or* wythe) ◆ languette *f.*

within the walls ◆ *intra muros*

wonder ◆ merveille *f.*

wood ◆ bois *m.*

– **even-grain wood, even-textured wood** ◆ bois homogène

– **kiln-dried wood** ◆ bois étuvé

– **laminated wood** ◆ bois lamellé

– **resin-impregnated wood, resin-treated wood** ◆ bois imprégné

wood borer ◆ insecte *m.* xylophage

wood carving ◆ sculpture *f.* en bois

wood-cement concrete ◆ fibragglo *m.*

wood construction ◆ construction *f.* en bois

wood engraving ◆ gravure *f.* sur bois

wood fibre, wood grain ◆ 1. fil *m.* du bois ; 2. fibre *f.* de bois

wood-fibre panel ◆ panneau *m.* de fibres de bois

wood finishings, joinery ◆ menuiserie *f.*

wood flour ◆ farine *f.* de bois

wood frame construction ◆ construction *f.* à ossature de bois

wood grain → ***wood fibre***

wood of deciduous trees → ***hardwood***

wood preservation ◆ conservation *f.* du bois

wood-preservative treatment ◆ traitement *m.* du bois

wood pulp ◆ pâte *f.* à bois

wood ray, pith ray ◆ rayon *m.* ligneux

wood roll *(of a zinc roof)* ◆ tasseau *m.*

wood screw ◆ vis *f.* à bois

wood shaving → ***shaving***

wood tar ◆ goudron *m.* de bois

wood turner ◆ tourneur *m.* sur bois

wooden ◆ de bois ; en bois

wooden beam ◆ poutre *f.* en bois

wooden cleat *(nailed on rafters)* ◆ échantignole *f.* (*ou* chantignole *f.*)

wooden foot-bridge ◆ pont *m.* en bois pour piétons

wooden lining, timber lining ◆ revêtement *m.* en bois

wooden mosaic ◆ mosaïque *f.* en bois

woodware → ***interior wood finishings***

woodwool ◆ laine *f.* de bois

woodwork ◆ menuiserie *f.* ; menuiserie en bois

wool ◆ laine *f.* ; → ***glass wool, mineral wool, rock wool, slag wool, woodwool***

work ◆ 1. œuvre *f.* ; 2. travail *m.* (*pl.* travaux) ; ouvrage *m.*

– **above-grade work** ◆ travaux *m. pl.* en surface

– **below-grade work** ◆ travaux en sous-œuvre

– **construction work** ◆ ouvrage d'art

– **contract work** ◆ travail à forfait

– **field work** ◆ travaux sur le terrain

– **open work** ◆ claire-voie *f.* (*pl.* claires-voies)

– *permanent work* → ***contract work***

– **public work(s)** ◆ travaux publics *m. pl.*

– **rough work** ◆ gros ouvrages *m. pl.*

– **rustic work** ◆ ordre *m.* rustique

work bench ◆ établi *m.*

work concrete, place concrete (to) → ***cast (to)***

work stone → ***ashlar***

work table ◆ table *f.* à ouvrage

work (to) ◆ travailler

work *(by the job)* (to) ◆ travailler à la tâche

work *(concrete)*, place concrete (to) ◆ couler du béton ; bétonner

work (timber) (to) → ***timber (to)***

work up (to) ◆ mettre en œuvre

workability ◆ maniabilité *f.* ; ouvrabilité *f.*

worker, workman ◆ ouvrier *m.*

worker in mosaics ◆ mosaïste *m.*

working ◆ façonnage *m.*

working (movement of wood) ◆ travail *m.* *(du bois)*

working day ◆ jour *m.* ouvrable

working drawing ◆ dessin *m.* d'exécution

working drawing ***(of a building, etc.)*** ◆ épure *f.*

working hours ◆ heures *f. pl.* de travail

working joint ***(in concrete)*** ◆ joint *m.* de reprise

working point, point of application ◆ point *m.* d'application *(d'une force)*

working up ◆ mise *f.* en œuvre

workman → ***worker***

workmanship ◆ 1. main-d'œuvre *f.* (*pl.* mains-d'œuvre) ; 2. qualité *f.* de l'exécution

workmen's dwelling ◆ logements *m. pl.* ouvriers

works → ***factory***

workshop ◆ atelier *m.*

worm, worm gear ◆ vis *f.* sans fin

worm ◆ ver *m.*

worm eaten ◆ rongé (e) des vers ; vermoulu (e)

wormy ◆ piqué (e) aux vers

woven wire ◆ toile *f.* métallique

wracking ◆ déformation *f.* diagonale

wreath ***(of a handrail)*** ◆ courbe *f.* *(de la main-courante d'un escalier)*

wreathed ◆ tors (e)

wreathed column → ***column***

wreck ◆ écroulement *m.*

wrecking *(am.)* → ***demolition***

wrecking bar *(am.)*, **claw bar, pinch bar** ◆ pied-de-biche *m.* (*pl.* pieds-de-biche)

wrench ◆ clé à écrous ; → ***monkey wrench*** *(am.)* ; → ***spanner***

writing ◆ écriture *f.*

writing desk ◆ secrétaire *m.* *(bureau)*

writing table ◆ bureau *m.* (*ou* table *f.* à écrire)

wrong ◆ faux (fausse)

wrong light, bed light ◆ faux jour *m.*

wrought ◆ façonné (e) ; travaillé (e) ; œuvré (e) ; ouvragé (e)

wrought ◆ forgé (e)

wrought coupling ◆ manchon *m.* en fer forgé

wrought iron ◆ 1. fer *m.* forgé ; 2. ferronnerie *f.*

wye branch, wye fitting, Y branch, Y fitting (*or* Y) ◆ culotte *f.* de tuyaux

wythe → ***withe***

XYZ

X brace, cross brace ◆ croisillon *m.*

X chair ◆ siège *m.* en forme de X

xylenol resin ◆ xylène *m.* (*ou* xylol)

Xylolite ◆ Xylolithe *f.*

xystus ◆ xyste *m.*

Y branch, Y fitting* → *wye branch

yard *(yd)* ◆ yard *m. (91,44 cm)*

yard, court, courtyard ◆ cour *f.*

– **back yard** ◆ arrière-cour *f.* (*pl.* arrière-cours)

yard *(of material)* ◆ parc *m.* à matériaux

yard gutty, yard trap ◆ siphon *m.* de sol ; siphon de cour

year ring* → *annual ring

yellow ◆ jaune

yellow deal ◆ pin *m.* sylvestre

yellow lead ◆ massicot *m.*

yellow pine ◆ faux *m.* sapin ; pitchpin *m.*

yellowish ◆ jaunâtre

yew ◆ if *m.*

yield (to) ◆ céder ; affaisser (s'-)

– **plastic yield** ◆ déformation *f.* plastique

yield point, yield stress ◆ limite *f.* d'élasticité

yoke ◆ traverse *f.* haute *(de dormant)*

Young's modulus ◆ module *m.* de Young

yourt ◆ yourte *f.* (*ou* iourte)

youth hostel ◆ auberge *f.* de jeunesse

Z bar, Z iron, Z section ◆ profilé *m.* en forme de Z

zebra crossing ◆ passage *m.* clouté *(pour piétons)*

zero, zero point ◆ zéro *m.* ; point *m.* zéro

zero bar ◆ barre *f.* sans tension

zero line* → *neutral axis, neutral line

ziggurat, zikkurat, ziqqarat ◆ ziggourat *m.*

zigzag, staggered line ◆ zigzag *m.* ; ligne *f.* à bâtons rompus ; trait *m.* de Jupiter

zigzag bond* → *herring-bone work (or bond)

zigzag pattern, herring-bone pattern ◆ épi *m.*

zinc ◆ zinc *m.*

zinc oxyde* → *zinc white

zinc pigment ◆ pigment *m.* zincifère

zinc pipe ◆ tuyau *m.* en zinc

zinc roofer ◆ couvreur-zingueur *m.*

zinc sheet ◆ zinc *m.* en feuille ; feuille *f.* de zinc

zinc white, zinc oxyde ◆ blanc *m.* de zinc

zinc (to)* → *galvanize (to)

zincing ◆ zingage *m.* (*ou* zincage)

zone ◆ zone *f.*

– **building zone** ◆ zone de construction

– **climatic zone, climatic region** ◆ zone climatique

– **rehabilitation zone** ◆ zone d'assainissement

zone map ◆ plan *m.* de zonage

zoning ◆ zonage *m.*

zoning ordinances *(am.)* → ***town-planning codes***

zoning plan ◆ plan *m.* d'occupation des sols (P.O.S.)

zoo, zoological garden ◆ jardin *m.* zoologique ; parc *m.* zoologique

zoomorphic ◆ zoomorphique

zoomorphic ornament ◆ ornement *m.* zoomorphique

zoophorus ◆ zoophore *m.*

français - anglais

french - english

A

abaque ***m.*** ◆ 1. abacus ; 2. chart ; graph

abat-jour ***m. inv.*** ◆ cellar light ; abat-jour

abat-son ***m.*** **(*pl.* abat-sons)** ◆ louver boarding ; louvre boarding

abattage ***m.*** **d'arbres** ◆ cutting of trees ; felling of trees

abattant ***m.*** **de w.c.** ◆ seat of a w.c. ; toilet seat

abattoir ***m.*** ◆ slaughter house

abattre ◆ pull down (to)

  abattre un arbre ◆ cut down ; fell a tree (to)

abat-vent ***m. inv.*** ◆ cowl ; wind cowl ; abat-vent

abat-voix ***m. inv.*** ◆ dimmer ; sound(ing) board ; abat-voix

abbaye ***f.*** ◆ abbey

abords ***m. pl.*** **d'une ville** ◆ approaches to a town

about ***m.*** ◆ butt ; end

abouter ◆ butt (to)

abrasif (-ive) ***n. m.*** **ou** ***adj.*** ◆ abrasive

abrasion ***f.*** ◆ abrasion

abreuvoir ***m.*** ◆ drinking trough

abri ***m.*** ◆ shelter

– **sans-abri** ***m. inv.*** ◆ homeless person

  abri pour automobile ◆ car port

abribus ***m. inv.*** ◆ bus shelter

abscisse ***f.*** ◆ abscissa

abside ***f.*** ◆ apse ; apsis (*pl.* apses *or* apsides)

  abside latérale ◆ side apse ; side apsis

absidiole ***f.*** ◆ apsidal chapel ; apsidiole ; choir chapel

absorbant (e) ◆ absorbent ; absorbing

absorber ◆ absorb ; soak up (to)

absorption ***f.*** ◆ absorption

  absorption acoustique ◆ sound absorption

  absorption d'eau ◆ absorption of water ; water absorption

acacia ***m.*** ◆ acacia

académie ***f.*** ◆ academy

académique ◆ academic ; academical

académisme ***m.*** ◆ academicism

acajou ***m.*** ◆ mahogany

– **en acajou** ◆ mahogany

acanthe ***f.*** ◆ acanthus ; acanthus leaf

accélérateur ***m.*** **de prise** ◆ accelerator ; accelerating agent ; quick-setting admixture ; setting agent

accélérer ◆ accelerate (to)

accolade ***f.*** ◆ accolade

accord ***m.*** ◆ accord ; agreement

accotement ***m.*** ◆ verge

  accotement pour vélos ◆ bicycletrack ; cycle track ; cyclepath

  accotement(s) ***m.*** ◆ shoulder

accoudoir ***m.*** ◆ arm ; armrest

accouplement ***m.*** ◆ coupling

accoupler ◆ couple together ; join ; connect (up) (to)

acétate ***m.*** **de polyvinyle** ◆ polyvinyl acetate (P.V.A.)

acétylène ***m.*** ◆ acetylene

achromatisme ***m.*** ◆ achromatism

acier ***m.*** ◆ steel

  acier à adoucir ◆ temper steel

  acier au carbone ◆ carbon steel

  acier de construction ◆ structural steel

  acier doux ◆ mild steel

  acier fondu ◆ cast steel ; crucible steel

  acier à haute élasticité ◆ high-yield steel

  acier à haute résistance ◆ high-tensile steel

  acier inoxydable ◆ stainless steel

  acier en lingots ◆ ingot steel

  acier malléable ◆ forge steel ; malleable steel

  acier moulé ◆ cast steel

  acier de précontrainte ◆ tendon

  acier de répartition ◆ distribution steel (*or* rod) ; repartition bar

  acier rond ◆ bar ; round steel

  aciers ***m. pl.*** **transversaux** ◆ ties

acoustique ***f.*** ◆ acoustics

acoustique ***adj.*** ◆ acoustic ; acoustical
acre ***f.*** ◆ acre
acrolithe ***m.*** ◆ acrolith
acropodium ***m.*** ◆ acropodium
acropole ***f.*** ◆ acropolis
acrotère ***m.*** ◆ acroter ; acroteria ; corner ornament
acutangle ◆ acute angled ; sharp edged
adaptation ***f.*** ◆ adaptation
additif ***m.*** ◆ additive ; admixture
adhérence ***f.*** ◆ adhesion
– **longueur** ***f.*** **d'adhérence** ◆ grip length ; bond lenght
– **puissance** ***f.*** **d'adhérence, force** ***f.*** **d'adhérence** ◆ adhesion force
  adhérence de l'armature ◆ reinforcement bond
adhésif (-ive) ◆ adhesive
adhésion ***f.*** ◆ adhesion
adjudicataire ***m.*** ◆ selected bidder ; successful bidder ; selected tenderer ; successful tenderer
adjudication ***f.*** ◆ calling for tenders ; submission ; inviting-builders' estimates
  adjudication partielle ◆ partial call for tenders
adjuvant ***m.*** ◆ additive ; admixture
administration ***f.*** **des Ponts et Chaussées** ◆ Highways Department
admissible ◆ allowable
adobe ***m.*** ◆ adobe ; adobe brick ; unburnt brick
adossé (e) ◆ addorsed ; adorsed
adouci (e) ◆ bullnosed
adoucir une surface ◆ polish a surface ; burnish *(metal)* ; smooth off (to)
adsorption ***f.*** ◆ adsorption
aération ***f.*** ◆ airing ; air renewal ; ventilation
aérien (-ienne) ◆ aerial
– **perspective** ***f.*** **aérienne** ◆ aerial perspective
aérodrome ***m.*** ◆ aerodrome
aérogare ***f.*** ◆ air terminal
aéroport ***m.*** ◆ airport
affaiblir ◆ weaken (to)
affaiblissement ***m.*** ◆ weakening
affaissement ***m.*** ◆ collapse ; fall-down ; slump
  affaissement au cône d'Abrams ◆ Abrams' slump test
affaisser (s'-) ◆ collapse ; yield (to)
agate ***f.*** ◆ glass marble
âge ***m.*** ◆ age
  âge des cavernes ◆ age of the caveman
  âge du fer ◆ Iron Age
  âge de pierre ◆ Stone Age
agence ***f.*** **d'architecte** ◆ architectural office ; architectural practice
agence ***f.*** **immobilière** ◆ estate agency
agencement ***m.*** ◆ layout
agent ***m.*** **de décoffrage, agent de démoulage** ◆ form release agent ; release agent ; stripping agent
  agent entraîneur d'air ◆ air-entraining agent
  agent moussant ◆ foaming agent
agent immobilier ◆ estate agent ; house agent
agglomération ***f.*** ◆ community
  agglomération urbaine ◆ built-up area
aggloméré ***m.*** **(*ou* agglo *fam.*)** ◆ 1. agglomerate ; artificial stone ; conglomerate ; (precast) concrete block ; 2. chipboard
agglutinant (e) ◆ adhesive
agora ***f.*** ◆ agora
agrafe ***f.*** ◆ clamp ; clasp ; cramp *(for stone)* ; crook ; dog ; staple ; hook ; tie
agrafer ◆ clamp (to)
agrafeuse ***f.*** ◆ seamer ; staple gun ; stapler
agrafure ***f.*** ◆ seam
agrégat ***m.***, **agrégats** ***m. pl.*** ◆ aggregate(s)
  agrégat coquillier ◆ shell aggregate
aide ***f.*** **au logement** ◆ housing assistance
aide-maçon ***m.*** ◆ bricklayer's labourer ; helper ; hodman ; hodcarrier ; mason's man
aide-menuisier ***m.*** ◆ carpenter's apprentice
aiguille ***f.*** ◆ flèche ; spire
  aiguille ***f.*** ***(charpente de toit)*** ◆ kingbolt ; king rod
aile ***f.*** ◆ annex ; outbuilding ; outhouse
  aile d'un bâtiment ◆ wing of a building
  aile d'un moulin à vent ◆ vane of a windmill
  aile de poutre ◆ flange
ailette ***f.*** ◆ wing
aimant ***m.*** ◆ magnet
air ***m.*** ◆ air
aire ***f.*** ◆ area

aire de jeux *(pour enfants)* ◆ play garden ; play area

aire de sable ◆ bed of sand

ais *m.* ◆ board ; deal ; plank ; shelf

aisselier *m.* (*ou* esselier) ◆ angle brace ; strut

ajour *m.* ◆ reticulated engraving

ajouré (e), à claire-voie ◆ open work ; pierced

ajustable ◆ adjustable

ajuster ◆ adjust (to)

ajutage *m.* ◆ jet pipe ; nozzle

alarme *f. (contre le vol)* ◆ burglar alarm

albâtre *m.* ◆ alabaster

– en albâtre ◆ alabaster

alcalin (e) ◆ alkaline

alcôve *f.* ◆ alcove

alcôve *f. (dortoir)* ◆ cubicle

alêne *f.* ◆ awl

alésage *m.* ◆ boring ; reaming

aléseuse *f.* ◆ boring machine ; drilling machine

alésoir *m.* ◆ reamer ; turning pin

alidade *f.* ◆ alidad(e)

alignement *m.* ◆ alignment ; frontage line

alkyde *m.* ◆ alkyd

allée *f.* ◆ alley

allée couverte ◆ shady walk

allée de jardin ◆ path

allée pour voitures ◆ drive ; driveway *(am.)*

allège *f.* ◆ allege ; apron wall ; window breast

allégement *m.* ◆ lightening

alliage *m.* ◆ alloy

allongement *m.* dû au fluage ◆ creep strain

alluvions *f. pl.* ◆ alluvions

alternateur *m.* ◆ alternator

altimétrie *f.* ◆ levelling

altitude *f.* ◆ absolute height ; elevation

altitude du terrain ◆ height (of the site *or* ground) ; level ; position

alumine *f.* ◆ alumina

aluminium *m.* ◆ aluminium ; aluminum *(am.)*

alvéolaire ◆ cellular ; honey combed

alvéole *m.* ◆ core

alvéolé (e) ◆ honey combed

ambassade *f.* ◆ embassy

âme *f.* ◆ core

âme *f. (d'une poutre)* ◆ web

âme alvéolaire ◆ skeleton core

âme évidée ◆ castellated web

âme pleine ◆ solid web

âme en treillis ◆ open web

âme triangulée ◆ open web

amélioration *f.* ◆ improvement

amélioration des logements insalubres ◆ slum improvement

amélioration du sol ◆ soil improvement

aménagement *m.* ◆ arrangement

aménagement intérieur ◆ interior arrangement ; fitting-out

aménagement d'un jardin ◆ gardening

aménagement régional ◆ regional planning

aménagement d'un terrain ◆ land development ; site development

aménagement du territoire ◆ country planning

amenée *f.* d'air ◆ firehole ; air inlet

amenée *f.* d'eau ◆ supply pipe

ameublement *m.* ◆ furnishing ; furniture

amiante *m.* ◆ asbestos

amiante-ciment *m.* ◆ asbestos cement ; cement asbestos

amorphe ◆ amorphous

amortir ◆ absorb (to)

amortissement *m.* ◆ 1. amortization ; amortizement ; 2. end ornament

amovible ◆ removable

ampère *m.* ◆ ampere

ampèremètre *m.* ◆ ammeter

amphiprostyle *m.* ◆ amphiprostyle

amphithéâtre *m.* ◆ amphitheater *(am.)* ; amphitheatre

amphore *f.* ◆ amphora

ampoule *f.* ◆ bulb ; lamp bulb ; light bulb

anaglyphe *m.* ◆ anaglyph

analyse *f.* ◆ analysis

analyse granulométrique ◆ particle-size analysis

analyse des structures ◆ analysis of structure

ancrage *m.* ◆ anchorage ; anchoring ; tie

ancrage à agrafe ◆ cramp anchorage

ancre *f.* ◆ anchor ; grappling iron ; tie ; land tie

ancre à fourchette ◆ forked tie

angle ***m.*** ◆ angle ; quoin
– **à angle aigu** ◆ acute angled ; sharp edged
– **à angle droit** ◆ at right angle(s) ; square ; perpendicular ; squarely
angle aigu ◆ acute angle
angle droit ◆ right angle
angle extérieur ◆ exterior angle ; outer angle
angle de frottement ◆ angle of friction
angle d'inclinaison, angle de déclivité ◆ angle of slope ; angle of gradient ; angle of inclination
angle intérieur ◆ interior angle
angle obtus ◆ obtuse angle
angle rentrant ◆ re-entrant corner ; re-entrant angle
angle de rue ◆ street corner
angulaire ◆ angular
anhydrite ***f.*** ◆ anhydrite
anisotrope ◆ anisotropic
anneau ***m.*** ◆ circlet ; ring
anneau d'amarrage ◆ mooring ring
anneau de chaîne ◆ chain iron ; chain link
anneau de clé ◆ key ring
anneau de colonne ◆ shaft ring
anneau de lanternon ◆ clerestory ring ; eye of a cupola
annelé (e) ◆ ringed
annelet ***m.*** ◆ annulet
annexe ***f.*** ◆ annex ; extension ; outhouse ; outbuilding
annulaire ◆ annular ; ring shaped
anode ***f.*** ◆ anode
anodisation ***f.*** ◆ anodizing
anodisé (e) ◆ anodised
anonyme ◆ anonymous ; nameless
anse ***f.*** ◆ handle ; basket handle
anse de suspension ◆ suspension bow
ante ***f.*** ◆ anta (*pl.* antae) ; pilaster ; parastas
antéfixe ***f.*** ◆ antefix
antenne ***f.*** ◆ aerial ; antenna (*pl.* antennae)
anthropomorphe ◆ anthropomorphous
anthropomorphisme ***m.*** ◆ anthropomorphism
antichambre ***f.*** ◆ anteroom ; antechamber ; side room ; vestibule
anticorrosif (-ive) ◆ anticorrosive
antidérapant (e) ◆ non skid ; non slip
antifarinant (e) ◆ anti-chalking
antigel ***m.*** ◆ anti-freeze ; frost-preventive agent
antique ◆ ancient ; antique
Antiquité ***f.*** ◆ Antiquity
antiquités ***f. pl.*** ◆ antiquities *pl.*
antirouille ***m.*** ◆ antirust ; rust proof ; rust preventing
antistatique ◆ antistatic
aplanir ◆ level ; plane ; even (to)
aplomb ***m.*** ◆ perpendicularity
– **d'aplomb** ◆ in the perpendicular ; plumb
– **hors d'aplomb** ◆ out of plumb
apophyge ***f.*** ◆ apophyge ; aposthesis
appareil ***m.*** ◆ 1. bond ; opus (*pl.* opera) ; 2. appliance
appareil anglais ◆ English bond
appareil en arête de hareng, appareil en arête de poisson ◆ herring-bone work ; herring-bone bond ; zigzag bond
appareil en boutisses ◆ header bond ; heading bond
appareil de boutisses et panneresses ◆ English bond
appareil d'une boutisse et de deux panneresses ◆ Scotch bond ; English garden wall bond
appareil de chauffage ◆ heater
appareil en croix ◆ cross bond
appareil cyclopéen ◆ polygonal rubble
appareil d'éclairage ◆ light fitting ; light fixture ; lighting fixture ; luminaire *(am.)*
appareil en épi ◆ herring-bone bond ; serpentine bond ; zigzag bond
appareil d'essai à la traction ◆ strain-test apparatus
appareil fixe ◆ fixture
appareil flamand, appareil gothique ◆ Flemish bond ; double-Flemish bond ; Gothic bond
appareil irrégulier ◆ polygonal rubble
appareil de levage ◆ hoisting apparatus ; lifting device
appareil de maçonnerie ◆ brick bond ; bond of brickwork ; masonry bond ; stonework
appareil en panneresses ◆ running bond
appareil de pilier ◆ pillar bond ; pier bond
appareil à refend ◆ groovings

appareil réticulé ◆ reticulated work

appareil sanitaire ◆ plumbing fixture

appareils *m. pl.* sanitaires ◆ sanitary fittings ; sanitary fixtures ; sanitary ware

appareil tendeur ◆ stretching device ; gear

appareil en zigzag* → *appareil en épi

appareillage *m.* de cheminée ◆ chimney bond

appareiller ◆ 1. draft *(stones)* ; 2. bond *(bricks)* (to)

appartement *m.* ◆ flat ; tenement flat ; apartment *(am.)*

appartement en duplex ◆ duplex apartment *(am.)* ; maisonnette

appartement meublé ◆ furnished flat ; lodging

appel *m.* d'air ◆ suction

appel *m.* d'offres ◆ bidding *(am.)* ; tendering ; invitation to bid *(am.)* ; invitation to tender ; submission ; calling for tenders

appel d'offres ouvert ◆ open bidding ; open tendering

appentis *m.* ◆ canopy ; hood ; lean-to roof ; pent roof ; monopitch roof ; pentice

– **bâtiment en appentis** ◆ appentice ; pent ; pentice

application *f.* ◆ application ; applying ; laying

application de colle ◆ gluing

application d'un enduit ◆ rendering ; plastering

application au pistolet ◆ spraying

applique *f.* ◆ bracket lamp ; wall fitting

appliquer ◆ apply (to)

appontement *m.* ◆ pier ; jetty ; wharf ; landing stage

apport *m.* d'air ◆ air input

apprenti *m.* (e) ◆ apprentice ; novice

apprenti-charpentier *m.* ◆ carpenter's apprentice

apprentissage *m.* ◆ apprenticeship

approbation *f.* des plans ◆ approval of plans

appui *m.* ◆ bearing ; sill ; support ; seating

appui encastré ◆ fixed bearing

appui d'encastrement ◆ fixed support

appui extérieur ◆ outer sill

appui de fenêtre ◆ window rail ; window cill ; window sill

appui fixe ◆ fixed bearing

appui libre ◆ simple support ; unrestrained bearing

appui de poutre ◆ template

appui rampant ◆ sloping support

appuyer (s'-) ◆ abut (to)

aptère ◆ apterous ; wingless

aptitude *f.* à l'emploi ◆ suitability

aquafortiste *m.* ◆ etcher

aquarelle *f.* ◆ aquarelle ; painting in water colours ; water colour

aquarium *m.* ◆ aquarium (*pl.* aquariums *or* aquaria)

aqueduc *m.* ◆ aqueduct

arabesque n. *f.* ou *adj.* ◆ arabesque

arasement *m.* ◆ levelling

araser ◆ level (to)

arbalétrier *m.* ◆ main rafter ; principal rafter *(of a truss)* ; truss rafter ; upper chord

arbalétrier intermédiaire ◆ intermediate strut

arbalétrière *f.* ◆ loop hole

arbitrage *m.* ◆ arbitration ; umpiring

arbitre *m.* ◆ arbiter

arbre *m.* ◆ tree

arc *m.* ◆ arc ; arch

– **à arc** ◆ arcaded

arc *m.* *(électricité)* ◆ arc

arc en accolade, arc en dos-d'âne ◆ ogee arch ; ogeval arch

arc en anse de panier ◆ 1. basket arch ; basket-handle arch ; 2. compound curve

arc en anse de panier à trois centres ◆ three-centred arch

arc arêtier ◆ diagonal arch ; groined arch

arc aveugle ◆ blind arch

arc bloqué au mortier ◆ rubble arch ; rustic arch

arc bombé ◆ segmental arch

arc-boutant (*m. pl.* arcs-boutants) ◆ arch buttress ; flying buttress ; arc-boutant

arc brisé ◆ pointed arch

arc brisé aplati ◆ four-centred arch

arc brisé à deux segments ◆ two-centred arch

arc brisé outrepassé ◆ pointed Norse arch

arc brisé surbaissé ◆ drop arch

arc en carène ◆ Tud*or* arch

arc en chaînette ◆ catenary arch

arc à clé (*ou* à clef) ◆ keyed arch

arc à contre-courbure* → *arc renversé

arc de décharge ◆ discharging arch

arc en dos-d'âne* → *arc en accolade

arc doubleau ♦ intermediate rib ; main arch of a vault ; pier arch ; transverse arch
arc droit ♦ flat arch ; jack arch *(am.)* ; straight arch
arc droit à encorbellement ♦ shouldered arch
arc elliptique ♦ elliptical arch
arc à encorbellement ♦ corbelling arch
arc extradossé en escalier ♦ stepped arch
arc en fer à cheval, arc outrepassé ♦ horseshoe arch
arc formeret ♦ wall arch
arc infléchi ♦ inflected arch ; inverted arch
arc en lancette ♦ lancet arch ; acute arch
arc lobé ♦ cusped arch ; foiled arch ; lobed arch
arc en mitre ♦ mitre arch ; pediment arch
arc d'ogive ♦ diagonal arch ; groined arch
arc en ogive surélevé ♦ raised-pointed lancet arch
arc outrepassé → ***arc en fer à cheval***
arc en plate-bande ♦ flat arch ; jack arch *(am.)* ; straight arch
arc en plein cintre ♦ circular arch ; perfect arch
arc polylobé ♦ multifoil arch
arc rampant ♦ rampant arch
arc de renfort ♦ stiffening arch
arc renversé, arc à contre-courbure ♦ inflected arch ; inverted arch
arcs *m. pl.* aveugles ♦ arcading
arc segmentaire ♦ segmental arch
arc segmentaire brisé ♦ broken arch
arcs *m. pl.* entrelacés ♦ interlacing arcade
arc de soutènement ♦ relieving arch
arc surbaissé ♦ depressed arch ; surbased arch
arc surhaussé ♦ raised arch ; stilted arch ; surmounted arch
arc en tiers-points ♦ equilateral arch ; three-pointed arch
arc tréflé, arc trilobé ♦ trefoil arch
arc en treillis ♦ framework arch
arc triomphal ♦ chancel arch
arc de triomphe ♦ triumphal arch
arc Tudor ♦ Tudor arch

arc-bouter ♦ buttress ; support (to)

arcade *f.*, arcades *f. pl.* ♦ arcade
arcade aveugle ♦ blind arcade

arcature *f.* ♦ arcature ; blank arcade ; ornamental arcade ; shallow arcade
arcature entrecroisée ♦ intersecting arcature

arceau *m.* ♦ small arch

archaïque ♦ archaic

archaïsme *m.* ♦ archaism

arche *f.* ♦ arch of a bridge

archéologie *f.* ♦ archaeology

archéologique ♦ archaeological

archéologue *m.* ou *f.* ♦ archaeologist

archère *f.* ♦ archery house

archère *f.* (*ou* archière) ♦ arrow loop ; arrow slit
archère cruciforme ♦ balistraria

archétype *m.* ♦ archetype ; prototype

archière → ***archère***

archipel *m.* ♦ archipelago

architecte *m.* ou *f.* ♦ architect
architecte d'intérieur ♦ interior designer
architecte-paysagiste ♦ landscape designer ; landscape architect

architectonique ♦ architectonic ; architectonical

architectural (e) (*pl.* architecturaux/-ales) ♦ architectural

architecture *f.* ♦ architecture
architecture anonyme ♦ anonymous architecture
architecture byzantine ♦ Byzantine architecture
architecture civile ♦ civil architecture
architecture classique ♦ classical architecture
architecture coloniale ♦ colonial architecture
architecture égyptienne ♦ Egyptian architecture
architecture gothique ♦ Gothic architecture
architecture grecque ♦ Greek architecture
architecture hittite ♦ Hittite architecture
architecture indienne ♦ Indian architecture
architecture islamique ♦ Islamic architecture
architecture minoenne ♦ Minoan architecture
architecture moderne ♦ modern architecture
architecture musulmane ♦ Muslim architecture
architecture ogivale → ***architecture gothique***
architecture organique ♦ organic architecture
architecture ottomane ♦ Ottoman architecture
architecture paysagère ♦ landscape architecture
architecture profane ♦ profane architecture

architecture rationnelle ◆ rational architecture

architecture romane ◆ romanesque architecture

architecture romane *(en Angleterre)* ◆ Norman architecture

architecture traditionnelle ◆ traditional architecture

architecture vernaculaire ◆ vernacular architecture

architrave *f.* ◆ architrave ; epistyle ; trim

archives *f. pl.* ◆ archives ; muniment room

archivolte *f.* ◆ archivolt

arcosolium *m.* ◆ arcosolium

ardoise *f.* ◆ slate

ardoisière *f.* ◆ slate pit ; slate quarry

arène *f.* ◆ arena

aréostyle *m.* ◆ araeostyle ; areostyle

arête *f.* ◆ arris ; edge

– **en arête de poisson** ◆ herring bone

– **à arête vive** ◆ square edged

arête arrondie ◆ bullnose arris

arête diagonale ◆ diagonal rib *(of a vault)*

arête de moulure ◆ nosing

arête de profil(é) ◆ rib *(of a profile)*

arête de voûte ◆ groin

arêtier *m.* ◆ 1. hip ; 2. angle rafter ; hip rafter

arêtier de croupe ◆ hip rafter

arêtier de noue ◆ valley rafter

arêtière *f.* (*ou* tuile *f.* arêtière) ◆ hip tile

arêtière angulaire ◆ angular-hip tile ; arris-hip tile

argent *m.* ◆ silver

argentan *m.* ◆ German silver

argenter ◆ silver ; silverplate (to)

argile *f.* ◆ argil ; clay

argile blanche ◆ pipe clay ; China clay

argile expansée ◆ expanded clay

argile grasse ◆ fatty clay ; tough clay

argile maigre ◆ short clay

argile à modeler ◆ moulding clay ; pug

argile réfractaire ◆ fire clay ; fireproof clay ; refractory clay

argile de rivière ◆ river clay ; river loam

argile à tuiles et carrelages ◆ tile clay

argileux (-euse) ◆ argillaceous ; clayey ; clayish

argillacé (e) ◆ argillaceous

aride ◆ lean ; poor ; arid

armature *f.* ◆ armature ; armouring ; reinforcement

armature d'âme ◆ web reinforcement

armature d'angle ◆ corner reinforcement

armature autoportante ◆ rigid reinforcement ; stiff reinforcement

armature diagonale ◆ cross reinforcement

armature d'encastrement ◆ fixing reinforcement

armature à enduit ◆ plaster reinforcement

armature de frettage ◆ binding reinforcement

armature longitudinale ◆ longitudinal reinforcement

armature de moment négatif ◆ negative reinforcement

armature de pieu ◆ pile cage

armature de poutre ◆ beam reinforcement

armature principale ◆ principal reinforcement

armature de répartition ◆ repartition bars

armature de retrait ◆ shrinkage reinforcement

armature rigide ◆ rigid reinforcement ; stiff reinforcement

armature en treillis ◆ mesh reinforcement

armature en treillis soudé ◆ welded-wire reinforcement ; wire-mesh reinforcement

armé (e) ◆ reinforced *(concrete)* ; armoured ; wired *(glass)*

armoire *f.* ◆ cupboard

armoire de commande ◆ cubicle

armoire fixe ◆ built-in cupboard ; closet ; cupboard ; wall cupboard

armoire à glace ◆ mirror wardrobe

armoire à plans ◆ drawing chest

armoire vitrée ◆ display cupboard ; China cabinet

arpent *m.* ◆ acre

arpentage *m.* ◆ land surveying ; measuring

arpenter ◆ measure ; survey *(land)* ; do field work (to)

arqué (e) ◆ arched ; bent ; bowed ; curved

arquer ◆ arch (to)

arrache-clou *m.* (*pl.* arrache-clous) ◆ ripper ; nail extractor

arrache-pieu *m.* (*pl.* arrache-pieux) ◆ pile drawer ; pile extractor

arrêt *m.* ◆ halt *(by the way)* ; stop ; stopping place

arrêt d'autobus ◆ bus stop

arrêt de travail ◆ stopping the work(s)
arrêté *m.* de péril ◆ condemnation of unfit for use
arrière-cour *f.* (*pl.* arrière-cours) ◆ back yard
arrière-cuisine *f.* (*pl.* arrière-cuisines) ◆ scullery
arrière-pays *m. inv.* ◆ hinterland
arrière-scène *f.* (*pl.* arrière-scènes) ◆ backstage
arrondi (e) ◆ bull ; bullnosed ; rounding off
arrondissement *m.* ◆ district
arsenal *m.* ◆ arsenal
arsenal maritime ◆ dock yard
art *m.* ◆ art
art de bâtir, art de construire ◆ art of building
Art déco ◆ Art déco
art du forgeron ◆ smith's art
art hellénistique ◆ Hellenistic art
art minoen ◆ Minoan art
art moderne ◆ modern art
art musulman ◆ Islamic art
Art nouveau m ◆ Art nouveau ; modern style
art roman *(en Angleterre)* ◆ Norman art
arts *m. pl.* industriels ◆ applied arts
arts et métiers ◆ arts and crafts
arts plastiques ◆ formative arts ; plastic arts ; visual arts
articulé (e) ◆ pin jointed
artificiel (-elle) ◆ artificial
artisan (e) ◆ craftsman ; artisan ; handicraftsman
artisanat *m.* ◆ craft ; handicraft ; trade
artiste *m.* ou *f.* ◆ artist
artistique ◆ artistic
asbeste *m.* ◆ asbestos
ascenseur *m.* ◆ elevator *(am.)* ; lift ; passenger lift
ascenseur hydraulique ◆ hydraulic lift
asile *m.* de vieillards ◆ alms house
aspect *m.* ◆ aspect
asperseur *m.* ◆ sprinkler
asphaltage *m.* ◆ asphalting
asphalte *m.* ◆ asphalt
asphalte comprimé ◆ compressed asphalt
asphalte pour toitures ◆ roofing asphalt
asphalter ◆ asphalt (to)
aspirateur *m.* ◆ 1. aspirator ; ventilator ; 2. vacuum cleaner
aspirateur de cheminée, aspirateur statique ◆ aspiratory cowl
assainissement *m.* ◆ 1. sanitation ; 2. sewerage ; drainage system
assemblage *m.* ◆ assemblage ; joining ; joint
assemblage à boulons ◆ bolt connection
assemblage à clavettes, clavetage *m.* ◆ wedged assembly ; keying
assemblage cloué ◆ nail joint ; nailed joint
assemblage à enfourchement ◆ combed joint ; finger joint
assemblage d'équerre ◆ corner assembling ; angular fish ; knee brace
assemblage en équerre ◆ corner joint ; square-angle joint
assemblage d'équerre à onglet caché ◆ blind bevel ; half dovetail
assemblage en équerre simple ◆ square-angle joint
assemblage à fausse languette ◆ feather joint
assemblage à fourche ◆ housing joint ; slip mortise
assemblage invisible ◆ blind joint
assemblage à mi-bois ◆ halving ; halved joint
assemblage à onglet ◆ mitre joint
assemblage par paume ◆ hidden bit
assemblage en queue-d'aronde ◆ dovetail joint
assemblage en rainure et languette ◆ tongue and groove joint
assemblage riveté ◆ riveted joint
assemblage en sifflet ◆ bevelled halving ; splayed joint
assemblage en sifflet abouté ◆ scarf joint
assemblage par soudure ◆ splice
assemblage à tenon et mortaise ◆ mortise and tenon joint
assemblage à tourillons ◆ dowel joint
assembler bout à bout ◆ butt (to)
assembler avec des goujons ◆ dowel (to)
assembler (*ou* tailler) à l'onglet ◆ mitre (to)
assembler en queue-d'aronde ◆ dovetail (to)
assise *f.* ◆ course *(of stones, etc.)* ; layer
assise de base ◆ base course

assise de boutisses ◆ course of headers ; course of bonders
assise de briques en dentelure ◆ dog-tooth course ; dog-tooth bond
assise de briques à plat ◆ flat course of bricks
assise de couronnement ◆ blocking course
assise en dents de scie ◆ dogtooth course
assise de panneresses ◆ course of stretchers
assise rocheuse ◆ bedrock
assise en surplomb ◆ oversailing course
astragale *m.* ◆ astragal
asymétrie *f.* ◆ asymmetry
asymétrique ◆ asymmetrical
atelier *m.* ◆ atelier ; studio ; workshop
atelier d'artiste ◆ artist's workshop ; studio
atlante *m.* ◆ atlas (*pl.* atlantes) ; hermes ; telamon
atmosphère *f.* ◆ atmosphere
âtre *m.* ◆ fireplace ; grate ; hearth
âtre de forge ◆ smith's hearth
atrium *m.* ◆ atrium
attache *f.* ◆ bracket ; clasp ; crock ; hook ; tie wire
attaque *f.* ◆ corrosion
attaque de terrain ◆ excavation ; cutting
attique *m.* ◆ attic ; parapet wall
attisoir *m.* ◆ fire hook
aubépine *f.* ◆ hawthorn
auberge *f.* ◆ inn
auberge de jeunesse ◆ youth hostel
aubier *m.* ◆ sap ; sapwood
auditoire *m.* ◆ auditorium
auge *f.* ◆ lime bac(k) ; mortar tub ; trough
aulne → aune
aumônerie *f.* ◆ chaplaincy
aune *m.* (*ou* aulne) ◆ alder
autel *m.* ◆ altar
autel fixe ◆ fixed altar
auteur *m.* d'un plan ◆ planner
auteur *m.* de projet ◆ designer
autobloquant (e) ◆ interlocking
autoclavage *m.* ◆ autoclave curing
autoclave *m.* ◆ autoclave
autolavable ◆ self-cleaning
automatique ◆ automatic
autoportant (e), autoporteur (-euse) ◆ self-supporting
autorégulateur (-trice) ◆ self-adjustable
autoroute *f.* ◆ expressway ; motorway
autoroute à péage ◆ turnpike *(highway)*
autoroute sans péage ◆ freeway
auvent *m.* ◆ awning ; hood ; lean-to roof ; pentice ; pent roof ; porch
avaloir *m.* ◆ floor drain ; gully ; gulley
avancée *f.* de toit, avant-toit *m.* (*pl.* avant-toits) ◆ eaves
avancement *m.* des travaux ◆ progress
avancer ◆ jut (to)
avant-bec *m.* (*pl.* avant-becs) ◆ upstream cutwater
avant-corps *m. inv.* ◆ ante-chapel ; avant-corps ; projection ; projecture
avant-corps d'une façade ◆ jump in a façade
avant-cour *f.* (*pl.* avant-cours) ◆ forecourt
avant-projet *m.* (*pl.* avant-projets) ◆ pre-planning ; pre-design ; preliminary design ; preliminary drawing
avant-scène *f.* (*pl.* avant-scènes) ◆ apron stage
avant-toit *m.* (*pl.* avant-toits) ◆ eaves ; eaves overhang
avant-trou *m.* (*pl.* avant-trous) ◆ pilot hole
avenue *f.* ◆ avenue
avertisseur *m.* d'incendie ◆ fire alarm
aveugle, orbe ◆ blank ; blind
avoir de la flèche ◆ deflect (to)
axe *m.* ◆ axis (*pl.* axes) ; centreline
– **d'axe en axe** ◆ centre-to-centre ; on-centre
axe d'inertie principale ◆ principal axis of inertia
axe neutre ◆ neutral axis (N.A.) ; neutral line ; zero line
axe principal ◆ principal axis
axonométrie *f.* ◆ axonometry
azur ◆ azure
azuré (e) ◆ azure

B

bac ***m.*** ◆ tub ; tray

bac à cendres ◆ ashpit ; back hearth

bac à douche ◆ shower base ; shower receptor *(am.)* ; shower tray

bac à fleurs ◆ flower tub

bac de gâchage ◆ gauge pot

bac à gâcher ◆ lime bac(k)

bac à graisse ◆ grease trap

bac à laver ◆ wash tub

bac à mortier ◆ mortar tub

bac à sable ◆ sand box

bac à suie ◆ soot pocket

bâche ***m.*** ◆ tarpaulin

badigeon ***m.*** ◆ limewash ; wash ; colo(u)r wash ; whitewash

badigeonnage ***m.*** ◆ whitewashing ; limewhiting

badigeonner ◆ whitewash (to)

badigeonner un mur en couleur ◆ distemper (to)

badigeonneur ***m.*** ◆ whitewasher

bague ***f.*** ◆ annulet ; band *(column)* ; ring ; shaft ring

bague de garniture ◆ gasket ring

baguette ***f.*** ◆ beading ; fillet moulding ; return bead ; square moulding

baguette demi-ronde ◆ half-round moulding

baguette à perles ◆ list-of-pearls ; chaplet

baguette de vitrage ◆ glazing bead

baie ***f.*** ◆ aperture ; bay ; bole ; opening *(of a doorway, etc.)* ; wall opening

baie de mur ◆ wall opening ; bole

baie de porte ◆ door way ; opening of door

baie vitrée ◆ large window

baignoire ***f.*** ◆ bath ; bathtub *(am.)*

baignoire d'angle ◆ corner bath

baignoire encastrée ◆ built-in bath ; built-in bathtub

baignoire à remous ◆ jacuzzi

baignoire-sabot (*ou* baignoire à siège) ◆ hip bath

bains ***m. pl.*** ◆ baths *pl.*

bains publics ◆ public baths

bains romains ◆ Roman baths

bakélite ***f.*** ◆ bakelite

baladeuse ***f.*** ◆ extension lamp ; inspection lamp ; trailer

balance ***f.*** ◆ balance

balancement ***m.*** ◆ balancing

balancement des marches d'un escalier ◆ balancing of stairs ; turning the steps of a stair

balancer les marches ◆ turn the steps (to)

balayeuse ***f.*** ◆ road sweeper

balcon ***m.*** ◆ balcony

– deuxième balcon *(théâtre)* ◆ upper circle *(theatre)*

balcon *(théâtre)* ◆ gallery ; dresscircle *(theatre)*

balcon-terrasse ***m.*** ◆ rooftop balcony

baldaquin ***m.*** ◆ baldaquin ; canopy

baliveau ***m.*** ◆ scaffold pole ; upright

ballast ***m.*** ◆ ballast *(fluorescent tube)* ; lamp ballast

ballastage ***m.*** ◆ ballast bed ; ballasting ; boxing

ballon ***m.*** **d'eau chaude** ◆ hot-water tank

balsa ***m.*** ◆ balsa ; corkwood

balustrade ***f.*** ◆ balusters ; balustrade ; banisters

balustre ***m.*** ◆ balustre ; newel post ; rail post

balustre de départ ◆ principal baluster ; newel

bambou ***m.*** ◆ bamboo

banc ***m.*** ◆ bench

banc de classe (*ou* d'école) ◆ school bench

banc d'église ◆ bench pew ; church seat ; pew

banc d'étirage, banc à armatures ◆ stretching bench

banc à étirer, banc de la filière ◆ draw bench

banc de la filière* → *banc à étirer

banc de jardin ◆ garden seat

banc de stratification ◆ bedding plane

banche ***f.*** ◆ form panel ; shuttering panel ; wall form

bande ***f.*** ◆ band ; fillet ; strip

bandes lombardes ***f. pl.*** **(*ou* lésènes *f.*)** ◆ pilaster strips

bandeau ***m.*** ◆ band course ; band moulding ; sailing course

bandeau de front ◆ frontlet

bandelette ***f.*** ◆ bandelet ; core rail

banderole ***f.*** ◆ banderole

banlieue ***f.*** ◆ suburb ; outskirts *(of a town)*

banque ***f.*** ◆ bank

banquette ***f.*** ◆ bench ; bench of ground ; sill

banquette de fenêtre ◆ window seat ; window stool *(am.)*

baptistère ***m.*** ◆ baptistery

baraque ***f.*** ◆ cabin ; hut ; shanty ; shed

baraque de chantier ◆ site hut

barbacane ***f.*** ◆ barbican ; weephole

barbecue ***m.*** ◆ barbecue

bardage ***m.*** ◆ cladding ; light cladding

bardage à clins ◆ weather boarding

bardeau ***m.*** ◆ roof boarding ; sheathing ; shingle

bardeau bitumé ◆ asphalt shingle

bardeau en bois ◆ timber shingle

bardeau de revêtement mural ◆ siding shingle

barème ***m.*** **d'honoraires** ◆ scale of professional charges

baril ***m.*** ◆ barrel ; cask

baroque ***n. m.*** **ou** ***adj.*** ◆ baroque

barrage ***m.*** ◆ barrage ; dam ; retaining dam (*or* dike)

barre ***f.*** ◆ bar ; rod ; round steel

barre d'appui ◆ window rail

barre d'armature ◆ rebar ; reinforcing bar

barre d'attelage ◆ coupling rod ; drawbar ; tie bar

barre en compression ◆ compression bar

barre crénelée ◆ toothed round reinforcing bar

barre à crochets (*ou* à crosses) ◆ hooked bar

barre droite ◆ straight bar

barre d'essai ◆ test bar ; test rod

barre de fer ◆ iron bar

barre de précontrainte ◆ prestressing bar

barre principale d'armature ◆ main bar

barre sans tension ◆ zero bar

barre tendue ◆ tension member (*or* strap) ; tie rod

barre torsadée ◆ twisted bar

barre de torsion ◆ torsion bar

barreau ***m.*** ◆ stretcher *(of chairs)*

barreau d'échelle ◆ rung ; stave

barreaudage ***m.*** ◆ window bar(s)

barrière ***f.*** ◆ barrier ; crossbar ; railing

barrière d'étanchéité ◆ moisture barrier

barrière de péage ◆ turnpike ; tollgate *(am.)* ; tollbooth

barrière thermique ◆ heat barrier

baryum ***m.*** ◆ barium

bas ***adj.*** **(basse)** ◆ 1. low ; 2. late

bas gothique ◆ late gothic

bas quartiers ***m. pl.*** ◆ slums

bas roman ◆ late romanesque

basalte ***m.*** ◆ basalt

bas-côté ***m.*** **(*pl.* bas-côtés)** ◆ 1. side ; shoulder *(of a road)* ; 2. aisle ; side aisle

– **à bas côtés** ◆ aisled

base ***f.*** ◆ foot ; footing ; bottom ; toe

basilique ***f.*** ◆ basilica

basilique à colonnes ◆ colonnade basilica

bas-relief ***m.*** **(*pl.* bas-reliefs), basse-taille** ***f.*** ◆ bas-relief ; low relief

basse tension ***f.*** ◆ low voltage

bassin ***m.*** ◆ basin ; pool

bassin d'extinction ◆ slacking basin

bastaing ***m.*** **(*ou* basting)** ◆ batten ; thick plank ; plank

bastide ***f.*** ◆ blockhouse

bastion ***m.*** ◆ bastion

batardeau ***m.*** ◆ coffer dam

bâti ***n. m.*** ◆ frame ; framework

bâti dormant ◆ frame (fixed) *(door frame, window frame)*

bâti (e) ***adj.*** ◆ built

batik ***m.*** ◆ batik

bâtiment ***m.*** ◆ 1. building ; 2. (industry) building trade ; building industry

bâtiment en appentis ◆ penthouse

bâtiment en cours de construction ◆ building under construction

bâtiment démontable ◆ portable building

bâtiment d'exposition ◆ exhibition building

bâtiment de ferme ◆ farm building ; farmhouse

bâtiment à ossature en bois ◆ timber-framed building

bâtiments isolés *m. pl.* (bâtiments sans mur mitoyen) ◆ detached buildings

bâtiment universitaire ◆ university building

bâtiment à usage d'habitation ◆ residential building

bâtiment à usage industriel ◆ industrial building

bâtir ◆ build ; build up ; construct ; practise (to)

bâtisse *f.* ◆ poor building ; sprawling building

bâton *m.* (*ou* jalon) à voyant ◆ boning rod

bâton *m.* rompu ◆ elbow ; knee

– à bâtons rompus ◆ herring bone

battage *m.* ◆ ramming

battage de pieux ◆ pile driving ; piling

battant *m.* *(porte)* ◆ door leaf ; folding *(of a folding door)*

battant d'armoire ◆ leaf of a cupboard

battant ouvrant ◆ casement ; hinged sash

batteur *m.* de pieu ◆ pile driver

battre ◆ beat ; strike ; knock ; hammer ; ram *(earth)* ; drive *(piles)* (to)

battre, cingler la ligne ◆ chalk a line ; mark out (to)

battre, damer ◆ ram ; tamp (to)

battre le fer ◆ forge ; hammer (to)

bauge *f.* ◆ clay and straw mortar ; cob

bauxite *f.* ◆ bauxite

Beaux-Arts *m. pl.* ◆ fine arts

bec *m.* ◆ 1. cutwater ; 2. burner

bec de gaz ◆ gas burner ; gaselier

bec de pont ◆ cutwater

bec-d'âne *m.* (*pl.* becs-d'âne), bédane *m.* ◆ cross-cutting chisel (*or* cape chisel) ; mortise chisel

bec-de-corbeau *m.* (*pl.* becs-de-corbeau) ◆ devil claw ; flat pliers ; claw

bêche *f.* ◆ spade ; grafting tool

bêchoir *m.* ◆ broad hoe

bédane → bec-d'âne

beffroi *m.* ◆ belfry ; bell cage

beige ◆ beige

bélier *m.* ◆ battering ram ; ram

bélier hydraulique ◆ hydraulic ram

belvédère *m.* ◆ belvedere ; gazebo

benne *f.* ◆ skip

benne à fond ouvrant ◆ drop-bottom skip

benne preneuse ◆ grab

bentonite *f.* ◆ bentonite

béquettes *f. pl.* (*ou* béguettes) ◆ devil claw ; flat pliers ; claw

berceau *m.* ◆ arbour

berceau droit ◆ straight-barrel vault

berceau oblique ◆ oblique-barrel vault

berceau rampant ◆ rising-barrel vault

berceau tournant ◆ annular-barrel vault

berge *f.* ◆ embankment

besace *f.* ◆ cricket ; saddle ; expansion joint *(in a gutter)*

besant *m.* *(ornement)* ◆ besant ; bezant

béton *m.* ◆ concrete

béton activé ◆ colloidal concrete

béton aéré ◆ aerated concrete

béton à air occlus ◆ air-entrained concrete

béton alvéolaire ◆ cellular concrete

béton antigélif ◆ frostproof concrete

béton apparent ◆ exposed concrete

béton architectonique ◆ direct-finish concrete

béton d'argile expansée ◆ expanded-clay concrete

béton armé (B.A.) ◆ reinforced concrete (R.C.) ; ferro-concrete

béton armé de fibres ◆ fibrous concrete

béton armé de fibres de verre ◆ glass-reinforced concrete (G.R.C.)

béton asphaltique ◆ asphalt concrete

béton autoclavé ◆ autoclaved concrete

béton banché ◆ cast *in situ* concrete ; cast in place concrete ; *in situ* concrete ; shuttered concrete

béton bitumineux ◆ bituminous concrete

béton blanc ◆ white concrete

béton bouchardé ◆ bush-hammered concrete

béton brut ◆ untreated concrete

béton brut de décoffrage ◆ unsurfaced exposed concrete

béton cellulaire ◆ aerated concrete ; cellular concrete ; gas concrete

béton de centrale ◆ plant concrete ; plant-mixed concrete

béton centrifugé ◆ spun concrete

béton chaud ◆ hot concrete

béton de chaux ◆ lime concrete

béton chauffé ◆ heated concrete
béton de ciment ◆ cement concrete
béton colloïdal ◆ colloidal concrete
béton coloré ◆ coloured concrete
béton compacté ◆ rammed concrete ; punned concrete
béton (de consistance) plastique ◆ plastic concrete
béton coulé ◆ cast concrete
béton coulé au chantier ◆ site concrete
béton coulé sous l'eau ◆ underwater concrete
béton coulé en place ◆ cast *in situ* concrete ; cast in place concrete ; on site concrete
béton courant ◆ plain concrete
béton damé ◆ rammed concrete ; punned concrete
béton durci ◆ hardened concrete
béton d'égalisation ◆ levelling concrete
bétonémail ***m.*** ◆ concrete enamel
béton émaillé ◆ glazed concrete
béton essoré ◆ vacuum concrete
béton étuvé ◆ steam-cured concrete
béton de fibres de bois ◆ wood-cement concrete
béton frais ◆ fresh concrete ; green concrete
béton de goudron ◆ tar concrete
béton de granulat concassé ◆ stone concrete
béton gras ◆ fat concrete
béton de gravier ◆ gravel concrete
béton de gravillons lavé ◆ washed concrete
béton grossier (*ou* gros béton) ◆ rubble concrete
béton hydrocarboné ◆ bituminous concrete
béton injecté ◆ grout-intruded concrete
béton jeune ◆ immature concrete
béton de laitier ◆ slag concrete
béton léger ◆ lightweight concrete
béton lourd ◆ heavy concrete ; heavyweight concrete
béton maigre ◆ lean concrete ; poor concrete
béton de masse ◆ mass concrete
béton de mousse ◆ foam(ed) concrete
béton monolithe ◆ monolithic concrete
béton non armé ◆ plain concrete
béton ornemental ◆ ornamental concrete
béton à paillettes d'acier ◆ steel-chips concrete
béton de parement ◆ fair-faced concrete
béton plastique ◆ high-slump concrete
béton de plâtre ◆ gypsum concrete
béton plein ◆ dense concrete
béton pompé ◆ pumped concrete
béton de ponce ◆ pumice concrete
béton poreux ◆ porous concrete
béton postcontraint ◆ post-tensioned concrete
béton précontraint ◆ prestressed concrete
béton préfabriqué ◆ precast concrete
béton prêt à l'emploi ◆ ready-mixed concrete
béton projeté ◆ shotcrete ; sprayed concrete
béton de propreté ◆ blinding concrete ; oversite concrete
béton réfractaire ◆ refractory concrete
béton de remplissage ◆ filler concrete
béton routier ◆ pavement concrete ; paving concrete
béton de sable ◆ sand mortar
béton en sacs ◆ packaged concrete
béton sans granulats fins, béton sans sable ◆ no-fines concrete
béton sec ◆ dry concrete ; no-slump concrete ; stiff concrete
béton de terre ◆ rammed earth
béton vibré ◆ vibrated concrete
béton vibré sur coffrage ◆ form-vibrated concrete
béton au vide (*ou* béton essoré) ◆ vacuum concrete

bétonnage ***m.*** ◆ concrete work ; concreting
bétonner ◆ cast ; place concrete ; work concrete (to)
bétonneur ***m.*** ◆ concrete worker
bétonnière ***f.*** ◆ cement mixer ; concrete mixer ; mixer
bétonnière à auge tournante ◆ concrete mixer with rotating drum
biais ***m.*** ◆ bevel ; bias
biais (e) ***adj.*** ◆ skew
– de (*ou* en) biais ◆ bias ; on the skew
bibliothèque ***f.*** ◆ 1. book case ; 2. library
bidet ***m.*** ◆ bidet
bidon ***m.*** ◆ can ; tin
bidon de peinture ◆ paint pot ; paint tin
bidonville ***f.*** ◆ shanty town
bielle ***f.*** **d'accouplement** ◆ coupling rod ; drawbar ; tie bar

bien ***m.*** ◆ estate ; property

bien immobilier, biens immeubles ◆ real estate ; immovable property

biens ***m. pl.*** **meubles** ◆ movables *pl.*

bien bâti (e) ◆ solid ; strong

bifurcation ***f.*** ◆ branch ; fork

billage ***m.*** ◆ ball (impact) test

billette ***f. (ornement)*** ◆ billet *(moulding)*

bilobé (e) ◆ bilobate

bipasse ***m.*** ◆ by-pass

biscuit ***m.*** ◆ biscuit ; unglazed porcelain

biscuit céramique ◆ hard-baked slab

biseau ***m.*** ◆ bevel ; chamfer ; feather edge

biseautage ***m.*** ◆ bevelling ; bevelment

biseauter ◆ bevel ; edge ; chamfer (to)

bitume ***m.*** ◆ bitumen

bitumineux (-euse) ◆ bituminous

blanc ***adj.*** **(blanche)** ◆ white

blanc de céruse ◆ ceruse ; white lead

blanc de chaux ◆ limewash ; whitewash

blanc d'Espagne ◆ whiting

blanc fixe ◆ barium white

blanc de zinc ◆ zinc white ; zinc oxyde

blanchir ◆ whitewash (to)

blanchisserie ***f.*** ◆ laundry ; wash house

bleu (e) ◆ blue

bleu d'azur ◆ smalt

bleu de cobalt ◆ cobalt blue

bleu de cordeau ◆ blue chalk

bleu de Prusse ◆ Prussian blue

blindage ***m. (terrassement)*** ◆ screening ; sheeting

bloc ***m.*** ◆ block

bloc en béton ◆ cement block ; concrete block

bloc creux ◆ hollow block ; hollow masonry unit

bloc-cuisine ***m.*** ◆ kitchen unit

bloc-évier ***m.*** ◆ sink unit

bloc-fenêtre ***m.*** ◆ window unit

bloc de fondation ◆ foundation block

bloc-sanitaire ***m.*** ◆ prefabricated-plumbing unit

blocage ***m.*** ◆ rubble ; rubble fill

blocaille ***f.*** ◆ rubble stone ; spall

blocailles ***f. pl.*** ◆ shivers ; stone splinters

blochet ***m.*** ◆ hammer beam

blochet ***m.*** **de chéneau, crochet** ***m.*** **de chéneau** ◆ bearer of a gutter ; bracket ; cornice bracket

blockboard ***m.*** **(*ou* panneau contreplaqué à âme lamellée)** ◆ blockboard

blockhaus ***m.*** ◆ blockhouse

bois ***m.*** ◆ 1. greenwood ; 2. timber ; wood

– de (*ou* en) bois ◆ wooden

bois d'acajou ◆ mahogany

bois d'aubier ◆ sapwood

bois avivé d'équerre ◆ square-edged timber

bois blanc ◆ whitewood

bois de bout ◆ end grain

bois de charpente ◆ lumber *(am.)* ; structural lumber *(am.)* ; timber ; structural timber

bois pour châssis ◆ framing timber ; sash stuff

bois de chauffage (*ou* de combustion) ◆ firewood

bois de chêne ◆ oak

bois de cœur (*ou* duramen) ***m.*** ◆ heartwood ; duramen

bois de coffrage ◆ formwork timber

bois de combustion → bois de chauffage

bois conifère (*ou* conifère) ◆ coniferous wood ; pine wood ; softwood

bois de construction ◆ building timber ; lumber *(am.)* ; stuff ; structural timber

bois corroyé ◆ dressed timber

bois de cyprès ◆ cypress wood

bois en droit fil ◆ straight-grained timber

bois dur ◆ hardwood ; wood of deciduous trees

bois d'ébène ◆ ebony

bois écorcé ◆ barked timber

bois d'érable ◆ maple wood

bois équarri ◆ hewn timber ; scantling ; square timber ; squared timber ; square-sawn timber

bois étuvé ◆ kiln-dried wood

bois exotique ◆ exotic wood

bois fendu ◆ split wood ; cleaved wood

bois feuillu ◆ hardwood ; wood of deciduous trees

bois à fibres sinueuses ◆ wavy-fibred wood

bois de fil ◆ grain wood ; long-cut wood

bois à fil contretaillé ◆ cross-grained wood

bois franc de nœuds → bois sans nœuds

bois en grume ◆ round timber ; unbarked timber

bois de hêtre ◆ beech wood

bois homogène ◆ even-grain wood ; even-textured wood

bois imprégné ◆ resin-impregnated wood ; resin treated wood

bois lamellé ◆ laminated wood

bois lamellé-collé ◆ glued-laminated timber

bois de long ◆ grain wood ; long cut wood

bois de mélèze ◆ larch wood

bois de mine ◆ pitprop ; pitwood

bois moucheté ◆ bird's eye

bois de noyer ◆ wallnut wood

bois d'olivier ◆ olive wood

bois d'orme, bois d'ormeau ◆ elmwood

bois de peuplier ◆ poplar wood ; cottonwood *(pop.)*

bois de placage ◆ veneer

bois de placage déroulé ◆ rotary veneer

bois de poirier ◆ pear-tree wood

bois de racine ◆ root timber

bois résineux ◆ coniferous wood ; pine wood

bois ronceux ◆ curly wood

bois rond ◆ round timber

bois de rose ◆ tulip wood

bois sans défaut ◆ clear timber ; clear stuff ; free stuff

bois sans nœuds ◆ clean timber ; clear lumber *(am.)*

bois de santal ◆ sandalwood ; santal

bois de sapin ◆ deal ; fir wood

bois de sciage ◆ sawntimber ; sawed timber ; stuff

bois de teck ◆ teak wood

bois tendre ◆ softwood

bois tors ◆ cross-grained wood

bois de tronc ◆ trunk wood

bois vert ◆ fresh wood ; unseasoned timber

bois violet ◆ jacaranda wood ; rose wood ; black wood

boisage *m.* ◆ timbering

boiser ◆ forest ; timber ; wainscot (to)

boiserie *f.* ◆ wainscot ; wainscotting

boisseau *m.* ◆ chimney block ; chimney flue tile

boîte *f.* ◆ box

boîte de branchement, boîte de dérivation, boîte de distribution, boîte de jonction ◆ branch box ; distribution box ; junction box

boîte à coupes* → *boîte à onglets

boîte à fusibles ◆ fuse box

boîte à graisse (*ou* dégraisseur *m.*) ◆ grease trap

boîte à lettres ◆ letter box ; mail box *(am.)* ; pillar box

boîte de nuit ◆ night club

boîte à onglets, boîte à coupes ◆ mitre box

boîte de serrure ◆ box staple ; body of the lock

bombé (e) ◆ convex ; arched ; bellied

bombement *m.* ◆ bulge ; camber ; convexity ; swelling ; vaulting

bomber ◆ arch ; camber ; swell out (to)

bonnet *m.*, capote *f.* ◆ chimney cap ; chimney cowl

bord *m.* ◆ bank ; coast ; edge ; shore

bord de trottoir ◆ kerb ; curb *(am.)*

bordeaux *m.* ◆ claret

bordereau *m.* ◆ docket ; list

bordereau des matériaux ◆ bill of quantities ; list of materials

bordereau des prix ◆ schedule of prices ; list of prices

bordereau des salaires ◆ pay list ; register of wages

bordure *f.* ◆ border ; edging ; fringe ; rim

bordure de parquet ◆ parquet border

bordure de toit ◆ fascia

bordure de trottoir ◆ curbstone *(am.)* ; kerbstone

borne *f.* ◆ bound ; boundary mark ; boundary stone ; landmark ; limit

borne kilométrique ◆ mile pole ; mile stone ; kilometre cippus

borne milliaire ◆ cippus

borne-fontaine *f.* (*pl.* bornes-fontaines) ◆ drinking fountain

bosquet *m.* ◆ grove

bossage *m.* ◆ boss ; bossage ; embossment ; rustication

bossage en pointe de diamant ◆ diamond fret ; lozenge fret

bosse *f.* ◆ bulge

bouchardage *m.* ◆ bush-hammer finish

boucharde *f.* ◆ bush hammer ; charring hammer ; granulating hammer

boucharder ♦ granulate ; roughen ; stug (to)

bouche ***f.*** ♦ vent ; inlet

bouche d'air, bouche d'aération (*ou* de ventilation) ♦ vent ; duct opening ; air inlet (*or* outlet)

bouche d'air chaud ♦ warm-air register

bouche d'égout ♦ gully ; gulley ; manhole

bouche de fourneau ♦ mouth of the furnace

bouche de gaz ♦ burner

bouche d'incendie ♦ hydrant ; fire hydrant ; fire plug *(am.)* ; fire cock

boucher ♦ tighten ; stop ; plug ; seal (to)

bouchon ***m.*** ♦ plug

boucle ***f.*** ♦ buckle ; fillet ; scroll ; spiral

bouclé (e) ♦ buckled ; curled

boudin ***m.*** ♦ return bead ; roll *(moulding* or *ornamentation)* ; roll moulding ; tore ; torus

boue ***f.*** ♦ mire ; mud ; sludge ; silt

bougie ***f.*** ♦ candle

bouleau ***m.*** ♦ birch ; birch tree

bouleau blanc ♦ silver birch ; white birch

bouleau pubescent ♦ european birch

bouleau verruqueux ♦ white birch

boulevard ***m.*** ♦ avenue ; boulevard

boulevard de ceinture ♦ orbital road

boulevard périphérique ♦ ring road

boulin ***m.*** ♦ pigeon hole ; putlog

Boulle ***m.*** ♦ Buhl

boulon ***m.*** ♦ bolt

boulon d'ancrage ♦ anchor bolt

boulon à clavette ♦ joint bolt ; handrail bolt

boulon en forme de T ♦ T(ee) bolt

boulon fourchu ♦ joint bolt ; handrail bolt

boulon de scellement ♦ ragbolt ; lewis bolt

boulon à tige carrée ♦ square shaft bolt

bouquet ***m.*** ♦ bunch

bourbe ***f.*** ♦ mire ; mud ; sludge ; silt

bourrage ***m. (maçonnerie, joints)*** ♦ packing ; filling

bourre ***f.*** ♦ hair *(added to mortars)*

boursouflure ***f.*** ♦ blister

bousillage ***m.*** ♦ mud wall ; mud walling

bousiller ♦ make mud walling (to)

bout ***m.*** ♦ end ; extremity

bout fileté ♦ thread end ; threaded end *(bolt)*

bouterolle ***f.*** ♦ snap *(tool)* ; (riveting) set ; cup

bouteroue ***f.*** ♦ guardstone ; hurter ; spur stone

bouteur ***m.*** ♦ bulldozer ; earthmover

boutique ***f.*** ♦ shop

boutisse ***f.*** ♦ bonder ; bondstone ; header

bouton ***m.*** ♦ button ; knob

bouton *(de forme ronde)* ♦ door knob

bouton de porte ♦ handle

bouton de sonnette ♦ bell push

bouvet ***m.*** ♦ plane (grooving *or* tonguing -)

bouvet à languettes ♦ tonguing plane ; feather plane

bouvet à rainures ♦ grooving plane ; plough (plane)

bouvetage ***m.*** ♦ grooving and tonguing

bouveté (e) ♦ matched

bow-window ***m.*** **(*pl.* bow-windows)** ♦ bow window

boyau ***m.*** ♦ hose-pipe

bracon ***m.*** ♦ shoulder tree ; small strut

brai ***m.*** **(*ou* coal tar)** ♦ pitch

brancard ***m.*** ♦ stretcher ; hand barrow

branche ***f.*** ♦ branch

branchement ***m.*** ♦ branch ; communication pipe ; connection ; service branch

branchement d'égout ♦ drain junction

bras ***m.*** ♦ arm ; handle

bras de croix ♦ limb of cross

brasage ***m.*** ♦ brazing ; soldering

braser ♦ braze ; solder (to)

brasero ***m.*** ♦ brazier ; charcoal pan

brasier ***m.*** **du plombier** ♦ plumber's fire

brasure ***f.*** ♦ brazing seam ; joint seam ; soldering seam

brasure forte ♦ hard solder ; spelter

brèche ***f.*** ♦ breccia

bretèche ***f.*** **(*ou* bretesse)** ♦ bartisan (*or* bartizan) ; brattice ; oriel

brette ***f.*** **(*ou* bretture)** ♦ toothed hammer

bretteler ♦ tool *(a stone)* (to)

brettelure ***f.*** ♦ notching ; denting

bride ***f.*** ♦ flange

bride de tuyau ♦ pipe flange

brillant (e) ♦ bright ; brilliant

briquaillons ***m. pl.*** ♦ broken brick

brique ***f.*** ◆ brick

– **de (*ou* en) briques** ◆ bricky

– **en briques** ◆ brickwork

brique en adobe ◆ adobe brick

brique allégée ◆ lightweight brick

brique alvéolaire ◆ cellular brick

brique alvéolée ◆ cavity brick ; hollow brick

brique anglaise ◆ bath brick

brique d'angle ◆ angle brick

brique de béton ◆ concrete brick

brique bleue ◆ blue brick

brique sur chant ◆ brick on edge

brique en coin ◆ arch brick

brique creuse ◆ cavity brick ; hollow brick

brique émaillée, brique vernissée ◆ glazed brick ; enamelled brick

brique de façade ◆ face brick ; facing brick

brique à faible résistance ◆ cutter

brique de foyer ◆ hearth tile

brique géante ◆ giant brick

brique hollandaise (*ou* recuite) ◆ engineering brick

brique isolante ◆ insulating brick

brique de laitier, brique de scorie ◆ slag brick ; scoria brick

brique mal cuite ◆ salmon brick *(am.)* ; samel brick

brique moulée artisanalement ◆ hand-made brick

brique de parement ◆ face brick ; facing brick ; veneer brick

brique de pavage ◆ paving brick

brique à perforations verticales ◆ V brick

brique perforée ◆ perforated brick

brique plâtrière ◆ partition block

brique pleine ◆ solid brick

brique poreuse ◆ rubber

brique en poudre ◆ brick dust ; powdered bricks

brique pressée ◆ pressed brick

brique recuite (*ou* hollandaise) ◆ engineering brick

brique réfractaire ◆ fire brick ; fireproof brick ; refractory brick

brique repressée ◆ repressed brick

brique rouge ◆ ordinary red brick

brique rustique ◆ rustic brick

brique de silice ◆ silica brick

brique silico-calcaire ◆ sand-lime brick ; calcium-silicate brick

brique de scorie → ***brique de laitier***

brique de terre crue (*ou* moulée) ◆ moulded brick ; green brick

brique en terre cuite ◆ brick *(of burnt clay)*

brique tendre ◆ rubber

brique très dure *(pour le sol)* ◆ paving clinker *(engineering bricks)* ; pavior

brique à trous → ***brique creuse, brique alvéolée***

brique trois quarts ◆ bat of 3:4 brick ; three-quarter bat

brique vernissée → ***brique émaillée***

brique de verre ◆ glass brick ; glass block

brique vitrifiée ◆ vitrified brick

briquet ***m.*** ◆ briquet ; flap hinge

briquets ***m. pl.*** **(*ou* trèfles** ***m. pl.*****)** ***(ornement)*** ◆ trefoils

briquetage ***m.*** ◆ brick infilling ; brickwork ; masonry

briquetage de chaudière ◆ boiler brickwork

briqueter ◆ brick (to)

briqueterie ***f.*** ◆ brick field ; brick making ; brickworks

briqueteur ***m.*** ◆ bricklayer

briquetier ***m.*** ◆ brickmaker

briqueton ***m.*** ◆ bat

briquette ***f.*** ◆ briquette ; briquet ; brick slip

brise-béton ***m. inv.*** ◆ concrete breaker

brise-lames ***m. inv.*** ◆ breakwater

brise-pierres ***m. inv.*** ◆ stone breaker's hammer

briser (se -) ◆ break (to)

brise-soleil ***m. inv.*** ◆ brise-soleil ; sun breaker

brise-vent ***m. inv.*** ◆ wind screen

brisis ***m. (toit)*** ◆ break ; kink ; crippling

brisure ***f.*** ◆ knuckle joint

broc ***m.*** ◆ ewer

broche ***f.*** ◆ joining pin

broderie ***f.*** ◆ embroidery

bronze ***m.*** ◆ bronze

– **en (*ou* de) bronze** ◆ bronze

bronze *(de cloches)* ◆ bell metal

brosse ***f.*** ◆ brush ; pencil

brosse métallique ◆ wire brush

brosse à rechampir ◆ pointed brush

brosse à tamponner ◆ stippler

brouette ***f.*** ◆ wheelbarrow

brouetter ◆ cart ground ; wheel ground (to)

broyeur ***m.*** ◆ breaker ; crusher ; edge-runner mill

broyeur à ordures, broyeur d'évier ◆ waste-disposal unit ; waste-food grinder *(am.)*

broyeur de pierres ◆ stone breaker

bruit ***m.*** ◆ noise

brûle-parfum ***m. inv.*** ◆ perfume pan ; incense burner

brûler ◆ burn off *(old paint)* (to)

brûleur ***m. (à mazout)*** ◆ burner

brûleur à huile ◆ oil burner

brunissage ***m.*** ◆ burnishing

brunissoir ***m.*** ◆ burnisher

brut (e) ◆ raw ; rough ; uneven

buanderie ***f.*** ◆ laundry ; wash house

bucrane ***m.*** ◆ bucrane

buffet ***m.*** ◆ buffet ; sideboard

buffet de cuisine ◆ dresser

buis ***m.*** ◆ box ; box tree

bulbe ***m.*** ◆ bulbous dome

bulbeux (-euse) ◆ bulbous

bullage ***m.*** ◆ bubbling

bungalow ***m.*** ◆ bungalow

bureau ***m.*** ◆ 1. desk ; escritoire ; writing table ; 2. office

bureau en blanc ◆ core and shell office

bureau de contrôle ◆ chartered-building surveyor

bureau de dessin ◆ drawing office

bureau d'études ◆ design office

bureau d'études techniques (B.E.T.) ◆ consulting-engineers office

bureau de location ◆ booking office ; box office

bureau paysagé ◆ open-plan office ; landscaped office

bureau de poste ◆ post office

bureau technique ◆ technical bureau ; technical office

burin ***m.*** ◆ chisel

buse ***f.*** ◆ channel ; pipe ; tube

buste ***m.*** ◆ bust

buste en hermès ◆ hermes ; atlas ; telamon

butane ***m.*** ◆ butane

butée ***f.*** ◆ abutment ; pier *(of a bridge, etc.)*

butoir ***m.*** ◆ door stop

C

cabane ***f.*** ◆ cabin ; cot ; hut ; shanty ; shed

cabane de bois massif ◆ log cabin ; log hut

cabestan ***m.*** ◆ capstan ; windlass

cabine ***f.*** ◆ cabin

cabine d'ascenseur ◆ lift car ; elevator car *(am.)*

cabine de douche ◆ shower cubicle ; shower stall *(am.)*

cabine ***f. (piscine, etc.)*** ◆ cubicle

cabine téléphonique ◆ call box ; telephone box ; telephone booth *(am.)* ; telephone kiosk

cabinet ***m.*** ◆ cabinet ; water closet (w.c.)

cabinet de toilette ◆ lavatory

cabinet de travail ◆ study ; practice

câblage ***m.*** ◆ wiring

câble ***m.*** ◆ cable ; guy ; mooring rope

câble ***m. (électricité)*** ◆ cable

câble blindé ◆ armoured cable

câble de châssis à guillotine ◆ sash cord ; sash line

câble de distribution ◆ main cable

câble électrique ◆ electric cable

câble métallique ◆ wire rope

câble porteur ◆ suspension cable

câble souterrain ◆ buried cable

câble de suspension ◆ suspension cable

câble transporteur ◆ telpher

cache-entrée ***m.*** **(*pl.* cache-entrées)** ◆ key plate ; escutcheon ; keyhole plate ; scutcheon

cache-radiateur ***m.*** **(*pl.* cache-radiateurs)** ◆ radiator casing ; radiator cover

cache-vis ***f. inv.*** ◆ screw cover

cadastre ***m.*** ◆ cadaster ; cadastre ; land register ; land registry

cadenas ***m.*** ◆ padlock

cadmium ***m.*** ◆ cadmium

cadran ***m.*** **solaire** ◆ sundial

cadre ***m.*** ◆ frame

cadre d'armature ◆ stirrup

cadre inférieur ◆ bottom frame

cadre d'ossature ◆ bar frame ; framework

cafétéria ***f.*** ◆ cafeteria

cage ***f.*** ◆ frame

cage d'ascenseur ◆ hoistway *(am.)* ; lift shaft ; lift well

cage d'escalier ◆ stair well ; staircase well

cahier ***m.*** **des charges** ◆ specifications ; technical specifications

caillebotis ***m.*** ◆ duckboards

caillou ***m.*** ◆ pebble

caillou roulé, galet ◆ boulder ; rubble stone ; cobble

cailloutage ***m.*** ◆ pebble dash

caisse ***f.*** ◆ box ; box dam ; case ; chest ; trunk

caisse ***f.*** **de retraite** ◆ pension scheme

caisson ***m.*** ◆ caisson ; coffer ; pneumatic caisson (*or* lacunar)

– **à caissons** ◆ coffered

caisson de contrepoids ◆ weight box ; weight pocket ; weight space

caisson de plafond ◆ caisson ; cassoon

calandre ***f.*** ◆ calender

calandrer ◆ calender (to)

calcaire ***n. m.*** ◆ limestone

calcaire blanc ◆ white limestone

calcaire ***adj.*** ◆ calcareous

calcite ***f.*** ◆ calcite

calcium ***m.*** ◆ calcium

calcul ***m.*** **(*pl.* calculs)** ◆ computation ; calculation

calcul des déblais ◆ excavation calculation

calcul du dosage ◆ mix design

calcul graphique ◆ graphical calculation

calcul des prix ◆ computation of the price of costs

calcul à la rupture ◆ ultimate design

calcul des structures ◆ structural design

calculer les déblais et remblais ◆ calculate the earthwork (to)

caldarium *m.* ◆ caldarium

cale *f.* ◆ wedge ; key ; cotter ; chock

calendrier *m.* des travaux ◆ construction schedule

calepin *m.* ◆ field book

calepin *m.* *(appareillage)* ◆ pattern layout

calfat *m.* ◆ caulker

calfater, calfeutrer ◆ caulk (to)

calfeutrage *m.* (*ou* calfeutrement) ◆ caulking

calibre *m.* ◆ bore ; caliber *(am.)* ; calibre ; gage *(am.)* ; gauge

calibrer ◆ calibrate (to)

calligraphie *f.* ◆ calligraphy

calligraphique ◆ calligraphic

calorie *f.* *(cal)* ◆ calorie

calorifère *m.* ◆ furnace

calorifiant (e), calorifique ◆ calorific

calorifuge ◆ heat insulating *(material)*

calorimètre *m.* ◆ calorimeter

calorique *m.* ◆ caloric

calotte *f.* ◆ calotte ; cupola

calque *f.* ◆ tracing

calquer ◆ trace (to)

calvaire *m.* ◆ calvary

cambium *m.* ◆ cambium

cambré (e) ◆ cambered

cambrer ◆ arch (to)

cambrer (se -) ◆ camber (to)

cambrure *f.* ◆ camber ; vaulting

camion *m.* ◆ truck *(am.)* ; lorry

camion à benne basculante, camion-benne *m.* ◆ dump truck ; tipper

camion-bétonnière *m.* ◆ truck mixer

camion malaxeur ◆ transit ; transit mixer ; transit mix truck ; truck mixer

camionnette *f.* ◆ truck *(am.)* ; lorry

campagne *f.* ◆ country

campane *f.* ◆ bell

campaniforme ◆ bell shaped ; campaniform

campanile *m.* ◆ bell tower ; campanile

campus *m.*, cité *f.* universitaire ◆ campus *(am.)*

canal *m.* (*pl.* canaux) ◆ 1. channel ; watercourse ; 2. fluting ; grooving ; 3. canal ; channeling ; conduit ; drain ; duct

canal de drainage ◆ drainage canal

canal d'évacuation d'eau ◆ canal ; big drainage ; watercourse

canal de larmier ◆ channel *(of a coping)*

canalisation *f.* ◆ canalization

canalisation d'eau ◆ water conduit ; cold water supply ; distribution pipe

canalisation d'évacuation *(maison)* ◆ water-carriage system

canalisation intérieure ◆ internal piping ; interior piping

canapé *m.* ◆ couch ; sofa

canapé-lit *m.* (*pl.* canapés-lits) ◆ sofa bed

candela *f.* *(cd)* ◆ candela

candélabre *m.* ◆ candelabrum (*pl.* candelabra) ; sconce

canevas *m.* ◆ canvas ; sail cloth

canevas polygonal *(topographie)* ◆ surveying polygon

caniveau *m.* ◆ channel stone ; culvert ; drainage gutter ; open gutter ; floor gutter

caniveau *m.* *(de rue)* ◆ kennel ; kennel stone

cannelé (e) ◆ fluted ; grooved

canneler ◆ channel ; flute ; groove (to)

cannelle *f.* (*ou* robinet *m.*) ◆ spigot

cannelure *f.* ◆ 1. channel ; channeling ; 2. flute ; fluting ; 3. groove ; grooving

canon *m.* à ciment, guniteuse *f.* ◆ concrete gun

canon *m.* de serrure ◆ cylinder ; pipe ; tube of lock

cantilever *m.*, encorbellement *m.* ◆ cantilever

– **en encorbellement, en porte-à-faux** ◆ cantilevered

cantine *f.*, réfectoire *m.* ◆ canteen

canton *m.* ◆ canton

cantonné (e) ◆ cantoned

cantonnière *f.* ◆ valance

caoutchouc *m.* ◆ caoutchouc ; India rubber ; rubber

caoutchouc butyl ◆ butyl rubber

caoutchouc chloré ◆ chlorinated rubber

caoutchouc-mousse ◆ sponge rubber

caoutchouc Néoprène ◆ Neoprene rubber

caoutchouc silicone ◆ silicone rubber

caoutchouc synthétique ◆ synthetic rubber

C.A.O. construction *f.* ◆ building computerized design and process

cap *m.* ◆ cape

capacité *f.* ◆ capacity

capillaire ◆ capillary

capillarité *f.* ◆ capillarity

capitale *f.* ◆ capital ; chief city

capitole *m.* ◆ capitol

capitulaire (salle -) ◆ chapter (house -)

capote → bonnet

captage *m.* ◆ catchment ; collecting and piping *(of water)*

capte-suies *m. inv.* ◆ smoke chamber ; soot trap

capteur *m.* ◆ sensor

capteur solaire ◆ collector ; solar collector

carboléum *m.*, carbolinéum *m.* ◆ carbolineum ; carbolin

carbonatation *f.* ◆ carbonation

carbonate *m.* de calcium ◆ calcium carbonate

carbone *m.* ◆ carbon

carbonisation *f.* ◆ carbonization

carbure *m.* ◆ carbide

carcasse *f.* ◆ carcase ; carcass ; frame ; skeleton

carence *f.* ◆ defect ; deficiency

cariatide *f.* ◆ caryatid

carie *f.* (*ou* pourriture) du bois de cœur ◆ heartwood rot

carillon *m.* ◆ carillon ; chime of bells

carmin *m. inv.* ◆ carmine

carminé (e) ◆ carmine

carnet *m.* de relevés ◆ field book

carottage *m.* ◆ coring

carotte *f.* ◆ core ; boring

carpette *f.* ◆ rug

carré *n. m.* ou *adj.* ◆ square

carré de transept ◆ crossing ; nave crossing

carreau *m.* ◆ slab ; tile

carreau d'angle ◆ corner tile

carreau d'asphalte ◆ thermoplastic tile ; asphalt tile *(am.)*

carreau biseauté ◆ bevelled tile

carreau céramique ◆ ceramic tile

carreau céramique non émaillé, biscuit *m.* ◆ quarry tile

carreau en ciment ◆ cement tile

carreau décoré ◆ decorated tile ; figured tile

carreau de faïence ◆ faience tile

carreau de fenêtre ◆ glass pane ; square ; window pane

carreau de grès cérame ◆ stoneware tile

carreau de grès vitrifié ◆ vitrified earthenware tile

carreau (*ou* dalle *f.*) de liège ◆ cork tile

carreau majolique (*ou* carreau maïolique) ◆ majolica tile

carreau mosaïque ◆ mosaic tile

carreau mosaïque de marbre ◆ terrazzo tile ; terrazzo flag

carreau de paroi ◆ wall tile

carreau de pavage ◆ paving tile

carreau de plâtre ◆ gypsum block ; plaster slab

carreau de sol ◆ floor tile

carreau (*ou* dalle) en terrazzo ◆ terrazzo tile

carreau en terre cuite ◆ terra-cotta tile

carreau de verre ◆ pane of glass

carreau de vitre (*ou* vitre *f.*) ◆ glass pane ; square ; window pane

carrefour *m.* ◆ carrefour ; cross road ; cross way

carrelage *m.* ◆ 1. square tile ; tile ; tile cladding ; 2. tiling

carrelage de biscuit ◆ earthenware tile

carrelage en mosaïque ◆ mosaic tile

carrelage mural ◆ cover tile ; wall tile

carrelage en porcelaine ◆ porcelain tile

carrelage en relief ◆ relief surfaced tile

carrelage de sol ◆ 1. paving square ; 2. tile flooring ; tile pavement

carrelage vernissé ◆ glazed tile

carreler ◆ pave with ; set tiles (to)

carrelette *f.* ◆ tile cutter

carreleur *m.* ◆ brick pavier ; floor tiler ; tiler ; tile layer

carrière *f.* ◆ quarry ; stone quarry

carrière d'ardoise ◆ slate pit ; slate quarry

carrière de gypse ◆ gypsum pit

carrière de marbre ◆ marble quarry

carrière de pierre à chaux ◆ lime pit

carte *f.* ◆ 1. map ; 2. chart

carte cadastrale ◆ cadastral map

carte d'ensemble, plan *m.* (de) masse ◆ survey map ; key plan

carte géographique ◆ landmap ; geographical map

carte pluviométrique ◆ rain chart

carte topographique ◆ topographical map (*or* chart)

cartographie *f.* ◆ cartography ; map (*or* chart) making ; mapping

carton *m.* ◆ cardboard ; carton ; pasteboard

carton bitumé ◆ asphalt-coated pasteboard ; tarred paper

carton-feutre *m.* ◆ felt paper

carton fort ◆ millboard

carton goudronné ◆ tar pasteboard

carton-pâte *m.* (*ou* carton fort) ◆ millboard

carton-pierre *m.* (*pl.* cartons-pierres) ◆ carton-pierre

cartouche *(plan) f.* ◆ title block

cascade *f.* ◆ cascade ; cataract ; waterfall

caséine *f.* ◆ casein

caserne *f.* ◆ barracks

casino *m.* ◆ casino

casque *m.* de protection ◆ crash helmet ; helmet ; safety helmet

cassant (e) ◆ short *(metal)*

cassant (e) à froid ◆ cold short

casser (se -) ◆ break (to)

cassis *m.* ◆ furrow drain

cassolette *f.*, brûle-parfum *m.* ◆ perfuming pan

cassure *f.* ◆ fracture ; fraction ; break ; upset

catacombe *f.* ◆ catacomb

catafalque *m.* ◆ catafalque

cathédrale *f.* ◆ cathedral ; minster

cathode *f.* ◆ cathode

caulicoles *f. pl. (ornement)* ◆ caulis (*pl.* caules)

causeuse *f.*, tête-à-tête *m. inv.* ◆ settee for two

cavalier *m.* ◆ clamp ; staple

cave *f.* ◆ cellar

caverne *f.* ◆ cavern

cavet *m.* ◆ cavetto

cavité *f.* ◆ cavity ; hollow

céder ◆ yield (to)

cèdre *m.* ◆ cedar tree

ceinture *f.* ◆ belt

ceinture de colonne ◆ cincture *(of a column)*

ceinture verte ◆ green belt

cella *f.*, naos *m.* ◆ cella

cellier *m.* ◆ larder

cellophane *f.* ◆ cellophane

cellule *f.* ◆ cell

cellule fermée ◆ closed cell

cellule ouverte ◆ open cell

cellule photo-électrique ◆ electric eye ; photo-electric cell

cellulose *f.* ◆ cellulose

cémentation *f.* ◆ cementation

cémenter ◆ blister ; harden ; temper *(metals)* (to)

cendre *f.* ◆ ash

cendre de charbon, cendre de houille ◆ coal ash(es)

cendres *f. pl.* volantes ◆ fly ash

cénotaphe *m.* ◆ cenotaph

centaure *m.* ◆ centaur

centigrade *m.* ◆ centigrade

centimètre *m.* ◆ centimeter *(am.)* ; centimetre

central *n. m.* ou *adj.* (*pl.* centraux/-ales) ◆ central

central téléphonique ◆ telephone exchange

centrale *n. f.* ◆ 1. plant ; 2. station

centrale de climatisation ◆ air-handling unit

centrale électrique ◆ electric-power station

centre *m.* ◆ centre ; center *(am.)*

centre administratif ◆ civic centre

centre commercial ◆ shopping precinct

centre d'une commune ◆ urban centre of a community

centre giratoire ◆ centre of rotation

centre de gravité ◆ centre of gravity

centre d'information du bâtiment ◆ building information centre

centre de rotation ◆ centre of rotation

centre social ◆ community centre

centre de torsion ◆ torsional centre

centre urbain ◆ centre of a town

centre ville ◆ city centre ; downtown *(am.)* ; town centre

centrifuge ◆ centrifugal

centrifugé (e) ◆ spun

centrifugeage ***m.*** ◆ spinning

céramique n. ***f.*** ◆ ceramics

céramique ***adj.*** ◆ ceramic

cerceau ***m.*** ◆ hoop

cercle ***m.*** ◆ circle

cercle alidade ◆ graduated circle of an alidade

cercle annuel → cerne

cerne ***m.*** ◆ annual ring ; growth ring ; ring of growth

céruse ***f.*** ◆ ceruse ; white lead

ch (cheval-vapeur ***m.*****)** ◆ hp (horse power)

chable ***m.*** ◆ hoisting cable

chablot ***m.*****, corde** ***f.*** **d'échafaudage** ◆ lashing ; lashing cord ; whip (steel) (for scaffolds)

chaînage ***m.*** ◆ 1. chain bond ; chaining ; 2. iron work

chaîne ***f.*** ◆ chain

chaîne d'arpenteur ◆ engineer's chain ; measuring chain

chaîne de sûreté ◆ door chain ; safety chain ; security chain of a door

chaînette ***f.*** ◆ catenary *(curve)*

chaînette de porte ◆ door chain

chaînon ***m.*** ◆ link *(of chain)*

chaire ***f.*** ◆ 1. chaire ; professorship ; 2. pulpit ; rostrum ; tribune

chaire à prêcher ◆ priests' choir

chaise ***f.*** ◆ chair ; seat

chaise à bascule ◆ rocking chair

chaise longue ◆ couch ; chaise longue ; deck chair ; lounging chair

chaise en osier ◆ wicker chair

chaise pliante ◆ camp stool ; folding chair ; foldstool

chaise en rotin ◆ cane chair

chalet ***m.*** ◆ chalet ; cottage ; holiday bungalow ; Swiss cottage

chaleur ***f.*** ◆ heat

chaleur rayonnante ◆ radiant heat ; radiating heat

chaleur solaire ◆ solar heat

chaleur spécifique ◆ specific heat

châlit ***m.*** ◆ bedstead

chalumeau ***m.*** ◆ oxyacetylene burner

chambranle ***m.*** ◆ architrave ; case ; casing ; trim

chambranle de cheminée ◆ chimney piece ; mantelpiece

chambranle de porte, de fenêtre ◆ frame (door -, window -)

chambre ***f.*** ◆ room ; chamber

chambre d'amis ◆ guest chamber ; guest room ; spare bedroom

chambre de combustion ◆ furnace

chambre à coucher ◆ bedroom

chambre à deux lits ◆ double (-bedded) room ; twin-bedded room

chambre à deux personnes ◆ double room

chambre sur le devant ***(hôtel)*** ◆ front room

chambre d'enfants ◆ nursery

chambre forte ◆ safe ; strong room

chambre froide ◆ cooling chamber

chambre de maître ◆ master bedroom

chambre des malades ◆ sick room

Chambre des Métiers ◆ Guild Chamber

chambre meublée (*ou* garnie) ◆ furnished room ; bed sitter ; bedsit

chambre en mezzanine ◆ mezzanine room

chambre noire ◆ dark room

chambre obscure ◆ camera obscura

chambre en soupente ◆ attic room

chambre à un lit ◆ single (-bedded) room

champ ***m.*** ◆ edge ; field

champignon ***m.*** **des bois** ◆ weeping fungus ; merulius ; mould

chancellerie ***f.*** ◆ chancery ; chancellery

chandelier ***m.*** ◆ candlestick ; iron stanchion ; saddle bar *(lead light)*

chandelier à branches ◆ flat candlestick

chandelle ***f.*** ◆ 1. candle ; 2. dead shore ; prop

chanfrein ***m.*** ◆ bevelled edge ; chamfer ; waney edge

chanfreiné (e) ◆ bevelled ; chamfered ; skew ; splayed

chanfreiner ◆ bevel ; bevel off ; chamfer (to)

chanlatte ***f.*** ◆ angle rafter ; cant board *(am.)* ; cant strip *(am.)* ; eaves board ; eaves catch ; eaves lath ; tilting fillet *(on eaves board)*

chant (sur -) ◆ on edge

chantepleure ***f.*** ◆ gully hole ; weephole ; barbican

chantier ***m. (de construction)*** ◆ building site ; job site *(am.)* ; site

chantier naval ◆ shipyard

chantignole ***f.*** **(*ou* chantignolle)** ◆ 1. purlin cleat ; wooden cleat *(nailed on rafters)* ; 2. split brick

chantourner ◆ cut in profile ; fret ; scribe *(wood, etc.)* (to)

chanvre ***m.*** ◆ hemp

– **en (*ou* de) chanvre** ◆ hempen

chape ***f.*** ◆ cement covering ; cement screed ; screed

chape en béton ◆ concrete layer

chape d'enduit ◆ covering plaster

chape d'étanchéité ◆ damp-proof slab

chape isolante ◆ insulating covering

chape de nivellement ◆ levelling covering

chapeau ***m.*** ◆ 1. cap ; 2. top bar

chapeau *(de cheminée)* ◆ chimney cap ; chimney cowl

chapeau de gendarme ◆ eyebrow window

chapeau de pieu ◆ bolster *(pile)*

chapelet ***m. (ornement)*** ◆ astragal ; bead moulding ; chaplet

chapelle ***f.*** ◆ chapel ; chapel-of-ease

chapelle absidiale ◆ apsidal chapel

chaperon ***m.*** ◆ cap ; coping ; capping ; brow ; coping stone ; copestone

chaperon à deux versants ◆ saddle (backed) coping

chaperon à un versant ◆ featheredge coping

chapiteau ***m.*** ◆ capital

chapiteau de colonne ◆ column capital

chapiteau godronné (*ou* à godrons) ◆ gadrooned capital

chapiteau historié ◆ illustrated capital

chapitre ***m.*** ◆ chapter house

charbon ***m.*** ◆ coal

charbon de bois ◆ charcoal

chardon ***m.*** ◆ row of spikes

charge ***f.*** ◆ charge ; load ; weight

charge admissible ◆ admissible load ; allowable load ; permissible load

charge axiale, charge centrique ◆ axial force ; axial load ; central load

charge composée ◆ compound load

charge concentrée ◆ concentrated load ; single load

charge dynamique ◆ dynamic load ; live load

charge élémentaire ◆ single-point load

charge d'épreuve, charge d'essai ◆ test load

charge excentrique ◆ off-centre load ; eccentric load

charge excessive ◆ overloading ; overburdening

charge fixe ◆ dead load

charge de flambage, charge de flambement ◆ crippling load ; buckling load *(am.)*

charge isolée ◆ single-point load

charge limite ◆ ultimate load

charge permanente ◆ own load ; permanent load

charge due au poids propre ◆ dead load

charge ponctuelle ◆ point load

charge répartie ◆ distributed load

charge à la rupture ◆ ultimate load

charge de rupture ◆ breaking load ; fracture load

charge de sécurité ◆ safe load

charge statique ◆ dead load ; static load

charge superficielle ◆ surface load

charges et surcharges de service ◆ dead and live loads

charge uniformément répartie ◆ uniform load ; uniformly distributed load

charge utile ◆ useful load

charge variable (*ou* intermittente) ◆ changing load ; live load ; mobile load ; variable load

chargé (e) ◆ loaded

chargement ***m.*** ◆ loading

chargeur ***m.***, **chargeuse** ***f.*** ◆ loader

chariot ***m.*** **élévateur** ◆ forklift truck

charme ***m.*** ◆ hornbeam

charnière ***f.*** ◆ butt hinge ; hinge

– **charnière à ressort** ◆ spring hinge

charnière à billes ◆ ball-bearing hinge

charnière à congés ◆ strap hinge

charnière en coude ◆ cleaning hinge

charnière à piano ◆ continuous hinge

charnière à ressort à double effet ◆ double-action hinge

charnon ***m.*** ◆ knuckle *(hinge)*

charpentage ***m.*** **(*ou* charpenterie *f.*)** ◆ carpentry ; carpenter's work

charpente ***f.*** ◆ carcass ; frame ; framework

charpente en béton ◆ concrete framework

charpente en bois ◆ carpentry ; timber work ; timber frame ; timber framing

charpente à claire-voie ◆ balloon framing

charpente à contre-fiches ♦ simple truss ; strut frame
charpente métallique ♦ steel (frame) construction
charpente du toit ♦ roof truss
charpente en treillis (*ou* triangulée) ♦ framed building
charpenter ♦ work timber (to)
charpenterie *f.* (*ou* charpentage *m.*) ♦ carpentry ; carpenter's work
charpentier *m.* ♦ carpenter
Charte d'Athènes (La -) ♦ Athens Charter ; Charter of Athens
chasse *f.* carrée ♦ carpenter's hammer
chasse-clou *m.* (*pl.* chasse-clous) ♦ nail punch
chasse *f.* d'eau ♦ flush ; water flush
chasse-pieu *m.* (*pl.* chasse-pieux) ♦ pile hammer
chasse-rivets *m.* ♦ snap *(tool)* ; riveting set ; cup
chasse-roue *m.* (*pl.* chasse-roues) ♦ guardstone ; hurter
châssis *m.* ♦ frame (door -, window -) ; sash
châssis accordéon ♦ accordion sash ; folding sash
châssis d'aération à lames mobiles ♦ louver sash
châssis basculant ♦ balance window ; pivoted sash
châssis coulissant ♦ sliding window ; sliding sash
châssis dormant, châssis fixe ♦ dead light ; fixed light ; fixed sash ; fast sheet ; sleeper frame
châssis de fenêtre ♦ frame of a window ; sash ; window frame ; window sash
châssis à guillotine ♦ hanging sash
châssis pivotant ♦ pivoting sash
châssis pliant → châssis accordéon
châssis de porte ♦ door case
châssis à soufflet ♦ gusset window
châssis vitré ♦ glazed sash
châtaignier *m.* ♦ chestnut
châtain (e) ♦ auburn ; chestnut ; nut brown
châtain clair ♦ light auburn
château *m.* ♦ castle ; mansion ; mansion house
château d'eau ♦ water tower
château fort ♦ castle
château seigneurial ♦ manor house
chatière *f.* ♦ 1. cat hole *(in door, etc.)* ; 2. garret window ; 3. roof vent ; ventilating tile
chatterton *m.* ♦ friction tape *(am.)* ; insulating tape ; ***→ ruban isolant***
chaudière *f.* ♦ boiler
chaudières *f. pl.* en batterie ♦ boiler group
chaudière à vapeur ♦ steam boiler
chaudronnier *m.* ♦ copper smith ; brazier
chauffage *m.* ♦ heating
chauffage par air chaud ♦ hot-air heating
chauffage central ♦ central heating
chauffage par convection ♦ convection heating
chauffage direct ♦ direct heating
chauffage à eau chaude ♦ hot-water heating
chauffage au fioul ♦ oil-fired heating
chauffage à haute pression ♦ high-pressure heating
chauffage indirect ♦ indirect heating
chauffage au mazout ♦ oil-fired heating
chauffage par le sol ♦ floor heating ; underfloor heating
chauffage à surface rayonnante ♦ panel heating
chauffage urbain (*ou* à distance) ♦ distance heating ; district heating
chauffe-bain *m.* (*pl.* chauffe-bains) ♦ bath heater
chauffe-eau *m. inv.* ♦ water heater
chauffe-eau à gaz ♦ geyser *(am.)*
chauffe-pieds *m. inv.* ♦ foot warmer
chauffer ♦ heat (to)
chaufferie *f.* ♦ boiler room ; boiler house
chaufour *m.* ♦ lime kiln
chaulage *m.* ♦ liming ; limewhiting ; whitewashing
chaume *m.* ♦ thatch ; roofing thatch
chaumière *f.* ♦ thatched cottage
chaussée *f.* ♦ causeway ; road ; roadway
chaux *f.* ♦ lime
chaux aérienne ♦ hydrated lime ; slaked lime
chaux calcinée, chaux caustique, chaux vive ♦ burnt lime ; quicklime
chaux de carbure ♦ carbide lime
chaux coquillière ♦ shell lime
chaux dolomitique ♦ dolomitic lime
chaux éteinte ♦ hydralime ; hydrated lime ; slaked (*or* slacked) lime
chaux éteinte à sec, chaux éteinte aérienne ♦ air-slaked lime

chaux grasse ◆ fat lime ; rich lime ; pure lime ; white lime
chaux hydratée ◆ hydralime ; hydrated lime ; slaked lime
chaux hydraulique ◆ hydraulic lime ; blue-lias lime
chaux libre ◆ free lime
chaux magnésienne ◆ magnesium lime
chaux maigre ◆ poor lime
chaux non éteinte ◆ burnt lime ; quicklime
chaux non hydraulique ◆ non hydraulic lime ; high-calcium lime
chaux ordinaire ◆ ordinary lime
chaux en pâte ◆ lime putty ; plasterer's putty
chaux en poudre ◆ lime powder ; powdered lime ; whiting
chaux pure ◆ high-calcium lime
chaux pour stuc ◆ stucco lime ; plaster lime
chaux vive ◆ burnt lime ; quicklime

chef *m.* de chantier ◆ site manager

chef *m.* d'équipe ◆ charge hand ; foreman (*pl.* foremen) ; shift boss

chef-d'œuvre *m.* (*pl.* chefs-d'œuvre) ◆ masterpiece ; chef-d'œuvre

chemin *m.* ◆ way ; road
chemin détourné ◆ by-path ; by-road ; by-way
chemin de fer ◆ railway ; railroad *(am.)*
chemin de fer péri-urbain (*ou* de banlieue) ◆ sub-urban (*or* local) railway branch (*or* line)
chemin de fer souterrain ◆ underground railway
chemin en fourche ◆ three-forked road
chemin gravillonné ◆ gravel road
chemin de grue ◆ craneway
chemin privé ◆ private way ; private road
chemin de roulement ◆ track
chemin sableux (*ou* chemin sablonneux) ◆ sand road
chemin sans issue ◆ blind path ; dead end
chemin vicinal ◆ lane *(rural)* ; alley

cheminée *f.* ◆ 1. chimney ; chimney flue ; flue ; smoke stack ; stack ; stalk ; 2. fireplace
cheminée de cuisine ◆ kitchen chimney
cheminée à feu ouvert ◆ open fire ; fireplace
cheminée d'usine ◆ factory chimney ; funnel ; stack

chemisage *m.* ◆ casing *(cased joists)* ; jacketing

chêne *m.* ◆ oak tree

chéneau *m.* ◆ box gutter ; gutter ; roof gutter
chéneau encaissé ◆ concealed gutter

chenille *f.* ◆ caterpillar track

chevalement *m.* ◆ propping ; underpropping *(of a house, etc.)*
chevalement de mine ◆ pit head

chevaler ◆ prop ; shore up (to)

chevalet *m.* ◆ gin ; shear legs ; split head ; trestle
chevalet de scieur ◆ sawyer's jack ; saw block ; saw horse

cheval-vapeur *m.* (cv) ◆ horse-power (hp)

chevêtre *m.* ◆ header ; header joist *(am.)* ; trimmer

cheville *f.* *(en bois* ou *en métal)* ◆ dowel ; peg ; pin ; plug
cheville de scellement ◆ insert

cheviller ◆ connect with bolts ; fix with bolts (to)

chèvre *f.* (*ou* cabre *f.*) ◆ gin ; trestle ; shear legs
chèvre à trois pieds ◆ shear legs

chevron *m.* ◆ rafter
chevron *(de long pan)* ◆ common rafter ; spar
chevron d'appui ◆ jack
chevron d'arêtier ◆ angle rafter
chevron de noue ◆ valley rafter
chevron en porte-à-faux ◆ lookout rafter
chevrons *m. pl.* ◆ herring-bone pattern

chien-assis *m.* (*pl.* chiens-assis) ◆ shed dormer ; dust-pan dormer

chiffonnier *m.* ◆ chiffonnier

chiffrage *m.* *(devis)* ◆ estimate

chignole *f.* ◆ breast drill

chinoiserie *f.* ◆ chinoiserie

chloration *f.* ◆ chlorination

chlorure *f.* de polyvinyle (P.V.C.) ◆ polyvinyl chloride (P.V.C.)

choc *m.* ◆ impact

chœur *m.* ◆ chancel
chœur d'église ◆ choir ; presbytery ; chancel of a church
chœur tréflé ◆ trefoiled choir

chrisme *m.* ◆ christogram ; chrismon

chromage ***m.*** ◆ chromium plating
chromate ***m.*** ◆ chromate
chrome ***m.*** ◆ chromium
chromé (e) ◆ chromium plated
chronogramme ***m.*** ◆ chronogram
chrysocale ***m.*** ◆ pinchbeck
chute ***f.*** ◆ fall *(of a pipe)* ; slope *(of a roof)*
  chute de pression ◆ pressure loss
ciboire ***m.*** ◆ ciborium
ciborium ***m.*** ◆ altar canopy
ciel de lit ***m.*** **(*pl.* ciels de lits)** ◆ baldaquin ; bed tester
cimaise ***f.*** **(*ou* cymaise)** ◆ 1. cymatium ; dado rail ; dado capping ; 2. ogee ; wainscot cap
cime ***f.*** ◆ crown
ciment ***m.*** ◆ cement
  ciment alumineux → ciment fondu
  ciment blanc ◆ white cement ; white (Portland)
  ciment expansif ◆ expansive cement
  ciment de fer ◆ metallurgic cement
  ciment fondu ◆ aluminium cement ; aluminum cement *(am.)* ; aluminous cement ; high-alumina cement
  ciment à haute résistance ◆ high-resistance cement
  ciment à haute résistance aux sulphates ◆ sulphate-resistant cement
  ciment à haute teneur en silice ◆ high-silica content cement
  ciment hydraulique ◆ hydraulic cement
  ciment de laitier (*ou* ciment laitier) ◆ slag cement
  ciment de laitier à la chaux ◆ lime-slag cement
  ciment (de laitier) de haut fourneau ◆ blast-furnace (slag) cement
  ciment magnésien ◆ magnesia cement
  ciment métallurgique ◆ metallurgic cement
  ciment métallurgique supersulphaté ◆ super-sulphated cement
  ciment naturel (C.N.) ◆ natural cement
  ciment Portland (C.P.) ◆ Portland cement (P.C.)
  ciment Portland de fer (C.P.F.) ◆ Portland blast-furnace slag cement
  ciment à la pouzzolane ◆ pozzolanic cement
  ciment pouzzolanique ◆ trass cement
  ciment à prise rapide ◆ quick-setting cement ; rapid hardening cement
  ciment prompt ◆ quick-setting cement ; rapid-hardening cement
  ciment réfractaire ◆ fire cement ; fireproof cement
  ciment romain ◆ Parker's cement ; Roman cement
  ciment sorel ◆ magnesium-oxychloride cement ; sorel cement
  ciment sulphaté ◆ sulphated cement
  ciment sursilicé ◆ siliceous cement
  ciment en vrac ◆ bulk cement
ciment-colle ***m.*** ◆ glue cement ; tiling adhesive ; tile-fixing cement
cimenter *(avec du mortier)* ◆ cement (to)
cimetière ***m.*** ◆ cemetery ; churchyard ; graveyard
cinéma ***m.*** ◆ cinema
cinémathèque ***f.*** ◆ film library
cingler, battre la ligne ◆ chalk a line ; mark out (to)
cinq-feuilles ***m. inv.*** **(*ou* quintefeuille *f.*)** ◆ cinque-foils ; cinqfoils
cintrage ***m.*** ◆ bending *(pipe, etc.)* ; centering
cintre ***m.*** ◆ curve *(of an arch)* ; arch centre ; arch center *(am.)* ; centring ; centering *(am.)*
cintré (e) ◆ arched ; bent ; curved
cintrer ◆ arch ; bend ; curve ; hogg (to)
  cintrer (se -) ◆ arch (to)
cintreuse ***f. (pour tubes)*** ◆ bending machine
cirage ***m.*** ◆ waxing
circonférence ***f.*** ◆ circumference
circuit ***m. (électricité)*** ◆ circuit
  court-circuit ***m.*** ◆ short circuit
circulaire ◆ circular
circulateur ***m.*** ◆ circulation pump
circulation ***f.*** ◆ circulation ; traffic
  circulation à grande vitesse ◆ high-speed traffic
  circulation intense ◆ heavy traffic
  circulation piétonne ◆ pedestrian traffic
  circulation routière ◆ public traffic
cire ***f.*** ◆ wax
  cire d'abeilles ◆ beeswax
  cire à parquet ◆ floor wax
cirer ◆ wax (to)
cirque ***m.*** ◆ circus ; hippodrome
cisaillement ***m.*** ◆ shear ; shearing
cisailles ***f. pl.*** ◆ scissors ; shears

cisailles à tôle ◆ plate shears

cisailles pour le zinc ◆ plate shears ; tinner's snips

ciseau ***m.*** ◆ chisel

ciseau en biseau ◆ cant chisel

ciseau à dents ◆ charring chisel ; indented chisel

ciseau étroit ◆ cutting chisel

ciseau à froid ◆ cold chisel

ciseau de forgeron ◆ smith's chisel

ciseau de maçon ◆ mason's chisel ; point

ciseau plat ◆ flat chisel *(of the stone trimmer)*

ciseau de taille ◆ stone chisel

ciseaux ***m. pl.*** ◆ scissors ; shears

ciseler ◆ carve ; chisel ; grave (to)

ciseler la pierre ◆ char ; stroke ; tool ; draft (to)

ciseleur ***m.*** ◆ carver

ciselure ***f.*** ◆ carving ; chasing

citadelle ***f.*** ◆ citadel

cité ***f.*** ◆ city

cité cellullaire ◆ cellular city

cité-jardin ***f.*** ◆ garden city

cité lacustre ◆ lake village

cité linéaire ◆ linear city

cité ouvrière ◆ housing estate

Cité radieuse ***(Le Corbusier)*** ◆ Radiant City

cité de transit ◆ emergency dwelling

cité universitaire, campus ***m.*** ◆ campus *(am.)*

citerne ***f.*** ◆ cistern ; reservoir ; supply cistern ; water tank

civière ***f.*** ◆ stretcher ; hand barrow

civilisation ***f.*** ◆ civilization

civique ◆ civic

claie ***f.*** ◆ wattle

clair ***(couleur)*** ◆ light

claire-voie ***f.*** **(*pl.* claires-voies)** ◆ 1. bay ; open work ; 2. clerestory ; clearstory

– ***à claire-voie → ajouré***

clairière ***f.*** ◆ glade

clameau ***m.*** ◆ cramp *(for stone)* ; cramp iron ; dog ; dog anchor ; dog iron

clapet ***m.*** ◆ valve ; clapper

clapet de cheminée ◆ smoke valve

clapet de retenue ◆ check valve

classe ***f.*** ◆ classroom

classement ***m.*** ◆ grading ; rating ; classification

classicisme ***m.*** ◆ classicism

– **adepte du classicisme** ◆ classicist

classification ***f.*** ◆ classification ; grading

classique ◆ classic ; classical

clause ***f.*** **de révision des prix** ◆ escalation clause

claustra ***m.*** ◆ screen wall ; claustra

claustral (e) (*pl.* claustraux/-ales) ◆ claustral ; cloistral

claveau ***m.*** ◆ arch stone ; gauged brick ; gauged stone

claveau de naissance ◆ springer *(of arch)* ; springer stone

clavetage ***m.*** ◆ wedged assembly ; wedged assemblage ; keying

clavette ***f.*** ◆ cotter ; key ; wedge

clayon ***m.*** ◆ fascine

clé ***f.*** **(*ou* clef)** ***(arc, voûte)*** ◆ 1. apex stone ; key ; keystone ; sagitta ; 2. spanner ; wrench *(am.)*

clé de boulon ◆ bolt spanner ; bolt wrench

clé à crochet ◆ hookspanner ; skeleton key

clé à écrous, clé anglaise ◆ coach wrench ; monkey spanner ; monkey wrench ; shifting spanner

clé de maison ◆ latch key

clé en main ◆ turnkey

clé pendante ◆ hanging keystone ; pendant keystone

clé à tubes ◆ pipe wrench

clenche ***f.*** ◆ ring latch ; fall bar

climat ***m.*** ◆ climate

climatique ◆ climatic

climatisation ***f.*** ◆ air conditioning

climatisé (e) ◆ air conditioned

climatiseur ***m.*** ◆ air conditioner

climatiseur bi-bloc (*ou* split) ◆ split cooler

climatiseur individuel ◆ room-air conditioner ; unit-air conditioner ; unit cooler

clin ***m.*** ◆ lap siding

clinique ***f.*** ◆ clinic

clinker ***m.*** ◆ cement clinker

clinker de pavage ◆ paving clinker (engineering bricks) ; pavior

clinomètre ***m.*** ◆ batter level ; clinometer ; gradiograph

clip ***m.*** ◆ clip

cliver ◆ cleave ; fend ; rive ; split (to)

cloche ***f.*** ◆ bell

cloche à plongeur ◆ diving bell

clocher ***m.*** ◆ belfry ; bell cage ; bell tower

clocher-mur ***m.*** ◆ wall belfry

clocher-pignon ***m.*** ◆ bell gable

clocheton ***m.*** ◆ bell turret

cloison ***f.*** ◆ partition ; partition wall

cloison en briques ◆ brick partition *(bricks on edge)*

cloison en briques ◆ half-brick wall

cloison en carreaux de plâtre ◆ precast-plasterwork partition

cloison creuse ◆ hollow partition

cloison démontable ◆ demountable partition ; movable partition

cloison double ◆ double partition

cloison ignifuge ◆ fire partition

cloison à ossature ◆ framed partition

cloison pleine ◆ solid partition

cloison porteuse ◆ bearing partition

cloison sèche ◆ dry partition ; dry wall

cloison vitrée ◆ glass partition

cloisonnage ***m.*** **(*ou* cloisonnement** ***m.*****)** ◆ partition construction

cloisonnette ***f.*** ◆ dwarf partition

cloître ***m.*** ◆ cloister

cloquage ***m.*** ◆ blistering

cloque ***f.*** ◆ blister

clôturage ***m.*** ◆ fencing

clôture ***f.*** ◆ 1. enclosure ; fencing ; railing ; 2. fence

clôture en béton ◆ concrete fence

clôture de chantier ◆ site hoarding

clôture de chœur ◆ choir screen

clôture entrelacée ◆ interwoven fencing

clôture en fil de fer ◆ wire enclosure ; wired fence

clôture grillagée de jardin ◆ garden fence

clôture en planches ◆ hoarding

clôture en treillis ◆ lattice work ; grating ; lattice fence

clôturer ◆ fence (to)

clou ***m.*** ◆ nail ; spike ; wire nail ; wire tack

clou à ardoise ◆ slate peg ; slate nail

clou à béton ◆ concrete nail ; masonry nail *(am.)*

clou-cavalier ◆ staple

clou à grosse tête ◆ hobnail

clou sans tête ◆ brad *(for window panes)* ; glazier's sprig ; sprig *(thin pen)*

clou « spit » ◆ masonry nail

clou à tête d'homme ◆ panel pin

clou à tête plate ◆ clasp nail ; clout nail ; tack

clou torsadé ◆ screw nail ; drive screw

clouage ***m.*** ◆ nailing ; nail work

clouage en biais ◆ toe nailing

clouage de face, clouage droit ◆ face nailing

clouage à tête perdue, clouage caché ◆ blind nailing ; concealed nailing ; secret nailing

cloué (e) ◆ fixed with nails ; nailed

clouer ◆ nail ; fix with nails (to)

clouer en oblique ◆ nail inclined (to)

clouteuse ***f.*** **(*ou* cloueuse)** ◆ gun nailer

clouté (e) ◆ fixed with nails

clouter ◆ adorn with nails (to)

coaltar ***m.*** ◆ coal tar ; gas tar

cobalt ***m.*** ◆ cobalt

cochonnet ***m.*** ◆ bead stop

Code ***m.*** **de l'urbanisme** ◆ town-planning codes ; zoning ordinances *(am.)*

codification ***f.*** ◆ codification

coefficient ***m.*** ◆ 1. coefficient ; 2. modulus

coefficient d'absorption ◆ absorption rate

coefficient d'absorption acoustique ◆ sound absorption coefficient

coefficient de dilatation ◆ coefficient of expansion

coefficient de dilatation linéaire ◆ coefficient of linear expansion

coefficient d'élasticité ◆ modulus of elasticity ; coefficient of elasticity ; elasticity module

coefficient de frottement ◆ coefficient of friction ; coefficient of roughness

coefficient d'humidité ◆ moisture content

coefficient K ◆ K value

coefficient d'occupation des sols (C.O.S.) ◆ floor-area ratio ; plot ratio

coefficient de sécurité, coefficient de sûreté ◆ safety factor ; coefficient of safety ; factor of safety

coefficient de transmission de chaleur, coefficient de transmission thermique ◆ coefficient of heat transmission ; heat transmission coefficient

coefficient U ◆ U value ; thermal transmittance

coefficient d'utilisation ◆ efficiency ; degree of efficiency

coefficient d'utilisation des sols (C.U.S.) ◆ land-use ratio

cœur *(d'un tronc d'arbre)* ◆ heart ; core ; nucleus

coffrage *m.* ◆ form ; formwork ; shuttering

coffrage à béton ◆ concrete forms

coffrage glissant *(vertical)* ◆ sliding form(work) ; sliding shuttering ; slip form

coffrage grimpant ◆ climbing form(work)

coffrage mobile ◆ moving form ; travelling form

coffrage perdu ◆ permanent form(work) ; permanent shuttering ; self centering ; waste mould ; absorptive form

coffrage de poteau ◆ column casing

coffrage de poutre ◆ beam box ; beam form

coffrage roulant → coffrage mobile

coffrage suspendu ◆ suspended formwork

coffrage tunnel ◆ tunnel formwork ; tunnel shuttering

coffre *m.* ◆ box ; chest ; coffer ; trunk

coffre-fort *m.* (*pl.* coffres-forts) ◆ safe ; strong box

coffre-fort coupe-feu ◆ fire safe

coffret *m.* ◆ box

coffret de coupe-circuit ◆ cut-out box

coffret de distribution ◆ service-connexion box

cohabitation *f.* ◆ cohabitation

cohésif (-ive) ◆ cohesive

cohésion *f.* ◆ cohesion

coiffe *f.* ◆ cap

coiffe de pieu ◆ pile cap ; pile helmet

coiffeuse *f.*, table *f.* de toilette ◆ dressing table

coin *m.* ◆ corner ; quoin ; wedge

coin du feu ◆ fireside

col *m.* de cygne (*ou* cou de cygne) ◆ swan neck

colisée *m.* ◆ colosseum ; coliseum

collage *m.* bord à bord ◆ edge jointing

collatéral *m.* ◆ side aisle

colle *f.* ◆ adhesive ; glue

colle d'amidon ◆ starch paste ; starch gum *(am.)*

colle animale ◆ animal glue

colle *(de bureau)* ◆ gum

colle à la caséine ◆ casein glue

colle à chaud ◆ hot glue

colle forte *f.* ◆ glue

colle à froid ◆ cold glue ; cold-setting adhesive

colle thermodurcissable ◆ hot-setting adhesive

collecteur *m.* ◆ drain ; culvert ; open gutter ; grip

collecteur principal ◆ drainage system

coller ◆ glue ; paste ; stick (to)

collier *m.* ◆ collar *(for pipes)* ; pipe clamp

collier de serrage ◆ pipe clamp

colline *f.* ◆ hill

colloïde *m.* ◆ colloid

colombage *m.* ◆ half-timbering ; post and pane ; stud work ; timber framing ; wall framing

– à colombages ◆ half-timbered

colombier *m.* ◆ dove cot(e) ; dove house ; loft ; pigeon house

colonnade *f.* ◆ colonnade

colonne *f.* ◆ 1. services duct ; services shaft ;
2. ascending pipe ;
3. stack ; stack pipe

colonne d'évent ◆ stack vent

colonne humide ◆ wet riser

colonne montante ◆ flow pipe ; riser ; standpipe ; soil pipe ; waste pipe

colonne sèche ◆ dry riser

colonne de ventilation ◆ air shaft

4. column

colonne adossée ◆ attached column

colonne annelée ◆ annulated column

colonne baguée ◆ ringed column

colonne à bossages ◆ banded column

colonne cablée ◆ twisted column

colonne cannelée ◆ fluted column

colonne à cannelures torses ◆ wreathed column

colonne composite ◆ composite column

colonne de départ ◆ principal balustre ; newel

colonne engagée ◆ engaged column

colonne en faisceau (*ou* fasciculée) ◆ clustered column ; compound pier

colonne en hermès ◆ hermes ; atlas ; telamon

colonne de lavabo ◆ washbasin pedestal

colonne monolithique ◆ monolithic shaft

colonne rostrale ◆ rostral column

colonne rudentée ◆ cabled column

colonnes *f. pl.* jumelées ◆ coupled columns ; twin columns

colonne à torsades ◆ spiral column

colonne tronquée ◆ truncated column

colonnette *f.* ◆ colonnette (*or* colonette) ; small column

colorant *m.* ◆ pigment ; colouring matter

coloré (e) ◆ coloured

colorer ◆ colour ; color *(am.)* (to)

coloris *m.* *(peinture)* ◆ hue ; tint ; colour of the paint

colossal (e) (*pl.* colossaux/-ales) ◆ colossal

columbarium *m.* ◆ columbarium (*pl.* columbaria)

comble *m.* ◆ roof ; roof space

comble apparent *(intérieur)* ◆ visible roof ; open roof

comble en appentis ◆ pent roof ; lean-to roof ; monopitch(ed) roof

comble brisé, comble à brisis, comble à la Mansart ◆ curb roof ; French roof ; Mansart roof ; gambrel roof *(am.)*

comble en croupe ◆ hip roof ; hipped roof

comble à deux égouts ◆ span roof

comble à deux pentes ◆ ridge roof ; saddle roof

comble à deux versants → comble à deux égouts

comble à lanterneau ◆ monitor roof

comble mansardé, comble en mansarde, comble à la Mansart → comble brisé

comble à pignon ◆ gable roof ; ridge roof ; saddle roof

combles *m. pl.* ◆ attic ; garret ; loft

combustible *n. m.* ◆ fuel

combustible *adj.* ◆ combustible

commande *f.* ◆ control

commission *f.* compétente ◆ ad hoc committee

commode *f.* ◆ chest of drawers ; commode

commune *f.* ◆ local authority

communiquant entre elles *(pièces, salles)* ◆ inter-connected

communs *m. pl.* ◆ outbuildings

commutateur *m.* ◆ change-over switch ; double-pole switch

compacité *f.* ◆ compactness

compact (e) ◆ thronged

compactage *m.* ◆ compacting ; compaction *(soil)*

compacter ◆ compact ; ram (to)

compacteur *m.* ◆ compacting roller ; compactor

compartiment *m.* ◆ compartment ; division

compartiment de plafond ◆ cassoon ; coffer

compartiment de voûte ◆ sectroid ; vault head ; concha

compas *m.* ◆ compass ; pair of compasses

compas de réduction ◆ proportional compasses ; reduction compasses

compas à trusquin *(dessinateur)*, compas à verge ◆ beam compass ; trammels

comportement *m.* ◆ behaviour ; performance

composant *m.* ◆ component

composant modulaire ◆ modular component

composé (e) ◆ compound

composite ◆ composite

composition *f.* ◆ composition

compresseur *m.* à air, compresseur d'air ◆ compressor ; air compressor

compression *f.* ◆ compression

compression centrée, compression centrique ◆ axial pressure

comprimé (e) ◆ in compression

compte rendu *m.* hebdomadaire ◆ weekly progress report

compteur *m.* ◆ meter

compteur de chaleur ◆ heat counter

compteur à eau ◆ water meter

compteur électrique ◆ electricity meter

compteur à gaz ◆ gas meter

comptoir *m.* ◆ counter

concassés *m. pl.* ◆ crushed stone

concasseur *m.* ◆ breaker ; crusher ; edge runner mill ; stone breaker

concave ◆ concave

concavité *f.* ◆ concavity

concentrique ◆ concentric

conception *f.* assistée par ordinateur (C.A.O.) ◆ computer-aided design (C.A.D.)

concierge *m.* ou *f.* ◆ door keeper ; doorman ; janitor *(am.)* ; porter

conciergerie *f.* ◆ porter's lodge

concours *m.* ◆ competition

concurrence *f.* ◆ competition

condensation ***f.*** ◆ condensation

condenseur ***m.*** ◆ condenser

conditionnement ***m.*** ◆ conditioning

conducteur (-trice) ◆ conductor

– **non conducteur** ◆ non conductor ; conducting

conducteur ***m.*** **des travaux** ◆ clerk of works ; master of works

conductibilité ***f.*** **thermique** ◆ conductivity of heat ; thermal conductivity *(k)*

conduction ***f.*** ◆ conduction

conductivité ***f. (électricité)*** ◆ conductivity

conduit ***m.*** ◆ duct ; internal piping ; interior piping

conduit d'aération ◆ air channel ; air duct ; air flue

conduit d'air ◆ ventiduct

conduit de cheminée ◆ chimney flue ; flue ; smoke pipe ; smoke stack

conduit de dérivation ◆ by-pass

conduit d'eau ◆ water duct

conduit d'évacuation de vapeur ◆ vapour flue ; steam flue

conduit de fumée → cheminée

conduit de type shunt ◆ branched-flue system ; shunt system

conduite ***f.*** ◆ piping ; pipe line

conduite d'eau ◆ water conduit ; cold water supply ; distribution pipe

conduite en élévation ◆ soil pipe ; standpipe ; waste pipe

conduite d'évacuation ◆ house conduit ; service pipe ; sewage drain

conduite de gaz ◆ gas conduit

cône ***m.*** ◆ cone

cône d'Abrams ◆ slump cone ; Abrams' slump cone

cône tronqué ◆ truncated cone

confessional ***m.*** ◆ confessional

confort ***m.*** ◆ comfort

congé ***m. (architecture)*** ◆ congé ; scape

congélation ***f.*** ◆ freezing

congeler (se -) ◆ congeal, solidify (to)

conglomérat ***m.*** ◆ crumbling rock ; conglomerate

conicité ***f.*** ◆ taper

conifère ***m.*** ◆ coniferous wood ; pine wood ; softwood

conique ◆ conic ; conical ; tapered

connecteur ***m.*** ◆ 1. clamping plate ; 2. timber connector

conque ***f.*** ◆ shell

conque ***f.*****, voûte** ***f.*** **en coquille** ◆ concha

conservation ***f.*** ◆ conservation

conservation du bois ◆ wood preservation

conservatoire ***m.*** ◆ conservatory ; academy of music (G.B.)

conserver l'argile pendant l'hiver ◆ season clay in winter (to)

consistance ***f.*** ◆ consistency ; consistence

consistant (e) ◆ tough ; plastic ; tenacious

console ***f.*** ◆ ancon ; bracket ; cantilever ; console ; corbel stone ; corbel ; oversailing stone

console murale ◆ wall bracket ; wall hold

consolidation ***f.*** ◆ consolidation ; stiffening ; strengthening

consolidation d'un terrain ◆ soil consolidation ; compaction

consolider ◆ strengthen ; consolidate (to)

constance ***f.*** **de volume** ◆ constancy of volume

constituant ***m.*** ◆ component ; material substance ; primordial substance

constructeur ***m.*** ◆ constructor

constructible ***(terrain)*** ◆ approved for development *(site)*

constructif (-ive) ◆ constructive

construction ***f.*** ◆ build-up ; building ; building-up ; construction ; erection

– **en construction** ◆ under construction

construction en adobe ◆ adobe construction

construction agricole ◆ farm building

construction de bâtiments ◆ building construction

construction en béton armé ◆ reinforced-concrete construction

construction en bois ◆ timber construction

construction en bois massif ◆ log construction

construction en briques ◆ brick construction

construction en caisson ◆ box construction

construction de chemins de fer ◆ railway engineering ; track laying

construction d'échafaudages ◆ construction of scaffolds ; scaffolding

construction de faible hauteur ◆ low construction (1 *or* 2 stor(e)ys)
construction des fermes ◆ truss construction
construction gonflable ◆ air supported structure
construction d'habitation(s) (*ou* de maisons) ◆ house building ; dwelling construction
construction hors œuvre ◆ outbuilding
construction hors toit ◆ bulkhead
construction hydraulique ◆ hydraulic construction
construction d'immeubles ◆ building construction
construction immobilière ◆ building construction
construction métallique ◆ steelwork ; steel construction
construction modulaire ◆ unit construction
construction à nœuds rigides ◆ bar construction
construction à ossature ◆ skeleton construction
construction à ossature en béton ◆ concrete-framed construction ; concrete structure
construction à ossature de bois ◆ wood frame construction
construction par panneaux ◆ panel building
construction à parement de briques ◆ brick-veneer construction
construction sur pilotis ◆ pile construction
construction du plafond ◆ ceiling construction
construction de planchers ◆ floor construction
construction de ponts ◆ bridge building ; bridge construction
construction à poteaux et à poutres ◆ post and beam construction ; post and girder construction ; post and lintel construction
construction préfabriquée ◆ prefabricated construction
construction résistant au feu ◆ fire-resistant construction
construction en rondins ◆ round-log construction
construction de routes ◆ road construction ; construction of roads ; road making
constructions *f. pl.* ◆ buildings
construction en sous-sol ◆ substructure ; foundation *(road, railway)*
construction souterraine (*ou* inférieure) ◆ substructure ; foundation *(road, railway)*
construction spéculative ◆ speculative building
construction de toiture ◆ roof construction ; roofing
construction en treillis, construction triangulée ◆ bar construction ; framed building
construction d'usine ◆ plant construction ; factory building
construction de voûtes ◆ vaulting

constructivisme *m.* ◆ constructivism

constructiviste ◆ constructivist

construire ◆ build ; construct ; practise (to)
construire les fondations ◆ lay the foundations (to)
construire en moellons ◆ build in rubble work (to)
construire la toiture (*ou* les combles) ◆ roof (to)

construit (e) ◆ built
construit (e) hors œuvre ◆ built-out

contour *m.* ◆ contour ; outline

contraction *f.* ◆ shrinkage ; contraction

contrainte *f.* ◆ stress
contrainte *(site)* ◆ (site) requirement
contrainte d'adhérence ◆ bond stress
contrainte admissible ◆ allowable stress
contrainte de cisaillement ◆ shear stress ; shearing stress
contrainte critique ◆ critical stress
contrainte de flexion ◆ bending stress
contrainte limite ◆ maximum stress
contraintes *f. pl.* combinées, contraintes complexes, contraintes composées ◆ combined stresses

contraste *m.* ◆ contrast

contrat *m.* ◆ agreement ; contract
– **par contrat** ◆ by contract
contrat à forfait ◆ lump-sum contract

contre-allée *f.* (*pl.* contre-allées) ◆ side alley ; side walk

contrebas (en -) ◆ downwards

contre-boutant *m.* (*pl.* contre-boutants) ◆ buttress ; counterfort

contre-bouter, contre-buter ◆ buttress ; shore up (to)

contreclef *f.* ◆ second voussoir *(from the keystone)*

contrecœur *m.* ◆ fire back

contre-courbe *f.* ◆ counter curve

contre-écrou ***m.*** ◆ back nut ; check nut ; lock nut
contre-expertise ***f.*** ◆ counter valuation
contrefiche ***f.*** ◆ 1. angle brace ; diagonal ; 2. raker ; raking shore
contre-fil (à -) ◆ against the grain
contre-flèche ***f.*** ◆ camber
contrefort ***m.*** ◆ counterfort ; pier
contrefort intérieur ◆ inner buttress
contre-fruit ***m.*** ◆ counter batter
contremaître ***m.*** ◆ charge hand ; foreman (*pl.* foremen) ; checker ; clerk of works ; master of works
contremarche ***f.*** ◆ riser
contre-mur ***m.*** **(*pl.* contre-murs)** ◆ countermure ; strenghtening wall
contre-murer ◆ double wall (to)
contre-pente ***f.*** **(*pl.* contre-pentes)** ◆ reverse gradient
contreplaqué ***m.*** ◆ plywood
contreplaqué cintré ◆ curved plywood
contre-plinthe ***f.*** ◆ base shoe
contrepoids ***m.*** ◆ counterweight ; mouse
– **à contrepoids** ◆ counterbalanced
contrepoids *(de fenêtre à guillotine)* ◆ sash-balancing weight ; sash counterweight ; sash weight ; mouse
contre-porte ***f.*** **(*pl.* contre-portes)** ◆ double door ; baize door (outside another) ; screen door
contre-porte *(moustiquaire)* ◆ screened door
contrescarpe ***f.*** ◆ counterscarpe
contrevent ***m.*** ◆ blind ; shutter ; window shutter
contrevent ***m.*****, contrefiche** ***f.*** ◆ counter brace ; raker ; sway rod ; wind brace
contreventé (e) ◆ braced
– **non contreventé (e)** ◆ unbraced
contreventement ***m.*** ◆ wind bracing
contreventement en croix ◆ cross bracing
contre-voûte ***f.*** **(*pl.* contre-voûtes)** ◆ countervault
contrôle ***m.*** ◆ check ; checking
contrôle de la construction ◆ building control
contrôler ◆ test ; check (to)
convecteur ***m.*** ◆ convector
convection ***f.*** ◆ convection
convention ***f.*** ◆ agreement
conventionnel (-elle) ◆ conventional
conventuel (-elle) ◆ conventual
convexe ◆ convex
convexité ***f.*** ◆ convexity
convoyeur (*ou* transporteur) ◆ conveyor
convoyeur (*ou* transporteur) à godets ◆ bucket conveyor
coopérative ***f.*** **de construction** ◆ building cooperative
coordination ***f.*** **de chantier** ◆ planning and scheduling
coordination ***f.*** **modulaire** ◆ dimensional coordination ; modular coordination
coordonnée ***f.*** ◆ coordinate
copal ***m.*** **(*pl.* copals) *(vernis)*** ◆ copal
copeau ***m.*** ◆ chip ; chop ; core ; shaving
copeau de bois ◆ shaving *(of wood, etc.)*
copier ◆ line out ; score (to)
copolymère ***m.*** ◆ copolymer
copropriétaire ◆ condominium owner *(am.)* ; joint owner
copropriété ***f.*** ◆ joint ownership ; co-ownership
coq ***m.*** ***(de clocher)*** ◆ weathercock ; weather vane ; vane
coque ***f.*** ◆ shell
coque mince → voile mince
coquille ***f.*** ◆ concha
coquille d'escalier ◆ soffit of arch of staircase
coquille ***f.*** ***(voûte)*** ◆ sectroid ; vault head ; conch
corbeau ***m.*****, console** ***f.*** ◆ ancon ; ancone ; console ; corbel ; corbel stone
corbeille ***f.*** ◆ 1. basket ; corbeil ; corbeille ; 2. dress circle *(theater)*
corbeille de chapiteau ◆ bell
corde ***f.*** ◆ cord ; gasket strap ; gaskin strap ; line ; rope ; string
corde de chanvre ◆ hemp rope
corde d'échafaudage ◆ lashing ; lashing cord ; whip (steel) *(for scaffolds)*
cordeau ***m.*** ◆ chalking line ; line ; marking line ; mason's line ; walling thread
cordelière ***f.*** ◆ rope moulding ; twisted fillet
cordon ***m.*** ◆ cordon ; belt course ; string course
cordon souple ◆ cord *(electricity)*
cordon de tirage ◆ curtain cord ; door string
corinthien (-ienne) ◆ Corinthian
cornette ***f.*** ◆ angle bead ; corner bead ; corner guard

corniche ***f.*** ◆ cornice

corniche architravée ◆ architrave cornice

corniche d'armoire ◆ cornice of a cupboard

corniche rampante ◆ raking cornice

corniche à talon ◆ coving

cornière ***f.*** ◆ angle bar ; angle iron ; angle section

cornière à ailes égales ◆ equal angle

cornière à ailes inégales ◆ unequal angle

cornière d'angle ◆ angle bead

corps ***m.*** ◆ matter

corps de bâtiment ◆ main building ; principal building

corps d'enduit ◆ brown coat ; browning coat

corps de garde ◆ gate house

corps de métier ◆ guild

corps noir ◆ bituminous material

corridor ***m.*** ◆ corridor ; gallery ; gangway ; passage

corroder, corroder (se -) ◆ corrode (to)

corrosion ***f.*** ◆ corrosion

cotation ***f.*** ◆ dimensioning

cote ***f.*** ◆ dimension

cote de niveau ◆ height above datum

côte ***f.*** ◆ coast ; shore *(lake* or *sea)*

côté ***m.*** ◆ side

côté ensoleillé ◆ sunny aspect

coter ◆ mark the dimensions (to)

couche ***f.*** ◆ coat ; coating ; couch ; course

couche annuelle (*ou* cerne) ◆ annual ring ; growth ring ; ring of growth

couche d'apprêt ◆ base coat

couche aquifère ◆ aquifer

couche arable ◆ vegetable soil ; top soil ; black mould ; garden mould

couche d'argile ◆ clay bank ; clay stratum (*or* strata)

couche d'enduit ◆ coat of plastering ; coat of rendering

couche d'étanchéité ◆ damp-proof course

couche de finition *(enduit)* ◆ finishing coat (*plastering* or *rendering*) ; protective coating

couche de finition *(peinture)* ◆ top coat ; finish coat *(paint)*

couche de fond ◆ first coat ; pricking-up coat ; priming

couche géologique ◆ stratum ; layer

couche d'impression ◆ seal coat

couche intermédiaire ◆ intermediate coat

couche de liaison ◆ binder

couche de peinture ◆ coat of paint

couche de roulement ◆ roadway ; paved surface

couche de sable ◆ sand layer

coude ***m.*** ◆ elbow ; bend

coudé (e) ◆ bent

– **tuyau en coude** ◆ elbow ; knee

coudeuse ***f. (pour fers à béton)*** ◆ bending machine

coulage ***m.*** ◆ pouring *(concrete)*

coulée ***f.*** ◆ cast ; founding

couler du béton ◆ cast ; place concrete ; work concrete (to)

couleur ***f.*** ◆ colour ; color *(am.)* ; hue ; tint

– **en couleur** ◆ coloured

– **sans couleur** ◆ colourless

couleur claire ◆ light colour

couleur à l'eau (*ou* à détrempe *ou* au lavis) ◆ water colour ; water paint

couleur de finition ◆ finishing paint

couleur locale ◆ local colour

couleur de paille ◆ straw coloured

couleur résistant à l'eau ◆ water-resisting paint (*or* colour) ; washable distemper

couleur résistant au goudron ◆ tar-resisting paint

couleur sombre ◆ dark colour

coulis ***m.*** ◆ grout ; slurry

coulis de ciment ◆ cement grout ; cement slurry ; neat cement

coulisse ***f.*** ◆ side scene ; track ; wing

couloir ***m.*** ◆ corridor ; gallery ; passage

coup ***m.*** **de bélier** ◆ water hammer

coup-de-poing ***m.*** **(*pl.* coups-de-poing)** ◆ hit button

coupe ***f.*** ◆ section

coupe horizontale ◆ horizontal section

coupe longitudinale ◆ longitudinal section

coupe transversale ◆ cross section

coupe en travers ◆ cross section

coupe verticale ◆ sectional elevation ; vertical section

coupe-circuit ***m. inv.*** ◆ cut-out ; fuse box

coupé (e) en biseau ◆ splayed

coupe-feu *n. m. inv.* ou *adj.* ◆ fire resisting

– porte coupe-feu ◆ fire door

coupe-larme, goutte d'eau → larmier

couper en biais ◆ bevel ; edge ; chamfer (to)

couper le courant ◆ switch off ; disconnect ; cut out (to)

couper un arbre ◆ cut down ; fell a tree (to)

coupe-tubes *m.* ◆ tube cutter

coupe-verre *m. inv.* ◆ glass cutter ; quarrel

couple *m.* ◆ torque

couple *f.* de forces ◆ couple of forces

coupoir *m.* ◆ plate shears

coupole *f.* ◆ cupola

coupole bulbeuse ◆ bulbous dome

coupole géodésique ◆ geodesic dome

coupole à pendentifs ◆ cupola on pendentives ; pendentive dome

coupole sur trompes ◆ cupola on squinches

coupure *f.* d'électricité (*ou* de courant) ◆ electrical failure ; power failure

cour *f.* ◆ court ; courtyard ; yard

cour anglaise ◆ areaway

cour arrière ◆ back court

cour carrée *(édifice public)* ◆ main quad

cour d'école ◆ play ground of a school

cour d'honneur ◆ quad ; quadrangle

cour intérieure ◆ inner court

cour de récréation ◆ play ground of a school

courant *m.* ◆ current ; power *(electricity)*

courant alternatif ◆ alternating current (A.C.)

courant continu ◆ direct current (D.C.) ; continuous current

courant faible ◆ feeble current ; weak current

courant monophasé ◆ single-phase current

courant triphasé ◆ three-phase current

courbe *n. f.* ◆ 1. bend *(plumbing)* ; 2. curve ; graph ; graphic diagram

courbe granulométrique ◆ grading curve

courbe de la main-courante d'un escalier ◆ wreath *(of a handrail)*

courbe de niveau ◆ contour line

courbe rentrante ◆ re-entrant curve

courbe *(routes)* ◆ bend

courbe *adj.* ◆ curved ; bent

courbé (e) ◆ incurvate ; incurved

courber ◆ curve ; hogg ; camber (to)

courbure *f.* ◆ curvature ; incurvation ; bend

courette *f.* ◆ light well

couronne *f.* ◆ crown

couronnement *m.* ◆ cap

couronnement d'un mur ◆ coping ; wall coping

courroie *f.* ◆ belt

courroie transporteuse ◆ conveyor ; conveyor belt

cours *m.* d'eau ◆ watercourse

cours d'exécution (en -) ◆ in progress

coursive *f.* ◆ gallery

court *m.* de tennis ◆ court ; tennis court

court de tennis en gazon ◆ grass court

court-circuit *m.* (*pl.* courts-circuits) ◆ short circuit ; short circuiting

courtine *f.* ◆ curtain wall

coussinet *m.* ◆ cushion ; coussinet ; impost ; padstone ; pad

coût *m.* ◆ cost

coût(s) de construction ◆ cost(s) of construction ; building cost(s)

couteau *m.* ◆ knife ; spatula ; spattle

couteau à mastic (*ou* à mastiquer), couteau de vitrier ◆ putty knife

couteau *(peinture)* ◆ spattle ; spatula

coûter ◆ cost (to)

couvent *m.* ◆ convent ; monastery

couvercle *m.* de puits ◆ well cover

couvercle *m.* de w.c. ◆ toilet (seat) cover

couvert (e) d'arcades ◆ arcaded

couverture *f.* ◆ coping ; capping ; brow

couverture en ardoises ◆ slating ; slate covering

couverture du faîte ◆ ridge covering ; ridge capping

couverture de gare ◆ station roof

couverture de toit ◆ roof covering

couverture de tuiles ◆ tiling

couvrant *m.* *(peinture)* ◆ body *(paint)*

couvre-joint *m.* (*pl.* couvre-joints) ◆ cover fillet ; cover moulding ; joint tape ; junction plate

couvre-joint *(entre panneaux)* ◆ panel strip

couvre-marche *m.* ◆ step cover

couvreur *m.* ◆ roofer

couvreur en ardoises, couvreur-ardoisier *m.* ◆ slater

couvreur de chaume ◆ thatcher

couvreur en tuiles ◆ tiler ; tile layer

couvreur-zingueur m ◆ zinc roofer

couvrir d'une voûte ◆ arch over (to)

coyau *m.* ◆ furrings

coyer *m.* ◆ dragon beam ; dragon piece

craie *f.* ◆ chalk

craie *(dessin)* ◆ drawing chalk

crampon *m.* ◆ 1. bulldog plate ; clamping plate ; connector ; 2. clamp ; clasp ; cramp ; crook ; dog ; dog anchor ; dog iron ; hook ; staple

crampon d'échelle ◆ ladder hook

crampon de scellement ◆ cramp *(for stone)* ; cramp iron

cramponner ◆ clamp (to)

crapaudine *f.* ◆ grating strainer

craquelage *m.* ◆ cracking

craquelé (e) ◆ crackled

crayon *m.* ◆ lead pencil ; pencil

crayon (de) pastel ◆ crayon

créateur *m.* de mobilier ◆ furniture designer

crèche *f.* ◆ crib ; manger

crèche *f.* ◆ creche ; day nursery

crédit-bail *m.* ◆ lease ; quitrent

crémaillère *f.* ◆ toothed rack ; toothed rail

crématorium *m.* (*pl.* crématoria) ◆ crematorium ; crematory

Crémona ◆ Cremona's polygon of forces ; vector polygon

crémone *f.* ◆ espagnolette ; cremone bolt

créneau *m.* ◆ battlement ; crenel ; crenelle ; loop hole

crénelé (e) ◆ castellated ; crenelated ; embattled ; loop holed

créneler ◆ embattle (to)

créosote *f.* ◆ creosote ; creosote oil

créosoter, traiter à la créosote ◆ creosote (to)

crépi *m.* ◆ rendering mortar ; rough coating

crépi tyrolien ◆ tyrolean rendering

crépine *f.* ◆ strainer

crêpir, enduire ◆ render (to)

crête *f.* ◆ crest ; crown ; crown of a vault ; summit line ; top line

crête de faîte ◆ roof cresting

creuser ◆ excavate ; dig off (to)

creuset *m.* ◆ crucible ; melting pot

creux (-euse) ◆ concave ; hollow

crevasse *f.* ◆ cleft ; crack ; craze

criblage *m.* ◆ sieve test

crible *m.* ◆ screen ; sieve ; riddle

crible mécanique ◆ screening machine

cribler ◆ sieve ; screen (to)

cric *m.* ◆ jack

cric à crémaillère ◆ rackjack

cric à vis ◆ screw jack

crinoline *f.* ◆ safety hoop

crise *f.* du logement ◆ housing shortage

cristal *m.* (*pl.* cristaux) ◆ crystal

cristal taillé ◆ cut glass

cristallin (e) ◆ crystalline

cristalloïde *m.* ◆ crystalloid

critique *n. m.* ou *f.* ◆ critic

critique *adj.* ◆ critical

critique *f.* ◆ critique ; review

croc *m.* ◆ crook ; hook

crochet *m.* ◆ 1. crocket ; crook ; hook ; 2. pointing trowel

crochet en forme de S ◆ S iron

crochet de gouttière ◆ gutter bracket ; gutter hook

crochet à pitons ◆ hook and eye

crochet de puits ◆ bucket hook

crochet de serrurier ◆ pick lock

croisée *f.* ◆ casement window

croisée d'ogives ◆ intersecting ribs

croisée de transept ◆ crossing

croisement *m.* ◆ intersection

croisement de routes ◆ cross roads

croisement en trèfle ◆ clover leaf *(crossing)*

croisillon *m.* ◆ crossbar ; cross brace ; X brace

croissant *m.* ◆ crescent

– **en forme de croissant** ◆ crescent

croix *f.* ◆ cross

– **en forme de croix** ◆ cruciform ; cross-like ; cross shaped

croix gammée ◆ svastika (*ou* swastika)

croix grecque ◆ Greek cross

croix latine ◆ Latin cross

croix de Malte ◆ Maltese cross

croix potencée ◆ cross potent

croix de Saint-André ◆ cross stay ; herring-bone strutting ; Saint Andrew's cross

croix de tour ◆ tower cross

cromlech *m.* ◆ stone circle

croquis *m.* ◆ outline ; rough draft ; sketch

crosse *f.* ◆ hook

crossette *f.* ◆ crossette ; joggle

croupe *f. (de toit)* ◆ hipped end

crown *m.* ◆ crown glass

cruche *f.* ◆ crock ; jug

crucifix *m.* ◆ crucifix

cruciforme ◆ cruciform ; cross like ; cross shaped

crypte *f.* ◆ crypt ; crowde

cubage *m.* ◆ cubage ; cubature ; cubic content

cube *m.* ◆ cube

cubilot *m.* ◆ cupola furnace

cubique ◆ cubic ; cubical

cubisme *m.* ◆ cubism

cubiste ◆ cubist

cuir *m.* ◆ leather

cuire la chaux ◆ burn lime (to)

cuisine *f.* ◆ kitchen

cuisine par éléments ◆ element kitchen

cuisine sur mesure ◆ fitted kitchen

cuisinette *f.* ◆ kitchenette

cuisinière *f.* ◆ cooker ; cooking stove ; kitchener ; kitchen range

cuivre *m.* ◆ copper

– de (*ou* en) cuivre ◆ copper

cuivre en feuille ◆ sheet copper

cuivre jaune ◆ brass ; latten

cuivre martelé ◆ wrought copper

cuivre vierge ◆ native copper

cuivrer ◆ copper ; copperplate (to)

cul-de-four *m.* (*pl.* culs-de-four) ◆ concha ; cul-de-four ; half-dome ; semidome

cul-de-lampe *m.* (*pl.* culs-de-lampe) ◆ pendant ; cul-de-lampe

cul-de-sac *m.* (*pl.* culs-de-sac) ◆ blind alley ; blind street ; cul-de-sac

culée *f.* ◆ abutment

culotte *f.* ◆ wye branch ; wye fitting ; Y branch ; Y fitting

cunette *f.* ◆ invert

cure *f.* ◆ curing

cuve *f.* ◆ trough ; tub ; vat ; tank

cuve à fioul (*ou* à mazout) ◆ oil tank

cuvelage *m.* ◆ tanking

cuvette *f.* ◆ conductor head

cuvette d'ascenseur ◆ lift pit

cuvette de chéneau ◆ hopper head ; rainwater hopper

cuvette de descente d'eaux pluviales ◆ rain-water head ; leader head *(am.)*

cuvette de lavabo ◆ washbasin ; lavatory *(am.)*

cuvette de w.c. ◆ toilet bowl ; w.c. pan

cuvette de w.c. à la turque ◆ seatless privy

cyclopéen (appareil) ◆ cyclopean

cylindrage *m.* ◆ rolling

cylindre *m.* ◆ cylinder ; roller

cylindre à vapeur ◆ steam roller

cylindrique ◆ cylindrical ; cylindric

cymaise *f.* ◆ dado rail ; dado capping ; cymatium

cyprès *m.* ◆ cypress ; cypress tree

D

dais ***m.*** ◆ baldaquin ; canopy

dallage ***m.*** ◆ flagging ; flagstone pavement ; paving ; slab floor

dallage en terrazzo ◆ terrazzo floor ; Venetian mosaic floor

dalle ***f.*** ◆ cement-floor tile ; floor slab ; slab

dalle en béton ◆ concrete slab ; concrete floor

dalle en béton armé ◆ slab floor

dalle en béton ***(revêtement de sol)*** ◆ concrete (floor) tile

dalle (en) céramique ◆ earthenware slab

dalle (*ou* plancher) champignon ◆ mushroom slab

dalle collaborante (*ou* plancher *m.* collaborant) ◆ composite slab

dalle de compression ◆ concrete topping

dalle flottante ◆ floating slab

dalle de liège ◆ cork tile

dalle en liège ◆ cork slab ; cork brick ; cork sheet

dalle de magnésite ◆ magnesite flooring

dalle mosaïque de marbre ◆ terrazzo tile

dalle nervurée ◆ ribbed slab

dalle en pierre ◆ flag ; slab ; stone floor

dalle en pierre (grande -) ◆ step flag

dalle-plancher ◆ floor slab

dalle en porte-à-faux ◆ cantilever slab

dalle simple ◆ flat slab

dalle de sol ◆ flag ; flagstone ; slab

dalle de sol en gravillons lavés ◆ gravel flag

dalle thermoplastique ◆ thermoplastic tile ; asphalt tile *(am.)*

dalle de trottoir ◆ sidewalk flag ; sidewalk tile

dalle de verre ◆ quarry glass

dalle vinyle-amiante ◆ vinyl-asbestos tile

daller ◆ flag (to)

damage ***m.*** ◆ tamping

dame ***f.*,** **demoiselle** ***f.*,** **hie** ***f.*** ◆ hand rammer ; hand tamp ; mall ; maul ; paving beetle ; paviour's beetle ; ram ; rammer

dame-jeanne ***f.*** **(*pl.* dames-jeannes) (*ou* bonbonne)** ◆ demijohn

damer ◆ beat down ; compact ; ram ; tamp (to)

damier ***m.*** ◆ draught board

dans œuvre ◆ inner *(measurement)*

dauphin ***m.*** ◆ leader shoe

dé ***m. (piédestal)*** ◆ dado ; die *(pedestal)* ; pedestal

déambulatoire ***m.*** ◆ ambulatory ; deambulatory ; gallery of a church

débarcadère ***m.*** ◆ pier ; jetty ; wharf ; landing stage

débarras ***m.*** ◆ boxroom ; lumber room

débattement ***m.*** ◆ clearance

débit ***m.*** ◆ flow rate

débit ***m. (d'une pompe, d'une route)*** ◆ capacity

déblai ***m.*** ◆ excavation ; cutting

déblais ***m. pl.*** ◆ excavated earth ; spoils

déblais et remblais ***m. pl.*** ◆ cuts and fills

déblayer ◆ excavate ; dig off (to)

débris ***m.*** ◆ fallen earth ; fallen rock

début ***m.*** **de prise** ***(du ciment)*** ◆ initial set *(of cement)*

décamètre ***m.*** ◆ decametre

décantation ***f.*** ◆ sedimentation

– **bassin** ***m.*** **de décantation** ◆ sedimentation tank

décapant ◆ paint remover ; paint stripper

décapeuse ***f.*** ◆ scouring machine ; scraper

décastyle ***n. m.*** **ou** ***adj.*** ◆ decastyle

décennale ***f.*** **(*ou* garantie *f.* -)** ◆ ten-years guarantee

décharge ***f.*** ◆ prop ; stay ; spoil area

déchargeoir ***m.*** ◆ overflow pipe

décharger de la terre ◆ discharge earth (to)

déchausser (se -) par le gel ◆ freeze up ; heave *(due to frost)* (to)

déchets *m. pl.* de fer ◆ scrap iron ; chipping ; clippings
décibel *m. (dB)* ◆ decibel
décimètre *m.* ◆ decimetre
décoffrage *m.* ◆ demo(u)lding ; dismantling ; form removal ; form striking ; form stripping
décoffrer ◆ dismantle (to)
décoloration *f.* ◆ discolo(u)ration
décolorer ◆ decolo(u)rize (to)
  décolorer (se -) ◆ fade ; lose colour (to)
décombres *m. pl.* ◆ demolition rubbish
décomposé *(dans le cas du verre ancien)* ◆ unglazed
décomposition *f.* à l'air ◆ weathering
déconstructivisme *m.* ◆ deconstructivism
déconstructiviste ◆ deconstructivist
décor *m.* ◆ decor ; decoration ; scenery
décorateur *m.* (-trice) ◆ interior designer
  décorateur *m.* (-trice) *(théâtre)* ◆ scene painter
décoratif (-ive) ◆ decorative ; ornamental
décoration *f.* ◆ decoration
  décoration murale ◆ wall decoration
découpage *m.* ◆ carving-out ; cutting-out ; fretwork
découper ◆ cut up ; cut out ; fret *(wood, etc.)* ; indent (to)
  découper au chalumeau ◆ cut with a blow lamp (to)
dédale *m.* ◆ labyrinth ; maze
dédommagement *m.* ◆ indemnification ; compensation
défaut *m.* ◆ deficiency ; defect ; fault ; holiday *(am.)*
  défaut de coulée ◆ casting fault
  défaut d'un matériau ◆ defective material
défectueux (-euse) ◆ faulty ; unsound
défonceuse *f.* ◆ ripper ; rooter
déformation *f.* ◆ deformation ; strain
  déformation au cisaillement ◆ shear strain
  déformation due à la compression ◆ compressive strain
  déformation diagonale ◆ wracking
  déformation élastique ◆ elastic deformation ; elastic strain
  déformation élasto-plastique ◆ elastic-plastic deformation
  déformation due à la flexion ◆ bending strain
  déformation en parallélogramme ◆ wracking
  déformation permanente ◆ permanent deformation ; permanent set
  déformation plastique ◆ plastic deformation ; plastic yield
dégagement *m.* ◆ passageway
dégauchissage *m.* (*ou* dégauchissement) ◆ levelling ; planing ; smoothing
dégauchisseuse *f.* ◆ surface planer
dégradation *f.* ◆ wear ; wearing
dégraisseur *m.* (*ou* boîte *f.* à graisse) ◆ grease trap
degré *m.* ◆ 1. degree ; grade ; 2. step
  degré coupe-feu ◆ fire rating
  degré-heure ◆ degree-hour
  degré hygrométrique ◆ relative humidity (RH)
  degré-jour m ◆ degree-day
dégrossi (e) ◆ roughhewn
dégrossir ◆ rough hew ; smooth ; smoothen (to)
délabré (e) ◆ dilapidated ; ramshackle ; tumbledown
délabrement *m.* ◆ decay ; dilapidation
délaminage *m.* ◆ delamination
délai *m.* de réalisation ◆ construction time
délitage *m.* ◆ cleavage
délité (e) ◆ bedded *(stone)*
déliter (se -) ◆ scale ; peel off ; exfoliate (to)
  déliter le bois ◆ saw in the length ; saw lengthwise ; rip (to)
delta *m.* ◆ delta
demande *f.* d'offre ◆ calling for tenders ; submission
démantelé (e) ◆ dismantled
démantèlement *m.* ◆ dismantling
démanteler ◆ dismantle (to)
demeure *f.* ◆ dwelling
demi-brique *f.* (*ou* briqueton) ◆ half-bat ; half-header ; queencloser
demi-cercle *m.* ◆ semicircle
– en demi-cercle (*ou* en plein cintre) ◆ semicircular
demi-colonne *f.* (*ou* demi-ceint *m.*) ◆ semicolumn ; half-column
demi-coupole *f.* ◆ half-cupola
demi-ferme *f.* ◆ half-truss
demi-lune *f.* ◆ demi-lune ; half-moon
– en demi-lune ◆ lunate
demi-palier *m.* ◆ half-landing
demi-pilier *m.* ◆ pier
demi-poteau *m.* ◆ half-column

demi-produits ***m. pl.*** ◆ sections

demi-relief ***m.*** ◆ *mezzo-relievo*

demi-rond(e) ◆ half-round

demi-varlope ***f.*** ◆ jack plane for rebates

démographie ***f.*** ◆ demography

démographique ◆ demographic

demoiselle → dame

démolir ◆ break up ; demolish ; pull down ; take down (to)

démolisseur ***m.*** ◆ demolisher ; house breaker ; puller down

démolition ***f.*** ◆ demolition ; wrecking *(am.)*

démontable ◆ removable

démontage ***m.*** ◆ disassembly

démonter ◆ disassemble ; take down (to)

démoulage ***m.*** ◆ demo(u)lding ; release *(from mould)* ; mould removal

densité ***f.*** ◆ specific gravity

densité absolue ◆ absolute specific gravity

densité de construction ◆ building density

densité de population ◆ denseness

densité réelle ◆ true-specific gravity

dent ***f.*** ◆ abutment cheek ; collar ; peg shoulder ; tooth (*pl.* teeth)

dent-de-chien ◆ tooth ornament ; dogtooth

dents d'engrenage ◆ dogtooth course

dent-de-loup ***f.*** ◆ rafter nail

dents-de-scie ◆ saw teeth

dentelé (e), denticulé (e) ◆ denticulate(d) ; indented ; jagged ; jaggy

denteler ◆ indent (to)

dentelle ***f.*** ◆ lace ; lace work

dentelure ***f.*** ◆ indentation

denticule ***m.*** ◆ denticle ; dentil

denticulé (e) ◆ denticulate(d)

dépendances ***f. pl.*** ◆ outbuildings

dépenses ***f. pl.*** ◆ expenses ; cost(s)

déperdition ***f.*** ◆ heat loss

dépeupler (se -) ◆ depopulate (to)

dépopulation ***f.*** ◆ depopulation

dépôt ***m.*** ◆ depot ; store ; storage ; yard

dépôt de charbon ◆ coal stores ; coal yard

dépression ***f.*** ◆ vacuum

dérivation ***f.*** ◆ branch

dérouiller ◆ unrust ; clean from rust (to)

derrick ***m.*** ◆ derrick

désaccord ***m.*** ◆ discord

désagrégation ***f.*** ◆ weathering

désaxé (e) ◆ out of centre

desceller ◆ unseal (to)

descente ***f.*** **d'eaux pluviales** ◆ conductor ; downpipe *(am.)* ; fall pipe *(am.)* ; rainwater pipe ; rain leader *(am.)*

descriptif ***m.*** ◆ specifications

désenfumage ***m.*** ◆ smoke control ; smoke venting

déshydratant ***m.*** ◆ drying agent

désoxidation ***f.*** ◆ deoxidization

dessableur ***m.*** ◆ sand trap

dessin ***m.*** ◆ design ; draft *(am.)* ; draught ; drawing

dessin architectural ◆ architectural drawing

dessin d'architecture, plan d'architecture ◆ architectural drawing

dessin assisté par ordinateur (D.A.O.) ◆ computer-aided drawing (C.A.D.)

dessin conforme à l'exécution ◆ as-built drawing

dessin de détail ◆ detail drawing

dessin à l'échelle ◆ scale drawing

dessin à l'estompe ◆ stump drawing

dessin d'exécution ◆ working drawing

dessin géométrique ◆ geometrical drawing

dessin au lavis ◆ wash drawing

dessin linéaire ◆ geometrical drawing

dessin à main levée ◆ free-hand drawing

dessin en perspective ◆ perspective drawing

dessin au trait ◆ outline drawing

dessinateur ***m.*** ◆ draughtsman ; draftsman *(am.)*

dessinateur-architecte m ◆ architectural draughtsman ; architecture draughtsman (draftsman *am.*)

dessinateur-constructeur m ◆ structural draughtsman (draftsman *am.*) ; structural designer

dessinatrice ***f.*** ◆ draughtswoman

dessiner ◆ delineate ; draw ; sketch (to)

dessiner au pastel ◆ crayon (to)

dessus ***m.*** **de marche** ◆ tread

dessus du manteau de cheminée ◆ overmantel

dessus de toilette ◆ toilet cover

détail ***m.*** ◆ detail ; detail drawing

– tous les détails ◆ full details

détaillé (e) ◆ detailed

détailler ◆ detail (to)

détecteur *m.* de fumée ◆ smoke detector

détour *m.* ◆ detour ; détour

détrempe *f.* ◆ cold water colour ; distemper

deuxième balcon *(théâtre)* ◆ balcony ; upper circle

devanture *f.* ◆ frontage

devanture de magasin ◆ shop front

dévers *m.* ◆ cant ; wane ; waney edge ; transverse gradient

déverser (se -) ◆ drain off (to)

déviation *f.* ◆ deviation

déviation *f.* (sentier, route, voie de -) ◆ by-path ; by-road ; by-way

devis *m.* ◆ estimate (builder's - *or* contractor's -)

devis approximatif ◆ rough estimate

devis descriptif ◆ building specifications ; outline specifications

devis estimatif ◆ estimate of costs

devis préliminaire (*ou* devis provisoire) ◆ preliminary estimate

devis quantitatif ◆ bill of quantities ; list of materials

devis quantitatif-estimatif ◆ bill of quantities and estimates

dévissage *m.* ◆ unscrewing

dévisser ◆ unscrew (to)

diabase *m.* ◆ diabase ; green stone

diagonale *n. f.* ◆ diagonal

diagonale *(d'échafaudage)* ◆ brace ; cross tie *(of a scaffold)*

diagonales croisées ◆ cross pawl ; cross spale ; brace and counterbrace

diagonal (e) (*pl.* diagonaux/-ales) *adj.* ◆ diagonal

diagramme *m.* ◆ chart ; diagram ; graph

diagramme de Crémona ◆ Cremona's polygon of forces ; vector polygon

diagramme des forces ◆ diagram of forces ; polygon of forces ; stress diagram

diamant *m.* ◆ diamond ; glazier's pencil

diamètre *m.* ◆ diameter

diamètre extérieur ◆ outside diameter

diamètre intérieur ◆ inside diameter

diamètre intérieur *(de tuyau)* ◆ bore

diastyle *m.* ◆ diastyle

diffusion *f.* de vapeur ◆ vapour diffusion

diglyphe *m.* ◆ diglyph

digue *f.* ◆ dam ; dike (*or* dyke)

dilatation *f.* ◆ dilatation ; expansion

dilatation linéaire ◆ linear expansion

dilatation thermique ◆ thermal expansion

diluant (e) ◆ thinner ; solvent

diluer la peinture ◆ cut paint (to)

diluvium *m.* ◆ diluvium

dimension *f.* ◆ dimension ; size

dimension hors œuvre ◆ overall dimension

dimension modulaire ◆ modular dimension

dinandier *m.* ◆ copper smith ; brazier

diorite *f.* ◆ diorite

diphasé (e) ◆ diphasic ; two-phase

diptère *m.* ◆ dipteral (dipteral temple)

direction *f.* ◆ directing

directives *f. pl.* ◆ guidelines

Directoire *m.* ◆ Directory ; Directoire Style

disjoncteur *m.* ◆ circuit breaker

disjoncteur divisionnaire ◆ cut-out

dispersant *n. m.* ou *adj.* ◆ dispersing agent

dispersion *f.* ◆ dispersion ; dispersal

dispositif *m.* ◆ appliance ; device

disposition *f.* ◆ order ; ordinance

disproportion *f.* ◆ disproportion

disproportionné (e) ◆ disproportionate

disque *m.* ◆ discus ; quoit

disque de renforcement ◆ gusset plate

disque de stationnement ◆ parking meter

dissolvant *n. m.* ◆ solvent

dissolvant (e) *adj.* ◆ dissolvant

dissymétrie *f.* ◆ asymmetry ; dissymmetry

distance *f.* ◆ distance

distance d'axe en axe, distance entre axe ◆ distance between centres ; on-center distance *(am.)* ; distance between centre lines ; centre-to-centre

distance de poutre à poutre ◆ interjoist

distorsion *f.* ◆ distortion

distribution *f.* d'eau ◆ water supply

distyle *m.* ◆ distyle

divan *m.* ◆ couch ; divan

dock *m.* ◆ dock yard

dodécagone *m.* ♦ dodecagon
dodécastyle *m.* ♦ dodecastyle
dolmen *m.* ♦ cromlech ; dolmen ; table stone
doloire *f.*, herminette *f.* ♦ adze
dolomie *f.*, dolomite *f.* ♦ dolomite
domaine *m.* ♦ domain
dôme *m.* ♦ cupola ; dome ; domical roof
– **avec un (*ou* en forme de) dôme** ♦ domed
  dôme suspendu ♦ pendentive dome
domicile *m.* ♦ domicile
domino *m.* ♦ split fitting
dommage *m.* ♦ damage
domotique *f.* ♦ building automation
donateur (-trice) ♦ donor ; giver
donation *f.* ♦ free gift
donjon *m.* ♦ keep ; donjon ; turret
– **avec un donjon** ♦ turreted
dorage *m.* ♦ gilding
doré (e) ♦ gilt
dorer ♦ gild (to)
doreur *m.* (-euse) ♦ gilder
dorique *m.* ♦ doric
dormant *m.* ♦ dead light ; frame (fixed) *(of window, etc.)*
– **pêne *m.* dormant** ♦ dead bolt
  dormant (châssis -) ♦ fast sheet
  dormant de fenêtre ♦ window frame
  dormant de porte ♦ door frame
dortoir *m.* ♦ dormitory
dorure *f.* ♦ gilding ; gilt
dos *m.* ♦ back *(of a seat, chair, etc.)*
dosage *m.* ♦ batching ; mix design ; proportioning
  dosage du béton ♦ mix design
  dosage en ciment ♦ cement factor
  dosage en eau ♦ water factor
  dosage pondéral ♦ batching by weight
  dosage volumétrique ♦ batching by volume
dos-d'âne *m. inv.* ♦ ogee
– **en dos-d'âne** ♦ coped ; hog backed ; saddleback
  dos-d'âne *(route)* ♦ hump
dosseret *m.* ♦ wall pier ; wall pillar
dossier *m.* ♦ back *(of a seat, chair, etc.)*
doublage *m.* ♦ furring
doublé (e) ♦ rolled
double décimètre *m.* ♦ drawing rule
double dent *f.* ♦ double tenons ; twin tenons
double emboîtement *(tuile)* *m.* ♦ double interlocking
double fenêtre *f.* ♦ double window
double tenon *m.* ♦ double tenons ; twin tenons
double transept *m.* ♦ double transept
double vitrage *m.*, vitrage isolant ♦ double glazing
douche *f.* ♦ shower ; shower bath
– **cabine *f.* de douche** ♦ shower cubicle ; shower stall *(am.)*
douchette *f.* ♦ hand shower ; hand spray
doucine *f.* ♦ 1. ogee plane ; 2. cyma recta ; Doric cyma ; doucine ; ogee
  doucine renversée ♦ cyma reversa ; lesbian cyma
douelle *f.* ♦ (inside *or* outside) facing of a voussoir
  douelle extérieure ♦ back *(of a vault or an arch)* ; extrados ; outside facing of a voussoir
  douelle intérieure ♦ inside facing of a voussoir
Douglas (ou sapin Douglas) → pin d'Orégon
douille *f.* ♦ lampholder ; lampsocket ; socket
douve *f.* ♦ ditch ; moat ; trench
dragage *m.* ♦ dredging work
drague *f.* ♦ dredge ; dredger ; dredging machine
  drague à vis ♦ screw dredger
draguer ♦ dredge (to)
dragueur *m.* de sable ♦ sand-pump dredger
drain *m.* ♦ drain ; drain pipe ; drainage tube
drainage *m.* ♦ drainage ; draining ; land drain
  drainage de sol ♦ land drain
  drainage de la toiture ♦ rainwater drainage
drainer ♦ drain (to)
dressé (e) au marteau ♦ hammer dressed
dresser *(une pierre, une pièce de bois)* ♦ straighten ; level (to)
  dresser à l'herminette ♦ adze (to)
  dresser un mur ♦ erect a wall (to)
drille *f.* ♦ hand drill
droit (e) ♦ square ; perpendicular
droite *f.* ♦ straight line
droits *m. pl.* civiques ♦ civic rights
droits *m. pl.* de succession ♦ estate duty
ductile ♦ ductile

ductilité ***f.*** ◆ ductility

duplex ◆ duplex

dur (e) ◆ hard

durabilité ***f.*** ◆ durability

duramen ***m.*** ◆ heartwood ; duramen

durcissement ***m.*** ◆ hardening

durcisseur ***m.*** **(*ou* produit durcissant)** ◆ hardener

durée ***f.*** **de conservation, durée limite de stockage** ◆ shelf life ; storage life

dureté ***f.*** ◆ hardness

dureté Brinell ◆ Brinell hardness

dureté Mohs → ***échelle de dureté***

E

eau ***f.*** **(*pl.* eaux)** ◆ water

– **enlèvement** ***m.*** **de l'eau** ◆ dewatering

eau pour l'alimentation ◆ feed water

eau artésienne ◆ artesian water

eau de chaux ◆ limewater

eau de conduite ◆ tap water

eau courante ◆ running water

eau douce ◆ drinking water ; fresh water ; soft water

eau dure ◆ hard water

eaux d'égout ◆ sewage

eau-forte ***f.*** **(*pl.* eaux-fortes)** ◆ etching

eau de gâchage ◆ mixing water

eau d'infiltration ◆ leakage water ; seepage water

eau javelisée ◆ bleached water

eau morte ◆ dead water ; neap tide ; slack water

eau de pluie ◆ rain water

eau potable ◆ drinking water (*or* drinkwater) ; fresh water

eau salée, eau saline ◆ salt water ; brine

eau de source ◆ spring water

eau souterraine ◆ underground water

eaux ménagères (E.M.) ◆ domestic sewage

eaux pluviales (E.P.) ◆ rainwater

eaux de surface ◆ surface water

eaux usées (E.U.) ◆ sewage

eaux-vannes (E.V.) ◆ cesswater ; waste water ; foul water

ébauchoir ***m.*** ◆ cutting chisel

ébène ***f.*** ◆ ebony

– **d'ébène** ◆ ebony

ébénier ***m.*** ◆ ebony tree

ébéniste ***m.*** ◆ cabinet maker

ébénisterie ***f.*** ◆ cabinet making

ébonite ***f.*** ◆ ebonite ; vulcanite

éboulement ***m.*** ◆ fall-down ; collapse

éboulement de terrain ◆ landslide ; landslip

éboulis ***m.*** ◆ fallen earth ; fallen rock

ébrasement ***m.*** **(*ou* ébrasure** ***f.*****)** ◆ 1. embrasure ; splay ; splaying ; 2. splayed jamb

ébréchure ***f.*** ◆ exfoliation

écaillage ***m.*** ***(peinture)*** ◆ peeling

écaille ***f.*** ◆ plate *(of tortoise shell)*

écaille de poisson ◆ scale

écaille de tortue ◆ tortoise shell

écailler (s'-) ◆ exfoliate ; peel off ; scale (to)

écarlate ***f.*** ◆ scarlet

écart ***m.*** **de température** ◆ temperature differential

écartement ***m.*** ◆ spacing ; span

écartement des rivets ◆ pitch of the rivets

échafaudage ***m.*** ◆ scaffold(ing) ; staging

échafaudage à balancelle → ***échafaudage volant***

échafaudage en bascule ◆ needle scaffold

échafaudage en console ◆ bracket scaffold ; bracket staging

échafaudage extérieur ◆ outside scaffold

échafaudage intérieur ◆ trestle scaffold ; working platform

échafaudage mobile ◆ movable scaffold ; travelling cradle

échafaudage de montage ◆ assembling scaffold

échafaudage roulant ◆ portable scaffold

échafaudage de secours ◆ security floor under a scaffold floor

échafaudage suspendu ◆ hanging scaffold ; suspended scaffold

échafaudage tubulaire ◆ tubular scaffold

échafaudage volant (*ou* à balancelle) ◆ flying scaffold

échafauder ◆ erect scaffolding ; scaffold (to)

échancrure ***f.*** ◆ notch ; cut ; indentation

échangeur ***m.*** **de chaleur, échangeur thermique** ◆ heat exchanger

échantignole (*ou* échantignolle) ***f.*** ◆ purlin cleat ; wooden cleat *(nailed on rafters)*

échantillon ***m.*** ◆ sample

échappée ***f.*** ◆ headroom ; headway

échappée ***f. (escalier)*** ◆ clearance ; stairs headroom ; stairs headway

écharpe ***f.*** ◆ counter brace ; diagonal brace ; raker ; sway rod ; wind brace

écharpes ***f. pl.*** ◆ bracing ; diagonal bracing

échasse ***f.*** ◆ scaffold pole ; upright

échauguette ***f.*** ◆ watch turret ; corner turret

échelle ***f.*** ◆ 1. ladder ; 2. scale

échelle de corde ◆ rope ladder

échelle d'un dessin ◆ scale *(of a drawing)*

échelle de dureté ◆ Mohs' scale of hardness

échelle d'échafaudage ◆ scaffold's ladder

échelle escamotable ◆ hanging ladder

échelle de meunier ◆ cellar stairs ; open stairs

échelle suspendue, échelle volante ◆ cradle ; hanging ladder

échelle à toiture ◆ roof ladder ; duck run

échelon ***m.*** ◆ echelon ; degree ; rung

échiffre ***f.*** **(*ou* échiffe)** ◆ framework of a staircase

échiffre ***f.*** **(*ou* mur d'échiffre)** ◆ string wall

échine ***f.*** ◆ echinus

écho ***m.*** ◆ echo

échoppe ***f.*** ◆ booth ; covered stall

éclairage ***m.*** ◆ lighting

éclairage artificiel ◆ artificial lighting

éclairage direct ◆ direct lighting

éclairage à l'électricité ◆ electric light

éclairage au gaz ◆ gas lighting

éclairage incandescent ◆ incandescent light

éclairage indirect ◆ indirect lighting

éclairage au néon ◆ neon light

éclairage de plafond ◆ ceiling lighting

éclairage public ◆ street ligthing

éclairage des rues ◆ street ligthing

éclairagiste ***m.*** ◆ lighting engineer

éclairement ***(unité : lux) m.*** ◆ illumination

– **facteur d'éclairement naturel (*ou* facteur de lumière du jour)** ◆ daylight factor

éclat ***m.*** ◆ brightness

éclat de roche ◆ splinter ; sliver

éclectique ◆ eclectic

éclectisme ***m.*** ◆ eclecticism

éclimètre ***m.*** ◆ inclination meter

éclissage ***m.*** ◆ fish joint

éclisse ***f.*** ◆ fish plate ; mending plate ; splice plate

écluse ***f.*** ◆ lock

écoinçon ***m.*** **(*ou* écoinson)** ◆ corner piece ; corner stone *(in the angle of two walls)*

école ***f.*** ◆ school

école des Arts et Métiers ◆ engineering college

école des Beaux-Arts ◆ design school ; school of arts

école maternelle ◆ infant school ; kindergarten ; nursery school

école professionnelle, école technique ◆ professional school

écologie ***f.*** ◆ ecology

économies ***f. pl.*** **d'énergie** ◆ energy saving

économiste ***m.*** ◆ quantity surveyor

écoperche ***f.*** ◆ scaffold pole ; upright

écorce ***f.*** ◆ bark ; peel ; rind

écoulement ***m. (fluide)*** ◆ flow

écouler (s'-) ◆ drain off (to)

écran ***m.*** ◆ screen ; shade ; guard

écran de protection ◆ fan ; screen to a scaffold

écrasement ***m.*** ◆ crushing

écrevisse ***f.*** ◆ nippers ; stone tongs

écriteau ***m.*** ◆ board ; signboard

écritoire ***f.*** ◆ writing desk

écriture ***f.*** ◆ hand writing ; writing

écriture cunéiforme ◆ cuneiform writing

écriture gothique ◆ black letter ; gothic

écriture hiéroglyphe ◆ hieroglyph(ic) writing

écriture (en) italique ◆ italic writing

écriture pictographique ◆ picture writing

écrou ***m.*** ◆ female screw ; nut ; screw nut

écrou à ailettes, écrou ailé, écrou à oreilles ◆ butterfly nut ; fly nut ; thumb nut ; wing nut

écrouir ◆ harden ; temper (to)

écroulement ***m.*** ◆ 1. collapse ; fall-down (*or* falling down) ; falling-in ; 2. ruin ; wreck

écrouler (s'-) ◆ collapse (to)

écume ***f.*** **de mer** ◆ meerschaum ; seafoam

écurie ***f.*** ◆ horse stable ; stable ; shippon

  écuries ***f. pl.*** ◆ mews

écusson ***m.*** ◆ key plate ; escutcheon ; keyhole plate ; scutcheon

édicule ***m.*** ◆ small buiding *(pavilion, kiosk, etc., in a public place)*

édification ***f.*** ◆ building-up ; erection

édifice ***m.*** ◆ building ; edifice

  édifice principal ◆ main building ; principal building

  édifice public ◆ official building ; public building

édifier ◆ build ; construct ; erect ; practise *(building, monument)* (to)

effacer ◆ erase ; rub out (to)

effet ***m.*** ◆ effect

  effet de cheminée ◆ chimney effect ; stack effect

  effet lumineux ◆ luminous effect

  effet de poinçonnement ◆ punching ; punching effect

  effet de serre ◆ greenhouse effect

  effet de voûte ◆ arching

efflorescence ***f.*** ◆ blemish ; efflorescence

  efflorescence ***f. (sur briques)*** ◆ bloom ; scum

effondrement ***m.*** ◆ collapse ; downfall ; fall-down ; sinking

effondrer (s'-) ◆ collapse ; fall down (to)

effort ***m.*** **de compression** ◆ compression stress ; compressive stress

effort de flexion ◆ bending load

effort de traction ◆ tensile force ; tractive power

effritement ***m.*** ◆ exfoliation

effriter (s'-) ◆ scale ; peel off ; exfoliate (to)

égaliser ◆ take the level ; grade (to)

église ***f.*** ◆ church

  église abbatiale ◆ minster

  église fortifiée ◆ fortified church

  église-halle (*ou* à nefs de hauteur égale) ◆ hall church

  église rupestre ◆ rock church

égoïne ***f.*** ◆ pilot handsaw *(for jobbing carpenters)*

égout ***m.*** ◆ 1. drain ; slope *(of a roof)* ; 2. sewer

  égout collecteur ◆ main sewer

  égout pluvial ◆ storm sewer

  égout public ◆ public sewer

  égout de toit ◆ eaves

égouttoir ***m.*** ◆ draining board

égriser ◆ polish (to)

élancé (e) ◆ slender

élancement ***m.*** ◆ slenderness

élargir ***(une rue, etc.)*** ◆ widen (to)

élargissement ***m.*** ◆ widening

élasticité ***f.*** ◆ elasticity

– sans élasticité ◆ inelastic

élastique ◆ elastic

électricien ***m.*** ◆ electrician

électricité ***f.*** ◆ electricity

  électricité statique ◆ static electricity

électrique ◆ electric ; electrical

électrode ***f.*** ◆ electrode

électrolyse ***f.*** ◆ electrolysis

électrolyser ◆ electrolyse (to)

électrolyte ***m.*** ◆ electrolyte

électron ***m.*** ◆ electron

électronique ***n. f.*** ◆ electronics

électronique ***adj.*** ◆ electronic

électrostatique ***n. f.*** ◆ electrostatics

électrostatique ***adj.*** ◆ electrostatic

électrotechnique ***f.*** ◆ electrical engineering

électro-vanne ***f.*** ◆ solenoid valve

élément ***m.*** ◆ element ; unit

  élément de bardage ◆ light-cladding element

  élément de cloison ◆ partition unit

  élément de construction ◆ building element

  élément de cuisine ◆ kitchen unit

  élément de remplissage ◆ infill element

élévation ***f.*** ◆ elevation ; lifting-up ; raising

  élévation géométrale ◆ vertical elevation

élever ◆ erect *(building, monument)* (to)

  élever un mur ◆ erect a wall (to)

  élever au moyen d'un vérin ◆ jack up (to)

élisabéthain (e) ◆ Elizabethan

– théâtre élisabéthain ◆ Elizabethan theatre

ellipse ***f.*** ◆ ellipse

ellipsoïdal (e) ◆ ellipsoidal

ellipsoïde ***m.*** ◆ ellipsoid

elliptique ◆ elliptic ; elliptical

émail ***m.*** ◆ enamel

émaillage ***m.*** ◆ enamelling

émaillé (e) ◆ enamelled

– **non émaillé (e)** ◆ unglazed

émailler ◆ glaze ; vitrify (to)

émailler (de) ◆ enamel (to)

émaillure ***f.*** ◆ enamel work

embarcadère ***m.*** ◆ pier ; jetty ; wharf ; landing stage

embase ***f.*** ◆ abutment cheek ; collar ; continuous projecting base ; peg shoulder

embase de poteau ◆ column base

embasement ***m.*** ◆ continuous-projecting base ; footing ; foundation wall ; ground table

embellir ◆ embellish (to)

embellissement ***m.*** ◆ embellishment ; ornament

emboîtement ***m.*** ◆ socket

emboîter ◆ join with pins (to)

emboîture ***f.*** ◆ insertion

– **emboîture à épaulement** ◆ spigot and socket joint

embout ***m.*** **d'aspiration** ◆ suction pipe ; sucker ; suction tube ; tail pipe

embouteillage ***m.*** ◆ traffic jam

embranchement ***m.*** ◆ branch

embrasure ***f.*** ◆ embrasure ; opening *(in a wall)*

embrèvement ***m.*** ◆ slit and tongue joint

émeri ***m.*** ◆ emery

émerillon ***m.*** ◆ swivel

emmagasinage ***m.*** ◆ storage

emmarchement ***m.*** ◆ tread length

emmurer ◆ brick in ; immure ; wall in (to)

empannon ***m.*** ◆ jack rafter

empannon de croupe ◆ hip jack

empannon de noue ◆ valley jack

empattement ***m.*** ◆ base ; footing ; footing wall

empattement de fondation ◆ step of a foundation ; offset

empierrement ***m.*** ◆ ballasting ; metalling ; stoning *(a road, etc.)*

empiler ◆ stack (to)

employeur ***m.*** ◆ master ; principal ; employer ; boss *(am.)*

emporte-pièce ***m.*** ◆ punch

émulsion ***f.*** ◆ emulsion

émulsion de bitume ◆ bitumen emulsion

encadrement ***m.*** ◆ architrave ; border ; casing ; frame ; framing ; jamblining ; margin

encadrement de châssis ◆ sash frame

encadrement de porte ◆ door casing

encadrer ◆ frame (to)

encastrage ***m.*** ◆ fitting

encastrement ***m.*** ◆ bedding ; fastening ; fixed end ; fixing ; recess

encastrer ◆ countersink ; fit in ; embed ; encase (to)

encausticage ***m.*** ◆ wax polishing

encaustique ***f.*** ◆ encaustic ; floor polish ; floor wax ; furniture paste

enceinte ***f.*** ◆ 1. enceinte ; enclosure ; fencing wall ; 2. precinct

enchevauchure ***f.*** ◆ overlap

enchevêtrement ***m.*** ◆ trimming *(of an opening)* in a floor

enchevêtrure ***f.*** ◆ structure of joists *(supporting a shaft)*

enclave ***f.*** ◆ enclave

enclore ◆ fence (to)

enclos ***m.*** ◆ enclosure ; fence ; fencing ; hedge ; lattice fence ; railing

enclume ***f.*** ◆ anvil ; anvil block

encoche ***f.*** ◆ bullet ; notch ; score

encoignure ***f.*** ◆ angle ; corner ; corner piece

encollage ***m.*** ◆ gluing ; pasting

encoller ◆ spread ; paste (to)

encorbellement ***m.*** ◆ cantilever ; corbelling ; hanging-over ; jetty ; overhang

– **en encorbellement** ◆ corbelled (out)

encorbeller ◆ cantilever (to)

encre ***f.*** ◆ ink

encre de Chine ◆ Indian ink

endenté (e) ◆ indented ; toothed

endentement ***m.*** ◆ finger joint

endenter ***(avec un rabot à dents)*** ◆ toothe *(with a plane)* (to)

endroit ***m.*** **non peint** ◆ unpainted spot ; holiday *(am.)*

enduire ◆ coat ; do over ; render ; plaster (to)

enduire (de) ◆ plaster with (to)

enduire de cire ◆ wax (to)

enduire le plafond ◆ ceil (to)

enduire de poix ◆ pitch (to)

enduisage *m.* ◆ coating ; plastering

enduiseur *m.* ◆ plasterer

enduit *m.* ◆ coat ; coating ; plaster ; rendering

enduit d'amiante ◆ asbestos paint

enduit de ciment ◆ cement rendering

enduit de cuvelage ◆ parge coat

enduit deux couches ◆ two-coat work

enduit dressé ◆ ruled finish

enduit de finition ◆ final coat ; finishing plaster

enduit gratté *m.* ◆ scratch coat

enduit hydrofuge ◆ waterproof coat

enduit lissé ◆ ruled finish

enduit de mortier de chaux ◆ lime plaster

enduit en mortier de ciment ◆ cement plaster

enduit mural ◆ wall plaster

enduit au plâtre ◆ plaster finish

enduit de plâtre ◆ gypsum plaster

enduit de ragréage ◆ levelling coat

enduit de surfaçage ◆ finishing coat

enduit taloché ◆ smoothed rendering

endurcir ◆ harden ; temper (to)

endurcissement *m.* ◆ obduracy

énergie *f.* ◆ energy

énergie solaire ◆ solar energy

enfaîteau *m.* (*pl.* enfaîteaux) (*ou* tuile faîtière) ◆ ridge tile ; overtile

enfaîter ◆ cover a roof ridge with lead, ridge tiles, etc. (to)

enfeu *m.* (*pl.* enfeus) ◆ arcosolium

enflammer (s'-) ◆ inflame (to)

enfoncement *m.* (*ou* renfoncement *m.*) ◆ 1. depth of foundation ; 2. recess

enfoncement des pieux ◆ pile driving ; piling

enfoncer *(clou, coin)* ◆ drive in (*a nail* or *a wedge*) (to)

enfoncer *(pieu, palplanche)* ◆ drive in ; ram in (to)

enfoncer dans le sol ◆ ram ; tamp (to)

enfoui (e) ◆ buried

enfourchement *m.* ◆ housing joint ; open mortise ; slip mortise ; slot mortise

enfourchement simple ◆ slip mortise joint ; slot mortise joint

engagé (e) ◆ engaged

engazonnement *m.* ◆ sodding

engin *m.* à chenilles ◆ caterpillar-tracked vehicle ; crawler

engraver ◆ chase (to)

engravure *f.* ◆ chase ; grooving

engrenage *m.* ◆ gear

enlèvement *m.* de l'eau ◆ dewatering

enlèvement *m.* de la rouille ◆ removal of rust

enrichir ◆ embellish (to)

enrobage *m.* ◆ casing *(cased joists)*

enrobé (e) de béton ◆ (en)cased in concrete ; embedded in concrete

enrober ◆ embed (to)

enrochement *m.* ◆ enrockment ; stone bedding

enseignement *m.* technique ◆ technical teaching

ensemble *m.* ◆ block *(of building)* ; complex

ensemble sanitaire préfabriqué ◆ prefabricated-plumbing unit

ensemblier *m.* *(décorateur)* ◆ interior designer

ensoleillement *m.* ◆ insolation

entablement *m.* ◆ 1. cornice ; 2. entablature

entaillage *m.* ◆ grooving ; notching

entaille *f.* ◆ bullet ; gain ; notch ; score

entaille à sifflet ◆ bit

entailler ◆ cut ; notch (to)

entamer le bois avec la scie ◆ mark with the saw (to)

entartrage *m.* ◆ incrustation ; scaling

enterré (e) ◆ below grade ; below ground ; buried

entonnoir *m.* ◆ funnel

entourer ◆ encompass ; surround (to)

entourer de fossé(s) ◆ moat (to)

entourer de murs ◆ immure (to)

entraîneur *m.* d'air ◆ air entraining *(agent)*

entrait *m.* ◆ truss joist ; tie beam ; roof beam

entrait de ferme ◆ main tie

entrait moise ◆ tie beam (double)

entrait retroussé ◆ collar beam ; collar tie ; strut beam

entr'axe *m.* ◆ distance between centres ; on-center distance *(am.)* ; centre-to-centre distance ; centre-to-centre

entrecolonnement *m.* ◆ intercolumniation

entrée *f.* ◆ entrance ; way-in

entrée d'air ◆ air grating ; air inlet

entrée d'air frais, prise *f.* d'air frais ◆ intake ; fresh-air intake

entrée de garage ◆ drive ; driveway *(am.)*

entrée de jardin ◆ garden gate

entrée latérale ◆ side entrance

entrée de porte ◆ door way

entrée principale ◆ main entrance

entrée de serrure ◆ escutcheon *(lock)* ; key plate ; keyhole plate ; scutcheon

entrelacé (e) ◆ interlaced

entrelacement *m.* ◆ interlacing ; intertwining

entrelacs *m. pl.* ◆ interlace ; entrelacs ; knotwork ; tracery

entrepôt *m.* ◆ bonded warehouse ; depot ; emporium ; entrepôt ; store

entrepôt frigorifique ◆ cold store ; cooling plant

entrepreneur *m.* ◆ contractor

entrepreneur agréé ◆ accredited contractor

entrepreneur de (*ou* en) bâtiment(s) ◆ building contractor

entrepreneur de démolition ◆ knacker

entrepreneur (*ou* entreprise) général (e) ◆ general contractor ; main contractor

entrepreneur-paysagiste m ◆ landscape gardener ; landscaper

entreprise du bâtiment ◆ building enterprise

entresol *m.* ◆ entresol ; mezzanine

entretien *m.* ◆ maintenance ; service ; upkeep

entretien courant ◆ ordinary upkeep ; normal maintenance

entretien périodique ◆ periodical maintenance

entretoise *f.* ◆ brace ; cross piece ; intermediate strut ; spacer

entretoise de plancher ◆ floor strut

entretoisement *m.* ◆ transverse bracing

– **arc d'entretoisement** ◆ counterbracing ; strutting

entrevous *m.* ◆ floor block ; floor unit

environnement *m.* ◆ environment

environs *m. pl.* ◆ environs ; neighbourhood ; surroundings ; vicinity

éolienne *f.* ◆ wind turbine

épais (-aisse) ◆ tough ; plastic ; tenacious

épaisseur *f.* ◆ thickness

épannelage (*ou* épannellement) *m.* ◆ roughing-out

épanneler ◆ rough out (to)

épaufrer ◆ splinter ; chip (to)

épaufrure *f.* ◆ splinter ; bruise

épaulement *m. (bois)* ◆ peg shoulder ; collar ; abutment cheek

– **mur *m.* d'épaulement** ◆ epaulement

éperon *m.* ◆ counterfort

éperon de pont ◆ breakwater *(of a bridge)* ; starling ; beak

épi *m.* ◆ zigzag pattern ; herring-bone pattern

– **en épi** ◆ herring bone

épi de faîtage ◆ finial ; épi

épicéa *m.* ◆ spruce

épigraphe *f.* ◆ epigraph

épine *f.* ◆ central line of pillars

épistyle *m.* ◆ architrave ; trim ; epistyle

épitaphe *f.* ◆ epitaph

éponge *f.* ◆ sponge

époque *f.* ◆ epoch ; period

épreuve *f.* ◆ essay ; experiment ; proof ; test

éprouvette *f.* ◆ gauge ; test piece ; test sample

épuration *f.* ◆ sewage treatment

– **usine d'épuration** ◆ sewage (treatment) plant

épure *f.* ◆ draught ; working drawing *(of a building, etc.)*

épure de Crémona ◆ Cremona

équarissage *m.* (*ou* équarissement) ◆ squaring ; scantling

équarri (e) ◆ listed *(boards)* ; hewn ; rectangular *(timber)* ; squared

équarri à arêtes vives *(bois)* ◆ squared and parallel *(wood)*

équarrir ◆ square *(wood, stone)* (to)

équation *f.* des moments ◆ moment equation

équerre *f.* ◆ 1. angle bracket ; L iron ; 2. set square ; square ; square rule

– **en (*ou* d') équerre** ◆ at right angles ; perpendicular ; square

– **mettre d'équerre** ◆ square (to)

équerre d'arpenteur ◆ site square

équerre à coulisse ◆ sliding bevel

équerre du dessinateur ◆ triangular-set square
équerre métallique ***(d'assemblage)*** ◆ angle iron ; iron knee
équerre d'onglet ◆ mitre square
équerre optique (*ou* équerre à prisme) ◆ optical square
équerre à réflection ◆ mirror square
équerre de support ◆ knee piece
équerre de tailleur de pierre ◆ try square
équilatéral (e) (*pl.* équilatéraux/-ales) ◆ equilateral
équilibre ***m.*** ◆ balance ; equilibrium ; poise
équilibre instable ◆ unstable equilibrium
équilibré (e) ◆ equilibrated
équilibrer ◆ balance ; equilibrate ; put in equilibrium (to)
équilibrer (s'-) ◆ be in equilibrium (to)
équilibreur ***m.*** ◆ sash balance
équilibreur à spirale ◆ spiral-sash balance
équipe ***f. (d'ouvriers)*** ◆ shift ; team
équipement ***m.*** ◆ equipment
érable ***m.*** ◆ maple
ère ***f.*** ◆ era
ère chrétienne ◆ Christian era
érection ***f.*** ◆ erection
erg ***m.*** ◆ erg
ergonomie ***f.*** ◆ ergonomics
ériger ◆ build ; construct ; erect *(building, monument)* (to)
ériger un mur ◆ erect a wall (to)
erminette ***f.*** ◆ adze
érosion ***f.*** ◆ denudation ; erosion
erreur ***f.*** ◆ error
escabeau ***m.*** ◆ 1. footstool ; 2. stool ; stepladder
escalator → escalier mécanique
escalier ***m.*** ◆ stairs ; staircase ; steps
escalier de cave ◆ cellar stairs
escalier circulaire ◆ circular stairs ; spiral stairs
escalier en colimaçon → escalier à vis
escalier de dégagement ◆ exit stairs ; service stairs ; secondary stairs
escalier dérobé ◆ concealed stairs ; hidden stairs ; secret stairs
escalier à double quartier ◆ half-turn stairs
escalier droit ◆ straight stairs ; straight flight
escalier droit à une volée ◆ straight stairs of one flight
escalier encloisonné ◆ box stairs ; closed stairs
escalier escamotable ◆ folding stairs
escalier extérieur ◆ outer staircase
escalier en fer à cheval ◆ horseshoe stairs
escalier à la française → escalier à volée droite
escalier de grenier ◆ garret staircase ; loft ladder
escalier hélicoïdal → escalier à vis
escalier d'honneur ◆ grand staircase
escalier hors œuvre ◆ external stairs
escalier intérieur ◆ inside stairs ; internal stairs
escalier mécanique, escalier roulant, escalator ***m.*** ◆ escalator ; moving staircase ; moving stairs
escalier à moitié tournant ◆ half-pace stairs ; half-space stairs
escalier à noyau évidé ◆ hollow-newel stairs
escalier à noyau plein ◆ solid-newel stairs ; spindle stairs
escalier à palier(s) ◆ return stairs ; stairs with a landing ; spindle stairs
escalier principal ◆ principal stairs ; principal staircase
escalier à quartier tournant ◆ quarter-turn stairs
escalier roulant → escalier mécanique
escalier secondaire ◆ secondary stairs ; service stairs
escalier de secours ◆ emergency staircase ; fire-escape stairs
escalier de service ◆ backstairs ; secondary stairs ; service stairs
escalier en spirale → escalier à vis
escalier suspendu ◆ hanging stairs
escalier tournant ◆ winding stairs
escalier à vis, escalier en colimaçon, escalier hélicoïdal ◆ caracole ; helical stairs ; spiral stairs ; winding staircase
escalier à volée droite, escalier à la française ◆ straight stairs ; straightrun stairs ; straight-flight stairs
escarpe ***f.*** **(*ou* talus** ***m.*****)** ◆ scarp
escarpé (e) ◆ scarped ; steep
escarpement ***m.*** ◆ escarpment
esmillage (*ou* smillage) ◆ scappling (*or* scabbling)

espace ***m.*** ◆ 1. space ; 2. area

espace bâti ◆ built area

espace clos ◆ enclosed space

espace entre des colonnes ◆ intercolumnar (space)

espace commun ◆ common area

espace non bâti ◆ open space

espace vide ◆ void ; empty space

espacement ***m.*** ◆ spacing

espagnolette ***f.*** ◆ hasp

espagnolette à crémone ◆ espagnolette ; cremone bolt

espalier ***m.*** ◆ espalier

espion ***m.*** **(*ou* miroir oblique)** ◆ window mirror

esplanade ***f.*** ◆ esplanade ; parade ; promenade

esquisse ***f.*** ◆ outline ; rough draft ; sketch plan

esquisse à main levée ◆ freehand sketching

essai ***m.*** ◆ experiment ; test ; trial

essai d'affaissement ◆ slump test

essai à aiguille de Vicat ◆ needle test of Vicat

essai de charge ◆ load test

essai de dureté (à la bille) ◆ indentation test

essai de dureté Brinell ◆ Brinell handness test

essai de flexion ◆ bending test ; flexure test *(am.)*

essai de flexion au choc ◆ shock bending ; blow bending *(iron)*

essai à la forge ◆ forging test

essai de forgeabilité ◆ forging test

essai de pliage ◆ bending test ; flexure test *(am.)*

essai de pliage à froid ◆ cold bending test

essai de pression à la bille ◆ indentation test

essai de résilience ◆ impact test

essai des matériaux ◆ testing of materials

essai au tamis ◆ sieve test

essai à la (*ou* de) traction ◆ tensile test ; tension test

essai à l'usure ◆ wear out test

esse ***f.*** ◆ S iron

esselier ***m.*** **(*ou* aisselier)** ◆ angle brace

essence ***f.*** ◆ petrol ; gasoline *(am.)*

essence de térébenthine ◆ oil of turpentine ; spirits of turpentine

esseret ***m.*** ◆ carpenter's long auger

essoreuse ***f.*** ◆ tumbler

essuie-pieds ***m. inv.*** ◆ door mat

est ***m.*** ◆ east

estacade ***f.*** ◆ breakwater ; pier (*or* boom) made of timbers

estampe ***f.*** ◆ print

esthète ***m.*** ◆ aesthete

esthétique ***n. f.*** ◆ aesthetics

esthétique industrielle ◆ industrial design

esthétique ***adj.*** ◆ aesthetic ; aesthetical

esthétisme ***m.*** ◆ aestheticism

estimation ***f.*** ◆ appraisal ; estimation

estimer ◆ appraise ; estimate (to)

estompe ***f.*** ◆ stump

estrade ***f.*** ◆ estrade ; dais ; pace ; platform ; perron ; stage

estuaire ***m.*** ◆ creek ; estuary

étable ***f.*** ◆ barn *(am.)* ; byre ; cow house ; shed *(for oxen, sheep, goat, etc.)* ; stable ; stall

établi ***m.*** ◆ bench ; work bench

établi de menuisier ◆ planing bench ; carpenter's bench

établi de scieur ◆ saw bench

établissement ***m.*** **du projet** ◆ planning

établissement ***m.*** **recevant du public** ◆ public building

étage ***m.*** ◆ floor ; storey ; story *(am.)*

– **à étage** ◆ storied

– **à plusieurs étages** ◆ multistorey

étage d'attique ◆ attic storey

étage aveugle ◆ blind storey

étage des combles ◆ loft floor ; garret floor

étage noble ◆ *piano nobile*

étage supérieur ◆ upper floor ; upper storey

étagère ***f.*** ◆ set of shelves ; shelves

étagère murale ◆ wall shelf

étai ***m.*** ◆ prop ; shore ; stay ; strut

étai incliné ◆ inclined shore

étai oblique ◆ raking shore ; raker shore

étai vertical (*ou* chandelle *f.*) ◆ dead shore

étaiement ***m.*** **(*ou* étayement *ou* étayage)** ◆ bearing-up ; propping-up ; shoring

étain ***m.*** ◆ tin

étalon ***m.*** ◆ standard

étalonnage ***m.*** ◆ calibration

étamage ***m.*** ◆ tinning

étamage ***m. (miroir)*** ◆ foliation

étamé (e) ◆ tinned

étamer ◆ silver *(a mirror)* ; tin (to)

étameur ***m.*** ◆ tinner ; tinsmith

étamine ***f.*** ◆ bolting cloth ; thin stuff

étanche ◆ tight

étanche à l'air ◆ airproof ; airtight ; hermetic

étanche à l'eau ◆ watertight

étanche à la lumière ◆ light tight

étanche à la vapeur ◆ steam tight ; steam proof

étanchéité ***f.*** ◆ waterproofing ; damp proofing

étanchéité ***(paroi d'un mur)*** ◆ water stop

étanchéité à l'eau ◆ watertightness ; impermeability to water

étancher ◆ tighten ; stop (to)

étançon ***m.*** ◆ shore ; prop ; stanchion ; strut ; stay

étançonner ◆ prop ; stay ; underprop (to)

étang ***m.*** ◆ lake

étang marécageux ◆ fen

état ***m.*** **d'avancement** ***(de travaux)*** ◆ progress statement

état ***m.*** **d'équilibre** ◆ condition of equilibrium

état ***m.*** **des lieux** ◆ inventory of fixtures

étau ***m.*** **(*pl.* étaux)** ◆ vice ; vise *(am.)*

étau fixe ◆ bank screw ; standing vice ; standing vise *(am.)*

étau à main (*ou* étau manuel) ◆ hand vice ; hand vise *(am.)*

étayage → étaiement

étayer ◆ prop ; stay ; shore up (to)

éteindre la chaux ◆ slake ; slack (lime) (to)

ethnographie ***f.*** ◆ ethnography

ethnographique ◆ ethnographic

éthylène ***m.*** ◆ ethylene

étincelle ***f.*** ◆ spark

étirage ***m.*** ◆ drawing-out ; wire drawing

étiré (e) à froid ◆ cold drawn

étoffe ***f.*** ◆ fabric

étoilé (e) ◆ star shaped

étoupe ***f.*** ◆ oakum

étrésillon ***m.*** ◆ flying shore ; prop

étrésillon horizontal ◆ dog shore

étrésillon de tranchée ◆ trench brace *(am.)* ; trench shore ; trench strut

étrésillonnement ***m.*** ◆ 1. timbering ; walling ; 2. shoring

étrier ***m.*** ◆ 1. band iron ; bridle iron *(am.)* ; hanger ; floor hanger ; 2. stirrup iron

étrier de chéneau ◆ gutter hanger

étrier mural ◆ wall hanger

étrier de suspension ◆ suspension bow

étude ***f.*** **du sol** ◆ soil survey

étude granulométrique ◆ grain-size analysis

étude sur le terrain ◆ field survey

étudier ◆ design (to)

étuvage ***m. (béton)*** ◆ steam curing

étuve ***f.*** ◆ 1. disinfecting oven ; 2. drying stove ; kiln ; oast

étuvé (e) ◆ kiln dried

étuver ◆ dry in a kiln ; dry with a furnace (to)

évacuation ***f.*** **de l'eau** ◆ drainage ; draining

évacuation des eaux pluviales ◆ rainwater drainage

évacuation des eaux usées ◆ waste piping

évacuer ◆ pump out (to)

évacuer (s'-) ◆ drain off (to)

évaluation ***f.*** ◆ appraisal ; estimation

évaporation ***f.*** ◆ evaporation

évasé (e) ◆ bell mouthed

évent ***m.*** **d'aération** ◆ air vent

éventail ***m.*** **(*pl.* éventails)** ◆ fan

– en éventail ◆ fan shaped ; fan like ; fan wise

évier ***m.*** ◆ sink

évier à deux bacs ◆ double sink

examen ***m.*** **du sol** ◆ soil examination ; soil testing

excavateur ***m.*****, pelle** ***f.*** **mécanique** ◆ digging machine ; dry dredger ; excavator

excavation ***f.*** ◆ excavation ; cutting

excaver ◆ excavate ; dig off (to)

excentré (e) ◆ out of centre ; off-centre

excentricité ***f.*** ◆ eccentricity

excentrique ◆ eccentric

exécuter un terrassement ◆ bank up (to)

exèdre ***m.*** ◆ exedra (*or* exhedra)

expansé (e) ◆ expanded
expansion ***f.*** ◆ expansion
expérience ***f.*** ◆ experiment ; test
expert ***m.*** ◆ appraiser ; expert ; specialist
expertise ***f.*** ◆ expert appraisement ; valuation
exposition ***f.*** ◆ exhibition
expressionnisme ***m.*** ◆ expressionism
expressionniste ◆ expressionist
expropriation ***f.*** ◆ compulsory purchase ; expropriation
exproprier ◆ expropriate (to)
extension ***f.*** ◆ development
extension anarchique de construction ◆ sprawl
extensomètre ***m.*** ◆ strain gauge
extérieur ***n. m.*** ◆ exterior ; outside
extérieur (e) ***adj.*** ◆ external ; outdoor
extincteur m ◆ extinguisher
extincteur automatique à eau ◆ sprinkler
extinction ***f.*** ◆ slaking ; extinguishing *(of lime)*
extrados ***m.*** ◆ extrados ; back (of a vault *or* an arch)
extra-muros ◆ extra muros ; extramural ; outwards the town walls
extrémité ***f.*** ◆ end ; extremity
extrudé (e) ◆ extruded
extrusion ***f.*** ◆ extrusion
exutoire ***m.*** ◆ weephole

F

fabricant *m.* de carrelages et tuiles céramiques ◆ tile maker

fabrication *f.* du fer ◆ iron making

fabrication *f.* en série ◆ mass production

fabrique *f.* de carrelages ◆ tile works

façade *f.* ◆ 1. elevation ; face ; façade ; 2. front elevation

  façade arrière ◆ back façade ; rear elevation ; rear façade

  façade avant ◆ front elevation ; front façade ; forefront

  façade latérale ◆ flank front ; side elevation ; side face

  façade-panneau ◆ panel-wall cladding

  façade à pilastres ◆ pilaster façade

  façade-pignon ◆ end gable

  façade principale ◆ front façade ; forefront ; main elevation

  façade respirante ◆ breathing cladding

  façade-rideau ◆ curtain wall

façadier *m.* ◆ rendering worker

face *f.* ◆ face ; side

façon *f.* de construire ◆ way of building

façonnage *m.* ◆ working

façonné (e) ◆ wrought

façonner ◆ mould ; form ; shape (to)

facteur *m.* ◆ factor

  facteur d'absorption acoustique ◆ sound-absorption factor

  facteur de lumière du jour (*ou* facteur d'éclairement naturel) ◆ daylight factor

faculté *f.* de lettres ◆ faculty of arts

faïençage *m.* ◆ crazing ; hair cracking ; pattern cracking

faïence *f.* ◆ crockery ; crockery ware ; faience ; glazed earthenware

faire un devis ◆ take out quantities (to)

faire (*ou* enduire) le plafond ◆ ceil (to)

faire le ventre ◆ bulge out (to)

faire reposer le mortier de chaux ◆ season lime mortar (to)

faire sa prise ◆ set (to)

faire saillie ◆ jut (to)

faire un croquis ◆ sketch (to)

faire une expertise ◆ take a valuation (to)

faire une offre ◆ bid ; offer ; tender (to)

faisabilité ◆ feasibility

faisceau *m.* (*pl.* faisceaux) ◆ bundle

– ***colonne en faisceau* → *colonne***

  faisceau de lumière ◆ beam

fait (e) main ◆ hand made

faîtage *m.* ◆ ridge ; ridge pole

faîte *m.* ◆ coping ; ridge ; ridge pole

faîtière *n. f.* (*ou* tuile faîtière) ◆ ridge tile

  faîtière d'about ◆ end-ridge tile

  faîtière demi-ronde ◆ half-round ridge tile

faîtière *adj.* ◆ pertaining to the ridge of a roof

– ***lucarne faîtière* → *lucarne***

falaise *f.* ◆ cliff

famille *f.* nombreuse ◆ big family

fantastique ◆ fantastic

fantôme *m.*, spectre *m.* ◆ joint ghosting

fanton* → *fenton

farinage *m.* ◆ chalking

farine *f.* ◆ flour ; powder

  farine de bois ◆ sawdust (fine) ; wood flour

fasce *f.* ◆ fascia ; fess

fascinage *m.* ◆ fascine work

fatigue *f.* ◆ fatigue

  fatigue sous corrosion ◆ corrosion fatigue

fatras *m.* ◆ lumber

faubourg *m.* ◆ outskirts

faune *f.* ◆ fauna

faune (la -) et flore (la -) ◆ fauna and flora

fausse arcade ***f.*** ◆ blank arcade ; blind arcade ; shallow arcade

fausse équerre ***f.*** **(*ou* sauterelle** ***f.*****)** ◆ bevel ; bevel protractor

– **fausse équerre** ◆ out of square

fausse fenêtre ***f.*** ◆ blank window ; blind window ; false window

fausse languette ***f.*** ◆ cross tongue ; feather tongue ; spline

fausse pierre ***f.*** ◆ artificial stone

fausse porte ***f.*** ◆ blank door ; blind door ; false door

fausse prise ***f.*** ◆ early stiffening

fauteuil ***m.*** ◆ armchair ; easy chair

fauteuil roulant ◆ bath chair ; wheel chair

faux (fausse) ◆ counterfeit ; erroneous ; untrue ; wrong

faux aplomb ***m.*** ◆ leaning ; out of plomb

faux arc ***m.*** **(*pl.* faux arcs)** ◆ blind arch

faux attique ***m.*** **(*pl.* faux attiques)** ◆ pseudo-attic ; false attic

faux bois ***m. inv.*** ◆ graining

faux joint ***m.*** **(*pl.* faux joints)** ◆ false joint

faux jour ***m.*** **(*pl.* faux jours)** ◆ wrong light ; bed light

faux marbre ***m.*** ◆ marbling ; marbleizing *(am.)*

faux plafond ***m.*** **(*pl.* faux plafonds)** ◆ dropped ceiling ; false ceiling ; hung ceiling

faux plancher ***m.*** **(*pl.* faux planchers)** ◆ subfloor ; raised floor

faux poinçon ***m.*** **(*pl.* faux poinçons)** ◆ queen post

faux tenon ***m.*** ◆ false tenon

Fédération ***f.*** **des entrepreneurs** ◆ Contractors' Federation

feint (e) ◆ feigned

feldspath ***m.*** ◆ feldspar ; feldspath

félure ***f.*** ◆ seasoning crack ; seasonal check

femelle ***f.*** ◆ female

fendre ◆ cleave ; fend ; rive ; split (to)

fenêtrage ***m.*** **(*ou* fenestrage)** ◆ fenestration ; window arrangement ; windows

fenêtre ***f.*** ◆ window

fenêtre arquée ◆ arched window ; camber window

fenêtre aveugle ◆ blank window ; blind window

fenêtre basculante ◆ centre-hung window ; pivot-hung window

fenêtre à battant(s) ◆ casement window

fenêtre bilobée ◆ two-light window

fenêtre coulissante ◆ sliding window ; sliding sash

fenêtre à croisée ◆ cross-bar window

fenêtre à double vitrage ◆ double-glazed window

fenêtre d'église ◆ church window ; tracery window

fenêtre fixe ◆ fixed window

fenêtre géminée ◆ gemel window *(roof)*

fenêtre à guillotine ◆ hung window ; sash window ; vertical sash ; vertical slider

fenêtre à guillotine à deux châssis mobiles ◆ double-hung window ; double-sash window

fenêtre haute ◆ clearstory ; clerestory window

fenêtre horizontale ◆ horizontal window

fenêtre à l'italienne ◆ top-hung window

fenêtre à lancette ◆ lancet window

fenêtre à losanges ◆ lattice window

fenêtre mansardée ◆ Mansart window

fenêtre à meneaux ◆ mullioned window

fenêtre métallique ◆ metal window

fenêtre ogivale ◆ ogival window

fenêtre oscillo-battante ◆ tilt and turn window

fenêtre panoramique ◆ picture window

fenêtre à petits carreaux ◆ leaded light

fenêtre de pignon ◆ gable window

fenêtre pivotante ◆ balance window ; pivoted sash ; pivoting window

fenêtre en plein cintre ◆ round-headed window

fenêtre en saillie ◆ bay window

fenêtre en saillie ronde ◆ bow window ; compass window

fenêtres ***f. pl.*** **en bande** ◆ strip window(s)

fenêtres jumelées ◆ coupled window(s) ; gemel window

fenêtre à soufflet ◆ hopper window ; hospital window

fenêtre de toit ◆ roof light ; clerestory

fente ***f.*** ◆ chap ; cleft ; crack ; clink

fente ***f.*** **de séchage, crevasse** ***f.*** **de séchage** ◆ seasoning crack ; seasonal check

fer ***m.*** ◆ iron

– **en fer** ◆ ironwork

fer en barres ◆ bar iron ; rod iron

fer à béton, barre ***f.*** **d'armature** ◆ reinforcing bar

fer brut ◆ raw iron

fer cassant ◆ brittle iron

fer à cheval ◆ horseshoe

fer cornier ◆ angle bar ; angle iron ; angle section

fer coulé, fer fondu ◆ cast iron ; pig iron

fer demi-rond ◆ half-round iron

fer doux ◆ mild iron

fer dur ◆ hard iron

fer fondu → ***fer coulé***

fer forgé ◆ wrought iron

fer en forme de T ◆ T(tee) iron ; T(ee) section

fer en forme de U ◆ C section ; channel iron ; channel section ; U section

fer galvanisé ◆ galvanized iron

fer à gonds ◆ hinge iron ; strap

fer à joints ◆ jointer

fer (*ou* acier *m.*) laminé ◆ rolled iron (R.I.) (*or* steel - R.S.)

fer plat ◆ flat bar ; flat iron

fer profilé ◆ sectional iron ; shaped iron ; profiled iron

fer en quart de cercle ◆ quadrant iron

fer rond ◆ bar ; rod ; round steel

fers *m. pl.* à béton ◆ concrete steel

fer à sonder ◆ earth borer ; ground auger ; miser

fer à souder ◆ soldering iron

fer à tarauder ◆ die stock ; screw stock ; screw die

fer-blanc *m.* (*pl.* fers-blancs) ◆ tin ; tin plate

ferblanterie *f.* ◆ sheet-metal work ; sheet work ; tin ware

ferblantier *m.* ◆ tinman

ferme *n. f.* ◆ 1. farm ; farmhouse ; 2. farmstead ; 3. framework of beams ; truss

ferme d'appentis, ferme d'auvent ◆ station truss

ferme à contre-fiche ◆ falsework

ferme cornière ◆ hip truss

ferme à écharpes ◆ scissors truss

ferme à entrait retroussé ◆ collar-beam truss

ferme en forme de W ◆ fink truss

ferme en shed ◆ north-light truss ; sawtooth truss

ferme suspendue ◆ hanging truss

ferme *adj.* ◆ solid ; strong ; stiff

fermé (e) au loquet ◆ on the latch

ferme-imposte *m. inv.* ◆ 1. transom lift ; transom operator ; 2. fan-light opener

ferme-porte *m.* ◆ closing device ; door spring ; door closer ; door check

ferme-porte automatique ◆ automatic closing device ; door closer ; self-closing device

fermer une voûte ◆ close a vault (to)

fermeture *f.* de sûreté ◆ security chain of a door

fermeture pour châssis à guillotine ◆ casement fastener ; fastener handle

fermoir *m.* ◆ cutting chisel ; firmer

ferraillage *m.* ◆ 1. bar bending ; 2. reinforcing bars

ferraille *f.* ◆ scrap iron ; chipping ; clippings

ferrailleur *m.* ◆ bar bender

ferreux (-euse) ◆ ferrous

– **non ferreux (-euse)** ◆ non ferrous

ferronnier *m.* ◆ ironmonger

ferronnerie *f.* ◆ 1. iron store ; ironworks ; 2. wrought iron

ferrugineux (-euse) ◆ ferrous ; ferruginous

ferrure *f.* ◆ fitting ; furniture

ferrures *f. pl.* de fenêtre ◆ window fittings ; window hardware

ferrures de porte ◆ door fittings ; door furniture

feston *m.* ◆ festoon

festons *m. pl.* ◆ scallops

festonné (e) ◆ scalloped

fête *f.* légale ◆ public holiday ; bank holiday

feu *m.* ◆ 1. traffic light ; 2. fire

feu de forge ◆ smith's hearth

feux de la rampe *(théâtre)* ◆ limelight

feuil *m.* ◆ film

feuillage *m.* ◆ foliage scrolls

feuillard *m.* ◆ hoop iron ; strip

feuillard d'acier ◆ steel strip

feuille *f.* ◆ 1. leaf (*pl.* leaves) ; 2. foil

feuille d'acanthe ◆ acanthus leaf

feuille d'aluminium ◆ aluminium foil

feuille de laurier ◆ laurel leaf

feuille en matière plastique ◆ plastic foil

feuille de métal ◆ foil ; leaf of metal

feuille d'or ◆ gold leaf

feuille de placage ◆ veneer

feuilles *f. pl.* ◆ foils

feuille de zinc ◆ zinc sheet

feuilleret ***m.*** ◆ fillister ; rebate plane

feuillet ***m.*** ◆ board

feuilleté ***(verre)*** ◆ laminated *(glass)*

feuilleter (se -) ◆ scale ; peel off ; exfoliate (to)

feuillu ***n. m.*** **ou** ***adj.*** ◆ deciduous

feuillure ***f.*** ◆ rabbet *(of doors* or *windows)* ; rebate ; fillister *(am.)*

– **à feuillure** ◆ rabbeted ; rebated

feuillure coupe-air ◆ draught slot

feuillure de fenêtre ◆ window groove ; rabbet ; rebate ; guide

feuillure de mastic ◆ glazing rebate

feuillure de porte ◆ door rebate

feuillure à verre ◆ glazing rebate

feutre ***m.*** ◆ felt

feutre asphalté ◆ asphaltic felt

feutre bitumé ◆ bituminous felt

feutre goudronné ◆ tarred felt

feutre non goudronné ◆ untarred felt

feutre de sous-toiture ◆ sarking felt

feutre de toiture ◆ roofing felt

feutrer ***m.*** ◆ felt (to)

fibragglo ***m.*** ◆ wood-cement concrete

fibre ***f.*** ◆ fibre ; fiber *(am.)*

fibre(s) ◆ grain

fibre de bois ◆ wood fibre ; wood grain

fibre minérale ◆ mineral fibre

fibre neutre ◆ neutral axis (N.A.) ; neutral line ; zero line

fibres ***f. pl.*** **sinueuses** ◆ curly grain

fibre de verre ◆ fibreglass ; glass fibre

fibrociment ***m.*** ◆ asbestos-cement

ficelle ***f.*** ◆ string

fiche ***f.*** ◆ peg ; pin *(iron* or *wood)*

fiche d'arpenteur ◆ peg ; picket

fiche à dents ◆ sword

fiche ***(électricité)*** ◆ plug

fiche ***(de fenêtre)*** ◆ window hinge

figure ***f.*** ◆ figure

fil ***m.*** ◆ 1. thread ; 2. vein ; 3. wire

fil d'acier ◆ steel wire

fil d'amenée ◆ feed wire

fil d'archal → fil de laiton

fil d'argent ◆ silver wire

fil barbelé ◆ barb wire ; barbed wire

fil de cuivre ◆ copper wire

fil de fer ◆ iron wire

fil de fer barbelé → fil barbelé

fil de fer pour clôture ◆ fence wire

fil de fer (*ou* de cuivre) trempé (*ou* recuit) ◆ annealed iron (*or* copper) wire

fil incandescent → filament

fil de laiton ◆ brass wire

fil de ligature ◆ tie wire

fil de maçon ◆ mason's line ; walling thread

fil à plomb ◆ plumb line ; plummet

fil de précontrainte ◆ prestressing wire

fils ***m. pl.*** **stadimétriques** ◆ stadia (hairs)

filament ***m.*** ◆ filament

filasse ***f.*** ◆ oakum

filet ***m.*** ◆ 1. fillet ; rail ; 2. net ; 3. thread

fileter ◆ tap ; thread *(screws nuts, etc.)* (to)

filière ***f.*** ◆ die stock ; draw bench ; screw die ; screw stock

filigrane ***m.*** ◆ filigrane ; filigree ; filigree work

filler ***m.*** ◆ filler ; spackle *(am.)*

film ***m.*** ◆ film

filtrage ***m.*** ◆ filtering

filtre ***m.*** ◆ filter

fin ***f.*** **de prise** ◆ final set

fini ***m.*** ◆ finish

finissage ***m.***, **finition** ***f.*** ◆ finish ; finishing ; finishing touches

fioul ***m.*** ◆ fuel oil

fissuration ***f.*** ◆ cracking

fissure ***f.*** ◆ cleft ; crack ; craze ; fissure

– **microfissure** ◆ check crack ; hair ; hair crack *(in stone)*

fissure de fléchissement ◆ flexure crack

fissure de retrait ◆ shrinkage crack

fixateur (-trice), fixatif (-ive) ◆ fixative

fixe, fixé (e) ◆ fixed

fixé (e) par des clous ◆ fixed with nails

fixer ◆ fasten (to)

fixer par des boulons ◆ fix with bolts ; connect with bolts (to)

fixer par des chevilles ◆ join with pins (to)

fixer par des écrous ◆ connect with bolts ; fix with bolts (to)

fixer par des vis ◆ fix with screws ; screw up (to)

flache ***f.*** ◆ wane ; waney edge ; dull edge

flacheux (-euse) ◆ wancy

flambement ***m.*** **(*ou* flambage)** ◆ buckling

flambeau ***m.*** ◆ torch

flamber ◆ buckle (to)

flamboyant (e) ◆ flamboyant

– **style flamboyant** ◆ flamboyant style

flamme ***f.*** ◆ flame

flancs ***m. pl.*** **d'une voûte** ◆ haunches ; conches of a vault

flèche ***f.*** ◆ 1. spire ; 2. arrow ; height of arch ; 3. bending ; deflection ; sag ; sagging ; 4. boom *(of a crane)*

– **en forme de flèche** ◆ arrowy

fléchi (e) ◆ bent

fléchir ◆ bend ; bow (to)

fléchissement ***m.*** ◆ bending ; deflection

fleuret ***m.*** ◆ borer ; drill

fleuri (e)* → *flamboyant

fleuron ***m.***, **épi** ***m.*** **de faîtage** ◆ finial ; fleuret ; fleuron ; gothic fleuron

flexibilité ***f.*** ◆ flexibility

flexible ◆ flexible

flexion ***f.*** ◆ bending ; flexion ; flexure *(am.)*

float (ou floatglass)* → *verre flotté

flocage ***m.*** ◆ flocking ; flock spraying

flots ***m. pl.*** **grecs *(ornement)*** ◆ wave moulding

flottant (e) ◆ floating

flotteur ***m.*** ◆ buoy ; water gauge

flotteur de chasse d'eau ◆ float

flotteur sphérique ◆ ball float

fluage ***m.*** ◆ creep

fluide ***n. m.*** **ou** ***adj.*** ◆ fluid

fluidité ***f.*** ◆ fluidity

fluor ***m.*** ◆ fluorine

fluorescence ***f.*** ◆ fluorescence

fluorescent (e) ◆ fluorescent

fluorine ***f.*** ◆ fluor ; fluor span

flux ***m. (électricité, chaleur)*** ◆ flow

flux (le -) et reflux (le -) ◆ flux and reflux

flux d'air ◆ firehole

flux lumineux ◆ lighting flux

foire ***f.*** ◆ fair

foliation ***f.*** ◆ foliation

fonçage ***m.*** ◆ driving

foncé (e) ◆ deep *(colour)*

foncier ***n. m.*** **ou** ***adj.*** **(-ière)** ◆ land

fonction ***f.*** ◆ function

fonctionnalisme ***m.*** ◆ functionalism

fonctionnel (-elle) ◆ functional

fond ***m.*** **de fouille** ◆ bottom ; pit floor

fondation ***f.*** ◆ foundation

fondation à caissons ◆ caisson foundation

fondation sur pieux (*ou* pilotis) ◆ pilework foundation ; pile foundation

fondation profonde ◆ deep foundation

fondation par puits ◆ well foundation

fondation sur radier ◆ raft foundation ; mat foundation *(am.)*

fondation religieuse ◆ religious foundation

fondation de route ◆ road foundation

fondations ***f. pl.*** **à redents (*ou* à redans), fondations en escalier** ◆ benched foundations

fondation superficielle ◆ shallow foundation

fondé (e) sur pieux ◆ pile supported

fondement ***m.*** ◆ base ; footing ; foundation

fonderie ***f.*** ◆ foundry

fonderie de fer ◆ iron foundry

fongiforme ◆ fungoid

fontaine ***f.*** ◆ fountain

fontaine publique ◆ drinking fountain

fontainier ***m.*** ◆ fountain maker

fonte ***f.*** ◆ 1. cast iron ; 2. fusion

– **en fonte** ◆ cast iron

fonte brute ◆ pig iron ; pig

fonts ***m. pl.*** **baptismaux** ◆ baptistery font

forage ***m.*** ◆ boring ; drilling

force ***f.*** ◆ force

force d'adhérence ◆ adhesion force

force de barre ◆ bar force

force centrifuge ◆ centrifugal force

force de cisaillement ◆ shear force ; shearing force

force de compression ◆ compressive force

force extérieure ◆ external force

force d'inertie ◆ inertia

force interne ◆ internal force

force de réaction ◆ support pression

force résultante ◆ resulting force ; resultant

force de traction ◆ tensile force ; tractive power

force transversale ◆ cross force ; transverse force

force verticale ◆ vertical force

forer ◆ bore ; drill (to)

forer un puits ◆ sink a well (to)

forêt *f.* ◆ forest ; greenwood

foret *m.* ◆ bit ; borer ; drill ; gimlet ; wimble

foret en spirale, foret hélicoïdal ◆ spiral drill ; twist drill

foreuse *f.* ◆ boring machine ; drilling machine

foreuse à main ◆ hand drill

foreuse pneumatique ◆ pneumatic drill

forfait *m.* ◆ lump-sum (contract)

– **à forfait** ◆ by contract

forge *f.* ◆ blacksmith's shop ; smith's shop

forge portative ◆ travelling forge

forgé (e) ◆ forged ; wrought

forgeable ◆ forgeable ; malleable

forgeage *m.* ◆ forging

forger ◆ forge ; hammer (to)

forgeron *m.* ◆ blacksmith ; ironsmith ; smith

formaldéhyde *m.* ◆ formaldehyde

formalisme *m.* ◆ formalism

formaliste ◆ formalist

format *m.* ◆ format

format de brique ◆ brick size

format de pierre ◆ stone size

forme *f.* ◆ form

forme d'église ◆ choir stall ; pew

formes *f. pl.* architectoniques ◆ architectural forms

former ◆ form ; mould ; shape (to)

formeret → arc formeret

formule *f.* ◆ formula

fort *m.* ◆ fort

fort étoilé ◆ star fort

fort maritime ◆ coastal-defence fort

forteresse *f.* ◆ fortress

fortification *f.* ◆ fortification

fortifier *(par un rempart, etc.)* ◆ fortify ; mound (to)

forum *m.* ◆ forum

fosse *f.* ◆ pit

fosse d'aisance ◆ cesspit ; cesspool

fosse chimique ◆ chemical cesspit

fosse à garder la chaux ◆ lime pit

fosse septique ◆ septic tank

fossé *m.* ◆ ditch ; fosse ; trench

fossé d'accotement ◆ ditch of a berm ; counter-drain

fossé de berge ◆ ditch of a berm ; counterdrain

fossé de clôture (*ou* d'enceinte) ◆ limiting ditch

fossé de délimitation ◆ boundary ditch ; party ditch

fossé d'écoulement ◆ drain ; drainage ditch

fossé d'irrigation ◆ water trench ; irrigation channel

fossile *m.* ◆ fossil

fouille *f.* ◆ digging ; excavation

fouille archéologique ◆ dig

fouille en déblai ◆ surface excavation

fouille en rigole, fouille en tranchée ◆ trenching

four *m.* ◆ furnace ; kiln ; oven

four annulaire, four circulaire ◆ continuous kiln ; warren kiln ; Hoffman kiln

four à briques ◆ brick kiln

four à carreaux et tuiles céramiques ◆ tile kiln

four à chaux ◆ lime kiln

four rotatif ◆ revolving kiln

four de séchage (*ou* étuve) ◆ dry kiln ; drying stove ; oast

four en tunnel ◆ tunnel kiln ; draw kiln ; continuous-running kiln

fourche *f. (routes)* ◆ fork

fourneau *m.* (*pl.* fourneaux) ◆ furnace ; kiln

fourneau de cuisine ◆ cooker ; kitchener ; kitchen range

fourneau de fusion (*ou* de fonte) ◆ melting furnace

fourrure *f.* ◆ filler block

foyer *m.* ◆ fireplace ; furnace ; grate ; hearth

foyer des artistes *(théâtre)* ◆ green room

foyer de chaleur ◆ source of heat

foyer de cheminée ◆ fireplace recess ; back hearth

foyer pour étudiants ◆ hostel ; youth hostel

foyer *(théâtre)* ◆ crush room ; foyer ; lounge

fracture *f.* ◆ fracture ; fraction ; break ; upset *(in timber)*

fragile ◆ fragile

fragilité *f.* ◆ brittleness ; fragility

fragilité du bois ◆ brashness

fragment *m.* ◆ fragment

frais *m. pl.* ◆ expenses ; cost(s)

frais d'entretien ◆ cost of maintenance ; maintenance costs ; upkeep *(of a building)*

frais généraux ◆ indirect expenses ; overhead expenses

frais de transport ◆ cost(s) of transport ; transportation costs

fraise *f.* ◆ fraise ; milling cutter

fraisure *f.*, noyure *f.* ◆ countersink *(for nails, screws, etc.)*

franco (de port) ◆ delivery free

frapper ◆ beat ; strike ; knock ; hammer (to)

frapper avec un marteau ◆ knock ; beat with a hammer (to)

frapper *(en forgeant)* ◆ strike *(when forging)* ; beat (to)

frêne *m.* ◆ ash ; ash tree

fresque *f.* ◆ fresco (*pl.* fresco(e)s) ; wall picture ; wall painting

fresquiste *m.* ◆ fresco painter

fret *m.* ◆ freight

frettage *m.* ◆ binding ; helical reinforcement ; hoop reinforcement ; hooping

frette *f.* ◆ 1. fret pattern ; 2. hoop ; iron hoop ; iron band

frette d'un pieu (*ou* d'un pilotis) ◆ hoop of a pile

frigidarium *m.* ◆ frigidarium

frigorifère *m.* ◆ cooling chamber

frigorifique *m.* ◆ cooling plant ; cold store

frise *f.* ◆ frieze

frise de parquet ◆ flooring strip

frises *f. pl.* ◆ borders

front *m.* ◆ frontlet

front d'une voûte ◆ front of a vault

front de mer ◆ front

frontal (e) (*pl.* frontaux/-ales) ◆ frontal

frontalité *f.* ◆ frontality

frontière *f.* ◆ border ; frontier

frontispice *m.* ◆ frontispiece

fronton *m.* ◆ fronton ; pediment

fronton brisé ◆ broken pediment

fronton triangulaire ◆ triangular fronton ; triangular pediment

frottement *m.* ◆ friction ; rubbing

frotter ◆ scour iron ; sand iron (to)

fructiforme *m.* ◆ fructiform

fruit *m.* ◆ batter

– **qui a du fruit** ◆ battered

fuite *f.* ◆ leak ; leakage ; seepage

fumée *f.* ◆ smoke

funiculaire *m.* ◆ funicular railway ; wire-rope railway

fusain *m.* ◆ charcoal ; charcoal sketch

fusarole *f.* (*ou* fusarolle *ou* fuserolle) ◆ fusarole

fuselé (e) ◆ spindle shaped

fusible *m.* ◆ fuse

fusible à cartouche ◆ cartridge fuse

fusion *f.* ◆ fusion

fût *m.* ◆ 1. bole *(of tree)* ; 2. shaft *(of column)* ; fust

fût de colonne annelée ◆ banded shaft

fût de colonne lisse ◆ plain shaft

fût de vilebrequin ◆ drill chuck ; brace

futurisme *m.* ◆ futurism

futuriste ◆ futurist

G

gabarit ***m.*** ◆ 1. maximum construction height ; 2. template

gabarit de montage ◆ jig

gabarit de perçage ◆ drilling template

gâble ***m.*** **(*ou* gable)** ◆ gable ; gable wall

gâchage ***m.*** ◆ mixing

gâchage ***m.*** **(*ou* malaxage** ***m.*****) du mortier** ◆ mortar mixing

gâche ***f.*** ◆ keeper ; scoop ; shovel ; strike ; strike plate

gâcher du mortier ◆ mix ; prepare (to)

gâchis ***m.*** ◆ mull

gage ***m.*** ◆ gage

gaine ***f.*** ◆ 1. duct ; 2. channel ; 3. shaft

gaine d'ascenseur ◆ hoistway *(am.)* ; lift shaft ; lift well

gaine de distribution ◆ busway ; bus duct

gaine technique ◆ pipe duct ; service duct

gaine de ventilation ◆ air channel ; air duct ; air flue

galandage ***m.*** ◆ brick infilling ; brick partition *(bricks on edge)*

galbe ***m.*** ◆ bulge ; camber ; entasis ; vaulting

galbé (e) ◆ bulged

galber ◆ bulge out (to)

galerie ***f.*** ◆ gallery ; loft

galerie acoustique ◆ whispering gallery

galerie d'art ◆ art gallery

galerie de captage d'eau ◆ intake *(of water)*

galerie marchande ◆ shopping arcade

galerie souterraine ◆ underground gallery

galerie *(théâtre)* ◆ circle

galerie technique ◆ mechanical floor ; pipe gallery

galet ***m.*** ◆ boulder ; cobble ; pebble

galet haut de roulement ◆ hung-travelling roller

galet de roulement ◆ travelling roller ; sliding-door gear ; runner fitting

galets ***m. pl.*** ◆ river gravel

galetas ***m.*** ◆ attic room ; garret ; loft

gallon ***m.*** ◆ gallon

galvanisation ***f.*** ◆ galvanization ; galvanizing

galvanisation à chaud ◆ hot-dip galvanizing

galvanisé (e) ◆ galvanized

galvaniser ◆ galvanize ; zinc (to)

galvanoplastie ***f.*** ◆ galvanoplasty

gamatte ***f.*** ◆ mortar tub

garage ***m.*** ◆ garage

garantie ***f.*** **biennale** ◆ two-years guarantee

garantie ***f.*** **décennale** ◆ ten-years guarantee

garantie ***f.*** **de parfait achèvement** ◆ performance bond

garde-corps ***m. inv.*** **, garde-fou** ***m.*** **(*pl.* garde-fous)** ◆ guard rail ; handrail ; rail ; railing

garde-corps d'échafaudage ◆ guard board *(of a scaffold)*

garde-manger ***m. inv.*** ◆ larder ; pantry

garde-robe ***m.*** **(*pl.* garde-robes)** ◆ wardrobe

gardien ***m.*** ◆ door keeper ; doorman

gare ***f.*** ◆ station building ; station house

gare *(de chemin de fer)* ◆ railway station

gare centrale ◆ central-railway station

gare terminus ◆ terminal-railway station

gargouille ***f.*** ◆ gargoyle ; water spout

garni (e) de tourelles ◆ turreted

garni (e) de treillis ◆ trellised

garniture ***f.*** ◆ 1. gasket ; 2. furniture *(door, window, etc.)* ; hardware ; ironmongery ; mounting

garniture d'étanchéité *(vitrage)* ◆ glazing gasket

garniture pour joints de tuyauterie ◆ pipe compound

garniture de porte ◆ door furniture

gauchir ◆ become warped ; buckle (to)

gauchissement ***m.*** ◆ twisting ; warping

gaufrage ***m.*** ◆ goffering

gaufreur ***m.*** ◆ gofferer

gaz ***m. inv.*** ◆ gas (*pl.* gases)

gaz brûlés ◆ vent gases

gaz des marais (*ou* méthane) ◆ marsh gas

gaz naturel ◆ natural gas

gaz de ville ◆ coal gas

gazomètre *m.* ◆ gas holder ; gasometer

gazon *m.* ◆ grass ; greensward ; lawn

gazonnage *m.* ◆ sodding

gel *m.* ◆ frost ; freezing

gelée *f.* ◆ frost

geler ◆ freeze up ; heave *(due to frost)* (to)

gélif (-ive) ◆ frost riven

gélivure *f.* ◆ crack *(caused by frost)* ; frost crack

générateur *m.* ◆ generator

genévrier *m.* ◆ juniper tree

génie *m.* ◆ engineering

Génie civil ◆ civil engineering

genièvre *m.* ◆ juniper

géodésie *f.* ◆ geodesy ; geodesic surveying

géodésique ◆ geodesic

geôle *f.* ◆ gaol

géomètre *m.* ◆ land surveyor ; surveyor

géométrie *f.* descriptive ◆ descriptive geometry ; solid geometry

géométrique ◆ geometrical

gerce *f.* ◆ check

gerce de séchage ◆ season check

gerces *f. pl.* ◆ cracks ; flaws ; wind cracks

gerçure *f.* ◆ crack ; flaw *(in wood)* ; hair crack *(in metal)*

ghetto *m.* ◆ ghetto

girandole *f.* ◆ epergne ; girandole

giron *m.* ◆ going *(of a tread)* ; tread ; tread run *(am.)*

girouette *f.* ◆ fane ; vane ; weather flag ; weather cock ; weather vane

gisant *m.* ◆ recumbent figure

gisement *m.* ◆ bed ; layer

gîtage *m.* ◆ binders ; binding joists

gîte *m.* ◆ binding joist ; boarding joist

gîte du grenier ◆ garret beam ; loft joist

gîte d'étape ◆ road post

givre *m.* ◆ hoar frost ; rime

glace *f.* ◆ 1. cast plate ; glass plate ; mirror glass ; patent plate *(glass)* ; plate of glass ; 2. looking glass ; mirror

glace concave ◆ concave mirror

glace émaillée-trempée ◆ painted and fired glass

glace flottée (*ou* float *ou* floatglass) ◆ float glass

glace à miroir ◆ mirror-glass plate

glace réfléchissante ◆ reflective glass

glace sans tain ◆ plate glass

glacis *m. inv.* ◆ gentle slope ; glacis ; ramp

glacis de mastic *(pour peinture)* ◆ flatting putty ; painter's putty

glaçure *f.*, vernis *m.* ◆ glaze

glaise *f.* ◆ clay ; tile clay

glaiseux (-euse) ◆ clayey ; clayish

gland *m.*, houppe *f.* ◆ tassel

glissement *m.* ◆ slip

glissement de terrain ◆ land slide

glissière *f.* ◆ 1. guide ; 2. chute ; → ***toboggan***

glissières *f. pl.* de guidage *(châssis à guillotine)* ◆ guide fillet (sash window) ; parting bead

glissière *f.* ◆ chute

globe *m.* ◆ glass shade ; globe

gloriette *f.* ◆ arbour

glycérine *f.* ◆ glycerin ; glycerine

glyphe *m.* ◆ glyph

gneiss *m.* ◆ gneiss

gnomon *m.* ◆ gnomon

gobelins *m.* ◆ goblin

gobetage *m.* ◆ rendering

gobetis *m.* ◆ render(ing) coat ; rough coat *(plaster)*

godet *m.* ◆ bucket

godet *m. (de pelle)* ◆ scoop *(am.)* ; bucket

godron *m.* ◆ gadroon

godronné (e) ◆ gadroon(ed)

gomme *f.* ◆ eraser ; gum ; India rubber ; rubber

gomme arabique ◆ gum arabic

gomme-laque *f.* ◆ lac ; seed lac ; shellac

gommer ◆ erase ; rub out (to)

gond *m.* ◆ floor hinge ; floor spring ; gudgeon ; hinge pin ; pintle

gondolement *m.* ◆ warping

gonflement *m. (du bois)* ◆ swelling

gonflement *m. (du sol)* ◆ bulking

goniomètre *m.* ◆ goniometer

gorge *f.* ◆ concave moulding ; gorge ; hollow ; hollow moulding ; trochilus

– **(grande) gorge *f.*, voussure *f. (de plafond)*** ◆ cove *(between ceiling and wall)* ; coving
gorgerin *m.* ◆ gorget
gothique *m.* ◆ Gothic
– **art *m.* gothique** ◆ Gothic art
gothique flamboyant, gothique tardif ◆ flamboyant Gothic ; late Gothic
gothique perpendiculaire *(Angleterre, XVe s.)* ◆ perpendicular style
gothique primitif, haut gothique ◆ early Gothic
gothique rayonnant ◆ rayonnant style ; rayonnant Gothic
gothique tardif → gothique flamboyant
gouache *f.* ◆ gouache
goudron *m.* ◆ tar ; black varnish
goudron de bois ◆ wood tar
goudron de houille ◆ coal tar ; gas tar
goudron végétal ◆ vegetable tar
goudronnage *m.* ◆ tar coating ; tarring
goudronner ◆ tar ; japan
goudronner *(au goudron de houille)* ◆ tar *(with coal tar)* (to)
goudronneux (-euse) ◆ tarry
gouge *f.* ◆ gouge ; hollow chisel
goujon *m.* ◆ dowel ; gudgeon
goulotte (*ou* goulette) *f.* ◆ spout
goulotte (ou glissière) → toboggan (chantier)
goupille *f.* ◆ forelock ; forelock pin ; joining pin ; pin
goupille de sûreté, goupille fendue ◆ split pin
gousset *m.* ◆ cover plate ; dragon tie ; fish plate ; gusset ; haunch *(of a beam)*
goût *m.* ◆ taste
goutte *f.* d'eau, canal de larmier ◆ channel *(of a coping)*
gouttes *f. pl.* ◆ drop ; gutta (*pl.* guttae) ; water drops
gouttereau → mur gouttereau
gouttière *f.* ◆ 1. gutter ; 2. shoot ; spout *(for rain water)*
gouttière de condensation ◆ water channel ; condensation groove
gouttière en forme de V ◆ arris gutter ; trough gutter ; valley-roof gutter ; V gutter
gouttière pendante ◆ eaves gutter ; hanging gutter ; hung gutter
grade *m.* ◆ grade
gradin *m.* ◆ offset ; step ; step of a foundation
– **à (*ou* en) gradins** ◆ stepped ; benched
gradine *f.* ◆ waster
graduateur *m.* (*ou* variateur) de lumière ◆ dimmer ; dimmer switch ; light dimmer
graffiti *m.* (*pl. inv.* ou graffitis) ◆ graffito (*pl.* graffiti)
grain *m.* ◆ grain
– **à grains fins** ◆ fine grained
grain-d'orge *m* ◆ bird's mouth
– **assemblage à grain-d'orge** ◆ bird's mouth joint ; V joint
grainé (e) ◆ rough
gramme *m.* ◆ gram ; gramme
grand lit *m.* ◆ double-bed
grand magasin *m.* ◆ department store ; stores ; warehouse
grand-route *f.* ◆ highway
grande artère *f.* ◆ main road
grande porte *f.* ◆ gate
grande puissance (de -) ◆ heavy duty
grande rue *f.* ◆ main street
grandeur *f.* d'exécution, grandeur nature ◆ full scale ; life size
grands appartements *m. pl.* ◆ state apartments
grange *f.* ◆ barn ; grange ; granary ; hayloft
granit *m.* (*ou* granite) ◆ granite
granité (e) ◆ granitic finish
graniteux (-euse), granitique ◆ granitic
granito *m.* ◆ terrazzo
granitoïde ◆ granitoid
granulaire ◆ granular ; granulary
granularité *f.* ◆ aggregate sizing
granulat *m.* ◆ aggregate(s)
granulat concassé ◆ broken stone ; crushed aggregate
granulats de haut fourneau ◆ pumice sand ; slag sand
granulat roulé ◆ round aggregate
granulat tout-venant ◆ all-in aggregate
granuleux (-euse) ◆ granular ; granulary
granulite *f.* ◆ granulite
granulométrie *f.* ◆ grading ; grain size ; particle size distribution

– **grosse granulométrie** ◆ coarse granulation

granulométrie fine ◆ fine granulation

graphique ***m.*** ◆ chart ; diagram ; graph

graphite ***m.*** ◆ graphite

graphomètre ***m.*** ◆ graphometer

grappier ***m.*** ◆ unburnt lime

gras (-asse) ◆ fat

– **chaux** ***f.*** **grasse** ◆ fat lime

– **mortier** ***m.*** **gras** ◆ fat mortar

grappin ***m.*** ◆ anchor iron

grattage ***m.*** ◆ scraping ; scratching

gratte-ciel ***m. inv.*** ◆ skyscraper

grattoir ***m.*** ◆ erasing knife ; scraper

grattoir du maçon ◆ joint scraper

gratton ***m.*** ◆ wire scratcher ; devil float

gravats ***m. pl.*** **(*ou* gravois)** ◆ 1. debris *(of a building)* ; oversize materials ; 2. rubbish

grave ***f.*** ◆ gravel-sand mixture

gravé (e) ◆ engraved

graver ◆ carve ; emboss ; grave (to)

graver *(le bois, etc.)* ◆ engrave *(in wood, etc.)* (to)

graver à l'eau-forte ◆ etch (to)

graveur ***m.*** ◆ carver ; engraver

graveur à l'eau-forte ◆ etcher

gravier ***m.*** ◆ gravel

gravier concassé ◆ broken gravel

gravier fluvial, gravier de rivière ◆ river gravel

gravier tout-venant ◆ bank gravel ; bank-run gravel

gravière ***f.*** ◆ gravel pit

gravillon ***m.*** ◆ fine gravel

gravillon de marbre ◆ marble gravel

gravitation ***f.*** ◆ gravitation ; force of gravity

gravité ***f.*** ◆ gravity

gravité spécifique ◆ specific weight ; gravity

gravois → gravats

gravure ***f.*** ◆ carving ; engraving

gravure à l'eau-forte ◆ etching

gravure au trait ◆ outline engraving

gravure sur acier ◆ steel engraving

gravure sur bois ◆ wood engraving

gré à gré (de -) ◆ by mutual agreement ; private *(contract)*

grecque ***f.*****, grecques** ***f. pl.*** ◆ fret ; Greek frets ; Greek key *(pattern)*

grégeoir → grésoir

grenaille ***f.*** ◆ gravel sand

grenat ***m.*** ◆ garnet

grenier ***m.*** ◆ 1. attic ; garret ; 2. granary ; loft

grenier à silos ◆ silo ; bunker

grès ***m.*** ◆ 1. sandstone ; 2. gritstone

grès argileux ◆ loamy sandstone

grès calcaire ◆ chalky sandstone

grès cérame ◆ stoneware ; vitrified clay

grès glaiseux ◆ loamy sandstone

grès quartzeux ◆ quartzy sandstone

grès vernissé ◆ salt-glazed fireclay

grésoir ***m.*** **(*ou* grégeoir *ou* grugeoir)** ◆ glazier's iron

grève ***f.*** ◆ 1. beach ; 2. strike

griffe ***f.*** ◆ angle leaf *(base of column)* ; angle spur

griffon ***m.*** ◆ griffin ; griffon ; gryphon

grillage ***m.*** ◆ grating ; grillage ; netting ; wire netting

grillage de fondation ◆ foundation of timbers

grillager ◆ surround with wire netting (to)

grille ***f.*** ◆ 1. grating ; 2. grid ; grille

grille d'aération ◆ air grating ; air inlet

grille de bonde d'un évier ◆ sink grid

grille de clôture ◆ railings ; rails

grille de fenêtre ◆ wire blind

grille de foyer ◆ fire grate

grille de sanctuaire ◆ altar rail

grille de ventilation ◆ register

gris (e) ◆ grey

gris-bleu (e) ◆ blue-grey

grisaille ***f.*** ◆ grisaille

groom ***m.*** ◆ door closer

gros béton ***m.*** **(*ou* béton cyclopéen)** ◆ rubble concrete

gros bois de charpente ◆ framing timber

gros grain (à -) ◆ coarse grained

gros granulat ***m.*** ◆ coarse aggregate

gros gravier ***m.*** ◆ coarse gravel

gros marteau ***m.*** ◆ small sledge ; mallet

gros mur ***m.*** ◆ main wall

gros œuvre ***m.*** ◆ fabric ; structure *(G.B.)*

gros ouvrages ***m. pl.*** ◆ rough work

grosse granulométrie ***f.*** ◆ coarse granulation

grosse menuiserie ***f.*** ◆ carpentry ; carpenter's work

gros pêne → pêne dormant

grosse poutre ***f.*** ◆ balk

grosseur ***f.*** **du grain** ◆ nature of grain ; grain dimension ; grain size

grossier (-ère) ◆ raw ; rough ; coarse

grossièrement équarri (e) ◆ roughhewn

grotesque ◆ grotesque ; antic work

grotte ***f.*** ◆ cave ; grot ; grotto

groupe ***m.*** **(*ou* groupement) de bâtiments** ◆ group of buildings

groupe ***m.*** **électrogène** ◆ generator set

groupement d'intérêt économique ◆ joint venture

grue ***f.*** ◆ crane ; derrick

- **grue automotrice** ◆ mobile crane
- **grue à bras** ◆ jib crane
- **grue à chevalet** ◆ gin ; trestle ; shear legs
- **grue flottante** ◆ floating crane
- **grue à pivot, grue pivotante** ◆ slewing crane ; revolving crane
- **grue à pont, grue à portique** ◆ bridge crane ; portal crane
- **grue téléscopique** ◆ climbing crane
- **grue à tour** ◆ tower crane
- **grue tournante** ◆ slewing crane ; revolving crane

grugeoir **→** ***grésoir***

grume ***f.*** ◆ undressed timber ; rough timber

- **grume à scier** ◆ saw log

grutier ***m.*** ◆ crane operator

guéridon ***m.*** ◆ gipsy table ; pedestal table ; round table *(small)*

guérite ***f.*** ◆ look-out turret ; shelter *(of watchman)*

guette ***f.*****, échauguette** ***f.*** ◆ watch turret

gueule-de-loup ***f.*** **(*pl.* gueules-de-loup) (*ou* abat-vent *ou* mitre)** ◆ chimney cowl

guichet ***m.*** ***(cinéma, théâtre)*** ◆ booking office ; box office

guichet ***m.*** ***(d'une porte)*** ◆ wicket *(in a large door)*

guide ***m.*** ◆ guiding device

guillaume ***m.*** ◆ grooving plane

guillochis ***m.*** ◆ guilloche

guillotine ***f.*** ◆ guillotine

guimbarde ***f.*** ◆ old woman's tooth ; router ; router plane

guirlande ***f.*** ◆ encarpus ; garland

gunitage ***m.*** ◆ gunning *(of concrete)* ; shotcreting

gunite ***f.*** ◆ shotcrete

guniteuse ***f.*** **(*ou* canon** ***m.*** **à ciment)** ◆ concrete gun ; shotcrete gun

gutta-percha ***m.*** **(*pl.* guttas-perchas)** ◆ gutta-percha

gymnase ***m.*** ◆ gymnasium (*pl.* gymnasiums *or* gymnasia)

gynécée ***f.*** ◆ gynaeceum ; gynaecium

gypse ***m.*****, pierre** ***f.*** **à plâtre** ◆ gypsum

gypseux (-euse) ◆ gypseous

gypsifère ◆ gypsiferous

H

habillage ***m.*** ◆ cladding

habitabilité ***f.*** ◆ habitability

habitable ◆ habitable

habitant (e) ◆ inhabitant

habitat ***m.*** ◆ habitat ; housing

habitat groupé ◆ group of houses

habitat insalubre ◆ slum

habitation ***f.*** ◆ dwelling ; habitation ; housing ; inhabitance ; inhabitancy

habitation lacustre ◆ lake dwelling ; pile dwelling

habitation ***f.*** **à loyer modéré (H.L.M.)** ◆ council housing ; low-cost housing *(am.)* ; public housing

habitation troglodytique ◆ cave dwelling

habité (e) ◆ inhabited

habiter ◆ inhabit (to)

hache ***f.*** ◆ ax *(am.)* ; axe ; hatchet

hachette ***f.*** ◆ hatchet

hachure ***f.*** ◆ hachure ; hatching

hachure à main levée ◆ freehand etchings

hachures croisées ◆ counterhatching ; cross hatchings

hachures linéaires ◆ hatchings

hachurer ◆ hachure ; hatch (to)

haie ***f.*** ◆ hedge ; hedgerow

haie de jardin ◆ garden hedge

haie vive ◆ fence ; hedge ; lattice fence

hall ***m.*** ◆ hall

hall ***(gare, stade)*** ◆ concourse

hall ***(hôtel)*** ◆ lounge

hall d'entrée ***(hôtel, théâtre, bureaux)*** ◆ lobby ; entrance hall ; foyer

halle ***f.*** ◆ market hall

halo ***m.*** ◆ halo

halogène ***n. m.*** **ou** ***adj.*** ◆ halogen *(lamp)*

hamac ***m.*** ◆ hammock

hammam ***m.*** ◆ hammam

hangar ***m.*** ◆ hangar ; shed

hangar à marchandises ◆ freight shed ; goods shed ; depot

happe → agrafe

haras ***m.*** ◆ breeding stud ; stud

harmonie ***f.*** ◆ harmony

harpage ***m.*** **(*ou* harpement)** ◆ toothing

harpe ***f.*** ◆ corner iron

harpe ***f.*** **(*ou* pierre** ***f.*****) d'attente** ◆ toothing stone

harpon ***m.*** ◆ two-handed cross-cut saw ; wall staple

haut ***n. m.*** **d'une tour** ◆ steeple ; spire

haut (e) ***adj.*** ◆ 1. high ; tall ; 2. early

haut gothique ◆ early Gothic

haut roman ◆ early romanesque

haute tension ◆ high voltage

haute-taille ***f.*** ◆ high relief ; *alto-relievo*

hauteur ***f.*** ◆ height

hauteur absolue ◆ absolute height

hauteur de construction ◆ building height

hauteur d'eau ◆ water level

hauteur d'un échafaudage ◆ scaffold height

hauteur d'étage ◆ pitch ; height between floors ; storey height

hauteur libre ◆ headroom ; headway ; vertical clearance

hauteur limitée ◆ limited clearance

hauteur de marche ◆ rise ; riser height

hauteur maximale de construction ◆ maximum construction height

hauteur de passage ◆ headroom ; headway

hauteur de rive ◆ eaves height

hauteur sous clé (*ou* clef) ◆ height at crown

hauteur sous plafond ◆ ceiling height

haut fourneau ***m.*** **(*pl.* hauts fourneaux)** ◆ blast furnace

haut-parleur ***m.*** **(*pl.* haut-parleurs)** ◆ loud-speaker

haut-relief ***m.*** **(*pl.* hauts-reliefs)** ◆ *alto-relievo* ; high relief

héberge ***f.*** ◆ line of disjunction

hectare ***m. (ha)*** ◆ hectare

hectogramme ***m. (hm)*** ◆ hectogram

hectolitre ***m. (hl)*** ◆ hectolitre

hectomètre ***m. (hm)*** ◆ hectometre

hélice ***f.*** ◆ helix (*pl.* helices) ; spiral

hélicoïdal (e) ◆ helical ; helicoidal

hélicoïde ***n. f.*** **ou** ***adj.*** ◆ helicoid

hélicoptère ***m.*** **(*ou* truelle *f.* mécanique)** ◆ power float ; rotary float ; rotary trowel

héliographe ***m.*** ◆ heliograph

héliport ***m.*** ◆ heliport

hellénique ◆ hellenic

hellénistique ◆ hellenistic

hématite ***f.*** ◆ haematite ; hematite

hémicycle ***m.*** ◆ hemicycle

hémisphère ***m.*** ◆ hemisphere

heptagone ***m.*** ◆ heptagon

heptastyle ***m.*** ◆ heptastyle

herbe ***f.*** ◆ grass

hérisson ***m.*** ◆ 1. hardcore layer ; herisson ; pitching ; 2. row of spikes *(on a wall)*

hermès ***m.*** ◆ hermes ; atlas ; telamon

hermétique ◆ airproof ; airtight ; hermetic ; hermetical

herminette ***f.*** ◆ adze

herse ***f.*** ◆ 1. harrow ; 2. herse ; hearse ; lights *(above stage)* ; 3. triangular candlestick

  herse *(château fort)* ◆ portcullis

hertz ***m. (Hz)*** ◆ hertz

hétérogène ◆ heterogeneous

hétérogénéité ***f.*** ◆ heterogeneity

hêtre ***m.*** ◆ beech ; beech tree

heure ***f.*** ◆ hour

  heures de travail ◆ working hours (*pl.*)

  heures de travail *(par homme)* ◆ man hours (*pl.*)

  heures supplémentaires ◆ overtime

heurtoir ***m.*** ◆ 1. door knocker ; knocker ; 2. door stop

hexagonal (e) (*pl.* hexagonaux/-ales) ◆ hexagonal

hexagone ***m.*** ◆ hexagon

hexastyle ***m.*** ◆ hexastyle ; exastyle

hie → dame, demoiselle

hiératique ◆ hieratic

hiéroglyphe ***m.*** ◆ hieroglyph

hippodrome ***m.*** ◆ hippodrome

hippogriffe ***m.*** ◆ hippogriff ; winged horse

histoire ***f.*** ◆ history

  histoire de l'architecture ◆ history of architecture

  histoire de l'art ◆ history of art

historié (e) ◆ illustrated ; storied ; historiated

historique ◆ historic ; historical

homme ***m.*** **de métier** ◆ craftsman

homogène ◆ homogeneous ; homogeneal

homogénéité ***f.*** ◆ homogeneity ; homogeneousness

honoraires ***m. pl.*** ◆ charge ; fee ; remuneration

hôpital ***m.*** **(*pl.* hôpitaux)** ◆ hospital

horizon ***m.*** ◆ sky line ; horizon

horizontal (e) (*pl.* horizontaux/-ales) ◆ level ; horizontal

horloge ***f.*** ◆ clock

  horloge d'une tour ◆ tower clock

hors d'aplomb ◆ out of plomb

hors d'équerre ◆ out of square

hors de l'enceinte d'une ville ◆ extra-muros ; outwards the town walls

humus ***m.*** ◆ black mould ; garden mould ; top soil ; vegetable soil ; humus ; leaf mould

hors de proportion ◆ proportionless

hors œuvre ◆ overall *(dimension of building)*

hors plomb ◆ out of the perpendicular

hors service ◆ out of order

hors sol ◆ above grade ; above ground

hors tout ◆ overall *(dimension of component)*

hospice ***m.*** ◆ alms house

  hospice pour indigents ◆ workhouse ; poor house

hôtel ***m.*** ◆ 1. hotel ; 2. town mansion

  hôtel meublé ◆ apartment hotel

  hôtel des monnaies ◆ mint ; mint building

  hôtel particulier ◆ large house

  hôtel particulier *(en ville)* ◆ mansion

  hôtel des postes ◆ general post office

  hôtel des ventes ◆ auction mart

  hôtel de ville ◆ city hall ; town hall

hôtellerie ***f.*** ◆ hostelry ; hotel trade

hotte ***f.*** ◆ hood

hotte de cheminée ◆ 1. canopy *(chimney)* ; 2. fireplace hood

hotte de cuisine ◆ cove ; coving ; hood

houppe *f.*, gland *m.* ◆ tassel ; tuft

hourdis *m.* (*ou* hourdage *m.*) ◆ nogging ; rough masonry

hourdis creux (pour planchers) → hourdis de plancher

hourdis de brique ◆ bricknogging

hourdis de plancher ◆ floor unit ; floor block

hourdis en pierre → dalle (en pierre)

hoyau *m.* ◆ flat mattock

huile *f.* ◆ oil

huile de chanvre (*ou* huile de chènevis) ◆ hemp oil

huile de créosote ◆ creosote ; creosote oil

huile de décoffrage ◆ form oil

huile de lin ◆ linseed oil

huile de lin crue ◆ raw linseed oil

huile de lin cuite ◆ boiled oil ; boiled linseed oil

huile minérale ◆ mineral oil

huile siccative, huile standolie ◆ drying oil ; siccative oil

huisserie *f.* ◆ door frame

huisserie de porte intérieure ◆ innerdoor case

humide ◆ damp ; humid ; wet

humidité *f.* ◆ dampness ; humidity ; moisture

humidité relative ◆ relative humidity (R.H.)

hutte de troncs d'arbre ◆ log cabin ; log hut

hyalin (e) ◆ hyaline

hydratation *f.* ◆ hydration

hydrate *m.* ◆ hydrate

hydraulique *n. f.* ◆ hydraulics

hydraulique *adj.* ◆ hydraulic

hydrocarbure *f.* ◆ hydrocarbon

hydrodynamique *f.* ◆ hydrodynamics

hydroélectrique ◆ hydro-electric

hydrofugation *f.* (*ou* hydrofugeage *m.*) ◆ water-proofing

hydrofuge n.*m.* ou *adj.* ◆ moisture proof ; water repellent ; waterproof

hydrographie *f.* ◆ hydrography

hydrophobe ◆ hydrophobic

hydrostatique *f.* ◆ hydrostatics

hydrostatique *adj.* ◆ hydrostatic

hygiène *f.* publique ◆ public health

hygromètre *m.* ◆ hygrometer

hygrométrie *f.* ◆ hygrometry

hygroscopique ◆ hygroscopic

hyperbole *f.* ◆ hyperbola

hyperbolique ◆ hyperbolic ; hyperbolical

hyperstatique ◆ imperfect *(structure)* ; statically indetermined

hypocauste *m.* ◆ hypocaust

hypogée *m.* ◆ hypogeum

hypostyle ◆ hypostyle

hypothèque *f.* ◆ mortgage

I

ichnographie ***f.*** ◆ ichnography
ichnographique ◆ ichnographic ; ichnographical
icône ***f.*** ◆ icon ; ikon
iconoclasme ***m.*** ◆ iconoclasm
iconoclaste ***n. m.*** **ou** ***adj.*** ◆ iconoclast ; image breaker
iconographie ***f.*** ◆ iconography
iconostase ***f.*** ◆ iconostatis
idéogramme ***m.*** ◆ ideograph
idolâtre ◆ idolatrous
idolâtrie ***f.*** ◆ idolatry
idole ***f.*** ◆ idol
if ***m.*** ◆ yew
igloo ***m.*** ◆ icehut ; igloo
igné (e) ◆ igneous
ignifugation ***f.*** **(*ou* ignifugeage** ***m.*****)** ◆ fireproofing
ignifuge (*ou* ignifugeant (e) ◆ fire retardant ; fireproof
ignifugé (e) ◆ fireproofed
île ***f.*** ◆ island
illusion ***f.*** **optique** ◆ optical illusion
îlot ***m.*** ◆ 1. urban block ; block of houses ; 2. holm *(in river)* ; islet *(in sea)*
imbrication ***f.*** ◆ imbrication
imbriqué (e) ◆ imbricated
imitation ***f.*** ◆ imitation
imiter ◆ imitate (to)
immeuble ***m.*** ◆ building
  immeuble de bureaux ◆ office building
  immeuble en copropriété ◆ condominium *(am.)*
  immeuble à étages ◆ multistorey(s) building
  immeuble de grande hauteur ◆ high-rise building
  immeuble d'habitations ◆ apartment house
  immeuble locatif ◆ apartment house
  immeuble de rapport ◆ mansions
  immeuble-tour ***f.*** ◆ tower building
  immeuble à usage locatif ◆ rental building
immobilier (-ère) ◆ landed *(of estate)* ; real
impasse ***f.*** ◆ blind street ; cul-de-sac ; impasse
imperméabilisant (e) ◆ water repellent
imperméabilisation ***f.*** ◆ waterproofing
imperméabilité ***f.*** ◆ impermeability
  imperméabilité à l'eau ◆ watertightness ; impermeability to water
imperméable ◆ damp proof ; impermeable ; waterproof ; watertight
implantation ***f.*** ◆ implantation
impluvium ***m.*** ◆ impluvium
imposte ***f.*** ◆ impost ; fanlight *(am.)* ; transom window
  imposte (*ou* traverse *f.* d'imposte) ◆ dormant tree ; transom
  imposte en éventail ◆ fanlight ; clerestory ; top light
impôt ***m.*** **foncier** ◆ land tax ; property tax
imprégnation ***f.*** ◆ impregnation
imprégné (e) (de) ◆ impregnated
imprégner (de) ◆ impregnate (to)
impression ***f.*** ◆ priming ; first coat ; pricking-up coat
imprimer ◆ prime *(paint)* (to)
imputrescible ◆ rotproof ; anti-rot
inachevé (e) ◆ unfinished
incandescence ***f.*** ◆ incandescence
incandescent (e) ◆ incandescent
incendie ***f.*** ◆ fire
incertum → ***opus incertum***
inclinaison ***f.*** ◆ gradient ; inclination ; pitch ; slant *(of roof)* ; slope
inclination, dévers ***m.*** ◆ cant
incliné (e) ◆ inclined ; pitching ; sloping
incolore ◆ colourless
incombustible ◆ fireproof
incommode ◆ incommodious
incrustation ***f.*** **(*ou* entartrage** ***m.*****)** ◆ incrustation ; scaling

incrustation ◆ incrustation ; inlaid work ; inlay ; inlaying
incrustation d'argent ◆ silver inlaying
incrustation d'or ◆ gold inlaying
incrusté (e) ◆ inlaid
incruster ◆ inlay (to)
incruster (de) ◆ encrust (to)
indéformable ◆ rigid
indemnité ***f.*** ◆ indemnification ; compensation
indentation ***f.*** ◆ toothing
indice ***m.*** ◆ index (*pl.* indices)
indice d'affaiblissement acoustique ◆ sound-reduction factor ; sound-reduction index
indice d'occupation du sol ◆ soil occupancy index
indigo ◆ indigo ; indigo-blue
inductile ◆ inductile
inductilité ***f.*** ◆ inductility
industrie ***f.*** ◆ industry
industrie du bâtiment ◆ building trade
industriel (-elle) ◆ industrial
inerte ◆ inert
inertie ***f.*** ◆ inertia
inférieur (e) ◆ inferior ; lower
infiltration ***f.*** ◆ infiltration
infiltration d'eau ◆ seepage
infirmerie ***f.*** ◆ infirmary
inflammable ◆ flammable ; combustible
infléchi (e) ◆ bent ; inflected
inflexible ◆ inflexible
infrarouge ◆ infra red
infrastructure ***f.*** ◆ 1. substructure ; 2. infrastructure
ingélif (-ive) ◆ frost resistant
ingénierie ***f.*** ◆ engineering
ingénieur ***m.*** ◆ engineer
ingénieur de chantier ◆ field engineer
ingénieur-conseil ◆ consulting engineer
ingénieur-éclairagiste ◆ lighting engineer
ingénieur-électricien (B.E.T. électricité) ◆ electrical engineer
ingénieur du Génie civil ◆ civil engineer
ingénieur-mécanicien (B.E.T. fluides) ◆ mechanical engineer
ingénieur des Ponts et Chaussées ◆ highways engineer
ingénieur des Travaux publics ◆ civil engineer
inhabité (e) ◆ unoccupied ; vacant
ininflammable ◆ non flammable ; non inflammable
initiales ***f. pl.*** ◆ initial letter
inondation ***f.*** ◆ flood ; inundation
inondé (e) ◆ under water ; submerged
inorganique ◆ inorganic
inoxydable ◆ stainless
insalubre ◆ insanitary
inscription ***f.*** ◆ inscription
insecte ***m.*** **xylophage, vrillette** ***f.*** ◆ death-watch beetle ; wood borer
insigne ***m.*** ◆ mark
insignes ***m. pl.*** ◆ insignia
in situ **(*ou* sur place)** ◆ *in situ*
insolateur → capteur solaire
insonorisant (e) ◆ sound proof
insonorisation ***f.*** ◆ sound proofing
inspecteur ***m.*** **du bâtiment** ◆ building inspector
inspiration ***f.*** ◆ inspiration
installation ***f.*** ◆ installation
installation basse tension ◆ low-tension plant
installation de chauffage ◆ heating system
installation de courant faible ◆ feeble-current installation ; weak-current installation
installations portuaires ◆ harbo(u)r installations
installer ◆ erect (to)
institut ***m.*** ◆ institute
Institut des normes britanniques ◆ British Standards Institution (B.S.I.)
instrument ***m.*** ◆ implement ; tool
instrument de topographie ◆ surveying instrument
instrument tranchant ◆ edge tool
intempéries ***f. pl.*** ◆ inclemency
intensité ***f. (couleur)*** ◆ depth
intensité électrique ***(I)*** ◆ current intensity
intensité lumineuse ◆ candle power ; light intensity
intensité sonore ◆ sound intensity
intensité du trafic ◆ density of traffic
intérieur (e) ◆ interior ; internal
interphone ***m.*** ◆ entry phone
interrupteur ***m.*** ◆ switch (*pl.* switches)

interrupteur à bascule (*ou* à bras de levier) ◆ lever switch

interrupteur bipolaire ◆ double-pole switch

interrupteur à bouton ◆ press-button switch

interrupteur à couteaux ◆ knife switch

interrupteur à double commande ◆ double-pole switch

interrupteur encastré ◆ plaster-depth switch

interrupteur général ◆ main switch

interrupteur à tirage ◆ chainpull switch

interrupteur va-et-vient ◆ two-way switch

interruption *f.* ◆ stopping the work(s)

intersection *f.* ◆ intersection

intersection de voies ◆ crossing

interstice *m.* ◆ interstice

intrados *m.* ◆ intrados ; bottom face

intra muros ◆ *intra muros* ; within the walls

ion *m.* ◆ ion

ionique ◆ ionic

ionisation *f.* ◆ ionization

iridium *m.* ◆ iridium

irisation *f.* ◆ irisation

irisé (e) ◆ iridescent ; irisated ; rainbow coloured

irrégularité *(d'une surface)* ◆ unevenness

irrigation *f.* ◆ irrigation

isba *f.* ◆ isba

isobéton *m.* ◆ insulation concrete

isodomon *m.* ◆ isodomum

isolant *n. m.* ◆ insulating material ; insulation material

isolant (e) *adj.* ◆ insulating

isolateur *n. m.* ◆ insulator ; electrical insulator

isolation *f.* ◆ insulation

isolation acoustique (*ou* isolation phonique) ◆ noise insulation ; sound insulation ; soundproofing

isolation électrique ◆ electrical insulation

isolation phonique → isolation acoustique

isolation thermique ◆ heat insulation ; thermal insulation

isolé (e) ◆ detached ; insulated

isoler ◆ insulate (to)

isométrie *f.* ◆ isometric projection

isométrique ◆ isometric

isoplane (porte -) ◆ flush (door)

isostatique ◆ statically determined

isotherme *f.* ◆ isotherm

isothermique ◆ isothermal

isotrope ◆ isotropic

isotropie *f.* ◆ isotropism

issue *f.* ◆ issue ; outlet ; way-out ; exit

issue de secours ◆ emergency exit

isthme *m.* ◆ isthmus

ivoire *f.* ◆ ivory

– **en (*ou* d') ivoire** ◆ ivory

J

jalon ***m.*** ◆ range rod ; range pole ; ranging rod ; ranging pole

jalon à voyant ◆ boning rod

jalonnement ***m.*** ◆ ranging-out

jalonner ◆ range out (to)

jalousie ***f.*, store** ***m.*** **vénitien** ◆ shutter blind ; venetian blind ; jalousie ; sun blind ; sun screen

jambage ***m.*** ◆ jamb

jambage de cheminée ◆ jamb of a chimney

jambage de porte ◆ door jamb ; door post ; cheek

jambe ***f.*** ◆ jamb ; post ; stud

jambe de force ◆ knee brace

jambette ***f.*** ◆ princess post ; stanchion

jardin ***m.*** ◆ garden

jardin alpin → jardin de rocaille

jardin à l'anglaise ◆ landscaped garden

jardin botanique ◆ botanical garden

jardin de derrière ◆ back garden

jardin d'enfants ◆ kindergarten

jardin à la française ◆ formal garden

jardin d'hiver ◆ winter garden

jardin paysager ◆ landscaped garden

jardin public ◆ park

jardin de rocaille, jardin alpin ◆ rock garden ; rockery

jardin suspendu ◆ hanging garden ; roof garden

jardin zoologique ◆ zoo ; zoological garden

jardinière ***f.*** ◆ flower stand ; flower-pot holder ; planter

jarre ***f.*** ◆ jar

jauge ***f.*** ◆ gauge

jauge d'extensométrie ◆ strain gauge

jauge de liquide ◆ sight glass

jaunâtre ◆ yellowish

jaune ◆ yellow

jet ***m.*** **d'eau** ◆ fountain ; water bar ; waterspout

jet d'eau ***(d'une fenêtre, etc.)*, rejeteau** ***m.*** ◆ drip moulding *(of window)* ; weather moulding

jetée ***f.*** ◆ breakwater ; jetty ; mole ; pier

jeter (*ou* poser) les fondations ◆ lay the foundations (to)

jeter un arc ◆ lay an arch ; turn an arch (to)

jeter un pont (sur) ◆ bridge (to)

jeu ***m.*** **(*pl.* jeux)** ◆ clearance

jeu ***m.*** **de plans** ◆ set *(of plans)*

jeux ***m. pl.*** **de lumière** ◆ lighting effects

joindre ◆ joint *(masonry, etc.)* (to)

joindre, (ré)unir ◆ join (to)

joint ***m.*** ◆ joint ; seam joint

joint d'about ◆ butt joint

joint articulé ◆ articulated coupling ; pin joint

joint d'assise ◆ bed ; layer joint *(of mortar, etc.)*

joint bout-à-bout → joint d'about

joint à clin, chevauchement ***m.*** ◆ lap joint

joint creux, joint en retrait ◆ recessed joint ; keyed joint

joint debout ◆ standing seam

joint d'emboîture ◆ spigot joint

joint de dilatation ◆ dilatation joint ; expansion joint

joint d'étanchéité ◆ gasket ; seal ; sealer ; sealing joint

joint horizontal → joint de lit

joint de lit, joint d'assise ◆ bed joint ; coursing joint ; horizontal joint

joint montant, joint de tête ◆ vertical joint

joint (à) plat, joint à bord franc ◆ butt joint

joint plein ◆ flush joint

joint à la pompe ◆ extruded sealant

joint à rainure et languette ◆ tongued and grooved joint

joint de reprise ◆ working joint *(in concrete)* ; construction joint

joint de retrait ◆ contraction joint ; shrinkage joint

joint en retrait → joint creux

joint sec, joint vif ◆ dry joint

joint soudé au chalumeau ◆ blow joint ; blown joint

joint de soudure ◆ welded joint

joint vertical, joint montant, joint de tête ◆ cross joint ; heading joint ; perpend ; side joint ; vertical joint

jointif (-ive) ◆ placed edge to edge

jointoiement *m.* (*ou* jointement *ou* jointoyage) ◆ pointing of joints ; jointing

jointoiement *m. (au mortier liquide)* ◆ grouting

jointoyer ◆ grout ; point the joints (to)

jointure *f.* ◆ joint ; jointing

jonc *m.* ◆ cane ; rattan rush

jonction *f.* ◆ junction

– boîte de jonction → boîte de branchement

joue *f.* ◆ 1. beam side ; haunch board ; 2. side *(of armchair)*

joue de coffrage ◆ cheek board ; side of formwork

jouée *f.* ◆ cheek

jouée *(de lucarne)* ◆ dormer cheek ; reveal *(of dormer window)*

jouer ◆ 1. crack *(of a wall)* ; 2. given ; warped (to be)

joule *m. (J)* ◆ joule *(J)*

jour *m.* ◆ 1. aperture ; day *(of a window)* ; opening ; light ; well hole

– à jour ; percé (e) de jours ◆ open work

jour d'aplomb (*ou* jour zénithal) ◆ vertical light

jour d'un escalier ◆ well *(of a staircase)* ; stairwell ; open well ; well hole ; open newel

2. day

jour férié ◆ public holiday

jour ouvrable ◆ working day

Journal *m.* officiel ◆ official journal of laws *(decrees, etc.)* ; statute book

jubé *m.* ◆ chancel screen ; jube ; rood loft ; rood screen

judas *m.* ◆ judas ; judas trap ; judas hole ; peephole

judas optique, microviseur *m.* ◆ door viewer

jumelé (e) ◆ gemel ; twin

jury *m.* (*pl.* jurys) ◆ jury

jute *m.* ◆ gunny fibre ; Indian grass ; jute

K

kaki ***adj. inv.*** ◆ khaki

kaolin ***m.*****, terre** ***f.*** **à porcelaine** ◆ China clay ; kaolin ; pipe clay

kérosène ***m.*** ◆ kerosene oil *(am.)* ; paraffin oil

kieselguhr ***m.*** **(*ou* kieselgur)** ◆ kieselguhr ; moler ; diatomaceous earth ; infusion earth

kilocalorie ***f. (kcal)*** ◆ kilocalorie ; major calory

kilogramme ***m. (kg)*** ◆ kilogramme

kilomètre ***m. (km)*** ◆ kilometre

kilowatt ***m. (kW)*** ◆ kilowatt *(kw)*

kilowattheure ***m. (kWh)*** ◆ kilowatt-hour

kiosque ***m.*** ◆ kiosk

kiosque à journaux ◆ newspaper kiosk ; news stall ; newspaper stall

kiosque à musique ◆ bandstand

kiosque de jardin public ◆ gazebo

kitchenette ***f.*** **(*ou* cuisinette** ***f.*****)** ◆ kitchenette

L

label ***m.*** ◆ (certifying) label

laboratoire ***m.*** ◆ laboratory

  laboratoire d'essai ◆ material-testing laboratory

labyrinthe ***m.*** ◆ labyrinth ; maze

labyrinthique ◆ mazy

lac ***m.*** ◆ lake

lacet ***m.*** ◆ pintle

lacis ***m.*** ◆ network

lacrymatoire (vase -) ◆ lachrymatory

laie → laye

laine ***f.*** ◆ wool

  laine d'acier ◆ steel wool

  laine de bois ◆ woodwool ; excelsior

  laine de laitier ◆ slag wool

  laine minérale ◆ mineral wool

  laine de roche ◆ rock wool

  laine de verre ◆ glass wool ; glass silk

lait ***m. (de ciment, etc.)*** ◆ slurry

  lait de chaux ◆ limewash ; milk of lime ; whitewash

  lait de ciment ◆ grout ; cement slurry

laitance ***f.*** ◆ 1. milk of lime ; 2. cement grout

laiterie ***f.*** ◆ dairy ; dairy farm

laitier ***m.*** ◆ blast-furnace slag ; iron slags ; slag

– ciment de laitier → ciment

  laitier expansé ◆ expanded slag ; foamed slag

laiton ***m.*** ◆ brass ; latten

lambert ***m. (lm/cm²)*** ◆ lambert

lambourde ***f.*** ◆ bridging joist ; floor batten ; floor runner ; sleeper

  lambourde muraillère ◆ tail trimmer

lambrequin ***m.*** ◆ bargeboard ; fascia board ; valance ; vergeboard

lambris ***m.*** ◆ dado ; panelling *(board)* ; wainscot

  lambris à panneaux ◆ wainscot panel ; lining with panels

lambrissage ***m.*** ◆ clamping *(with boards* or *battens)* ; panelling ; wainscotting

lambrissé (e) ◆ panelled

lambrisser ◆ line *(a room)* ; panel ; wainscot (to)

lame ***f.*** ◆ strip ; thin plate

  lame de parquet ◆ parquet strip

  lame de persienne ◆ slat *(of venetian blind)*

  lame de scie ◆ saw blade ; web *(of a saw)*

lamelle ***f.*** ◆ lamella

lamellé ***(bois)*** ◆ laminated

  lamellé-collé ◆ glued laminated

  lamellé-latté ◆ strip board ; stripping board

lamifié (e) ◆ laminated

laminage ***m.*** ◆ drawing-out ; racking ; tentering ; rolling

  laminage ***m. (métal)*** ◆ foliation

laminé (e) ◆ rolled

  laminé (e) à chaud ◆ hot rolled

  laminé (e) à froid ◆ cold rolled

laminer ◆ laminate ; roll (to)

laminoir ***m.*** ◆ flattening mill ; rolling mill

  laminoir de tôles ◆ sheet roller

lampadaire ***m.*** ◆ candelabrum ; floor lamp ; lampadary ; light bearer

  lampadaire à gaz (*ou* bec *m.* de gaz) ◆ gaselier

lampe ***f.*** ◆ bulb ; lamp ; lamp bulb ; light bulb

  lampe ancienne, lampion ***m.*** ◆ fairy light

  lampe à arc ◆ arc lamp

  lampe à braser → lampe à souder

  lampe à décharge ◆ discharge lamp

  lampe à fluorescence ◆ fluorescent lamp

  lampe à huile (*ou* à pétrole) ◆ oil lamp

  lampe à incandescence ◆ filament lamp ; incandescent lamp

  lampe au néon ◆ neon lamp

  lampe à pétrole ◆ paraffin lamp

lampe à souder, lampe à braser ◆ blow lamp ; brazing lamp ; blowtorch *(am.)*

lampe suspendue ◆ hanging lamp

lampe à vapeur de sodium ◆ sodium-vapour lamp

lamperon *m.* ◆ wick holder *(of a lamp)*

lampion *m.* ◆ fairy light ; paper lantern

lance *f.* *(de tuyau)* ◆ nozzle ; jet pipe

lance à projeter le ciment ◆ cement gun

lancéolé (e) ◆ lancet shaped

lance-pierres *m. inv.* ◆ catapult

lancette *f.* ◆ lancet

– **en lancette** ◆ lancet shaped

landier *m.* ◆ andiron

languette *f.* ◆ 1. key ; 2. languet *(in flue chimney)* ; 3. tongue *(wood)* ; withe ; wythe

languette et rainure ◆ tongue and groove

languette rapportée (*ou* fausse languette) ◆ spline ; cross tongue ; feather tongue

lanterne *f.* ◆ 1. chimney jack ; 2. lantern ; lantern light ; 3. street lamp

lanterne chinoise ◆ chinese lantern

lanterne de serrage, tendeur *m.* à lanterne ◆ turnbuckle

lanterneau *m.* ◆ clerestory ; raised skylight

lanternon *m.* ◆ lantern ; lantern light

laque *f.* ◆ enamel paint ; high-gloss paint ; lake

laque *f. (résine)* ◆ lac

laque *m.* ◆ lacquer

laqué (e) ◆ japanned ; lacquered

laquer ◆ japan ; lacquer ; enamel (to)

laqueur *m.* ◆ japanner

laraire *m.* ◆ lararium

lardoire *f.* ◆ shoe *(of a pile)* ; drive shoe

large ◆ wide

largeur *f.* ◆ width

largeur libre ◆ clear width

largeur de marche, giron *m.* ◆ going *(of a tread)* ; tread width

largeur de passage ◆ clear width

larmes *f. pl.* ◆ drop ; gutta (*pl.* guttae) ; water drops

larmier *m.* ◆ drip ; dripstone ; head moulding ; hoodmo(u)ld ; hoodmo(u)lding ; larmier ; weather moulding

larmier de corniche ◆ corona ; crown moulding

lasure *f.* ◆ impregnation

latéral (e) (*pl.* latéraux/-ales) ◆ lateral ; side

latex *m.* ◆ latex

latrines *f. pl.* ◆ latrine(s)

lattage *m.* ◆ lathing ; battening *(of a wall* or *ceiling)*

latte *f.* ◆ lath (wood) ; fillet ; scantling

latte ◆ batten and a half

latte de bordure ◆ tilting fillet *(on eaves board)* ; cant board *(am.)* ; cant strip *(am.)*

latte mince ◆ half-batten

latte de plafond ◆ ceiling lath

latte de support ◆ bed moulding

latte de toiture ◆ roof lath

latté *m.* ◆ laminboard

latter ◆ lath (to)

lattis *m.* ◆ battening *(of a wall or ceiling)* ; lag *(lath for espaliers)* (*pl.* lags *or* lagging) ; lathing ; laths ; lath work

lattis de toit ◆ roof batten(ing)

laurier *m.* ◆ bay tree ; laurel

laurier-cerise *m.* (*pl.* lauriers-cerises) ◆ cherry laurel

laurier-rose *m.* ◆ oleander

lavabo *m.* ◆ basin ; lavatory *(am.)* ; wash stand ; washbasin

lavabo sur colonne, lavabo sur pied ◆ pedestal washbasin

lavabo suspendu ◆ wall-hung washbasin

laver *(de la terre, du sable)* ◆ wash *(clay, sand)* (to)

laverie *f.*, arrière-cuisine *f.* ◆ scullery

lavis *m.* ◆ tinting ; washed drawing ; wash ; washing

lavoir *m.* ◆ wash house

laye *f.* (*ou* laie) de maçon ◆ bricklayer's hammer

layer ◆ tool *(a stone)* (to)

léger (-ère) ◆ light ; lightweight

législation *f.* du logement ◆ Housing Act

lenticulaire ◆ lentiform

léproserie *f.* ◆ leper's hospital

lésènes *f. pl.*, bandes *f. pl.* lombardes ◆ pilaster strips

levage *m.* ◆ hoisting ; lifting

levé *m.* ◆ survey

levé aérien ◆ aerial survey ; photogrammetric survey

levé tachéométrique ◆ tacheometric survey

levé topographique ◆ topographical survey(ing)

levier ***m.*** ◆ crow ; crowbar ; hickey *(plumb)* ; lever

levier coudé ◆ angle lever

lèvre ***f.*** ◆ bit

lézarde ***f.*** ◆ crack

lézarde de tassement ◆ settlement crack ; settling crack

lézardé (e) ◆ cracked

liais ***m.*** ◆ blue limestone ; calcareous limestone

liaison ***f.*** ◆ joining ; union *(of stones, etc., in masonry)*

liaisonner ◆ bind (to)

liant ***m.*** ◆ binder ; binding agent

liant hydraulique ◆ hydraulic binder

liant d'une peinture ◆ binding material ; vehicle *(of paint)*

libage ***m.*** ◆ rough ashlar *(for foundations, etc.)* ; rubble

liège ***m.*** ◆ cork

lien ***m.*** ◆ tie ; → ***aisselier***

lien diagonal ◆ diagonal tie

lierne ***f.*** ◆ 1. bridging ; coupling purlin ; 2. lierne ; lierne rib ; ridge rib ; 3. stiffening rib

lierre ***m.*** ◆ ivy

lierre rampant, lierre terrestre ◆ ground ivy

lieudit ***m.*** **(*ou* lieu-dit)** ◆ locality

lieue ***f.*** ***(distance)*** ◆ league

ligne ***f.*** ◆ line

ligne à bâtons rompus ◆ zigzag ; staggered line

ligne brisée ◆ broken line

ligne de bris(is) ◆ roof break ; knuckle joint

ligne de charge ◆ load diagram ; load curve

ligne de cote ◆ dimension line

ligne courbe ◆ curved line

ligne droite ◆ straight line

ligne d'échappée ◆ line of clear headroom

ligne d'épaulement d'une voûte ◆ spring line of the vault ; springing

ligne (*ou* profil) d'extrados ◆ line of extrados

ligne de faîte ◆ watershed

ligne de force ◆ line of force

ligne de foulée ◆ flight line ; line of travel ; walking line

ligne d'horizon ◆ vanishing line

ligne d'influence ◆ influence line

ligne (*ou* profil) d'intrados ◆ intrados line ; soffit line ; line of intrados

ligne de mire ◆ line of aim ; line of collimation ; line of sight

ligne des moments ◆ moment line

ligne de naissance *(d'une voûte)* ◆ spring line of the vault ; springing

ligne de pente ◆ slope line

ligne pointillée ◆ dotted line

ligne de poussée ◆ line of pressure

ligne du sommet *(d'une voûte)* ◆ crown ; summit line ; top line

lignes ***f. pl.*** **parallèles** ◆ parallel lines

ligne téléphonique ◆ telephone line

ligne tracée au cordeau ◆ chalk line

ligne verticale ◆ vertical line

ligne de voûte ◆ line of vault ; linear vault

limaçon (ou colimaçon) → ***escalier à vis***

limbe ***m.*** ◆ limb ; graduated arch

lime ***f.*** ◆ file

lime-couteau ◆ knife file

lime demi-ronde ◆ half-round file

lime douce, lime à polir ◆ polish file ; smooth file

lime grossière ◆ rough file *(for metal)*

lime plate ◆ flat file

lime à polir → ***lime douce***

lime ronde ◆ round file

lime sourde ◆ dead file

lime triangulaire ◆ three-square file ; triangular file

limer ◆ file (to)

limite ***f.*** ◆ 1. bound ; boundary ; 2. landmark ; 3. limit

limite d'allongement ◆ strain limit

limite de charge ◆ limit of load ; safe load

limite de ductilité ◆ upper-yield point

limite d'élasticité, limite élastique ◆ 1. elastic limit ; 2. yield point

limite de parcelle ◆ separation between adjacent properties

limite de plasticité ◆ plastic limit

limite de propriété ◆ boundary line ; property line *(am.)*

limite de rupture, résistance *f.* à la rupture ◆ ultimate strength

limite d'un terrain (*ou* de propriété) ◆ limit of property

limite de viscosité ◆ limit of lubricity ; limit of viscosity

limon *m.* ◆ mire ; mud ; silt ; sludge

limon *(d'escalier)* ◆ bridge board ; notchboard ; stair cheek ; string ; stringer *(am.)* ; string board

limon à l'anglaise → limon à gradins

limon à la française ◆ closed string

limon à gradins ◆ open string ; cut string ; bracketed string

limonite *f.* ◆ bog sand ; bog ore ; limonite

limousinage *m.* ◆ rough walling of rubble and mortar

limousiner ◆ build in rubble work ; rough wall (to)

lin *m.* ◆ flax ; linen

linçoir *m.* (*ou* linsoir) ◆ trimmer ; header ; trimmer joist ; header joist *(am.)*

linéaire ◆ linear

– **dilatation linéaire** ◆ linear expansion

lingerie *f.* ◆ linen

lingot *m.* ◆ ingot

linoléum *m.* ◆ linoleum

linteau *m.* ◆ breastsummer ; head jamb ; lintel ; summer

linteau de cheminée ◆ chimney bar

linteau de sécurité ◆ safety lintel

liquide *n. m.* ◆ fluid ; liquid

liquide *adj.* ◆ fluid

liquidité *f.* ◆ liquidity

lisière *f.* ◆ list ; listel

lissage *m.* ◆ polishing ; smoothing

lissage à la truelle ◆ trowel work

lisse *f.* ◆ French curve

lisse ◆ cross pawl ; cross spale ; brace ; counterbrace *(of a scaffold)*

lisse de barrière ◆ barrier ; crossbar

lisse basse ◆ sill ; sill plate

lisse de garde-corps ◆ handrail ; guard rail

lisseuse *f.*, taloche *f.* ◆ float ; floater *(am.)*

lissoir *m.* ◆ polisher

listel *m.* (*ou* listeau), liston *m.* ◆ list ; listel

lit *m.* ◆ 1. bed ; 2. layer *(of mortar, etc.)*

lit *m. (rivière)* ◆ channel

lit d'assise ◆ cleaving grain

lit de cailloux ◆ hardcore layer

lit de carrière ◆ natural bed *(of a stone)*

lit de charge, ballastage *m.* ◆ ballast bed ; ballasting ; boxing

lit clos ◆ bedstead

lit à colonnes ◆ four poster

lit à deux places ◆ double bed

lit d'enfant ◆ cot

lit d'un fleuve (*ou* d'une rivière) ◆ river bed ; river channel

lit de mortier ◆ layer of mortar ; mortar bed

lit pliant ◆ folding bed

lit de pose ◆ bearing surface ; bed face ; lower bed ; seating

lit de sable, aire *f.* de sable ◆ bed of sand

liteau *m.* ◆ lath *(wood)* ; scantling ; roofer

liteau *(tringle de bois)* ◆ rail ; tile batten ; tile lath

litharge *f.* ◆ litharge ; lead monoxyde

lithographe *m.* ◆ lithographer

lithographie *f.* ◆ lithograph ; lithography

lithologie *f.* ◆ lithology

lithopone *m.* ◆ lithopone

litre *m.* ◆ litre *(1,76 pints)* ; liter *(am.)*

littelage *m.* (*ou* lattage *m.*) ◆ lathing

littoral *m.* ◆ littoral ; seaboard

littoral (e) (*pl.* littoraux/-ales) ◆ littoral ; coastal

livre *f.* ◆ pound (lb)

lobe *m.* ◆ cusp ; foil

lobé (e) ◆ cusped ; lobate ; lobed

local *n. m.* (*pl.* locaux) ◆ premises

local technique ◆ plant room ; plant space

local à usage commercial ◆ shop premises ; office premises

local (e) *adj.* (*pl.* locaux/-ales) ◆ local

locataire *m.* ou *f.* ◆ lodger ; tenant

location *f.* ◆ hiring ; renting

loge *f.* ◆ box ; lodge ; lodge (porter's -, gardener's -)

loge d'artiste ◆ dressing room (actor's, actress's -) ; cubicle

loge de concierge ◆ porter's lodge

loge de théâtre ◆ box

logement *m.* ◆ dwelling unit ; housing ; lodging ; lodgings

logement de fonctionnaires ◆ official dwelling

logements *m. pl.* locatifs ◆ rental housing

logements ouvriers ◆ workmen's dwelling

logements sociaux ◆ council housing ; low-cost housing *(am.)*

logements terminés ◆ housing completions

loger ◆ accommodate ; house ; lodge (to)

logette *f.* ◆ oriel window

loggia *f.* ◆ loggia ; recessed balcony

logiciel *m.* ◆ software

logis *m.* ◆ abode

– **sans-logis *m.* (*ou* sans-abri)** ◆ homeless person

loi *f.* d'Abrams ◆ Abrams' law

lois *f. pl.* d'urbanisme ◆ urban laws

lombarde → bande lombarde

long (-gue) ◆ long

long pan ◆ main slope *(of pitched roof)*

longeron *m.* ◆ longitudinal girder

longitudinal (e) (*pl.* longitudinaux/-ales) ◆ lengthwise ; longitudinal

long-pan *m.* ◆ long wall

longrine *f.* ◆ ground sleeper ; ground timber ; ridge plate *(of roof)* ; sill plate ; sleeper ; stringer

longueur *f.* ◆ length

longueur d'adhérence *(d'armature)* ◆ bond length ; grip length *(of reinforcement rods)*

longueur de fissure ◆ crack length

longueur de flambage ◆ effective length

longueur libre ◆ unsupported length

longueur de portée ◆ span length

loquet *m.* ◆ door latch ; hasp

loqueteau *m.* de va-et-vient ◆ snaplock *(for a swing door)*

losange *m.* ◆ diamond ; lozenge

– **en losange** ◆ diamond shaped ; lozenged ; lozenge shaped

lot *m.* ◆ grounds ; site

lot d'essai ◆ trial batch

lot *(marché)* ◆ section trade

lot de terrain ◆ plot ; lot *(am.)*

lotiforme (*ou* en forme de lotus) ◆ lotiform

lotir (*ou* allotir) ◆ divide into lots ; parcel out ; plot out (to)

lotissement *m.* ◆ allotment ; dividing into lots ; parcelling ; subdivision *(am.)* ; housing estate

loupe *f.* ◆ burl ; burr ; curl

loupe *f. (à main)* ◆ reading glass ; magnifying glass

lourd (e) ◆ heavy

louve *f.* ◆ hoisting scissors

loyer *m.* ◆ rent

lucarne *f.* ◆ dormer ; dormer window ; lucarne

lucarne d'attique ◆ attic window

lucarne double ◆ gemel window (roof)

lucarne faîtière ◆ roof light ; skylight

lucarne à joues galbées ◆ eyebrow dormer

lucarne-pignon *f.*, lucarne à gâble ◆ gabled dormer

lumen *m.* *(lm)* ◆ lumen *(L)*

lumière *f.* ◆ 1. aperture ; day *(of a window)* ; 2. light

– **facteur de lumière du jour (*ou* facteur d'éclairement naturel)** ◆ daylight factor

lumière artificielle ◆ artificial light

lumière du jour, lumière naturelle ◆ daylight

lumière rasante ◆ level light

luminaire *m.* ◆ light fitting ; light fixture

luminance *(cd/m²)* ◆ luminance

luminescence *f.* ◆ luminescence

luminescent (e) ◆ luminescent ; luminous

luminosité *f.* (*ou* luminance apparente) ◆ luminosity ; brightness

lunaire (*ou* en forme de lune) ◆ lunar

lunette *f.* ◆ lunette

lunette d'escalier → jour d'un escalier

lunettes *f. pl.* de protection ◆ eye preservers ; goggles

lunette d'une voûte ◆ savory vault ; lunette

lustrage *m.* ◆ glossing

lustre *m.* ◆ 1. brightness ; gloss ; 2. chandelier ; corona ; electrolier ; pendant luminaire ; → ***suspension***

lustrer ◆ gloss (to)

lut *m.*, glacis *m.* de mastic pour la peinture ◆ flatting putty ; painter's putty ; mastic

lutrin *m.* ◆ music lectern *(stand* or *desk)*

lutte *f.* contre la pollution ◆ pollution control

lux *m.* *(lm/m²)* ◆ lux *(lx)*

lycée *m.* ◆ high school

M

macadam ***m.*** ◆ macadam

macadam au goudron ◆ tarmacadam

macadamisage ***m.*** ◆ macadamization

macadamiser ◆ macadamize (to)

mâchefer ***m.*** ◆ blast-furnace slag ; furnace clinker ; iron slag ; scoria ; slag

mâchicoulis ***m.*** ◆ machicolation

machine ***f.*** ◆ machine

machine à aiguiser ◆ grinder ; grinding machine

machine arroseuse de goudron ◆ tar-spraying machine

machine à cintrer les tubes ◆ pipe bender ; bending bolt

machine à fraiser ◆ milling machine

machine à jet de sable ◆ sand-blast machine ; sand blast

machine à laver ◆ washing machine

machine (*ou* presse *f.*) à mouler ◆ moulding press

machine à poinçonner ◆ punching machine

machine à raboter sur l'épaisseur ◆ thicknessing machine *(for wood working)*

machine à récurer ◆ scouring machine

machine à souder ◆ welder ; welding machine

machine à tordre ◆ torsion machine

mâchoires ***f. pl.*** **d'un étau** ◆ jaws of a vice

maçon ***m.*****, briqueteur** ***m.*** ◆ bricklayer

maçonner ◆ build ; build up ; lay bricks ; mason ; mason up (to)

maçonnerie ***f.*** ◆ bricklaying ; brickwork ; masonry ; stonework

maçonnerie en briques ◆ brickwork

maçonnerie en briques apparentes, maçonnerie en briques de parement ◆ facing work

maçonnerie brute ◆ rubblework

maçonnerie à crépir (plafonner ou enduire) ◆ brickwork for rendering

maçonnerie à joints incertains → opus incertum

maçonnerie en moellons ◆ rubblework

maçonnerie en pierres ◆ stonework

maçonnerie en pierres de taille ◆ cut stones ; stonework

maçonnerie pleine ◆ solid masonry

maçonnerie de remplissage ◆ filling-up with brickwork ; filling-up with masonry ; hearting

maçonnerie à sec ◆ dry masonry

madré (e) ***(bois)*** ◆ veined ; grained

madrier ***m.*** ◆ board ; plank

madrier profilé ◆ profiled joist

magasin ***m.*** ◆ 1. depository ; 2. shop ; store *(am.)* ; 3. stores ; storehouse ; warehouse

magnésie ***f.*** ◆ magnesia

magnésium ***m.*** ◆ magnesium

magnétite ***f.*** ◆ magnetite

mail ***m.*** ◆ mall (shopping -)

mail couvert ◆ covered mall

maille ***f.*** ◆ mesh

maillechort ***m.*** ◆ German silver

maillet ***m.*** ◆ mallet ; small sledge

maillet en bois ◆ round mallet

mailloche ***f.*** ◆ heavy mallet

maillon ***m.*** ◆ chain iron ; chain link ; link (of chain)

main ***f.*** **courante** ◆ banister rail ; handrail ; guard rail

main courante côté mur ◆ wallside handrail

main-d'œuvre ***f.*** **(*pl.* mains-d'œuvre)** ◆ 1. labour ; payment for a job ; 2. man power ; workmanship

main-d'œuvre qualifiée ◆ skilled labour

maintenance ***f.*** ◆ maintenance

maïolique ***f.*** ◆ majolica

mairie ***f.*** ◆ municipal building(s) ; town hall

maison ***f.*** ◆ house

maison d'angle ◆ corner house

maison de campagne ◆ cottage ; country cottage ; country house

maison à colombages ◆ half-timbered house
maison détachée ◆ detached house
maison divisée en appartements (*ou* immeuble *m.* de rapport) ◆ mansions
maison d'été ◆ summer house
maison d'étudiants ◆ dormitory *(am.)*
maison du gardien ◆ gate-house
maison indépendante ◆ detached house
maison individuelle ◆ one-family house ; single family house
maison isolée ◆ detached house
maison jumelée ◆ half-double house *(am.)* ; semi-detached house ; twin house
maison à ossature de bois ◆ frame house
maison à patio ◆ patio house
maison (*ou* immmeuble) de rapport (*ou* de location) ◆ tenement ; tenement house ; tenement block
maison de retraite ◆ old people's home
maison de santé ◆ nursing home
maisons *f. pl.* en bande ◆ terraced houses ; row houses *(am.)*
maisons jumelées ◆ double house *(am.)* ; pair of semidetached house(s)
maison solaire ◆ solar house
maison-témoin ◆ show house ; model house *(am.)*
maison en terrasse ◆ terrace house
maison unifamiliale* → *maison individuelle
maison de ville ◆ town house
maisonnette *f.* ◆ small house
maître-autel *m.* (*pl.* maîtres-autels) (*ou* autel majeur) ◆ high altar
maître *m.* d'œuvre ◆ chief architect
maître *m.* d'ouvrage ◆ building owner ; client ; owner
maîtresse poutre *f.* ◆ main beam
majolique* → *maïolique
mal bâti (e) ◆ jerry built
malaxage *m.* ◆ mixing
malaxer ◆ mix ; turn *(the mortar)* (to)
malaxeur *m.* ◆ mixer
malaxeur d'argile ◆ pug mill
malaxeur à béton ◆ concrete mixer ; cement mixer
malaxeur de mortier ◆ mortar mill
malfaçon *m.* ◆ defect ; construction defect
malle *f.* ◆ trunk
malléabilité *f.* ◆ malleability
malléable ◆ malleable ; forgeable
malsain (e) ◆ unhealthy
mamelon *m.* ◆ nipple
manche *m. (d'outil)* ◆ handle ; haft ; heft
manche de rabot ◆ handle of a plane ; tote
manchette *f.* ◆ sleeve ; socket ; cone
manchon *m.* ◆ coupling ; mantle ; muff ; sleeve ; socket ; union
manchon de fer forgé ◆ wrought coupling
manchon flexible ◆ flexible coupling
manchon réducteur ◆ reducer
mandrin *m.* ◆ dolly ; mandrel ; piercer ; punch ; puncheon
manège *m.* ◆ riding school
manganèse *m.* ◆ manganese
mangeoire *f.* ◆ manger ; crib
maniabilité *f.*, ouvrabilité *f.* ◆ workability
maniérisme *m.* ◆ mannerism
maniériste ◆ mannerist
manivelle *f.* ◆ crank ; sweep ; lever
manœuvre *m.* ◆ helper ; labourer ; maneuver *(am.)* ; mason's man ; unskilled worker
manoir *m.* ◆ manor house
manoir *m. (avec ferme)* ◆ grange
manomètre *m.* ◆ manometer ; pressure gauge
manomètre à tube en forme de U ◆ U gauge
manque *m.* ◆ defect ; deficiency ; holiday *(am.)*
mansarde *f.* ◆ 1. gambrel roof *(am.)* ; mansard ; Mansart roof ; 2. attic room ; garret room
manteau *m.* de cheminée ◆ mantel ; mantelpiece
manufacture *f.* de verres et glaces ◆ glass works
manuscrit *n. m.* ◆ manuscript
manuscrit (e) *adj.* ◆ hand written
maquette *f.* ◆ model
marais *m.* ◆ marsh ; swamp
marais salant *m.* ◆ salt marsh
marbre *m.* ◆ marble
marbre blanc ◆ white marble
marbre brut ◆ raw marble
marbre serpentin* → *serpentine
marbre statuaire ◆ statuary marble

marbré (e) ◆ marbled

marbrer ◆ marble ; vein (to)

marbrerie *f.* ◆ marble cutting ; marble works

marbrier *m.* ◆ marble mason

marbrière *f.* (*ou* carrière *f.* de marbre) ◆ marble quarry

marbrure *f.* ◆ marbling ; marbleizing *(am.)*

marche *f.* ◆ degree ; stair ; step

marche d'angle ◆ corner step

marche d'arrivée ◆ top step

marche balancée ◆ balanced step ; dancing step ; dancing winder

marche de départ ◆ bottom step ; starting step

marche de départ arrondie ◆ drum-head step

marche de départ en volute ◆ curtail step ; scroll step

marche droite ◆ flier (*or* flyer)

marche en encorbellement ◆ cantilever step ; hanging step

marche d'escalier ◆ step of a staircase

marche gironnée ◆ winding step

marche palière ◆ landing step ; landing tread ; top step

marche rayonnante, marche tournante ◆ radial step ; winder ; turn step

marché *m.* ◆ 1. market ; market place ; market square ; mart

marché couvert ◆ market hall

2. contract

marché à forfait, contrat *m.* à forfait ◆ lump-sum contract

marché de gré à gré ◆ private contract

marchepied *m.* ◆ step ladder

marécage *m.* ◆ fen ; marsh ; swamp

marécageux (-euse) ◆ marshy ; swampy

marée *f.* ◆ tide

marée basse, marée descendante ◆ ebb tide ; low tide ; low water

marée haute, marée montante (flux) ◆ high water ; high tide

margelle *f.* ◆ curb stone ; edge *(of a well)*

marmoréen (-enne) ◆ marmorean

marne *f.* ◆ marl

marne calcaire ◆ lime marl

maroquin *m.* ◆ Morocco leather

maroquinerie *f.* ◆ Morocco leather manufacture

marouflage *m.* ◆ rubbing ; pressing

marque *f.* ◆ badge ; brand ; insignia (*pl.*) ; mark ; sign

marque de tâcheron ◆ banker mark ; sign

marquer par un trait de scie ◆ mark with the saw (to)

marqueté (e) ◆ inlaid

marqueter ◆ inlay (to)

marqueterie *f.* ◆ inlaid work ; inlay ; inlaying ; marquetry

marquise *f.* ◆ awning ; canopy ; marquee

marron ◆ maroon

marronnier *m.* ◆ chestnut

marteau *m.* (*pl.* marteaux) ◆ hammer

marteau à ardoise ◆ slater's hammer

marteau de bois ◆ round mallet

marteau bretté, brette *f.* ◆ toothed hammer

marteau de briqueteur ◆ brickax *(am.)* ; brickhammer ; bricklayer's hammer

marteau de charpentier, marteau à dents ◆ claw hammer

marteau de cloche ◆ clock hammer

marteau de couvreur ◆ pick hammer ; roofing hammer

marteau à dents → marteau de charpentier

marteau de forge ◆ forging hammer

marteau d'horloge ◆ clock hammer

marteau hydraulique ◆ hydraulic ram

marteau à main ◆ hand hammer

marteau à panne fendue ◆ claw hammer

marteau-pilon *m.* (*pl.* marteaux-pilons) ◆ drop hammer

marteau-pilon *m.* à vapeur ◆ steam hammer ; steam striker

marteau piqueur *m.* ◆ pneumatic hammer

marteau à planer ◆ planishing hammer ; smoothing hammer

marteau plat ◆ flat hammer

marteau pneumatique ◆ air hammer ; jackhammer ; pneumatic hammer

marteau à pointe ◆ pointed hammer ; pick

marteau de porte ◆ knocker ; door knocker

marteau riveur (*ou* rivoir), marteau à river ◆ riveting gun ; riveting hammer

marteau rond ◆ ball hammer
martelage ***m.*** ◆ hammering
martelé (e) ◆ hammered
martelé (e) en bosse ◆ embossed
marteler *(à froid)* ◆ hammer (to)
marteler en bosse ◆ emboss (to)
marteler le fer ◆ forge ; hammer (to)
marteline ***f.*** ◆ pointed hammer ; pick
martyrium ***m.*** ◆ martyrium
mascaron ***m.*** ◆ grotesque mask ; mascaron
masque ***m.*** ◆ mask
masse ***f.*** ◆ mass ; sledge ; sledge hammer
masse *f.* volumique ◆ unit weight
massette ***f.*** ◆ small sledge ; mallet
massicot ***m.*** ◆ massicot ; yellow lead
massif ***n. m.*** ◆ solid block *(of masonry)*
massif en briques ◆ brick furring
massif de fondation ◆ foundation block
massif (-ive) ***adj.*** ◆ block ; bulky ; massive ; solid
mastic ***m.*** ◆ compound ; mastic ; putty
mastic d'asphalte ◆ asphaltic mastic
mastic bitumineux ◆ mastic asphalt
mastic d'étanchéité ◆ sealant ; sealing compound
mastic de goudron ◆ tar mastic
mastic de goudron de houille ◆ cement mastic
mastic de préparation ◆ back putty
mastic à vitres, mastic de vitrier ◆ glazier's putty
masticage ***m.*** ◆ cementing ; puttying
mastiquer *(des vitres)* ◆ stuff *(with glazier's putty)* (to)
mât ***m.*** ◆ mast ; pole
mât de charge ◆ derrick boom
mat (e) ***adj.*** ◆ dull ; flat ; mat ; matt ; unpolished
matage *m.* (*ou* matité *f.*) ◆ flatting
maté (e) ◆ caulked
matelas ***m.*** ◆ mattress
matelas d'air ◆ air cushion
matelas isolant ◆ insulation bat
matelas de laine de verre ◆ glass-wool bat
matériau *m.* (*pl.* matériaux) ◆ material
matériau acoustique ◆ acoustical material
matériau bitumé (*ou* bitumineux) ◆ bituminous material
matériau de couverture ◆ roof-covering material
matériau dur *(pierre* ou *brique)* ◆ hard and stony material *(like bricks)*
matériau d'étanchéité ◆ tightening material
matériau incombustible ◆ non combustible material
matériau isolant ◆ insulating material ; insulation material
matériau de remplissage ◆ filler ; spackle *(am.)*
matériau à souder ◆ solder
matériaux *m. pl.* de construction ◆ (building) materials
matériaux de démolition ◆ demolition materials ; old building materials
matériaux finis ◆ units
matériaux semi-finis ◆ sections
matériel ***m.*** ◆ equipment
matière ***f.*** ◆ material ; matter
matière colorante ◆ pigment ; colouring matter
matière organique ◆ organic material
matière plastique ◆ plastic material ; plastics
matière première ◆ primordial material ; substance ; raw material
matité ***f.*** ◆ flatting
matoir ***m.*** ◆ caulking hammer
mauresque ◆ Moresque ; Moorish
mausolée ***m.*** ◆ mausoleum
mauvais sol ***m.*** ◆ bad ground ; loose soil ; poor soil ; soft ground
mauvais terrain ***m.*** ◆ bad soil
mazout *m.* (*ou* fioul *m.* domestique) ◆ fuel oil
méandre ***m.*** ◆ meander
mécanicien ***m.*** ◆ engineer
mécanique ***n. f.*** ◆ mechanical engineering ; mechanics
mécanique des sols ◆ soil mechanics
mécanique ***adj.*** ◆ mechanic ; mechanical
mécanisation ***f.*** ◆ mechanization
mécène ***m.*** ◆ patron of art
mèche ***f.*** ◆ auger bit ; bit ; bore bit ; brace bit ; drill ; hollow drill
mèche anglaise ◆ centre bit
mèche *f. (armature)* ◆ connecting rod
médaillier ***m.*** ◆ cabinet of medals

médaillon ***m.*** ◆ medallion

médiéval (e) (*pl.* médiévaux/-ales) ◆ medieval ; mediaeval

méduse ***f.*** ◆ medusa

mégalithe ***m.*** ◆ megalith

mégalithique ◆ megalithic

mélaminé (e) ◆ melamine faced

mélange ***m.*** ◆ compound ; mix ; mixture

mélange mouillé ◆ wet mix

mélange sec ◆ dry mix

mélanger la peinture ◆ mix ; prepare (to)

mélangeur ***m.*** ◆ mixer tap

mélèze ***m.*** ◆ larch

membrane ***f.*** ◆ membrane

membrane d'étanchéité ◆ damp-proof membrane

membre ***m.*** ◆ member

membre en compression, membre comprimé ◆ compression member

membre en flexion ◆ flexural member

membron ***m.*** ◆ curb member

membrure ***f.*** ◆ bar frame ; chord *(truss)* ; panel frame

membrure inférieure ◆ bottom chord ; lower chord

membrure supérieure ◆ top chord ; top boom ; upper chord

meneau ***m.*** ◆ mullion ; muntin

– à meneau ◆ mullioned

meneau horizontal ◆ transom ; transom bar

meneau vertical ◆ muntin ; mullion

meneaux *m. pl.* principaux ◆ strong mullions

menhir ***m.*** ◆ menhir

menuiserie ***f.*** ◆ 1. finishing carpentry *(am.)* ; joinery ; 2. woodwork ; 3. joiner's shop

menuiserie en bois ◆ woodwork

menuiserie intérieure ◆ interior-wood finishings ; joiner's finishing ; carpenter's finishing *(am.)*

menuiserie métallique ◆ metal millwork

menuiserie en P.V.C. ◆ P.V.C. millwork

menuisier ***m.*** ◆ carpenter ; light carpenter ; joiner

méplat (e) ◆ flat laid ; in planks *(wood)*

mer ***f.*** ◆ sea

méranti ***m.*** ◆ meranti

merlon ***m.*** ◆ merlon

mérule *m.* ou *f.* ◆ weeping fungus ; merulius ; mould

merveille ***f.*** ◆ marvel ; wonder

mésolithique ◆ mesolithic

mesurage ***m.*** ◆ culling ; measurement ; measuring

mesure ***f.*** ◆ measure ; measurement ; measuring

mesure effective ◆ actual measurement

mesure nominale ◆ nominal measure

mesure de surface ◆ square measure ; surface measure

mesurer ◆ measure (to)

mesurer hors œuvre ◆ measure out to out (to)

métal *m.* (*pl.* métaux) ◆ metal

métal déployé ◆ expanded metal

métal ferreux ◆ ferrous metal

métallique ◆ metallic

– non métallique ◆ non metallic

métallographie ***f.*** ◆ metallography

métalloïde ***m.*** ◆ metalloid

métatome → métoche

méthane ***m.*** ◆ marsh gas ; methane

méthode ***f.*** ◆ method

méthode de balancement des marches ◆ method for turning the steps

méthode de chemin critique ◆ critical path method (C.P.M.)

métier ***m.*** ◆ craft ; trade ; handicraft

métoche *f.* (*ou* métatome *m.*) ◆ metatome

métope ***f.*** ◆ metope

métrage ***m.*** ◆ measurement *(in metres)*

mètre *m.* (*m*) ◆ metre ; meter *(am.)*

mètre carré (*m²*) ◆ square metre *(sqm)*

mètre courant → mètre linéaire

mètre cube (*m³*) ◆ cubic metre *(cu. m.)* ; cubic meter *(am.)*

mètre linéaire *(ml), mètre courant* ◆ running metre

mètre pliant ◆ folding rule

mètre à ruban, mètre-ruban ◆ tape measure ; measuring line ; rule tape

métré ***m.*** ◆ computation of quantities ; quantity survey

métré *m.*, relevé *m.* ◆ survey ; measured drawing

métré *m.*, devis *m.* ◆ estimate (builder's - *or* contractor's -)

métrer ◆ measure (to)

métreur ***m.*** ◆ appraiser ; quantity surveyor

métrique ◆ metric

métropole ***f.*** ◆ metropolis

métropolitain ***m.*** **(*ou* métro *fam.*)** ◆ subway *(am.)* ; tube ; underground

métropolitain (e) ◆ metropolitan

mettre à l'alignement ◆ establish lines of direction (to)

mettre d'aplomb ◆ erect with the plummet (to)

mettre à l'épreuve ◆ essay (to)

mettre hors circuit ◆ switch off ; disconnect ; cut out (to)

mettre en œuvre ◆ work up (to)

mettre en tas ◆ stack (to)

meuble ***n. m.*** ◆ piece of furniture

meuble fixe ◆ fixture

meubles ***m. pl.*** ◆ furniture

meuble à tiroirs ◆ cabinet ; chest of drawers ; commode

meuble *(terrain)* *adj.* ◆ running *(soil)*

meublé ***n. m.*** ◆ 1. furnished flat ; furnished apartment *(am.)* ; 2. lodging

meublé (e) ***adj.*** ◆ furnished

– **non meublé (e)** ◆ unfurnished

meubler ◆ furnish (to)

meulage ***m.*** ◆ grinding

meule ***f.*** ◆ grinding mill ; grinding wheel ; grindstone

meuleuse ***f.*** ◆ grinder ; grinding machine

meuleuse à jet de sable ◆ sand-blast machine ; sand blast

meulière ***f.*** ◆ millstone grit

meurtrière ***f.*** ◆ loop hole

– **à meurtrières** ◆ loop holed

mezzanine ***f.*** ◆ half-story ; mezzanine ; mezzanine floor

mica ***m.*** ◆ mica

micaschiste ***m.*** ◆ mica schist

micro ◆ micro

microfissure ***f.*, fil *m.*** ◆ check crack ; hair crack ; hair

microlithe ***m.*** ◆ microlith

micromètre ***m.*** ◆ gauge ; micrometer

micron ***m.*** ◆ micron

micro-poreux (-euse) ◆ microporous

microviseur → judas optique

mieux-disant ***m.*, moins-disant *m.*** ◆ lowest bidder

migration ***f.*** ◆ migration

milieu ***m.*** ◆ middle

milieu urbain ◆ urban environment

mille ***m. (1609,33 m)*** ◆ mile ; English mile

mille marin *(1852 m)* ◆ sea mile ; French sea-mile

millimètre ***m. (mm)*** ◆ millimetre

minaret ***m.*** ◆ minaret

mince ◆ thin

mine ***f.*** ◆ mine

mine *f.* de plomb ◆ lead ; pencil lead

minerai ***m.*** ◆ mineral ; ore

minerai de fer ◆ iron ore ; iron stone

minéral ***n. m.*** **ou** ***adj.*** ◆ mineral

miniature ***f.*** ◆ miniature

miniaturiste ***m.*** ◆ miniature painter ; miniaturist

minium ***m.*** ◆ minium

minium de plomb ◆ red lead ; lead minium ; lead primer

minoen (-enne) ◆ Minoan

minuterie ***f.*** ◆ time switch ; electrical timer

mirador ***m.*** ◆ belvedere

mire ***f.*, mire de nivellement** ◆ leveling rod *(am.)* ; levelling staff ; staff

mirette ***f.*** ◆ jointer

miroir ***m.*** ◆ looking glass ; mirror

miroir de toilette ◆ toilet glass

miroir d'une voûte ◆ mirror of a vault

miroitier ***m.*** ◆ glass maker ; glazier ; silverer

mise ***f.*** **à la teinte** ◆ staining (wood)

mise à la terre ◆ earth ; earthing ; ground *(am.)* ; grounding *(am.)*

mise en couleur ◆ staining (wood)

mise en œuvre ◆ working-up

mise en place ◆ placing ; adjusting

mise en tension ◆ tensioning

miséricorde ***f.*** ◆ misericord (*or* miserere)

mitigeur ***m.*** ◆ mixing valve

mitoyen ***m. (mur)*** ◆ party wall ; common wall *(am.)*

mitoyenneté ***f.*** ◆ common ownership

mitre ***f.*** ◆ chimney cap ; chimney cowl ; wind cowl

mitron ***m.*** ◆ chimney head

mobile ◆ mobile ; movable

mobilier ***m.*** ◆ furnishings ; furniture

mobilier intégré ♦ built-in furniture

mobilier urbain ♦ street furnishings ; street furniture

mode *f.* ♦ fashion

mode *m.* ♦ mode

modelage *m.* ♦ modelling

modèle *m.* ♦ model ; pattern

modeler ♦ model ; mould ; shape (to)

modénature *f.* ♦ outline of cornice ; profile of a cornice mouldings ; proportions and profile of a moulding

moderne ♦ modern

moderniser ♦ modernize (to)

modernisme *m.* ♦ modernism

moderniste ♦ modernist

modillon *m.* ♦ bearer of a gutter ; bracket ; modillion

modulaire ♦ modular

module *m.* ♦ 1. module ; 2. modulus

module de base ♦ basic module

module de cisaillement ♦ shearing modulus

module de compression volumétrique ♦ bulk modulus

module d'élasticité, coefficient *m.* d'élasticité ♦ modulus of elasticity ; coefficient of elasticity ; elasticity module

module de rupture ♦ modulus of rupture

module de Young ♦ Young's modulus

Modulor *m. (Le Corbusier)* ♦ Modulor

moellon *m.* ♦ quarry stone ; rough stone ; rubble stone ; rubble

moellon équarri ♦ ashlar ; cut stone ; work stone ; hewn stone

moins-disant *m.*, mieux-disant *m.* ♦ lowest bidder

moins-value *f.* ♦ price depreciation

moiré (e) ♦ moiré ; watered

moise *f.* ♦ double member *(timber frame)*

moiser ♦ brace (to)

moisi *m.* ♦ mo(u)ld

moisi (e) ♦ mo(u)ldy

moisissure *f.* ♦ mo(u)ld

molasse *f.* ♦ molasse

môle *m.* ♦ breakwater ; mole ; jetty ; sea dam ; sea pier

molécule *f.* ♦ molecule

molybdène *m.* ♦ molybdenum

moment *m.* ♦ moment

moment centrifuge ♦ centrifugal moment

moment d'encastrement ♦ moment at fixed ends

moment fléchissant ♦ bending moment

moment fléchissant négatif ♦ hogging-bending moment ; negative-bending moment *(am.)*

moment fléchissant positif ♦ sagging moment

moment de flexion ♦ bending moment

moment d'inertie ♦ moment of inertia (I)

moment maximal ♦ maximum moment

moment principal d'inertie ♦ principal moment of inertia

moment de résistance ♦ moment of resistance (R)

moment de rotation ♦ torsion moment ; twisting moment

moment de rupture ♦ ultimate moment

moment statique ♦ statical moment

moment de torsion ♦ torque ; torsion moment ; twisting moment

monastère *m.* ♦ convent ; monastery

monastique ♦ monastic

monobloc ♦ one-piece

monochrome ♦ monochromatic ; monochrome

monochromie *f.* ♦ monochromy

monocouche *f.* ♦ single coat ; single layer

monogramme *m.* ♦ monogram

monolithe *n. m.* ♦ monolith

monolithe (*ou* monolithique) *adj.* ♦ monolithic

monomère *n. m.* ou *adj.* ♦ monomer

monophasé (e) ♦ single phase

monoptère *n. m.* ♦ monopteron

monoptère *adj.* ♦ monopteral

monorail *m.* ♦ monorail

monostyle *m.* ♦ monostyle

monotone ♦ monotonous

mont *m.* ♦ mount

montage *m.* ♦ assemblage ; assembling ; building-up ; erection ; fitting ; mounting

montant *m.* ♦ 1. jamb ; stile ; 2. sum total

montant de barrière ♦ post

montant battant (*ou* de battement) ♦ closing stile ; lock stile

montant charnier → montant ferré

montant d'une échelle ♦ cheek

montant de fenêtre ◆ window jamb ; window post
montant ferré (*ou* montant charnier) ◆ hinge jamb ; butt stile ; hinge stile
montant forfaitaire ◆ lump sum
montant de garde-corps ◆ baluster ; rail post
montant d'huisserie ◆ door jamb ; door post ; cheek ; jamb
montant de porte, de fenêtre ◆ stile
montants et diagonales ◆ web members (in a truss)
montant d'une soumission ◆ contract price
monté (e) ◆ assembled
monte-charge *m.* (*pl.* monte-charges) ◆ freight lift ; goods elevator *(am.)* ; goods lift
monte-handicapés *m. inv.* ◆ stairlift
monte-plat *m.* (*pl.* monte-plats) ◆ service hoist ; dumbwaiter *(am.)*
monter ◆ assembly ; plant ; fix ; erect (to)
monteur *m.* (-euse) ◆ mounter
monteur en charpente métallique ◆ steel erector
monument *m.* ◆ monument
monument commémoratif ◆ memorial
monument historique ◆ historic building
monumental (e) (*pl.* monumentaux/-ales) ◆ monumental
moquette *f.* ◆ carpet ; velvet pile
moquette tendue (*ou* collée) ◆ fitted carpet ; wall-to-wall carpet
morceau *m.* de brique ◆ bat ; brickbat
morceler un terrain ◆ plot out (to)
morcellement *m.* ◆ estate division
moresque → mauresque
morgue *f.* ◆ morgue
mortaise *f.* ◆ mortise ; mortice *(am.)*
mortaise aveugle (*ou* mortaise borgne) ◆ blind mortise ; stopped mortise ; stub mortise
mortaise et tenon ◆ mortise and tenon
mortaiser ◆ chisel out (to)
mortaiseuse *f.* ◆ mortising machine
mortier *m.* ◆ mortar *(in a laboratory)*
mortier *m.* ◆ mortar ; mortar mix ; batch
mortier d'argile ◆ clay mortar
mortier armé ◆ reinforced mortar
mortier bâtard ◆ compo ; lime and cement mortar
mortier de béton ◆ concrete mortar
mortier de chaux ◆ lime mortar
mortier de ciment ◆ cement mortar
mortier au ciment et à la chaux ◆ cement and lime mortar
mortier au ciment Portland ◆ Portland cement mortar
mortier-colle *m.* ◆ adhesive mortar
mortier pour la couche de fond de l'enduit ◆ coarse stuff ; mortar for first layer of rendering
mortier de gobetage ◆ rendering mortar
mortier gras ◆ fat mortar
mortier hydraulique ◆ hydraulic mortar
mortier isolant ◆ insulating mortar
mortier liquide ◆ grout
mortier maigre ◆ lean mortar
mortier de plâtre ◆ gypsum mortar ; plaster mortar ; gauged stuff
mortier pouzzolanique ◆ trass mortar
mortier projeté ◆ gunite
mortier réfractaire ◆ fireproof mortar ; refractory mortar
mortier de rejointoyage (*ou* mortier de remplissage des joints) ◆ pointing mortar ; jointing mortar
mortier de résine ◆ resin mortar
mortier de terre ◆ loam mortar
mortier de terre glaise ◆ puddle ; mortar of clay
mosaïque *f.* ◆ mosaic
mosaïque en bois ◆ wooden mosaic
mosaïque de pierre ◆ stone mosaic
mosaïque de verre ◆ glass mosaic
mosaïste *m.* (*ou* peintre *m.* mosaïste) ◆ worker in mosaics
mosquée *f.* ◆ mosque
motel *m.* ◆ motel
motif *m.* ◆ motif ; pattern
motif de décoration ◆ ornamental motif
motif d'ornementation ◆ adornment motif
motopompe *f.* ◆ motor pump
moucharabieh *m.* ◆ mushrabeyeh
mouchetis *m.* (*ou* crépi *m.* moucheté) ◆ rough rendering ; rough cast ; rough coat
mouchette *f.* ◆ ogee plane
moufle *m.* ◆ muffle ; pulley block ; tackle

mouillé (e) ◆ wet

moulage ***m.*** ◆ cast ; founding ; plaster moulding

moulage sous pression ◆ die casting

moule ***m.*** ◆ casting form ; matrix ; mould ; mold *(am.)*

moule en creux ◆ negative form ; scribing templet ; reverse mould

moule perdu ◆ waste mould

moulé (e) ◆ cast ; moulded

mouler ◆ cast ; form ; mold *(am.)* ; mould (to)

moulin ***m.*** ◆ flour mill ; mill

moulin à eau ◆ water mill

moulin à vent ◆ wind mill

moulure ***f.*** ◆ moulding ; molding *(am.)* ; profiling

moulure droite creuse ◆ crown moulding

moulure à gorge ◆ grooved moulding

moulure en marbre ◆ marble moulding

moulure en pierre ◆ stone moulding

moulure plate ◆ rectilinear moulding

moulure en plâtre ◆ plaster moulding

moulures ***f. pl.*** ◆ dressing

moulure de socle ◆ base moulding

moulure torique ◆ torus

mousse ***f.*** ◆ foam ; scum ; laitance *(on concrete)*

mousse à cellules fermées ◆ closed-cell foam

mousse synthétique ◆ plastic foam

moustiquaire ***f.*** ◆ fly screen ; insect screen ; window screen ; mosquito net

mouton ***m.*** ◆ beetle ; drop hammer ; monkey ; ram ; rammer ; pile hammer

mouvement ***m.*** **d'hélice (*ou* mouvement hélicoïdal)** ◆ helicoidal motion

mouvement latéral ***(d'une structure)*** ◆ sway

Moyen Âge ***m.*** ◆ Middle Ages

– du Moyen Âge ◆ medieval ; mediaeval

moyeu ***m.*** ◆ nave ; hub

mudéjar (art -) ◆ Mudejar art

mudéjare (architecture -) ◆ Mudejar architecture

multicolore ◆ many coloured ; multicoloured

multicouche ◆ multilayer

municipal (e) (*pl.* municipaux/-ales) ◆ 1. city ; 2. civic ; 3. municipal

municipalité ***f.*** ◆ municipality

mur ***m.*** ◆ wall

– sans mur mitoyen ◆ detached

mur ajouré, mur alvéolé ◆ honeycomb wall ; pigeonholed wall

mur d'appui ◆ low wall ; wall breast-high

mur aveugle ◆ blank wall ; blind wall

mur banché ◆ poured-concrete wall

mur de blocage ◆ rubble wall

mur en briques ◆ brick wall

mur à charpente en bois, mur à ossature en bois ◆ framed partition ; trussed partition ; framed wall

mur de clôture ◆ boundary wall ; enclosure wall ; fencing wall

mur à colombages ◆ post and pane wall

mur coupe-feu ◆ fire wall ; fireproof wall ; fire barrier ; (fire-) division wall

mur creux → mur double

mur de culée ◆ abutment wall

mur de culée *(d'un pont)* ◆ wing wall

mur diaphragme ◆ diaphragm wall

mur double ◆ cavity wall ; hollow wall

mur d'échiffre ◆ string wall

mur d'enceinte ◆ surrounding wall ; town wall

mur d'épaulement ◆ breastwork

mur extérieur ◆ external wall ; exterior wall ; outer wall

mur de façade ◆ face wall ; façade wall ; front wall

mur de fondation ◆ foundation wall ; footing

mur de four ◆ furnace wall

mur en gradins ◆ stepped wall

mur de gros œuvre ◆ main wall

mur gouttereau (*ou* mur de goutte) ◆ eaves wall

mur indépendant ◆ free wall

mur intérieur ◆ interior wall ; internal wall

mur de jardin ◆ garden wall

mur en libages ◆ spider-webb rubble wall

mur maçonné ◆ masonry wall

mur mitoyen ◆ party wall ; separating wall ; common wall *(am.)*

mur en moellons *(de pierre)* ◆ rag-stone wall

mur monté à sec ◆ dry wall

mur non porteur ◆ non load-bearing wall

mur nu ◆ bare wall

mur orbe ◆ blank wall ; blind wall ; dead wall

mur à ossature en bois → mur à charpente en bois

mur à ossature métallique ◆ curtain walling ; framework wall

mur en parpaings irréguliers → mur en libages

mur en pierres ◆ stone wall

mur en pierres sèches ◆ dry-stone wall

mur (de) pignon ◆ gable wall

mur en pisé ◆ cob wall

mur plein → mur orbe

mur portant, mur porteur ◆ bearing wall ; load-bearing wall ; structural wall

mur portant, gros mur ◆ main wall

mur de quai ◆ quay wall ; wharf wall

mur de refend ◆ inside wall ; partition wall

mur repris en sous-œuvre ◆ underpinned wall

mur de retenue ◆ water-retaining wall

mur de revêtement ◆ cladding wall

mur-rideau (*pl.* murs-rideaux) ◆ curtain wall

mur sec ◆ dry wall

mur de séparation ◆ dividing wall ; partition wall ; separating wall

mur de soubassement ◆ basement wall

mur de soutènement ◆ earth-retaining wall ; embankment wall ; retaining wall

mur de talus ◆ toe wall

mur en talus ◆ battered wall ; talus wall

mur de torchis ◆ mud wall

murage *m.* ◆ walling

muraille *f.* ◆ fortification wall ; high wall ; rampart ; thick wall

muraille *f.* (haute -) ◆ façade

murailles *f. pl. (d'une ville)* ◆ town walls

mural (e) (*pl.* muraux/-ales) ◆ mural

muré (e) ◆ walled-up

murer, emmurer ◆ brick in ; brick up ; wall up *(a door, a window)* (to)

muret *m.*, murette *f.* ◆ dwarf wall ; low wall

musée *m.* ◆ museum

musée de l'Antiquité ◆ Antiquity Museum

musée d'archéologie ◆ archaeological museum

musée des Beaux-Arts ◆ Art Gallery ; Fine Arts Museum

music-hall *m.* ◆ music hall

mutule *f.* ◆ mutule

mythe *m.* ◆ myth

mythologie *f.* ◆ mythology

mythologique ◆ mythologic ; mythological

N

nacelle *f.* ◆ boat scaffold

nacre *f.* ◆ mother-of-pearl ; nacre

nacré (e) ◆ nacreous

naissance *f.* d'une voûte ◆ skewback ; spring ; spring of a vault ; springer of the vault ; springing *(of a vault)*

naissance *f.* de descente d'eaux pluviales ◆ rainwater head ; leader head *(am.)* ; hopper head ; rainwater hopper

naos *m.*, cella *f.* ◆ naos

nappe *f.* d'eau souterraine (*ou* nappe phréatique) ◆ ground water ; underground water

narthex *m.* ◆ narthex

natte *f.* ◆ mat ; matting *(of straw)*

nature *f.* du sol ◆ soil species ; type of soil

nécropole *f.* ◆ necropolis

nef *f.* ◆ nave

  nef centrale ◆ chief nave

  nef latérale, bas-côté *m.* ◆ side aisle

négatif (-ive) ◆ concave

néo-classicisme *m.* ◆ neo-classicism

néo-classique ◆ classic revival ; neo-classic

néo-gothique ◆ Gothic revival ; neo-Gothic

néo-grec (-grecque) ◆ Greek revival ; neo-Greek

néolithique (période -) ◆ neolithic (period)

néon *m.* ◆ neon

– **lampe au néon** ◆ neon lamp

néoplasticisme *m.* ◆ neo-plasticism

Néoprène *m.* ◆ Neoprene

nervure *f.* ◆ nerve ; nervure ; rib

  nervure tendue ◆ tension member (*or* strap) ; tie rod

  nervure de voûte ◆ vault rib

nervuré (e) ◆ ribbed

nez *m.* de marche ◆ nose of a step ; nosing ; thumb-moulding of a tread

niche *f.* ◆ alcove ; kennel ; niche

  niche de chœur ◆ choir niche

nickel *m.* ◆ nickel

nickelage *m.* ◆ nickel plating

nickelé (e) ◆ nickel plated

nickeler ◆ nickel ; nickelplate (to)

nid *m.* de poule ◆ pot hole

niellage* → *niellure

nielle *f.* ◆ niello

niellé (e) ◆ inlaid with niello

nieller ◆ inlay with niello (to)

nielleur *m.* ◆ enameller in niello

niellure *f.* (*ou* niellage *m.*) ◆ niello work

nimbe *m.* ◆ halo ; nimbus

nimber ◆ halo (to)

niveau *m.* (*pl.* niveaux) ◆ level

– **à niveau** ◆ level ; horizontal

– **au même niveau, au niveau de** ◆ on a level with

  niveau de bruit ◆ loudness level ; noise level

  niveau à bulle d'air ◆ air level ; spirit level

  niveau d'eau ◆ water level ; water surface

  niveau d'eau à flexible ◆ water level

  niveau de gel ◆ frost line

  niveau hydrostatique ◆ water table

  niveau à lunette ◆ surveyor's level ; telescopic level

  niveau de maçon ◆ plumb level

  niveau de la mer, zéro *m.* normal ◆ sea level

  niveau des naissances ◆ springing plane ; skewback

  niveau optique ◆ surveyor's level ; telescopic level

  niveau de pente ◆ batter level ; slope level

  niveau à plomb ◆ plumb level

  niveau de référence ◆ datum

  niveau du sol, niveau du terrain ◆ ground surface ; soil level ; ground level

  niveau sonore ◆ sound level

  niveau sphérique ◆ circular-spirit level

  niveau du terrain définitif ◆ final grade

  niveau zéro ◆ level mark ; datum line

niveler ◆ level ; grade ; take the level ; even (to)

nivelette ***f.*** ◆ bubble tube

niveleuse ***f.*** ◆ grader

nivellement ***m.*** ◆ levelling ; leveling *(am.)*

nivellement composé ◆ continuous levelling

nivellement en long ◆ continuous levelling

nivellement de précision ◆ precision levelling

nœud ***m.*** ◆ knag ; knob ; knot ; knuckle *(hinge)*

nœud du bois ◆ timber hitch ; knot

nœud de ferme ◆ panel point *(truss)*

nœud mort ◆ dead knot

nœud vicieux ◆ unsound knot

nœud vif (*ou* adhérent) ◆ sound knot

noir (e) ◆ black

noix ***f.*** ◆ 1. draught slot ; 2. half-round tongue

nombre ***m.*** **d'or** ◆ golden mean

nombre ***m.*** **de places assises** ◆ seating capacity

nomenclature ***f.*** ◆ schedule *(am.)* ; list

non conducteur (-trice) ◆ insulating ; non conducting ; non conductor

non émaillé (e) ◆ unglazed

non ferreux (-euse) ◆ non ferrous

non métallique ◆ non metallic

non meublé (e) ◆ unfurnished

non poli (e) ◆ unpolished

non tissé (e) ◆ non woven

non travaillé (e) ◆ raw ; rough ; uneven

non verni (e) ◆ unglazed

normalisation ***f.*** ◆ standardization

normaliser ◆ standardise (to)

norme ***f.*** ◆ norm ; standard

norme américaine ◆ American Standard

norme britannique ◆ British Standard (B.S.)

norme de construction ◆ building standard

norme française ◆ French Standard

noue ***f.*** ◆ 1. gutter lead ; valley ; valley channel ; 2. valley tile

– **chevron** ***m.*** **de noue** ◆ valley rafter

– **tuile** ***f.*** **de noue** ◆ valley tile

noueux (-euse) ◆ knotty

noyau ***m.*** ◆ core ; core *(in building)*

noyau creux ◆ hollow newel

noyau d'escalier ◆ newel ; spindle

noyau évidé ◆ hollow newel

noyau massif ◆ solid newel

noyer ***m.*** ◆ nut wood ; walnut ; walnut tree ; walnut wood

noyer d'Amérique ◆ hickory wood

noyer la tête d'une vis ◆ countersink (to)

noyure ***f.*****, fraisure** ***f.*** ◆ countersink *(for nails, screws, etc.)*

nu ***n. m. (d'un mur, d'une façade)*** ◆ bare part *(of a wall* or *of a façade)* ; wall plane

nu (e) ***adj.*** ◆ bare ; nude ; plain ; unadorned

– **mur nu** ***(sans enduit)*** ◆ nude wall

nuance ***f.*** ◆ shade

nuancier ***m.*** ◆ colour card

nudité ***f.*** ◆ bareness

nylon ***m.*** ◆ nylon

nymphée ***f.*** ◆ nymphaeum

O

oasis ***f.*** ◆ oasis (*pl.* oases)

obélisque ***m.*** ◆ obelisk

oblique ◆ bevel ; oblique

oblong (oblongue) ◆ oblong

observatoire ***m.*** ◆ astronomical observatory ; observatory

obsidienne ***f.*** ◆ obsidian

obturateur ***m.*** ◆ stop valve

obturer ◆ tighten ; stop (to)

obtus (e) ◆ obtuse

ocre ***f.*** ◆ ochre ; ocher *(am.)*

octaèdre ***m.*** ◆ octahedron

octogone ***n. m.*** ◆ octagon

octogonal (e) (*pl.* octogonaux/-ales), octogone ***adj.*** ◆ octagonal ; octangular

octostyle ◆ octastyle

oculus → œil-de-bœuf

odéon ***m.*** ◆ odeon ; odeum

œil ***m.*** ◆ eye ; staple

œil-de-bœuf ***m.* (*pl.* œils-de-bœuf), oculus** ***m.*** ◆ bull's-eye ; oculus ; œil-de-bœuf ; round window

œil-de-chat ***m.* (*pl.* œils-de-chat)** ◆ cat's-eye

œil-de-perdrix ***m.*** ◆ pin knot

œillet ***m.*** ◆ eyelet ; eyelet hole ; oillet ; oillette

œuvre ***f.*** ◆ mainwork ; work

– **dans œuvre** ◆ inner *(measurement)*

œuvre d'art ◆ art work

œuvre originale ◆ original work

œuvré (e) ◆ wrought

office ***f.*** ◆ pantry

officier (*ou* soldat) ***m.*** **du génie** ◆ engineer

offre ***m.*** ◆ tender ; bid *(am.)*

ogival (e) (*pl.* ogivaux/-ales) ◆ ogival

ogive ***f.*** ◆ 1. Gothic arch ; 2. ogive ; groin rib

– **à ogives** ◆ ribbed

ogive surbaissée ◆ lowered-point arch ; drop-Gothic arch

ohm ***m.*** ◆ ohm

oiseau ***m.*** ◆ hod (bricklayer's -)

okoumé ***m.*** ◆ okoume

oléorésine ***f.*** ◆ oleoresin

olives ***f. pl.*** ◆ olive ; olive-shaped moulding

olivier ***m.*** ◆ olive tree

ombre ***f.*** ◆ shadow

ombre *f.*, terre *f.* d'ombre, terre de sienne ◆ sienna ; umber

ombrer ◆ shade (to)

oméga ***m.*** ◆ top-hat section

once ***f. (28,35 g)*** ◆ ounce

onde ***f.*** ◆ corrugation ; wave

ondes *f. pl.* sonores ◆ wave ; sound waves

ondulation ***f.*** ◆ undulation

ondulé (e) ◆ corrugated ; undulating *(ground)*

onduleur ***m.*** ◆ inverter

onduleux (-euse) ◆ meandering

onglet ***m.*** ◆ bevel ; mitre ; miter *(am.)*

– **assemblage *m.* à onglet (*ou* en onglet)** ◆ mitre joint

– **en onglet** ◆ mitred

onglette ***f.*** ◆ flat graver

onyx ***m.*** ◆ onyx

opacifier ◆ make opaque (to)

opacité ***f.*** ◆ covering power ; hiding power ; intransparency ; opacity ; opaqueness

opale ***f.*** ◆ opal

opalin (e) ◆ opaline

opaline ***f.*** ◆ milk glass

opaque ◆ opaque

opéra ***m. (bâtiment)*** ◆ opera house

opisthodome ***m.*** ◆ opisthodomos ; epinaos

opus ***m.*** ◆ opus (*pl.* opera)

opus incertum ◆ opus incertum ; opus antiquum

opus reticulatum ◆ reticulated work

opus spicatum ♦ opus spicatum

or ***m.*** ♦ gold

– **nombre** ***m.*** **d'or** ♦ golden mean

orangerie ***f.*** ♦ 1. conservatory ; 2. orange house ; orangery

oratoire ***m.*** ♦ oratory

orbe → ***aveugle***

orbevoie ***f.*** ♦ blind arcade ; orb

ordinateur ***m.*** ♦ computer

ordonnance ***f.*** ♦ order ; ordinance

ordonnée ***f.*** ♦ ordinate

ordre ***m.*** ♦ order

ordre d'architecture ♦ architectural order

Ordre des architectes ♦ Chamber of Architects

ordre classique ♦ classical order

ordre colossal ♦ colossal order ; giant order

ordre composite ♦ composite order

ordre corinthien ♦ Corinthian order

ordre dorique ♦ doric order

ordre ionique ♦ Ionic order

ordures ***f. pl.*** **ménagères** ♦ refuse ; waste ; garbage *(am.)*

oreille ***f.*** ♦ head rest *(on a sofa, etc.)*

organigramme ***m.*** ♦ organization chart

organique ♦ organic

orginalité ***f.*** ♦ originality

oriel ***m.*** ♦ oriel ; oriel window

orient ***m.*** ♦ orient

oriental (e) (*pl.* orientaux/-ales) ♦ eastern ; oriental

– **à l'orientale** ♦ in eastern fashion

orientation ***f.*** ♦ aspect ; orientation

orienté (e) ♦ oriented

orienter ♦ orient (to)

orifice ***m.*** ♦ air inlet (*or* outlet) ; duct opening ; opening ; orifice ; vent

original (e) (*pl.* originaux/-ales) ♦ original

origine ***f.*** ♦ origin

orle ***m.*** ♦ orle ; orlet

orme ***m.*** ♦ elm

orné (e) ♦ adorned ; decorated

orné (e) d'inscriptions ♦ storied

orné (e) d'une mitre ♦ mitred

ornemaniste ***m.*** **(*ou* sculpteur spécialisé en ornements)** ♦ sculptor of ornaments

ornement ***m.*** ♦ adornment ; embellishment ; ornament

– **sans ornement** ♦ plain ; bare ; unadorned

ornement en couleur ♦ coloured ornament

ornement géométrique ♦ geometrical ornament

ornement zoomorphique ♦ zoomorphic ornament

ornemental (e) (*pl.* ornementaux/-ales) ♦ decorative ; ornamental

ornementation ***f.*** ♦ adornment ; ornamentation

ornementer ♦ ornament (to)

orner ♦ adorn ; decorate ; embellish (to)

orner de feuilles ♦ foliate (to)

orner de grecques ♦ fret (to)

orpiment ***m.*** ♦ arsenic yellow ; orpiment

orthogonal (e) (*pl.* orthogonaux/-ales) ♦ orthogonal

orthostate ***m.*** ♦ orthostate

osier ***m.*** ♦ osier ; water willow

ossature ***f.*** ♦ 1. carcase ; carcass ; skeleton ; 2. frame ; framework

– **à ossature en bois** ♦ timber framed

ossature non contreventée ♦ unbraced frame

ossature de plancher ♦ floor framing

ossuaire ***m.*** ♦ charnel house ; ossuary

oubliette ***f.*** ♦ oubliette ; trap dungeon

ouïes ***f. pl.*** ♦ sound holes

ourlet ***m.*** ♦ bead ; gutter bed ; seam ; welt

outil ***m.*** ♦ tool

outils ***m. pl. (d'un ouvrier)*** ♦ kit

outils manuels ♦ hand tools

outils de maçon ♦ bricklayer's tools

outillage ***m.*** ♦ stock of tools ; tool set ; tools

outillage pour la construction ♦ building tools

outremer ♦ ultramarine

ouverture ***f.*** ♦ aperture ; opening *(of a doorway, etc.)* ; span ; bay ; day *(of a window)* ; light

ouverture nue ♦ rough opening

ouvrabilité ***f.*,** **maniabilité** ***f.*** ♦ workability

ouvrage ***m.*** ♦ work

ouvrage d'art ♦ construction work ; engineering structure ; engineering work ; structure *(G.B.)*

ouvrage à claire-voie ♦ fretwork

ouvrage clé en main ♦ turnkey job

ouvrage crépi ♦ rendered work ; floated work

ouvrage enduit ◆ rendered work ; floated work

ouvrage en fer ◆ iron work

ouvrage de fer forgé ◆ iron work ; smith's work

ouvrage en pierre ◆ stone work

ouvrage en relief ◆ raised work

ouvrage riveté ◆ rivetwork

ouvrage en stuc ◆ stucco work

ouvragé (e) ◆ figured ; wrought

ouvrant ***m.*** ◆ movable sash

ouvrier ***m.*** ◆ skilled worker ; worker ; workman ; hand

ouvrier journalier ◆ day labourer

ovale ◆ oval

ove ***m.*** ◆ egg ; egg shape ; ovolo

ové (e) → ovoïde, ovoïdal

ovicule ***m.*** ◆ small ovolo

ovoïde, ovoïdal (e) (*pl.* ovoïdaux/-ales) ◆ egg shaped ; ovate ; oviform ; ovoid

oxyacétylène ***m.*** ◆ oxyacetylene

oxycoupage ***m.*** ◆ oxyacetylene cutting ; oxygen cutting

oxydation ***f.*** ◆ oxidation ; oxidizing

oxyde ***m.*** ◆ oxide

oxydé (e) ◆ oxidized

oxyder ◆ oxidize (to)

oxyder (s'-) ◆ become oxidized (to)

ozalid ***m.*** ◆ heliographic print ; blue print

ozone ***m.*** ◆ ozone

P

paganisme ***m.*** ◆ paganism

pagode ***f.*** ◆ pagoda

paie → paye

paiement → payement

paillage ***m.*** ◆ mulching

paillasson ***m.*** ◆ door mat ; straw mat

paille ***f.*** ◆ 1. flaw *(in metals)* ; 2. straw

paillette ***f.*** ◆ tie

paillon ***m.*** ◆ straw mat

pain ***m.*** ◆ cake *(asphalt)*

pal ***m.*** **(*pl.* pals)** ◆ pale

palais ***m.*** ◆ palace

palais d'exposition ◆ exhibition building

palais de justice ◆ court house ; law court

palais des sports ◆ sports palace

palan ***m.*** ◆ pulley block ; tackle

palan de levage ◆ hoist

palan à main ◆ watch tackle ; jigger

palanque ***f.*** ◆ timber stockade

palâtre ***m.*** **(*ou* palastre)** ◆ box staple ; body of the lock

pale ***f.*** ◆ blade

palée ***f.*** ◆ pile bent ; sheet piling ; trestle bent

palée de pieux ◆ pile pier

paléographe ***n. m.*** **ou** ***f.*** ◆ pal(a)eographer

paléographie ***f.*** ◆ pal(a)eography

paléolithique ◆ pal(a)eolithic

paléologue ***n. m.*** **ou** ***f.*** ◆ pal(a)eologist

paléontologie ***f.*** ◆ pal(a)eontology

paléontologique ◆ pal(a)eontological

paléontologiste (*ou* paléontologue) ***n. m.*** **ou** ***f.*** ◆ pal(a)e-ontologist

palette ***f.*** ◆ 1. palette *(of painter)* ; 2. sample-display card

palier ***m.*** ◆ landing

palier d'angle ◆ quarterpace (*or* quaterspace) landing

palier d'escalier ◆ stair landing

palier principal ◆ landing pace ; pace

palier de repos, palier intermédiaire ◆ foot pace ; half-pace ; half-space landing ; intermediate landing

palis ***m.*** ◆ pale

palissade ***f.*** ◆ palisade ; picket fence

palissandre ***m.*** ◆ Brazilian rose-wood ; palisander ; purple wood ; rose-wood

palladianisme ***m.*** ◆ palladianism

palme ***m.*** ◆ palm *(measure)*

palme ***f.*** ◆ palm ; palm branch

palmette ***f.*** ◆ palmette ; palm leaf

palmier ***m.*** ◆ palm tree

palplanche ***f.*** ◆ sheet pile ; pile plank

pampre ***m.*** ◆ vine branch

pan ***m.*** ◆ 1. building side ; 2. piece *(of wall)* ; section *(of wall)*

pan de bois ◆ frame wall ; half-timbering ; post and pane ; timber-frame construction ; timber framing

pan de comble ◆ side of roof

pan coupé ◆ cant ; jerkinhead ; clipped gable *(am.)* ; hipped gable

pan de mur ◆ 1. bare wall ; 2. piece of wall

pan de remplissage ◆ panel wall

pan de toit, pan de toiture ◆ hip of a roof ; roof area ; slope *(of a roof)*

panache ***m.*****, fourche** ***f.*** ◆ triangular (part of a) pendentive ; panache

pancarte ***f.*** ◆ poster

panne ***f.*** ◆ purlin ; binding rafter

panne de brisis ◆ curb purlin

panne faîtière ◆ ridge purlin

panne intermédiaire ◆ intermediate purlin

panne sablière ◆ wall plate ; bottom rail ; raising plate

panne en treillis ◆ lattice girder ; trellis girder ; trussed beam

panneau ***m.*** ◆ 1. board ; 2. panel

– **construction *f.* par panneaux** ◆ panel building
panneau absorbant ◆ softboard ; insulating board
panneau acoustique ◆ acoustic board
panneau d'affichage ◆ billboard ; hoarding
panneau de chantier ◆ site billboard ; site hoarding
panneau chauffant ◆ heating panel
panneau composite ◆ composite board
panneau contreplaqué à âme lamellée ◆ blockboard
panneau de contrôle ◆ control panel
panneau à draperies *(gothique)* ◆ drapery panel ; linen-fold panel
panneau dur en fibres de bois ◆ hardboard ; fibre-building board
panneau de façade ◆ facing panel
panneau de fibres ◆ fibre-building board (hardboard *or* insulating board)
panneau de fibres agglomérées ◆ fibreboard ; fiberboard *(am.)*
panneau de fibres de bois ◆ wood fibre panel
panneau de fibres de faible densité ◆ insulating fibreboard
panneau de fibres laqué ◆ enamelled (*or* lacquered) hardboard
panneau de fibres de moyenne densité ◆ medium-density fibreboard (M.D.F.)
panneau de fibres tendres ◆ softboard ; insulating board
panneau de joue ◆ cheek board
panneau en laine de verre ◆ glass-wool slab
panneau latté ◆ core board
panneau mélaminé ◆ melamine-faced board
panneau de menuiserie ◆ wooden panel
panneau de particules ◆ chipboard
panneau de porte ◆ door panel
panneau radiant ◆ radiant heater
panneau de revêtement ◆ wallboard
panneau-sandwich ◆ sandwich panel

panneautage *m.* ◆ panelling
panneresse *f.* ◆ stretcher
panneton *m.* ◆ bit ; key bit
panorama *m.* ◆ panorama
panoramique ◆ panoramic
panse *f.* ◆ paunch ; pot belly
panthéon *m.* ◆ pantheon
pantographe *m.* ◆ eidograph ; pantograph ; diagraph
papier *m.* ◆ paper
papier abrasif ◆ abrasive paper
papier d'apprêt ◆ priming paper ; lining paper
papier (*ou* carton) asphalté ◆ asphalt paper ; asphalt-coated pasteboard ; roofing paper ; building paper
papier à calquer (*ou* papier-calque) ◆ tracing paper
papier de Chine (*ou* du Japon) ◆ India paper
papier à dessin ◆ drawing paper
papier d'émeri (*ou* papier-émeri) ◆ emery paper ; garnet paper ; glass paper ; sand paper
papier (*ou* carton)-feutre ◆ felt paper
papier goudronné ◆ tarred paper ; tar pasteboard ; tar-lined paper ; tar paper
papier héliographique ◆ heliographic printing paper
papier kraft ◆ kraft paper
papier mâché ◆ papier mâché
papier marbré ◆ marbled paper ; mottled paper
papier millimétré ◆ millimetre paper ; plotting paper ; scale paper
papier peint (*ou* papier de tenture) ◆ wall paper
papier quadrillé ◆ graph paper
papier de verre ◆ glass paper ; flint paper ; sand paper

papillon *m.*, écrou *m.* à ailettes ◆ wing nut ; winged nut
papyrus *m.* ◆ papyrus
parabole *f.* ◆ parabola
parabolique ◆ parabolic
paraboloïde *m.* hyperbolique ◆ hyperbolic paraboloid
parachèvement *m.* ◆ details finishing
parachute *m.* *(ascenseur)* ◆ gripgear *(lift)*
paradis *m.* *(théâtre)* ◆ upper gallery *(theatre)*
parafoudre *m.* ◆ lightning arrester
parallèle ◆ parallel
parallélépipède *m.* ◆ parallelepiped ; parallelepipedon
parallélogramme *m.* ◆ parallelogram
parapet *m.* ◆ breastwork ; parapet
paraphe *m.* ◆ initial letter
parapluie *m.* ◆ hood *(of chimney)*

parapluie ***m.*** ◆ umbrella roof ; station roof

parasismique ◆ earthquake resistant

parasol ***m.*** ◆ parasol ; sunshade

paratonnerre ***m.*** ◆ lightning conductor ; lightning rod *(am.)*

paravent ***m.*** ◆ draught screen ; folding screen ; traverse

parc ***m.*** ◆ park

parc de logements ◆ housing stock

parc à matériaux ◆ yard of material

parc de stationnement ◆ parking ; parking place

parc de stationnement à étages ◆ multistorey car park

parc zoologique ◆ zoo ; zoological garden

parcelle ***f.*** ◆ lot *(am.)* ; plot

parcellement → lotissement

parcelliser (*ou* parcellariser) ◆ divide into lots (to)

parchemin replié → serviette repliée

parcheminé (e) ◆ parchment-like

parclose ***f.*** ◆ 1. glass stop ; 2. bead ; glazing bead

parcmètre *m.* (*ou* parcomètre) ◆ parking meter

pare-douche ***m. inv.*** ◆ shower screen

pare-feu *n. m. inv.* ou *adj.*, pare-étincelles *m. inv.* ◆ fire guard ; fire screen ; spark arrester

pare-flammes *n. m. inv.* ou *adj.* ◆ flame retardant ; fire retardant

parement ***m.*** ◆ 1. cladding ; facework ; facing ; 2. ornament

parement acoustique ◆ acoustic covering

parement de (*ou* en) briques ◆ brick facing ; brick veneer

parement d'un mur ◆ wall lining ; wall covering

parement en pierres ◆ ashlar facing ; facing of stone

pare-pluie ***m. inv.*** ◆ rain barrier

parer ◆ adorn (to)

pare-soleil ***m. inv.*** ◆ shade screen

pare-vapeur ***m. inv.*** ◆ moisture barrier ; vapour barrier ; damp course

pare-vent ***m. inv.*** ◆ wind barrier

parking ***m.*** ◆ car park ; parking ; parking place

parking à étages ◆ parking structure *(am.)* ; multi-storey car park

parking souterrain ◆ underground car park

parlement *m.*, bâtiment *m.* du parlement ◆ houses of parliament

parloir ***m.*** ◆ parlo(u)r

paroi ***f.*** ◆ shell ; wall

paroi berlinoise ◆ berlin type retaining wall

paroi intérieure ◆ partition wall

parpaing ***m.*** ◆ bond stone ; cement block ; parpend ; precast-concrete block

parpaing en béton ◆ concrete block

parpaing creux, bloc *m.* creux ◆ hollow block ; hollow-masonry unit

parquet ***m.*** ◆ floor ; inlaid floor ; parquet ; wood flooring ; parquet floor

parquet à l'anglaise, parquet à frises ◆ strip flooring

parquet à bâtons rompus ◆ herring-bone parquet

parquet ciré ◆ polished floor

parquet à fougères → parquet en points de Hongrie

parquet massif ◆ plain-strip flooring

parquet-mosaïque ◆ inlaid parquet ; mosaic wood

parquet à panneaux ◆ panelled parquet

parquet en points de Hongrie ◆ herring-bone flooring

parquetage ***m.*** ◆ parqueting ; parquet flooring ; wood flooring

parqueter ◆ floor ; lay floor (to)

parqueter *(un parquet mosaïque)* ◆ inlay (to)

parqueterie ***f.*** ◆ floor making ; laying of floors ; parquetry

parqueteur ***m.*** ◆ floor layer ; parquet layer

parterre *m. (théâtre)* ◆ pit

parterre *(cinéma)* ◆ area

particule ***f.*** ◆ particle

parties ***f. pl.*** ◆ parts

parties communes ◆ common parts

parvis ***m.*** ◆ parvis

pas ***m.*** ◆ 1. step ; 2. trend width

pas d'une hélice ◆ pitch of a spiral

pas de vis ◆ pitch ; screw thread ; thread

pas-d'âne ***m. inv.*** ◆ ramped steps ; stepped ramp

pas-de-porte ***m. inv.*** ◆ door step

passage ***m.*** ◆ arcade ; gangway ; hallway ; passage ; crossing

passage *(entre des bancs)* ◆ aisle

passage cloûté *(pour piétons)* ◆ zebra crossing
passage couvert ◆ shopping arcade
passage inférieur ◆ underpass
passage à niveau ◆ level crossing ; grade crossing *(am.)*
passage pour piétons ◆ pedestrian crossing
passage recouvert ◆ breeze way
passage souterrain ◆ subway ; tunnel ; underground passage
passage voûté ◆ archway
passe *m.* ◆ master key ; pass key
passe-partout *m. inv.* ◆ 1. hookspanner ; pit saw ; compass saw ; piercing saw ; 2. latch key ; master key ; pass key ; skeleton key
passe-plat *m.* (*pl.* passe-plats) ◆ service hatch ; pass-through *(am.)* ; serving hatch
passer la couche de finition ◆ paint an end ; recoat (to)
passer la couche d'impression ◆ prime *(paint)* (to)
passer à l'encre ◆ ink in (to)
passer la première couche ◆ lay plaster (to)
passer au rabot ◆ polish (to)
passer au tamis ◆ screen ; sieve (to)
passerelle *f.* ◆ foot bridge ; gangway
passerelle *(étroite)* ◆ catwalk
passerelle tournante ◆ turnable-foot bridge
pastiche *m.* ◆ pasticcio ; pastiche
pastiche *(peinture)* ◆ imitation
pâte *f.* ◆ paste
pâte de bois ◆ wood pulp
pâte de chaux ◆ lime paste ; lime putty ; plasterer's putty ; plastering putty
pâte à modeler ◆ plasticine
pâte de verre ◆ vitreous glass
pâté *m.* de maisons ◆ block of houses ; group of buildings
patenôtre *f. (ornement)* ◆ bead moulding
pater-noster *m.* ◆ paternoster
patine *f.* ◆ patina
patiner ◆ give a patina (to)
patio *m.* ◆ patio
patron *m.* ◆ pattern ; template
patte *f.* ◆ lug
patte à scellement ◆ masonry anchor
patte-d'oie *f.* (*pl.* pattes-d'oie) ◆ cross roads
paume *f.* ◆ bit ; hidden bit
paumelle *f.* ◆ hinge ; pin hinge
paumelle à double action ◆ double-acting hinge
paumelle à hélice ◆ rising butt hinge
paumelle à ressort ◆ spring hinge
pause *f.* ◆ rest
pavage *m.* ◆ pavement ; paving
pavage de briques ◆ brick pavement
pavage de briques à plat ◆ flat-brick paving
pavage de trottoir ◆ foot-path paving slabs
pavé *n. m.* ◆ 1. causeway ; 2. paving block ; paving flag ; paving stone ; paver ; paviour
pavé autobloquant ◆ interlocking paver
pavé de bordure ◆ edge stone
pavé équarri en granit ◆ pitcher
pavé de verre ◆ pavement light ; quarry glass ; glass-paving brick
pavé (e) *adj.* ◆ paved
paver ◆ flag ; pave (to)
paveur *m.* ◆ paver ; pavier ; pavio(u)r
paveuse *f.* ◆ paver
pavillon *m.* ◆ belvedere ; pavilion
pavillon de chasse ◆ hunting box ; hunting lodge
pavillon d'été ◆ summer house
paye *f.* (*ou* paie) ◆ wages ; pay
payement *m.* (*ou* paiement) par pièce ◆ piece rates
pays *m.* ◆ 1. country ; 2. ground ; land
paysage *m.* ◆ landscape
paysage urbain ◆ townscape ; urban landscape
peau *f.* ◆ leather
pédicule *m.* ◆ stalk
peigne *m. (pour enduit* ou *colle)* ◆ comb
peigne *m. (pour pierre)* ◆ drag
peindre ◆ paint (to)
peindre à l'aquarelle ◆ wash a drawing (to)
peindre à la fresque ◆ paint in fresco (to)
peindre au minium ◆ coat with red lead (to)
peintre *m.* (artiste-) ◆ painter (artist)
peintre ◆ painter ; house painter ; decorator
peintre-décorateur ◆ painter of ornaments ; wall painter
peintre de fresques ◆ fresco painter
peintre-mosaïste ◆ mosaic painter

peintre-verrier ◆ glass painter ; painter on glass

peinture ***f.*** ◆ 1. paint ; 2. paint work ; painting

peinture acoustique ◆ anti-noise paint

peinture alkyde ◆ alkyd paint

peinture anti-acide ◆ acid-resistant paint

peinture anticondensation ◆ anti-condensation paint

peinture anticorrosion, peinture anticorrosive ◆ anti-corrosive paint

peinture antidérapante ◆ anti-slip paint

peinture antirouille ◆ anti-rust paint ; rust-proofing paint ; rust-inhibiting paint

peinture d'apprêt ◆ primer

peinture à base de ciment ◆ cement paint ; concrete paint

peinture bitumineuse ◆ bituminous paint

peinture brillante ◆ gloss paint

peinture à la caséine ◆ casein paint

peinture à la colle ◆ distemper

peinture à la détrempe ◆ distemper painting

peinture diluée à l'eau ◆ water-thinned paint

peinture en dispersion ◆ dispersion paint

peinture à l'eau ◆ painting in water colours ; aquarelle

peinture émulsion(née) ◆ emulsion paint

peinture extérieure ◆ external paint work

peinture fongicide ◆ fungicidal paint

peinture fraîche ◆ wet paint

peinture de fresque ◆ fresco painting

peinture à la gouache ◆ gouache

peinture hydrofuge ◆ waterproof paint

peinture à l'huile ◆ oil paint ; oil painting

peinture ignifuge ◆ fireproof paint ; fire-resistive paint ; fire retardant paint

peinture (d') intérieur ◆ interior painting

peinture au latex ◆ latex paint ; latex emulsion

peinture mate ◆ flat paint

peinture métallisée ◆ metallic paint

peinture au mica ◆ mica paint

peinture murale ◆ wall paint ; wall painting

peinture perméable à la vapeur d'eau ◆ breather paint

peinture au pistolet ◆ spray painting

peinture pour radiateurs ◆ radiator paint

peinture réfractaire ◆ heat-resistant paint

peinture religieuse ◆ religious painting

peinture rupestre ◆ rock drawings

peinture de signalisation routière ◆ marking paint ; road-line paint

peinture au silicate ◆ silicate paint

peinture au vernis ◆ enamel paint ; high-gloss paint

pelage ***m.*****, écaillage** ***m. (peinture)*** ◆ peeling

pelle ***f.*** ◆ scoop ; shovel

pelle mécanique ◆ excavator

pelle mécanique rétrocaveuse ***(ou pelle rétro)*** ◆ backhoe *(am.)* ; backacting shovel

pelle plate ◆ flat spade

pelouse ***f.*** ◆ greensward ; lawn

peluche ***f.*** ◆ plush

pénalité ***f.*** **de retard** ◆ penalty for delay

pendant ***m.*** ◆ pendant (*or* pendent) ; cul-de-lampe

pendentif ***m.*** ◆ pendentive

penderie ***f.*** ◆ wardrobe

pendre ***(une porte, etc.)*** ◆ hang (*or* hinge) *(a door, etc.)* (to)

pendule ***m.*** ◆ pendulum

pêne ***m.*** ◆ bolt ; lock bolt

pêne demi-tour ◆ latch bolt

pêne dormant ◆ dead bolt

pénétrabilité ***f.*** ◆ penetration *(asphalt)*

pénétration ***f.*** ◆ penetration

péninsule ***f.*** ◆ peninsula

pension ***f.*** ◆ boarding house ; lodging house

pension de famille ◆ guest house

pentacle ***m.*** **(*ou* pentagramme** ***m.*****)** ◆ pentacle

pentagone ***m.*** ◆ pentagon

pentagonal (-e) (*pl.* pentagonaux/-ales) ◆ pentagonal

pentastyle ◆ pentasytle

pente ***f.*** ◆ 1. fall *(of a pipe)* ; 2. gradient ; inclination ; incline ; inclined plane ; 3. pitch ; slope *(of a roof)*

– **à faible pente** ◆ low pitched

– **en pente** ◆ aslope ; sloping

– **en pente rapide** ◆ steep ; pitched

pente du sol ◆ grade

pente du toit ◆ pitch ; pitch of a roof ; angle of a roof ; roof slope

penture ***f.*** ◆ band and hook hinge ; band and gudgeon hinge ; iron brace *(on door)* ; pin hinge ; wrought-iron hinge

penture à équerre, penture en forme de T, penture à gond ◆ garnet hinge ; T hinge ; cross-garnet hinge ; strap hinge

penture à galets ◆ hung-travelling roller

penture pour porte va-et-vient ◆ helical hinge

pénurie ***f.*** **de logements** ◆ housing shortage

pépinière ***f.*** ◆ nursery garden

perçage ***m.*****, forage** ***m.*** ◆ drilling

percement → perforage

percer ◆ drill (to)

percer une fenêtre ◆ provide a window (to)

percer une galerie ◆ drive a tunnel (to)

perceuse ***f.*** ◆ boring machine ; drilling machine ; drill

perceuse à diamant ◆ diamond-drill bits

perche ***f.*** ◆ stake ; stick

perçoir ***m.*** ◆ auger ; bore bit ; borer ; drill ; hollow drill

perçoir de pierres ◆ jumper ; stone drill ; hollow drill

perdre sa couleur ◆ let go the colour (to)

pérennité ***f.*****, durabilité** ***f.*** ◆ durability

perforage ***m.*** ◆ breaking through ; perforation

perforateur ***m.*** ◆ perforator

performance ***f.*** ◆ performance

pergola ***f.*** ◆ pergola ; espalier

péribole ***m.*** ◆ peribolus ; peribolos

périmètre ***m.*** ◆ perimeter

période ***f.*** **d'entretien** ◆ term of maintenance

période d'essai ◆ testing time

période paléolithique ◆ pal(a)eolithic period

périphérie ***f.*** ◆ circumference

périptère ***n. m.*** ◆ peripter

périptère ***adj.*** ◆ peripteral

péristyle ***n. m.*** **ou** ***adj.*** ◆ peristyle

perle ***f.*** ◆ bead ; list of pearls ; chaplet

perlé (e) ◆ pearly

perlite ***f.*** ◆ perlite ; pearlite

perlite expansée ◆ expanded perlite

perméabilité ***f.*** ◆ permeability

perméabilité à la vapeur d'eau ◆ aqueous vapo(u)r permeability

perméable ◆ permeable

permis ***n. m.*** ◆ permit

permis de construire (*ou* de bâtir) ◆ building permit ; building licence

permis de démolir ◆ consent for demolition ; demolition permit

permis (e) ***adj.*** ◆ allowable

perpendiculaire ***n. f.*** **ou** ***adj.*** ◆ perpendicular

– **abaisser une perpendiculaire** ◆ drop a perpendicular (to)

perpendiculairement ◆ perpendicularly

perré ***m.*** ◆ pitching *(of slope)*

perron ***m.*** ◆ perron

perroquet ***m.*** ◆ French curve

persienne ***f.*** ◆ louvre ; louvre shutter ; outer window blind ; persiennes ; Venetian shutter

perspective ***f.*** ◆ perspective ; radial projection

perspective aérienne ◆ aerial perspective

perspective cavalière ◆ oblique projection

perspective à vol d'oiseau ◆ bird's-eye view

perspectif (-ive) ◆ perspective

perte ***f.*** ◆ waste ; wastefulness

perte de volume ◆ shrinking

pervibrateur ***m.*****, vibrateur** ***m.*** **interne** ◆ immersion vibrator ; internal vibrator ; poker vibrator

pesanteur ***f.*** ◆ gravitation ; force of gravity ; gravity ; heaviness

petit salon ***m.*** ◆ lounge

petit-bois ***m.*** **(*pl.* petits-bois)** ◆ division bar ; glass bar ; glazing bar ; sash bar ; window bar

petits appartements ***m. pl.*** ◆ private apartments

pétrographie ***f.*** ◆ petrography

pétrole ***m.*** ◆ petroleum

pétrole lampant ◆ kerosene *(am.)* ; kerosene oil *(am.)* ; paraffin oil

peuplé (e) ◆ populous

peuplement ***m.*** ◆ peopling

peuplier ***m.*** ◆ poplar

phalanstère ***m.*** ◆ phalanstery

phare ***m.*** ◆ lantern ; lighthouse ; pharos

pharmacie ***f.*** ◆ pharmacy ; drugstore *(am.)*

phase ***f.*** ◆ phase

phase des travaux ◆ construction phase

phénol ***m.*** ◆ phenol

phone ***m. (unité d'intensité acoustique)*** ◆ phon

phosphore *m.* ♦ phosphorus

phosphorescence *f.* ♦ phosphorescence

phosphorescent (e) ♦ phosphorescent

photo(graphie) *f.* aérienne ♦ aerial photograph ; aerophoto(graph)

photogrammétrique ♦ photogrammetric

photométrie *f.* ♦ photometry

phréatique ♦ phreatic

– **nappe phréatique** ♦ ground water ; underground water

piazza *f.* ♦ piazza

pic *m.* ♦ flat pick ; mattock ; pick

pic de maçon ♦ nuthatch

pictogramme *m.* ♦ pictogram

pictographie *f.* ♦ picture writing

pictographique (écriture -) ♦ pictographic (script)

pièce *f.* ♦ 1. piece ; 2. chamber ; room

pièce d'appui ♦ window sill ; window cill

pièce arrière ♦ back room

pièce chantournée ♦ fretwork piece

pièce de devant ♦ front room

pièce donnant sur le jardin ♦ garden room

pièces en enfilade ♦ suite of rooms

pièce de fonte ♦ casting ; casting piece

pièce en forme de T ♦ T(ee) piece

pièce forgée ♦ forged piece ; forging

pièce moulée ♦ casting ; casting piece ; moulded formpiece ; moulded article

pièces de plain-pied ♦ rooms on the same floor

pièce de raccord ♦ fitting piece

pièce de rechange ♦ spare ; spare part

pièce de réduction ♦ taper pipe ; diminishing piece ; reducing pipe

pièce à usiner ♦ piece of work

pied *m. (30,48 cm)* ♦ foot (*pl.* feet)

pied *m.* ♦ foot (*pl.* feet) ; footing ; bottom ; toe

– **à pied d'œuvre** ♦ on site

pied *(de chaise, de table, d'armoire, etc.)* ♦ leg *(of a chair, a table, etc.)*

pied-de-biche *m.* (*pl.* pieds-de-biche) ♦ claw bar ; hand speck ; pinch bar ; wrecking bar *(am.)*

pied-de-chèvre *m.* (*pl.* pieds-de-chèvre) ♦ hanspeck ; lever ; shot bar

pied d'une construction* → *socle

pied-droit* → *piédroit

pied de lampe ♦ lamp-stand

pied de mur ♦ foot (of wall)

pied de talus ♦ foot of a hill

piédestal *m.* (*pl.* piédestaux) ♦ base of a column ; footstall ; pedestal

piédouche *m.* ♦ small pedestal *(for a bust, vase, etc.)*

piédroit *m.* ♦ 1. *(window)* jamb ; 2. *(arch, bridge)* pier ; side wall ; upright

piédroit de voûte ♦ reins of vault

pierraille *f.* ♦ ballast ; chippings ; mass of broken (*or* small) stones

pierre *f.* ♦ stone

pierre agglomérée ♦ crumbling rock ; conglomerate

pierre à aiguiser ♦ hone ; oilstone ; whetstone

pierre angulaire, pierre d'angle ♦ cornerstone ; headstone ; quoin

pierre d'appui ♦ ancon (*pl.* ancones) ; console ; cushion ; pad ; padstone

pierre artificielle ♦ artificial stone

pierre d'attente, harpe d'attente ♦ toothing stone

pierre à bâtir ♦ building stone

pierre broyée ♦ crushed stone

pierre calcaire ♦ chalky stone ; limestone

pierre de carrière ♦ natural stone

pierre cassée, pierre(s) concassée(s) ♦ broken stone ; crushed stone ; hardcore

pierre à chaux ♦ limestone

pierre de cheminée ♦ hearthstone

pierre de construction ♦ building stone

pierre de couronnement ♦ capstone ; copestone ; coping-stone

pierre dure ♦ hard stone

pierre épincée ♦ dressed stone ; regrated stone ; redressed stone

pierre de façade ♦ facing stone

pierre feuilletée ♦ foliated stone

pierre froide ♦ very hard stone

pierre funéraire* → *pierre tombale

pierre levée (*ou* menhir) ♦ obelisk ; standing stone

pierre marbrière ♦ marble-like stone

pierre moulinée ◆ gritty stone

pierre naturelle ◆ natural stone

pierre non taillée ◆ undressed stone

pierre à plâtre, gypse *m.* ◆ gypsum ; plaster stone

pierre en parpaing ◆ binding stone

pierre ponce ◆ pumice ; pumice stone

pierre reconstituée ◆ (pre)cast stone ; reconstructed stone

pierre de revêtement de sol ◆ cover slab

pierre sèche ◆ dry rubble *(construction)*

pierre de taille ◆ ashlar ; broad stone ; cut stone ; freestone ; hewn stone ; work stone

pierre taillée ◆ hewn stone

pierre tendre ◆ soft stone

pierre tombale, pierre tumulaire, pierre funéraire ◆ gravestone ; headstone ; tombstone

pierrée *f.*, pierré *m.* ◆ stone batter ; stone drain

piétement *m.* ◆ footing

piéton (-onne) ◆ pedestrian

– zone *f.* piétonne ◆ pedestrian precinct ; pedestrian zone

pieu *m.* (*pl.* pieux) ◆ 1. picket ; post ; pole ; pile ; 2. stake

pieu battu ◆ driven pile

pieu en béton ◆ concrete pile

pieu-caisson *m.* foncé ◆ drilled-in caisson

pieu flottant ◆ friction pile

pieu de fondation ◆ foundation pile

pieu incliné ◆ batter pile

pieu moulé ◆ bored pile ; cast *in situ* pile

pieu porteur ◆ bearing pile

pieu préfabriqué ◆ precast pile

pieu de sable ◆ sand pile

pieu en tube (*ou* pieu-tube) ◆ pipe pile

pieu à vis ◆ screw pile

piézomètre *m.* ◆ piezometer

pige *f.* ◆ gauge rod

pigeon *m.* ◆ builder's plaster

pigeonnage *m.* ◆ plastering by hand

pigeonnier *m.* ◆ dove cot(e) ; dove house ; loft ; pigeon house

pigment *m.* ◆ pigment ; colouring matter

pigment arsénifère ◆ arsenic pigment

pigment barytifère ◆ barium pigment

pigment pour ciment ◆ cement pigment

pigments *m. pl.* blancs ◆ white pigments

pigment zincifère ◆ zinc pigment

pignon *m.* ◆ 1. gable ; gable end ; gable wall ; gavel ; 2. wheel

pignon ajouré ◆ gable *(of a Gothic cathedral)*

pignon en gradins (ou crénelé)* → *pignon à redans

pignon à redans, pignon en gradins (*ou* crénelé) ◆ stepped gable ; crow-stepping gable

pilastre *m.* ◆ pilaster ; parastas

pilastre cornier ◆ corner column

pilastre d'escalier ◆ newel post

pilastre légèrement saillant ◆ offset *(in brickwork)* ; pier

pile *f.* ◆ 1. main pillar ; pier *(of a bridge, etc.)* ; 2. stack ; 3. window pier

pilier *m.* ◆ pillar

pilier composé ◆ compound pillar

pilier à faisceaux (*ou* fasciculé) ◆ clustered pillar

pilon *m.* ◆ bishop ; ringing engine

pilot *m.* ◆ pile ; pole ; stake

pilote *m.* ◆ management contractor

piloter ◆ drive piles into ; pile (to)

pilotis *m.* ◆ 1. pile ; pile pier ; 2. piloti

pilotis de fondation ◆ foundation pile

pin *m.* ◆ pine ; pine tree

pin maritime, pin des Landes ◆ cluster pine ; maritime pine ; pinaster ; sea pine

pin d'Orégon, sapin Douglas ◆ Douglas fir ; Oregon pine ; red fir

pin rouge ◆ pine ; redwood ; red deal ; Scotch fir

pin sylvestre ◆ Scots pine ; yellow deal

pinacle *m.* ◆ pinnacle

pinacothèque *f.* ◆ picture gallery

pince *f.* ◆ clasp ; nippers ; pincers ; pliers ; tongs

pince à fil de fer ◆ bender ; bending pliers

pince de forgeron ◆ forge tongs ; smith's tongs

pince à levier ◆ pinch bar

pince à moellons ◆ stone tongs ; nippers

pince à riveter ◆ rivet tongs

pinces *f. pl.* ◆ tongs ; pliers ; clasp ; pincers

pince à tubes ◆ pipe tongs

pince à tuyaux ◆ pipe pincers

pinceau ***m.*** **(*pl.* pinceaux)** ◆ 1. pencil ; brush ; paint brush ; 2. pointed brush

pinceau en poil de blaireau ◆ badger-hair brush

pinceau à tige ◆ stick pencil ; stick brush

pioche ***f.*** ◆ flat pick ; mattock ; pick axe

piquage ***m. (béton)*** ◆ rodding ; puddling

piqué (e) aux vers ◆ wormy

piquet ***m.*** ◆ peg ; picket ; post ; stake

piquet de nivellement ◆ grade stake

piquetage ***m.*** ◆ picketing ; staking

piqueter ◆ peg out ; set out (to)

piqûre ***f.*** ◆ blowing

piscine ***f.*** ◆ swimming pool

piscine ***f. (d'église)*** ◆ piscina

piscine couverte ◆ indoor pool

piscine municipale ***(couverte)*** ◆ baths ; public baths ; swimming baths

piscine à vagues ◆ whirlpool

piscinier ***m.*** ◆ pool builder

pisé ***m.*** ◆ cob ; pisé ; puddled clay ; rammed earth

piste ***f.*** ◆ track

piste ***f. (hippodrome, etc.)*** ◆ race course

piste de circulation ◆ traffic lane

piste cyclable, piste pour vélos ◆ bicycle path ; cyclepath ; bicycletrack ; cycle track

piste équestre ◆ bridle path ; bridle way

piste pour vélos → piste cyclable

pistolet ***m.*** ◆ 1. French curve ; 2. air brush ; gun

pistolet à peinture ◆ paint sprayer ; spray gun ; paint gun

pistolet à riveter ◆ riveting gun ; riveting hammer

pistolettage ***m.*****, projection** ***f.*** ◆ gun application

piston ***m.*** ◆ piston ; plunger

pitchpin ***m.*** ◆ pitch pine ; yellow pine

piton ***m.*** ◆ eye screw ; eyebolt ; screw ring

pivot ***m.*** ◆ pin ; pivot ; pivot hinge ; spindle ; swivel

placage ***m.*** ◆ plating *(metal work)* ; veneer-in *(masonry)* ; veneering

placage en briques ◆ brick veneer

placage contrecollé ◆ pleat veneer

placage extérieur ◆ face veneer

placage jointé ◆ jointed veneer

placage tranché ◆ sliced veneer

placard ***m.*** ◆ 1. built-in cupboard ; cabinet ; closet *(am.)* ; wall cupboard ; 2. placard ; poster

placard (*ou* armoire *f.*) de cuisine ◆ kitchen cabinet ; kitchen cupboard

placard mural, placard suspendu ◆ ceiling cabinet ; wall cabinet

place ***f.*** ◆ public square ; square

place du marché ◆ market place ; market square

Placoplâtre → plaque de plâtre

plafond ***m.*** ◆ ceiling

plafond à caissons, plafond à compartiments ◆ coffered ceiling ; panelled ceiling ; caisson ceiling

plafond en éventail ◆ fan-shaped ceiling

plafond à gorge ◆ coved ceiling

plafond incliné ◆ bulkhead

plafond lumineux ◆ luminous ceiling

plafond mouluré ◆ beaded ceiling

plafond à ossature apparente, à poutres apparentes ◆ ceiling with open beams ; open floor

plafond à solives apparentes ◆ timber ceiling with open beams

plafond suspendu ◆ dropped ceiling ; hung ceiling ; suspended ceiling

plafond voûté ◆ vaulted ceiling

plafonnage ***m.*** ◆ plastering

plafonnage en ciment ◆ cement rendering

plafonnage en plâtre ◆ plaster stucco

plafonneur ***m.*** ◆ plasterer

plafonnier ***m.*** ◆ ceiling lamp ; electrical-ceiling fitting

plage ***f.*** ◆ beach

plain-pied (de -) ◆ on a level ; on the same floor ; one-level

plan ***m.*** ◆ plan

plan ***n. m.*** **ou** ***adj.*** **(e)** ◆ plane

plan d'aménagement ◆ layout plan ; official plan

plan d'architecte ◆ architectural drawing

plan de circulation ◆ traffic plan

plan de cisaillement ◆ shear plane

plan coté ◆ dimensional drawing

plan à courbes (d'altitude) ◆ contour map

plan en damier, plan quadrillé ◆ grid layout ; grid plan

plan détaillé ◆ detail drawing

plan directeur ◆ extension plan ; master plan

plan d'ensemble ◆ key plan ; site plan

plan d'étage ◆ floor plan

plan d'exécution (*ou* plan technique) ◆ construction(al) drawing

plan de fondation ◆ foundation plan

plan de glissement ◆ slip surface

plan d'implantation ◆ site plan

plan incliné ◆ inclined plane

plan d'intersection ◆ intersection plane ; cutting plane

plan libre ◆ open plan

plan de lotissement ◆ plot layout

plan de masse (*ou* plan-masse) ◆ block plan

plan de nivellement ◆ levelling plan

plan d'occupation des sols (P.O.S.) ◆ land-use plan ; zoning plan

plan parcellaire, plan cadastral ◆ plot plan ; plat *(am.)*

plan de récolement ◆ as-constructed drawing

plan du rez-de chaussée ◆ ground-floor plan

plan de situation ◆ location plan ; site plan

plan du sous-sol ◆ basement-floor plan

plan technique* → *plan d'exécution

plan de terrain ◆ ground plan

plan topographique ◆ contour map

plan de travail *(cuisine)* ◆ counter *(of a kitchen)*

plan de ville ◆ town map

plan de zonage ◆ zone map

planage *m.*, rabotage *m.* ◆ planing *(of wood, etc.)*

planche *f.* ◆ board ; deal ; plank ; shelf

planche côtière ◆ eaves fascia ; fascia board

planche à dessin ◆ drawing board

planche d'échafaudage ◆ scaffold board

planche de parquet ◆ floor board

planche de recouvrement ◆ cover board

planche de rive ◆ bargeboard ; vergeboard

planchéiage *m.* ◆ boarding ; planking ; wood flooring

planchéier ◆ board ; board over (to)

plancher *m.* ◆ floor

plancher en béton ◆ concrete slab ; concrete floor

plancher en bois ◆ boarded floor

plancher en bois *(revêtement)* ◆ wood floor

plancher à caissons ◆ coffered slab ; waffle slab

plancher-champignon ◆ mushroom floor

plancher collaborant, dalle collaborante ◆ composite slab

plancher à dalle ◆ slab floor

plancher fini ◆ finished floor

plancher flottant ◆ floating floor

plancher à hourdis de terre cuite ◆ pot floor

plancher nervuré ◆ ribbed floor

plancher nu ◆ subfloor

plancher à ossature en bois ◆ timber floor

plancher à prédalles ◆ shuttering-slabs concrete floor

plancher à solives ◆ joist floor ; girder floor

plancher à solives apparentes ◆ open floor

plancher supérieur ◆ floor above ; upper floor

plancher technique, plancher surélevé (à dalles amovibles) ◆ raised-flooring system

planchette *f.* ◆ slat ; small board

planchette d'arpenteur ◆ planchette ; plane table

plane *f.* (*ou* plaine *f.*) ◆ plane

planéité *f.* ◆ flatness

planer le bois ◆ shoot wood (to)

planétarium *m.* ◆ planetarium

planification *f.* ◆ planning

planification nationale ◆ national planning

planification régionale ◆ regional planning

planifié (e) ◆ planned

planifier ◆ plan (to)

planimètre *m.* ◆ planimeter ; planometer

planimétrie *f.* ◆ plane surveying

plantation *f.* ◆ planting

plantation d'arbres ◆ tree planting

plaque *f.* ◆ plate *(of metal, etc.)* ; slab *(of metal, etc.)*

plaque d'asphalte ◆ asphalt tile

plaque d'assise ◆ bearing plate ; base

plaque de couverture ◆ roofing sheet

plaque en fibres de coco ◆ cocofibre slab

plaque nervurée ◆ ribbed sheet

plaque ondulée ◆ corrugated sheet

plaque de paille ◆ straw board ; straw slab

plaque de plâtre, Placoplâtre *m.* ◆ gypsum board ; gypsum wallboard ; (gypsum) plasterboard ; plaster slab

plaque de plâtre avec fibres de coco ◆ cocos-gypsum slab (*or* panel)

plaque de rue ◆ street sign

plaque tombale ◆ funeral slab ; tomb slab ; ledger

plaque tournante ◆ turn table ; turnwheel

plaqué (e) ◆ covered (with) ; plated *(chrome, nickel, tin)* ; veneered

plaquer ◆ lay on *(plaster)* ; plate *(metal)* ; veneer (to)

plaquer d'argent ◆ silver ; silverplate (to)

plasticité *f.* ◆ plasticity

plastifiant *n. m.* ou *adj.* ◆ plasticizer *(concrete, mortar)*

plastifiant (e) *adj.* ◆ softener

plastifier ◆ plastify (to)

plastique *n. m.* ◆ plastic

plastique armé de fibres de verre ◆ glass-reinforced plastic (G.R.P.)

plastiques *m. pl.* (*ou* matières *f. pl.* plastiques) ◆ plastics

plastique *adj.* ◆ plastic

plat (e) ◆ flat

– à joint plat ◆ square edged

platane *m.* ◆ plane ; plane tree

platane d'Occident ◆ sycamore

plateau *m.* (*pl.* plateaux) ◆ table land ; plateau

plateaux *m. pl.* ◆ broads

plate-bande *f.* (*pl.* plates-bandes) ◆ 1. cover plate ; lintel course ; offset *(of a massive panel)* ; plat band ; 2. flat arch ; jack arch *(am.)* ; straight arch

plate-bande en escalier ◆ stepped-flat arch

plate-forme *f.* (*pl.* plates-formes) ◆ platform

plate-forme d'échafaudage ◆ scaffold floor ; stage

plate-forme de secours d'échafaudage ◆ safety platform ; safety floor of a scaffold

platelage *m.* ◆ decking

platine *m.* ◆ platinum

platine *f.* d'un poteau ◆ bearing plate ; base

plâtrage *m.* ◆ plaster stucco ; plasterwork

plâtras *m.* ◆ debris of plasterwork ; plasterwork debris

plâtre *m.* ◆ plaster

plâtre anhydre ◆ anhydrous gypsum plaster

plâtre pour dallage, plâtre pour planchers, plâtre de sol ◆ floor gypsum ; floor plaster

plâtre grossier ◆ coarse plaster

plâtre *(de gypse)* ◆ gypsum plaster

plâtre à mouler ◆ moulding gypsum ; moulding plaster

plâtre de Paris ◆ plaster of Paris ; hemihydrate plaster ; casting plaster

plâtre en poudre ◆ plaster powder ; gypsum powder

plâtre à stuc ◆ stucco gypsum ; stucco plaster

plâtre de surfaçage ◆ final-coat plaster

plâtre de vermiculite ◆ vermiculite plaster

plâtré (e) ◆ plastered

plâtreux (-euse) ◆ chalky *(soil, water, etc.)*

plâtrier *m.* ◆ plasterer

plâtrière *f.* ◆ chalk pit

plâtrière *f. (usine)* ◆ plaster kiln

plâtroir *m.* (*ou* truelle *f.* de plafonnage) ◆ plastering trowel

plein (e) ◆ solid

plein cintre ◆ semicircular

pleine dimension *f.* ◆ full size

plénum *m.* ◆ plenum

Plexiglas *m.* ◆ Plexiglas ; perspex

pli *m.* ◆ ply

pliant *n. m.* ◆ camp stool ; folding chair ; foldstool

pliant (e) *adj.* ◆ flexible ; folding

plier ◆ bend ; fold (to)

plieuse *f.* ◆ bending machine

plinthe *f.* ◆ baseboard *(am.)* ; kickplate ; plinth ; shoe mo(u)ld ; skirting ; mopboard *(am.)* ; washboard *(am.)*

plissage *m.* ◆ kilting ; pleating

plissé (e) ◆ kilted ; pleated

plomb *m. (Pb)* ◆ lead

plomb en feuille, plomb laminé ◆ lead sheet ; milled lead ; sheet lead

plomb de vitrail (*ou* plomb à vitraux) ◆ came

plomb *m.* ◆ lead fuse ; lead cutout

– à plomb ◆ vertically

– fil à plomb ◆ plumb line

plomb *(de fil à plomb)* ◆ plumb bob ; plummet

plombage *m.* ◆ leading ; plumbing

plombant (e) ◆ heavy *(carpeting)*

plombé (e) ◆ leaded

plomber ◆ cover with lead (to)

plomberie ***f.*** ◆ lead works ; plumbing

plombier ***m.*** ◆ plumber

plume ***f.*** ◆ pen

plume à dessin ◆ lettering pen

plus-value ***f.*** ◆ additional (cost)

pluvial (e) (*pl.* pluviaux/-ales) ◆ pluvial

pluviomètre ***m.*** ◆ pluviometer ; rain gauge

pneumatique ◆ pneumatic

podium ***m.*** ◆ dais ; estrade ; pace ; platform ; podium ; stage

poêle ***m.*** ◆ stove

poids ***m.*** ◆ weight

poids mort, poids propre ◆ dead weight ; sole weight

poids relatif ◆ relative weight

poids spécifique ◆ density ; gravity

poignée ***f.*** ◆ handle

poignée *f. (ronde)* de porte ◆ door knob

poignée de porte ◆ door handle

poignée de rabot ◆ handle of a plane ; tote

poil ***m.*** ◆ hair ; hair crack *(in stone)*

poil *m.* de brosse ◆ bristle

poinçon *m.*, broche *f.* ◆ awl ; drift ; pointer hammer ; punch ; piercer

poinçon *m. (d'une ferme)* ◆ crown post ; hanging post ; king post ; king rod

poinçonner ◆ punch ; perforate (to)

poinçonneuse ***f.*** ◆ punching machine

point ***m.*** ◆ point

point d'application *(d'une force)* ◆ working point ; point of application

point d'appui ◆ footing ; fulcrum ; point of support

point de congélation ◆ freezing point

point critique ◆ critical point

point de croisement ◆ crossing point ; intersection point

point d'ébullition ◆ boiling point

point de fuite ◆ directing point

point de fusion ◆ melting point

point d'intersection ◆ crossing point ; intersection point

point de ramollissement ◆ softening point

point de repère ◆ guiding mark ; indication ; landmark ; reference mark

point de rosée ◆ dew point

point de rupture ◆ breaking point ; point of failure

point zéro ◆ zero ; zero point

pointage ***m.*** ◆ tally ; tallying

pointe ***f.*** ◆ nail ; clout nail

pointe d'assemblage ◆ casement nail

pointe de choc ◆ air terminal

pointe de diamant ◆ diamond fret ; lozenge fret ; diamond moulding ; nail head

pointe de diamant, diamant *m.* ◆ glass cutter ; quarrel

pointe dite « fausse-vis » ◆ drive screw ; screw nail

pointe de fer ◆ spike

pointe (de Paris) ◆ wire nail ; wire tack

pointe de pilotis ◆ pile point

pointe torsadée ◆ drive screw

pointe de vitrier ◆ sprig *(thin pen)* ; brad *(for window panes)*

pointeau ***m.*** ◆ centre punch

pointer ◆ punch (to)

pointerolle ***f.*** ◆ pitching tool

pointeur *m.* (*ou* pointeau *m.*) ◆ marker

pointillage ***m.*** ◆ dotting ; stippling

pointiller ◆ dot ; stipple (to)

pointu (e) ◆ pointed

poire ***f.*** ◆ pear switch

poirier ***m.*** ◆ pear tree

poisser ◆ pitch (to)

poitrail ***m.*** ◆ breastsummer (*or* bressummer)

poivrière ***f.*** ◆ pepper box ; pepper-box turret

poix ***f.*** ◆ pitch

pôle ***m.*** ◆ pole

poli ***n. m.*** ◆ finish ; gloss ; polish

poli (e) ***adj.*** ◆ glossy ; polished

– **non poli (e)** ◆ unpolished

polir ◆ polish a surface ; burnish *(metal)* ; scour iron ; sand iron ; surface (to)

polir par sablage ◆ grind (to)

polissage ***m.*** ◆ polishing

polisseuse ***f.*** ◆ polishing machine
polissoir ***m.*** ◆ burnisher ; polisher
polluant ***m.*** ◆ pollutant
pollution ***f.*** ◆ pollution
polochon ***m.*** ◆ staff-plastering dab
polyane ***m.*** ◆ polyethylene film
polycarbonate ***m.*** ◆ polycarbonate
polychrome ◆ polychrome
polychromie ***f.*** ◆ polychromy
polyèdre ***n. m.*** **ou** ***adj.*** ◆ polyhedral
polyester ***m.*** ◆ polyester
polyéthylène ***m.*** ◆ polyethylene ; polythene ; alkathene
polygonal (e) (*pl.* polygonaux/-ales) ◆ multangular ; multi-angular
polygone ***m.*** ◆ 1. polygon ; polygon of chords ; 2. shooting range
  polygone des forces ◆ diagram of forces ; polygon of forces ; stress diagram
polylobé (e) ◆ multilobate
polymère ***n. m.*** ◆ polymer
polymère ***adj.*** ◆ polymeric
polyphasé (e) ◆ multiphase
polystyrène ***m.*** ◆ polystyrene
  polystyrène expansé ◆ expanded polystrene ; polystyrene foam
polyuréthanne ***m.*** ◆ polyurethane
  polyuréthanne expansé ◆ expanded polyurethane
polyvalent (e) ◆ multipurpose
polyvinyle ***m.*** ◆ polyvinyl
pomme ***f.*** ◆ apple ; knob
  pomme de douche ◆ shower head ; shower rose
  pomme de pin ◆ fir cone
pommeau ***m.*** ◆ ball and socket joint ; head ; knob
pommelle ***f.*** ◆ grating *(over a pipe)* ; strainer
Pompadour (style -) ◆ Pompadour style
pompe ***f.*** ◆ 1. pump ; 2. compressor
  pompe aspirante ◆ suction pump
  pompe à béton ◆ concrete pump
  pompe à boue ◆ sludge pump
  pompe centrifuge ◆ centrifugal pump
  pompe à chaleur (P.A.C.) ◆ heat pump
  pompe de circulation ◆ accelerating pump
  pompe immergée ◆ submerged pump
  pompe à mains (*ou* pompe foulante à bras) ◆ hand-force pump
  pompe à mortier ◆ mortar pump
  pompe à piston ◆ plunger pump
  pompe à plâtre ◆ plaster pump
  pompe à plongeur ◆ plunger pump
  pompe de relevage (des eaux usées) ◆ sewage pump ; sump pump
pomper ◆ pump out (to)
pompon ***m.*** ◆ ornamental turf ; pompon ; top knot
ponçage ***m.*** ◆ sand papering ; sanding
ponceau ***m.*** ◆ culvert
poncer ◆ pumice ; sandpaper (to)
ponceuse ***f.*** ◆ sander ; sanding machine
ponctué (e) ◆ dotted
pont ***m.*** ◆ bridge
  pont en arc ◆ arched bridge ; arch bridge
  pont à bascule, pont basculant → pont levant
  pont en bois pour piétons ◆ wooden-foot bridge
  pont à câbles ◆ suspension bridge
  pont de chemin de fer ◆ railway bridge
  pont en dos-d'âne ◆ hump-backed bridge
  pont fixe ◆ fixed bridge ; permanent bridge
  pont-grue ***m.*** ◆ bridge crane
  pont levant, pont à bascule, pont basculant ◆ bascule bridge ; weigh bridge
  pont-levis ***m.*** **(*pl.* ponts-levis)** ◆ drawbridge
  pont mobile ◆ movable bridge
  pont oblique ◆ skew bridge
  pont permanent ◆ fixed bridge ; permanent bridge
  pont roulant ◆ overhead-travelling crane ; traveller ; travelling crane
  pont suspendu ◆ suspension bridge
  pont thermique ◆ cold bridge
  pont tournant ◆ swing bridge ; turn bridge
  pont en treillis ◆ framework bridge ; lattice bridge ; truss bridge
  pont triangulé ◆ framework bridge ; lattice bridge ; truss bridge
ponton ***m.*** ◆ pontoon bridge
Ponts et Chaussées ***m. pl.*** ◆ Department of Bridges and Highways
population ***f.*** **urbaine** ◆ city dwellers

porcelaine ***f.*** ◆ porcelain

porcelaine de Chine ◆ china

porcelaine vitrifiée ◆ vitreous china ; glazed fireclay

porche ***m.*** ◆ porch

porche d'église ◆ galilee ; church porch

porcherie ***f.*** ◆ pigsty

poreux (-euse) ◆ porous

porosité ***f.*** ◆ porosity

porphyre ***m.*** ◆ porphyry

porphyrique ◆ porphyritic

port ***m.*** ◆ harbo(u)r ; port

port de mer ◆ seaport

portail ***m.*** ◆ 1. chief doorway ; doorway ; front gate *(of a church, etc.)* ; gate ; main door ; 2. west door *(cathedral)*

portail d'église ◆ galilee ; church porch

portance ***f.*** ◆ bearing capacity ; load-bearing capacity

portant (e) ◆ bearing

portatif (-ive) ◆ portable ; portative

porte ***f.*** ◆ door ; doorway ; gate

porte d'accès principal ◆ entrance door ; entry door ; front door ; main door

porte-accordéon, porte pliante ◆ accordion door

porte à âme pleine ◆ solid core door

porte antipanique ◆ panic door

porte automatique ◆ self-closing door ; automatic door

porte de balcon ◆ balcony door

porte basculante ◆ canopy door *(am.)* ; float door ; overhead door

porte battante ◆ double-acting door ; oscillating door ; swing door

porte blindée ◆ reinforced door

porte cintrée ◆ archway

porte à claire-voie ◆ ledged-battens door

porte cochère ◆ carriage entrance ; carriage porch

porte de communication ◆ interior door

porte coulissante ◆ sliding door

porte coulissante en accordéon ◆ sliding-folding door

porte coulissante suspendue ◆ top-hung sliding door

porte coupe-feu ◆ fire door ; fireproof door

porte croisée ◆ casement door

porte dérobée, porte secrète ◆ gib door ; jib door

porte à deux panneaux ◆ two-panel door

porte à deux vantaux, porte à deux battants ◆ door with two leaves ; double door ; two-leaf door

porte à deux vantaux brisés ◆ bifolding door

porte d'enceinte ◆ enceinte door

porte d'entrée ◆ entrance door ; entry door ; front door ; street door

porte extérieure ◆ outer door

porte à feuillure ◆ rebated door

porte de foyer ◆ fire door

porte en frises ◆ batten door

porte à glissière ◆ sliding door

porte à guillotine ◆ vertically-vanishing door

porte intérieure ◆ chamber door ; inner door

porte isoplane → porte plane

porte à mâchicoulis ◆ machicolated gateway

porte menuisée ◆ framed door

porte murée ◆ blank door ; walled-up door

porte oscillante, porte (à va-et-vient) ◆ oscillating (door) ; swing door

porte palière ◆ landing door

porte palière *(d'ascenseur)* ◆ lift door ; elevator door *(am.)*

porte à panneau(x) ◆ panelled door ; panel door

porte de placard ◆ door of a cupboard ; door of a closet

porte plane, porte isoplane ◆ flush door

porte plane alvéolée ◆ hollow-core door

porte pliante ◆ folding door

porte principale ◆ entrance door ; front gate *(of a church)* ; main door

porte rabattable ◆ canopy door *(am.)* ; over head door ; float door

porte de ramonage ◆ cleaning eye ; cleanout *(am.)*

porte roulante ◆ rolling door

porte roulante au sol ◆ bottom-rolling door

porte de secours ◆ emergency door

porte secrète → porte dérobée

porte de service ◆ back door ; service door

porte à tambour ◆ revolving door

porte à un battant, porte à un vantail ◆ single (leaf) door

porte (à) va-et-vient ◆ double-acting door ; leaf door ; oscillating door ; swing door

porte en verre, porte-glace ◆ plate-glass door

porte de ville ◆ gate

porte vitrée ◆ glass door ; glazed door ; sash door

porte-à-faux *m. inv.* ◆ cantilever ; hanging over ; jetty ; overhang

– en porte-à-faux ◆ cantilevered ; overhanging

porte-agrafe *m.* (*pl.* porte-agrafes) ◆ eye ; staple

porte-crayon *m.* (*pl.* porte-crayons) ◆ pencil holder ; pencil case

porte-crayon de compas ◆ pencil point of a compass

portée *f.* ◆ chord *(of arch)* ; span

portée libre *(entre appuis)* ◆ clear span ; clear width ; effective span

porte-fenêtre *f.* (*pl.* portes-fenêtres) ◆ French casement ; French door ; French window ; patio door

portemanteau *m.* ◆ cloakscreen ; pin rail

porte-mine *m.* ◆ ever sharp ; pencil case ; pencil holder ; propelling pencil

porte-mire *m.* ◆ rod man *(am.)* ; staff man

porte-parapluie *m.* ◆ umbrella stand

porte-plume *m.* ◆ penholder

porter ◆ bear ; support (to)

porte-savon *m.* ◆ soap dish

porte-serviette *m.* ◆ towel holder ; towel rail

porte-serviette *(sur pied) m.* ◆ towel horse

porteur (-euse) ◆ bearing ; load bearing

porte-vêtement *m.* ◆ coat rack ; coat rail ; coat strand

portier *m.* ◆ door keeper ; doorman

portier automatique ◆ door opener *(electricity)*

portière *f.*, rideau *m.* de porte ◆ door curtain ; portière

portillon *m.* ◆ wicket gate

portique *m.* ◆ bent ; portal frame ; portico

portique encastré aux pieds ◆ fixed-based frame

portique hyperstatique (*ou* statiquement indéterminé) ◆ hyperstatic frame ; redundant frame

portique indéformable ◆ rigid frame

portique isostatique (*ou* statiquement déterminé) ◆ perfect frame

portique simple ◆ simple frame

portique à traverse brisée ◆ gable frame

pose *f.* ◆ adjusting ; installation ; laying ; placing ; setting

pose de poutres ◆ running beams

pose de la première pierre ◆ laying of the foundation stone

pose à sec ◆ laying dry

pose de tapis ◆ carpeting

pose de tuyaux ◆ laying of pipes

pose de verre(s) (*ou* vitrage *m.*) ◆ glazing

posé (e) en délit, posé (e) en contre-lit ◆ edge bedded

– pierre posée en délit ◆ stone bedded against the grain

posé (e) en recouvrement ◆ overlapped

poser ◆ lay *(tiles, pipes, carpet)* ; place ; adjust ; put ; put in *(a lock, a window pane)* (to)

poser de (*ou* sur le) chant ◆ set on edge (to)

poser des carreaux ◆ set tiles (to)

poser les fondations ◆ lay the foundations (to)

poser des planches de parquet ◆ fix the boards of the floor (to)

poser la première pierre ◆ lay the foundation stone (to)

poseur *m.* de parquets (*ou* parqueteur *m.*) ◆ floor layer ; parquet layer

postcontrainte *f.* ◆ post-tensioning

poste *m.* d'essence ◆ filling station ; gas station *(am.)* ; petrol station

poste de transformateur ◆ transformer station

postes *f. pl.* ◆ running moulding ; running ornament

postiche *n. m.* ou *adj.* ◆ sham

postmoderne ◆ post-modern

postmodernisme *m.* ◆ post-modernism

post-tension *f.* ◆ post-tension

pot *m.* ◆ jug ; pot

pot de cheminée ◆ chimney pot

pot de colle ◆ glue kettle ; glue pot

pot à eau ◆ ewer

pot émaillé ◆ glazed pot

pot de fleur ◆ flower pot

pot de peinture ◆ paint pot

pot de terre ◆ crock

poteau *m.* ◆ 1. column ; 2. mast ; pole ; post ; stud

poteau d'amarrage ◆ mooring bollard ; mooring post

poteau en bois ◆ stud ; wooden post

poteau de bornage ◆ boundary pole ; boundary post

poteau cornier ◆ corner post ; corner stud

poteau creux ◆ box column

poteau d'échafaudage ◆ pole of a scaffold

poteau élancé ◆ long column

poteau fretté en hélices ◆ spiral-reinforced column

poteau indicateur ◆ hand post ; sign post

poteau contre (*ou* dans) un mur ◆ wall post ; bonding timber

poteau de réverbère ◆ lamp post

poteau triangulé ◆ girder pole ; girder column

poteau tubulaire ◆ pipe column

potelet *m.* ◆ dwarf stud ; half-stud

potence *f.* ◆ 1. bracket ; console ; corbel ; 2. derrick

potence à poulie ◆ hand crane

potence de puits ◆ well gallow

poterie *f.* ◆ crockery ; crockery ware ; earthenware ; pottery *(works)*

poterie vernissée ◆ glazed earthenware

poterne *f.* ◆ postern

potiche *f.* ◆ China (*or* Japan) porcelain vase

poubelle *f.* ◆ litter tin

pouce *m. (2,54 cm)* ◆ inch *(in)*

poudingue *m.* ◆ pudding stone

poudre *f.* ◆ flour ; powder

poudre de briques ◆ brick dust

poulailler *m.* ◆ fowl house

poulie *f.* ◆ gin wheel ; idler pulley ; jenny wheel ; pulley ; sheaf ; tackle

poulie à corde, poulie à gorge ◆ rope pulley

poulie haute ◆ roller fitting for a sliding door

poulie de palan ◆ tackle block

poulie triple ◆ triple block

pourriture *f.* ◆ rot ; decay

pourriture blanche ◆ white rot ; dry rot

pourriture du cœur (*ou* carie *f.* du bois de cœur) ◆ heartwood rot

pourtour *m.* ◆ periphery

poussée *f.* ◆ lateral pressure ; pressure ; thrust *(of arches, etc.)*

poussée du vent ◆ wind pressure

poussière *f.* de briques ◆ powdered bricks

poutraison *f.* ◆ beams ; floor joists *(of one storey)* ; girders ; joists of a floor

poutre *f.* ◆ beam ; girder ; joist *(of a floor)* ; metal girder

poutre en acier ◆ iron beam

poutre américaine ◆ simple truss ; strut frame

poutre à âme évidée ◆ castellated beam

poutre à âme pleine ◆ 1. plate beam ; 2. solid-web girder

poutre sur appuis encastrés ◆ end-fixed beam

poutre sur appuis libres ◆ simple beam

poutre en bois ◆ wooden beam

poutre-caisson ◆ box beam ; box(ed) girder

poutre en console ◆ cantilever beam ; cantilever girder

poutre composée ◆ built-up beam ; built-up girder ; compound girder

poutre continue ◆ continuous beam ; continuous girder

poutre-échelle, à panneau Vierendeel → poutre Vierendeel

poutre d'encadrement ◆ spandrel beam

poutre encastrée ◆ encastered beam

poutre faîtière ◆ ridge beam ; roof tree

poutre fléchie ◆ bent beam

poutre en forme de I ◆ I beam ; I girder

poutre en forme de T *(béton armé)* ◆ T(ee) beam *(reinforced concrete)*

poutre à gousset ◆ haunched beam

poutre du grenier ◆ garret beam ; loft joist

poutre inversée ◆ upstand beam

poutre isostatique ◆ equivalent-resistance beam *(girder with constant bending stress)*

poutre lamellée-collée ◆ laminated beam

poutre maîtresse, poutre principale ◆ binding beam ; main beam ; principal beam

poutre à membrure parallèle ◆ flat-chord truss ; parallel-chord truss

poutre mixte ◆ composite beam

poutre à nids d'abeille ◆ castellated beam

poutre palière ◆ flight header

poutre en parabole ◆ parabolic girder

poutre de plancher ◆ floor beam

poutre en porte-à-faux ◆ cantilever beam ; overhanging beam

poutre principale → ***poutre maîtresse***

poutre renforcée ◆ armed beam

poutre secondaire ◆ secondary beam

poutre suspendue ◆ drop-in girder

poutre transversale ◆ cross beam ; cross girder

poutre à (*ou* en) treillis, poutre triangulée ◆ lattice girder ; trellis girder ; truss(ed) beam

poutre en treillis parallèle ◆ parallel-trussed girder

poutre triangulée → ***poutre à (ou en) treillis***

poutre Vierendeel ◆ Vierendeel girder ; Vierendeel truss

poutrelle *f.* ◆ 1. beam ; joist ; small beam ; 2. hot-rolled section

poutrelle en acier ◆ girder iron ; rolled steel joist

poutre(lle) en forme de H, poutrelle à ailes larges ◆ H beam ; wide-flange beam

poutre(lle) en forme de I ◆ I beam

poutre(lle) laminée ◆ rolled beam ; rolled-steel beam

pouvoir *m.* calorifique ◆ calorific value

pouvoir éclairant ◆ illuminating power ; lighting power

pouzzolane *f.* ◆ pozzolan ; pozzolana (*or* puzzolana)

pouzzolane naturelle *(volcanique)* ◆ trass

prairie *f.* ◆ grass field ; grass land ; meadow ; prairie *(am.)*

pratique *f.* ◆ practice

pré *m.* ◆ meadow

préassemblé (e) ◆ preassembled

préau *m.* (*pl.* préaux) ◆ 1. garth ; 2. courtyard *(of a convent* or *prison)* ; covered part of the play-ground

préau de cloître ◆ ambulatory

précâblage *m.* ◆ built-in circuits

précadre dormant *m.* ◆ sub-frame ; door buck ; rough buck ; sub-buck *(am.)*

précision *f.* ◆ precision

préconisation *f.* ◆ specification ; instructions for use

précontrainte *n. f.* ◆ prestressing

précontraint (e) *adj.* ◆ prestressed

prédalle *f.* ◆ shuttering-floor slab

préfabrication *f.* ◆ prefabrication

préfabrication foraine ◆ site prefabrication

préfabriqué (e) ◆ precast ; prefabricated

préfabriquer ◆ prefabricate (to)

préhistoire *f.* ◆ prehistory

préhistorique ◆ prehistoric

prélaquage *m.* ◆ precoating

prélèvement *m.* ◆ sampling

prélinteau *m.* ◆ precast-concrete lintel

premier balcon *m. (théâtre)* ◆ dress circle *(theatre)*

premier étage *m.* ◆ first floor

premier rang *m.* ◆ starting course

première pierre *f.* ◆ foundation stone

prendre feu ◆ inflame (to)

prendre l'aplomb ◆ take the plumb ; test the plumb (to)

presbytère *m.* ◆ manse ; presbytery ; rectory

presqu'île *f.* ◆ peninsula

pressage *m.* à chaud ◆ hot pressing

presse *f.* ◆ press

presse à briques ◆ brickmill ; brick moulding machine

presse à carreaux ◆ tile press

presse à coller ◆ glue press

presse à forger ◆ forging press

presse à main ◆ cramp frame

pressé (e) ◆ pressed

pression *f.* ◆ pressure

pression acoustique ◆ sound pressure

pression d'appui ◆ support pression

pression d'eau → ***pression hydraulique***

pression hydraulique, pression d'eau ◆ hydraulic pressure ; head of water

pression sonore ◆ sound pressure

pression de vapeur ◆ vapour pressure

pression du vent ◆ wind pressure

prêt (e) à l'emploi ◆ ready mixed ; ready for use

prêt (e) à mouiller ◆ premixed

prime *f.* pour travaux salissants ◆ dirty money

primitif (-ive) ◆ early

prise *f.* ◆ set ; setting

prise *(électricité)*, prise de courant ◆ socket ; outlet *(am.)*

prise *f. (air, vapeur, etc.)* ◆ intake ; inlet

prise accélérée ◆ flash set ; grab set ; quick set

prise d'air frais ◆ intake ; fresh-air intake ; (air) inlet

prise de ciment ◆ set of cement

prise de courant femelle ◆ receptacle *(am.)* ; socket outlet

prise de courant mâle ◆ plug

prise de courant murale ◆ wall plug ; wall socket ; convenience outlet *(am.)*

prise d'eau ◆ fire hydrant ; fireplug *(am.)* ; hydrant ; intake *(of water)*

prise instantanée ◆ flash set ; grab set ; quick set

prise lente ◆ slow setting

prise rapide ◆ quick setting

prise de téléphone ◆ telephone socket

prise de terre ◆ earth connection ; earthing ; grounding *(am.)* ; ground connection ; groundwire

prismatique ◆ prismatic

prisme *m.* ◆ prism ; mirror square ; optical square

prison *f.* ◆ gaol ; jail *(am.)* ; prison

prix *m. (concours)* ◆ award ; prize

prix *m.* ◆ cost ; price ; value

prix départ usine ◆ cost ex-works ; price ex-works

prix forfaitaire ◆ fixed price

prix rendu chantier ◆ price delivered to the site

prix de revient ◆ cost price ; net cost ; prime cost

prix de revient de la construction ◆ building sum

prix unitaire ◆ price per item ; unit price *(of the schedule of prices)*

probabilité *f.* ◆ probability

procédé *m.* de construction ◆ building method

procédé « lift-slab » ◆ lift-slab method

processus *m.* ◆ process

processus de production du bâtiment ◆ building production

procès-verbal *m.* d'essai ◆ test report

procès-verbal de réception ◆ acceptance certificate

produit *m.* durcissant (*ou* durcisseur *m.*) ◆ hardener

produits *m. pl.* conservateurs ◆ preservatives

profil *m.* ◆ outline ; profile ; profiling ; side face

profil à chanfrein ◆ bevelled profile

profil laminé ◆ rolled profile ; rolled joist

profil de route ◆ profile of the road ; section of a road

profil de rue ◆ street profile

profilé *n. m.* ◆ section ; shape *(am.)* ; sectional iron ; shaped iron ; profiled iron

profilé à âme évidée ◆ castellated section

profilé à chaud ◆ hot-rolled section

profilé de construction ◆ structural shape

profilé d'encadrement ◆ frame profile ; frame section

profilé de finition ◆ cover fillet

profilé en forme de I ◆ I beam

profilé en forme de T ◆ T(ee) iron ; T(ee) section

profilé en forme de U ◆ channel section

profilé en forme de Z ◆ Z(ee) bar ; Z(ee) iron ; Z(ee) section

profilé à froid ◆ cold-rolled section

profilé (e) *adj.* ◆ sectioned ; mo(u)lded

profiler ◆ represent in profile (to)

profondeur *f.* ◆ deepness ; depth

profondeur de fondation ◆ depth of foundation

programme *m.* ◆ programme ; program *(am.)*

progression *f.* ◆ progression

projection *f.* ◆ 1. gun application ; spraying ; 2. projection

projection axonométrique ◆ axonometric projection

projection orthogonale (*ou* orthographique) ◆ orthographic projection

projet *m.* ◆ design ; plan ; project ; scheme

projet d'aménagement ◆ development plan

projet d'urbanisme ◆ town-planning scheme

projeter ◆ 1. design ; form projects ; scheme (to) ; 2. spray (to)

promenade *f.* ◆ avenue ; alley in a park ; esplanade ; promenade ; walk(place)

promenade en bord de mer ◆ front

promenoir *m.* ◆ 1. ambulatory ; covered walk ; 2. promenade *(in a concert hall, etc.)*

promontoire *f.* ◆ cape

promoteur *m.* ◆ property developer

promoteur-constructeur *m.* ◆ builder

pronaos *m.* ◆ pronaos

proportion *f.* ◆ proportion ; ratio

– **mal proportionner** ◆ misproportion (to)

– **sans proportion** ◆ proportionless

proposition *f.* ◆ proposal

propriétaire *n. m.* ou *f.* ◆ proprietor ; owner

propriétaire foncier ◆ landlord (landlady) ; landowner

propriété ***f.*** ◆ 1. ownership ; property ; 2. domain ; estate

propriété foncière (*ou* immobilière), biens immobiliers, biens immeubles ◆ real estate

propriété rurale ◆ rural property ; rural estate

propylée ***m.*** ◆ propylaeum ; propylon (*pl.* propylaea)

proscenium ***m. (théâtre)*** ◆ proscenium

prostyle ***m.*** ◆ prostyle

protection ***f.*** **anticorrosive** ◆ anti-corrosive protection

protection antirouille ◆ rust prevention

protection contre l'humidité ◆ humidity insulation

protection des sites ◆ site conservation

protection en fil de fer ◆ wire guard

protège-angle ***m.*** **(*pl.* protège-angles)** ◆ corner bead ; corner guard

prototype ***m.*** ◆ archetype ; prototype

prunelle ***f.*** ◆ apple

prytanée ***m.*** ◆ pritaneion ; prytaneum

pseudo-classique ◆ pseudo-classical

pseudo-diptère ◆ pseudo-dipteral

pseudo-périptère ◆ pseudo-peripteral

public (-ique) ◆ public

puisard ***m.*****, puits** ***m.*** **perdu** ◆ cesspit ; cesspool ; dry well *(am.)*

puisatier ***m.*** ◆ well sinker

puissance ***f.*** ◆ capacity ; power

puissance acoustique ◆ sound power

puissance d'adhérence ◆ adhesion force

puissance frigorifique ◆ cooling capacity

puissance (*ou* force *f.*) de levage ◆ lifting power

puits ***m. inv.*** ◆ well

puits artésien ◆ artesian well

puits d'eau ◆ water well

puits d'éclairage, courette ***f.*** ◆ light well

puits de fondation ◆ foundation pit

puits instantané ◆ driven well

puits à poulie ◆ draw well

puits perdu → puisard

puits de sondage ◆ test pit

pulvérisateur ***m.*** ◆ pulverizator

pulvérisation ***f.*** ◆ pulverization ; spraying

punaise ***f.*** ◆ drawing pin ; thumbtack *(am.)*

pupitre ***m.*** ◆ pulpit ; rostrum ; tribune

pupitre *(d'école)* ◆ desk

purgeur ***m.*** ◆ draw-off tap ; vent valve

purifier ◆ cleanse ; purify (to)

purisme ***m.*** ◆ purism

puriste ◆ purist

P.V.C. → chlorure de polyvinyle

pycnostyle ◆ pycnostyle

pylône ***m.*** ◆ pylon ; steel tower

pylône en treillis ◆ lattice mast

pyramidal (e) (*pl.* pyramidaux/-ales) ◆ pyramidal

pyramide ***f.*** ◆ pyramid

pyramide à degrés, pyramide à gradins ◆ mastaba ; stepped pyramid

pyramide tronquée ◆ truncated pyramid

pyramidion ***m.*** ◆ pyramidion

pyrite ***f.*** ◆ pyrites

pyrogravure ***f. (sur bois, etc.)*** ◆ pyrography

pyromètre ***m.*** ◆ pyrometer

Q

quadrangle ***m.*** ◆ quadrangle

quadrangulaire ◆ four cornered ; quadrangular

quadrant ***m.*** ◆ quadrant

quadrilatère ***n. m.*** ◆ quadrangle

quadrilatère ***adj.*** ◆ quadrilateral

quadrillage ***m.*** ◆ arrangement (*or* pattern) in square

quadrillage modulaire ◆ modular grid

quadrillé (e) ◆ chequered

quadrilobe ***m.*** ◆ quatrefoils

quadrilobé (e) ◆ quadrilobate

quadripartite ◆ quadripartite

quai ***m.*** ◆ embankment ; quay ; wharf (*pl.* wharfs *or* wharves)

quai ***m.*** **de gare** ◆ platform *(railway)*

qualité ***f.*** ◆ grade

qualité d'exécution ◆ workmanship

quart de cercle ***m.*** ◆ quadrant

quart-de-rond ***m.*** **(*pl.* quarts-de-rond)** ◆ quadrant moulding ; quarter round *(moulding)*

quartier ***m.*** ◆ area ; district ; neighborhood *(am.)*

quartier ***(d'une ville)*** ◆ quarter *(of a town)*

quartier d'affaires ◆ business district

quartier commerçant ◆ shopping area

quartier insalubre à démolir ◆ clearance area

quartier résidentiel ◆ residential area

quartz ***m.*** ◆ quartz

quartzeux (-euse) ◆ quartzose

quatre-feuilles ***m. inv.*** ◆ quatrefoils

queue ***f.*** ◆ tail ; tailing

queue-d'aronde ***f.*** **(*pl.* queues-d'aronde), queue-d'hironde** ◆ dovetail ; culvertail

– **à queue-d'aronde** ◆ dovetailed

queue-d'aronde cachée, queue-d'aronde perdue ◆ blind dovetail ; hidden dovetail ; secret dovetail

queue-de-cochon ***f.*** **(*pl.* queues-de-cochon)** ◆ auger bit ; gimlet

queue-de-morue ***f.*** **(*pl.* queues-de-morue)** ◆ flat brush ; flat-paint brush ; flat-wall brush

queue-de-rat ***f.*** **(*pl.* queues-de-rat)** ◆ rat tail ; rat-tail file

quincaillerie ***f.*** ◆ ironmongery ; ironware ; hardware

quincaillier ***m.*** ◆ hardwareman ; ironmonger

quinconce ***m.*** ◆ quincunx

– **en quinconce** ◆ staggered

quintal ***m.*** **(*pl.* quintaux)** ◆ hundredweight ; quintal

quintefeuille ***f.*** **(*ou* cinq-feuilles** ***m. inv.*** **)** ◆ cinque-foils ; cinqfoils

R

rabattement *m.* de nappe ◆ ground-water level lowering

rabord *m.* ◆ bead ; seam ; welt ; gutter bed

rabot *m.* ◆ plane

rabot cintré ◆ compass plane

rabot à dents ◆ toothing plane

rabot incliné (*ou* guillaume *m.* *ou* guimbarde *f.*) ◆ old woman's tooth ; router

rabot à languettes → ***bouvet à languettes***

rabot à polir ◆ smoothing plane

rabot à rainures → ***bouvet à rainures***

rabot pour rainures rondes ◆ plane for circular grooves

rabot rond ◆ compass plane

rabot à tige *(pour parquets)* ◆ stick plane

rabotage *m.* (*ou* rabotement), planage *m.* ◆ planing

raboter ◆ plane ; smooth *(with a plane)* (to)

raboteuse n. *f.* ◆ planer ; planing machine

raboteux (-euse) ◆ knotty

raccord *m.* ◆ coupling ; fitting ; fitting piece

raccord conique ◆ taper pipe ; diminishing piece ; reducing pipe

raccord coudé ◆ bend *(plumbing)*

raccord double ◆ book match *(veneer)*

raccord d'enduit ◆ making good ; repairing (rendering *or* plastering)

raccord de réduction, réduction *f.* ◆ pipe reducer

raccordement *m.* ◆ joining ; junction

raccorder ◆ connect *(pipe)* (to)

raccourcissement *m.* ◆ shortening

raccourcissement élastique ◆ elastic shortening

raccoutrage *m.* ◆ window cleaning

racheter le carré ◆ compensate (to)

racine *f.* ◆ root

racine cubique ◆ cube root

racle *f.*, racloir *m.* ◆ scraper *(plane)*

raclure *f.* ◆ scrapings

radeau *m.* ◆ float ; raft

radiant (e), rayonnant (e) ◆ radiant

– panneau radiant ◆ radiant heater

radiateur *m.* ◆ radiator

radiateur électrique ◆ electric fire ; electric heater

radiateur à gaz ◆ gas fire

radiateur-panneau, radiateur plat ◆ radiant panel

radiation *f.* ◆ radiation

radier *m.*, radier général ◆ 1. apron ; 2. raft foundation ; mat foundation *(am.)*

radier en bois ◆ grillage foundation ; grating

radier de fondation ◆ foundation raft

radier nervuré ◆ beam and floor

raffinerie *f.* ◆ refinery

rafraîchir ◆ repair (to)

ragréage *m.* ◆ smoothing mortar

raide ◆ steep ; pitched ; stiff

raidir ◆ stiffen (to)

raidir *(une maçonnerie, une charpente)* ◆ stiffen ; tighten (to)

raidisseur *m.* ◆ counter brace ; wire strainer

rail *m.* ◆ rail

rail de porte coulissante ◆ sliding-door rail ; floor guide

rail de protection murale ◆ chair rail

rainer → ***rainurer***

rainurage *m.* ◆ grooving

rainure *f.* ◆ groove

– à rainure et languette ◆ matched

rainure de fenêtre ◆ window groove ; rabbet ; rebate ; guide

rainure et languette ◆ tongue and groove

rainuré (e) ◆ grooved ; fluted

rainurer, rainer ◆ groove (to)

rajout *m.* ◆ addition to a building

rallonge *f.* ◆ extension piece ; lengthening piece

rallonge de fil électrique ◆ extension cord

rallonger ◆ stretch ; extend (to)

ramollissement *m.* ◆ softening

ramonage *m.* ◆ chimney sweeping

ramoner ◆ sweep *(the chimney)* (to)

rampant *n. m.* de toit ◆ pitch of a roof ; angle of a roof ; roof slope

rampant (e) *adj.* ◆ inclined ; pitching ; sloping

rampe *f.* ◆ inclined plane ; ramp

rampe d'éclairage ◆ lights *(above stage)* ; track lighting

rampe de scène *(théâtre)* ◆ footlights *(pl.)*

rampiste *m.* ◆ turner ; wood turner

rang *m.* ◆ line ; row

rangée *n. f.* ◆ file ; range ; row

rangé (e) *adj.* ◆ ordered ; tidy

râpe *f.* ◆ coarse file ; grater ; rasp ; rough file *(for metal)*

rapport *m.* ◆ 1. ratio ; 2. report

rapport d'armature ◆ reinforcement ratio

rapport de la flèche à la portée ◆ rise ratio

rapport hebdomadaire ◆ weekly progress report

rapport modulaire ◆ modular ratio

rapport plancher-sol ◆ floor-space ratio

rapport qualité-prix ◆ value for money

rapporteur *m.* ◆ protractor

rasement *m.* ◆ levelling to the ground

raser ◆ break up ; demolish ; pull down ; raze ; take down (to)

râtelier *m.* *(d'étable)* ◆ rack ; cribs ; manger

ratio *m.* eau-ciment ◆ water-cement ratio

rationalisme *m.* ◆ rationalism

rationaliste *m.* ◆ rationalist

rationnel (-elle) ◆ rational

rattraper ◆ take up (to)

ravage *m.* ◆ havoc

ravalement *m.* ◆ building cleaning ; redressing ; rejointing of a wall ; scraping of a wall ; shot blasting

ravaler ◆ hollow out *(a wall)* ; redress *(stonework)* ; scrape (to)

ravin *m.* ◆ gully ; gulley

raviver ◆ brighten up (to)

rayon *m.* ◆ ray

rayon *(de cercle)* ◆ radius *(pl.* radii)

rayon ligneux ◆ pith ray ; wood ray

rayon *(de placard)* ◆ shelf ; board

rayonnage *m.* mural ◆ wall shelf

rayonnant (e) ◆ radiant ; radiating

rayonnement *m.* ◆ radiance

– chauffage par rayonnement ◆ radiant heating

réactif *m.* ◆ reagent

réaction *f.* ◆ reaction

réaction d'appui ◆ support reaction

réaliser un boisage ◆ timber (to)

rebobinage *m.* ◆ recoiling

rebord *m.* ◆ flange ; sill

rebord extérieur ◆ outer sill

réception *f.* d'un ouvrage ◆ acceptance

réception définitive ◆ final acceptance

réception provisoire ◆ provisional acceptance

receveur *m.* de douche, bac *m.* à douche ◆ shower receptor *(am.)* ; shower tray

réchaud *m.* à gaz ◆ gas cooker

récipient *m.* ◆ vessel ; vase

recyclage *m.* d'air ◆ (air) recycling

reconnaissance *f.* du terrain ◆ prospecting the site

reconstitué (e) ◆ reconstituted *(stone)*

reconstruction *f.* ◆ rebuilding ; reconstruction

reconstruire ◆ rebuild ; reconstruct (to)

recoupe *f.* ◆ chippings ; stone chips

recouvrement *m.* ◆ overlapping

recouvrement *(d'une tuile, etc.)* ◆ lap *(of tiles)* ; passing *(of lead)*

rectangle *m.* ◆ rectangle

rectangulaire ◆ rectangular

rectification *f.* ◆ rectification

récurer le fer ◆ scour iron ; sand iron (to)

redent *m.* (*ou* redan) ◆ step *(in gable)*

– à redents (*ou* à redans) ◆ crowfooted

redondance *f.* ◆ redundancy

redoute *f.* couverte ◆ blockhouse

réduction *f.* ◆ reducing coupling ; reduction ; pipe reducer

réduction *(mâle* ou *femelle) (plomberie)* ◆ bushing

réduction du bruit ◆ noise abatement

réduction d'un plan ◆ reduction of a drawing

réduit ***m.*** ◆ reduit

réemploi → remploi

réemployer → remployer

refaçonner ◆ make again ; re-fashion (to)

réfection ***f.*** ◆ remaking ; rebuilding

réfection d'un revêtement ◆ re-surfacing

réfection de tuiles ◆ repairing *(tiles)*

réfectoire ***m.*** ◆ canteen ; dining hall ; refectory

refend ***m.*** ◆ dividing ; splitting

– mur ***m.*** **de refend** ◆ interior wall ; cross wall

refend ***m.*** ◆ grooving

référence ***f. (d'une entreprise)*** ◆ reference work

référence ***f. (d'un produit)*** ◆ identification mark

réflectance ***f.*** ◆ reflectance

réflecteur ***m.*** ◆ reflector

réflexion ***f.*** ◆ reflection

reflux ***m.*** ◆ ebb ; low tide ; low water

réfractaire ◆ refractory

réfraction ***f.*** **de la lumière** ◆ refraction of light

refroidissement ***m.*** ◆ cooling

refroidisseur ***m.*** ◆ cooler

refuge ***m.*** ◆ shelter

refuge ***m. (dans la rue)*** ◆ refuge ; safety island ; traffic island

refurbishment ◆ rénovation *f.*

regard ***m.*** ◆ cleaning eye ; cleanout *(am.)* ; inspection hole ; manhole

regard d'égout ◆ closing plug of a sewer

regard de visite ◆ inspection hole

régence ***f.*** ◆ regency

Régence (style -) ◆ Regency style

région ***f.*** ◆ country ; region

région climatique → zone climatique

régionalisme ***m.*** ◆ regionalism

registre ***m.*** ◆ damper ; register ; valve

régistre ***m. (ornement)*** ◆ tier

réglable ◆ adjustable

règle ***f.*** ◆ foot rule ; rule ; ruler

règle à calculs ◆ slide rule

règle courbe, pistolet ***m.*** ◆ curved ruler ; French curve

règle de dressage ◆ screed rail

règle de maçon ◆ long float

règle ***(maçonnerie)*** ◆ screed rail

règle de plâtrier ◆ guide ; ground *(for plastering)*

règles ***f. pl.*** **de l'art** ◆ code of practice

règles B.A., règles ***pl.*** **de construction en béton armé** ◆ reinforced concrete regulations (*or* code)

règle vibrante ◆ vibrating screed

règlement ***m.*** ◆ regulation ; by(e)-law ; instructions

règlement municipal ◆ municipal law

règlement technique ◆ tecnical regulation

réglementation ***f.*** ◆ by(e)-law ; instructions ; regulations ; rules

réglementation de la construction ◆ building by(e)-law ; building regulations

réglementation du sol ◆ land regulation

réglet ***m.*** ◆ reglet

réglette ***f.*** ◆ tube lamp

régner ◆ run along (to)

régulateur ***m.*** ◆ regulator

régulation ***f.*** ◆ automatic control

réhabilitation ***f.*** ◆ rehabilitation

réhausser ◆ raise (to)

rein ***m. (de voûte)*** ◆ haunch

rejeteau ***m.*** **(*ou* rejet** ***m.*** **d'eau)** ◆ 1. drip moulding *(of window)* ; 2. weather board

rejingot ***m.*** **(*ou* regingot)** ◆ sill cove

rejointoiement ***m.*** **(*ou* rejointoyage** ***m.*****)** ◆ rejointing

rejointoyer ◆ rejoint (to)

relâche ***m.*** ◆ intermission

relais ***m.*** ◆ hand

relevé ***m.*** ◆ measured drawing ; survey

relevé d'architecture ◆ measured drawing

relevé topographique ◆ survey *(of land)*

relever ◆ survey (to)

relever des plans ◆ survey *(land)* ; do field work (to)

relief ***m.*** ◆ embossment ; relief ; relievo

reliquaire ***m.*** ◆ 1. reliquary ; 2. shrine

relique ***f.*** ◆ relic

remaniement ***m.*** ◆ alteration *(of a building)*

remanier ◆ alter ; re-lay *(a pavement, pipes, etc.)* ; re-tile *(a roof)* ; rework (to)

remblai ***m.*** ◆ 1. fill ; filling-up ; 2. made ground ; 3. soil filling

remblai ***m. (de terre)*** ◆ embankment

remblayage ***m.*** ◆ embankment ; filling-up

remblayer ◆ earth up ; embank ; fill up with earth ; fill up ; raise an embankment (to)

rembourrage ***m.*** ◆ upholstering

remembrement ***m.*** ◆ replotting

remise ***f.*** ◆ 1. cart house ; coach house ; 2. storage ; store ; 3. waggon shed

remise de voitures ◆ car shed ; carriage shed

remontée ***f.*** **capillaire** ◆ capillary action

remorque ***f.*** ◆ trailer

rempart ***m.*** ◆ circumvallation ; defence wall *(of town)* ; rampart ; walls around a town

remparts ***m. pl.*** ◆ mound

remplage ***m.*** ◆ window tracery

remplage flamboyant, réseau flamboyant ◆ flamboyant tracery

remplissage ***m.*** ◆ filling-in *(of embroidery, etc.)* ; infill

remplissage en briques ◆ brick infilling

remplissage d'ossature ◆ infilling

remploi ***m.*** **(*ou* réemploi)** ◆ re-use ; using again

remployer (*ou* réemployer) ◆ re use ; use again (to)

Renaissance ***f.*** ◆ Renaissance

Renaissance primitive ◆ early Renaissance

rendement ***m.*** ◆ output

rendu ***m. (d'un dessin)*** ◆ rendering *(of a drawing)*

renflé (e) ◆ having an entasis

renflement ***m.*** **d'une colonne** ◆ entasis

renfoncement ***m.*** ◆ depth of foundation ; recess

renfoncement de fenêtre ◆ window recess

renforcé (e) ◆ reinforced ; armoured

renforcement ***m.*** ◆ strengthening

renforcement du nez de marche ◆ step-cover strip ; nosing of a stair

renforcement transversal ◆ transverse bracing

renfort ***m.*** ◆ reinforcement

renouvellement ***m.*** **d'air** ◆ air change

rénovation ***f.*** ◆ renovation ; refurbishment

rénovation urbaine ◆ urban renewal

rénover ◆ renovate (to)

rentrant (e) ◆ re-entering

réparation ***f.*** ◆ repair ; repairing

– **en réparation** ◆ under repair

réparations ***f. pl.*** **esthétiques** ◆ cosmetic repairs

réparations locatives ◆ tenant's repairs

répartition ***f.*** **de la charge** ◆ load distribution

répartition des assises ◆ dividing the courses ; division of courses

répartition des joints ◆ joint repartition ; joint distribution

repeindre ◆ repaint (to)

repère ***m.*** ◆ mark ; sign

repère de nivellement, repère topographique ◆ bench mark

repos ***m.*** ◆ intermediate landing

repoussé (e) ◆ embossed ; repoussé

repousser ◆ emboss (to)

repoussoir ***m.*** ◆ drift ; drift pin ; pointer hammer ; punch

reprendre en sous-œuvre ◆ underpin (to)

représentation ***f.*** **graphique** ◆ plotting

reprise ***f.*** ◆ 1. making good ; repairing (rendering *or* plastering) ; 2. underpropping

reprise de bétonnage ◆ construction joint

reprise en sous-œuvre ◆ underpinning

reproduction ***f.*** **de plans** ◆ heliographic print ; blue print

réseau ***m.*** **(*pl.* réseaux)** ◆ 1. grid ; 2. tracery ; 3. network ; netting ; 4. system

réseau électrique ◆ electrical installation

réseau flamboyant ◆ flamboyant tracery

réseau intérieur ◆ internal piping ; interior piping

réseau pluvial ◆ rainwater sewer

réseau de transport ◆ transport network

réseau de tuyaux, tuyauterie ***f.*** ◆ 1. network of pipes ; 2. piping ; pipe line

réseau de la voirie ◆ road system ; network of roads

resserrer *(des écrous)* ◆ screw on ; pinch a screw (to)

réservation ***f.*** ◆ wall pocket

réserve ***f.*** ◆ spare part

réservoir ***m.*** ◆ container ; reservoir ; supply cistern ; tank

réservoir à carburant ◆ fuel tank

réservoir de chasse d'eau ◆ 1. flush tank *(am.)* ; flushing cistern ; 2. water tank *(w.c.)*

réservoir à eau ◆ cistern ; water tank

réservoir de pompe ◆ pump cistern

résidence ***f.*** ◆ residence

résidence d'été ◆ cottage *(am.)*

résidentiel (-elle) ◆ residential

résilient (e) ◆ resilient

résille ***f.*** ◆ bars over window ; network of lead

résine ***f.*** ◆ resin

résine acrylique ◆ acrylic resin ; acrylate resin

résine alkyde ◆ alkyd resin

résine artificielle ◆ synthetic resin

résine époxyde ◆ epoxy resin

résine polyester ◆ polyester resin

résine polyvinylique ◆ polyvinyl resin

résine synthétique ◆ synthetic resin

résine vinylique ◆ vinyl resin

résineux (-euse) ◆ resinous

résistance ***f.*** ◆ resistance ; strength

– **non-résistance au froid** ◆ cold shortness

résistance à l'abrasion ◆ abrasion resistance

résistance aux alcalis ◆ alkali resistance

résistance au choc ◆ impact resistance

résistance au cisaillement ◆ shear resistance ; shear strength

résistance à la compression ◆ compressive strength

résistance à l'écrasement ◆ crushing strength

résistance au feu ◆ fire resistance

résistance au flambage ◆ buckling resistance ; buckling strength

résistance à la flexion ◆ bending strength ; flexural strength *(am.)*

résistance au fluage ◆ creep strength

résistance de frottement ◆ frictional resistance

résistance aux intempéries ◆ weather resistance

résistance des matériaux ◆ strength of materials

résistance à la rupture, limite ***f.*** **de rupture** ◆ ultimate strength ; breaking strength

résistance (*ou* tension *f.*) de rupture ◆ ultimate stress ; modulus of rupture

résistance du sol ◆ soil strength

résistance à la torsion ◆ torsional strength

résistance à la traction ◆ resistance to tensile stress ; tensile strength

résistance à l'usure ◆ wear resistance

résistant (e) ◆ resistant ; strong

résistant (e) aux acides ◆ acid proof ; acid resisting

résistant (e) à l'air ◆ air resistant ; air true

résistant (e) aux alcalis ◆ alkaline proof

résistant (e) à la chaux ◆ lime proof

résistant (e) au gel ◆ frost free ; frost proof

résistant (e) à la lumière ◆ sunfast

résister ◆ resist (to)

résonance ***f.*** ◆ resonance

respirant (e) ◆ breathing

responsabilité ***f.*** **légale** ◆ legal responsibility

ressaut ***m.*** ◆ offset ; jump ; projection ; projecture

ressemblance ***f.*** ◆ resemblance

resserre ***f.*** ◆ tool shed

resserrer ***(vis)*** ◆ drive in (to)

ressort ***m.*** ◆ spring

ressort de porte ◆ door spring

ressortir ◆ stand out (to)

restaurant ***m.*** ◆ restaurant

restaurant (*ou* cinéma) où l'on accède en voiture ◆ drive-in *(am.)*

restauration ***f.*** ◆ restoration

– **style Restauration** ◆ Restoration style

restauration d'une façade ◆ facelift

restaurer ◆ do up ; repair ; restore (to)

restitution ***f.*** ◆ restitution

résultante ***f.*** ◆ resulting force ; resultant

retable ***m.*** ◆ altar piece

rétamer ◆ tin (over again) (to)

retardateur ***m.*** **de prise** ◆ retarder

rétenteur ***m.*** ◆ water-retaining agent

retenue ***f.*** **de garantie** ◆ retention money ; retainage *(am.)*

réticulaire ◆ reticular

réticulé (e) ◆ reticulated

retombée ***f.*** **de voûte** ◆ spring ; springing *(of a vault)* ; springer *(of a vault)*

retoucher ◆ make good (to)

retoucher à la lime ◆ file over (to)

retour ***m.*** ◆ angle ; return *(of a wall)*

retour ***m.*** ***(chauffage)*** ◆ return pipe

retrait ***m.*** ◆ 1. contraction ; shrinkage ; 2. closet

– **en retrait** ◆ recessed ; withdrawn

retrait du bois ◆ shrinkage of wood

retraite ***f.*** ◆ set back

retranchement ***m.*** ◆ circumvallation ; walls around a town

rétrécir ◆ shrink ; contract (to)

rétrocaveuse ***f.*****, pelle-rétro** ◆ backhoe *(am.)* ; backacting showel

réunion ***f.*** **de chantier** ◆ site meeting

réverbération ***f.*** ◆ reverberation

réverbère ***m.*** ◆ lantern ; street lamp

revêtement ***m.*** ◆ 1. carpet *(of road)* ; 2. casing *(cased joists)* ; casing *(of masonry)* ; 3. coating ; covering

revêtement de bois ◆ boarding

revêtement en bois ◆ wooden lining ; timber lining

revêtement en briques ◆ brick facing ; brick veneer

revêtement en carreaux ◆ tile cladding

revêtement extérieur, revêtement de façade ◆ facing

revêtement de four (*ou* de fourneau) ◆ kiln lining

revêtement en marbre ◆ marble facing ; marble revetment *(wall)*

revêtement de mur en tuiles ◆ hung tiling

revêtement mural, revêtement de mur ◆ wall lining ; wall covering

revêtement en pierres ◆ stone revetment

revêtement en plâtre ◆ plaster finish

revêtement de plafond ◆ lining of the ceiling

revêtement routier ◆ road surface

revêtement de sol ◆ floor covering ; floor finish ; flooring

revêtement de sol magnésien ◆ magnesite flooring

revêtement de sol sans joint ◆ jointless flooring

revêtement de talus ◆ revetment *(of slope)*

revêtement de talus en pierres ◆ stone pitching *(of slope)*

revêtir ◆ coat ; cover ; face ; line (to)

revêtir de cailloux ◆ cobble (to)

révision ***f. (de prix)*** ◆ (price) updating

révolution ***f. (tour, rotation)*** ◆ 1. revolution ; 2. turn

rez-de-chaussée ***m. inv.*** ◆ first floor *(am.)* ; ground floor ; ground level ; rez-de-chaussée ; street floor *(am.)*

rez-de-jardin ***m. inv.*** ◆ garden level

rhéostat ***m.*** ◆ rheostat

rhombe ***m.*** ◆ rhomb ; rhombus

rideau ***m.*** **(*pl.* rideaux)** ◆ curtain ; drape *(am.)* ; window curtain

rideau d'air *(chaud)* ◆ air curtain

rideau de cheminée ◆ fire board ; summer piece

rideau coupe-feu ◆ fire curtain ; fire screen

rideau à enroulement ◆ roller curtain

rideau de fer ◆ safety curtain

rideau de palplanches ◆ pile planking ; sheet piling ; planking *(am.)*

rideau de porte → portière

rideau de théâtre ◆ drop curtain

rider (se -) *(peinture)* ◆ shrink *(paint)* (to)

riflard ***m.*** ◆ 1. coarse file ; rough file ; 2. jack plane

riflard de maçon ◆ 1. bricklayer's chisel ; mason's chisel ; paring chisel ; 2. trowel

rifler ◆ plane (to)

rigide ◆ rigid

rigole ***f.*** ◆ culvert ; drain ; drainage channel ; open gutter ; drainage ditch

rigole de fondation, tranchée ***f.*** **de fondation** ◆ foundation trench

rinceau ***m.*** **(*pl.* rinceaux)** ◆ foliage scrolls ; foliation ; scroll pattern

ripe ***f. (de tailleur de pierres)*** ◆ scraper

rivage ***m.*** ◆ coast ; shore ; strand ; waterside *(lake* or *sea)*

rive ***f.*** ◆ bank *(lake)* ; coast ; shore *(lake* or *sea)* ; side *(lake, river, sea)*

rive latérale de toit ◆ verge

rive de toit ◆ barge

rive de toiture ◆ edge *(of a roof)*

rivé (e) ◆ rivetted

river (*ou* riveter) ◆ clench ; clinch ; rivet ; rivet together ; join with rivet (to)

rivet ***m.*** ◆ rivet

rivetage ***m.*** ◆ riveting

riveter → river

riveteuse ***f.*** **(*ou* riveuse)** ◆ riveting machine

rivière ***f.*** ◆ river

rivoir ***m.*** **(*ou* marteau *m.* riveur)** ◆ riveting gun ; riveting hammer

robinet ***m.*** ◆ cock ; faucet *(am.)* ; tap ; valve

robinet d'arrêt ◆ stopcock ; plug tap

robinet à flotteur ◆ ball tap ; ball valve

robinet à gaz ◆ gas cock

robinet général ◆ master tap

robinet mélangeur ◆ mixer tap ; mixing faucet *(am.)*

robinet mitigeur ◆ mixing valve

robinet de purge (*ou* purgeur *m.*) ◆ bleeder

robinet de vidange ◆ draw-off tap

rocade *f.* ◆ by-pass

rocaille *f.* ◆ grotto work ; rock work

rocailleux (-euse) ◆ pebbly ; stony

roche *f.* ◆ rock ; rock stone

roche de fond, assise *f.* rocheuse ◆ bedrock

roche métamorphique ◆ metamorphic rock

roche sédimentaire ◆ sedimentary rock

roche stratifiée ◆ stratified rock

rocher *m.* ◆ rock ; rocky ground

rocheux (-euse) ◆ rocky ; stony

rocking-chair *m.* ◆ rocking chair

rococo *m.* ◆ antiquated style ; rococo

rodage *m.* ◆ grinding-in ; lapping

romain (e) ◆ Roman

– **architecture *f.* romaine** ◆ Roman architecture

– **art *m.* romain** ◆ Roman art

roman (e) ◆ romanesque

– **architecture romane** ◆ romanesque architecture

ronce *f.* ◆ 1. barb wire ; barbed wire ; 2. burl ; burr ; 3. curl ; curly grain

ronceux (-euse) ◆ brambly

rond *n. m.* à béton ◆ reinforcing rod

rond crénelé ◆ toothed round reinforcing bar

rond lisse à béton ◆ plain bar

rond (e) *adj.* ◆ round

ronde-bosse *f.* (*pl.* rondes-bosses) ◆ detached statuary

rondelle *f.* ◆ washer

rondelle d'écrou ◆ nut washer

rondeur *m.* ◆ roundness

rondin *m.* ◆ billet ; log ; round log

rond-point *m.* (*pl.* ronds-points) ◆ circus ; traffic circle *(am.)*

rongé (e) par les vers ◆ worm eaten

ronger ◆ corrode (to)

rosace *f.* ◆ rosace ; rosette

rosace géométrique ◆ rosette

rose *n. m.* ou *adj.* ◆ pink

rose (couleur de -) ◆ rose colour

rose *f.* des vents *f.* ◆ compass card

rose *f.* *(petite rosace)* ◆ rose ; rose window ; wheel window ; catherine-wheel window

roseau *m.* ◆ 1. reed ; 2. cabling

roseau pour plafond ◆ ceiling reed

roseau pour plafonnage ◆ plastering reed

roseraie *f.* ◆ rose garden ; rosery

rosette *f.* ◆ rosette ; rosace

rosier *m.* ◆ rose bush ; rose tree

rossignol *m.* ◆ pick lock ; skeleton key

rotin *m.* ◆ rattan ; rattan cane

rotonde *f.* ◆ rotunda

rotule *f.* ◆ ball ; balloon ; knee

rouage *m.* ◆ wheel

rouanne *f.* ◆ auger

roue *f.* ◆ wheel

roue d'engrenage, roue dentée ◆ cog wheel ; toothed wheel

rouge ◆ red

rouge brique ◆ brick red

rouille *f.* ◆ rust ; oxide of iron

rouillé (e) ◆ rusted

rouiller ◆ make rusty ; rust (to)

rouiller (se -) ◆ grow rusty ; rust (to)

rouleau *m.* ◆ 1. arch band ; 2. roll ; roller

rouleau compresseur ◆ leveller

rouleau à peinture ◆ paint roller

rouleau à vapeur ◆ steam roller

rouleau vibrant ◆ vibrating roller

roulement *m.* à billes ◆ ball bearing

roulette *f.* ◆ 1. measuring line ; measuring tape ; tape measure ; 2. small wheel

roulure *f.* *(bois)* ◆ wind shake

route *f.* ◆ road ; way

route d'accès ◆ access road ; approach road

route en corniche ◆ coast road

route en dos-d'âne ◆ ridged ; saddle back ; high-crowned road

route en lacets ◆ winding road

route nationale ◆ highway ; national highway ; state road ; trunk road

route parallèle ◆ parallel road

route périphérique ◆ peripheral road

route principale ◆ high road ; main road

route en remblai ◆ embanked road

route à sens unique ◆ one-way road

route en surplomb ◆ overhanging road

ruban ***m.*** ◆ ribbon ; tape

ruban isolant (*ou* chatterton *m.*) ◆ friction tape *(am.)* ; insulating tape

ruban à joint ◆ joint tape

rubis ***(couleur)*** ◆ red pimple

rubrique ***f.*** ◆ red chalk ; ruddle

rudenté (e) ◆ cabled *(fluting)*

rudenture ***f.*** ◆ cabling

rue ***f.*** ◆ street

rue en arc de cercle ◆ crescent

rue principale ◆ main street

rue sans issue ◆ blind street ; cul-de-sac

rue à sens unique ◆ one-way street

rue de traverse, rue traversière ◆ cross street

ruelle ***f.*** ◆ alley ; lane

ruine ***f.*** ◆ failure ; ruin

– **en ruines** ◆ ruined

ruiné (e) ◆ destroyed

ruisseau ***m.*** ◆ brook ; stream

ruissellement ***m.*** ◆ run-off

rupestre ◆ rock ; rock cut

rupture ***f.*** ◆ 1. break ; breaking ; fraction ; fracture ; 2. upset *(in timber)*

rural (e) (*pl.* ruraux/-ales) ◆ country ; rural

rusticage ***m.*** ◆ rustication ; rustic work

rustique ◆ rustic

rustiqué (e) ◆ rusticated

rustiquer ◆ make rustic *(masonry, etc.)* (to)

rythme ***m.*** ◆ rhythm

S

sabine ***f.*** ◆ sabin

sablage ***m.*** ◆ sand blasting

sable ***m.*** ◆ sand

sable argileux ◆ loamy sand

sable pour le béton ◆ concrete sand

sable de carrière ◆ pit sand

sable de concassage (*ou* sable de broyage) ◆ manufactured sand

sable de construction ◆ building sand

sable coquillier (*ou* sable fossile) ◆ shell sand

sable excavé ◆ pit sand

sable fluvial → sable de rivière

sable de fosse (*ou* sable de fouille) ◆ pit sand

sable de gravier, grenaille *f.* ◆ gravel sand

sable grossier, gros sable ◆ coarse sand

sable (*ou* granulées *f. pl.*) de haut fourneau ◆ pumice sand ; slag sand

sable de mer (*ou* sable de grève) ◆ marine sand ; sea sand

sable de mortier ◆ masonry sand

sable de moulage (*ou* de fonderie) ◆ moulding sand

sable de quartz ◆ quartz sand

sable de rivière, sable fluvial ◆ river sand

sabler ◆ sand (to)

sableuse ***f.*** ◆ sanding gun

sablier ***m.*** ◆ hour-glass

sablière ***f.*** ◆ 1. sand pit ; 2. raising piece *(carpentry)*

sablière basse, sablière de chambrée ◆ sole plate

sablière de comble ◆ wall plate

sablon ***m.*** ◆ fine sand ; scouring sand

sablonneux (-euse) ◆ gritty ; sandy

sabot ***m.*** ◆ 1. pile shoe ; shoe ; 2. socket

sabot de pieu ◆ shoe of a pile ; drive shoe

sacristie ***f.*** ◆ sacristy ; vestry

saignée ***f.*** ◆ chase

saillant ***n. m.*** ◆ salient *(fortification)*

saillant (e) ***adj.*** ◆ jutting-out ; projecting

saillie ***f.*** ◆ bulge ; coving ; hanging over ; jetty ; jump-in a façade ; jut

– en saillie ◆ jutting out ; projecting

saillir ◆ jut ; project (to)

sain (e) ◆ sound

salaire ***m.*** ◆ wages ; pay

salaire horaire (*ou* salaire à l'heure) ◆ hourly rates ; wage per hour

salaire par jour ◆ daily wages ; day rates

salaire à la semaine, salaire hebdomadaire ◆ weekwages ; week's wages

salite → pas-d'âne

salle ***f.*** ◆ 1. room ; 2. hall

salle d'attente ◆ waiting room

salle de bains, salle d'eau ◆ bathroom

salle de bal ◆ ballroom

salle capitulaire ◆ chapter *(house)*

salle de classe ◆ classroom

salle commune ◆ living room ; dwelling room

salle de conférences ◆ lecture room ; lecture hall

salle d'eau → salle de bains

salle d'exposition ◆ exhibition hall ; showroom

salle de gymnastique ◆ gymnasium (*pl.* gymnasiums *or* gymnasia)

salle de jeux ◆ playroom

salle à manger ◆ dining room

salle à manger *(hôtels)* ◆ coffee room *(in hotels)*

salle de musique (*ou* de concert) ◆ music room

salle des pas perdus ◆ 1. ante-chamber of a court of justice ; concourse ; 2. waiting hall

salle de réunions ◆ assembly room

salle de séjour ◆ living room ; dwelling room

salle de sports ◆ sports hall

salle *(théâtre)* ◆ house *(theatre)*

salle des ventes ◆ auction room ; mart ; sale room

salon ***m.*** ◆ 1. parlour ; salle ; saloon ; sitting room ; 2. exhibition

– **grand salon** ◆ drawing room

salpêtre ***m.*** ◆ blemish ; efflorescence ; saltpetre ; scum

sanatorium ***m.*** ◆ sanatorium

sanctuaire ***m.*** ◆ chancel ; sanctuary *(of a temple or church)*

sandwich ***m.*** ◆ sandwich

– **panneau-sandwich** ***m.*** ◆ sandwich panel

sanitaire ***n. m.*** ◆ plumbing fixture

sanitaire ***adj.*** ◆ sanitary

sans-abri ***n. m.*** **ou** ***f. inv.***, **sans-logis** ◆ homeless person

sans valeur artistique ◆ artless

santal ***m.*** ◆ sandalwood ; santal

sapin ***m.*** ◆ fir (tree)

– **bois** ***m.*** **de sapin** ◆ deal

– **bois de sapin blanc** ◆ white deal

– **faux sapin** ◆ pitch pine

sapin blanc ◆ silver fir

sapin de Douglas ◆ Douglas fir ; Oregon pine ; red fir

sapinette ***f.*** **(*ou* épicéa** ***m.*****)** ◆ spruce ; white fir

saponification ***f.*** ◆ saponification

sarcophage ***m.*** ◆ sarcophagus

sarment ***m.*** ◆ vine branch

sarrasine (architecture -) ◆ Saracenic architecture

sas ***m.*** ◆ sieve ; screen

satiné (e) ◆ semi-gloss

saturation ***f.*** ◆ saturation

saule ***m.*** ◆ willow

saule blanc ◆ white willow

saule pleureur ◆ weeping willow

sauna ***m.*** ◆ sauna

sauterelle ***f.*** **(*ou* fausse équerre** ***f.*****)** ◆ bevel ; bevel square ; sliding bevel

sceau ***m.*** **(*pl.* sceaux)** ◆ seal

scellement ***m.*** ◆ bedding *(in concrete, etc.)* ; fixing ; plug *(in wall)* ; sealing ; setting

sceller ◆ bed *(a post, etc., in concrete, etc.)* ; burn in ; fasten ; fix ; grout ; lead ; plug *(in wall)* ; seal (to)

scène ***f.*** ◆ scene ; stage

schématique ◆ diagrammatic

schiste ***m.*** ◆ schist ; slaty rock

schiste argileux ◆ clay slate ; shale

schiste bitumineux ◆ oil shale

schisteux (-euse) ◆ schistose

sciage ***m.*** ◆ sawing

sciage de long ◆ ripping ; sawing along with the grain

sciagraphie → ***sciographie***

scie ***f.*** ◆ saw

scie à cadre ◆ frame saw ; bow saw ; gang saw

scie à chaîne ◆ chain saw

scie à chantourner ◆ jig saw ; scroll saw

scie circulaire ◆ buzz saw *(am.)* ; circular saw ; disk saw

scie circulaire portative ◆ builder's saw

scie circulaire *(sur établi)* ◆ bench saw

scie à découper ◆ fretsaw

scie à dos, scie à onglet ◆ back saw ; mitre saw ; dovetail saw ; tenon saw

scie égoïne (*ou* égoïne ***f.*****)** ◆ pilot handsaw

scie d'entrée ◆ keyhole saw

scie à guichet ◆ keyhole saw

scie de long ◆ rip saw ; ripper *(a saw)*

scie à mains ◆ handsaw

scie mécanique ◆ log frame

scie à métaux ◆ hacksaw

scie passe-partout ◆ compass saw ; double-handed saw ; piercing saw ; rip saw

scie pour pierre ◆ stone saw

scie pour placages ◆ veneer saw

scie à récéper sous eau ◆ underwater saw *(for piles, etc.)*

scie à refendre ◆ rip saw ; ripper

scie à ruban ◆ band saw ; belt saw ; endless saw ; ribbon saw

scie à ruban *(étroite)* ◆ ribbon saw

scie ***f.*** ***(à lame)*** **sans fin** ◆ endless saw ; ribbon saw ; belt saw ; band saw

scie sauteuse ◆ jig saw

scie de scieur de long ◆ pit saw

scie de travers ◆ cross-cut saw ; panel saw

scie-trépan ◆ hole saw

scié (e) ◆ sawn

science ***f.*** **héraldique** ◆ blasonry ; heraldry

scier ◆ saw (to)

scier en long ◆ saw lengthwise ; saw with the grain ; rip (to)

scierie *f.* ◆ sawmill

scieur *m.* ◆ sawyer

scieur de long ◆ pit sawyer

sciographie *f.* (*ou* sciagraphie) ◆ skiagraphy

sciure *f. (de bois)* ◆ sawdust

scorie *f.*, mâchefer *f.* ◆ dross *(iron)* ; scoria ; slag

scories *f. pl.* de fer ◆ blast-furnace slags ; iron slags

scotie *f.* ◆ scotia

sculpter ◆ carve ; sculpture (to)

sculpteur *m.* ◆ carver ; sculptor

sculpteur d'ornements ◆ sculptor of ornaments

sculpture *f.* ◆ carved work ; carving ; sculpture

sculpture en bois ◆ wood carving

sculpture en marbre ◆ marble sculpture

seau *m.* (*pl.* seaux) ◆ bucket ; pail

sec (sèche) ◆ dry

séchage *m.* ◆ drying

séchage à l'air ◆ air drying

séchage en autoclave ◆ hot-air drying ; kiln drying

séchage du bois ◆ seasoning

séchage au four ◆ kiln drying

séchage naturel ◆ air drying ; air seasoning

séché (e) ◆ dried

séché (e) à l'air ◆ air dried ; air dry ; naturally seasoned

séché (e) au four ◆ kiln dried ; oven dried

sécher ◆ season wood (to)

sécher au four ◆ dry in a kiln ; dry with a furnace ; kiln dry (to)

séchoir *m.* ◆ drying room ; drying stove ; hot air chamber ; oast

seconde couche *f.* d'impression (*ou* de fond) ◆ second priming

second-œuvre *m.* ◆ finishings

secrétaire *m.* ◆ escritoire ; secrétaire ; writing desk

secteur *m.* ◆ sector

secteur du bâtiment ◆ building industry

secteur *(électricité)* ◆ mains

secteur urbain ◆ district

section *f.* ◆ cross section

section de barre ◆ bar section

section (*ou* surface *f.*) de rupture ◆ surface of fracture ; plane of fracture

section d'or ◆ golden section

sécurité *f.* ◆ safety ; security

sédiment *m.* ◆ sediment

sédimentaire ◆ sedimentary

segment *m.* ◆ segment

séisme *m.* ◆ earthquake

séismique (*ou* sismique) ◆ seismic

séjour *m.* (*ou* salle *f.* de séjour) ◆ living room

sel *m.* ◆ salt

sellette *f.* ◆ cradle ; slung ; slung cradle

semelle *f.* ◆ base ; footing

semelle continue, semelle filante ◆ continuous footing

semelle filante → semelle continue

semelle à gradins ◆ stepped footing

semelle isolée ◆ individual footing ; single footing

semelle jumelée ◆ combined footing

semelle métallique ◆ slab for bearing ; template

semelle *(poutre)* ◆ flange

semelle d'un rabot ◆ face of a plane ; sole of a plane

semelle verticale *(boisage de tranchée)* ◆ soldier pile

semi-hydraulique ◆ semihydraulic

semi-tournant *m.* ◆ halfpace landing ; halfspace landing

sensibilité *f.* au froid ◆ cold brittleness

sentier *m.* ◆ foot path ; footway ; path

séparateur *m. (à graisse)* ◆ grease trap ; petrol trap

séparation *f.* ◆ separation

séparation de parcelle ◆ separation between adjacent properties

sépia ◆ sepia

sépulcral (e) (*pl.* sépulcraux/-ales) ◆ sepulchral

sépulcre *m.* ◆ sepulchre

série *f.* de prix ◆ price schedule

serlienne *f.*, baie *f.* palladienne ◆ Venetian window ; Palladian window

serpentin *m.* ◆ coil

serpentin de chauffage ◆ heating coil

serpentin en tube ◆ pipe coil

serpentine ***f.*****, marbre** ***m.*** **serpentin** ◆ serpentine

serrage ***m.*** ◆ tightening

serrage du béton ◆ compacting ; *(concrete)* compaction

serre ***f.*** ◆ conservatory ; glasshouse ; greenhouse ; orangery

serre chauffée ◆ hothouse

serre-fils ***m. inv.*** ◆ wire clamp

serre-joint ***m.*** **(*pl.* serre-joints)** ◆ hand screw ; joiner's cramp ; screw clamp

serrer ◆ screw on ; pinch a screw (to)

serre-tubes ***m. inv.*** ◆ pipe tongs

serrure ***f.*** ◆ lock

serrure antipanique ◆ panic bolt ; panic exit device

serrure en applique ◆ rim lock

serrure à barillet (*ou* à cylindre) ◆ cylinder lock

serrure (*ou* cadenas *m.*) à combinaison ◆ letter lock ; combination lock

serrure à double tour ◆ dead lock ; double lock ; double-turn lock

serrure encastrée ◆ mortise lock ; let-in lock

serrure à gorges ◆ entrance-door lock ; lever lock

serrure lardée (*ou* enlardée) ◆ mortise lock ; let-in lock

serrure à mortaiser (*ou* à larder) ◆ mortise lock ; let-in lock

serrure à pêne en croc ◆ hook-bolt lock ; lock with claw(s) ; lock with clutch

serrure à pêne dormant ◆ closet lock ; cupboard lock ; dead lock

serrure de porte ◆ door lock

serrure de porte de chambre ◆ chamber door lock

serrure pour portes coulissantes (*ou* glissantes) ◆ lock for a sliding door

serrure de porte d'entrée ◆ entrance-door lock ; lever lock

serrure à ressort ◆ spring lock ; snap lock

serrure à secret ◆ combination lock

serrure à simple tour ◆ one-turn lock

serrure de sûreté ◆ dead lock ; safety lock

serrure de sûreté à cylindre ◆ pin-tumbler lock (*or* latch)

serrure de sûreté à tirage ◆ French front door lock

serrure à tirage ◆ pull lock

serrurerie ***f.*** ◆ locksmith's work ; metal work

serrurier ***m.*** ◆ locksmith ; metal worker

sertisseuse ***f.*** ◆ seamer ; crimping machine

servante ***f.*** ◆ bench vice ; bench vise *(am.)*

service ***m.*** ◆ service

service du cadastre ◆ land office

service (communal) des ordures ◆ town-refuse service

service municipal de contrôle de la construction ◆ local authority's building control office

services publics ◆ public utilities

serviette ***f.*** **repliée (*ou* parchemin *m.* replié)** ◆ linenfold

servitude ***f.*** **de passage** ◆ right of way

servitudes ***f. pl.*** ◆ easement ; appurtenances

servocommande ***f.*** ◆ servo-mechanism

servomécanisme ***m.*** ◆ servo-system

seuil ***m.*** ◆ cill ; sill ; door-sill ; threshold

seuil d'audibilité ◆ threshold of audibility ; treshold of hearing

sgraffite ***m.*** ◆ scratch work

shed → toiture en shed

shingle → bardeau bitumé

shunt ***m.*** ◆ shunt

siccatif ***n. m.*** ◆ drying agent

siccatif (-ive) ***adj.*** ◆ drier ; dryer ; siccative

siège ***m.*** ◆ seat

siège à abattant, strapontin ***m.*** ◆ subsellium (*pl.* subsellia) ; misericorde

siège en forme de X ◆ X chair

siège de w.c. ◆ toilet ; toilet bowl ; w.c. pan

siège de w.c. à la turque ◆ seatless privy

sifflet (en -), en biseau ◆ bevelled ; beveled *(am.)*

sigle ***m.*** ◆ initial letter

signal ***m.*** **lumineux** ◆ traffic light

signal ***m.*** **routier** ◆ road sign

signe ***m.*** ◆ badge ; sign ; mark

signe lapidaire ◆ mason's mark

silex ***m.*** ◆ flint ; silex

silhouette ***f.*** ◆ silhouette

silicate ***m.*** ◆ silicate

silicate de potasse ◆ water glass ; soluble glass ; silicate of sodium (*or* potassium)

silice ***f.*** ◆ silica

siliceux (-euse) ◆ siliceous

silicone ***f.*** ◆ silicone

silo ***m.*** ◆ bin ; bunker ; silo

silo à voitures ◆ car silo

simbleau ***m.*** ◆ carpenter's line *(for tracing circles, etc.)*

sinistre ***m.*** ◆ damage

sinueux (-euse) ◆ meandering

sinusoïdal (e) (*pl.* sinusoïdaux/-ales) ◆ sinusoidal

sinusoïde ***f.*** ◆ sinusoid

siphon ***m.*** ◆ siphon ; siphon trap ; trap

siphon de sol (*ou* siphon de cour) ◆ yard trap

siphonné (e) ◆ siphoned

sismique (*ou* séismique) ◆ seismic

site ***m.*** ◆ site

situation ***f.*** **des travaux** ◆ progress statement

six-pouces → brique trois quarts

smillage ***m.*** **(*ou* esmillage)** ◆ scappling ; scabbling

smille ***f.*** ◆ double-pointed hammer *(for scappling stone)*

société ***f.*** **coopérative de construction** ◆ building cooperative

société ***f.*** **immobilière** ◆ building society

socle ***m.*** ◆ base of a column ; footing ; footstall ; pedestal ; plinth

soffite ***m. (architecture)*** ◆ soffit

soie ***f.*** ◆ silk

sol ***m.*** ◆ 1. floor ; 2. earth ; ground ; soil

— bon sol ***m.*** ◆ firm ground ; firm soil ; good ground

sol d'apport ◆ made-up soil

sol argileux ◆ clay soil

sol fini ◆ fin grade ; finish grade ; finished grade

sol de fondation ◆ foundation soil

sol en marbre ◆ marble floor

sol marécageux ◆ marsh ; swamp ; bog

sol marneux ◆ earthy marl ; marly soil

sol en mosaïque ◆ mosaic floor

sol (*ou* terrain) naturel ◆ undisturbed soil

sol rocheux ◆ rock ; rocky ground

sol sans joints ◆ seamless floor

sol stabilisé ◆ stabilized soil

solaire ◆ solar

solarium ***m.*** ◆ solarium

solide ◆ solid ; strong

solidification ***f.*** ◆ solidification

solidifier ◆ solidify (to)

solidifier (se -) ◆ congeal ; solidify (to)

solidité ***f.*** ◆ solidity

solin ***m.*** ◆ 1. fillet *(of cement, mortar, plaster)* ; flashing ; plaster filling-up ; 2. space between two joists (*or* rafters)

solin de cheminée ◆ chimney flashing

solivage ***m.*** ◆ floor joists *(of one storey)* ; joist work

solivage du grenier ◆ garret floor ; loft floor

solive ***f.*** ◆ floor joist ; girder ; joist *(of a floor)*

solive boîteuse (*ou* solive bâtarde) ◆ trimmed joist ; tailpiece *(am.)*

solive de bordure ◆ end joist

solive d'enchevêtrure, solive porteuse ◆ trimming joist

solive de plafond ◆ ceiling joist

solive de remplissage ◆ trimmed joist ; tailpiece *(am.)*

solive secondaire ◆ bridging joist ; secondary beam

soliveau ***m.*** ◆ bridging joist ; secondary beam ; small joist

solivure ***f.*** ◆ joisting ; joists of a floor

solubilité ***f.*** ◆ solubility

solvant ***m.*** ◆ solvent

sombre ◆ dark ; sombre

sombre *(couleur)* ◆ deep

sommet ***m.*** ◆ apex ; crown

sommet d'angle ◆ angular point

sommier ***m.*** ◆ 1. box mattress ; 2. *(in timber frame)* breastsummer (*or* bressummer) ; summer ; 3. *(arch)* skewback ; springer ; 4. slab for bearing ; template

sommier élastique ◆ spring mattress

sommier de pignon ◆ gable springer ; skew block

sommier de voûte ◆ coussinet ; cushion ; impost ; springer

son ***m.*** ◆ sound

sondage ***m.*** ◆ boring ; trial boring

sondage du sol ◆ examination of the soil

sonde ***f.*** ◆ earth borer ; ground auger ; miser

sonder ◆ bore (to)

sonner des pieux ◆ beat ; strike ; knock ; hammer (to)

sonnerie *f.*, sonnette *f.* ◆ bell ; door bell

sonnette *f.* (*ou* batteur *m.* de pieux) ◆ pile driver

sonnette électrique ◆ electric bell

sonnette à vapeur ◆ steam-pile driver

sonomètre *m.* ◆ sound-level meter

sortie *f.* ◆ exit ; way-out

sortie électrique ◆ convenience outlet

sortie de secours ◆ emergency door ; emergency doorway ; emergency exit

soubassement *m.* ◆ base ; base of a column ; mantel base ; sub-foundation ; wall base

souche *f.* de cheminée ◆ chimney stack ; chimney stalk ; shaft ; stack

soudage *m.* (*autogène*) ◆ welding

soudage à l'arc ◆ arc welding

soudage par points ◆ stitch welding ; tack welding

soudé (e) ◆ welded

souder ◆ 1. braze ; solder ; 2. weld (to)

souder au chalumeau ◆ blow (to)

soudeur *m.* ◆ welder

soudure *f.* ◆ brazing seam ; solder ; soldering seam ; weld ; welding

– sans soudure ◆ seamless

soudure à l'arc ◆ arc welding ; electric welding

soudure autogène ◆ oxyacetylene welding ; weld

soudure du cuivre ◆ copper solder

soudure électrique ◆ arc welding ; electric welding

soudure d'équerre ◆ angular welding

soudure forte ◆ hard solder ; spelter

soudure par points ◆ spot welding ; tack weld

soudure vive ◆ soft solder ; pewter ; plumber's solder

soue *f.* ◆ pigsty

soufflage *m.* ◆ blow

soufflage du verre ◆ glass blowing

soufflet *m.* ◆ bellows ; pair of bellows

soufflure *f.* ◆ blowing

soumission *f.* ◆ bid *(am.)* ; contract ; tender ; tendering form

soumissionnaire *m.* ◆ bidder *(am.)* ; tenderer

soumissionner ◆ bid ; offer ; tender (to)

soupape *f.* ◆ valve

– sans soupape ◆ valveless

soupape de sûreté ◆ safety valve

soupente *f.* ◆ garret ; garret room ; loft

soupente d'escalier ◆ cupboard under a staircase

soupirail *m.* (*pl.* soupiraux) ◆ air hole

souple ◆ flexible

souplesse *f.* ◆ flexibility

source *f.* ◆ fountain head ; source ; spring

source artésienne ◆ artesian well

source d'eau ◆ water well

source d'éclairage ◆ light source

source sonore ◆ source of sound

source thermale ◆ hot springs

source à tube ◆ pipe well

sous-couche *f.* ◆ counter floor ; sound boarding ; undercoat

sous-doublis *m.* ◆ under eaves tile

sous-enduit *m.* ◆ undercoat plaster

sous-entrepreneur *m.* ◆ subcontractor

sous-face *f.* ◆ under-surface

sous-jacent (e) ◆ underlying

sous-œuvre *m.* ◆ underpinning

sous-peuplé (e) ◆ under populated

sous-plancher *m.* ◆ sound boarding

sous-sol *m.* (*pl.* sous-sols) ◆ basement ; subsoil ; substratum

– en sous-sol ◆ below grade

sous-sol surélevé ◆ semibasement

sous-tension *f.*, sous-voltage *m.* ◆ undervoltage

sous-toiture *f.* ◆ roof boarding ; sheathing

sous-traitance *f.* (*pl.* sous-traitances) ◆ subcontracting

sous-traitant *m.* (*pl.* sous-traitants) ◆ subcontractor

sous-traité *m.* ◆ subcontract

soute *f.* à charbon ◆ bunker ; coal bunker

soutènement *m.* ◆ propping ; support

– mur de soutènement → mur

souterrain *n. m.* ◆ underground vault

souterrain (e) *adj.* ◆ buried ; subterranean ; under the soil ; underground

soutien *m.* ◆ staff ; stay ; support

sous-voltage → sous-tension

spalte *m.* ◆ Jew's pitch ; spalt

spatule ***f.*** ◆ knife ; pallet knife ; palette knife ; spatula ; spattle

spécialiste ***m.*** **ou** ***f.*** ◆ expert ; specialist

spécification ***f.*** ◆ specification

spectre ***m.*** ◆ spectrum ; joint ghosting

speculation ***f.*** ◆ speculation

spéos ***m.*** ◆ speos

sphère ***f.*** ◆ globe ; orb ; sphere

sphérique ◆ spherical

sphinx ***m.*** ◆ sphinx

spirale ***f.*** ◆ helix (*pl.* helices) ; spiral

– **en spirale** ◆ helical ; helicoidal ; spirally

spiral (e) (*pl.* spiraux/-ales) *adj.* ◆ spiral

spot ***m.*** ◆ spotlight

sprinkler ***m.*****, asperseur** ***m.*****, extincteur** ***m.*** **automatique à eau** ◆ sprinkler

squelette ***m.*** ◆ carcase ; carcass ; skeleton

stabilisateur ***m.*** ◆ stabilizer

stabilité ***f.*** ◆ stability

stabilité de la couleur ◆ colour fastness ; colour retention

stabilité dimensionnelle ◆ dimensonal stability

stable ◆ firm ; stable

stade ***m.*** ◆ 1. sports ground ; 2. stadium ; 3. stage

stade de l'avant-projet ◆ pre-planning stage

stade du projet ◆ planning stage

stade des travaux ◆ stage of works

stadia ***m.*****, mire** ***f.*** **parlante** ◆ stadia rod

staff ***m. (matériau)*** ◆ staff

stalactite ***f.*** ◆ stalactite

stalle ***f.*** ◆ seat ; stall *(theatre)*

stalle de chœur ◆ choir stall ; pew

stand ***m.*** ◆ stand

standardisation → normalisation

standolie ***f.*** ◆ siccative oil

starter ***m.*** ◆ starter

station ***f.*** ◆ material-testing laboratory ; station

station d'épuration ◆ foul-treatment plant

station de métro ◆ tube station ; subway station *(am.)*

station de pompage ◆ pumping station

station-service ***f.*** **(*pl.* stations-services)** ◆ service station

statique n. ***f.*** ◆ statics

statique ***adj.*** ◆ static ; statical

statiquement déterminé (e) ◆ statically determined

statiquement indéterminé (e) ◆ statically undetermined ; imperfect structure

statistique ***f.*** ◆ statistics

statuaire ***m.*** ◆ sculptor of statues

statuaire ***f.*** ◆ statuary marble

statuaire ***adj.*** ◆ statuary *(art)*

statue ***f.*** ◆ statue

statue équestre ◆ equestrian statue

statuette ***f.*** ◆ statuette

stèle ***f.*** ◆ stele ; stela

stère ***m.*** ◆ cubic metre *(of fire wood)* ; stere

stéréobate ***m.*** ◆ stereobate

stéréotomie ***f.*** ◆ stereotomy

stockage ***m.*** ◆ storage

store ***m.*** ◆ blind *(spring roller)* ; shade *(am.)*

store *(de fenêtre)* ◆ shade *(am.)* ; blind

store à l'italienne ◆ awning blind

store à rouleau ◆ roller blind *(indoor)*

store vénitien, jalousie ***f.*** ◆ Venetian blind ; jalousie

strapontin ***m.*** ◆ folding chair ; foldstool ; misericorde ; subsellium (*pl.* subsellia)

strapontin ***m. (théâtre)*** ◆ folding seat

strate ***f.*** ◆ stratum

stratifié (e) *(plastique)* ◆ laminated

strie ***f.*** ◆ stria

strié (e) ◆ channelled ; fluted ; streaked ; striate

strigile ***m.*** ◆ strigil

strigilé (e) ◆ fluted ; grooved

structural (e) (*pl.* structuraux/-ales) ◆ structural

structure ***f.*** ◆ structure

structure interne ◆ internal structure

structure spatiale ◆ space deck

structure tridimensionnelle ◆ space frame

stuc ***m.*** ◆ stucco

stucage ***m.*** ◆ stuccowork

stucateur ***m.*** ◆ plasterer ; stuccoer ; stucco worker

studio ***m.*** ◆ 1. bedsitter ; efficiency apartment *(am.)* ; studio appartment *(am.)* ; 2. one-roomed flat

studio *(film)* ◆ film studio

studio *(radio, TV)* ◆ broadcasting studio

stupa ***m.*** **(*ou* stoupa)** ◆ stupa ; tope

style ***m.*** ◆ style ; style of architecture ; way of building

style baroque ◆ baroque style

style carolingien ◆ early Roman

style Empire ◆ Empire style

style flamboyant ◆ flamboyant style ; French perpendicular style

style fleuri ◆ floriated style ; floreated style

style gallo-romain ◆ early Roman

style gothique ◆ Gothic style

style international ◆ international style

style médiéval ◆ medieval style

style moderne ◆ modern style

style néo-classique ◆ neoclassical style

style ogival ◆ pointed-arch style

style perpendiculaire ***(Angleterre, XVe s.)*** ◆ rectilinear style ; perpendicular style

style Renaissance ◆ Renaissance style

style Restauration ◆ Restoration style

style rocaille ◆ harsh style ; rockwork style

style rococo ◆ rococo style

style roman ◆ romanesque style

stylisé (e) ◆ stylised

styliser ◆ stylise (to)

stylobate ***m.*** ◆ stylobate ; skuting board

styrolène → polystyrène

Styropor → polystyrène expansé

subjectile ***m.*** ◆ plaster base

substruction ***f.*** ◆ substruction

suburbain (e) ◆ suburban

sud ***m.*** ◆ south

suie ***f.*** ◆ soot

suif ***m.*** ◆ tallow

suintement ***m.*** ◆ oozing

suintement d'un mur ◆ sweating of wall

suinter ◆ trickle (through) (to)

sujétion ***f.*** ◆ constraint

sulfate ***m.*** **de calcium** ◆ calcium sulphate

superficie ***f.*** ◆ area ; superficies ; surface

superficie de plancher ◆ floor area

superficiel (-elle) ◆ superficial

supérieur (e) ◆ higher ; superior ; upper

superstructure ***f.*** ◆ superstructure

superstructure d'une route ◆ permanent way

support ***m.*** ◆ 1. bearer ; pillar ; support ; 2. *(paint, plaster)* base ; substrate

support d'enduit ◆ 1. lag (*pl.* lags *or* lagging) *(lath for espaliers)* ; 2. plaster base

support de main courante ◆ handrail bracket

supporter ◆ bear (to)

supporter une charge ◆ carry (to)

suppression ***f.*** **des logements insalubres** ◆ slum clearance

sur place ◆ *in situ*

surbaissé (e) ◆ depressed ; flattened ; less than semicircular *(of arches and vaults)*

surbâti (e) ◆ overbuilt

surbâtir ◆ overbuild (to)

surcharge ***f.*** ◆ 1. additional load ; excess load ; 2. live load ; mobile load ; overcharge ; 3. overdecorating

surcharge composée ◆ compound load

surcharge mobile ◆ mobile charge ; movable load ; live load ; travelling load

surcharge due à la neige ◆ snow load ; snow charge

surcharge due au vent ◆ wind load

surchargé (e) ◆ overloaded

surchargé (e) d'ornements ◆ ornate

surcharger ◆ overburden ; overdecorate (to)

surcuire la chaux ◆ kill ; overburn lime (to)

surcuit (e) ◆ hard burnt *(brick, tile)*

surélévation ***f.*** ◆ 1. raising ; 2. superstructure

surélever ◆ heighten ; raise (to)

surfaçage ***m.*** ◆ surfacing

surface ***f.*** ◆ area ; surface

surface absorbante ◆ absorbing surface

surface fortement alcaline ◆ hot surface *(plaster)*

surface d'appui ◆ bearing surface ; seating

surface bâtie ◆ built area

surface de bout ◆ cross-cut end ; terminal face

surface de captage ◆ catchment area

surface de chauffe ◆ heating surface

surface de chaussée ◆ roadway ; paved surface

surface courbe ◆ curved surface

surface habitable ◆ net-floor area ; usable floor area

surface hors œuvre ◆ gross area

surface hors œuvre nette ◆ net area

surface latérale ◆ lateral surface

surface nette d'étage ◆ net-floor area

surface à nu ◆ exposed surface

surface nue ◆ bare surface

surface plane ◆ plane surface

surface utile ◆ gross-floor area

surhaussement *m.* du sol ◆ banking

surhausser ◆ bank *(road)* (to)

surpeuplé (e) ◆ overpeopled ; overpopulated

surpeuplement *m.* ◆ overcrowding ; overpopulation

surplomb *m.* ◆ leaning ; sail over

– **en surplomb** ◆ overhanging ; oversailing *(of a façade)* ; swaying ; swerving

surplomber ◆ overhang (to)

surveillance *f.* des travaux ◆ supervision

surveillant *m.* ◆ watcher

surveillant de travaux ◆ clerk of works ; daily inspector ; inspector ; overseer

survitrage *m.* ◆ secondary glazing

suspendu (e) ◆ hung-up ; suspended

suspension *f.* ◆ drop lamp ; electrolier ; hanging lamp ; suspension

suspente *f. (pour plafond suspendu)* ◆ ceiling hanger

swastika *m.* (*ou* svastika), croix *f.* gammée ◆ swastika

symbole *m.* ◆ emblem ; sign ; symbol

symbolique *n. f.* architectonique ◆ architectural symbolism

symbolique *adj.* ◆ symbolic ; symbolical

symbolisme *m.* ◆ symbolism

symétrie *f.* ◆ symmetry

symétrique ◆ symmetrical

symétriquement ◆ symmetrically

synagogue *f.* ◆ synagogue

syncrétisme *m.* ◆ syncretism

Syndicat *m.* des entrepreneurs ◆ Contractors' Federation

système *m.* ◆ system

système de chauffage à vapeur à basse pression ◆ vapo(u)r heating system

système de chauffage à vapeur à haute pression ◆ steam-heating system

système de construction ◆ building system

système d'égouts ◆ sewage system

système fermé ◆ closed system

système des forces ◆ system of forces

système légal ◆ imperial system *(G.B.)*

système métrique ◆ metric system

système ouvert ◆ open plan

système de peinture ◆ paint system

systyle *n. m.* ◆ systyle

T

tabatière ***f.*** ◆ roof light

tabernacle ***m.*** ◆ tabernacle

table ***f.*** ◆ register ; table

table à abattant ◆ folding table

table d'autel ◆ altar slab ; altar stone

table à console ◆ console table

table de cuisine ◆ kitchen table

table à dessin ◆ drawing table

table à écrire (*ou* bureau *m.*) ◆ writing table

table de fée, dolmen ***m.*** ◆ dolmen ; table stone

table de nuit ◆ bed side table

table à ouvrage ◆ work table

table pliante ◆ folding table

table à rallonges ◆ draw table

table sainte ◆ altar

table de salle à manger ◆ dining table

table de service ◆ dinner wag(g)on

table de toilette, coiffeuse ***f.*** ◆ dressing table

tableau ***m.*** ◆ 1. black board ; board ; chalk board ; 2. painting ; picture ; 3. register ; table

tableau d'autel, retable ***m.*** ◆ altar piece

tableau d'avancement des travaux ◆ progress chart

tableau d'une baie ◆ jamb ; reveal

tableau de branchement → tableau de distribution

tableau de commande ◆ control panel ; switchboard

tableau de distribution, tableau de branchement ◆ distribution board ; distribution board ; distribution panel ; distribution switchboard

tableau électrique ◆ electric panel ; panelboard

tableau noir ◆ black board ; chalk board

tablette ***f.*** ◆ slab ; tablet ; window sill

tablette antirefoulante ◆ smoke shelf

tablette d'appui ◆ window board

tablette de cheminée ◆ mantelshelf

tablier ***m.*** ◆ apron ; platform

tablier d'un pont ◆ deck ; floor ; bridge decking

tablinium ***m.*** ◆ tablinum

tabouret ***m.*** ◆ footstool ; stool ; tabouret

tabourin ***m.*, mitre** ***f.*** ◆ chimney cowl ; cowl ; turncap *(on a chimney)*

tache ***f.*** ◆ spot

taches ***f. pl.*** **d'humidité** ◆ damp stains

tâche ***f.*** ◆ job ; task

– à la tâche ◆ jobbing ; piece work

tachéomètre ***m.*** ◆ tacheometer ; tachymeter

tachéométrie ***f.*** ◆ tacheometry

tâcheron ***m.*** ◆ jobber

taille ***f.*** ◆ cut ; cutting

– non-taillé (e) ◆ undressed

taille-crayon ***m.*** **(*pl.* taille-crayons)** ◆ pencil sharpener

taille des pierres ◆ cutting stones ; stone cutting

taillé (e) en losange ◆ diamond shaped

tailler ◆ carve ; grave (to)

tailler la pierre ◆ cut ; cut out ; cut stone (to)

tailleur ***m.*** **de pierres** ◆ stone cutter

tain ***m.*** ◆ silvering

tain ***m.*** ***(miroir)*** ◆ foil

talc ***m.*** ◆ talc

taloche ***f.*** ◆ float ; floater *(am.)* ; hawk ; mason's float ; plasterer's hawk ; mortar board

taloche en bois ◆ cross-grained float ; patter

taloche pour plafond ◆ float for ceilings

taloche vibrante ◆ vibrating float

talocheuse ***f.*** ◆ mechanical trowel ; ***→ hélicoptère***

talon ***m.*** ◆ cyma reversa ; lesbian cyma ; reversed ogee ; talon mo(u)lding

talus ***m.*** ◆ bank ; ramp ; scarp ; talus

– en talus ◆ aslope

talus en déblai ◆ cutting slope

talus naturel ◆ angle of repose *(of the ground)* ; natural slope

talus en remblai ◆ embankment

taluté (e) ◆ battered

tambour ***m.*** ◆ drum ; tambour

tambour de colonne ◆ drum of column

tambour de dôme ◆ tholobate ; tambour

tamis ***m.*** ◆ riddle ; screen ; sieve ; mesh sieve ; wire sieve ; sifter ; strainer

tamisage ***m.*** ◆ sieving ; sifting

tamiser ◆ bolt ; screen ; sieve ; strain (to)

tampon ***m.*** ◆ plug

tampon d'égout ◆ manhole cover

tampon de scellement ◆ wallplug

tamponner ◆ plug ; stipple *(paint)* (to)

tangente ***n. f.*** ◆ tangent

tangent (e) ***adj.*** ◆ tangent

tangentiel (-elle) ◆ tangential

tapée ***f.*** ◆ shutter backstop

tapis ***m.*** ◆ carpet ; carpeting

tapis-brosse ***m.*** **(*pl.* tapis-brosses)** ◆ door mat

tapis d'escalier ◆ stair carpet

tapis de haute laine ◆ thick-pile carpet

tapis de laine rase ◆ short-pile carpet

tapis roulant ◆ 1. endless belt ; 2. moving band

tapis de sol ◆ ground sheet

tapis transporteur (*ou* transporteur *m.* à courroies) ◆ belt conveyor

tapisser ◆ 1. carpet ; 2. paper a wall ; paper ; 3. upholster (to)

tapisserie ***f.*** ◆ hangings ; tapestry ; upholstering ; upholstery

tapisserie murale ◆ wall carpet

tapissier ***m.*** ◆ paper hanger ; tapestry worker ; upholsterer

taquet ***m.*** ◆ small wedge

taraudage ***m.*** ◆ tapping *(of screws, nuts, etc.)*

taraud ***m.*** ◆ pipe tap

taraudé (e) ◆ tapped

tarauder, fileter ◆ tap ; thread *(screws nuts, etc.)* (to)

tardif(-ive), bas (basse) ◆ late

tare ***f.*** ◆ damage ; tare ; waste

taré (e) ◆ damaged ; spoiled

targette ***f.*** ◆ catch ; flat bolt ; eccentric bolt ; sash bolt ; slide bolt ; snap

tarière ***f.*** ◆ auger ; borer ; drill

tarif ***m.*** ◆ tariff ; rate *(am.)*

tarmacadam ***m.*** ◆ tarmacadam

tartan ***m.*** ◆ tartan

tartre ***m.*** ◆ boiler scale ; furring ; scale

tas ***m.*** ◆ heap ; pile ; stack

tas de sable ◆ heap of sand

tas de terre ◆ mound of earth

tasseau ***m.*** **(*pl.* tasseaux)** ◆ lath *(wood)* ; scantling ; wood roll *(of a zinc roof)*

tasseau biseauté ◆ 1. cant board ; cant strip *(am.)* ; tilting fillet ; 2. ancon (*pl.* ancones) ; console ; pad stone ; 3. cleat

tassement ***m.*** ◆ settlement ; settling ; soil packing

tasser ◆ settle ; subside (to)

tasser (se -) ◆ settle (to)

taudis ***m.*** ◆ hovel ; slum ; sty

taupe ***f.*** ◆ tunneler

taux ***m.*** **d'occupation** ◆ occupancy rate

tavaillon ***m.*** ◆ timber shingle ; wood shingle

taxe ***f.*** **foncière** ◆ property tax

té ***m.*** ◆ T(ee) piece ; tee

té à dessin ◆ T(ee) square

technicien ***m.*** ◆ engineer ; technician

technique ***n. f.*** ◆ technique

technique de fondation ◆ foundation system

technique ***adj.*** ◆ technical

technologie ***f.*** ◆ technics ; technology

technologique ◆ technological

teck ***m.*** **(*ou* tek)** ◆ teak

tectonique ***n. f.*** ◆ tectonics

tectonique ***adj.*** ◆ tectonic

tégule ***f.*****, tuile** ***f.*** **d'égout** ◆ tegula

teindre ◆ stain (to)

teinte ***f.*** ◆ tint

teinte de peinture ◆ hue ; tint ; colour of the paint

teinture ***f.*** ◆ dye

télamon ***m.*** ◆ telamon

télécommande ***f.*** ◆ remote control

télégraphe ***m.*** ◆ bevel

télémètre ***m.*** ◆ telemeter ; range finder

télérupteur ***m.*** ◆ remote control switch

témoin ***m.*** **lumineux** ◆ pilot lamp

température ***f.*** ◆ temperature

température au rouge ◆ red heat ; incandescence temperature

temple ***m.*** ◆ fane ; temple

temple diastyle ◆ diastyle temple

temple diptère ◆ dipteral ; dipteral temple

temple octostyle ◆ octastyle temple

temple périptère ◆ peripteral temple

temple prostyle ◆ prostyle temple

temple pycnostyle ◆ pycnostyle temple

temple rupestre ◆ rock temple ; rock-cut temple

temple systyle ◆ systyle temple

temple tétrastyle ◆ tetrastyle temple

temporisateur ***m.*** ◆ timer

temps ***m.*** **mort(s)** ◆ idle time

temps de prise ◆ setting time

temps de réverbération ◆ reverberation time ; reverberation period

ténacité ***f.*** ◆ tenacity ; toughness

tenaille ***f.*** **(*ou* tenailles** ***f. pl.*****)** ◆ nippers ; pair of pincers ; pincers

tenaille(s) de forgeron ◆ forge tongs ; smith's tongs

tenaille à tuyaux ◆ pipe pincers

tendeur ***m.*** ◆ stretching device ; gear

tendeur à lanterne, lanterne ***f.*** **de serrage** ◆ turnbuckle

tendre ◆ soft ; span ; tend (to)

tendu (e) ◆ in tension

teneur ***f.*** **en chaux** ◆ lime content

teneur ***f.*** **en humidité** ◆ moisture content

ténie ***f.*** **(*ou* tengusa** ***f.*****)** ***(ordre dorique)*** ◆ taenia ; tenia

tenon ***m.*** ◆ loop ; tenon

tenon double ◆ double tenons ; twin tenons

tension ***f.*** ◆ straining ; tension

tension ***(électrique)*** ◆ tension ; voltage *(electricity)*

– **basse tension** ◆ low voltage

tension d'adhésion ◆ stress of adhesion ; adhesive stress

tension (*ou* contrainte) admise (*ou* admissible) ◆ admissible stress ; allowable stress ; safe stress

tension dans la barre ◆ bar tension ; bar strain

tension de compression ◆ compressive stress

tension de flambage (*ou* de flambement) ◆ buckling stress

tension (*ou* contrainte) de flexion ◆ bending stress

tension initiale ◆ initial stress

tension interne ◆ internal pressure

tension du réseau ◆ line voltage

tension de rupture ◆ breaking stress

tension de sécurité ◆ admissible stress ; allowable stress ; safe stress

tension de traction ◆ tensile stress

tente ***f.*** ◆ awning ; tent

tenture ***f.*** ◆ wall paper

tenue ***f.*****, comportement** ***m.*** ◆ performance

tépidarium ***m.*** ◆ tepidarium

térébenthine ***f.*** ◆ turpentine

terme ***m.*** ◆ term ; terminal figure

termite ***m.*** ◆ termite

terminus ***m.*** ◆ terminal-railway station ; terminus

ternie ***(couleur -)*** ◆ dull *(colours)*

ternir (se -) ◆ fade ; lose colour (to)

terrain ***m.*** ◆ 1. ground ; 2. land ; soil

terrain accidenté ◆ hilly ground

terrain d'aviation ◆ aerodrome

terrain bâti ◆ developed site

terrain à bâtir, terrain à construire ◆ building ground ; building plot ; building site ; ground plot ; lot *(am.)* ; site

terrain constructible ◆ building land

terrain instable ◆ running ground

terrain de jeux ◆ play grounds

terrain de mauvaise qualité ◆ bad ground ; bad soil ; poor soil ; soft ground

terrain meublé ◆ running soil

terrain naturel ◆ natural grade ; undisturbed earth ; undisturbed soil

terrain non bâti ◆ unbuilt area ; undeveloped site

terrain non construit ◆ area

terrain en pente ◆ sloping ground

terrain remblayé ◆ filled ground

terrain de sports ◆ playing field ; playfield *(am.)*

terrains ***m. pl.*** **pris sur la mer** ◆ innings

terrain vague ◆ waste ground ; waste land

terrain viabilisé ◆ land with all services ; improved land *(am.)* ; serviced land *(am.)*

terrasse *f.* ◆ terrace

terrasse-jardin (*ou* terrasse sur le toit) *f.* ◆ roof garden

terrassement *m.* ◆ dirt moving *(am.)* ; earthmoving ; earthwork(s) ; groundwork ; grading

terrassement grossier ◆ rough grading

terrassier *m.* ◆ digger ; earthwork contractor

terrazzo *m.* ◆ terrazzo ; Venetian mosaic

terrazzolith *m. (dallage)* ◆ terrazzolith

terre *f.* ◆ earth ; ground ; land ; soil

– de (*ou* en) terre ◆ earthen

terre argileuse ◆ clayey earth ; clayey soil

terre cuite ◆ baked clay ; burnt clay ; fired clay ; terra-cotta

terre de déblai jetée en remblai ◆ excavated earth used for filling-up

terre ferme ◆ firm soil

terre ferrugineuse ◆ bog sand ; bog ore

terre glaise ◆ ceramic clay ; clay ; mortar of clay ; potter's clay ; pot clay ; puddle

terre glaise (*ou* argileuse ou grasse) ◆ loam

terre marneuse ◆ earthy marl ; marly soil

terre meuble ◆ loose soil

terre à modeler ◆ moulding clay ; pug

terre d'ombre, terre de sienne, ombre *f.* ◆ umber ; sienna ; Italian earth

terre à porcelaine → kaolin

terre de poterie ◆ potter's clay

terre pouzzolane ◆ pozzolana earth

terres *f. pl.* ◆ domain

terre sablonneuse ◆ sand ground ; sandy earth ; sandy soil

terre solide ◆ firm ground ; good ground ; firm soil

terre végétale, terreau *m.*, humus *m.* ◆ black mould ; garden mould ; top soil ; vegetable soil

terreau → terre végétale

terre-plein *m.* ◆ earth platform

terreux (-euse) ◆ earthy

territoire *m.* ◆ ground ; territory

tertre *m.* ◆ hillock ; knoll

tertre funéraire ◆ barrow

tessère *f. (mosaïque)* ◆ tessera

tête *f.* ◆ head

tête de boulon ◆ bolt head

tête de clou ◆ head of a nail ; nail head

tête goutte de suif ◆ buttonhead

tête de marteau ◆ hammer face

tête de méduse ◆ medusa head ; gorgoneion

tête de mur ◆ stopped end of a wall

tête nimbée ◆ haloed head

tête noyée (à -) ◆ countersunk

tête-plate *f.* ◆ clasp nail ; clout nail ; tack

tête de pieu ◆ driving cap ; driving helmet ; pile head

tête d'une pierre ◆ head *(of a stone)*

tête de pont ◆ bridge head

tête de rivet ◆ rivet head

tête-à-tête *m. inv.* ◆ settee for two

tête-de-nègre *n. m. inv.* ou *adj.* ◆ nigger brown

tétraèdre *m.* ◆ tetrahedron

tétrastyle *m.* ◆ tetrastyle

têtu *m.* ◆ granite hammer

texte *m. (sur un dessin)* ◆ inscriptions ; lettering

texture *f.* ◆ texture

texture homogène ◆ even texture *(wood)*

théâtre *m.* ◆ theatre ; theater *(am.)*

théâtre élisabéthain ◆ Elizabethan theatre

théâtre grec ◆ Greek theatre

théâtre de plein-air ◆ open-air theatre

théâtre romain ◆ Roman theatre

théodolite *m.* ◆ theodolite ; transit

théorie *f.* des forces ◆ theory of forces

théorie *f.* des formes architecturales ◆ theory of architectural forms

théorique ◆ theoretical

thermes *m. pl.* ◆ thermal baths

thermie *f.* ◆ therm ; thermal unit *(100 000 B.Th.U.)*

thermique ◆ thermal

thermdurcissant (e) ◆ thermo-setting

thermodynamique *f.* ◆ thermodynamics

thermoélectrique ◆ thermo-electric

thermomètre *m.* ◆ thermometer

thermomètre Fahrenheit ◆ Fahrenheit thermometer

thermoplastique ◆ thermoplastic

thermostat *m.* ◆ thermostat

thermostat d'ambiance ◆ room thermostat

thibaude *f.* ◆ carpet felt ; carpet underlay ; undercarpet

tierceron *m.* (*ou* tierceret *m.*) ◆ intermediate rib *(in Gothic vaulting)* ; tierceron

tiers-point *m.* (*pl.* tiers-points) *(lime)* ◆ saw file ; three-square file ; triangular file

tige *f.* ◆ stem

tige de boulon ◆ body ; shank *(of a bolt)*

tige de rivet ◆ rivet shaft

tilleul *m.* ◆ lime tree ; linden ; tilia wood

timbre *m.* ◆ door bell

tir *m.* *(d'une ville au Moyen Age)* ◆ archery house

tirage *m.* ◆ draught ; draft *(am.)*

tirage de la cheminée ◆ chimney draught

tirage forcé ◆ artificial draught ; forced draught

tirage naturel, tirage thermique ◆ natural draught

tirage de plans ◆ heliographic print ; blue print

tirant *m.* ◆ 1. stay rod ; tie bar ; tie rod ; 2. tie beam

tirant d'ancrage ◆ mooring rope ; guy

tirant d'un pont à bascule ◆ tie of a drawbridge

tire-clou *m.* (*pl.* tire-clous) ◆ ripper

tire-fond *m. inv.* ◆ chair bolt ; coach screw ; lag bolt *(am.)* ; lag screw

tire-fond à croc ◆ hoot bolt ; hook nail

tire-joint *m.* (*pl.* tire-joints) ◆ jointer ; jointing iron

tire-ligne *m.* (*pl.* tire-lignes) ◆ drawing pen ; drafting pen *(am.)*

tireur *m.* de fils d'or ◆ gold-wire drawer

tiroir *m.* ◆ drawer

tiroir à cendres ◆ ash pan

tissu *m.* ◆ fabric ; gauze

tissu d'ameublement ◆ furniture textile ; fabric for furnishing

tissu de verre ◆ glass fabric

tissu urbain ◆ urban fabric

titre *m.* de propriété ◆ title deed

toboggan *m.* de chantier ◆ chute

toboggan *m.* routier ◆ flyover ; overpass *(am.)*

toile *f.* ◆ canvas ; gauze ; sail cloth

toile de criblage ◆ screen mesh

toile (d') émeri (*ou* toile émerisée) ◆ emery cloth

toile de fond ◆ back cloth

toile de jute ◆ coarse canvas

toile de lin ◆ linen cloth

toile métallique ◆ gauze ; lath ; metal gauze ; wire cloth ; wire gauze ; wire netting ; woven wire

toile à sacs ◆ burlap *(am.)* ; hessian

toile à voile ◆ canvas ; sail cloth

toilette *f.* (table de -) ◆ dressing table

toilettes *f. pl.* ◆ conveniences ; lavatory *(am.)* ; toilet ; water closet (w.c.) ; rest room *(am.)*

toilettes pour dames ◆ powder room

toilettes publiques ◆ public lavatory

toisé *m.*, métré *m.* ◆ quantity survey

toise *f.* de Paris ◆ fathom

toiser ◆ measure ; survey (to)

toit *m.* ◆ house top ; roof

toit en appentis ◆ shed roof

toit en ardoises ◆ slate roof

toit en bardeaux ◆ shingle roof

toit (*ou* toiture *f.*) en (*ou* de) chaume ◆ thatch roof ; thatched roof ; fleaked roof

toit en croupe ◆ hip roof ; hipped roof

toit à deux pentes, toit à deux versants ◆ double-pitch roof ; pitched roof ; ridge roof

toit en mansarde (*ou* mansardé *ou* à la Mansart) ◆ kerb roof ; mansard roof ; curb roof ; gambrel roof *(am.)*

toit monopente ◆ single-pitch roof

toit en pavillon ◆ pavilion roof ; polygonal roof ; pyramid(al) roof ; pyramidal-hipped roof

toit à pignon ◆ gable roof

toit à redents ◆ sawtooth roof

toit (*ou* toiture *f.*) en sheds (*ou* à redents) ◆ saw-tooth roof

toit en terrasse ◆ flat roof

toit de tour ◆ tower ; steeple

toit en tuiles ◆ tile roof ; tiled roof

toit à un seul versant ◆ shed roof

toit en voile mince *(béton armé)* ◆ shell roof

toiture *f.* ◆ 1. roof ; 2. roof covering ; roofing

toiture en dôme ◆ domical roof ; cupola

toiture inclinée ◆ pitched roof

toiture inversée ◆ inverted roof ; upside-down roof

toiture multicouche ◆ multi-ply roof

toiture à pans coupés ◆ hip and gable roof ; jerkin roof

toiture en shed (*ou* à redents) ◆ sawtooth roof ; northern light roof

toiture-terrasse *f.* (*ou* toit en terrasse) ◆ built-up roof ; flat roof ; rooftop balcony

toiture en verre ◆ glass roof ; glass hood

tôle *f.* ◆ sheet ; sheet iron ; sheet metal ; steel sheet

tôle en acier ◆ sheet iron ; steel sheet

tôle électrozinguée ◆ zinc-plated iron sheet

tôle émaillée ◆ enamelled sheet-iron

tôle galvanisée ◆ galvanised iron ; galvanized sheet

tôle gaufrée ◆ crimped sheet-iron

tôle laquée ◆ coated sheet

tôle laminée ◆ plate iron

tôle ondulée ◆ corrugated iron ; corrugated sheet-iron

tôle à relief ◆ floor plate

tôle striée ◆ chequered plate

tôle de zinc ◆ sheet zinc

tolérance *f.* ◆ tolerance

tolérance de montage ◆ assembly tolerance

tombac *m.* ◆ red brass

tombe *f.*, tombeau *m.* ◆ grave ; tomb

tombeau rupestre ◆ rock grave

tombereau *m.* ◆ cart load ; mud cart ; tip cart ; tilting cart

tondeuse *f.* ◆ lawn mower

tondeuse à gazon ◆ grass cutter

tonne *f.* ◆ ton

tonneau *m.* ◆ barrel

tonnelle *f.* (*de jardin*) ◆ alcove

topographe *m.* ◆ topographer

topographie *f.* ◆ topographical surveying ; topography

topographique ◆ topographical

topométrie *f.* ◆ topometry

torana *m.* ◆ torana ; toran

torche *f.* ◆ torch

torchère *f.* ◆ hall lamp ; tall candelabrum ; torch holder

torchis *m.* ◆ cob ; loam

tordre ◆ twist ; torque (to)

tordu (e) ◆ distorded

tore *m.* ◆ roll (moulding *or* ornamentation) ; roll moulding ; tore ; torus

torii *m. inv.* ◆ torii

toron *m.* ◆ lower torus

tors (e) ◆ twisted ; wreathed

torsade *f.* ◆ cable moulding ; cable mo(u)lding ; rope mo(u)lding ; torsade ; twisted fringe

torsion *f.* ◆ torsion ; twist ; twisting

toscan (ordre -) ◆ Tuscan order

toupie *f.* à béton ◆ truck mixer

tour *m.* ◆ lathe ; potter's wheel

tour *f.* ◆ 1. tower block ; high-riser ; 2. tower

– **à tour(s)** ◆ towered

tour de cathédrale ◆ cathedral tower

tour d'église ◆ church tower

tour de guet ◆ watch tower

tour d'horloge ◆ clock tower

tour-lanterne ◆ lantern tower

tour de refroidissement ◆ cooling tower

tour de refroidissement d'eau ◆ water-cooling tower

tour de surveillance du feu ◆ fire tower

tourbe *f.* ◆ peat ; turf

tourbière *f.* basse ◆ bog ; fen

tourelle *f.* ◆ turret ; tourelle

tourelle d'église ◆ church tower

tourillon *m.* ◆ gudgeon ; floor hinge ; floor spring ; swivel pin

tournant à angle aigu ◆ hairpin bend

tournant en spirale ◆ winding

tourné (e) ◆ shaped ; turned

tourner ◆ turn (to)

tourneur *m.* ◆ turner

tourneur sur bois ◆ wood turner

tournevis *m.* ◆ screwdriver

tourniquet *m.* ◆ turnstile

tout-à-l'égout *m. inv.* ◆ main drainage

tout-venant *m. inv.* ◆ mill run ; unsorted

tracé *m.* ◆ diagram ; direction ; layout line ; outline ; sketch

tracé de route ◆ direction

tracer ◆ draw ; line out ; score (to)

tracer une courbe ◆ plot (to)

tracer un plan ◆ draw a plan (to)

tracer le plan sur le terrain ◆ set down (to)

tracteur *m.* ◆ tractor

tracteur à chenilles ◆ crawler tractor

traction *f.* ◆ drawing-out ; racking ; tentering ; tension

traditionnel (-elle) ◆ traditional

trafic ***m.*** ◆ public trafic

trait ***m.*** ◆ line

trait de brosse ◆ brush mark

trait de Jupiter, ligne ***f.*** **à bâtons rompus, zigzag** ***m.*** ◆ zigzag ; staggered line

trait mixte ◆ dot and dash line

trait de pinceau ◆ brush mark

trait en pointillé (*ou* pointillé *m.*) ◆ dotted line

trait de scie ◆ kerf ; saw cut ; saw notch

traitement ***m.*** ◆ treatment

traitement (préservatif) du bois ◆ wood-preservative treatment

traitement de l'eau ◆ water treatment

traiter à la créosote, créosoter ◆ creosote (to)

traiter le bois ◆ preserve wood (to)

traiter les coffrages ◆ wet the forms (to)

tramway ***m.*** ◆ streetcar *(am.)* ; tram (car)

tranchant *(couteau, etc.) n. m.* ◆ cutting edge

tranchant en biais ◆ bevel ; edge ; rush

tranchant (e) ***adj.*** ◆ sharp

tranche ***f.*** ◆ slice

tranchée ***f.*** ◆ ditch ; trench

tranchée drainante ◆ catch pit ; drainage trench

tranchée de fondation ◆ foundation trench

trancheuse ***f.*** ◆ trench excavator ; trencher

transcrire ◆ line out ; score (to)

transenne *f. (baie)* ◆ transenna

transept ***m.*** ◆ cross aisle ; transept

– double transept ◆ double transept

transformation ***f.*** ◆ alteration

transformateur ***m.*** ◆ transformer

transformateur de sonnerie ◆ bell transformer

transition ***f.*** ◆ transition

translucide ◆ translucent

transparence ***f.*** ◆ transparency

transparent (e) ◆ clear ; transparent

transport ***m.*** ◆ conveyance ; transport ; cartage

transport des déblais et remblais ◆ soil transport

transports en commun ◆ public transport

transportable ◆ portable ; portative

transporteur *m.* (*ou* convoyeur) ◆ conveyor

transporteur à courroie (*ou* tapis *m.* transporteur) ◆ belt conveyor

trapèze ***m.*** ◆ trapezium

trappe ***f.*** ◆ flap door ; hatch ; hatchway ; register *(of chimney)* ; trap door

trappe de cave ◆ cellar flap

trappe inclinée ◆ bulkhead

trappe de ramonage ◆ soot door ; soot trap

trappe de visite ◆ closing plug of a sewer ; inspection hole

trapu (e) ◆ squat

trass *m.* minéral ◆ mineral trass

travail *m.* (*pl.* travaux) ◆ work

travail ajouré, ouvrage *m.* à claire-voie ◆ fretwork

travail *(bois)* ◆ working *(movement of wood)*

travail à forfait ◆ contract work

travail à la journée ◆ day wage work

travail manuel ◆ craft ; trade ; handicraft

travail de mosaïque ◆ mosaic work

travail en régie ◆ dayrate work

travail supplémentaire ◆ extra-work ; excess of work

travaux *m. pl.* communaux ◆ municipal works ; works of the local authorities

travaux de fondation ◆ foundation work ; groundwork

travaux de goudronnage ◆ tarred work

travaux de miroiterie ◆ glazier's work ; glaziery

travaux de peinture ◆ paint work ; painting

travaux publics ◆ public work(s)

travaux en sous-œuvre ◆ below-grade work

travaux souterrains ◆ underground works

travaux en surface ◆ above-grade work

travaux sur le terrain ◆ field work

travaux de terrassement ◆ earthwork(s) ; groundwork

travaillant sous compression ◆ in compression

travaillant en traction ◆ in tension

travaillé (e) ◆ wrought

– non travaillé (e) ◆ raw ; rough ; uneven

travailler ◆ crack *(wall)* ; labour ; work (to)

travailler *(en parlant du bois)*, gondoler, voiler (se -) ◆ warp *(wood)* (to)

travailler le bois ◆ cut wood ; cut stuff (to)

travailler à la tâche ◆ work *(by the job)* (to)

travée ***f.*** ◆ bay ; span *(in a portal frame* or *truss)*

travée de pont ◆ truss

traverse ***f.*** ◆ cross bar ; cross girder ; cross piece ; lock rail ; rail

traverse basse ◆ bottom rail

traverse de chemin de fer ◆ cross beam ; railway sleeper

traverse haute ◆ top rail

traverse haute ***(de dormant)*** ◆ window head ; yoke

traverse intermédiaire ◆ crossrail ; lock rail ; rail

traverse médiane ◆ centre rail

traverse d'imposte ◆ transom ; transom bar

traverse du milieu ***(fenêtre à guillotine)*** ◆ meeting rail

traverse de porte ◆ door rail ; door head

traverse supérieure ◆ head piece ; cap piece ; top rail ; head

traversée ***f. (à pied)*** ◆ passage ; arcade

traversine ***f.*** ◆ cross beam

travertin ***m.*** ◆ travertine

tréfilage ***m.*** ◆ wire drawing

trèfle ***m.*** ◆ trefoil

tréflé (e) ◆ trefoiled

tréfonds ***m.*** ◆ subsoil

treillage ***m.*** ◆ lattice work ; treillage

treillager ◆ cover (*or* furnish) with trellis (to)

treille ***f.*** ◆ shrimp net

treillis ***m.*** ◆ 1. lattice ; lattice work ; treillage ; trellis ; mesh work ; 2. net ; 3. sack cloth

– à treillis ◆ trussed

treillis en bois ◆ lathwork

treillis métallique ◆ metal gauze

treillis soudé ◆ mesh wire

treillis tridimensionnel ◆ space lattice

treillissé (e) ◆ trellised

tremble ***m.*** ◆ aspen

tremblement ***m.*** **de terre** ◆ earthquake

trémie ***f.*** ◆ hopper

trémie de cheminée ◆ chimney opening

trémie de plancher ◆ floor opening

trempe ***f.*** ◆ steeping ; temper *(of steel, etc.)* ; tempering

tremper ◆ chill ; cool red-hot steel in water ; harden ; temper *(iron, steel, etc.)* (to)

tremplin ***m.*** ◆ diving board ; jumping board ; leaping board ; spring board

trépan ***m.*** ◆ trepan ; rock drill

trépied ***m.*** ◆ tripod

trésor ***m.*** ◆ treasure room

tresse ***f.*** ◆ strapwork

tréteau ***m.*** **(*pl.* tréteaux)** ◆ gin ; trestle ; shear legs ; split head

treuil ***m.*** ◆ winch

triangle ***m.*** ◆ triangle

triangle équilatéral ◆ equilateral triangle

triangle des forces ◆ triangle of forces

triangle isocèle ◆ isosceles triangle

triangulaire ◆ triangular

triangulation ***f.*** ◆ triangulation

triangulé (e) ◆ trussed

triaxial (e) ◆ triaxial

tribune ***f.*** ◆ gallery *(church, etc.)* ; loft ; grandstand ; stand *(stadium)* ; tribune *(platform)*

triclinium ***m.*** ◆ triclinium

tridimensionnel (-elle) ◆ tridimensional

trièdre ***m.*** ◆ trihedron

triforium ***m.*** ◆ blind storey ; triforium

triforium aveugle ◆ blind triforium

triglyphe ***m.*** ◆ triglyph

trilithe ***m.*** ◆ trilithon

trilobe ***m.*** ◆ trefoil

trilobé (e) ◆ three cusped ; trefoiled

tringle ***f.*** ◆ tringle

tringle (de tapis) d'escalier ◆ stair rod

tringle de rideau ◆ curtain rod

tripartite ◆ tripartite

triphasé (e) ◆ three phase

triplet ***m. (architecture)*** ◆ triplet

triplex ***m.*** **(appartement en -)** ◆ triplex

triptyque ***m.*** ◆ triptych

trompe ***f.*** ◆ squinch ; trompe ; trumpet like vault panel

trompe de voûte ◆ savory vault

trompillon ***m.*** ◆ small squinch
tronc ***m.*** ◆ trunk
tronc d'arbre ◆ 1. bole of tree ; 2. log
tronc de cône ◆ frustum (*pl.* frusta) of a cone
tronçonnage ***m.*** ◆ cross cut
trône ***m.*** ◆ throne
tronqué (e) ◆ truncated
trop-plein ***m.*** ◆ overflow ; warning pipe
trottoir ***m.*** ◆ causeway *(am.)* ; foot path ; sidewalk *(am.)* ; footway ; pavement
trottoir de refuge ◆ safety strip
trottoir roulant, tapis ***m.*** **roulant** ◆ moving band
trou ***m.*** ◆ eye ; hole ; staple
trou de boulin ◆ putlog hole
trou de cheville ◆ nail hole
trou d'homme ◆ manhole
trou de rivet ◆ rivet hole
trou de scellement ◆ mortise for a dowel
trou de serrure ◆ keyhole
trou de sondage ◆ trial hole
trou de souffleur ◆ prompter's box
trousseau ***m.*** ◆ kit ; outfit
truelle ***f.*** ◆ trowel
truelle de bois ◆ patter
truelle ***(de maçon)*****, truelle briqueteuse (*****ou*** **briqueteuse** ***f.*****)** ◆ brick trowel
truelle à crépir ◆ rendering trowel
truelle à jointoyer ◆ pointing trowel
truelle de maçon ◆ laying trowel
truelle de plafonnage (***ou*** **plâtroir** ***m.*****)** ◆ plastering trowel
truelle à plafonner (***ou*** **à crépir)** ◆ rendering trowel
trumeau ***m.*** ◆ interfenestration ; pier *(between two openings)* ; wall between windows ; window pier
trusquin ***m.*** ◆ joiner's gauge ; marking gauge ; mortise gauge ; scriver
tube ***m.*** ◆ tube
tube de cuivre ◆ copper tubing
tube fluorescent (***ou*** **tube fluo,** ***fam.*****)** ◆ fluorescent lamp ; fluorescent tube
tube (***ou*** **tuyau) sans soudure** ◆ seamless tube
Tudor (architecture ***f.*** **-)** ◆ Tudor architecture
Tudor (style -) ◆ Tudor style
tuf ***m.*** ◆ tuff ; tufa
tuf de construction ◆ leucitic tuff
tuile ***f.*** ◆ roof tile ; roofing tile ; tile
tuile angulaire ◆ arris tile ; angle tile
tuile arêtière, tuile d'arêtier, arêtière ***f.*** ◆ hip tile
tuile en béton ◆ concrete tile
tuile canal ◆ guttertile ; Spanish tile ; mission tile *(am.)*
tuile de chaperon ◆ coping tile
tuile chatière ◆ ventilating tile
tuile en ciment ◆ cement roof-tile
tuile couvre-joint ◆ imbrex
tuile creuse ◆ guttertile
tuile de dessus ◆ imbrex
tuile écaille ◆ fishscale tile
tuile d'égout ◆ eaves tile ; under-tile ; tegule
tuile émaillée ◆ glazed-roof tile
tuile à emboîtement, tuile mécanique ◆ closing tile
tuile faîtière, faîtière ***f.*** ◆ crease tile ; cress tile ; crest tile ; crown tile ; ridge tile ; overtile
tuile flamande → tuile panne
tuile gironnée ◆ tapered tile
tuile mécanique, tuile à emboîtement ◆ interlocking tile
tuile de noue, noue ***f.*** ◆ valley tile
tuile panne, tuile flamande ◆ pantile
tuile plate ◆ flat tile ; plain tile
tuile de premier rang ◆ starter tile
tuile de rive ◆ gable tile ; verge tile
tuile romaine ◆ Roman tile
tuile romane ◆ romanesque tile
tuiles ***f. pl.*** **pulvérisées** ◆ tile powder
tuile en terre cuite ◆ clay tile
tuile vernissée ◆ glazed-roof tile
tuile de verre ◆ glass tile ; glass slate
tuileau ***m.*** **(*****ou*** **morceau** ***m.*** **de brique)** ◆ brickbat ; broken tile
tuilerie ***f.*** ◆ tile field ; tile kiln ; tile works ; tilery
tuilier ***m.*****, fabricant** ***m.*** **de carrelages et tuiles mécaniques** ◆ tile maker
tulipe ***f.*** ◆ tulip
tulle ***m.*** ◆ net ; tulle

tumulaire ◆ of the grave ; sepulchral

tumulus ***m.*** ◆ barrow ; tumulus

tunnel ***m.*** ◆ tunnel ; subway

tunnel routier ◆ road tunnel

turbine ***f.*** ◆ turbine

turquoise ◆ turquoise ; turquoise blue

tuyau ***m.*** ◆ pipe

tuyau en acier ◆ steel pipe

tuyau d'alimentation ◆ feed pipe ; supply pipe

tuyau en argile ◆ earthenware pipe ; ware pipe

tuyau d'arrivée (*ou* d'adduction) ◆ supply pipe

tuyau aspirateur ◆ suction hose

tuyau d'aspiration ◆ suction pipe ; sucker ; suction tube ; tail pipe

tuyau à bride ◆ flange pipe

tuyau de chute ◆ soil pipe ; standpipe ; waste pipe

tuyau coudé ◆ bent pipe

tuyau de descente d'eaux pluviales ◆ downcomer ; down pipe ; downspout *(am.)* ; gutter pipe ; rain leader *(am.)* ; rainwater pipe

tuyau de drainage ◆ drain pipe ; field drain ; drain tile

tuyau enterré ◆ buried pipe

tuyau flexible (*ou* tuyau souple) ◆ hose

tuyau en fonte ◆ cast-iron pipe

tuyau à gaz ◆ gas pipe

tuyau en grès cérame ◆ stoneware pipe

tuyau d'incendie ◆ fire hose

tuyau en plomb ◆ lead pipe

tuyau de poêle ◆ stove pipe

tuyau de pompe ◆ pump tube ; tail pipe

tuyau de retour ◆ return pipe

tuyau (*ou* tube) sans soudure ◆ seamless tube

tuyau en terre cuite ◆ earthenware pipe ; ware pipe

tuyau de trop-plein ◆ overflow pipe

tuyau de ventilation ◆ vent pipe

tuyau de ventilation secondaire ◆ air pipe ; puff pipe

tuyau vertical, colonne ***f.*** ◆ stack

tuyau en zinc ◆ zinc pipe

tuyauterie ***f.*** ◆ network of pipes ; pipe line ; piping ; plumbing ; system of pipes

tympan ***m.*** ◆ spandrel ; spandril ; tympanum ; tympan

tyrolien ***m.*** ◆ Tyrolean rendering

tyrolienne ***f.*** ◆ rough-cast machine

U

uni (e) ◆ even ; plain

unitaire (prix -) ◆ per unit

unité *f.* ◆ unit

unité d'échelle ◆ scale-division unit

unité de logements ◆ housing unit

unité de mesure ◆ unit of measurement

unité résidentielle ◆ housing unit

unité thermale britannique (U.T.B.) ◆ British Thermal Unit (B.Th.U.)

unité thermique ◆ thermal unit

unité de voisinage ◆ neighbourhood unit

université technique ◆ technical university ; technological university

urbain (e) ◆ city ; urban

urbanisation *f.* ◆ urbanization

urbanisme *m.* ◆ town planning ; city planning *(am.)* ; urban planning *(am.)*

urbaniste *n. m.* ou *f.* ◆ town planner ; city planner *(am.)*

urbaniste-conseil *m.* ◆ planning consultant

urinoir *m.* ◆ urinal

usager *m.* ◆ user

usinage *m.* ◆ machining

usine *f.* ◆ factory ; plant ; mill ; works

usine d'épuration ◆ sewage (treatment) plant

usine foraine ◆ site factory

usure *f.* ◆ wear ; wearing

U.T.B. ◆ British Thermal Unit (B.Th.U.)

utilisation *f.* du sol ◆ use of land

V

va-et-vient ***m.*** ◆ oscillating (door) ; swing door

va-et-vient ***(électricité)*** ◆ two-way switch

vagues ***f. pl.*** ◆ waves

vaisselle ***f.*** **de porcelaine** ◆ chinaware

valet ***m.*** **d'établi** ◆ vice holdfast

valeur ***f.*** **locative** ◆ rental value

vallée ***f.*** ◆ valley

valve ***f.*** ◆ tap ; valve ; cock ; faucet *(am.)*

valve ***f.*** **(*ou* robinet** ***m.*****) à trois orifices (*ou* à trois voies)** ◆ three-way cock (*or* tap)

vandalisme ***m.*** ◆ vandalism

vanne ***f.*** ◆ valve

vannerie ***f.*** ◆ basket work

vantail ***m.*** **(*pl.* vantaux)** ◆ door leaf ; folding *(of a folding door)* ; leaf of a door

vantail de fenêtre ◆ casement ; hinged sash

vapeur ***f.*** ◆ steam ; vapor *(am.)* ; vapour

vapeur d'eau ◆ aqueous vapo(u)r

vapeur surchauffée ◆ superheated steam

variateur ***m.*** ◆ dimmer ; dimmer switch ; light dimmer

varlope ***f.*** ◆ jack plane ; long plane ; jointer ; jointer plane

varlope ronde ◆ trying plane

varloper, raboter ◆ plane (to)

vase ***m.*** ◆ vase ; vessel

vase de chapiteau ◆ bell ; vase *(of Corinthian capital)*

vase d'expansion ◆ expansion tank

vases ***m. pl.*** **acoustiques** ◆ harmonical vases

vase ***f.*** ◆ mire ; mud ; silt ; sludge

vasistas ***m.*** ◆ night vent ; opening fanlight ; vent sash ; ventlight

vasque ***f.*** ◆ basin *(of a fountain)*

vasques ***f. pl.*** **superposées** ◆ superposed basins

vecteur ***m.*** ◆ vector

véhicule ***m.*** ◆ vehicle *(of paint)* ; binding material

veilleuse ***f.*** ◆ night light ; pilot light

veine ***f. (d'une pierre*** **ou** ***du bois)*** ◆ grain ; vein ; cloud

veiné (e) ◆ veined ; grained

vélarium ***m.*** ◆ velarium

vélodrome ***m.*** ◆ cycle racing-track ; velodrome

velours ***m.*** ◆ velvet

– de (*ou* en) velours ◆ velvet

vélum ***m.*** ◆ awning

venelle ***f.*** ◆ alley

vent ***m.*** ◆ wind

vent dominant ◆ prevailing wind

ventelle ***f.*** ◆ louvre board

ventilateur ***m.*** ◆ extractor fan ; fan ; ventilator fan

ventilation ***f.*** ◆ air renewal ; venting ; ventilation

ventilation mécanique contrôlée (V.M.C.) ◆ mechanical ventilation

ventilation naturelle ◆ natural ventilation

ventilation primaire ◆ continuous vent

ventilo-convecteur ***m.*** ◆ fan convector

ventouse ***f.*** ◆ suction cup

ventrière ***f.*** ◆ purlin ; binding rafter

ver ***m.*** ◆ worm

véranda ***f.*** ◆ veranda ; verandah

verdure ***f.*** ◆ greenness ; verdure

verge ***f.*** ◆ rod

verger ***m.*** ◆ orchard

vergette ***f.*** ◆ rod

vérifier ◆ test ; check (to)

vérin ***m.*** ◆ hydraulic jack

vérin à vis ◆ jack screw ; screw jack

vermiculé (e) ◆ vermiculated

vermiculite ***m.*** ◆ vermiculite

vermiculure ***f.*** **(*ou* vermicule** ***m.*****)** ◆ vermiculation

vermoulu (e) ◆ worm eaten

vermoulure ***f.*** ◆ bore dust

vernaculaire ◆ vernacular

verni (e) ◆ 1. varnished ; 2. glazed

– non verni (e) ◆ unglazed

vernier ***m.*** ◆ nonius ; vernier

vernir ◆ glaze ; vitrify ; lacquer ; enamel ; varnish (to)

vernis ***m.*** ◆ glaze ; glazing ; varnish

vernis à l'alcool ◆ spirit varnish

vernis à l'asphalte ◆ black japan

vernis d'asphalte ◆ asphalt varnish

vernis de Chine, vernis du Japon, laque ***f.*** ◆ lacquer

vernis craquelant ◆ crackling varnish

vernis gras, vernis à l'huile ◆ oil varnish

vernis japonais ◆ japan

vernis mat ◆ flat varnish ; matt varnish

vernis pour parquet ◆ floor varnish

vernis à séchage rapide ◆ quick-drying varnish

vernis transparent ◆ clear varnish ; transparent varnish

vernissage ***m.*** ◆ 1. glazing ; varnishing ; 2. varnishing day

vernissé (e) ◆ glazed

vernisseur ***m.*** ◆ japanner

verre ***m.*** ◆ glass (*pl.* glasses)

– **brique** ***f.*** **de verre** ◆ glass block ; glass brick

– **fibre** ***f.*** **de verre** ◆ glass fibre

– **laine** ***f.*** **de verre** ◆ glass wool

– **tuile** ***f.*** **de verre** ◆ glass tile

verre absorbant la chaleur ◆ heat-absorbing glass ; anti-actinic glass

verre anti-balles → verre pare-balles

verre antisolaire ◆ antisun glass

verre armé ◆ wire glass ; wired glass

verre blanc laiteux ◆ milk glass

verre cannelé, verre strié ◆ ribbed glass ; grooved glass

verre cathédrale ◆ cathedral glass

verre cellulaire, verre expansé, verre-mousse ◆ foam(ed) glass ; cellular glass

verre coulé ◆ cast glass

verre craquelé ◆ crackle glass

verre décoré ◆ figured glass

verre dépoli, verre satiné ◆ frosted glass ; ground glass ; obscured glass

verre double, verre à double épaisseur ◆ double glass

verre étiré ◆ drawn glass

verre expansé, verre-mousse ◆ foam(ed) glass ; cellular glass

verre feuilleté ◆ laminated glass

verre filé ◆ glass fibre ; fibreglass

verre flotté, float ***m.*****, floatglass** ***m.*** ◆ floatglass

verre fumé ◆ smoked glass

verre à glace ◆ plate glass

verre de hublot ◆ bull's eye

verre imprimé ◆ patterned glass

verre indicateur de niveau ◆ water-gauge glass

verre marbré ◆ marble glass

verre martelé ◆ hammered glass

verre à miroir ◆ mirror glass ; patent plate *(glass)* ; cast plate

verre moulé ◆ pressed glass

verre-mousse ◆ foam(ed) glass

verre non transparent, verre opaque ◆ obscure glass

verre ondulé ◆ corrugated glass

verre opalin (*ou* opale) ◆ opal glass

verre opaque ◆ opaque glass

verre ordinaire ◆ plain glass

verre pare-balles, verre anti-balles ◆ bullet-proof glass

verre plat, verre (à vitre) ◆ window glass ; sheet glass

verre réfractaire ◆ refractory glass

verre satiné → verre dépoli

verre Sécurit → verre trempé

verre de sécurité ◆ security glass ; safety glass

verre soluble ◆ soluble glass ; water glass ; silicate of sodium (*or* potassium)

verre du soudeur ◆ welding glass

verre soufflé ◆ blown glass

verre strié, verre cannelé ◆ ribbed glass ; grooved glass

verre translucide ◆ translucent glass

verre trempé ◆ hard glass ; tempered glass

verre triplex ◆ triplex glass

verre à vitre ◆ sheet glass ; window glass

verrerie ***f. (fabrique)*** ◆ glass house ; glass ware

verrière ***f.*** ◆ 1. glass roof ; glass hood ; 2. glass case ; glass frame ; glass stand

verrière de gare ◆ railroad-platform roof *(am.)*

verrou ***m.*** ◆ bar ; bolt ; latch ; sliding bolt ; tower bolt

verrou à baïonnette ♦ door bolt

verrou à bascule ♦ monkey bolt

verrou cylindrique ♦ barrel bolt

verrouiller ♦ bolt (to)

versant *m.* ♦ roof area ; slope *(of a roof)*

vert *n. m.* ou *adj.* (verte) ♦ green

vert de Chine ♦ chinese green

vert-de-gris ♦ verdigris ; aerugo

vertical (e) (*pl.* verticaux) ♦ vertical

verticalement ♦ vertically

verticalité *f.* ♦ verticality

vestiaire *m.* ♦ cloakroom ; dressing room

vestibule *m.* ♦ entrance hall ; hall ; lobby ; vestibule

vêture *f.* ♦ panel-insulating cladding

vétusté *f.* ♦ decay

vétuste *adj.* ♦ ramshackle ; tumbledown

viabilisation *f.* ♦ site servicing

viaduc *m.* ♦ viaduct

vibrateur *m.*, vibreur *m.* ♦ vibrator

vibrateur à aiguille ♦ spud vibrator

vibrateur interne ♦ immersion vibrator ; internal vibrator ; poker vibrator

vibrateur de surface ♦ surface vibrator

vibration *f.* ♦ vibration ; swinging

vice *m.* (*ou* défaut *m.*) ♦ fault

vice caché ♦ hidden fault

vice de construction ♦ construction defect ; defective workmanship

vice d'un matériau ♦ defective material

vide *m.* ♦ empty space ; vacuum ; void

vide d'air ♦ air space

vide-ordures *m. inv.* ♦ garbage chute ; refuse chute ; rubbish chute ; trash chute *(am.)*

vide sanitaire ♦ crawl space

vide technique ♦ service space

vider ♦ drain off (to)

vieille ville *f.* ♦ old town

vieillissement *m.* ♦ ageing ; aging *(am.)*

vieux meubles *m. pl.*, fatras *m.* ♦ lumber

vieux rose ♦ dirty pink

vihara *m.* ♦ vihara

vilebrequin *m.* ♦ borer ; bow drill ; brace ; breast drill ; drill ; drill borer

villa *f.* ♦ villa

village *m.* ♦ village

village-jardin *m.* ♦ garden village

ville *f.* ♦ city ; town

ville-dortoir *f.* (*pl.* villes-dortoirs) ♦ dormitory town

ville nouvelle, ville neuve ♦ new town

ville-satellite *f.* (*pl.* villes-satellites) ♦ satellite town

villes *f. pl.* jumelées ♦ twin towns

vinyle *m.* ♦ vinyl

vinyl-amiante *m.* ♦ vinyl asbestos

violet (-ette) ♦ violet

virage *m.* ♦ bend ; cornering ; turning

vitrine *f.* d'intérieur ♦ show case

vis *f.* ♦ screw

vis à ailettes, vis à oreilles, papillon *m.* ♦ thumb screw ; wing screw

vis d'Archimède ♦ Archimedes' screw

vis à bois ♦ wood screw

vis hydraulique ♦ water screw

vis à métaux ♦ metal screw

vis à oreilles → vis à ailettes

vis de réglage ♦ adjusting screw

vis sans fin ♦ endless screw ; worm ; worm gear

vis sans tête ♦ grub screw

vis à tête ♦ tap bolt ; cap screw

vis à tête bombée ♦ button-head screw

vis à tête encastrée, vis à tête fraisée, vis à tête noyée ♦ countersunk screw ; flush screw

vis à tête ronde ♦ round-head screw

vis à tête six pans ♦ hexagon-head screw

vis à tôle ♦ sheet-metal screw

viscosité *f.* ♦ viscosity

vissé (e) ♦ screwed

visser ♦ screw (to)

visser (sur) ♦ fix with screws ; screw up (to)

visseuse *f.* ♦ screwgun

vitesse *f.* d'écoulement ♦ velocity

vitrage *m.* ♦ glazing

vitrage dormant ♦ fixed light ; fixed sash

vitrage feuilleté ♦ laminated glass

vitrage feuilleté de protection ♦ shatterproof glass

vitrage isolant → double vitrage

vitrage réfléchissant ♦ reflective glass

vitrages *pl.* ♦ glass windows

vitrage de sécurité, vitrage de sûreté ♦ safety glass ; security glass

vitrage de serre ♦ hothouse glass

vitrage de sûreté → vitrage de sécurité

vitrail (*pl.* vitraux) ♦ stained glass ; stained-glass window

vitrail d'église ♦ church window ; tracery window

vitrail au plomb ♦ leaded-glass window

vitre *f.* ♦ glass (*pl.* glasses) ; sheet glass ; pane of glass ; square *(of glass, etc.)* ; window pane

vitré (e) ♦ glazed ; of glass

vitrer ♦ glaze (to)

vitreux (-euse) ♦ vitreous

vitrier *m.* ♦ 1. glass maker ; 2. glazier

vitrificateur *m.* ♦ vitrifier

vitrification *f.* ♦ vitrifying

vitrifier ♦ glaze ; vitrify (to)

vitrine *f.* ♦ glass case *(in museum, etc.)* ; shop window ; show window *(am.)*

vitrine *(d'intérieur)* ♦ show case

voie *f.* ♦ road ; way

voie d'accès ♦ access road ; approach road

voie de circulation ♦ traffic road

voie de *(grande)* communication ♦ traffic route

voie de dédoublement ♦ parallel road

voie de desserte ♦ service road

voie parallèle ♦ parallel road

voies *f. pl.* superposées ♦ double-deck road

voilage *m. (ameublement)* ♦ lace curtain ; vitrage nets

voile *m.* ♦ warping

voile autoportant polygonal ♦ folded-plate construction

voile mince ♦ shell ; thin shell

voilure *f.* ♦ warp

voirie *f.* ♦ network of roads ; road system ; road works ; roads ; street works

voirie et réseaux divers (V.R.D.) ♦ external works

voisinage *m.* ♦ neighbourhood ; vicinity

volcanique ♦ volcanic

volée *f.* de grue, flèche *f.* ♦ jib

volée d'escalier ♦ flight of stairs

volée droite ♦ straight flight ; straight run

volet *m.* ♦ blind ; shutter

volet coulissant ♦ draw shutter

volet extérieur ♦ exterior shutter ; wind shutter

volet roulant ♦ revolving shutter ; roller blind *(outdoor)* ; roller shutter

volière *f.* ♦ aviary ; large bird cage

volige *f.* ♦ batten ; roof board ; sarking board

volige chanlattée ♦ eaves board ; eaves catch ; eaves lath

voligeage *m.* ♦ 1. boarding ; planking ; roof boarding ; roof sheathing ; 2. shingle backet

voliger ♦ batten (to)

volt *m. (V)* ♦ volt

voltage *m.* ♦ tension ; voltage *(electricity)*

voltmètre *m.* ♦ voltmeter

volume *m.* ♦ volume

volute *f.* ♦ helix (*pl.* helices) ; scroll ; spiral ; volute

volute angulaire ♦ angular volute

volute de console ♦ console scroll

volute en pierre *(d'un pignon)* ♦ stone scroll *(on a gabled elevation)*

vousseau *m.*, voussoir *m.* ♦ arch stone ; gauged brick ; gauged stone ; voussoir

voussoir de départ ♦ cushion ; coussinet ; impost ; springer *(of arch)* ; springer stone

voussure *f.* ♦ arching ; recessed order of an arch

voussure de plafond ♦ cove *(between ceiling and wall)* ; coving

voûtain *m.* ♦ floor arch *(am.)* ; flat arch ; jack arch *(am.)* ; segment *(of a ribbed vault)*

voûtain de plancher ♦ floor arch *(am.)* ; jack arch *(am.)*

voûte *f.* ♦ vault

voûté (e) (*ou* en forme de voûte) ♦ vaulted

voûte acoustique ♦ whispering gallery ; whispering dome

voûte annulaire ♦ annular-barrel vault ; annular vault

voûte en anse de panier ♦ basket-handle vault

voûte en arc de cloître, voûte de cloître ♦ cloister(ed) vault *(am.)* ; coved vault ; square dome

voûte en arc de cloître rallongée ◆ extended-cloister vault

voûte d'arêtes ◆ groin(ed) vault

voûte en auge ◆ trough vault ; trough vaulting

voûte en berceau ◆ barrel vault

voûte en berceau brisé ◆ pointed-barrel vault

voûte en berceau droit ◆ straight-barrel vault

voûte en berceau oblique, berceau *m.* oblique ◆ oblique-barrel vault

voûte en berceau rampant ◆ rising-barrel vault ; sloping-barrel vault

voûte en berceaux suspendus ◆ hanging vault

voûte biaise ◆ skew vault

voûte bohémienne → ***voûte domicale***

voûte de cloître → ***voûte en arc de cloître***

voûte en coquille, conque ◆ concha

voûte croisée ◆ cross vault

voûte à croisée d'ogives ◆ cross-ribbed vault

voûte en cul-de-four ◆ demi-cupola

voûte en demi-berceau ◆ half-barrel vault

voûte domicale, voûte bohémienne ◆ bohemian vault ; domical vault

voûte en étoile ◆ lierne vault ; star vault ; stellar vault ; star-ribbed vault

voûte en éventail ◆ fan vault ; fan vaulting

voûte gothique ◆ Gothic vault

voûte en hélice ◆ helical vault ; helicoidal vault

voûte à miroir ◆ mirror vault

voûte à nervures (*ou* nervurée) ◆ ribbed vault

voûte octopartite ◆ octopartite vault

voûte d'ogive (*ou* à nervures *ou* nervurée) ◆ ribbed vault

voûte en ogive ◆ gothic vault ; pointed vault

voûte ovoïde ◆ egg-shaped vault

voûte en plein cintre ◆ semicircular vault ; barrel vault

voûte sur piliers ◆ vault on pillars

voûte quadripartite ◆ quadripartite vault

voûte rampante ◆ rampant vault

voûte renversée ◆ inverted vault

voûte à réseau de nervures ◆ tracery vault

voûte romane ◆ romanesque vault

voûte en segments ◆ segment vault ; segmental vault

voûte sexpartite ◆ sexpartite vault

voûte en spirale ◆ spiral-barrel vault ; winding vault

voûte surbaissée ◆ drop vault ; Dutch vault ; French vault

voûte tripartite ◆ tripartite vault

voûter ◆ arch over ; cove ; vault (to)

vrac (en -) ◆ bulk

vrille *f.* ◆ bow drill ; drill borer ; gimlet ; wimble

vrillette *f.*, insecte *m.* xylophage ◆ death-watch beetle

vue *f.* ◆ eyeslits ; view

vue aérienne ◆ aerial view

vue de côté, vue latérale ◆ side elevation ; side view

vue en coupe ◆ sectional view

vue de dessus ◆ top view

vue par dessous ◆ bottom view

vue de l'extérieur ◆ outside view

vue de face ◆ front view ; front elevation

vue latérale, vue de côté ◆ side view ; side elevation

vue en plan ◆ plan view

vue à vol d'oiseau ◆ bird's-eye view

vulcanisation *f.* ◆ vulcanization

WXY

wabstringue ***f.*** **(*ou* wastringue)** ◆ spokeshave

wagon ***m.*** ◆ chimney breast

watt ***m. (W)*** ◆ watt

wattheure ***m. (W/h)*** ◆ watt-hour

w.c. ***m.*** ◆ toilet ; water closet (w.c.)

w.c. à chasse ◆ wash-down closet ; pan ; siphonic w.c.

w.c. à cuvette ◆ wash-out closet

w.c. à la turque ◆ squat closet ; squatting w.c. ; Turkish closet ; Turkey-type closet

xylène ***m.*** **(*ou* xylol)** ◆ xylenol resin

Xylolithe ***f.*** ◆ Xylolite

xyste ***m.*** ◆ xystus

yard ***m. (91,44 cm)*** ◆ yard *(yd)*

yeuse ***f.*** **(*ou* chêne** ***m.*** **vert)** ◆ holm oak

yourte ***f.*** **(*ou* iourte)** ◆ yourt

Z

zéro ***m.*** ◆ zero ; zero point

ziggourat ***m.*** ◆ ziggurat ; zikkurat ; ziqqarat

zigzag ***m.*** ◆ zigzag ; staggered line

zinc ***m.*** ◆ zinc

  zinc de chéneau, zinc de gouttière ◆ gutter zinc

  zinc en feuille ◆ zinc sheet

zingage ***m.*** **(*ou* zincage)** ◆ galvanizing ; zincing

zingué (e) ◆ galvanized

zinguer ◆ galvanize ; zinc (to)

zonage ***m.*** ◆ zoning

zone ***f.*** ◆ belt ; zone

  zone d'assainissement ◆ rehabilitation zone

  zone bâtie ◆ built area

  zone climatique ◆ climatic region ; climatic zone

  zone de construction ◆ building zone

  zone construite, agglomération ***f.*** **urbaine** ◆ built-up area

  zone dortoir ◆ dormitory area

  zone d'élasticité ◆ elastic range

  zone d'expropriation ◆ expropriation zone

  zone industrielle ◆ industrial area ; trading estate

  zone piétonne ◆ pedestrian precinct ; pedestrian zone

  zone de traction ◆ tensile zone

  zone trop dense ◆ overbuilt area

  zone à urbaniser ◆ development area

  zone de verdure ◆ green belt

  zone verte ◆ green belt

  zone de villes-dortoirs ◆ commuter belt

zoomorphique ◆ zoomorphic

zoophore ***m.*** ◆ zoophorus

Lightning Source UK Ltd.
Milton Keynes UK
UKHW030038310321
4173UKFR00009B/376

9 782281 111699